로베스피에르,
혁명의 탄생

Maximilien de Robespierre

로베스피에르,
혁명의 탄생

장 마생 | 양희영 옮김

Maximilien de Robespierre

| 일러두기 |

1. 외국 고유명사는 외래어 표기법에 따라 표기하였으며, 해당 고유명사가 처음 나올 때 원어와 (인물일 경우) 생몰연대, 그리고 간단한 설명을 덧붙였다. 긴 설명은 하단에 각주로 처리하였다.
2. 본문에서 대괄호〔 〕안의 본문 크기로 표기된 부분은 저자의 부가 설명이며, 괄호 ( ) 안의 본문보다 작은 글씨로 표기된 부분은 번역자와 편집자 주이다. 본문에서 이탤릭체와 굵은 글씨로 표시된 부분은 원서에서 저자가 강조한 부분을 그대로 표기한 것이다.
3. 일련 번호가 붙은 주는 저자의 주석이며, 본문 하단의 각주는 번역자와 편집자의 주이다.
4. 이 책의 4부 2장부터는 그레고리력이 아닌 프랑스 공화국 혁명력으로 날짜가 표기되어 있다. 이는 프랑스 혁명정부가 1792년 9월 22일을 공화국 제1년 제1일로 하는 혁명력을 채택해 사용한 데 따른 것이다. 이 책은 혁명정부가 혁명력을 공포한 1793년 10월 5일을 기준으로 하여 이후의 날짜를 '프레리알 22일' '브뤼메르 18일' 등 혁명력으로 표기하였다. 그레고리력과의 비교는 책 뒷부분의 '프랑스 공화국 혁명력' 참조.

'문제적 인간' 시리즈를 펴내며

 죄르지 루카치는 《소설의 이론》에서 근대 소설의 주인공을 '문제적 개인'이라고 이름 붙였다. 이 변화무쌍한 세계 속에 내던져져 자신의 운명을 알지 못한 채 신념의 푯대에 의지해 좌충우돌하며 자기 길을 찾아 떠나는 파우스트적 존재를 지칭하는 말이었다. 그 존재의 행보야말로 근대적 주체의 전형적 모습이다.

 '문제적 인간' 시리즈는 이 근대적 주체성을 삶의 형식 안에서 극대치로 전개한 이념형적 인물을 재발견하는 작업이다. 정치의 영역에서뿐만 아니라 사회·문화 모든 영역에서 이 '문제적 인간'은 발견된다. 낙관적 전망 위에 선 그들은 진취적이고 창조적이며 영웅적이다. 그러나 동시에 전망 부재의 실존적 장벽에 부딪힌 문제적 인간은 퇴행적이고 파괴적이며 퇴폐적이다. 긍정적인 인격 속에 이미 부정적 속성이 긴밀하게 결합된 경우도 적지 않다. 철저히 부정적인 듯 보이는 인물 내면에 좌절한 창조성이 숨어 있기도 하다.

 이 시리즈는 근대적 주체의 모순을 극한까지 밀어붙였던 인물들을 추려내 그들의 삶과 의식의 단면을 절개해 보여주는 것을 목표로 한다. 긍정적인 면이 강하든, 부정적인 면이 강하든 그들의 삶의 총체적 인식은 근대적 주체가 이룬 성과뿐만 아니라 그 주체가 봉착한 딜레마와 한계치까지 드러내 보여줄 것이다.

차례

- 한국어판 머리말—최갑수(서울대 서양사학과 교수) **9**
- 머리말 **28**
- 2판 머리말 **38**
- 프랑스 혁명기의 주요 정파 **43**
- 프랑스 혁명 개요 **44**

1부 인권의 투사
    1장 루소의 아들, 로베스피에르 **49**
    2장 혁명의 심장, 파리 입성 **77**
    3장 특권층과의 전쟁 **113**
    4장 혁명의 파수꾼 **143**
    5장 환호하는 일반의지 **167**

2부 혁명의 혁명
    1장 내부의 적 **199**
    2장 민중 봉기 **253**

3부 공화국의 탄생
    1장 파리 코뮌 **303**
    2장 아, 프랑스 공화국 **339**

    3장 반혁명 음모 **377**
    4장 마라의 죽음 **415**

4부 자유의 독재
    1장 공포정치의 등장 **437**
    2장 승리의 여신 **473**
    3장 단두대에 선 당통 **503**

5부 혁명의 붕괴
    1장 최고 존재 **567**
    2장 위기의 공포정치 **587**
    3장 막다른 길 **615**
    4장 숨가쁜 최후 **641**

- 프랑스 공화국 혁명력 **683**
- 프랑스 혁명사 연표 **684**
- 프랑스 혁명의 주요 인물 **694**
- 옮긴이 후기 **733**
- 용어 찾아보기 **739**
- 인명 찾아보기 **745**

| 한국어판 머리말 |

혁명의 로베스피에르, 로베스피에르의 혁명

최갑수(서울대 교수·서양사학)

서양사의 문외한들에게도 프랑스 혁명은 낯선 용어가 아니다. 중·고등학교 교과서에서 근대세계를 빚어낸 세계사적 사건으로 높이 기린 탓일 것이다. 실제로 프랑스 혁명은 하나가 아니었다. 1789년 5월 5일에 삼부회의 소집으로부터 나폴레옹의 브뤼메르(안개의 달) 18일(1799년 11월 9일)에 이르는 일련의 사건들을 통칭하여 흔히 프랑스 혁명이라고 하지만, 1830년의 '7월 혁명'이나 1848년의 '2월 혁명', 또는 1871년의 '파리 코뮌' 역시 그 이름을 가질 충분한 자격이 있거니와 심지어 한 세기 후인 1968년 '5월 혁명'에도 그 명칭이 주어지곤 한다. 19세기에 "파리가 기침을 하면 전 유럽이 독감에 걸린다."는 속설이 말해주듯이 18세기 말부터 거의 1세기 동안 파리는 가히 혁명의 수도였으니, 아예 그 여러 혁명을 뭉뚱그려 하나의 프랑스 혁명으로 볼 수도 있다. 이렇게 프랑스 혁명을 여러 개의 혁명이나 '영구 혁명'으로 파악할 경우, 1789~1799년의 혁명은 아무래도 동류로 취급할 수 없어 종종 '대혁명'이라는 별도의 이름을 갖게 된다. 진정한 의미의 사회 혁명의 시발이자 가장 큰 규모의 혁명에 속하니 능히 그런 칭호를 받을 만하다고 하겠다.

1

하지만 우리가 여전히 프랑스 혁명을 기억하는 까닭은 역시 그것이 '진정한 근대'의 이전과 이후를 가르는 가장 높은 분수령이기 때문일 것이다. 이는 프랑스 혁명이 이룩한 성취의 내용을 일별하는 것만으로도 쉽게 알 수 있다. — 인권선언, 기본권, 자유, 평등, 우애, 혁명, 국민, 국민국가, 국민주권, 시민권, 헌법, 대의제, 정교분리, 호적, 박물관, 국립문서고, 의무교육, 국경일, 국기, 국가(國歌), 국민군, 개병제, (제한)선거제, 균질적인 지방행정제, 도량형제, 입헌주의, 자유민주주의, 신교도 및 유대인의 해방 등. 물론 이런 모든 것들이 프랑스 혁명에서 비롯한 것은 아니며, 혁명이 그 모든 것을 완성시킨 것도 아니다. 하지만 프랑스 혁명을 통해 이것들은 구체성을 획득했으며 전체적으로 근대세계의 본질적인 요소가 되었다. 그러기에 프랑스 혁명이 이룩한 '근대성'은 2세기가 넘는 시차와 1만 킬로미터가 넘는 거리에도 불구하고 여전히 동시대적이며, 그것과는 매우 다른 문명권에 속했던 우리의 오늘날의 현실의 적지 않은 부분들이 그 혁명에 역사적 근거를 갖고 있는 것이다.

프랑스 혁명기는 우리 역사로 보자면 조선조의 정조 치세기(1777~1800) 말엽에 해당하는데, 우리가 만일 그 시절로 되돌아갈 수 있어 동시대인인 정약용(1762~1836)과 우리의 주인공 로베스피에르(1758~1794)와 만나 대화를 한다고 할 때 우리의 조상인 다산보다 푸른 눈을 가진 이방인을 더 잘 이해할 법한 까닭도 바로 여기에 있다. 오늘날 우리의 삶과 존재방식을 규정해주는 사고의 기본틀과 그것을 표현해주는 핵심적인 범주와 용어들이 정조기의 그것들보다는 프랑스 혁명기의 그것들과 더 가까운 친화성을 지니기 때문인 것이다. 바꿔 말하면 오늘날의 우리와 2세기 전의 프랑스 혁명 사이에는 유럽이 이룩해낸 그 '근대성'에 적응하기 위한 참으로 힘겨웠던 우리의 고난의 역사가 놓여 있는 것이다.

프랑스 혁명의 현재성은 여기서 그치지 않는다. 혁명은 '근대성'(이것을 '근대성1'로 규정하자)을 뛰어넘는 또 다른 '근대성'(곧 '근대성2')을 또한 제시하였다. 혁명력 2년(1793년 9월 22일~1794년 9월 21일)의 이른바 '민중 혁명'이 바로 그것이다. ─ 보통선거제, 인민주권, 민중운동, 혁명정부, 노동권, 교육권, 행복추구권, 통제경제, 국민총동원령, 소유권의 제한, 생존권, 의무교육제, 국민구호제, 향유의 평등, 민중협회, 공화국, 혁명력, 민중민주주의, 직접민주주의, 사회민주주의, 평등주의, 노예제 폐지와 노예 해방, 식민지 해방투쟁, '영구 혁명' 등. '근대성2'는 '근대성1'의 한계를 넘어서려고 노력하는 가운데 나타난 것이었다.

제헌의회가 1789~1791년에 이룩한 '신체제'는 '구체제'와는 근본적으로 다른 근대세계의 기본 원리를 잠재적으로 구현한 것이기는 했지만, 제헌의원들이 '1791년의 헌법'을 통해 제시한 구체적인 대안은 대의제에 입각한 자유주의였다. 오직 일정한 수준의 재산을 가진 자들만이 참정권을 갖게 되는 체제였다. 소유권을 새로운 사회 질서 및 정치 체제의 토대로 삼음으로써 새로운 사회 세력인 부르주아들의 우위권을 보장하겠다는 의도였다. '인권선언'에서 자유는 평등과 결합되어 있었지만, 그것은 특권 계급의 타도와 귀족제의 폐지를 정당화하는 것이었을 뿐, 민중을 동반자로 받아들인 것은 결코 아니었다. 따라서 그 평등은 권리의 평등에 불과했다. 하지만 자유가 소유권의 기반 없이는 유지될 수 없는 것이라면, 설사 권리의 평등이라고 할지라도 결국 그 자유와 평등은 양립하기 어려운 것이 아니겠는가?

산악파(로베스피에르를 포함하는) 및 파리 민중(상퀼로트)의 평등주의는 권리의 평등을 실질적으로 보장하려는 노력의 산물이다. 이들은 자유와 평등을 조화시키려고 노력하는 가운데 새로운 사회정치 질서의 토대인 소유권의 문제에 다가설 수 있었고, 기존의 소유제에 변경을 가하려고 했다. 프랑스 혁명은 이렇듯 비록 단명했지만 제한적인 대의민주주의를 넘어서는 사회민주주의를 단지 이상으로서가 아니라 구체적인 현실로서 제시하여 새로운 사회를 열망하는 후대인들에게 하나의 전범이 되었다. '혁명력 2년'이 제시한 강령이 유럽에서조차 구체화되는 것이 제2차 세계대전 이후의 일이고 보면, '근대성2'가 여전히 우리의 인식 지평 저 앞에 있는 선진적인 것임을 부정하기 어렵다.

또한 프랑스 혁명은 근대를 향한 또 다른 길을 제시하였다. '현실사회주의'의 죽음을 목도한 우리로서 그것이 근대성의 한 단계인지, 아니면 그것을 넘어서는 이른바 '탈근대'의 한 계기인지를 자신 있게 판별하기는 어렵지만, 우리는 혁명에서 '제3의 근대성'을 추출해낼 수 있다. 그것이 바로 바뵈프(François-Noel Babeuf, 1760~1797)의 공산주의이다.―사적 소유제의 폐지, 공산주의, 평등주의자의 음모, 혁명적 독재, 사회주의 등. 그 역시 사회의 목표가 공공의 행복에 있으며 혁명은 모든 시민에게 '향유의 평등'을 보장해야 한다고 주장했다. 하지만 그는 사유재산은 아무리 균등하게 분배된다고 하더라도 불가피하게 불평등을 야기한다고 생각했다. 그가 대안으로 제시한 것이 '재산과 소유의 공동체'였다. 그는 권리의 평등을 완전하게 실현할 수 있는 유일한 대안으로서 생산수단의 사적 소유 폐기와 공산주의적 민주주의 수립을 구상했으며, 그 실천 방략으로서 '평등주의자의 음모'를 시도하였다. 사상적으로 잘 무장한 혁명적 소수가 동조 세력의 지지기반 위에서 무장봉기를 통해 국가권력을 탈취하고 '혁명적 독재'에 의해 대중의 지지를 획득한다는 혁명 전략이 바로 그것이다. '근대성3'은 당시에는 하나의 시도, 미완의 구상에 불과했지만 자본주의를 넘어서려는 사회주의 운동의 역사적 선례가 되었고, '현실사회주의'의 원천인 혁명적 전통의 발원지였다.

2

이렇듯 프랑스 혁명이 빚어낸 '근대성'은 중층적이고 복합적이며 모순적이다. 불과 10년밖에 되지 않는 짧은 기간에 이후 2세기에 걸쳐 후대가 겪을 일련의 단계적 변화를 압축적으로 경험한 것이다. 어떻게 이런 일이 가능했을까? 여기서 우리는 선험적 고정관념에서 벗어나야 한다. 혹자는 그러기에 혁명이 아닌가라고 반문할 수 있다. 하지만 역사상 실패한 혁명은 차치하고서라도 성공한 대혁명들조차 대부분 그 근대성의 어떤 단계에서 멈추거나 한 측면에 국한하는 데 그쳤다. 예컨대 1640년대의 내전에서 1688년의 명예 혁명에 이르는 '영국 혁명'이나 18세기 후반기의 미국 혁명(1763~1791)은 기본적으로 '근대성1'의 수준에서, 그것도 다소간 제한된 형태로 고착되는 것으로 끝났다. 러시아 혁명은 '근대성3'은 이룩했지만 '근대성1'과 '근대성2'를 내면화하는 데 끝내 실패였고, 중국의 공산 혁명 역시 기본적으로 '근대성3'을 이룩하는 것을 기본 목표로 지녔다. 물론 이런 평가가 지나치게 일면적일 수 있다. 왜냐하면 프랑스 혁명 역시 기본적으로는 '근대성1'을 주조(主調)로 가졌다고 볼 수 있기 때문이다.

하지만 역시 부르주아지라는 새로운 사회 세력이 새로운 지배 세력으로 부상하는 계기가 되었다는 이른바 '부르주아 혁명' 내지 '시민 혁명'의 경우에만 국한해 보더라도 프랑스 혁명의 보편성은 돋보인다. 부르주아들의 정치적 지배권을 확립하기 위한 움직임이 한때 민중운동의 거센 도전에 직면했고, 부르주아 소유권을 확립하기 위한 노력이 그 폐지의 강령을 불렀으며, 식민지의 경제적 이익에 집착했던 혁명 세력의 존재에도 불구하고 노예제가 폐지되고 한 식민지(아이티)가 유색인 최초로 독립을 획득했으니 말이다. 영국 혁명이 영국인의 자유에 집착했고, 미국 혁명이 보통선거제를 일부 도입하기는 했지만 흑인의 해방은 상상조차 하지 못했음과 비교해본다면, 프랑스 혁명이 드넓은 기대 지평을 지녔음을 우리는 부정하기 어렵다. 어떻게 이것이 가능했을까?

한마디로 말한다면, 프랑스 혁명의 무대에 당시로는 상상조차 하기 어려운 많은 사람들이 대거 가담했기 때문이다. 사실 이를 온전하게 설명하는 것이 그간의 혁명 연구의 주목적이었다고 해도 과언은 아니다. 여기서는 프랑스 혁명의 폭발성과 현란함을 야기한 기본적인 조건만을 그려보자. 먼저 지적할 것은 혁명 이전인 '구체제'의 정치 현실이다. 흔히 구체제의 정치 체제를 절대주의라고 하는데, 여기서 정치 계급은 국왕과 그 혈족들, 그리고 그들을 중심으로 하는 귀족과 일부 고위 성직자, 그리고 그들의 하수인이라고 할 수 있는 일부 부르주아들로 구성되었다. 그 수를 최대한 잡아도 혁명 직전 2800만 명에 달하는 전 인구 가운데 기껏 1%나 되었을까? 구체제에서 정치는 소수 특권층의 놀음이었고, 민중은 말할 것도 없고 상당한 재산을 지닌 부르주아들도 대부분 거기서 배제되어 있었다. 하지만 전 인구의 10%가 넘는 부르주아들은 정치적 무능력과 사회경제적 힘 사이의 괴리를 곱씹으면서 계몽사상을 통해 자의식을 키워가고 있었다.

이것 못지않게 중요한 사실은 프랑스의 경우 도시와 농촌의 민중층이 언제든지 정치 무대에 뛰어들 수 있는 조직력을 지녔다는 점이다. 수도로서 파리가 갖는 중요성, 그곳에 소상점주와 수공업자로 이루어진, 결코 무산층이라고 볼 수 있는 굳건한 민중 세력이 지리적으로 집중되어 있었다는 점, 프랑스의 농민들은 대체로 영국의 동류와 마찬가지로 인신적으로 자유로우면서도 그들과는 달리 대부분 토지보유자였고 촌락공동체로 결집되어 있었다는 점 등은 유럽의 그 어떤 나라와 비교해서도 민중층이 꽤 강력한 정치 세력으로 동원될 수 있는 유리한 여건을 마련해주었다.

이런 절묘한 사회경제적 구도 속에서 혁명적 상황이 조성되었다. 혁명은 결코 불가피한 것이 아니었다. 그 위기적 상황을 혁명으로 끌어올린 것은 무엇보다도 구체제 정치 계급 내에서의 갈등과 대립이었다. 18세기 프랑스 군주제는 영국과의 이른바 '제2차 백년전쟁'을 통해 만성적인 적자에 시달렸고 1770년대의 미국 독립전쟁에 참전한 이후 상황은 더욱 악화되었다. 국고 수입의 절반 이상을 공채 이자로 내주어야 했다. 프랑스는 결코 가난한 나라가 아니어서 해결책은 있었고 또 국정담당자들은 그것을 알고 있었다. 가장 부유한 귀족과 성직자, 그리고 상당수의 부르주아들은 면세특권을 누렸던 반면에 주로 농민들이 과세를 부담했다. 따라서 특권층에 세금을 부과하면 재정적자는 얼마든지 해소할 수 있는 것이었다. 만약 특권 계급이 공공정신을 지녔다면 조세 개혁은 얼마든지 가능한 일이었다. 하지만 그들은 그것을 거부했다. 그들은 특권에 악착같이 집착했고 모든 개혁을 거부한 채 그간 국왕에게 빼앗겨온 국정 개입권을 되찾으려고 했다. 1787~1788년의 이른바 '전(前)혁명'이 벌어진 것이다. 놀랍게도 프랑스 혁명을 시작한 것은 다른 사람들도 아닌 바로 엄청난 기득권을 누리던 특권 계급이었던 것이다.

  부르주아들은 특권층이 '국민'의 대변자로 자처하며 국왕과의 혈전을 벌이는 것을 숨죽이며 지켜보고 있었다. 마침내 국왕이 굴복했다. 특권층의 요구대로 신분제 의회인 '삼부회'를 1789년 5월 초에 소집하겠다고 국왕은 약속했다. 특권층은 자신들의 강령을 실현할 수 있는 절호의 기회로 보아 자신들이 주도권을 장악할 수 있는 방식으로 '삼부회'를 구성하고자 했다. 이제까지 무대 밖에서 예의 주시하고 있던 부르주아들이 놀라운 순발력을 보이면서 싸움판에 끼어들었다. 그들은 특권층의 정체를 파악하고는 그들을 '국민'에서 배제하고 스스로 국민의 대변자로 자처하였다. 1788년 가을에서 다음해 봄에 걸쳐, 그리고 급기야 삼부회 소집을 통해 완벽하게 정치적 주도권을 장악해 가는 이 놀라운 반전은 부르주아들이 '준비된 사람들'이었음을 명확하게 보여준다. 그들은 사태의 본질을 꿰뚫고 있었고 자신들의 주장을 명료한 강령으로 제시할 능력과 그것을 실천에 옮길 의지를 지녔다. 하지만 오해해서는 안 된다. 그들은 출신 성분에서 결코 혁명을 추구할 사람들이 아니었다. 그들은 잃을 것이 많았다. 따라서 혁명적 부르주아지란 어쩔 수 없이 생겨난 존재였다. 만약 혁명의 이 초기 단계에서 특권층이 타협을 모색했더라면 혁명은 그 단계에서, 바꿔 말하면 영국 혁명이나 미국 혁명의 수준에서 마무리되었을 것이다.

사실이지 19세기의 유럽사를 보면 특히 서구에서 지배층이 귀족 위주에서 바로 아래층에 있는 부르주아들을 흡수하여 사회적 기반을 확대하면서 자유주의를 내면화해가는 과정을 우리는 쉽게 확인할 수 있다. 프랑스도 19세기 중엽 이후에 결국은 그런 과정을 겪게 될 것이었다. 하지만 1789년을 전후하여 그런 일은 일어나지 않았다. 특권 계급이 개혁의 흐름에 완강하게 저항했기 때문이다. 여기서 국왕과 군주제의 향배가 결정적인 중요성을 지닌다. 프랑스 군주제는 중세 이래로 특권층의 정치적 영향력을 희생시켜 자신의 권력을 강화시켜왔고, 그 과정에서 자연스럽게 '백성의 아버지'로서의 이미지를 배양하였다. 그러니까 중세 이래의 오랜 전통은 귀족을 중심으로 하는 특권 계급에 대항하여 국왕이 평민층의 대표격인 부르주아지 및 도시와 한 세력을 이루는 형세였다.

그런데 제3신분(곧 평민층)의 대표들이 삼부회를 통해 개혁의 주도권을 장악하려는 시도를 하자 프랑스 국왕은 그야말로 유서 깊은 전통을 저버리고 특권층과 행보를 같이하기 시작하였다. 국왕이 귀족과 같은 사회 계급에 속한다는 것을 최종적으로 확인해주는 장면이었다. 독자적인 군사력을 갖지 못한 삼부회의 부르주아 대표들에겐 두 가지 선택이 있을 뿐이었다. 국왕이 동원하는 군사력에 굴복하든지, 아니면 민중층에 호소하든지. 그 어느 쪽도 위험하긴 마찬가지였다. 전자는 예전과 같은 굴욕적인 삶을 계속하는 것을, 후자는 민중층과의 타협 내지 그들의 요구를 수용하는 것을 뜻했다. 전자를 택할 수 없는 삼부회 대표들로서 가능한 유일의 대안은 결국 민중과의 협력 체제를 구축하는 것이었다. "자유 아니면 죽음!"이란 구호는 이렇게 해서 나타났다. 1789년 7월 14일의 바스티유의 함락은 이제 부르주아들이 도시민중층과 결합했음을, 8월 4일 밤의 선언(제헌의회의 봉건제 폐지 의결)은 농촌의 민중층, 곧 농민층에 합류했음을 말한다. 혁명적 부르주아지가 형성된 것이다.

하지만 그렇다고 '국왕+특권 계급'에 대항하는 '부르주아지+도시와 농촌의 민중'의 연합전선이 어떤 항구적인 틀을 갖추었다는 것은 아니다. 그러기는커녕 역사적 경험에 비추어 볼 때 부르주아들은 유산자로서 기회만 있으면 민중에 등을 돌려 지배층에 가담하곤 하였다. 프랑스사를 돌이켜 본다면 이러한 부르주아지와 민중층의 연대는 참으로 예외적인 것이었다. 1789년 여름이 끝나갈 무렵에도 프랑스 혁명이 입헌군주제라는 중도적인 길을 통해 종식될 가능성은 여전히 상존하였다. 다만 조건이 하나 있었다. 그것은 국왕이 절대군주제에서 입헌군주제로의 이행을 굴욕으로 받아들이지 않고, 특권 계급이 부르주아들과 권력을 공유하는 타협책을 받아들여야 한다는 것이었다. 하지만 그들은 그러기에는 너무 과거에 집착했고 또 완고했다. 이리하여 혁명이 시작되는 그 시각부터 반혁명이 마치 동전의 양면처럼 생겨나서 혁명에 강한 추동력을 부여하였다.

부르주아들은 민중층에 호소할 수밖에 없었고, 광범위한 동원력을 지녔던 민중들은 부르주아들의 자극 아래 정치화되어 혁명에 이제껏 상상할 수 없는 규모의 폭발력을 부여해주었다. 프랑스 혁명의 그 엄청난 격변, 그리하여 '근대성1'의 단계에서 혁명이 마무리되지 않고 '근대성2'의 단계를 야기하고 그 경험 위에서 '근대성3'을 배태하게 되는 참으로 엄청난 사람들의 목숨을 앗아가는 급진화가 이렇게 해서 구조화하기에 이르렀던 것이다. 결국 이 혁명은 최소한 수백만 명의 사람들을 휘몰아갔던 막대한 동원력을 소진한 뒤에야 진정될 수 있었다. 나폴레옹이 프랑스에 화평을 가져다 준 것이 아니라 저 깊은 사회구조에 뿌리를 내린 동력의 탈진이 그것을 가능케 했던 것이다.

3

혁명사에서 로베스피에르가 차지하는 역사적 위치는 바로 여기에 있다. 그는 위대한 웅변가도 아니었고 뛰어난 조직가도 아니었다. 하지만 그는 사태를 명석하게 분석하고 그것을 의지를 통해 입증해낼 수 있는 능력을 지녔다. 그는 혁명 초기부터 이미 민주주의자로서 평판을 지녔고 죽을 때까지 그 자세를 유지했다. 그가 민주주의자였음은 곧 혁명 프랑스가 대내외적인 반혁명의 위협 앞에서 굳건하게 살아남으려면 민중의 광범위한 지지가 불가피하다는 것을, 곧 스스로 혁명적 부르주아로서 민중 세력과의 연대를 적극 보듬어야 한다는 것을 명확하게 감지하고 있었음을 말한다. 그는 그것을 단순히 전술이나 전략의 차원이 아니라 신념으로서 추구하였다. 민중에 대한 그의 사랑은 뜨거운 가슴이 아니라 냉철한 머리에서 비롯한 것이었다.

혁명 초에 로베스피에르의 영향력은 미약했다. 입헌군주제를 통해 옛 특권층과 혁명적 부르주아지가 타협을 모색할 가능성이 있는 한, 그의 민주주의가 혁명적 부르주아들의 지지를 획득하기란 난망한 일이었다. 이 시기의 영웅은 혁명적 부르주아지의 정당성의 토대로서 국민주권론을 이론적으로 제시한 시에예스(1748~1836), 입헌군주제의 가능성을 끊임없이 탐색한 '미독립전쟁의 영웅' 라파예트(1757~1834), 당대 최고의 웅변가 미라보(1749~1791), '삼두파'의 바르나브(1761~1793), 라메트(1757~1832), 아드리앙 뒤포르(1759~1798) 등이었다. 만약 그 타협이 가능했다면 이들은 새로운 프랑스의 지도자로 각광을 받았을 것이다. 하지만 그 타협이 사실상 불가능한 상황에서 결국 파리의 민중이 보기에 이들은 혁명의 배신자에 불과했고 그것으로 이들의 운명은 결정되었다. 해외로 망명하든가, 언행을 삼가고 자중자애하며 몸을 보신하든가, 아니면 단두대에 올라야 했다.

여기에서 1791년 6월의 국왕의 국외 탈주 시도는 하나의 분기점을 이룬다. 그것은 신·구 세력의 타협을 사실상 불가능하게 만든 폐쇄회로의 역할을 했다. 이제 그 타협을 추구하는 행위는 반혁명이 되었고, 공화정이 대안으로 제시되기 시작했다. 로베스피에르가 푀양파의 이탈로부터 자코뱅 클럽을 지켜내 급부상하게 된 것도 이 즈음이었다. 하지만 당장에 그가 혁명적 부르주아지와 민중의 연대를 이끌어낼 만큼의 지도력을 갖추었던 것은 아니다. 그러기에는 민중에 대한 부르주아들의 경멸감은 너무나 컸다. 근왕세력이 파리 민중을 잔인하게 진압한 '샹 드 마르스 광장의 학살 사건'이 일어난 가운데 입법의회의 주도 세력으로 등장한 것이 브리소(1754~1793)를 위시로 하는 지롱드파였다. 대프랑스 동맹 국가들과의 전쟁이 점차 불가피하게 되면서 국왕이나 '삼두파'의 위선이 폭로되고 그 와중에 지롱드파가 정부 권력을 장악하게 되었지만, 민중과의 동맹을 끝내 거부했던 그들 역시 푀양파의 전철을 밟으면서 그들이 일으킨 전쟁의 희생자가 되었다.

　로베스피에르가 혁명의 지도자로 부상하게 된 것은 바로 이런 상황에서였다. 대내외적인 반혁명에 직면하여 의회는 "조국이 위기에 처해 있다."라고 선언했다. 이제 그가 오랫동안 주장해왔던 혁명적 부르주아와 민중 세력의 결합 이외에 혁명을 구한 방도가 없음이 뚜렷해졌다. 1792년 여름 이후 지롱드파는 대부분이 보수의 편으로 돌아섰고, 로베스피에르, 마라, 당통과 같은 민주 인사들이 정치일선으로 부상했으며 '봉기 코뮌', 민중투사들, 코르들리에 클럽이 새로운 권력의 담지자가 되었다. 혁명의 지도자로서 로베스피에르의 탁월성은 이때부터 빛을 발하기 시작했다. 그는 혁명정부의 이데올로그이자 혁명 프랑스의 조타수로서 우파의 부동주의, 좌파의 모험주의 양자를 모두 배격하였다. 그는 민중세력의 동참과 민중 운동의 활력이 혁명을 지켜내는 데 무엇보다도 필요함을 인식하여 그들의 요구사항을 수용하고 지롱드파의 숙청을 받아들였다. 하지만 그는 결코 민중주의자는 아니었다. 그는 언제나 그렇듯이 냉철한 부르주아로서 혁명의 헤게모니를 굳건하게 지키고자 했고 결국 격앙파의 제거를 단행하였다. 혁명의 역설은 프랑스를 살리기 위해 혁명정부를 조직하여 결국 그것을 통해 승리를 이룩해냈지만, 그 승리를 조직화하는 과정에서 민중운동의 활력을 소진시켰다는 점이다. 그리고 바로 이것이 로베스피에르 몰락의 궁극적 요인이었다.

4

이 책은 로베스피에르에 초점을 맞추어 프랑스 혁명의 이 냉혹한 과정을 숨가쁘게 그려내고 있다. 그런 점에서 이 책은 일종의 '혁명 전기'이다. 한 혁명가의 초상이라기보다는 로베스피에르라는 독특한 성품의 소유자라는 거울에 비쳐 본 혁명의 일대기라는 말이다. 이는 그가 지도적인 혁명가 가운데 유일하게 혁명의 시작부터 테르미도르(안개의 달)의 반동(1794년 7월)에 이르는 5년 반의 기간('혁명의 상승기')을 온전하게 산 유일한 인물이기 때문에 가능한 것이다. 우리는 그의 연설과 행동을 통해 혁명의 몸짓과 목소리를 듣고 있는 것이다.

하지만 여기에 바로 혁명의 비극이 있다. 평화로운 시기라면 로베스피에르와 같은 급의 인물을 통해 국정의 동향을 얼마든지 파악할 수 있을 것이다. 한 개인의 전기가 훌륭한 역사 서술이 될 수 있는 이유이다. 하지만 혁명기에는 다르다. 특히 프랑스 혁명과 같이 무수한 개인들이 홀로 또는 집단으로 열정과 증오를 폭발시키고 깊이를 알 수 없는 역사의 심연이 사회구조의 틈새로 언뜻언뜻 모습을 드러내는 경우, 아무리 큰 덩치를 가진 혁명가라고 하더라도 참으로 왜소한 존재이며 혁명의 흐름은 인간, 아니 인간들의 행위들의 총합임에도 불가항력의 객관적 조건이 된다. 그러기에 프랑스 혁명은 구조적인 요인만으로 남김없이 설명할 수 없는 혁명적 역동성과 그것을 통제하려는 인간들의 의지가 첨예하게 대립한 비극적 실험으로 보이는 것이다. 로베스피에르에만 초점을 맞추어서는 혁명의 구도를 온전히 드러낼 수 없는 이유가 여기에 있으며, 그런 까닭에 이 책은 그에 대한 훌륭한 전기임에도 언뜻 독자들의 편안한 접근을 기피하는 듯 보인다.

하지만 역설적으로 이 점이 바로 이 책의 매력이다. 독자 여러분은 새로운 사회를 이룩해낼 수 있다는 빛나는 희망이 넘쳐나면서도 그것을 어느 누구도, 아니 어느 집단도 손아귀에 넣을 수 없는 상황을 상정해보라. 다른 세력들과의 투쟁 과정에서 민중과의 동맹이 흔들린다고 느낀 생쥐스트가 "혁명이 얼어붙었다."라고 부르짖었던 정황이 바로 이것이리라! 그리고 이런 속에서 혁명의 조타수 로베스피에르의 심경을 헤아려보라. 여러분은 이 책이 전하는 그의 목소리를 통해 그의 내공을 가늠해볼 수 있으며, 그의 고민과 고통을 느낄 수 있을 것이다. 그 고민과 고통 안에서 로베스피에르의 순수한 열정을 읽어낼 수 있다면 더할 나위 없는 일이 될 것이다. 그것이 로베스피에르라는 한 개인의 인간적 완벽함을 주장하는 것이 아님은 물론이다. 그가 자신의 순수한 열정을, 열정의 순수성을 혁명의 열정 속에서 그 최고 수위까지 밀어올림으로써 어떤 극한의 사태, 역사의 무게 앞에서 자기 실존의 한계를 넘는 과

잉의 사태에 봉착한 것은 사실이기 때문이다. 공포정치의 한가운데서 그는 자신의 순결한 신념을 지키려 몸부림치지만, 혁명의 파도는 그를 한계의 극단으로, 문제적 상황으로 떠밀려가게 했다. 그러나 동시에 그가 그 극한의 사태를 통해 혁명의 선명한 경로를 보여줌으로써 근대성의 지평이 열리는 데 가장 중요한 역할을 했음은 물론이다. 참으로 여러분은 이 책을 통해 근대성의 탄생의 산고에 동참할 수 있을 것이다.

5

마지막으로 이 책의 사학사적 위치를 짚어보자. 저자인 장 마생은 사료를 풍부하게 다뤄 전기 작가라기보다는 전기사가(傳記史家)라고 할 수 있다. 그가 쓴 많은 전기 가운데 혁명가를 다룬 것은 이 책의 주인공인 로베스피에르 말고도 마라, 나폴레옹 등이 있다. 이 책의 저자처럼 스스로를 역사가로 간주하는 경우, 책의 출간연도가 그 성향을 이해하는 데 매우 중요하다. 이 책의 초판이 출판된 것이 1956년이다. 이때는 당시 프랑스 혁명사의 대가인 조르주 르페브르(Georges Lefebvre, 1874~1959)가 생존하여 노년에도 국제적 차원에서 혁명사 연구를 조율하던 시기였다. 이 시기만 해도 대체적으로 혁명사 연구는 프랑스 사학계의 주도 아래 파리대학, 프랑스 혁명사연구소, '로베스피에르학회' 등을 중심으로 이루어지고 있었으며, 연구자들 대부분은 프랑스 혁명을 기본적으로 시민 혁명으로 보는 혁명 해석을 공유하고 있었다.

물론 이런 혁명 해석과 연구 전통을 풍성하게 하는 데 르페브르가 큰 기여를 하기는 했지만 그 초석을 놓은 사람은 프랑스 최초의 전문적인 혁명사가인 알퐁스 올라르(Alphonse Aulard, 1849~1928)였다. 1880년을 전후하여 프랑스에 제3공화정이 확고하게 자리를 잡아가면서 파리시청이 기금을 마련하여 파리대학에 '프랑스 혁명사 강좌'를 개설하고 첫 번째 주임교수로 그가 취임한 것이다. 그는 폭넓은 사료 편찬 작업을 벌이면서 프랑스 혁명의 정치사를 구축하는 데 진력했는데, 제3공화정 초기에 정계를 장악했던 온건한 공화파와 친분이 두터웠고 본인 자신이 온건한 공화주의자였다. 우리의 주인공인 로베스피에르와 연관시켜 본다면 그와의 악연은 이미 이 시기부터 시작하고 있었다.

앞서 지적했듯이 로베스피에르가 혁명의 지도자로 급부상한 것은 1792년 이후의 일이며 여기에는 그의 민주주의자로서의 면모가 큰 역할을 하였다. 그와 유사한 생각을 가졌던 혁명가들이 없었던 것은 아니지만 마라(1744~1793)는 혁명정부와 공포정치가 본격적으로 들어서기 직전인 1793년 7월 13일에 암살당했고, 대프랑스 동맹에 대한 혁명 프랑스의 방어에 큰 역할을 했던 당통(1759~1794)은 공포정치를 완화시키자고 주장했다고 하여 1794년 4월 5일에 다른 '관용파' 인사들과 함께 처형되었다. 공포정치에 대해선 로베스피에르에 비해 훨씬 더 큰 책임을 져야 마땅한 공안위원회 내의 이른바 '공포정치가들'로서 콜로 데르부아(1749~1796), 비요바렌(1756~1819) 등이 있었지만, 이들은 테르미도르 반동의 획책자들로서 공포정치의 책임을 로베스피에르와 그의 추종자들에게 몽땅 전가시켰다. 이리하여 로베스피에르에게는 부당하게도 공포정치의 망령이 오늘날까지도 그를 휘감고 있는 것이다.

사정이 이렇기에 공포정치의 망령을 신생 공화정으로부터 걷어내 공화정의 위신을 높이고자 했던 집권 공화파의 의지를 받아 올라르는 같은 공화주의자이면서 공포정치의 때가 덜 묻은 당통을 혁명의 표상으로 내걸었다. 문제는 두 가지 차원에서 제기되었다. 하나는 19세기 말 이후에 온건공화파가 보수화되고 수세로 몰리면서 프랑스 정치의 이데올로기적 지형이 전반적으로 좌경화했다는 점이고, 다른 하나는 당통이 혁명의 화신이 되기에는 개인적인 흠결이 너무 많았다는 점이다. 참으로 가슴 아픈 것은 이런 문제를 제기하면서 올라르를 공격하고 혁명 연구의 새로운 전통을 확립시킨 사람이 올라르의 제자 가운데 가장 뛰어난 마티에즈(Albert Mathiez, 1874~1932)였다는 사실이다. 그는 사회적으로 중하층 출신으로서 러시아 혁명의 성과를 받아들이면서 혁명의 사회경제사에 주목했고, 아울러 광범위한 사료 작업을 통해 당통의 부패상을 폭로하고 대안적인 표상으로 로베스피에르를 내세웠다. '로베스피에르학회'를 만들어 혁명 연구의 새로운 기풍을 진작시킨 것도 그였다.

우리의 주인공으로 보자면 마티에즈를 만난 것은 행운이었다. 그는 당대 최고의 혁명사가답게 그 누구도 흉내내기 어려운 사료 작업을 통해 로베스피에르가 참으로 타의 추종을 불허하는 '청렴지사'임을 입증하여 그의 도덕적 권위를 한껏 높여주었을 뿐만 아니라, 그를 혁명정부와 민중운동을 결합시킨 탁월한 혁명 전략을 지닌 인물로 그려냈다. 여기에 러시아 혁명의 경험, 더 구체적으로는 레닌의 혁명상이 투영되었음은 물론이다. 하지만 그는 끝내 로베스피에르에 대한 전기를 쓰지 못하고, 역사가로서는 비교적 젊은 나이인 50대 말에 강의 중에 그만 뇌출혈로 생을 마감했다. 이 일을 계승한 것이 르페브르이다. 그는 마티에즈의 로베스피에르 복원 작업에 공감하여 그것을 계속 추진하였다. 로베스피에르가 혁명의 화신으로 우뚝 서고 마티에즈의 학풍이 혁명사 연구를 주도하게 된 것은 무엇보다도 르페브르의 공로가 아닐 수 없다.

이 책이 쓰여진 것은 바로 이 시기이다. 당시에 이미 로베스피에르 연구는 확고한 과학적 기반을 갖추었고 그 이후에 발견된 새로운 자료는 전무하다고 할 수 있다. 더욱이 당시는 프랑스 공산당의 도덕적 위신과 프랑스 좌파 지식인의 지적 영향력이 막강하던 시절이다. 따라서 이 책에는 한편으로 마티에즈-르페브르의 학문적 권위가, 다른 한편으로 혁명적 대의란 모든 것을 포기해서라도 지켜내야 할 역사의 원칙이라는 신념이 짙게 깔려 있다. '수정주의'에 의해 혁명의 해석이 크게 달라지고 '현실사회주의 몰락'으로 삶의 자세에 대한 판단이 많이 달라진 이때, 근대 혁명가의 한 전형인 로베스피에르를 만난다는 것이 단지 과거의 향수를 떠올리기 위함만은 아닐 것이다. 그것은 역사의 냉혹한 논리가 무엇인지를 스스로에게 되묻는 절호의 기회가 될 것이다. 이렇듯 장 마생의 이 책은 당대의 지적 성과를 충실히 다져 이루어낸 로베스피에르 전기의 고전이자 한 인간을 통해 이 '역사의 냉혹한 논리'를 밀도 있게 추적한 역작이다. 일독을 권한다.

2005년 7월 20일

| 머리말 |

선결 문제

본래 혁명가인 사람은 없다. 혁명가가 되는 것이다.
라자르 카르노

　프랑스의 위대한 작가들 중에는 두 범주가 있다. 아카데미 회원인 작가와 그렇지 않은 작가가 그것이다. 프랑스 혁명의 중요한 활동가들 중에는 훨씬 더 의미심장한 두 범주가 있다. 파리의 거리에 자신의 이름을 제공한 이와 그 이름이 결코 편지 봉투에 쓰이지 않는, 다시 말해 거리에 이름을 제공하지 않은 이가 그것이다.
　전시에 군대를 지휘하다가 반역죄를 저지르고 적군의 전열로 넘어간 라파예트 장군은 수도의 가장 넓은 도로들 중 하나를 차지했다. 궁정에 매수된 정치가 미라보는 사후의 보상으로 다리(橋)를 얻었다. 그들만큼 유능하지 못했던 바이이도 보잘것없지만 거리 하나를 얻었다. 루이 16세와 마리 앙투아네트의 보호자들이었던 말제르브, 드 세즈, 트롱셰, 쇼보라가르드는 마들렌 광장 주변을 지배한다. — 지방 출신이라는 불리한 지위와 과격한 언어 때문에 불리한 지롱드파는 그만한 호사를 누리지 못한다. 콩도르세는 고등학교를 얻었지만 페티옹과 루베는 고만고만한 거리에 만족한다. — 관용파 중에서는 데물랭, 파브르 데글랑틴 그리고 특히 당통이 만족스럽게 배당받았다. 그리고 테르미도르파, 즉 카르노, 랭데, 캉봉, 부아시 당글라, 캉바세레스, 뇌프샤토는 제일 좋은 몫을 차지했다.

그러나 마라 거리는 없다. 생쥐스트 거리는 분명히 있지만〔바티놀 공동묘지 근처〕, 그 이름은 국민공회 의원 생쥐스트에게서 따온 것이 아니다. 루이 다비드 거리도 분명히 있다. ─ 그는 위대한 화가이기도 하다(국민공회 의원로서가 아니라 위대한 화가로서 다비드를 높이 평가해서 거리에 그의 이름을 붙였다는 의미). ─ 르펠르티에 거리도 분명히 있다. ─ 그는 가장 먼저 암살되었다. ─ 그러나 로베스피에르 거리는 없다.

파리를 대표하는 국민공회 의원이자 공안위원회 위원이며 역사 개설서들에서 프랑수아 드 뇌프샤토보다 더 자주 거명되는 로베스피에르는 파리에서 공식적으로 무시된다.

로베스피에르가 부아시 당글라보다 더 재능이 있었기 때문일까? 미라보나 당통처럼 매수되지 않았기 때문일까? 라파예트처럼 자기 조국을 배신하지 않았기 때문일까? 그렇지 않다면 왜일까?

바로 그것이, 겉보기에 하찮아 보이지만, 로베스피에르에 관한 이 연구를 시작하면서 내가 독자들에게 생각해보도록 요청하고 싶은 문제이다.

국민공회 시기 '늪지파'*에 속해 있었고, 이후 제2통령이 된 기회주의자 캉바세레스는 결코 열렬한 로베스피에르파가 아니었다.

....
늪지파(le Marais) 국민공회의 중도파. 평원파(la Plaine)라고도 한다.

그러나 그는 한때 나폴레옹 보나파르트에게 로베스피에르의 재판이 변론 한 번 없이 판결되었다고 말할 만한 용기를 지니고 있었다. 테르미도르 9일, 음모가들은 단지 하나의 계획만을 가지고 있었다는 것을 우리는 알고 있다. 그것은 자신들이 죽이고자 작정한 사람이 발언하는 것을 무슨 일이 있어도 막아야 한다는 것이었다. 그것은 시작에 불과했다. 로베스피에르를 처단한 테르미도르파의 국민공회로부터 루이 필리프(7월 왕정기의 국왕)의 몰락에 이르기까지 쉽게 이해할 수 있는 정치적 이유들로 인해 로베스피에르의 지지자들(라폰느레* 같은 사람)은 그를 대담하게 옹호한 대가로 자유를 잃었다.

따라서 테르미도르파는 자신들이 희생시킨 사람에 관해 자신들이 퍼뜨리고 싶은 초상화를 후손들에게 오랫동안 강요할 수 있었다. 이후 수많은 역사가들(그 맨 앞줄에 알베르 마티에즈(Albert Mathiez, 1874~1932)가 있다. 그의 저서는 여전히 로베스피에르에 관한 모든 연구를 지배하고 있다)의 노력에도 불구하고 사회적 통념과 일반적인 여론 속에서 여전히 강한 힘을 갖는 것은 쥘 미슐레 (Jules Michelet, 1798~1874)에 의해 되풀이되어 각인된 이 초상화이다.

초상화? 아니, 그것은 가면이다. 생기 없는 색들로 채색된 가면. 그것은 사후 암살의 대표작이다. 깜박거리는 눈, 가냘픈 목소리, 멋 부린 차림새, 창백하고, 교활하고, 부자연스러운 이 사이비 로베스피에르는 여전히 음울한 냉담함으로 연출되어 있는 그 그림자

라폰느레(A. Laponneraye, 1808~1849) 프랑스의 역사가이자 정치평론가.

오직 혁명을 위해 살았던 사람, '부패할 수 없는' 인물 로베스피에르. '진정한 근대'의 분기점인 프랑스 혁명의 이념을 만들어간 그는 근대 혁명의 창조자이자, 혁명의 이념형적 모델이다.

를 대혁명에 드리우고 있다. 다른 사람들에게는, 점잖은 사람들이라면 자주 만나선 안 될 사람들에게조차, 약간의 위신을 인정하는 것이 허용된다. 당통—얼마나 대단한 기질인가! 마라—광적인 자의 그 분노는 얼마나 생생한가! 에베르—그 거친 모습이라니! 생쥐스트—그 놀라운 화법! 그러나 로베스피에르는? 그가 부패할 수 없는 인물이라는 이유로 사람들은 그를 멀찌감치 떨어져서 찬양해왔다. 그것은 오늘날에도 여전히 통용되는 이야기이다. 하지만 그렇다고 해서 어떻게 그를 위대한 인물로 여길 수 있겠는가? 어떻게 그를 사랑할 수 있겠는가?

이 사이비 초상화 속에서 그는 행동할 줄 모르고, 추상적인 논리에만 의존해 무자비하게 처신했으며, 무분별한 상황에 의해 앞줄로 밀려 나왔고, 혁명의 각축장에서 몇 개월, 몇 년 앞질러 음모를 꾸몄으며, 어두운 곳에서 자코뱅 클럽이라는 가공할 전쟁 기계를 만들어 사용한, 재능도 없고 진정한 웅변 능력도 없는 인색한 인간이다. 따라서 이 현학자는 자신의 개인 독재를 확립하기 위해 민중의 피를 흘러넘치게 하고, 그렇게 함으로써 만인이 누릴 수 있는 수학공식 같은 행복을 꿈꾼다. 따라서 그의 성공을 설명하기 위해서는 그 자신의 평범함과 함께 그의 경쟁자들의 놀랄 만한 순진함만으로 충분하고, 그의 몰락을 설명하는 데에는 그가 불러일으킨 공포만으로 충분하다.

만일 역사의 진실이 그러하다면, 두 가지 사실, 아무도 부정할 수 없는 두 가지 사실을 설명할 수 없게 된다.

그중 첫 번째 사실은 로베스피에르의 죽음, 즉 그가 시도했던 것의 실패가 대혁명의 흐름을 전혀 다른 두 부분으로 갈라놓았다는 사실이다.

이 사실은 확고한 것이어서 반(反)로베스피에르파로서 가장 충실하게 혁명을 지지했던 사람들, 즉 비요바렌, 캉봉 또는 바레르는 모두 테르미도르 9일의 음모에 가담했던 것을 노년기에 이르러 뼈저리게 후회했다. 테르미도르 반동이 어떻게 논리적으로 브뤼메르 18일(1799년 나폴레옹 보나파르트의 쿠데타)로 귀착되었는지를, ─ 그리고 위대한 혁명가들 중 아무도 황제의 독재를 원하지 않았다는 것을 입증하는 것은 어렵지 않다. 로베스피에르의 죽음과 함께 혁명의 기세가 대번에 꺾여버렸다면 그가 그토록 하찮은 인물이었다고 말할 수 있을까? 차라리 그가 인간 이상의 존재이며 대혁명의 힘이었고, 탄생하고 있던 국민의 전진 자체가 그에게서 구현된 것이나 마찬가지였다고 결론지어야 하지 않을까?

두 번째 사실은 로베스피에르가 살아 생전에 당대의 어떤 정치 지도자, 어떤 통치자만큼이나 프랑스 민중으로부터 사랑받았다는 사실이다. 나폴레옹은 살아 있을 때 더 많은 영광으로 사람들을 매료시켰으나 그만한 사랑을 얻지는 못했다. 다른 많은 혁명가들이 1789년 7월 14일에서 테르미도르 반동에 이르는 5년간 명성과 위엄의 시기를 누렸다. 그러나 1791년 초부터 1794년 초까지 어느 누구도 로베스피에르만큼 일관되고, 깊고, 확고한 인기를 얻지 못했다. 이 연구에서는 그것을 입증하는 수많은 편지들과 증언, 그리고 건조하고 맥빠진 것이라고 주장되어온 이 웅변가의 연설에 대한 청중들의 감동과 열광을 단지 이따금씩밖에 언급할 수 없었다. 따라서 나는 이제부터는 독자들에게 그것을 생각해보도록 요청할 것이다.

 아무 가망이 없어 보였던 시기에 로베스피에르는 희망의 인물로 보였다. 민중 전체, 상퀼로트 그리고 부르주아 혁명가들이 그에게서 그의 머리와 동시에 그의 가슴에서 우러나오는 목소리를 들었다. 그리고 그의 적들조차 이 거인을 쓰러뜨림으로써 '애국파'에게 치명상을 입힐까 두려워 그를 타격하기를 주저하는 순간이 있었다.

 그는 거인이었지 소심하고 말 많은 왜소한 변호사가 아니었다. 그는 불타는 가슴을 가진 사람이었지 성마르고 선멋 부리는 이론가가 아니었다. 그는 사자였지 여우가 아니었다. 그가 재능 있는 인간이었는가를 묻는 것은 우스운 일이다. 그보다는 사람들이 그의 가면(사이비 초상화)을 유지시키려 애쓰는 것이 어떤 큰 이익을 위해서인지, 왜 사람들이 여전히 그를 두려하는지를 묻는 편이 나을 것이다.

 볼셰비키와 멘셰비키가 투쟁하고 있을 때, 멘셰비키였던 단(Dan)이 레닌에 대해 이렇게 말했다. "그가 사라진다면, 그가 죽어버린다면 얼마나 행복할까!" 누군가 그에게 물었다. "어떻게 당신들은 죽음에 도움을 청할 만큼 그 사람 앞에서 모두들 무력해졌단 말입니까?" 단이 대답했다. "그건 그처럼 하루 24시간 혁명에 매달리고, 혁명과 관련된 것 이외에는 어떠한 생각도 하지 않고, 심지어는 자고 있을 때조차 꿈속에서 오직 혁명만을 보는 사람은 이 세상에 단 한 사람도 없기 때문입니다. 그러니 그런 인간을 때려눕히러 갑시다!"

이 대화는 그대로 레닌에게뿐 아니라 로베스피에르에게도 진실이다. 로베스피에르가 그늘에서 벗어난 1789년 봄부터 생을 마친 1794년 여름의 그날까지 그의 존재는 혁명 활동의 역사와 하나가 된다. 따라서 독자들은 이 책을 읽는 내내 그의 사생활이 다루어지지 않는다 해도 놀라지 않기를 바란다. 그에 대해 할 말이 없기 때문이다. 로베스피에르가 목수 뒤플레의 집에서 누렸던 단순하고, 성실하고, 검소했던 삶, 그리고 일에 빠져 있던 삶에 대해서는 모든 사람들이 알고 있다. 그가 죽었을 때 이 36살의 남자가 [뒤플레 집안에서 전해지는 말을 믿는다면] 엘레오노르 뒤플레의 약혼자였다는 것도 알려져 있다. 그의 휴식은 오후에 때때로 시간을 내 뒤플레 가족, 친구들, 아라스(Arras, 로베스피에르의 고향)에서 데려온 충직한 개와 함께 샹젤리제나 파리 인근의 숲으로 바람을 쐬러 가는 것뿐이었다는 사실도 알려져 있다. 드물게 자코뱅 클럽에 나가지 않은 저녁이면 고전을 읽거나 낭독하고, 부오나로티*의 피아노 연주를 듣기 좋아했다는 것도 알려져 있다. 그것이 전부이다.

  이 간소함에 대해 용서를 빈다. 그의 가장 좋은 친구들은 거의 모두 그와 함께 처형되었고, 풍성한 일화들을 우리에게 전해줄 시간이 없었음을 기억해주기 바란다. 로베스피에르의 전기가 미라보나 당통의 삶과는 달리, 격렬하고 남성적인 기질에 대한 그들의 평판을 훌륭하게 입증해주는 외설스럽고 방탕한 향연을 제공해주지 못한다는 점에 대해 그를 용서해주기 바란다. 그가 다른 사람들처

부오나로티(Filippo Michele Buonarroti, 1761~1837) 이탈리아 출신의 혁명가. 1795~1796년 바뵈프와 함께 '평등주의자들의 음모'를 주도했다.

럼 덕 있는 마농 롤랑*과 정숙하고도 관능적인 불륜 관계를 맺지 않았다는 것을 용서해주기 바란다. 그가 루이 16세의 비밀 금고에서 급료를 받지도 않았고, 동인도회사의 주식으로 투기를 하지도 않았으며, 그의 공개적인 활동과는 반대되는 은밀한 정책을 이중 간첩을 이용해 유지하지도 않았다는 것을 용서해주기 바란다. 그는 부패할 수 없는 인물로 불렸던 가엾은 인간에 지나지 않았음을 받아주기 바란다. 그는 프랑스와 세계의 행복에 전적으로 헌신하려고 자신의 사생활을 포기했던 인물인 것이다.

나는 내가 그에게 얼마나 큰 애정을 품고 있는지 감추지 않겠다. 그의 존재가 프랑스인이라는 데 대한 나의 자부심과 결부되어 있다는 것도 감추지 않겠다. 나는 다만 나의 감정이 독자들을 성가시게 할 만큼 이 책에서 무분별하게 드러나지 않기를 바랄 뿐이다. 나는 한 서사시의 영웅 이야기를 해야 한다. 그렇다고 해서 내가, 필연적인 것이든 우연적인 것이든 이 영웅의 부족함과 실수가 그의 이야기를 비극으로 만드는 데 기여했음을 잊은 것은 아니다.

적어도, 독자가 이 책을 다 읽고 나서 이러저러한 견해에 동조할 수 없다고 판단한다 해도, 내가 길게 인용한 글들을 읽으면서 아마도 로베스피에르가 우리 나라에서 가장 부당하게 취급받은 작가들 중 하나라는 것을 인정해야 할 것이다. 적어도 '프랑스가 피에르 코르네유*의 고전적 문체와 막시밀리앙 로베스피에르의 때 이른 낭만주의적인 문체를 낳지 않았더라면 프랑스는 프랑스라고 할 수 없다'고 믿는 사람들에게 로베스피에르는 가장 위대하고 가장 프랑스적인 작가들 중 하나이다.　　　　　- 파리, 1955년 12월 31일 후기 - 이 자리를 빌려 프랑스 혁명사 전문가이자 역사학 교수 자격자인 알베르 소불에게 깊은 감사를 표하고 싶다. 그는 기꺼이 이 책의 원고를 다시 읽어주었고, 내게 소중한 충고를 해주었다.

마농 롤랑(Manon Roland, 1754~1793) 입법의회 시기의 내무대신이자 국민공회의 지롱드파 의원이었던 장마리 롤랑의 부인으로 자신의 살롱을 통해 정치적 영향력을 행사했다.
코르네유(Pierre Corneille, 1606~1684) 프랑스의 시인, 프랑스 고전주 비극의 창시자.

| 제2판 머리말 |

 벌써 14년이나 된 이 책을 다시 읽으니 세부적인 수정과 피해갈 수 없는 본질적인 비판을 구분하는 일이 필요해 보인다.
 나는 원문을 손질하여 몇 가지 상세한 설명들을 덧붙이고 교정을 보았다. 특히 조르주 르페브르(Georges Lefebvre)가 나의 작업에 대한 매우 관대한 서평(《프랑스혁명사연보(Annales Historiques de la Révolution Française)》, n° 145, oct.-déc. 1956, pp. 422~425)에서 친절하게 지적해준 것들, 그리고 1956년 이후 출간된 다양한 연구들과 나 자신의 후속 연구들이 내게 시사해준 것들이 그것이다.
 그러나 조르주 르페브르의 비판들 중 하나는 너무나 중요한 것이어서 특별히 언급하지 않을 수 없다. 그는 그 서평을 쓴 후에 마르크 불루아조의 《로베스피에르》에 대해서도 같은 비판을 되풀이하고 더욱 발전시켰다(P.U.F., 'Que sais-je' 문고, 1957(국내 번역본 : 정성진 역, 탐구끄세즈문고 8, 1988) ; 조르주 르페브르의 서평, 《프랑스혁명사 연보》, n°147, avril-juin 1957). 르페브르의 비판은 프레리알 법*의 시행과 그에 따른 '대공포정치'의 개시에서 로베스피에르가 자신이 신뢰하는 에르망*이나 란(Lanne)과 같은 인물들을 대리인으로 삼아 수행한 결정적인 역할에 관한 것이다. 이 책 1판에서 나는 로베스피에르를 옹호하기 위해 '대공포정치'의 추악함을 오직 공안위원회의 탓으로 돌리는 잘못을 저질렀음을 인정할 수밖에 없다.

그러나 이 문제에서 그 점을 더욱 분명히 한다고 해서 그것이 로베스피에르를 비방하거나 비난하는 것은 아니다. 다만, 어떠한 탄압기구이든, 그것을 수립한 사람들이 지녔던 의도의 순수함과는 무관하게, 그리고 덕성, 역사의 과학적 필연성, 또는 '최고 존재'에 대한 그들의 호소에 담겼던 진지함과는 무관하게 언제든 마침내 회복 불능의 상태로 가속화되는 악순환 속으로 빨려 들어가 제멋대로 움직이고 타락하게 된다는 것을 더 정확히 평가하자는 것이다.

그러나 시각을 바꾸기 위해 원래의 텍스트를 수정하지 않고 있는 그대로 내버려두는 것이 내게는 더 정직해 보였다. 내가 그것을 다시 써야 한다면 이제 어떤 방향으로 그것을 수정할지 여기에서 말하는 것도 유보했다. 내가 쓴 《마라》와 《프랑스 혁명의 연감》을

프레리알 법 혁명력 2년 프레리알 22일(1794년 6월 10일)에 제정된 법률. 혁명재판소의 소송 절차를 최대한 간소화하고, 피고에 대한 변호와 예비 심문제도를 폐지하여 배심원들은 심증만으로 심리할 수 있게 되었다. '대(大)공포정치'의 발단이 된 법이다.
에르망(Armand Herman, 1759~1795) 로베스피에르의 친구. 1793년 10월에서 이듬해 4월까지 혁명재판소장으로 모든 중요한 정치적 재판을 담당했다.

기꺼이 읽어본 독자들이라면 아마도 이미 그 방향을 추측할 수 있을 것이다.

예를 들어 로베스피에르의 존재가 "프랑스인이라는 데 대한 나의 자부심과 결부되어 있다."(36쪽)고 쓴 데 대해 내가 후회할 것인가? 나의 생각을 정리하자면, 그렇지 않다. 성왕 루이(루이 9세, 재위 1226~1270)와 루이 대왕(루이 14세, 재위 1643~1715)에 대한 생각만큼이나 그러하다. 카타르교*도들의 지방을 이단 심문관들에게 넘긴 경건한 국왕의 후광과 위그노들*을 진압하기 위해 용기병(龍騎兵)*들을 진격시킨 진정한 기독교도 군주의 찬란한 햇빛 앞에서 호랑이 로베스피에르의 발톱에 말라붙어 있는 피는 내게는 여전히 매우 희미해 보인다.

그러나 다음과 같이 쓴 것은 후회한다. "나는 한 서사시의 영웅 이야기를 해야 한다." — 우선 이 이야기는 서사시의 (그) 영웅이 아니라 영웅들 중 한 사람에 관한 것이다. 이 서사시가 내게 더 익숙해진 지금, 다른 혁명가들, 몇 명만 예로 든다면, 아나카르시스 클로츠나 욀로주 슈네데르, 조제프 푸셰나 콩도르세 같은 이들을 설명하면서 그들에 대한 로베스피에르의 반감과 경찰 조치들에 내가 공감하고 있는 것으로 보인다는 것을 더 잘 알 것 같다. — 그리고 특히 브레히트*가 《갈릴레오 갈릴레이》에서 한 말에 대해 더 많이 생각하게 된다. "영웅들을 요청하는 사람들에게 화(禍) 있으라!" 혁명이 영웅으로서 로베스피에르를 필요로 했다는 것은 그의 잘못이 아니다. 그리고 그가 혁명에 헌신했다는 것을 누가 비난할 것인가? 그러나 그의 전기 작가라면 아마도 '화'가 어떤 면에서는 심지어 불가피했거나 숙명적이었으며, 로베스피에르보다 혁명에 있어 훨씬 더 그러했다는 사실에 유의해야 했을 것이다.

내가 여기서 우선적으로 염두에 두는 것은 '방토즈'*의 비극이었음을, 다시 말해 주요 코르들리에파 지도자들의 처형, 그 클럽의 해산, 그들의 축출로부터 시작된 민중운동의 탄압, 일종의 단일정당으로서 자코뱅 클럽을 혁명 전체에 강요하려는 치명적인 시도, 그리고 민중적 정치 활동의 토대들을 억압적인 관료기구로 대체한 것이었음을 독자들은 짐작할 것이다. 나 자신의 후속 연구들뿐 아니라 알베르 소불(Albert Soboul)의 저서 《혁명력 2년의 파리 상퀼로트》와 같은 최근의 매우 중요한 작업들은 진행 중인 역사가 우리에게 전해줄 수 있는 빛에 대한 사색을 소홀히 하지 않으면서 이 시기 로베스피에르의 행동과 그로 하여금 그렇게 행동하지 않을 수 없게 만든 경향들에 대한 더 복잡 미묘하고 동시에 더 심도 있는 조명을 요구하는 것으로 보인다.

이런 의미에서 나는 그 사건의 전적인 중요성에도 불구하고, 단

....

카타르교 12세기와 13세기 전반에 프랑스 남부에서 융성한 이단운동의 하나. 신앙심이 강했던 성왕 루이는 군대를 보내 카타르교도들을 잔혹하게 탄압했다.
위그노 프랑스의 개신교도들. 루이 14세는 1685년 신교도들의 시민적 권리를 인정한 낭트 칙령을 폐지하였고, 폐지를 전후해 용기병들이 프랑스 전역에서 신교도들을 박해하고 개종을 강요했다.
용기병 16세기에 프랑스에서 생겨난 기병의 일종. 이동시에만 말에 타고 실제 전투시에는 보병 전투를 하였다.
브레히트(Bertolt Brecht, 1898~1956) 독일의 시인·극작가. 전통적인 연극에서 벗어난 그의 서사극은 좌익 운동을 위한 정치적 토론장이었다.
방토즈(ventose) 혁명기에 제정된 혁명력(曆) 중 2월 하순에서 3월 중순(여기에서는 1794년)까지를 포함하는 달의 이름.

지 "로베스피에르의 죽음이 혁명의 흐름을 전혀 다른 두 부분으로 갈라놓았다."(32쪽)라고만 썼다. 왜냐하면 결정적인 일격은 테르미도르의 비극이 아니라 방토즈의 비극에 의해 이루어졌기 때문이다. 그리고 그 (일격을 가한) 도끼를 들고 있던 사람은 로베스피에르였다. 비록 그 도끼가 곧 그의 손을 벗어나 그 자신을 후려쳤다 해도 말이다.

  내가 다음과 같이 덧붙인다 해도 이어지는 나의 생각들이 아마도 전적으로 일관성을 결여한 것으로 보이지는 않을 것이다. 혁명가 로베스피에르의 행동은 그의 뒤에 출현해 그를 모범으로 삼았던 다른 혁명가들, 예를 들어 마르크스와 레닌에게로 이어져야 했다. 그러나 때로 더 최근의 역사가 그 '화(禍)'를 위해 요청한 다른 무오류의 영웅들(즉 마르크스와 레닌)을 이야기하는 방식으로 그를 언급할 필요는 없었을 것이다.

파리, 1970년 1월 6일

프랑스 혁명기의 주요 정파
(1789. 5~1794. 7)

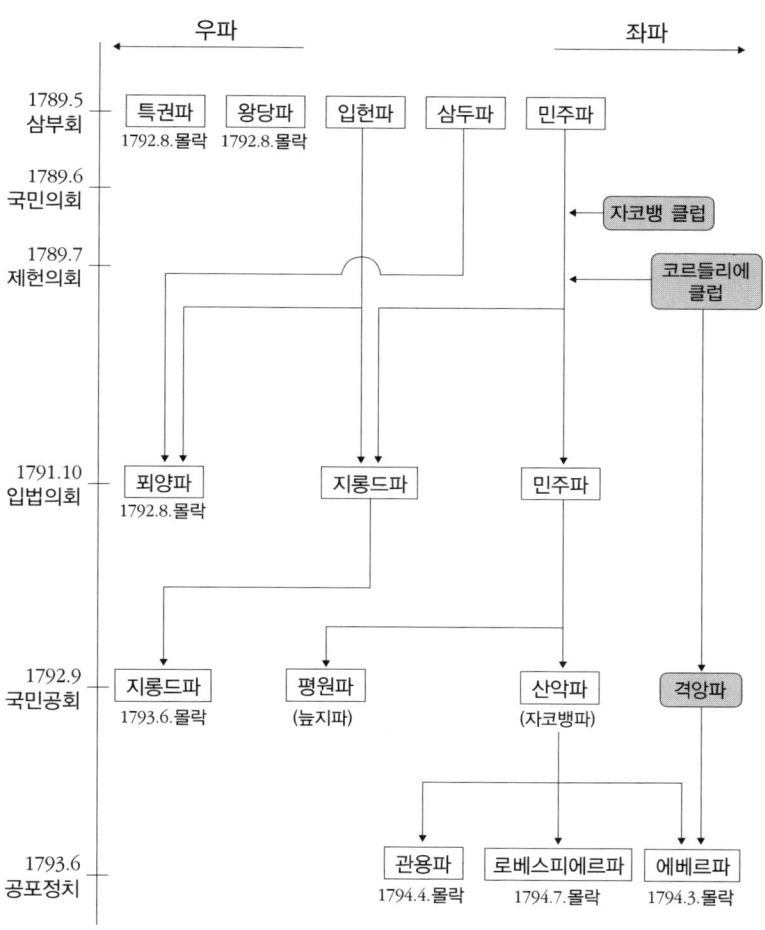

■ 프랑스 혁명 개요

1789년
5월 5일   고위 성직자, 귀족, 제3신분의 대표가 모여 **삼부회** 개회.
6월 17일 삼부회의 제3신분 대표들, '**국민의회**' 성립을 선언.
7월 9일   '국민의회'가 스스로 '**제헌의회**'를 선언.
7월 14일 '**7월 14일 봉기**' 민중들의 바스티유 습격, 함락.
8월 4일   제헌의회, 봉건 체제의 전면적 폐지 선언.
8월 26일 제헌의회, '인간과 시민의 권리 선언'(**인권선언**) 채택.
10월 5일 '**10월 5일 봉기**' 왕이 '인권선언'의 승인을 거부한 데 분노한 민중들이 베르사유 궁으로 행진, 습격.

1790년
7월 12일 제헌의회, 교회와 성직자들을 국가의 지배 아래 둔다는 내용의 '**성직자 민사 기본법**' 채택.

1791년
6월 20일 **국왕 일가의 탈주 사건**. 국왕 일가는 바렌에서 체포되어 파리로 송환됨.
7월 17일 '**샹 드 마르스의 학살**' 국왕 퇴위를 요구하는 시위대를 향해 라파예트의 국민방위대가 발포, 수많은 사상자를 냄.
9월 3일   프랑스 최초의 헌법(1791년 헌법) 가결.
10월 1일 입법의회 개원.

1792년
4월 20일 입법의회, 오스트리아에 선전포고. **혁명전쟁의 시작**.
8월 10일 '**8월 10일의 봉기**' 파리 민중의 튈르리 궁 습격. 봉기 코뮌 결성.
9월 2~6일 '**9월 학살**' 투옥되어 있던 다수의 반혁명 혐의자가 민중들에게 살해당하다.

9월 20일 **국민공회** 소집. 다음날 군주제 폐지 결정.

1793년
1월 21일 루이 16세, 단두대에서 처형됨.
3월 10일 **혁명재판소** 창설.
3월 10일 **방데 반혁명 반란.**
4월 6일 국민공회, **공안위원회** 창설.
5월 31일~6월 2일 '**5월 31일~6월 2일의 봉기**' 민중들의 봉기로 지롱드파 몰락.
6월 24일 공화정 제1년의 헌법(1793년 헌법) 채택.
10월 5일 국민공회, **혁명력** 채택. 1792년 9월 22일이 공화국 제1년 제1일이 됨.
12월 4일 **프리메르 법**('혁명정부에 관한 법령') 통과로 공안위원회의 권한이 강화됨.

1794년
2월 26일, 3월 3일 국민공회, 반혁명 혐의자의 재산 몰수와 무상 분배를 내용으로 하는 '방토즈 법' 가결.
3~4월 에베르파 및 당통파 숙청.
6월 10일 '**프레리알 22일의 법**' 혁명재판소에서 변호와 증인 심문을 폐지.
7월 27일 '**테르미도르 9일의 쿠데타**' 로베스피에르의 몰락.

1795년
10월 26일 제1차 총재정부 수립.

1796년
5월 10일 바뵈프의 '**평등주의자들의 음모**' 발각.

1797년
9월 4일 '**프뤽티도르 18일의 쿠데타**' 총재정부와 의회에서 왕당파 제거됨.

1799년
11월 9일 '**브뤼메르 쿠데타**' 나폴레옹 보나파르트의 전제정치의 서막을 연 쿠데타가 일어나다.

1부 인권의 투사

혁명 초기, 내가 국민의회에서 거의 눈에 띄지 않는 존재였을 때,
오직 내가 나의 양심에 의해서만 판단되던 때에,
나는 진리를 위해 나의 삶을 바쳤다. -1791년 6월

1장_루소의 아들, 로베스피에르

1758년
5월 6일   막시밀리앙 드 로베스피에르, 프랑스 북부 아르투아 지방의 아라스에서 변호사의 아들로 태어나다.

1781년
11월   로베스피에르, 루이르그랑 콜레주를 졸업하고 고향으로 돌아와 아르투아 주(州)재판소에서 변호사로 일하기 시작하다.

1782년
3월 9일   로베스피에르, 아라스 주교재판소에서 판사직을 겸직하다.

1788년
8월   삼부회 소집이 포고되다.

1789년
4월 26일   로베스피에르, 삼부회의 아르투아 제3신분 대표로 선출되다.

젊은 국왕 루이 16세*가 랭스에서 축성(祝聖)을 받고 돌아오는 길에 자신의 충성스런 도시 파리에 성대하게 입성한 것은 대관식으로부터 1년 후인 1775년이었다. 노트르담 대성당을 출발한 국왕의 행렬은 생자크 거리를 거쳐 생트주느비에브 교회로 향했다. 끔찍한 날씨였다. 행렬은 루이르그랑(Louis-le-Grand) 콜레주* 앞에 멈춰섰다. 퍼붓는 비를 맞으며 땅바닥에 그대로 무릎을 꿇은 열일곱 살의 젊은이가 축사를 낭독했다. 아마도 그는 이 영예를 위해 지명된, 이 학교에서 가장 우수한 학생이었을 것이다. 또한 아마도 교사들이 아이디어를 제공했거나 아니면 그들이 세심하게 검토했을 그의 연설은 관습적이고 진부한 내용에서 벗어나지 못했을 것이다. 루이 16세와 마리 앙투아네트*는 자신들보다 네 살 어린 이 학생의 글을 건성으로 들었을 것이다. 비가 그들을 침울하게 만들었다. 왕과 왕비는 학생 대표의 축사에 아무런 답도 하지 않았고, 왕실 마차는 진흙 속에 무릎을 꿇은 막시밀리앙 드 로베스피에르(Maximilien de Robespierre, 1758~1794)를 남겨둔 채 다시 길을 재촉했다.

  그 학교의 교사 한 사람이 이 일화를 후대에 전하지 않았더라면 우리는 이 일에 대해 전혀 몰랐을 것이다. 그리고 이 일이 로베스피에르가 이후에 갖게 될 사상에 중대한 영향을 미쳤을 가능성도 거의 없다. 그러나 구체제의 정점에 있는 인물들과의 최초이자 유일한 이 만남은 이 젊은이가 자신이 살고 있는 시대에 대해 품기 시작한 관념을 아름다운 것으로 만들어줄 만한 것은 아니었다.

막시밀리앙 (마리이지도르) 드 로베스피에르는 1758년 5월 6일 아라스(Arras)에서 태어났다. 다미앵*이 루이 15세를 칼로 찔러 부상을 입혔고, 경건파*가 《백과전서(Encyclopédie)》*를 금지시키기 위해 이 사건을 이용하게 될 것이다. 루소(Jean Jacques Rousseau, 1712~1778)는 《달랑베르에게 보내는 편지》를 출간했다. 볼테르(Voltaire, 1697~1778)는 《풍속론》을 막 출간했다. 7년 전쟁*이 계속되고 있었다. 영국인들은 마침내 캐나다와 인도은행을 정복했고 (1757년 플래시Plassey 전투에서 승리한 영국 군은 캘커타의 힌두은행을 차지하고 그곳의 금을 약탈했다), 프리드리히 2세는 로스바흐

루이 16세(Louis XVI, 1754~1793) 프랑스 부르봉 왕가의 마지막 왕. 1792년 왕정의 무너진 후 반혁명죄로 처형당하였다.
콜레주(collège) 구체제 시기의 중등학교.
마리 앙투아네트(Marie-Antoinette, 1755~1793) 루이 16세의 왕비. 개혁에 적대적이었으며, 대혁명과 이어지는 민중 소요를 유발한 장본인.
다미앵(Robert François Damiens) 1757년 루이 15세를 시해하려 했으나 미수에 그친 후 처형되었다.
경건파(parti dévot) 16세기 말 신교도 왕의 즉위에 반대하기 위해 조직된 '카톨릭 동맹'에 뿌리를 두고, 엄격한 카톨릭 신앙에 따라 정치적 문제에 관여했던 사람들.
《백과전서(Encyclopédie)》 18세기 계몽사상가들이 편찬한 백과사전. 정식 이름은 Encyclopédie, ou Dictionnaire Raisonné des Sciences, des Arts et des Metiers(프랑스어로 '과학 · 예술 · 기술의 이론사전'이라는 뜻).
7년 전쟁 1756년부터 1763년까지 슐레지엔 영유를 둘러싸고 유럽 강대국들이 둘로 갈라져 싸운 전쟁.

(Rossbach)에서 승리했다.* 마라*는 열다섯 살이었고 라파예트*는 한 살이었다. 괴테(Johann Wolfgang von Goethe, 1749~1832)는 아홉 살, 모차르트(Wolfang Amadeus Mozart, 1756~1791)는 두 살이었다.

성(姓)앞에 접사 '드(de)'를 쓰기는 했어도(de는 흔히 귀족들의 성 앞에 붙었다) 드 로베스피에르 집안[또는 드로베스피에르. 두 철자는 17~18세기에 두 가지 방식으로 모두 쓰였다]은 귀족이 아니었다. 점잖고 자유로운 평민이었던 이 집안은 이미 16세기 말에 아르투아*의 도시들인 카르뱅(Carvin)과 아라스에 정착했다. 그리고 가족들은 모두 법률직에서, 즉 검사, 공증인, 변호사로 일했다. 그들은 모두 아르투아의 부르주아 집안 딸들과 결혼했다. 아버지의 대를 이어 아라스의 변호사였던 프랑수아 드 로베스피에르는 아라스의 양조업자의 딸인 자클린 카로와 결혼함으로써 가족의 전통을 따랐다.

....

로스바흐 전투 1757년 11월 5일 프로이센의 왕 프리드리히 2세가 21,000명의 군사로 그 2, 3배가 넘는 오스트리아 · 프랑스 · 러시아 · 스웨덴 등의 연합군을 격파한 전투. 이 전투에서 프리드리히 2세는 적은 희생을 치르고 다수의 프랑스 장병을 포로로 포획하는 큰 전과를 올려, 같은 해 6월의 콜린 전투에서 패하였던 불명예를 씻고, 일시적이나마 프로이센의 군사적 위신을 회복하였다.
마라(Jean-Paul Marat, 1743~1793) 프랑스 혁명기의 의사, 정치가, 언론인. 급진적인 산악파 지도자였으며 목욕 중 지롱드파의 젊은 여성 샤를로트 코르데(Charlotte Corday)에게 암살당했다.
라파예트(Marie-Jeseph-Paul-Yves-Roch-Gilbert-Motier, Marquis de La Fayette, 1757~1834) 프랑스의 귀족. 미국 독립전쟁 때 영국에 대항해서 식민지 아메리카 편에서 싸웠으며, 대혁명 후 부르주아들과 손을 잡았다.
아르투아(Artois) 프랑스 북부의 지방.

장 자크 루소 로베스피에르는 평생 루소를 사상의 스승으로 삼았다. 그는 자신의 노트에 이렇게 썼다. "전대미문의 혁명이 우리 앞에 펼쳐놓은 위험한 길 위에서 내가 당신의 글에서 끌어올린 영감에 변함없이 충실할 수 있다면 행복할 것입니다."

이 결혼에서 네 아이가 태어났다. 장남 막시밀리앙에 이어 샤를로트와 앙리에트, 마지막으로 오귀스탱이 태어났다. 샤를로트는 1834년에 사망했고 앙리에트는 아홉 살이 되던 1780년에 사망했다. 오귀스탱은 테르미도르 10일(1794년 7월 28일) 형과 함께 죽는다. 가족은 행복했다. 아버지는 끊임없이 소송을 맡았다. 그러나 곧 불행이 닥쳤다. 1764년 7월 어머니가 아이를 사산한 후 세상을 떠났을 때 막시밀리앙은 겨우 여섯 살이었다. 그리고 상심이 너무 커서인지 아니면 다른 이유에서인지 아버지는 방랑을 시작했다. 1766년부터 가출이 되풀이되고, 곧 그의 자취를 발견할 수 없게 되었다. 누구는 그를 서인도제도에서, 또 누구는 아메리카에서 그를 만났다고 주장하고, 어떤 이는 교육기관의 장(長)이 된 그를 독일에서 보았다고 주장했다. 그러나 그의 행방은 결코 정확하게 알려진 적이 없다.[1]

가족의 경제적 안락함은 아버지의 정규 직업 활동의 마감과 함께 사라졌다. 외조부와 이모들이 이미 어머니를 잃은 아이들을 맡았다. 장남인 막시밀리앙은 아직 어렸지만 가장의 책임을 느꼈다. 그의 유년기를 증언하는 사람들은 그때부터 그가 나이에 걸맞지 않게 점잖았고 고독하게 혼자 있는 것을 좋아했다고 강조했는데, 전혀 놀라운 일이 아니다. 그로부터 몇 년 후 비슷한 가정 및 경제적 상황에 처하게 되는 베토벤의 유년기와 청년기를 연상해보면 될 것이다.

이러한 특징들에 더해 로베스피에르가 평생 지니게 될 다른 특징이 덧붙여졌다. 그것은 일에 대한 열정이다. 1765년 아라스 콜레주에 들어간 후 그는 곧 두각을 나타냈다. 4년 후 아라스의 주교

드 콩지에는 그가 파리에서 학업을 계속하도록 장학금을 주었다. 1769년 그는 명문학교 루이르그랑 콜레주 5학년에 들어갔다. 11살 되던 해였다.

로베스피에르는 그곳에 12년간 머무르면서 뛰어난 학생임을 꾸준히 입증하였다. 학업에 대한 그의 열정은 모든 증인들, 심지어 훗날 그를 증오하고 괴롭힐 사람들에게도 강한 인상을 주었다. 사람들은 또 놀이나 대화에 끼기보다 혼자 있기를 더 좋아하는 사교적이지 않은 학생으로 그를 기억했다. 그의 동창들 중에서 그보다 두 살 아래로 그와 함께 학교에 다녔다고 자랑할 카미유 데물랭*도, 그에게 독설을 퍼부을 테르미도르파* 루이 프레롱*도 그의 청년기에 관한 특징이든 일화든 언급할 만한 것이 없었다. 그의 선생들도 마찬가지였다. 우리가 아는 것이라곤 교사들 중 한 사람이 그를 '로마인'이라고 부르기를 좋아했다는 것이 전부이다.

완벽에 가까운 이 침묵의 이유는 내가 보기에 간단하다. 로베스피에르가 침울하고 평범한 노력파였다고 결론지어서는 안 된다.

---

1) 이 책의 초판이 발행된 후, 가르미(R. Garmy)의 글(*A.H.R.F.*, 1958, n°152, p. 96)은 로베스피에르의 아버지가 1777년 11월 뮌헨에서 사망했음을 알려주었다.(저자 주석)

데물랭(Camille Desmoulins, 1760~1794) 혁명기의 영향력 있는 언론인이자 관용파의 지도자. 당통과 함께 처형당하였다.

테르미도르파 1794년 7월 27일(혁명력으로 테르미도르 9일) 쿠데타를 일으켜 로베스피에르를 몰락시킨 인물들.

프레롱(Louis Fréron, 1754~1802) 혁명기의 언론인. 산악파에 속해 있었으나 테르미도르 반동에 적극 가담하였으며, '귀공자단(Jeunesse dorée)'이란 상류층 자제들의 테러 조직을 만들어 지도자로 활동한다.

구체제 시기에 이 콜레주에는 파리에서 가장 훌륭한 집안, 즉 대(大)부르주아, 법복귀족*, 혈통귀족의 아들들이 다녔고, 그 속에서 로베스피에르는 출신도 미미하고 돈도 없는 한낱 장학생에 불과했다. 어떻게 누가 그에게 관심을 기울였겠는가? 그와 마찬가지로 장학생이었던 학생들조차 더 화려하고 명망 있는 학생들에게 관심을 집중했다. 그는 가장 부지런하고 가장 재능 있는 학생이었을지도 모른다. 그러나 그는 교분을 맺어 두각을 나타내기에는 자존심과 소박함에 대한 취향이 너무 강했다. 그리고 다시 한 번 말하지만 그는 매우 가난했다. 가난에 대해 우리가 더 세밀하게 알고 있는 것은 그가 찢어진 옷을 걸치거나 해진 신발을 신고 있는 것을 사람들이 여러 차례 목격했다는 것, 〔20살 되던 해인 1778년 그가 쓴 쪽지가 입증하는 것처럼〕 때때로 그가 입을 옷이 없어 외출을 하지 않으려 했다는 사실이다. 화려하고 유복한 그의 급우들이 어떻게 그를 하찮게 보지 않았겠는가?

프랑스 혁명의 모든 위대한 지도자들 중 조만간 유일하게 구체적인 사회 문제와 대결하는 이들이 마라와 로베스피에르라는 것은 우연이 아니다. ― 마라가 로베스피에르보다 훨씬 더 빨리 그리고 더 격렬하게 대결했는데 그것은 그의 개인적 경험이 훨씬 더 길고 가혹했기 때문이다. 우리는 부르주아 로베스피에르가 다음과 같이 외쳤을 때, 그의 이름에 붙은 접사에 미혹되고 변호사라는 그의 직업에 깊은 인상을 받아, 그가 단지 선동적인 아첨을 늘어놓고 있다고 믿는 경향이 있다.

"지롱드파*는 신사들이다. 그들은 공화국의 품위 있는 인물들이다. 우리는 상퀼로트*이며 하층민들이다."

그러나 이 부르주아는 바지가 없어 방에 갇혀 있어야만 했던 때가 있었다. 미라보* 백작도, 라파예트 후작도 결코 이런 경험을 하지 않았으며 바르나브*, 롤랑*, 또는 당통*도 마찬가지였다.

한 젊은이가 1778년 20살이 되었다. 그는 가난하지만 인내심과 함께 자부심을 지니고 있었다. 그는 학업에 대한 열정을 간직하고

법복귀족(noblesse de robe) 구체제 시기 프랑스의 최고법원인 고등법원(Parlement)의 판사직을 돈으로 사 귀족이 된 사람들을 유서 깊은 혈통귀족과 구분하여 부르는 말.
지롱드파 입법의회의 좌파로 공화정을 주장하고 이어 개원한 국민공회에서는 우파로 산악파와 대결한 정파. 지롱드 도(道) 출신 의원들이 중심적 역할을 한 데서 지롱드파라는 이름이 붙었다.
상퀼로트(sans-culottes) 혁명적 민중을 지칭하는 용어. 귀족이나 부르주아 같은 상층 계급 남성이 입는 퀼로트 바지를 입지 않고 육체노동하기에 편한 통바지를 입은 사람이라는 의미. 실제로는 작업장이나 소상점을 소유한 중·하층 부르주아지로부터 날품팔이 노동자에 이르기까지 다양한 사람들로 이루어져 있었다.
미라보(Honoré Gabriel Riqueti Mirabeau, 1749~1791) 자유주의 사상을 주장한 귀족이며, 제3신분 대표로 삼부회에 진출했다. 초기에는 국민의 옹호자로 비쳤으나 1790년 이후 국왕의 비밀 자문이 되어 왕실로부터 돈을 받고 의회에서 왕권을 옹호했다.
바르나브(Antoine Barnave, 1761~1793) 그르노블 출신의 변호사로 국민의회의 가장 뛰어난 웅변가 중 한 사람. 국왕의 탈주 사건 후 입헌군주제를 지지하여 푀양 클럽에 참여하였고 국왕의 비밀 자문 역할을 하고자 했다.
롤랑(Jean-Marie Roland, 1734~1793) 지롱드파 지도자 중 한 사람. 1792년 3월 수립된 지롱드파 내각에서 내무대신으로 임명되었으나 국왕의 처형에 반대 투표한 후 인기를 잃고 이듬해 1월 사임했다. 지롱드파가 몰락하자 피신했다가 자살했다.
당통(Georges Danton, 1759~1794) 국민공회 의원. 산악파의 우파인 관용파로 공포정치의 종결을 요구했다. 1794년 혁명재판소에서 사형을 선고받고 처형되었다.

있으며, 특히 고대 로마를 열렬히 찬양하였다. 그는 평생 자신을 떠나지 않을 이러한 특징을 이미 지니고 있었다. 진지한 것들에 관심을 쏟으면 농담은 불가능하며 결코 거짓말을 할 수 없다. 당시 젊은이들을 매혹시켰던 모든 사상가들을 앞에 두고 어떻게 그가 한순간이라도 (누구를 선택할지) 머뭇거렸다고 가정할 수 있겠는가? 15살 위인 마라나 9살 어린 생쥐스트*와 마찬가지로 그가 추종하는 인물은 루소였다. 루소의 사상에 대한 그의 신봉은 즉각적이고 열광적이고 전폭적이었다. 그는 그 믿음을 결코 철회하지 않을 것이다.

잘 알려져 있지 않은 이 몇 년간의 지적, 인격적 교육 과정에서 기억해야 할 가장 중요한 사실은 그와 장 자크 루소의 만남이다. 두 사람이 실제로 만났다는 것은 [루소가 사망한 것은 정확히 1778년이다] 로베스피에르 자신의 말로 보아 의심의 여지가 없으며, 그의 말에 따르면 심지어 두 사람이 대화를 나누었다고 가정할 수 있다. 그러나 더욱 중요한 것은 루이르그랑 시절에 로베스피에르가 루소의 저작에 심취했고, 평생 굳게 지킬 이데올로기의 토대를 그를 통해 갖추게 되었다는 점이다.

서두에서 언급한 루이 16세와의 만남은 나쁜 기억에 불과했고 아마도 곧 잊혀졌을 것이다. 그러나 정치 경력의 첫 걸음을 내딛었던 1789년의 첫 몇 달간 로베스피에르가 기도 속에서 진정으로 의

생쥐스트(Louis Antoine de Saint-Just, 1767~1794) 국민공회 의원이자 공안위원회 위원으로 로베스피에르의 동료. 테르미도르 쿠데타 직후 로베스피에르와 함께 처형되었다.

혁명에 참여한 민중들 프랑스 혁명기에는 수많은 파리의 부녀자들이 무기를 들고 시위에 나섰다. 오른쪽 그림처럼 혁명에 참가한 민중들이 귀족이 입는 반바지 모양 퀄로트를 입지 않고 긴 바지를 입고 있다고 해서 '상퀼로트'라고 부르기도 했다.

지하고 있는 것은 루소였다. 그리고 그는 오직 자신을 위해 종이 위에 다음과 같이 급히 썼다.

숭고한 이여! 당신은 내게 나를 아는 법을 가르쳐주었습니다. 내가 아주 어렸을 때 당신은 내게 나의 본성의 존엄함을 인정하게 해주었고 사회 질서의 가장 중요한 원리들을 숙고하게 해주었습니다. 〔……〕 나는 노년의 당신을 만났고, 이 기억은 내게 자랑스러운 기쁨의 원천입니다. 나는 당신의 위엄 있는 얼굴을 바라보았고, 그 얼굴에서 인간의 불의가 당신에게 남겨놓은 어두운 상심의 흔적을 보았습니다. 세상을 뒤흔들어놓은 가장 위대한 사건들의 무대에서 하나의 역할을 맡도록 부름받아, 전제정의 최후와 진정한 주권의 각성을 목격하고, 인간의 지성으로는 그 결과를 모두 측정할 수도 없는, 사방에서 몰려드는 폭풍의 전야에 선 지금, 나는 나의 생각과 행동을 나 자신에게, 그리고 곧 동료 시민들에게 설명해야 합니다. 당신의 모범이 여기, 나의 눈앞에 있습니다. 나는 경애하는 당신의 자취를 따르고 싶습니다. 나는 다가올 몇 세기 동안 비교할 대상이 없을 이름을 남겨야 합니다. 전대미문의 혁명이 우리 앞에 펼쳐놓은 위험한 길 위에서 내가 당신의 글 속에서 끌어올린 영감에 변함없이 충실할 수 있다면 행복할 것입니다.

1781년 로베스피에르는 고전학에 이어 시작한 법학 공부를 마쳤다. 23살이었다. 루이르그랑 콜레주 이사회는 그에게 상금 600리브르를 주어 훌륭한 학업을 칭찬했고, 그의 장학금을 동생 오귀스탱에게 주기로 결정했다. 오귀스탱은 벌써 18살이고 그 장학금으로 파리에서 학업을 마칠 수 있을 것이다.

이제 무엇을 할 것인가? 로베스피에르는 파리에서 일자리를 얻을 수 있는지 방법을 모색했던 것으로 보인다. 그러나 그는 연고도 없고, 적절한 기회를 기다리는 데 필요한 재산도 없다. 그는 가장의 책임감을 느꼈다. 결단을 내려 아라스로 돌아가 그곳에서 그를 기다리는 가족이 맺고 있는 수많은 친분을 이용해 아버지의 뒤를 잇는 것이 나을 것이다. 1781년 11월 8일 그는 선서를 하고 아르투아 주(州)재판소(Conseil provincial)의 변호사가 되고, 1782년 1월 16일, 첫 사건을 변호했다. 출발은 그렇게 나쁘지 않았다. 1782년 3월 9일 아라스 주교 재판소(Prevote episcopale)에서 그에게 판사직을 겸직하도록 요청한 것이다.

그는 7년간 그 직위에 있으면서 궁핍에서 벗어나고 그의 가족도 그 덕을 보았다. 그가 이후에 유명해지지 않았더라면 그 7년은 그에 대해 말할 것이 아무것도 없는 기간이 되었을 것이다. 구체제 말기에 자유 전문직에 종사하거나 공직자 또는 관직 보유자였던 로베스피에르 나이 또래의 젊은이들은 수백 명씩 별로 크지 않은 지방 도시들에서 비슷한 생활을 하고, 비슷한 책임감을 지니고, 직업에 종사하고, 지방의 사교계에 출입하면서 같은 즐거움을 누리고, 문학 활동으로 여가를 보내고, 결혼 계획을 세우고, 다가오는 사회의 격변을 다소간 분명하게, 다소간 열렬하게 예감하고, 앞날의 전조가 되는 불만들을 글로 써놓았다.

로베스피에르는 그런 사람들 중 한 사람이었다. 그리고 외견상 그는 어떤 무절제한 야심에도 휘둘리지 않았다. 어쨌든 그를 시골 벽지에서 숨막혀하고, 멸시를 참으면서 설욕을 꿈꾸고, 이후 기요틴(단두대)에 의지해서만 달랠 수 있을 원한을 쌓아가고 있는, 불만과 분노로 가득한 인물로 보는 것은 크나큰 실수일 것이다. 그는 '로자티 협회(Société des Rosati)' — 사람들이 추정했던 프리 메이슨이나 정치적 서클이 아니라 아라스의 재능 있는 사람들과 교양 있는 여성들의 문학 서클 — 가 자랑스럽게 맞이한 전도유망하고 다정하고 뛰어난 젊은 변호사였다. 그는 그곳에서 특히 몇 살 위의 재능 있는 장교인 라자르 카르노*를 다시 만난다. 두 사람은 다른 사람들처럼 다소간 열정적인 주제들을 놓고 어느 정도 잘 다듬어진 재치 있는 단시(短詩)로 경합을 벌인다. 그렇게 해서 로베스피에르는 손수건, 설교자들이 그것을 이용하는 방법, 실내에서 침을 뱉는 방법 등등에 대해 꽤 긴 시를 썼다. 그는 짧은 축사들을 쓰는 것도 소홀히 하지 않았다. 그는 춤추는 것을 매우 좋아하는 젊은이라는 기억을 아라스의 상류층 가문 사람들 머리 속에 남길 것이다. 여러 차례 그가 약혼했다는 소문이 돌기도 했다. 심지어 그는 짧은 연시를 쓰기도 했다.

　　나를 믿으세요, 젊고 아름다운 오펠리,
　　세상 사람들이 뭐라 하든, 그대의 거울이 무엇을 비추든,
　　그대의 아름다움에 만족하고 그것에 대해 아무것도 모른다는 사실에
　　만족하고,
　　늘 겸양을 지키기를.

카르노(Lazare Carnot, 1753~1823) 공병 장교 출신의 입법의회·국민공회 의원. 특히 1793년 이후 국민공회의 공안위원회에서 군사 문제를 맡았으며 테르미도르 쿠데타에서 주역을 담당했다.

라자르 카르노 군사 작전과 공병기술자로 뛰어난 재능을 보인 카르노는 1792년 4월부터 시작되는 혁명전쟁에서 혁혁한 공을 세웠다. 혁명이 급진화되면서 엄격한 사회적 평등을 주장하는 로베스피에르와 반대 입장에 서게 된다.

그대의 유혹의 힘을

늘 경계하기를,

그대가 사랑받지 못할까 두려워한다면

그대는 그로 인해 틀림없이 더욱 사랑받을 것이오.

그러나 그의 문학 활동은 거기에 그치지 않는다. 1784년 미래의 제헌의원 레드레르*가 참석하던 메스* 아카데미가 콩쿠르에 다음과 같은 주제를 내놓았다. "범죄자가 받는 명예형과 결부된 치욕의 일부를 그 가정의 모든 구성원들에게 확장해야 한다는 견해는 무엇에 근거한 것인가?" 로베스피에르는 논문을 작성해 제출한다. 그는 상은 받지 못했지만 찬사를 듣고 그의 글은 인쇄되어 여러 비평가들의 관심을 끌 것이다. 오늘날 그 논문을 읽어보면 특히 어투와 사고가 극히 온건하다는 데 깊은 인상을 받게 된다. 그 글의 단 한 부분도 다가올 혁명의 지도자를 연상시키지 않는다.

10년 전 젊은 마라는 그의 글 〈노예제의 사슬〉과 〈형법 초안〉에서 더 독창적이고 더 거침없는 모습을 보였다. 그 글들에는 이미 〈민중의 벗〉*에서 발견하게 될 혁명 이론의 핵심, 즉 부자와 가난한 자 사이의 적대감이 모든 정치적 현실을 지배한다거나, 법은 부자들이 자신들의 지배를 공고히 하기 위해 만든 것이고 따라서 사악하다는 내용, 개혁에 대한 희망은 모두 몽상이며 유일한 해결책은 민중의 무장 봉기에 있고, 그에 따라 반란의 확실한 성공을 위해 독재적 사령부가 필요하다는 내용이 들어 있다.

젊은 로베스피에르에게는 그러한 생각이 없다. "우리는 우리의 법 체계 전부를 바꿀 필요가 없다. 위험하게 마련인 총체적 혁명에서 특수한 악에 대한 치료책을 찾을 필요도 없다. 더 간단하고, 더 쉽고, 아마도 더 확실한 방법들이 우리 앞에 나타날 것으로 보인다." 얼마나 착한 청년인가! 그는 단지 몇 가지 적절한 개혁을 권고했다. '유죄를 선고받은 자의 재산 몰수' 폐지〔미래의 방토즈 법령*을 생각하면 웃음이 나온다〕, 서자(庶子)들의 처지 개선, 특히 처벌 앞에서 평민과 귀족의 평등과 같은 것이 그것이다. 그러나 사람을 구원하는 일은 〔제도〕 개혁보다는 풍속의 개선으로 기대해야 한다. 왜냐하면 — 그리고 여기서 우리는 이미 변함 없는 그 로베스피에르를 발견한다. — "태양이 빛을 발하듯 덕성은 행복을 낳기 때문이다."

메스 아카데미가 제시한 주제에서는 로베스피에르의 마음을 끌었던 것이 무엇인지 잘 알 수 있다. 반면 이듬해인 1789년에 아미앵* 아카데미가 제시한 주제, 즉 〈그레세* 찬사〉의 경우는 그가 왜 콩쿠르 참여를 결심했는지 이유가 분명치 않다. 이번에 그는 등외 가작조차 받지 못했고, 느베르* 수녀들의 앵무새 베르베르는 그에

레드레르(Pierre Louis Rœderer, 1754~1835) 삼부회 의원을 거쳐 국민의회 의원을 지낸 정치가, 재정가.
메스(Metz) 프랑스 북동부 로렌 지방의 도시.
〈민중의 벗(Amis du Peuple)〉 혁명기에 마라가 발행한 신문.
방토즈 법령 1794년 방토즈 8일(2월 26일)과 13일(3월 3일) 생쥐스트가 제안하여 통과된 법. 유죄를 선고받은 반혁명 혐의자들의 재산을 몰수하여 빈민들에게 분배하는 것이 법령의 내용이다.
아미앵(Amiens) 프랑스 북부 피카르디 지방의 도시.
그레세(Jean-Baptiste-Louis Gresset, 1709~1777) 프랑스의 시인, 극작가. 수도원의 관행을 조롱하는 〈베르베르(Ver-Vert)〉 같은 풍자시로 명성을 얻었다.

게 기억될 만한 작품을 쓰도록 영감을 주지 못했다고 말해야 할 것이다.

그러나 최소한 이 다양한 문학 활동은 그에게 훌륭한 명성을 안겨주었다. 1783년 11월에 그는 아라스 아카데미의 회원으로 선출되었다. 1786년 2월 4일, 그는 의장으로 선출되었다. 그는 의장 자격으로 새로운 회원들을 받아들였는데 그 과정에서 마드무아젤 드 케랄리오(de Keralio)의 입회를 허가했고 문화 활동에 여성들이 참여하는 것을 찬양했다. 그는 훗날 국민공회 의원 프랑수아 로베르*의 아내이자 혁명적 언론인이 된 그녀를 다시 만나게 될 것이다.

그럼에도 불구하고 그는 활동의 대부분을 법률직에 할애했다. 그의 누이 샤를로트에 따르면 어느 날 그는 사형 선고에 서명해야 한다는 데 몹시 절망하여 주교 재판소 판사직을 사임했다. 이 가족의 전통에서 보면 사임보다는 절망을 더 기억해야 할 것 같다(로베스피에르의 아버지가 아내의 죽음 후 절망하여 변호사직을 그만두고 방황한 것을 가리킴). 어쨌든 변호사라는 직업은 그에게 적합했고, 발음상의 결점에도 불구하고 그는 대단히 성공했다. 발음은 그의 고민거리였지만 서서히 나아져 갈 것이다. 특히 떠들썩한 두 사건이 그를 유명인사로 만들었다.

첫 번째는 1783년에 일어난 이른바 '생토메르*의 피뢰침' 사건이었다. 아마추어 물리학자인 한 변호사가 자신의 집에 피뢰침을 설치했다. 생토메르의 주민들이 그것을 신을 모욕하는 도전으로 여겨 술렁거렸고, 결국 그 지역 바이이*는 그 개혁가에게 이 신성모독적 기구를 철거하라고 명령했다. 변호사는 분노했고 로베스피에르는 승소했다. 고도의 과학적 전거들 — 그중에는 콩도르세*와 마라도 있다. — 과 계몽주의의 진보에 대한 칭송으로 가득한 그의 변론은 재빨리 인쇄되어 지역 전역으로 배포되고 알려졌다.

두 번째는 드퇴프(Deteuf) 사건이었는데, 훨씬 더 심각한 것이었다. 로베스피에르가 이 사건에서 아르투아의 가장 중요한 봉건적 권력체의 하나인 앙생(Anchin)의 베네딕트회 수도원을 공격했기 때문이었다. 이 수도원의 수도사로서 방탕한 품행으로 악명이 높았던 돔 브로냐르(Dom Brogniart)는 수도원의 한 하녀의 오라비인 프랑수아 드퇴프를 절도죄로 고소했다. 드퇴프의 변호를 맡은 로베스피에르는 먼저 드퇴프에 대한 기소 취하를 얻어냈다. 그리고 그는 이 첫 번째 결과에 만족하지 않고 돔 브로냐르의 방탕과 중상 행위를 관대하게 용서하고 비호한 데 대해 수도원 전체를 대상으로 손해배상 청구 소송을 제기했다. 겁을 먹은 앙생의 수도원장은 법적으로 사건을 종결짓는 화해를 제안했다.

그러나 로베스피에르는 재판의 종결을 기다리지 않고 소송 취지서를 대량으로 인쇄하여 배포했다. 지역 전체가 들끓었다. 단지 판

──────────

느베르(Nevers) 부르고뉴 지방의 도시.
로베르(François Robert, 1762~1826) 변호사이자 곡물·잡화상인. 혁명 초기에 아내인 드 케랄리오와 함께 신문 〈메르퀴르 나시오날〉을 발간하여 공화주의 확산에 앞장섰다.
생토메르(Saint-Omer) 프랑스 북부 노르파드칼레 지방의 한 도시.
바이이(bailli) 구체제 시기 행정구역의 하나인 바이야주(bailliage)의 장(長).
콩도르세(Jean Antoine, Condorcet, 1743~1794) 계몽주의 철학자이자 수학자. 입법의회와 국민공회 의원. 과학 아카데미의 회원으로 《백과전서》 집필에 참여했다. 공포정치하에서 지롱드파로 체포되어 감옥에서 자살했다.

결에 앞서 소송 취지서를 발간하고, 말하자면 판사들의 판단을 넘어서 공론에 호소하는 것이 전례 없는 일이어서가 아니었다. 그것은 로베스피에르의 취지서가 그 지역의 유력한 인사들이 기대할 만한 언어상의 절도를 지키지 않았기 때문이었다. 그는 논리적이고, 격렬하고, 가차없이 앙생 수도사들의 죄를 공분(公憤)에 호소하고, 다음과 같이 결론을 맺었다.

오, 시민이라는 칭호를 자랑스러워하는 모든 이들이여! 모든 사람을 위하여 법을 만들라고 요구하고, 불의를 저지른 사람의 신분과 직업이 무엇이든 그 모든 불의를 바로잡을 것을 요구합시다. 안 됩니다! 어떤 구실로도 압제자가 억압받는 약자들의 외침을 무시하는 것을 두고 보아서는 안 됩니다! 판사들은 범죄를 고무하고 결백을 짓밟는 장면을 내보여서는 안 됩니다!

이제 로베스피에르의 명성은 다른 사람들을 불안하게 만들었다. 그가 가장 큰 애정과 수고와 열의를 바친 대상은 늘 가장 가난하고 가장 불행한 의뢰인들이었다. 이러한 열의가 모든 사람의 마음에 드는 것은 아니었다. 1787년 2월 그는 부당하게 고발당한 여인을 변호했다. 법원은 그의 승리를 선고해야 했지만, 판결에서 '변호사 로베스피에르가 서명한 소송 취지서에 담겨 있는, 법률과 법학의 권위를 침해하고 판사들을 모욕하는 용어들'의 삭제를 명령했다. 드퇴프 사건 이후 사람들은 그를 경계했다. 그러므로 이 양심적이고 정직하고 부지런하고 재능 있는 변호사가, 개업한 해인 1782년에 벌써 13건의 소송을 맡은 것과 달리, 1788년에는 단 10건밖에 맡지 못했다고 해서 뭐 그리 놀랄 일이겠는가?

군주정과 고등법원 사이의 갈등이 점점 더 심해지던 1788년 초, 상황이 삼부회 소집*을 향해 가고 있음을 많은 사람들이 알아챘다. 아르투아 재판소장 드 보메츠(de Beaumetz)는 앞장서서 주(province)의 전체 관례를 어떻게 수정해야 할지를 연구하기 위한 일종의 법률가 위원회를 구성했다.

이 위원회는 로베스피에르를 배제하려는 조치들을 취했다. 로베스피에르는 단호하게 대응했고, 익명으로 〈아르투아 재판소의 한 변호사가 두에* 고등법원 변호사인 친구에게 보내는 편지〉를 작성했다. 이 글에서 그는 위원회에서 배제된 것뿐 아니라 변호사가 판사와 검사의 호의를 얻지 않고서 자신의 직업을 정직하게 수행한다는 것이 얼마나 어려운 일인지 불만을 토로했다. 어쩌면 그때 그는 새롭게 자신의 운을 시험해보려고 파리로 갈 마음을 품었는지 모른다.

그러나 사건들이 연달아 일어났다. 1788년 8월 8일, 삼부회를 다음해 5월 1일에 소집한다는 예고가 나왔다. 로베스피에르는 개인적 낙담을 무한정 되새기는 사람이 아니었다. 7월 5일자 국가참

....
삼부회 소집 구체제 말 심각한 재정 위기에 봉착한 군주정은 몇 차례 개혁을 시도했다. 1787년에는 재무총감 칼론이, 이듬해에는 새로운 재무총감 브리엔이 토지세를 핵심으로 한 세제개혁안을 제출했지만, 고등법원을 중심으로 한 특권층의 반대에 부딪혔다. 이에 대법관 라무아뇽은 왕권에 끊임없이 저항하는 고등법원의 정치적, 사법적 역할을 축소하기 위해 사법 개혁을 준비했다. 그러나 개혁은 도처에서 일어난 항의로 좌초되었고, 브리엔은 세 신분 대표들이 한 자리에 모일 삼부회 소집을 선포했다.
두에(Douai) 프랑스 북부 아라스 동북쪽에 위치한 도시.

사회*의 판결이 '모든 학자와 교육받은 사람들'에게 삼부회 문제와 관련하여 의견을 제시할 것을 촉구한 이후, 전례 없는 흥분이 수많은 지식인들을 사로잡았다. '일반의지'의 구현에 진지하게 몰입한 사람들뿐 아니라 정치적으로 '현자의 돌'*을 제공할 때가 왔다고 믿는 몽상가들이 모두 펜을 집어들었다. 로베스피에르도 마찬가지였다. 그러나 이미 이때 그를 특징짓는 것, 그리고 앞으로 영원히 그의 특징이 될 어떤 특징이 나타나는데 바로 자신의 참여에 제한적이고 구체적이고 정확한 범위를 부여한다는 것이었다. 혁명가들 중 모호함과 장황함이 가장 적은 인물이라는, 마지막까지 지속될 특징을 이미 그는 보이고 있었던 것이다.

그는 모든 것을 포괄하는 거대한 계획 대신, 그 해 말 〈아르투아 삼부회 개혁의 필요성에 대하여 아르투아 국민에게〉라는 글을 발표한다. 1789년 2월에 그는 그 글을 보완해 제2판을 발간한다. 그의 글은 구체적인 수탈에 대한 정확한 공격이었으며 정확한 비판과 제안이었다. 그의 설명에 따르면, 아르투아 삼부회는 지금과 같은 구성으로는 국민의 어떠한 계급도 정당하게 대표하지 않는다. 예를 들면, 성직자 회의를 구성하는 주교들과 수도원장들은 누구를 대표하는가? "이 집단에서 이의의 여지없이 수적으로 가장 많고 가장 유용한 계급이며 민중의 필요와 이익에 긴밀히 결부되어 있는 가장 소중한 계급인 일반 사제들을 무슨 권리로 배제했는가?" 귀족의 경우도 마찬가지이다. 제3신분의 경우에는 더더욱 그러하다. 지방 삼부회의 회계는 통탄할 만한 것이며 허울뿐인 회계감사는 파렴치하기 이를 데 없다. 특히 빈민들은 민중을 대표한다고 주장하는 음모꾼들에게 착취당하고 기만당한다.

우리 주의 도시와 농촌에 사는 사람들의 절대 다수는 빈곤으로 최악의 비참한 상태로 전락했다. 그 상태에서 인간은 삶을 유지하는 데 필요한 고된 노동으로 완전히 소진해 자신이 처한 불행의 원인을 숙고할 수도, 자연이 그에게 준 권리들을 인식할 수도 없다……. 민중의 모든 적들이 매우 대담하게 인류를 조롱하는 데 반해, 나는 민중의 권리를 주장하는 데 필요한 용기도 지니고 있지 못하다! 진리의 목소리가 정력적으로 울려 퍼질 수 있는 수백 년 만에 온 절호의 순간에 나는 그들 앞에서 비겁한 미소만 짓고 있다.

로베스피에르의 정치 경력이 시작되는 이 글에서 우리는 로베스피에르 자신에게 권위를 부여하는 특별한 능력이 무엇인지 알 수 있다. 이 글에서처럼 악습을 다룰 때, 그리고 이후에 전쟁과 음모를 다룰 때, 그는 늘 명료하고 이론의 여지가 없는 지점에서 출발한다. 그리고 그 지점으로부터 가차없이 점점 더 커다란 결론을 이끌어낸다. 마지막으로 그는 그 결론에 대해 전적으로 책임을 진다. 그가 그토록 인기를 얻었던 것은 늘 로베스피에르가 사람들에게 말하고 있는 내용이 그들과 매우 밀접한 것이고, 마음만 먹으면 실현 가능하며, 그 실현이 모든 사람들에게 중요하고, 로베스피에르는 그것을 위해 제일 먼저 죽을 준비가 되어 있다고 청중 한 사람

국가참사회(Conseil d'État) 중앙 통치기구의 하나. 국왕의 칙령을 준비하고, 일정한 판결을 파기하고, 행정기관들을 중재하는 등 일종의 고등법정의 역할을 했다.
현자의 돌 중세 서양의 연금술사들이 모든 병을 치료하고 어떤 물질이든 황금으로 바꿀 수 있다고 믿어 찾아 헤맸던 물질.

한 사람이 느낄 수 있었기 때문이다. 그것이 바로 이 웅변의 열쇠인데, 논리와 감성을 결합한 것이 그 구체적인 출발점이었다.

동시에 또 다른 사례는 로베스피에르가 결코 위험을 무릅쓰지 않았음을 우리에게 보여준다. 자신이 밝혀낼 시간이 없었던 정보, 의심할 기회가 없었던 모든 정보를 그는 존중한다. 삼부회에 입후보하는 것과 거의 동시에 그는 자신의 변호사 활동에서 최후의 작품이나 마찬가지인 〈뒤퐁에 대한 소송 취지서〉를 발간한다. 로베스피에르는 자신의 마지막 의뢰인 중 한 사람인 뒤퐁에 대해 이야기하면서 다가오는 새로운 시대를 거론한다. 그리고 격정적인 두 절에서 루이 16세와 네케르*를 찬양한다. 자신의 선출과 관련해 정부의 배려를 얻기 바라는 후보자의 아부인가? 로베스피에르를 안다면 그가 그럴 수 없는 인물임을 알 것이다. 간단히 말해 그는 아직 삼부회를 소집한 국왕의 선량한 개혁 의지와 자유와 평등의 기수로 보였던 네케르의 진지함을 의심할 아무런 이유도 없었다. 그는 그들의 적극적인 행위가 사건들에 미칠 수 있는 영향력을 헤아렸다. 그는 그들을 신뢰하고 지지할 준비가 되어 있었다. 바로 이러한 자세가 자신이 아직 가면을 벗겨내지 못한 사람들에 대해 로베스피에르가 그 뒤 늘 견지한 태도였다. 우리는 계속해서 미라보와 삼두파*, 뒤무리에*와 당통에 대한 그의 동일한 태도를 발견하게 될 것이다.

3월 23일 제3신분의 예비회합에서 로베스피에르는 아르투아 제3신분 총회에 참여하기 위해 선출된 12명의 대표에 속해 있었다. 그는 곧 보잘것없는 아라스의 구두수선공 조합의 진정서를 작성할

국가의 재정 위기를 해결하기 위해 개혁을 시도한 혁명 전야의 재무총감 자크 네케르.

책임을 맡았다. 우리가 이미 보았듯이 그는 이러한 임무를 맡으면 반드시, "민중을 통치하는 사람들의 첫 번째 의무는 민중의 품성을 고양하고 사회의 행복의 원천인 용기와 덕성을 민중에게 고취하는 것인데도 불구하고, 멸시받는 민중을 타락시킬 뿐인 이 비인간적 절차들"에 대한 구절들을 포함시켰다. 이러한 구절들을 보면 혁명력 2년* 국민공회에서 낭독된 로베스피에르의 위대한 보고서들을

네케르(Jacques Necker, 1732~1804) 1788년 8월 재무총감에 임명되었고, 1789년 7월 해임되었다가 바스티유 함락 사건 후 복귀한다.
삼두파 자코뱅 클럽 초기에 중심 역할을 한 뒤포르, 바르나브, 라메트의 3인.
뒤무리에(Charles-François du Perier Dumouriez, 1739~1823) 프랑스의 장군. 1792년 북부군대의 사령관으로서 발미 전투와 제마프 전투에서 승리를 거두고 벨기에를 점령했으나 1793년 3월 네르빈덴에서 패배한 후 오스트리아와 내통했다. 국민공회에서 배신자로 고발당한 후 1793년 4월 5일 오스트리아 진영으로 도주했다.

1부 인권의 투사 73

읽는 듯한 느낌이 들 것이다. 그러나 더 중요한 것은 여기에서 그가 구두수선공들의 직업적 불만을 표현하면서 예의 그 '정확성'을 변함없이 붙들고 있다는 사실이다.

3월 29일 공동의 진정서 작성을 위한 전체 회합에서 로베스피에르는 여러 차례 소란을 일으켰다. 먼저 그는 코뮌*들이 스스로 자신들의 관리를 지명할 것을 요구했다(여전히 그의 출발점은 구체적이고 한정되어 있다). 그것이 "그토록 오랫동안 온갖 폐해에 의해 억압당해온" 민중에게 그 권리를 돌려주는 데 필요한 조치라고 보았기 때문이다. 항의의 외침이 우파와 중도파에게서 들려왔다. 우리 모두를 모욕하는 것이 아니라면 어떻게 민중이 억압당했다고 주장할 수 있는가? 로베스피에르는 냉정하게 자신의 입장을 고수한다.

평온이 회복되자마자 그는 다시 시작했다. 이번에는 회의에 참여하느라 노동을 하지 못한 수공업자들에게 보상해줄 것을 요구하였다. 우파와 중도파에서 잡다한 웅성거림이 일어났다. 난처해진 관리들이 이 엉뚱한 동의안을 거부하기 위해 계속해서 온갖 이유를 갖다댔다. 수공업자들은 온 신경을 모아 귀기울였다. 물론 그들은 결코 보상을 받지 못할 것이다. 그러나 로베스피에르는 제헌의회에서, 그리고 국민공회에서 자신의 동의안을 지치지 않고 되풀이할 것이다.

며칠 후 회의의 여러 성원들이 몇몇 재정적 특권(주로 면세 특권)의 포기 의사를 밝힌 귀족들에게 고마움을 전달하자고 제안한다. 로베스피에르는 다시 한 번 개입해 "아르투아 귀족들에 대한 답변으로, 그 누구도 민중에게 속하는 것을 민중에게 돌려줄 권리는 없다는 것을 선언할 것"을 제3신분에게 촉구한다(특권의 포기는 당연한 의무이지 감사나 칭찬받을 행위는 아니라는 뜻이다).

그에게는 선거용 선언문이 필요하지 않았다. 그의 옛 친구들과 사교계의 지인들 대부분은 그를 따돌렸다. 반면 하층민들 사이에서는 그에 대한 관심이 고조되고 그의 이름이 회자된다. 그가 고립을 원하는 것은 아니었다. 그는 특히 아르투아의 (자유주의적인) 귀족 대표가 될 샤를 드 라메트*와 좋은 관계를 유지한다. 동시에 로베스피에르는 파벌을 만들지 않으면서 자신의 입장을 결정했다. 몇 개월 만에 그는 자신의 참모습을 알게 되었다.

1789년 4월 26일, 우여곡절 끝에 막시밀리앙 드 로베스피에르는 삼부회의 아르투아 제3신분 대표로 선출되었다. 열흘 후면 그는 31살이 된다. 그에게는 이제 겨우 5년간의 삶이 남아 있을 뿐이다.

....

혁명력 2년 1793년 10월 5일 국민공회는 공화정이 수립된 1792년 9월 22일을 출발 시점으로 하는 혁명력(革命曆)을 채택했다. 따라서 혁명력 2년은 1793년 9월 22일부터 1794년 9월 21일까지이다.
코뮌(commune) 프랑스의 최소 행정단위.
라메트(Charles de Lameth, 1757~1832) 장군이자 정치가. 미국 독립전쟁에 참전했으며 아르투아 귀족 대표로 삼부회에 진출했다. 입헌군주정을 지지하여 1792년 8월 10일 봉기로 왕정이 붕괴한 후 외국으로 망명했다.

2장_혁명의 심장, 파리 입성

1789년
5월 5일   삼부회 개회.
6월 17일   제3신분 대표들이 스스로 '국민의회' 성립을 선포하다.
6월 20일   로베스피에르, '테니스코트의 선서'에서 45번째로 서약하다.
7월 14일   민중들이 바스티유 감옥을 습격, 점령하다(프랑스 혁명의 시작).
8월 26일   '인권선언(인간과 시민의 권리 선언)'이 채택되다.
10월 5~6일   민중들과 국민방위대가 베르사유로 진격, 시위대의 압력으로 국왕 일가가 파리의 튈르리 궁으로 옮겨오다.
10월   자코뱅 클럽이 창설되다. 로베스피에르는 미라보, 시에예스 등 유명인사들이 참여한 이 정치 모임에서 곧 두각을 나타낸다.

삼부회 개회 전날 열린 의원들의 베르사유 거리 공식행렬에 참여한 로베스피에르의 모습을 루이 블랑*이 얼마나 위엄 있게 묘사했는지는 잘 알려져 있다.

이 행렬에서 단 한 사람, 신념에 의해 빛을 발하는 단 한 사람만이 궁극적인 결과들을 예감하고 있었다. 그런데 그는 가장 이름 없는 사람들 속에 있었다. 그는 행인들이 이름을 묻는 사람들 틈에 있었다. 그리고 그는 어떠한 친근한 말도 붙일 수 없는 엄숙한 자세로, 고요히 생각에 골몰해 주변의 소음은 안중에 없다는 듯 자기 자신 속에 침잠하여 걷고 있었다.

이런 식의 묘사, 즉 1789년 5월의 젊은 삼부회 의원에게 최고 존재*의 사제의 그림자를 투사하고, 그를 장님들 사이에서 유일하게 의식을 지닌 존재로, 이미 혜안을 지닌 위인으로, 달랠 길 없는 고독에 빠져 있는 예언자로 소개하는 것이야말로 결코 저질러서는 안 될 잘못이다. 진실은 더 복잡하고 동시에 더 흥미롭다. 의회 활동을 시작할 때 로베스피에르는 경계심과 순진함, 현실 감각과 환상, 이 모든 것이 어우러진 인물이었다. 그가 상황을 분명히 이해하고, 이제 막 시작된 혁명을 그 원칙의 가장 단순하고 가장 극단적인 결과로 이끌어갈 의지를 지닌 거의 유일한 인물이 바로 자신이라는 것을 깨닫게 되기까지는 여러 달이 필요할 것이다.

삼부회의 개회(1789년 5월 5일)로부터 바스티유 함락에 이르는 두 달 열흘 동안 그는 의원의 직무를 배운다. 그는 자주 발언하지도, 길게 발언하지도 않는다. 그는 전반적으로 사소하고 구체적인 문제에 대해 발언한다. 아직 어떤 뚜렷한 차이에 의해 균열이 생긴 것으로는 보이지 않는 이 거대한 제3신분 대표 집단 내에서 그는 단지 가장 단호한 사람들 중 하나였을 뿐이지 결코 지도자들 중 하나는 아니었다. 그는 마흔다섯 번째로 테니스코트의 선서*를 한다. 7월 9일에 그는 파리 주변에 집결한 외국 군대의 철수를 국왕에게 요구할 책임을 맡은 24명의 대표 중 하나로 선출된다. 그는 또 7월 14일 봉기(파리 시민들의 바스티유 감옥 습격, 점령) — 그는 동료들과 마찬가지로 베르사유를 떠나지 않았으므로 당연히 그날 아무런 역할도 하지 못했다 — 다음날, 7월 17일로 예정된 루이 16세의 파리 방문을 수행할 의원의 하나로 지명된다. 이 당시에 그는 신념, 논리, 그리고 단호함을 지닌 호감을 가질 만한 신출내기로 보였던 것 같다. 다수파의 지도자들이 그에게 호의를 품고 기꺼이 그에게 단

블랑(Louis Blanc, 1811~1882) 프랑스의 정치가이자 역사가.
최고 존재(Être suprême) 로베스피에르는 무신론에 맞서 '최고 존재'에 대한 예배를 주창하고 1794년 6월 8일 최고 존재의 축제를 주재한다.
테니스코트의 선서(Serment du Jeu de Paume) 6월 20일 국왕이 회의장을 폐쇄한 것을 발견한 제3신분 대표들은 실내 테니스코트로 자리를 옮겨 헌법이 제정될 때까지 결코 해산하지 않을 것을 선서했다. Jeu de Paume은 오늘날의 테니스와는 좀 다른 그 전신이라 할 수 있는 스포츠이다.

역을 맡기거나 부차적인 역할을 하게 했던 것이다.

베르사유에 도착한 그는 결코 마술사나 예언자연하지 않고, 관계를 맺거나 되살리는 데 주력했다. 몇 달 전 그가 네케르를 열렬히 찬양하는 글을 발표했던 것을 기억할 것이다. 그것을 잊지 않은 네케르는 그의 호감을 사고자 노력하고 그를 식사에 초대해 자신의 딸인 제르맨 드 스탈*로 하여금 그에게 접근하게 했다. 그러나 로베스피에르는 며칠도 지나지 않아 이 제네바 은행가에 대한 환상에서 깨어나 그에게 깊이 있는 정치적 식견이 전무하다는 것과 그의 태도가 모호하다는 것을 깨닫는다. 그는 가능하면 냉정하게 그와 거리를 둔다.

반대로 미라보에 대한 그의 태도는 훨씬 더 복잡했다. 한편으로는 아라스의 친구에게 보낸 5월 24일의 편지가 입증하는 것처럼, 로베스피에르는 처음부터 미라보의 부도덕성을 경계하고 그를 '형편없는 사람'으로 평가하기까지 한다. 그러나 미라보가 아무리 의심스러운 인간이라 해도 그의 재능이 당시에 그에게 접근하는 사람들을 매료하고 있는 이상, 또한 봉건제에 대한 최초의 공격이 이루어지고 있는 이때에 그가 좌파의 부동의 지도자로 군림하고 있는 이상, 두 사람 사이에는 몇 달간 일종의 협력이 이루어질 것이

스탈(Germaine de Staël, 1766~1817) 재무총감 네케르의 딸. 남편은 프랑스 주재 스웨덴 대사 스탈 남작. 처음에는 혁명을 열렬히 반겼으나 혁명이 급진화하는 것을 우려하여 1792년 9월 파리를 떠났다가 로베스피에르가 몰락한 후 돌아와 다시 살롱을 열었다. 1799년 11월에 일어난 브뤼메르 쿠데타 이후 정치적 영향력을 행사하고자 했으나 실패하고 1803년 망명했다. 시와 소설을 포함하여 많은 글을 남겼다.

테니스코트의 선서 1789년 6월 20일, 베르사유 궁전에 있던 회의장 문이 잠겨 못 들어가게 된 제3신분 대표들은 근처에 있는 테니스코트장으로 옮겨 헌법이 제정될 때까지 결코 해산하지 않을 것을 선언했다. 로베스피에르도 마흔다섯 번째로 선서를 했다.

다. 미라보는 로베스피에르의 가능성을 엿보고 자신이 조직하고 있는 자문위원회에 그를 포함시키고자 했다. 그러나 동시에 그는 꼿꼿한 척추를 가진 유연하지 않은 하인을 부리는 것이 얼마나 어려운 일인지를 절감했다. 그는 측근들에게 아마도 경멸과 염려 그리고 빈정거리는 냉소가 뒤섞인 목소리로 토로했다. "저 자는 멀리 갈 것이다. 그는 자신이 하는 말을 모두 믿고 있다."

미라보에 대한 로베스피에르의 태도는 이미 상당한 신중함을 보이지만 5월 24일의 편지에 따르면 다른 제3신분 지도자들에 대한 그의 견해는 훨씬 더 명확했다. 무니에*, 말루에*, 타르제* 같은 사람들의 주저와 타협을 폭로하는 데에는 몇 달로 충분할 것이다. 5월에 그들은 인기의 정점에 있었다. 그러나 로베스피에르는 첫눈에 그들을 판단하고 이후 드러날 그들의 정체 그대로 정확하게 그들을 보았다. "무니에는 자신의 지방에서만큼 이곳에서 중요한 역할을 하지는 못할 것이다. 왜냐하면 사람들은 그의 주장과 그가 대신(네케르)과 맺고 있는 관계를 의심하고 있기 때문이다." 말루에에 대해서는 "파렴치함으로 무장하고 간계로 가득한 이 인물은 우리들 사이에서 특권적 당파가 승리하도록 하기 위해 모든 음모의 태엽을 작동시켰다." 타르제의 경우 "오늘날 그는 거의 완전히 전투능력을 상실했다. 사람들은 그의 재능이 이 최초의 편견에(처음 생각했던 것에) 훨씬 못 미치는 것임을 알아챘다. 사람들은 그의 원칙이 쉽게 변한다는 것을 알고 있다."

같은 시기에, 대부분의 귀족 대표들에 대해서는 이미 선견지명을 보인다〔그러나 그는 라파예트와 필리프 오를레앙*은 여전히 예외로 남겨둔다〕. 그들은 자신들의 특권을 포기하는 척하지만, "그들이 더는 자신들의 의지에 달려 있지 않은 이 기만적인 희생, 다시 말해 귀족 집단의 기증을 통해서가 아니라 오직 삼부회를 통해서만 제정해야 하는 법을 감수하려는 것은 단지 국민의 권리를 대가로 우리와 좀 더 유리하게 협상하겠다는 희망 때문인 것이다."

로베스피에르는 곧 의기투합하여 지체없이 합류할 동료들도 발견했다. 그들은 브르타뉴의 제3신분 대표들과 '브르타뉴 클럽'*―11월 자코뱅 클럽이 되는 것의 전신―에서 그들과 함께 모이는 사람들이었다. 당분간은 가장 진보적인 의원들만이 그곳에 드나들었다. 아직 브르타뉴 클럽은 파리와 지방의 수십만 자코뱅 지지자들

....

무니에(Jean-Joseph Mounier, 1758~1806) 그르노블의 사법관 출신이며, '테니스코트의 선서'를 발의했다. 의회의 결정에 대한 군주의 절대적 거부권을 주창하여 애국파와 결별하고 1790년 스위스로 망명했다.

말루에(Pierre Victor Malouet, 1740~1814) 프랑스 식민지 생도맹그와 기아나의 관리 출신으로서 삼부회에 진출하여 식민지 백인들의 권익을 옹호했다. 제헌의회 내 대표적 왕당파였으며 1792년 망명했다.

타르제(Guy Jean-Baptiste Target, 1732~1807) 파리 고등법원 변호사 출신의 삼부회 의원. 혁명 전 대법관 모푸의 사법개혁에 반대하고, 프로테스탄트에 대한 관용령 발표에 기여해 명성을 얻었다. 그러나 혁명기에는 별다른 활동을 하지 못했다.

오를레앙(Philippe d'Orléans, 1747~1793) 일명 평등공(平等公) 필리프. 루이 16세의 사촌으로 혁명이 시작되기 전부터 체제와 궁정에 대한 반감을 드러냈다. 귀족 대표로 삼부회에 선출되었으나 국왕 일가를 튈르리로 옮기게 한 1789년 10월 5~6일 봉기 이후 망명했다. 이듬해 돌아와 1792년 국민공회 의원에 선출되었으며 국왕의 처형에 찬성 투표했다. 아들 루이 필리프가 뒤무리에와 함께 망명한 후 반혁명 혐의자로 체포되어 처형되었다. 이 오를레앙 공작 필리프를 중심으로 하여 18, 19세기에 부르봉 왕가의 오를레앙 가계를 지지한 입헌군주정 지지자들을 '오를레앙파'라고 한다.

과는 거리가 멀었다. 그러나 이미 로베스피에르는 국민의회*에서 주목을 받는 것만큼 그리고 그 이상으로 나라 전체의 공론에 영향을 끼치는 데 관심을 두고, 언론인들과 관계를 맺고자 노력한다. 먼저 그는 동창인 카미유 데물랭과 관계를 회복한다. 다른 이들도 있었는데 로베스피에르와 마찬가지로 국민의회 의원이자 신문 〈새벽〉의 편집자이며 공안위원회에서 1년간 함께 활동할 미래의 동료 바레르*도 그 중 한 사람이었다.

7월 14일에 로베스피에르는 다수파에 속한 한 의원에 불과했고, 물론 가장 단호하고 가장 통찰력 있는 의원 중 하나이긴 했지만 그 이상은 아니었다. 처음에는 크게 눈에 띄지 않았던 그가 몇 달 만에 점점 더 분명하게 태도를 바꿔 혁명의 파수꾼이 된 것은 여러 사건들 때문이다.

한편으로 그는〔역사가 조르주 르페브르의 표현을 되풀이하자면〕

....

브르타뉴 클럽 삼부회가 소집된 후 프랑스 서부 브르타뉴 출신 의원들은 정치적 문제를 토의하기 위해 클럽을 조직하고 정기적으로 회합했다. 이 클럽은 1789년 10월 5~6일 봉기 후 '헌법의 벗 협회(Société des amis de la Constitution)'라는 이름으로 생토노레 가(街)에 있는 자코뱅 수도원에 자리를 잡았다. 이때부터 의원들뿐 아니라 시민들에게도 문호가 개방되었고 이후 협회는 자코뱅 클럽으로 불리게 되었다.
국민의회 1789년 6월 17일 삼부회의 제3신분 대표들은 특권층이 개혁을 무마시킬 것을 우려해 제3신분회가 곧 '국민의회'임을 선언했다.
바레르(Bertrand Barère, 1755~1841) 변호사, 국민공회 내의 산악파, 공안위원회 위원. 공포정치의 책임자 중 한 사람이지만, 로베스피에르에 반대하여 테르미도르 쿠데타에 가담했다.

바스티유 감옥을 습격하는 민중들 1789년 7월 14일, 약 1만 명의 성난 군중이 전제정의 상징인 바스티유 감옥을 습격했다. 중세시대에 요새였던 이곳은 17세기부터 국사범 감옥으로 쓰였다. 바스티유 습격과 함락은 곧 혁명의 본격적인 시작을 알리는 신호탄이었다.

'특권층의 음모'가 파리의 봉기 앞에서 단지 겉으로만 굴복했을 뿐임을 깨닫는다. 반혁명 세력은 반격을 준비하고, 국민의 노력을 훼방 놓으려 하고, 망명을 하여 외국에 호소한다. 다른 한편 그는 파리 봉기의 명백히 민중적인 성격이 국민의회 의원들에게 강력한 경보 — 7월 말 바스티유 함락 소식에 뒤이은 대규모 농민 봉기가 한층 거세질 것이라는 경보 — 가 되었음을 알아챈다. 그리고 그는 제3신분의 수많은 부르주아들 사이에 확산되기 시작한 어떤 경향을 포착한다. 그들은 새로운 민중운동의 모든 가능성을 억누르려 하고 심지어 그를 위해 반혁명과의 타협도 감수하고자 한다.

로베스피에르는 특수한 입장을 선택한다. 그것은 혁명은 오직 민중을 신뢰할 때에만, 그리고 혁명 수호에 그들을 참여하게 할 때에만 승리할 수 있다는 것을 이해시키는 것이다. 7월 20일 그의 태도는 이미 명확했고, 그 태도는 이후 5년 동안 결코 변하지 않는다. 그날 랄리톨랑달(Trophime Gérard Lally-Tolendal, 1751~1830) 백작은 모든 민중운동을 진압하기 위한 무장 병력 사용을 목적으로 하는 동의안을 제출한다. 로베스피에르는 곧바로 동의안에 반대하는데 이것이 그가 국민의회에서 행한 첫 번째 중요한 발언이다.

파리의 이 봉기로부터 도대체 무슨 일이 일어났습니까? 거의 피를 흘리지 않고 공공의 자유를 얻었습니다. 아마도 몇 명의 머리가 떨어졌지만 그것은 범죄자들의 머리입니다……. 아니! 여러분, 국민은 바로 이 봉기로부터 자유를 얻었습니다……. 새로운 시도(혁명에 대항하려는 시도. 로베스피에르는 7월 초에 파리와 베르사유로 군대를 불러들인 왕의 행동을 염두에 두고 있다)가 없을 것이라고 말하는 자는 누구입니까? 우리의 안녕을 위해, 무장한 시민들을 반도라고 선언한다면 이 시도들을 누가 격퇴할 것입니까? 자유에 대한 사랑마저 꺼버릴 수 있는 이 동의안은 국민을 전제정에 넘겨주려는 것입니다.

이 발언은 기회가 있을 때마다 로베스피에르가 되풀이할 일련의 여러 발언들 중 최초의 것이었다. 스스로 새로운 시 정부를 수립한 마리앙부르* 주민들에 대해, 또는 귀족 대표들에게 반대한 빌프랑슈드루에르그*의 한 판사에 대해 그는 발언했다. 그는 외국에 거주하는 한 귀족에게서 압류한 편지들을 조사하기 위해 서신왕래의 비밀에 예외를 둘 것을 주장하기도 하고, 브장발 남작 같은 반혁명 세력의 석방에 반대하기도 했다. 민중운동이 반란이라고 비난받을 때마다, 그리고 음모가들이 형벌을 면제받는 것으로 보일 때마다 그는 싸웠다.

전반적으로 많은 성공을 거둔 것은 아니었다. 국민의회의 다수파는 양쪽에서 협공을 당하여 반동 세력에게 도움을 청해야 했고, 농민 반란 진압의 책임을 루이 16세에게 떠넘기거나 아니면 민중들의 요구를 받아들여야 하는 상황에 처했다. 그에 따라 8월 4일 밤 위험을 모면하기 위해 희생을 치러야 했다. 그날 밤 일련의 부가조항들을 통해 경제적 특권들 중 가장 중요한 것들을 온전히 보존하면서도 봉건제를 폐지한다고 선언하는 타협이 이루어졌던 것

마리앙부르(Marienbourg) 벨기에의 도시.
빌프랑슈드루에르그(villefranche-de -Rouergue) 프랑스 남부의 도시.

이다. 그러나 그들은 더 나아가기를 원하지 않았다. 로베스피에르는 동료들 사이에서 자신이 점점 더 고립되어감을 느꼈다. 의회에서 그의 활동은 전반적으로 실패하지만, 적어도 가장 혁명적인 신문들은 그의 활동을 호의적으로 논평하고 후하게 보도한다. 그 덕분에 의원들 내에서 로베스피에르의 준(準) 고립 상태는 보상을 받고 심지어 공론 속에서 더욱 위신을 얻게 된다.

1789년 8월 26일 '인권선언'*이 완성되어 세부적인 내용들이 모두 가결되었다. ─ 로베스피에르가 제기한 몇 가지 수정안들은 대부분 거부되었다. 이제 헌법의 본문 자체에 착수할 때이다. 8월 28일 이 새로운 논쟁이 시작되었을 때 여러 측면에서 의미심장한 사건이 발생한다. 의회의 논쟁은 보통 매우 소란스럽고, 다른 많은 의원들과 마찬가지로 로베스피에르는 자신의 뜻을 전달하는 데 어려움을 겪는다. 그는 미라보나 당통만큼 목소리가 크지 못했던 것이다. 게다가 그는 공개 모임에 익숙하지 않았다. 마지막으로, 모두 알다시피 별로 유명하지 않은 연사가 연단에 오르면 내밀히 주고받는 사담(私談)이 더 기승을 부리게 마련이다. 이 모든 이유 때문에 로베스피에르가 헌법에 대한 토론으로 들어가기에 앞서 '평화로운 토론을 확립하기 위해' 몇 가지 규정의 수정을 요구했다는 것은 이해할 만했다.

그에게 돌아온 것은 고함과 야유였다. 고르사스*의 신문은 다음

인권선언 정확하게는 '인간과 시민의 권리 선언(Déclaration des droits de l'homme et du citoyen)'. 헌법의 서문으로 구상되었으며 여러 초안을 두고 장시간 논의한 끝에 8월 26일 전문과 17개 조항이 최종적으로 채택되었다.

인권선언 국민의 자유와 평등의 권리를 선언한 '인권선언'은 프랑스 혁명의 정신을 보여준다. 이 선언의 17개 조항은 1791년 헌법의 전문이 되었다.

1부 인권의 투사 89

과 같이 보도했다. "그는 경고를 받지만 열정에 고취되어 발언을 계속한다. 그의 발언은 다시 중단된다. 결국 훌륭한 견해를 갖는 일이 늘 허용되는 것은 아니며 그 견해를 표현하는 일이 다른 사람들을 불쾌하게 할 수도 있다는 것을 안 그는 연단에서 내려온다. 의장은 이러한 상황이 공정하지 않다는 것을 의회에 지적하지 않을 수 없다. 로베스피에르 씨는 다시 연단에 오르라는 요청을 받는다. 그는 연단으로 간다. 그러나 그의 발언 내용이 뛰어났음에도 불구하고 그가 겪은 무례한 방해는 그의 기력을 크게 파괴했다."

위와 같은 사건들은 로베스피에르가 제헌의회*에서 행한 약 200건의 발언과 비교해 수적으로 매우 미미한 것이었지만, 미슐레*와 올라르*는 바로 그러한 사건들에 근거해 천덕꾸러기 또는 조롱거리 로베스피에르라는 전설, 즉 그의 연설은 제헌의회의 비웃음을 샀을 뿐이라는 전설을 만들어냈다. 그토록 애처로운 연사가 이후 그토록 명망 높은 경력을 쌓았다는 것은 놀라운 일이다. 진실은 달랐다. 처음에는 고함이나 야유 때문에 쉽게 좌절했다 해도 그는 매우 빨리 익숙해졌다. 그러나 이 사건에서 특히 주목해야 할 것은 의회의 대다수가 로베스피에르의 연이은 발언에 분노를 느끼기 시작했고, 그 분노를 표현할 첫 번째 기회를 주저 없이 이용했다는 것이다.

이러한 경향의 또 다른 증거는 머지않아 드러난다. 9월 초에 국왕에게 입법부의 결정을 무효화할 수 있는 거부권(droit de vito)을 부여할 것인지 말 것인지라는 중요한 문제를 두고 토론이 시작되었다. 이미 어떠한 민중의 압력에 대항해서도 정권의 권위를 강화하겠다는 강박관념에 휩싸인 미라보는 절대적이고 궁극적인 거부권에 찬성을 표명했다. 더 능숙하거나 또는 더 온건했던 바르나브는 의회의 두 회기 동안 입법부의 결정을 유예할 수 있는 권리를 옹호했다. 논쟁이 시작되자 로베스피에르는 연사 명단에 자신의 이름을 올렸고 사람들은 그가 모든 형태의 거부권에 완강하게 반대한다는 것을 알게 되었다. 그러나 그가 발언하기로 한 그 전날, 의회는 논의 종결을 결정했고, 3분의 2의 다수표로 바르나브가 제안한 유예권을 국왕에게 부여했다.

로베스피에르는 그가 할 수 있는 유일한 방식으로 더 멀리 나아갔다. 그는 발표할 수 없었던 연설문을 인쇄했다. 의회는 결정을 내렸고 그는 공론에 호소했다. 의회의 회기 동안 지속될 그의 태도가 이미 윤곽을 드러냈다. 즉 책략에 의해 자신의 존재가 흐려지거나 자신을 둘러싼 의원들의 편견에 의해 격리되는 것을 거부하고, 끊임없이 민중과의 접촉을 유지하고 모색하는 것이었다. 의회에서 자신이 소수의 진정한 민주주의자들과 함께 고립되어 있고, 그에 따라 자신의 동의안 대부분이 거부당하는 것을 지켜볼 수밖에 없음을 알게 된 그는 의회 연단을 민중을 계몽하고 공론을 동원하는 수단으로 이용하는 경향을 보이게 된다. 머지않아 그는 다음과 같

고르사스(Antoine Joseph Gorsas, 1752~1793) 언론인이자 정치가. 1789년 〈베르사유 신문〉을 창간했다.
제헌의회 삼부회의 제3신분 회의는 6월 17일 스스로 '국민의회'임을 선언했다. 이후 1·2신분 회의가 '국민의회'에 합류했고, 국민의회는 7월 9일 스스로 '제헌의회'임을 선언했다. 제헌의회를 국민의회라고 부르기도 한다.
미슐레(Jules Michelet, 1798~1874) 민족주의 역사가이자 작가.
올라르(François-Alphonse Aulard, 1849~1928) 프랑스 혁명 연구에 과학적 분석 방법을 적용한 역사가.

이 말한다.

 의회에서 발언할 때 나는 입법의 성전 좁은 울타리 너머를 바라보았다. 나의 목표는 특히 국민과 인류에게 나의 의지를 전달하는 것이었다. 나는 끊임없이 시민들의 마음 속에 인간의 존엄성에 대한 의식을 일깨우고자 했다.

 이러한 관념은 매우 새로운 것이었지만 — 그것은 차르 체제하의 러시아 의회 두마(Douma)에서 볼셰비키파가 수행할 역할에 대한 레닌의 생각을 이미 어느 정도 예고한다. — 국왕의 거부권에 반대하는 연설에 담긴 사상까지 그렇게 새로운 것은 아니었다. 활동 초기 로베스피에르의 독창성은 새로운 이론 창조에 있지 않았다. 그의 독창성은 특히 용기와 정직에 있었다. 그는 바로 그 용기와 정직으로, 모든 사람들이 인정하는 원칙의 결론을 모든 사람들이 성실하게 지지하는 것은 아니라는 데 분노했다.

 〔국왕의〕 거부권을 지지하는 많은 사람들은 그것이 원칙에 어긋나는 것임을 인정할 수밖에 없으면서도 이른바 정치적 편의를 위해 원칙을 희생하는 것이 유리하다고 주장한다. 〔……〕 어떤 한 사람이 법을 거부할 권리를 갖고 있다고 주장하는 사람은 그 한 사람의 의지가 모든 사람들의 의지 위에 있다고 말하는 셈이다. 그는 국민이 아무런 존재도 아니며 단지 한 사람이 모든 것이라고 말하고 있는 것이다. 나아가 이 권리가 행정권을 가진 사람에게 속한다는 것을 덧붙인다면, 그는 국민의 의지를 집행하도록 국민에 의해 임명된 사람이 국민의 의지를 거역

하고 억압할 권리를 갖는다고 말하는 것이나 다름없다. 그는 도덕적으로나 정치적으로나 상상할 수 없는 괴물을 창조하고 마는데 이 괴물이 바로 *국왕의 거부권*이다. 〔……〕 이 무슨 운명의 장난으로 전 유럽이 그토록 관심을 가지고 기다리는, 그리고 이 시대의 계몽의 걸작품으로 보였던 이 헌법의 제1조가 국민 위에 국왕이 군림함을 선언하는 것이자 신성 불가침한 민중의 권리를 추방하는 것이 될 것이란 말인가?

일단 사람들이 인간의 평등, 인간들 사이 신성한 우애의 관계, 인간 본성의 존엄성을 믿게 되면, 그때에는 민중의 의회에서 민중을 비방하는 일은 없을 것이다. 그때에는 허약함에 신중함이라는 이름을, 비겁함에 온건함이라는 이름을, 용기에 무모함이라는 이름을 붙이지 못할 것이다. 애국을 범죄적 소요라고, 자유를 위험한 방종이라고, 선량한 시민들의 관대한 헌신을 분별없는 짓이라고 부르지 못할 것이다. 그때에는 *국왕의 거부권*이 불합리하고 위험한 것임을 합리적이고도 자유롭게 입증할 수 있을 것이다.

로베스피에르가 이처럼 민중에 대한 불신이 언제나 그 자체로 민주주의에 대한 거부를 낳는다는 것을 입증하는 바로 그때, 민중에 대한 불신은 반혁명을 무적의 것으로 강화한다는 사실이 잇따른 사건들에 의해 입증될 것이다. 의회는 두 가지 목적에서 루이 16세에게 거부권을 부여했다. 하나는 왕에게서 반대 급부로, 봉건제 폐지를 선언한 8월 4일의 법령과 '인권선언'에 대한 재가를 얻어내는 것이었으며, 다른 하나는 언제 일어날지 모르는 대중의 소요에 대비해 정부의 권위를 강화하는 것이었다.

거부권을 갖게 된 루이 16세는 "그의 충성스러운 귀족과 충성스러운 성직자들에 대한 약탈(8월 4일의 봉건제 폐지 법령을 의미한다)"과 인권선언 재가를 계속 거부했다. 그리고 그는 의회가 허약하다고 느끼고 더 대담하게 자신의 정책을 밀어붙였다. 9월 11일 의회는 그에게 거부권을 선사했다. 9월 14일 국왕은 플랑드르 연대를 베르사유로 불러들였고, 그러는 동안 그의 호위대는 보란 듯이 실력 행사를 준비했다. 9월 말의 상황은 7월 초와 여전히 비슷했다. 7월에 반혁명 세력은 의회의 혁명을 무력으로 분쇄하고자 했고, 민중이 그 분쇄 기도를 막아냈다. 9월에는 부르주아지가 민중에 대한 두려움 때문에 자신의 혁명을 배신했다는 것이 드러났으므로 반혁명 세력은 자유롭게 자신의 계획을 다시 실행에 옮길 수 있었다. 로베스피에르의 두려움이 옳았다는 것이 입증되었다.

베르사유까지 행진한 민중은 다시 한 번 특권층의 쿠데타 준비를 분쇄했다(10월 5~6일 분노한 민중들은 베르사유 궁까지 행진하여, 궁을 습격하고, 국왕 일가를 파리로 데려왔다). 달리 어쩔 도리가 없었던 라파예트와 국민방위대*의 부르주아들은 무기력하게 민중의 뒤를 따르지 않을 수 없었다. 로베스피에르는 자신의 연설을 출판한 것을 빼고는 10월 5~6일 봉기의 심리적 준비에 참여하지 않았다. 그는 아직 대중들과 지속적으로 접촉할 기회가 없었으며 곧 자코뱅이 그 기회를 제공할 것이었다. 당시에 그 임무를 맡았던 이들은 특히 언론인들 ─〈파리 시민에게 드리는 가로등의 담화문〉(반혁명 혐의자를 가로등에 매달아 교수형에 처한 사건에서 따온 제목)의 데물랭, 〈파리의 혁명〉의 루스탈로*, 마지막으로 '특히' 마라. 그는 9월 중순 〈민중의 벗〉을 발행하기 시작했고 대번에 일급 언론인이 되었다.─였고, 곧 민중협회들과 자코뱅이 그들의 임무를 교대할 것이었다. 이 봉기의 준비에서 로베스피에르의 역할은 드러나지 않았지만, 그 결과를 지키기 위해 가장 강경한 투쟁을 벌일 사람은 바로 그였다.

이제껏 로베스피에르의 전기 작가 중 그를 제헌의회의 동료들과 구분하는 지점을 그런 맥락에서 충분히 조명한 이는 없는 것 같다. 민중의 7월 압력은 그에게 혁명의 파수꾼이란 임무를 맡겼다. 민중의 10월 압력은 그가 이 역할을 강화하여 점차 의회 내 극좌 반대파의 지도자가 되게 했다. 제헌의회의 다른 정치가들 — 부르주아든 자유주의적 귀족이든 — 은 정신적으로 *바스티유 함락 이전의 인물들*, 즉 구시대의 인물들이었고 앞으로도 그렇게 남을 것이었다. 그러나 로베스피에르 — 그 역시 부르주아이며 앞으로 보게 되는 대로 마지막까지 부르주아로 남을 — 는 자신의 정치적 이상을 즉각 민중의 행동과 불가분의 것으로 동화시킨 유일한 인물이었고 또한 생탕투안 포부르*의 상퀼로트들의 봉기에 따라 자신의 정치적 임무를 결정한 유일한 인물이었다. 바스티유를 함락시킨 사람들은 로베스피에르의 발언 속에서 자신들의 개입의 결과를 알아보게 된다.

국민방위대 치안과 질서 유지를 위해 시민들이 자발적으로 조직한 민병대. 국왕 휘하의 군대와 왕권으로부터의 공격뿐만 아니라 때로 폭력적이 될 수 있는 가난한 민중들로부터 유산자를 보호하는 데도 그 목적이 있었다.
루스탈로(Élisée Loustalot, 1762~1790) 혁명기의 급진적인 언론인. 보르도 고등법원의 변호사였던 그는 1789년 혁명이 일어나자 파리로 왔다. 카미유 데물랭의 친구였으며, 혁명 초의 주요 애국파 신문 중 하나인 〈파리의 혁명〉을 발간했다.
생탕투안 포부르(Saint-Antoine faubourg) 민중들이 거주하는 파리 외곽 지역 중 하나.

〈민중의 벗〉 가장 급진적이고 민주적인 정책의 대변자였던 마라는 1789년 9월부터 이 신문을 통해 파리 민중들의 계급의식을 불러일으켰다.

　10월 봉기 다음날, 모든 파리 사람들의 입에서 기쁨의 함성이 터져 나왔다. 그것은 6월 27일 루이 16세가 제3신분과 성직자 회의의 사제들 앞에 항복하고 세 신분의 통합회의를 승인했을 때와 같은 함성이었다. 또한 7월 17일 루이 16세가 라파예트와 바이이*로부터 삼색 모장(帽章)을 받아들였을 때와 같은 함성이었다(바스티유 함락 사흘 후인 7월 17일 루이 16세는 파리로 왔다. 그것은 7월 14일 반란의 결과를 승인한 셈이었다. 바이이는 이때 '군주와 민중 사이의 장엄하며 영원한 결합'의 상징인 삼색 모장을 증정했다). 이번에는 국왕이 파리의 자기 국민에게 아주 합류하러 온 것이다. 그는 8월 4일 법령과 '인권선언'을 재가했다. 이번에는, 정말로, "혁명은 끝났다."

― 그리고 그것은 세계에서 가장 경이로운 혁명이었다. 왜냐하면 이 혁명은 거의 피 한 방울 흘리지 않고 이루어졌기 때문이다. ― 그것은 의외의 결과였는데, 두 가지 이유에서 그러했다. 첫 번째 이유는 사실상 불가피한 것이었고 다른 이유는 특정 조건하에서라면 불가피했을 것이었다.

첫 번째 이유는 스탈린이 H. G. 웰스*에게 상기시킨 바 있듯이 "역사의 무대를 떠나야 하는 계급들은 자신들의 역할이 끝났다는 것을 결코 믿지 않기" 때문이었다. '특권층의 음모'는 두 차례 패배했지만, 뿌리 뽑히지는 않았다. 특권 계급은 자신의 요새, 즉 궁정, 대토지 소유자들, 옛 고등법원 판사들, 주교들 대부분을 여전히 보유하고 있었고, 외국과의 관계를 유지하고 강화했다. 또한 이 특권 계급은 랄리톨랑달과 무니에처럼, 정치 무대에 침입한 하층 계급에 대한 두려움으로 투항한 변절자들을 받아들여 커질 것이다. 그리고 두 차례의 음모 실패는 증오에 찬 분노를 격화시키고 치밀하게 무자비한 보복을 준비하려는 의지를 강화했을 뿐이다.

두 번째 이유는 다시 한 번, 그리고 전보다 훨씬 더 격렬하게 부르주아지가 민중 집단의 정치 무대 침입에 겁을 먹었다는 것이다. 마티에즈*의 말에 따르면, 부르주아지는 갑작스럽게 '제4신분(민중)의 사나운 얼굴'을 발견했다. 그리고 부르주아지는 스스로 쟁취

바이이(Jean-Sylvain Bailly, 1736~1793) 테니스코트의 선서에서 첫 번째로 선서한 국민의회 의원. 바스티유 함락 다음날 시민들에 의해 파리 시장으로 선출되었다.
H. G. 웰스(Herbert George Wells, 1866~1946) 영국의 언론인이자 작가.
마티에즈(Albert Mathiez, 1874~1932) 역사학자.

하지 않은 승리를 혼자 누리기를 원했다. 어쩔 수 없이 뒤쫓아간 반란으로 권좌에 오른 라파예트는 비공식적인 '궁정 감독관'이라는 자신의 위신을 사용하여 민중을 굴복시키고자 했다. 미라보로 말하자면, 그는 거듭 궁정을 도와주겠다는 뜻을 제시했다. 어제의 '혁명가들' 대부분이 ― 패배자들이 복수만을 생각하는 바로 그 순간에 ― 그 패배자들과 타협에 도달하기를 꿈꾸었다.

10월 14일 트레귀에(Tréguier)의 주교는 자신의 사제들에게 교서를 보냈다. 교서에서 그는 특히 다음과 같이 말했다.

> 사제들이여, 설교단에 올라 복종의 가르침을 전하라. 세금이 감소한다고 믿고 있는 민중들에게 사실은 그들이 속고 있음을 알려주라······. 존경스러운 농민들이여, 여러분의 행복은 여러분의 귀족과 성직자들의 협약 덕이 아닌가? ······. 신분과 재산의 평등이라는 제도는 한낱 망상에 불과하다.

브르타뉴의 애국파들*은 《성경》에 근거하지 않은 이 봉건적인 발언을 의회에 고발하고자 했다. 그러나 10월 20일 제헌의회에서 토론이 시작되었을 때, 클레르몽토네르*는 우파의 이름으로 토의를 중단하고 다음 의사 일정으로 넘어갈 것을 요구했다. 의미심장한 표현으로 이 요구에 반대한 것은 로베스피에르였다.

> 이 교구에서 내전이 불붙으려는 이때, 어떻게 이 사건에 대한 검토를 연기할 수 있습니까? 나는 솔직히 염려를 표하지 않을 수 없습니다. 국가의 안녕이 위기에 처해 있기 때문입니다. 가장 잔악한 음모가 존재하

기 때문입니다. 조국은 끊임없이 위협받고 있고, 공익의 적들은 여전히 자신들의 추악한 계획을 포기하지 않았습니다. 그런데도 우리는 비난받아 마땅한 태평함에 빠져 있습니다.

그날 로베스피에르는 승리했다. 이틀 후 트레귀에 주교는 반역죄로 샤틀레 재판소*에 소환된다. 그러나 로베스피에르는 이튿날인 10월 21일 계엄령의 표결이라는 훨씬 더 중대한 문제에서 패배할 것이다. 파리의 여인들은 10월 6일 '제빵업자와 그 안주인 그리고 빵집 조수'(왕과 왕비 그리고 왕세자)를 베르사유로 데려오면서 자신들이 혁명을 완료했다고 믿었을지 모른다. 그러나 식량 사정은 계속 악화되었고 소요를 야기했다. 10월 21일 아침, 파리의 한 제빵업자가 여인네들에게 살해되었다. 로베스피에르가 그 후에 주장하는 것처럼, 그 사건은 계획된 도발이었을까? 확실한 것은 라파예트가 그 사건을 도발하지는 않았지만, 서둘러 그것을 최대한 이용하려 했다는 것이다. 그날 오후, 미라보뿐 아니라 당시 '좌파' 지도자였던 바르나브의 지지를 받은 라파예트의 동료들은 군대가 무력으로 민중 집회를 해산할 수 있는 계엄령 표결을 의회에 요구

애국파(patriotes) 특권 계급에 대한 투쟁을 주도했던 사람들을 지칭하는 용어. 법률가, 저술가, 사업가, 은행가 등 부르주아 출신의 인사들 외에도 새로운 사상에 공명하는 특권 계급 출신의 인사들도 포함되어 있었다.
클레르몽토네르(Stanislas Clermont-Tonnerre, 1757~1792) 귀족 대표로서 삼부회에 진출하여 처음에는 특권의 폐지를 옹호하는 등 자유주의적 태도를 보였다. 그러나 점차 보수화하여 왕정주의자가 되었고 1792년 8월 10일 봉기 때 민중에게 살해당했다.
샤틀레 재판소(Chalet) 중세부터 프랑스 혁명 시기까지 파리에 있던 최고 재판소.

했다.

유일하게〔또는 페티옹*과 뷔조*와 함께 거의 유일하게〕로베스피에르만이 열정적인 즉흥연설로 이 표결에 반대한다.

우리가 각성하지 않는다면, 자유는 끝장입니다. 그들은 여러분(제헌의회 의원들)에게 병사들과 빵을 요구합니다. 왜입니까? 그것은 귀족들이 열정적으로 오늘의 혁명을 무산시키려 하고 있는 바로 이때에 민중을 물리치기 위해서입니다. 민중을 자극하고자 하는 이들은 여러분에 대항하여 민중을 이용할 수 있을 것이라고 보았습니다. 그들은 민중의 소요를 이용하여 민중과 자유를 억압할 수 있는 법을 여러분에게 요구할 수 있을 것이라고 보았습니다. 민중들은 굶주려 죽어갈 때 모여듭니다. 그러므로 민중들을 진정시키려면 소요의 원인을 살펴야 합니다……. 그들은 병사들을 요구합니다! 그것은 민중들이 반란을 일으켜 빵을 요구하는데, 우리는 빵을 가지고 있지 않으니 민중들을 학살해야 한다고 말하는 것이 아닙니까? 어떤 이는 계엄령을 요구합니다. 그렇다면 누가 그것을 실행할 것입니까? 시민-병사들입니까? 그들이 고통을 공유하는 자신의 형제들의 피로 손을 적실까요? 천만에!

....
페티옹(Jérôme Pétion, 1756~1794) 변호사 출신의 제헌의회, 국민공회 의원. 제헌의회 해산 뒤 파리 시장에 선출되었다. 혁명 초기에 로베스피에르와 매우 가까웠으나 국민공회에서는 사이가 멀어졌고 국왕의 처형에 반대했다. 지롱드파 몰락 후 브르타뉴로 도주했다가 보르도에서 체포되기 전 자살했다.
뷔조(François Buzot, 1760~1794) 제헌의회, 국민공회 의원. 지롱드파 몰락 후 페티옹과 함께 자살했다.

앙투안 바르나브 뛰어난 웅변술과 예리한 정치 감각으로 삼두파를 이루어 제헌의회의 대표 세력이 되었다. 그러나 나중에 입헌군주정을 지지하여 푀양 클럽에 합류하였고, 루이 16세의 비밀 자문 역을 맡았다.

그리고 로베스피에르는 계엄령에 반대한 후 정반대의 해결책, 결국 1793년에야 채택될 해결책(혁명재판소 창설을 뜻한다)을 제시한다. 소요를 막으려면 민중들에게 그들에 대항해 음모를 꾸미는 자들이 결코 징벌을 면할 수 없으리라는 확신을 주어야 한다.

> 진정한 국민의 재판소를 수립해야 합니다. 샤틀레 재판소의 칙임검사(procureur du Roi)가 국민의 최고검사 기능을 수행해서는 안 됩니다. 이러한 종류의 범죄에 대한 국민의 재판관은 오직 국민의 대표들이나 국민 자신이어야 합니다……. 헌법에 대해서는 더는 우리에게 이야기하지 마십시오. 이 단어는 우리를 지루하게 할 뿐입니다. 누군가 요람에 든 자유를 살해하려 준비하면서, 헌법에 대해 우리에게 끊임없이 이야기했었다는 사실을 잊지 마십시오. 헌법은 우리가 현재의 악을 치유하지 않는다면 한낱 망상에 불과할 뿐입니다.

10월 21일의 회의에 참석했던 한 중도우파 의원은 자신의 일기에 이렇게 기록한다.

> 로베스피에르 씨는 *공공의 자유를 해치려는* 음모에 대해 많은 발언을 했다. 그는 계엄령에 강력히 반대했다. 그러나 로베스피에르 씨의 연설에 대한 나의 생각을 말하자면 그것은 생탕투안 포부르의 주민들을 위한 것이었고, 그들의 마음에 들어 그들의 보호를 받기 위한 것이었지 결코 의회를 위한 것은 아니었다는 것이다.

실제로 의회는 [2년도 못 되어 라파예트로 하여금 샹 드 마르스 학살을 저지르게 할] 계엄령을 압도적인 다수로 채택하고, 국민 재판소 안(案)은 고려조차 하지 않은 채, 대중들로부터 모든 정치적 행위를 박탈하려는 의지로 흥분된 분위기에서 곧 다시 헌법에 대한 토론을 시작했다. 10월 22일 보통선거를 폐지하는 선거법안이 논의되었다. 적어도 지역마다 3일치 노동의 가치에 해당하는 직접세를 납부하는 시민(이들을 능동시민, 그만한 직접세를 납부하지 못하는 시민을 수동시민이라 지칭했다)만이 선거권을 갖게 될 것이었다.

다시 로베스피에르는 싸운다. 이번에는 그레구아르 신부*에서 '삼두파'의 뒤포르*까지 의회의 더 넓은 집단을 대표하는 웅변가들이 그의 편에 섰다. 그러나 가장 가차없는 공격에 나서는 것은 여전히 그였다.

모든 시민은 그가 누구이든, 모든 등급에서 대표자가 되기를 바랄 권리가 있습니다. 능동시민에게만 선거권을 부여하려는 여러분의 논의는 결코 여러분이 선언한 인권선언에 부합하지 않습니다. 왜냐하면 인권선언 앞에서는 모든 특권, 모든 차별, 모든 예외가 사라져야 하기 때문입니다. 헌법은 주권이 국민에게, 모든 개개인에게 있다고 규정했습니다. 따라서 모든 사람은 자신의 자유를 제한하는 법과 공공업무[그것도 개인들의 소유다] 수행에 협력할 권리가 있습니다. 그렇지 않다면, 모

그레구아르 신부(Henri Grégoire, 1750~1831) 성직자 대표로 삼부회에 진출. 시에예스, 탈레랑과 함께 자유주의파 신부.
뒤포르(Adrien Duport, 1759~1798) 혁명 초기에 입헌군주제 지지자들을 이끌었으며, 바르나브, 알렉상드르 드 라메트 등과 함께 '푀양 클럽'을 창설했다.

든 사람이 권리에서 평등하고, 모든 사람이 시민이라는 것은 진실이 아닙니다. 권리와 수입이 비례한다면, 10만 리브르의 랑트*를 받는 사람은 그에 따라 10만 배나 중요한 시민이라는 것입니까?

전날에 비해 줄어든 의회의 다수파는 훨씬 더 맹렬했다. "의원들은 곧 그가 가난한 사람들을 변호하려 한다는 것을 알아채고 그의 발언을 중단시켰다. 그는 다시 발언을 시작했지만 의원들은 다시 그의 말을 막았다. 그는 연단에서 내려왔고 다시 올라가려 하지 않았다."라고 〈파리 신문(Journal de Paris)〉은 적고 있다. 계엄령과 관련해 위에 인용했던 그 의원은 이번에는 이렇게 기록했다.

의회는 이어 3일치 노동의 가치에 해당하는 직접세를 납부해야 한다고 결정했다. 그것은 적다, 너무 적다(원문대로—강조는 나의 것이다. 이 솔직한 유감 표명에서 혁명력 3년과 7월 왕정기의 선거권 제한이 예고된다). 그러나 많은 의원들은 선거인의 자격을 세금의 양—그것이 얼마이든—으로 정할 것을 요구하는 것에 대해 로베스피에르 같은 사람이 전력을 다해 반대하는 것을 보고 분개하지 않을 수 없었다! 이 비열하고 가증스러운 선동꾼은 민중을 그 천부의 보호자들에게 대항하게 하면서 민중의 대의를 보호하고 있다고 믿고 있다!

이렇게 로베스피에르는 사흘 동안 세 차례 교전을 벌였다. 첫 번째 교전은 그에게 대수롭지 않은 승리를 안겨주었다. 매우 중요한 다른 문제를 두고 벌어진 두 차례의 교전은 그의 패배였다. 그는 그 일에 별로 놀라지 않고 자신의 고독을 헤아리기 시작했다. 그러나 그는 결코 비생산적인 반대파의 태도에 갇혀 있지 않았다. 그는 어떠한 당파에도 속하지 않으면서 몇 달 동안을 당시엔 가장 단호한 애국파 지도자로 보이던 사람들, 즉 뒤포르, 알렉상드르 드 라메트*, 그리고 바르나브로 이루어진 '삼두파'와 협력한다. 그들은 개인적인 야심에 따른 정책이자 대부르주아지와 특권층 사이의 타협의 산물인 라파예트의 정책을 좌초시키기 위해 함께 노력한다. 그들은 심지어 그것을 위해, 미묘한 차이는 있지만 라파예트와 비슷한 정책을 지지하던 미라보와 이 '신·구 두 세계의 영웅(미국 독립전쟁에 참전했던 라파예트의 별명)' 사이의 은밀하지만 치열한 경쟁을 자주 이용한다.

당파나 오늘날 우리가 의회 내 파벌이라고 부르는 것과 같은 차원은 결코 아니지만, 로베르피에르의 존재는 점차 의회 내 극좌파로 떠올랐다. 로베스피에르는 그레구아르, 페티옹, 뒤부아크랑세*, 프리외르 드 라 마른*, 레드레르, 뷔조와 같은 매우 민주주의적인

랑트(rente) 지대와 이자 수입.
알렉상드르 드 라메트(Alexandre de Lameth, 1760~1829) 형인 샤를과 함께 귀족 대표로 삼부회에 진출했다. 제헌의회에서는 바르나브, 뒤포르와 함께 삼두파를 이루었으며 국왕의 탈주 사건 이후 푀양 클럽에 참여했다.
뒤부아크랑세(Edmond Louis Alexis Dubois-Crancé, 1746~1814) 제헌의회·국민공회 의원. 의회에서 주로 군대 개혁에 참여하였고 로베스피에르와 사이가 벌어진 후 테르미도르 쿠데타에 참여했다.
프리외르 드 라 마른(Pierre Louis dit Prieur de la Marne, 1756~1827) 변호사 출신의 제헌의회·국민공회 의원. 국민공회에서는 보안위원회와 공안위원회 위원으로 활동했다.

몇몇 의원들이 의회에서 한 발언에 의해, 애국파[2] 언론인들(마라, 데물랭, 루스탈로, 프레롱)이 보내는 관심에 의해, 그리고 왕당파 신문들이 즐겨 조롱하는 대상의 하나라는 사실에 의해 가장 주목받는 존재가 되었다.

국민방위대에 등록하기를 바라는 군수공장 노동자들과 오직 부르주아만을 국민방위대에 받아들이기를 원했던 (그리고 병참 장교들의 삼색모장을 모욕했던) 제독 알베르 드 리옹(Albert de Rioms)의 대립으로 12월 1일 툴롱에서 소요가 발생했다. 그때 툴롱 주민 대표들이 미리 연락을 취해 노동자들의 대의를 옹호해줄 것을 요구한 사람이 바로 로베스피에르였다. 당황한 의회는 절충적인 동의안을 채택하여 제독, 시 정부, 국민방위대 등 모든 사람들을 칭찬하고, 노동자들은 사악한 목자들에게 미혹되었을 뿐이라고 너그러이 용서했다. 로베스피에르는 거기에 반대하고 — 다시 한 번, 성공하지는 못하지만 — 제독을 처벌할 것을 요구했다. 하지만 그 또한 무위로 돌아간다. 반란권에 대해 앞으로 그가 보여줄 태도는 1790년 1월 16일의 연설에서 모두 발견할 수 있다(국민을 배신할 적당한 기회만을 노리고 있는 군 지휘관들에 대한 그의 불신은 1793년까지 결코 누그러지지 않을 것이다).

---

2) '애국파'라는 단어는 1788년 말 국민의 민주주의, 자유, 평등의 지지자라는 의미를 얻게 된 후, 혁명기 내내 이 의미를 유지했다. 절대군주제나 귀족의 특권을 지지하는 사람들은 당시 스스로를 '애국파'라고 부를 생각을 결코 하지 못했을 것이다. (저자 주석)

뒤부아크랑세 제헌의회, 국민공회 의원. 1794년 자코뱅 클럽에서 온건파로 비판받고 추방당한 뒤 테르미도르 쿠데타에 참여한다.

만일 정당하고 고결한 반란이 존재한다면, 민중이 힘으로 힘을 격퇴하는 반란이 이론의 여지없이 그런 반란일 것입니다. 그리고 그러한 상황에서 여러분이 민중의 활력(에너지)을 비난한다면, 여러분은 민중의 첫 번째 압제자가 될 것입니다. 〔……〕 만일 여러분이 달베르 씨의 행위에 찬성을 표한다면, 여러분은 여러분의 인권선언이 축성한 권리, 압제에 대한 저항의 권리를 민중에게 주지 않겠다는 것이 아닙니까? 여러분이 아무도 기소하지 않는다고 선언한다면, 그것은 민중을 모욕한 데 대해 그 누구도 죄가 없다고 선언하는 것이 될 것입니다. 〔……〕

사람들은 훌륭하게 복무한 해군 사령관이 받아야 할 찬사에 대해 많은 이야기를 합니다. 그리고 나는 동시에 민중에 대한 연민, 사랑, 존경을 요구합니다. 국민의회의 구성원으로서 나는 민중 이외에 달리 중요한 것을 알지 못합니다. 〔……〕 브레스트에서 일어난 일을 보십시오. 그곳에서는 자유가 병사들에게 둘러싸여 신음하고 있습니다. 마르세유에서 일어난 일을 보십시오. 자유의 가장 훌륭한 벗들이 독방에 던져져 쇠창살 아래서 죽어가고 있습니다. 이 모든 사건들을 돌아보면서 나는 시기적으로 인접한 이 사건들이 아마도 보이지 않는 끈으로 묶여 있는 것이라고 생각하지 않을 수 없습니다. 나는 특히 국민의회의 법령이 애국심을 떨어뜨리고 자유의 적들에게 용기를 주게 될까 두렵습니다.

이 발언에서, 그리고 앞선 발언들과 다른 많은 유사한 발언들에서 우리는 로베스피에르의 관심을 끈 것은 툴롱 갈등의 사회적 측면이 아니라는 것을 보게 된다. 그것은 모든 사람의 정치적 권리의 평등, 각 시민 심지어 가장 가난한 사람에게도 존재하는 국민 주권이다. 얼마 후 그는 이렇게 말할 것이다. "고백해야 한다면, 나는 늘 나를 불행한 사람들의 대의에 결합시켰던 이 절박한 감정에 따라 노동하는 계급의 이익에 집착하고 있습니다." 그리고 이 말의 진실성은 그가 매번 노동자들의 대의를 다룰 때 보였던 완강함만큼이나 논쟁의 여지가 없다. 그러나 그가 헌신하는 것은 오직 그들의 **정치적** 대의였다. 그는 여전히 부의 불평등과 시민적 권리의 불평등 사이의 관련성을 깨닫지 못했다. 마라를 들먹이지 않더라도, 루소 자신은 그것을 이때의 로베스피에르보다 더 잘 알고 있었다.

적어도 그가 자리잡은 제한된 영역(정치적 대의라는 문제)에서 그의 태도는 난공불락이었다. 그는 인권선언의 직접적인 결과를 구체적으로 적용할 것을 요구할 뿐이었다. 그리고 그는 동시에 반동적인 음모에 의해 침식되고 파괴되지 않으려면 혁명이 민중과의 관계를 더욱 공고히 해야 한다는 절박한 필요를 알릴 뿐이었다. 처음부터 제헌의회에서 가장 현실주의적인 모습을 보인 이 인물을 사람들이 공상가요 유토피아주의자로 보려 했다는 것은 이상한 일이다. 그가 제시하는 해결책이 결국 불가결한 것이 되기까지는 그가 고발하는 그 음모 — 끊임없이 되풀이되는 — 가 대낮에 스무 번은 폭발해야 할 것이다. 스스로 일관성을 지키고서 적들에게 승리하는 것, 그것이 로베스피에르의 단 하나의 변함 없는 임무이며 혁명의 유일한 지상 명령이었다.

이런 관점에서 우리는 왜 로베스피에르가 의회가 공들여 만들어가고 있던 헌법을 더 민주적인 것으로 바꾸려고 끊임없이 시도했는지를 — 전반적으로 성공하지는 못했지만 — 알 수 있다. 그는 의원들의 수를 늘려 천 명으로 끌어올리려 했고(11월 18일), 각 도* 집행부의 관리를 80명으로 증가시키려 했고(11월 19일), 새로운 판사들을 민중의 자유로운 선거로 선출할 것을 요구했으며(12월 15일), 세금을 결정할 권리를 명사들뿐 아니라 코뮌 전체로 확장하고자 했다(1월 7일). ─ 그 예들을 끝도 없이 늘어놓느니 대표적으로 제헌의회가 흥미롭게 뒤섞어놓은 배우들과 유대인들의 투표권을 옹호하는 로베스피에르의 1789년 12월 23일 발언을 인용하는 것이 나을 것이다.

여러분이 정한 피선거권의 요건을 충족시키는 시민이라면 누구나 공직을 맡을 권리가 있습니다. 〔……〕 어떻게 우리가 유대인들이 다른 민족들에게서 당한 박해를 내세워 그들의 권리를 박탈할 수가 있습니까? 우리는 어떤 권력도 끝내 빼앗지 못한 천부의 권리를 그들에게 돌려줌으로써 모든 국민이 저지른 범죄를 속죄해야 합니다. 사람들은 여전히 유대인의 악덕을 비난하고 그들에 대한 편견을 그들 잘못으로 돌립니다. 그리고 분파주의와 이기심이 그들의 악덕을 과장하고 편견을 강화합니다. 그러나 그것들이 우리 자신의 불의 때문이 아니라면 그 누구의 잘못일 수 있겠습니까? 그들을 모든 명예로운 지위와 심지어 공공의 존경을 받을 권리로부터 배제한 후, 우리는 단지 돈벌이를 위한 투기의 대상만을 그들에게 남겨주었습니다. 그들에게 인간과 시민의 존엄성을 돌려주어 그들이 다시 행복과 조국과 덕을 누리게 합시다. *우리와 함께 살고 있는 수많은 사람들을 비천하게 만들고 억압하는 것은 어떤 이유로든, 결코 현명한 일이 될 수 없다는 것을 잊지 맙시다.*

마지막 구절의 강조는 필자의 것이다. 이 구절은 왜 괴벨스*가 1789년의 혁명을 역사로부터 말소하고자 하는 나치의 의지를 그토록 강하게 드러내 보였는지를 명료히 알 수 있게 해준다. — 로베스피에르가 1790년 1월 25일 제출한 동의안도 동일한 어조이다. 이번에 그의 비상한 관심을 끄는 것은 보통선거였다. 그리고 그는 우회적인 방식으로 의회로 하여금 10월의 결정을 철회하게 하려 한다.

벨기에 연합주(Provinces Belgiques)〔당시에는 아르투아, 플랑드르, 그리고 캉브레지를 그렇게 지칭했다〕의 영토 거의 전부가 성직자, 귀족, 그리고 몇몇 부유한 부르주아의 소유라는 것, 인구 천 명의 코뮌에서 〔투표권이 있는〕 능동시민은 겨우 4명이라는 것을 여러분이 지금 고려한다면……〔우파의 분노로 중단〕.
저는 영광스럽게도 제가 옹호하는 대의가 민중의 이익과 긴밀히 결부되어 있어 여러분의 관심을 요구할 권리가 있음을 지적하는 바입니다. — 현재의 상황에서 정치적 평등은 파괴되었습니다……. 이 중요한 항의에 대해 판결을 내려주십시오. 우리는 이 항의를 여러분의 정의에, 인권선언을 여러분에게 명령한 그 이성에 맡깁니다. 민중이라는 신성

도(道, département) 구체제하에서 프랑스는 종교적으로는 18개의 대주교구와 121개의 주교구, 군사적으로는 39개의 총독관구(gouvernement), 행정과 조세 징수를 위해서는 20~35개의 지사관구(intendance) 또는 징세구(généralité)로 구획되었고, 사법 체계는 나라를 약 500개의 바이야주(bailliage)와 세네쇼세(sénéchaussée)로 구분했다. 이 혼란스러운 체계가 중첩되어 있는 상태에서 '주(province)'라는 단위가 대중적, 공식적으로 사용되었지만, 그 경계는 분명하지 않았다. 제헌의회는 6개월 여에 걸친 논의 끝에 1790년 2월 15일 프랑스를 83개의 도로 구획했다.
괴벨스(Paul Joseph Goebbels, 1897~1945) 독일 제3제국의 교육 및 선전장관.

한 이름이 오히려 경멸적으로 불리는 이 흥미로운 계급을 보십시오……. 여러분은 그 재산이 수도사들, 성직록(성직에 부여된 종교적 의무를 수행하는 성직자에게 교회가 부여하는 물질적인 직봉) 수령자들의 것이라는 단 하나의 이유로 어떤 시민이 우리들 사이에서 예외적인 존재가 되기를 원합니까? 〔……〕 그들이 우리에게 다음과 같이 말할 때 뭐라고 대답할 것입니까? 당신들은 자유와 헌법에 대해 말하지만, 그것들은 우리에게는 존재하지 않습니다. 자유는 일반의지(volonté général) 안에 있다고 당신들은 말합니다. 그런데 국민의 목소리에 대한 전반적 검토(recensement général)에서 우리의 목소리는 고려되지 않습니다(général의 본래의 의미에도 불구하고 일반의지에 민중의 의사가 고려되지 않는 것을 로베스피에르는 지적하려 한다). 자유는 우리가 순종해야 할 관리들을 자유롭게 지명하는 것이지만, 우리는 우리의 관리들을 선택하지 못합니다……. 과거 예속의 프랑스에서 우리는 우리에게 남겨진 약간의 자유에 의해 구별되었습니다. 그러나 자유로운 프랑스에서 우리는 예속에 의해 구별될 것입니다.

1790년 2월 2일 법령은 그에게 만족을 줄 것이었다. 그러나 당장에는 우파와 중도파의 저주만이 그에게 돌아왔다. 좌파의 '삼두파'는 개입조차 하지 않았다. 구체제의 수혜자들과 재산을 소유한 부르주아지는 오직 민중을 특징짓는 예속이 그 민중의 행복을 보장한다고 믿는 확신으로 그 어느 때보다 더 우애롭게 결속되어 있었다.

3장_특권층과의 전쟁

1790년
3월 31일 로베스피에르, 자코뱅 클럽에서 4월 의장으로 선출되다.
5월 제헌의회에서 국왕과 특권층을 옹호하는 미라보와 충돌하다. 의회에서 로베스피에르는 미라보의 명성에 눌리지만, 파리의 애국파들은 그에게 찬사를 보낸다.
7월 12일 의회, '성직자 민사 기본법'을 채택하다.
7월 14일 파리에서 혁명의 대의를 확인하는 축제인 '연맹제'가 열리다.
8월 31일 혁명의 첫 번째 재앙 — 메스(Metz) 군 사령관인 왕당파 부이예가 애국파 병사들을 유혈 진압하는 사건이 일어나다. 로베스피에르는 향후 왕당파 장교와 애국파 병사들 간의 충돌을 경고한다.

브르타뉴 출신을 비롯한 민주파 의원들의 모임이 되었고, 로베스피에르가 빠지지 않고 참석했던 '브르타뉴 클럽'은 1789년 10월 19일 제헌의회가 루이 16세를 좇아 파리로 이동했을 때 회합을 마감했다. 며칠 뒤, 늦어도 몇 주 뒤 '헌법의 벗 협회'가 창설되었다. 브르타뉴 클럽의 핵심인물들이 모두 참여했던 이 협회는 생토노레(Saint-Honoré) 가(街)의 자코뱅 수도원에서 회합했다〔협회는 처음 몇 달간 회원들의 항의에도 불구하고 거의 유일하게 회합 장소의 이름으로만 불렸다. 그리고 '자코,' '자코비트,' '자코캥'에 대한 왕당파 작가들의 조롱이 곧 자코뱅이라는 이름을 받아들이게 만들었다〕.

원래의 클럽으로부터 새로운 협회를 즉각 구분해준 것은 협회가 의회의 차원을 큰 폭으로 넘어서고자 한다는 것이었으며, 이보다 더 로베스피에르의 바람과 일치하는 것은 없었다. 한편으로 협회는 이제부터 단지 의원들만을 회원으로 하는 것이 아니라 평범한 시민들까지 협회에 받아들였다. 다른 한편, 협회의 자극에 의해서든, 단순한 경쟁에 의해서든, 몇 달 동안 대부분의 지방 도시에서 유사한 협회들이 출현했고 파리의 모(母)협회에 가입을 신청했다. 모협회와 지방 협회들 사이에 곧 통신위원회가 창설되어 지방 애국파의 염려와 소망을 파리에 전달하고, 파리의 정보와 지침을 지방에 알렸다. 프랑스 혁명사 전체에서 의회 내 집단이 아니라 오늘날의 정당을 연상시키는 지점이 바로 여기다.

그러나 그 유사점을 지나치게 강조해서는 안 될 것이다. 그리고 1789년 11월의 초기 자코뱅에 대해 국민공회 시기의 자코뱅을 연상해서도 안 될 것이다. 한편으로 협회 가입은 오랫동안 '능동'시민들에게만 허용되었다. 따라서 상퀼로트층 대부분은 협회에서 배제되었는데 이것이 처음부터 상퀼로트를 참여시킨 코르들리에 클럽*이나 다른 민중협회들의 상황과 대비되는 점이다. 다른 한편, 창설 초기 협회의 정치적 강령은 협회가 내세우는 헌법 자체만큼이나 유동적이었다. 초기에 주도적인 역할을 하는 사람들은 애국파인 '삼두파', 즉 뒤포르, 바르나브, 특히 라메트 형제, 그리고 그들과 성향이 같은 르샤플리에*, 에귀용* 같은 사람들이었다. 그러나 이미 현저하게 오른쪽으로 기울어진 유명인사들, 즉 미라보, 타르제, 시에예스*, 탈레랑*, 그리고 라파예트 자신도 '헌법의 벗 협

코르들리에 클럽(les Cordeliers) 본래의 이름은 '인간과 시민의 권리의 벗' 협회. 코르들리에 수도원에서 회합했다. 자코뱅 클럽보다 더 좌파적이었으며 당통과 마라에 의해 주도되었다.
르샤플리에(Jean Le Chapelier, 1754~1794) 제헌의회 의장을 지낸 변호사 출신의 혁명가. 1791년 6월 노동조합을 금지하는 법안을 제출하여 통과시켰다.
에귀용(Armand d'Aiguillon, 1761~1800) 귀족 대표로서 삼부회에 진출했다. 1792년 8월 10일 봉기 후 체포법령이 발표되자 독일로 망명했다.
시에예스(Emmanuel Joseph Siéyes, 1748~1836) 성직자이지만 혁명 전 발표한 〈제3신분이란 무엇인가〉로 명성을 얻어 파리 제3신분 대표로 삼부회에 진출했다. 국왕의 바렌 탈주 사건 이후 입헌군주정을 지지하는 푀양 클럽으로 옮겼으나 국민공회에서는 국왕의 처형에 찬성 투표했다. 테르미도르 쿠데타 후 총재정부의 총재, 500인 의회의 의원을 역임했으며 브뤼메르 쿠데타에 참여했다.

회'에 가입한다.

이 주역들 속에서 로베스피에르는 곧 가장 중요한 인물 중 하나로 떠오른다. 의회의 차원에서 그가 지닌 것은 영향력보다는 평판이었다. 자코뱅 클럽에서는 일반 시민들로까지 확대된 클럽의 구성이 곧 그에게 유리하게 작용했다. 처음 몇 달간은 의사록의 부재로 그의 활동을 자세히 분석할 수는 없고, 단지 그가 처음부터 제헌의회 활동만큼이나 클럽 활동에 열심히 참여했다는 것만 알려져 있다. 그러나 확실한 것은 1790년 1월 왕당파 소책자인 〈사도행전(Les Actes des Apôtres)〉의 저자들이 그를 이미 바르나브, 뒤포르, 미라보와 같은 수준의 클럽의 네댓 명의 지도자 중 하나로 지칭했다는 것이다. 같은 성향의 또 다른 소책자는 세 명의 국왕 시해자, 즉 자크 클레망(도미니크회 수도사로 1589년 앙리 3세 암살), 라바이야크(1610년 앙리 4세 암살), 그리고 다미앵(루이 15세 암살 미수자)이 자코뱅을 방문하려 하며 로베스피에르에게 호소하고 그를 지도자로 여기고 있다고 적고 있다.

로베스피에르가 자코뱅 클럽에서 이미 차지하고 있던 지위를 훨씬 더 분명하게 보여주는 징표는 1790년 3월 31일, 그가 4월의 의장으로 선출되었다는 것이다. 그리고 바로 이 선출에 이어 라파예트가 클럽을 떠나 경쟁 클럽인 '1789년 협회'를 창설한 것으로 보인다. 이 협회에서는 상류층 인사들이 끼리끼리 모여 화려한 연회를 열고 가장 훌륭한 정치란 무엇인가를 주제로 삼아 학문적으로 논의했다. ─ 전기 작가인 제라르 발테르(Gérard Walter)가 시사하는 것처럼, 아마도 라파예트 자신이 자코뱅의 의장으로 선출되기를 희망했지만, 라파예트를 밀어내기 위해 '삼두파'와 미라보가 맺은 동맹의 결과로 로베스피에르가 선출되었다고 추정해야 할 것이다. 분명한 것은 자코뱅이 봄에 특히 통신위원회의 활동 방향을 결정할 책임을 지는 일종의 지도위원회를 수립했다는 것이다. 위원회는 미라보, 바르나브, 뒤포르, 알렉상드르 라메트, 그리고 로베스피에르로 구성되었다.

그러나 미라보의 행동은 점점 더 모호해졌다. 그는 자코뱅 지도자로 보이기를 원하면서 동시에 궁정의 비밀 자문이 된다는 1789년 10월 이래 품어온 꿈을 5월에 결국 실현했다. 그 사실을 로베스피에르는 알지 못했고, 아무것도 알 수가 없었다. 그러나 이 5월에 미라보와 로베스피에르 사이에 몇 차례 충돌이 일어났고, 그 충돌에서 미라보는 의회에서 우세한 힘을 유지했다.

첫 번째 충돌은 1790년 5월 3일에 일어났다. 그날 의회는 파리의 60개 지구(district)를 폐지하여 그것을 48개 구(section)로 대체하고, 특히 이 기회에 최초의 진정한 민중적 자치체의 맹아[예를 들어 1790년 1월 마라를 샤틀레 재판소의 기소에서 면하게 하기 위해 코르들리에 지구가 수행한 역할은 잘 알려져 있다]인 '지구'의 *상설화**를 폐지하려 했다. 로베스피에르는 의회 위원회의 이 안에 반대하며 다음과 같이 요청했다.

여러분이 놓인 상황을 생각해보십시오. 여러분이 얼마나 많은 일을

....

탈레랑(Charles-Maurice de Talleyrand, 1754~1838) 오탕(Autan)의 주교로 삼부회 대표로 선출되었다. 1789년 10월 10일 성직자의 재산을 국민의 처분에 맡길 것을 제안하여 통과시켰다.

미라보 뛰어난 웅변술로 프랑스 혁명 초기에 국민의회에서 가장 인기 있는 의원이었으나, 1791년 병으로 사망하였다. 왕정을 옹호하여 왕실과 내통한 사실이 후에 밝혀져 그의 유해는 팡테옹에서 다른 곳으로 옮겨졌다.

했든……. 여러분이 자신의 임무를 시작하지 못한 것은 아닌지 염려해야 합니다. 구의 적극적인 감시가 없는데도 누군가 여러분의 활동을 지연시키기 위해 가장 효율적인 수단을 사용하지 않으리라고 보장할 수 있는 사람이 여러분 중 누가 있습니까? …… 길게 이야기하지 않겠습니다. 저는 제가 말한 그 얼마 안 되는 내용에서 결론을 내릴 수 있다고 믿습니다. 아니, 얼마 안 된다구요? 저는 민중을 무가치한 존재로 보고 싶어하는 사람들 앞에서 너무나 많은 말을 했습니다.

처음으로 미라보는 로베스피에르의 발언에 직접 대응할 필요를 느꼈다. 그는 품위 있는 어조로 거만하게 대답했다.

드 로베스피에르 씨는 연단에서 사려 깊은 모습을 보이기보다는 애국적인 열정만 불러일으켰습니다……. 그는 여전히 존속하고 있는 이 1차 회의*들이 괴물 같은 존재가 되리라는 사실을 망각했습니다……. 특히 원칙에 대한 찬양을 원칙의 숭고함으로 착각하지 맙시다…….

....

지구의 상설화 파리는 1789년 삼부회 선거를 위해 60개 지구로 구획되었다. 파리 시민들은 선거가 끝난 뒤에도 지구별로 계속 회합을 갖고 토론하면서 공공 업무에 참여하고자 했다. 파리가 자율적인 특수 조직으로 존속하는 것을 원하지 않았던 국민의회는 1790년 5월 21일~6월 27일 법령으로 60개 지구들을 48개 구로 대체하고 상설화를 폐지했다. 그에 따라 구들은 단순한 선거구가 되어 투표가 끝나면 곧 해산해야 했다.
1차 회의 능동시민들의 회의. 원래 선거회의로서 여기에서 뽑힌 선거인들이 다시 모여 '선거인 회의'를 구성한다. 그러나 시민들은 이 회의를 상설화하여 평상시에도 모이고자 했다.

당연히 의회는 미라보를 추종했다. 그러나 이 논쟁에 무엇이 걸려 있는지를 정확히 파악하고 있던 파리 애국파의 여론은 들끓어 올랐다. 그리고 그들의 여론을 정확히 대변해 루스탈로는 〈파리의 혁명〉에 다음과 같이 썼다.

드 로베스피에르 씨처럼 박수 갈채를 받기보다는 의무를 수행하려 노력하면서 원칙을 고수하고, 자신의 희생이 예견될 때조차 엄청난 비난을 무릅쓰면서 끊임없이 민중의 신성한 권리를 요구하는 사람은 거의 없다. 그는 홀로 파리 지구들의 존속을 옹호함으로써 이러한 종류의 영웅적 정신을 다시금 입증했다.

두 번째 충돌은 5월 15일 전쟁 선포권과 강화권을 국왕에게 부여하는 문제를 두고 벌어진 논쟁이었다. 이 논쟁은 영국과 스페인의 전쟁을 초래할 뻔했던 누투카* 사건에 의해 촉발되었다. 미라보는 자신의 배신이 공공연히 드러날 만큼 노골적으로 국왕의 특권을 옹호했다. 의원들 대부분이 그에게 반대했다. 따라서 미라보가 바르나브와 로베스피에르에게 절반의 승리라도 거두려면 그의 모든 웅변 능력과 경험 전체가 필요했다.

5월 15일과 18일에 이루어진 이 문제에 대한 로베스피에르의 두 차례의 발언에서 가장 흥미로운 것은 처음으로 그가 외교정책을 길게 다루었다는 사실이다. 혁명과 평화의 관계에 대한 그의 입장은 국왕의 절대주의에 대한 투쟁 이상으로 새로운 빛을 담고 있었다. 우리는 그것을 민주주의의 대의가 평화의 대의와 결부되어 있다는 그의 확신과 함께 18개월 뒤에 다시 발견하게 될 것이다

〔1791년에서 1792년으로 이어지는 겨울, 유럽과 전쟁을 할 것인가를 둘러싼 논쟁이 진행될 때 로베스피에르는 국내 문제에 우선 순위를 둘 것을 주장한다〕.

우리 국민이 자유를 얻고, 다른 나라의 국민들이 벌써 이 위대한 예를 모방하고 싶어하는 이때에, 만일 여러분이 왕실의 주장에 따라 이 문제를 결정한다면, 외국과의 전쟁이 유럽의 다른 왕실이나 내각이 자기 국민에 맞서 짜놓은 계략이 아닌지 먼저 경계해야 합니다. 〔……〕 탄생 중인 여러분의 헌법 체계를 어김없이 뒤흔들어놓을 적대적이고 조급한 조치들 대신 자유를 막 정복한 국민의 정의와 존엄에 걸맞은 사려 깊은 평화의 조치들을 채택할 수도 있지 않습니까? 〔……〕 예를 들어, 자유를 얻은 데 만족한 프랑스 국민이 여러 민족들을 불행하게 만든 것과는 전혀 다른 원칙에 따라 어떤 전쟁에도 가담하기를 원하지 않으며, 모든 정복과 야욕을 거부하고, 모든 국민들과 함께 자연이 명령하는 이 우애 속에서 살기 원한다는 것을 다른 나라의 국민들에게 보여줄 수 있지 않겠습니까? 인류의 대의를 옹호하는 프랑스 국민을 보호하는 것은 다른 나라의 국민들에게 유익한 일입니다. 왜냐하면 세계의 자유와 행복은 틀림없이 프랑스로부터 시작하기 때문입니다. 〔……〕 왕실이나 내각이 이러한 조치를 취하겠습니까? 아닙니다. 이런 조치를 취할 수 있는 사람은 오직 국민 자신 또는 그 대표들일 것입니다. 〔……〕

누투카(Nootka) 밴쿠버 섬 서해안의 작은 만. 이곳의 지배권을 두고 영국과 스페인이 여러 차례 대립했다.

국왕은 자신의 특권을 키우기 위해 언제나 전쟁을 선포하려 할 것입니다. 국민의 대표들은 전쟁을 막는 것이 언제나 직접적으로 심지어 개인적으로 이익이 될 것입니다. 왜냐하면 곧 그들은 시민 계급으로 돌아갈 것이고 전쟁은 모든 시민들에게 타격이 될 것이기 때문입니다. […] 지금이 바로 세계 도처로 확산될 이 위대한 혁명을 시작할 순간입니다. 전쟁이 일어날 것이라는 생각을 지지할 이유를 찾기는 쉽지 않습니다. 사람들은 우리에게 협약에 대해 이야기합니다. 어떤 협약입니까? 왕실의 협약이 국민의 협약입니까? 마치 왕들 간의 분쟁이 여전히 국민들 간의 분쟁이 될 수 있는 것처럼……〔소란에 의해 중단〕. 이 논쟁을 유발하는 사건들이 이 논쟁과 무관한 것일 수는 없습니다.

1790년 5월 18일 로베스피에르가 두 번째 발언을 시작했을 때, 인상적인 사건이 일어났다. 로베스피에르는 국왕은 결코 '국민의 대표'가 아니며 '국민의 의지를 집행할 국민의 대리인이자 피위임자'라고 주장했다. 이때 사방에서 내지르는 비난이 그의 발언을 중단시켰다. 소란의 한가운데에서 로베스피에르는 자신의 생각을 분명히 밝혀야 했다.

나의 표현이 누군가를 괴롭게 했다면 그것을 철회해야겠지요. 저는 *대리인*이라는 말을 단지 최상의 지위, 일반의지를 *집행할* 숭고한 임무라는 뜻으로 사용했을 뿐입니다. 제가 말한 것은 어떤 사람이 오직 국민에 의해 국민의 의지를 표현하도록 특별히 임무를 부여받았을 때에만 그가 국민을 *대표한다*는 것입니다. 다른 어떠한 권력도, 그것이 아무리 위엄 있는 것이라 해도 민중의 대표라는 자격을 가질 수는 없습니다.

그러나 이날, 그는 루이 16세에 대한 어떠한 적개심도 지니고 있지 않았다. 그는 여전히 국민의 존엄한 대리인인 국왕이 이미 평범한 재능을 지닌 사람이 할 수 있는 최대한의 거짓말과 배신 행위를 거듭했다는 것을 믿지 못했다. 민주적 군주에 대한 그의 관념이 오랜 사색과 검토 끝에 나온 것인 만큼 그가 국왕을 의심하고 그 증거를 확인하게 되었을 때조차 그는 단지 천천히 자신의 견해를 수정했다. 1789년 9월 국왕의 거부권에 관한 연설 이래 그는 왜 그가 국왕의 바렌 탈주 이후에도 여전히 군주정이냐 공화정이냐 하는 딜레마에 갇혀 있기를 거부할 것인지 이해할 수 있게 해주는 글들을 썼다.

더는 프랑스가 군주제 국가라고 말해서는 안 되며, 다음으로는 이 공리(프랑스가 군주제 국가라는)로부터 국왕의 권리를 헌법의 일차적이고 가장 중요한 부분으로 놓고, 우리가 진정으로 국민에게 부여하고자 하는 권리의 몫을 부차적인 것으로 끌어내서는 안 된다.─반대로 군주정이라는 단어는 진정한 의미에서 집행권이 오직 단 한 사람에게 부여되는 국가를 표현하는 것이라는 점을 알아야 할 것이다.─정부는 어떤 형태이든 민중에 의해 민중을 위해 수립되며, 모든 통치자들은 민중의 수탁자이자 피위임자라는 것, 따라서 국왕 자신도 그렇다는 것, 또 모든 공권력은 공적인 의무이며 개인적 권리나 사적인 소유물이 아니라는 것, 따라서 왕정도 그렇다는 것, 〔……〕 국민의 자유와 권리는 우리가 전념해야 할 일차 대상이며 국왕의 권위는 오직 그것을 보존하기 위해 수립된 것이다. 따라서 이 목적을 이행하는 데 가장 적절한 방식으로 왕의 권위가 규제되어야 한다는 것을 잊지 말아야 한다.

여기서 주목해야 할 것은 일단 전쟁의 위험에 대해 경계심을 품게 된 로베스피에르가 아무도 그것을 진지하게 생각하지 않는 의회에서 자주 그리고 여전히 홀로 그 문제로 돌아왔다는 사실이다. 7월 3일, 앞에서 언급한 툴롱의 제독이자 브레스트 함대 사령관으로 승진한 알베르 드 리옹 백작을 연맹제* 의식에 받아들이는 문제가 제기되었을 때, 로베스피에르는 술책을 감지하고 소란한 가운데서 소리쳤다. "저는 특히 이 순간 국민이 그의 탁월한 재능을 필요로 하지 않기를, 그리고 그가 그 재능을 스페인을 위해 쓰지 않기를 바랍니다. 또한 평화가 교란되지 않기를 바랍니다." 앞서 6월 30일 그는 서인도 제도로 군대를 파견하는 것을 염려했다. 7월 4일 그는 훨씬 더 명료했다.

내가 지목하는 사람들, 전 프랑스가 이러한 특징들을 통해 알아볼 수 있는 사람들은 지금 애국심과 공론을 환기시킬까 두려워 감히 여러분에게 전쟁 선포를 공개적으로 제안하지 않지만, 부분적인 조치들을 통해 여러분을 부지불식간에 이 목표(전쟁)로 인도하려고 노력하는 것이 분명해 보입니다. 이 부분적인 조치들이란 그들로서는 모든 결과를 이

....
연맹제(Fédération) 지방의 애국파들은 반혁명 세력의 선동에 대항해 '연맹'을 조직하고 제전을 열어 국민이 혁명적 대의에 결속되어 있음을 과시하고자 했다. 여러 지방에서 열린 연맹제에 이어 1790년 7월 14일 파리에서 프랑스 전역의 대표와 국민방위대가 모인 대규모 연맹제가 거행되었다.

1790년 7월 14일의 연맹제 바스티유 함락 1주년이 되는 날, 전 프랑스의 결속을 다지고 혁명의 대의를 재확인하는 축제가 열려 프랑스의 애국파들을 열광시켰다.

미 계산해놓았지만, 여러분들은 그것을 채택하면서도 그 결과들을 모두 이해할 수는 없는 그런 것들입니다.

7월 28일의 새로운 연설에서 로베스피에르는 벨기에의 질서를 회복하러 가기 위해 군대가 프랑스 영토를 통과할 수 있게 해달라는 오스트리아의 요구를 물리치는 데 기여했다. 에귀용은 외무대신 몽모랭(Armand Montmorin, 1745~1792)의 불신임안을 제안했다. 로베스피에르는 불신임안에 반대하고 그 제안을 거부하게 했다.

국민은 한 개인에게 관심을 집중해서는 안 됩니다. 우리를 위협하고 우리가 아주 늦게서야 발견하는 음모의 주모자들은 각료들 전체라는 것이 모든 상황으로부터 충분히 드러나고 있습니다. 저의 결론은 하루를 정해 혁명의 모든 적들을 구속할 방법을 모색해야 한다는 것입니다.

미라보는 이번에는 콩데 공*을 조국의 배신자로 선언할 것을 제안함으로써 관심을 돌리고자 했다. 다시 로베스피에르가 반대했다.

조국의 배신자들 중 단 하나의 예를 지목하고자 한다면, 그가 맺은 모든 관계에 의해 모든 종류의 폐해와 어쩔 수 없이 결부되어 있는 사람, 그리하여 우리의 원칙을 이해할 수도 없었던 사람을 공격해야 합니까? 정말 그렇습니까? 헌법을 지지할 만한 이성을 지니고 있고, 혁명의 흐름을 가속화해야 하는 지위에 있는 만큼 그 죄가 더 큰 다른 사람들이 있는데, 왜 그들이 아니라 전 대공을 지목하는 것입니까?

그날 의회는 미라보보다 로베스피에르의 말을 경청했지만, 그에게 매우 불완전한 승리만을 안겨주었다. 왜냐하면 반혁명적 각료들의 구속을 논의할 날은 정해지지 않았고 앞으로도 그럴 것이기 때문이었다. 그렇긴 해도 8월 25일에 그는 프랑스와 스페인의 부르봉 왕조들을 결속하는 '왕실 협약'에 대한 재가를 거부하자고 설득하고 그것을 제헌의회에서 관철함으로써 다시 미라보에게 매우 중요한 승리를 거두었다.

같은 시기에 로베스피에르의 활동은 여러 다른 영역으로 확장되었다. 그는 성직자의 결혼 허가를 제안하고〔의회 전체의 거짓된 또는 위장된 분노가 그의 발언을 중단시켰다〕, 성직자 민사 기본법, 재판소들의 조직, 세금 납부에 대해 발언했으며, 다양한 민중 소요를 옹호했다. 전쟁에 반대하는 로베스피에르의 발언을 강조하는 것은 그것이 여러 이유에서 중대해 보이기 때문이다. 먼저 프랑스가 혁명 초부터 영국과의 전쟁에 휩쓸리지 않은 것은 대부분 그의 덕이었다. 다음으로는 그가 정치가로 경력을 쌓으면서 늘 새로운 체제를 흔들거나 파괴하려는 반혁명 세력의 끊임없는 시도들을 통찰력으로 탐지한 것이 이 전쟁 문제에서였다. 또 그가 아는 것을 다른 사람들은 몇 개월 또는 몇 년 뒤에야 알게 된다는 이유로 그에게 쏟아지는 비웃음에 개의치 않고, 기회가 될 때마다 완강하게

....
콩데(Louis Joseph de Bourbon Condé, 1736~1818) 루이 16세의 사촌으로 바스티유 함락 후 망명. 1792년부터 보름스에서 반혁명 군대를 조직하여 프랑스에 대항했다.

같은 주제를 되풀이할 것임을 가장 잘 보여주는 것이 바로 이 전쟁 문제였다.

프랑스의 애국파 거의 전체가 연맹제라는 황홀한 대축제를 준비하느라 모든 염려를 잊어버린 이 열광적인 몇 주 동안, 그는 '위기에 처한 혁명'의 카산드라*라는 자신의 역할을 신중하게 수행했다. 다시 한 번 그를 앞서는 사람은 단 하나, 마라뿐이었다. 마라는 이미 라파예트와 미라보를 가장 위험한 인물들이라고 공격한 반면, 로베스피에르는 여전히 각료들만을 그렇게 지목했다. 마라는 특히 1790년 6월 30일, 자신의 글 〈모든 것을 가진 사람들에 대한 아무것도 갖지 못한 사람들의 항의〉에서 사회 계급으로서 혁명적 부르주아지를 공격한다. "귀족 특권층이 부자 특권층으로 대체된다면 그 귀족 특권층을 파괴해서 우리가 얻는 것은 무엇인가?"

로베스피에르는 다른 애국파 언론인들, 즉 데물랭, 바레르, 프레롱, 마드무아젤 드 케랄리오, 그리고 어쩌면 루스탈로와 교분이 있었지만, 마라와는 개인적 친분이 없었다. 그리고 이미 보았듯이, 이 시기에 그는 여전히 사회적 문제에 무관심했다. 그러나 정치적 상황에 대해 그가 이 시기에 쓴 글들은 〈민중의 벗〉에 표출된 판단과 아주 유사했다.

전제정과 특권층의 벗들은 지칠 줄 모르는 믿음으로 치명적인 음모를 다시 획책하려 한다……. 그들은 헛되이 헌법에 반대하려 시도한 후, 온갖 종류의 교활한 정책으로 헌법을 은밀히 침식하고, 취약하거나 불완전한 상태에 빠뜨리려고 애쓴다.

이후의 사건들이 곧 그가 옳다는 것을 입증했다. 혁명의 첫 번째 재앙일은 1790년 8월 31일이었다. 그날 메스(Metz) 군 사령관이자 앞으로 바렌 탈주의 공모자가 될 부이예*가 단지 막대한 양의 밀린 급료를 장교들에게 요구했을 뿐인 낭시*의 세 연대〔샤토비외(Chateauvieux)의 스위스 병사들을 포함한〕를 유혈 진압한 것이다. — 같은 시기에 프랑스 남부의 왕당파 2만 명이 의회에 공개적인 반란을 선언하고, 8월 18일 잘레(Jalès) 병영에 무장 집결했다. 1791년 2월에야 그들은 진압되었다! — '일격을 가하도록' 부이예를 부추긴 것은 라파예트였다. 부이예의 공적을 치하할 것을 의회에 요구한 것도 라파예트였다.

로베스피에르는 군대를 민주화할 방법뿐 아니라 귀족 출신 장군들과 장교들의 반혁명 정신에 대해 오랫동안 관심을 기울여온 터였다. 그는 특히 1790년 4월 28일 사병과 장교 각각 절반으로 군사 재판소를 구성할 것을 요구한 바 있으나 요구는 무위로 돌아가고 말았다. 그가 여러 차례 토론에 참여했다는 것은 전혀 놀라운 일이 아니다. 우선 그는 추가 정보를 요구했다.

아마도 여러분은 한편에서는 애국파 병사들만을, 그리고 부이예 씨의 군대에서는 전제정과 특권층에 매수될 사람들만을 보게 될지 모릅

카산드라 그리스와 트로이의 전쟁 당시 트로이의 공주. 그리스가 바친 목마가 트로이를 멸망시킬 것이라 예언했으나 아무도 듣지 않았다.
부이예(François Bouillé, 1739~1800) 라파예트의 사촌이며 후작.
낭시(Nancy) 프랑스 북동부 국경 근처의 도시.

니다. 〔……〕 여러분의 관심을 낭시 주둔군에 고정시켜서는 안 됩니다. 군대 전체를 한눈에 바라보아야 합니다. 〔……〕 사람들은 선량한 병사들에게 혐오감을 불러일으켰으며, 군대를 자극하여 반란을 일으키게 하려 했습니다. 각료들과 군 지휘관들이 우리의 신뢰를 얻을 자격이 없다는 것을 입증하기 위해 더 길게 설명할 필요도 없습니다.

다음으로 그가 발언한 것은 9월 3일이었다. 이날 그는 라파예트가 선동하고 미라보가 제안한, 부이예를 치하하는 법령에 반대하하였다. 튈르리 궁*에서 논쟁이 진행되는 동안 파리에서는 폭동이 일어났다. 분노와 두려움에 빠진 의회는 로베스피에르를 야유하고 그의 발언을 막았다. 그 뒤 의회는 부이예 치하 법령을 가결한 후 네케르의 사임을 얻어냄으로써 폭동을 진정시켰다.

로베스피에르는 그토록 자주 패배했지만 좌절하지 않았다. 왜냐하면 그는 위험을 의식하고 중도파 지도자들로부터 거리를 두는 공론의 대두를 수많은 징표들을 통해 감지하고 있었기 때문이었다. 로베스피에르가 지칭했다시피 '혁명의 두더지' 시에예스는 선거에서 낙담한 이후 요란스럽게 1789년 협회에 가입했다. 이로써 자코뱅은 시에예스의 존재와 음모로부터 벗어나게 되었다. 탈레랑, 라로슈푸코*, 타르제, 르샤플리에, 그리고 미라보가 그를 따랐다. 따라서 이제 '삼두파'와 로베스피에르만이 생토노레 가 클럽〔자코뱅 클럽〕의 지도자로 남게 되었다.

사람들은 이 분열이 자코뱅 클럽에 치명적이지 않을까 염려했을지 모른다. 그런데 나타난 상황은 정반대였다. 1789년 협회는 초기 혁명 지도자들 중 거의 모든 위대한 인물들을 불러 모으려 했으나 헛수고였다. 협회는 파리의 무관심과 적대감 속에 고립되어 갔고 지방에서는 거의 아무런 활동도 하지 못했다. 자코뱅 가입자들의 수가 지속적으로 계속 증가하고 점점 더 많은 수의 지방 협회들이 파리 모협회에 가입을 요청하는 반면, 의회 안에서 대논쟁을 벌이는 유명인사들은 이미 민중 집단들뿐 아니라 혁명적 부르주아지 대부분으로부터 단절되었다.

이렇게 반전이 시작되는 가운데, 로베스피에르의 인기는 파리의 자코뱅 클럽 내에서보다 파리의 상퀼로트들과 지방에서 훨씬 더 빨리 상승했다. 파리의 자코뱅 클럽이 여전히 의원들과 부르주아 명사들로 구성되어 있는 한, 그리고 그들의 회합이 의회 전략의 영향 아래 있는 한, 여전히 라메트, 뒤포르, 그리고 바르나브가 1년을 더 클럽을 지배했다. 그러나 생토노레 가(자코뱅 클럽)의 문이 개방될수록 로베스피에르만이 어떠한 상황에서도 애국심을 의심할 수 없는 유일한 의원으로 보였다.

10월 23일 그가 가난한 사람들로부터 투표권을 박탈하는 조치를 다시 문제삼기 위해 새로운 — 그리고 여전히 성과 없는 — 시도에 나섰을 때, 마라는 다음과 같이 썼다. "드 로베스피에르 씨는 대원칙들을 알고 있는 것으로 보이는 유일한 의원이자 아마도 원로원

튈르리 궁 1789년 10월 5~6일 봉기로 베르사유에서 파리로 옮겨온 왕실이 머무르던 곳. 제헌의회는 튈르리 궁 승마 연습장에서 회합했다.
라로슈푸코(La Rochefoucauld-Liancourt, 1747~1827) 1792년 8월 10일 봉기 후 영국으로 망명한 교육자, 사회 개혁가.

에 자리잡은 단 한 명의 애국파이다." 그것은 또한 피카르디의 촌락에서 1790년 8월 19일, '인류와 공화국의 대표'인 로베스피에르에게 편지를 쓴 22살 난 젊은이의 견해이기도 했다. "신과 마찬가지로 당신은 제게 경이로울 뿐입니다." 이 젊은이가 바로 루이앙투안 드 생쥐스트이다.

　1790년 10월 5일 로베스피에르는 베르사유 군(郡) 재판소의 판사로 선출되고 이때 이 도시의 자코뱅들로부터 열광적인 편지를 받는다. 같은 달 마르세유 시 정부는 제헌의회의 영광을 기리는 기념비에 새겨 넣을 '민중의 진정한 벗들'의 목록에 그의 이름을 당당히 포함시켰다. 훗날 미라보가 죽은 뒤 마르세유 시 정부는 바로 로베스피에르에게 의회에서 자신의 이익을 옹호할 임무를 부여했다. 1789년 12월 툴롱은 실제로 그렇게 했다. 1790년 11월에는 아비뇽*의 애국파가 유사한 방식을 취했고, 11월 18일 로베스피에르는 아비뇽의 프랑스 병합을 지지하는 유명한 연설을 했다. 아마도 그 연설은 아비뇽의 요구에 의한 것이었을 것이다. — 교황으로부터 성직자 민사 기본법*의 재가를 기다리고 있던 시점에서 의회는 교황과 불화를 일으키는 것을 두려워하여 지연책만을 채택하지만, 로베스피에르가 피력한 생각은 계속 여론 속으로 확산되었다.

....

아비뇽(Avignon)　프랑스 남부 론(Rhône) 강 유역의 도시. 14세기 이래 교황이 소유한 영지였으나 1790년 6월 12일 도시민들의 투표를 통해 프랑스 합병을 선언했다.
성직자 민사 기본법　1790년 7월 12일 제헌의회에서 통과된 법. 교구를 도(道)의 경계에 일치시키고 사제와 주교를 선거인들의 선거로 선출하게 하는 등 성직자를 공무원화하여 혁명에 대한 성직자들의 충성을 공고히 하는 것을 골자로 한다.

성직자 민사 기본법 선서를 강요당하는 성직자 1790년 11월부터 제헌의회는 프랑스의 모든 성직자들에게 '성직자 민사 기본법'을 준수하겠다는 선서를 의무화했다. 이 조치 때문에 많은 성직자와 신자들이 혁명에 등을 돌렸다.

끊임없이 교황의 권리, 교황의 소유권을 주장하는 것을 듣고 분노하지 않은 이가 누구입니까? 공정한 신이시여! 국민들이 한 인간의 소유라니요! 그리고 이러한 신성모독이 바로 프랑스 국민의회 연단에서 선언되었습니다!

상호 동의에 의해 두 국민이 통합되어 하나가 되거나 국민의 일부가 국민 전체에 다시 합류하는 것이 정복과 무슨 공통점이 있다는 것입니까? 지금 강화와 전쟁 선포권에 관한 법률 중 *국민은 결코 정복을 목적으로 전쟁을 일으키지 않을 것*이라고 선언한 조항이 인용되는 것을 들으면서 놀라지 않는 이가 누구입니까?

그러나 이 주장에 우리는 뭐라고 답할 것입니까? 아비뇽 사람들이 프랑스에 병합되기를 요구한 것은 혼란과 유혈의 한가운데서였고 격렬한 반란이 끝났을 때였습니다. 그렇다면 그 요청을 거부해야 합니까? 만약 그렇게 생각하는 사람들이 있다면, 전제군주들로 하여금 스스로 국민들에게 그들의 권리를 돌려줄 것을 촉구하십시오. 아니면, 국민들에게 반란을 일으키지 않고 그 권리를 회복할 수 있는 비법을 알려주십시오. 아니 차라리, 프랑스 국민 자신과 그 대표들을 비난하든지 아니면 아비뇽인들이 그들을 모방한 것을 용서하십시오. 그들이 자유와 정의의 비겁한 적들과 싸워 그들을 물리쳤다는 이유로 그들이 인간의 권리를 요구할 자격이 없다고 믿는 것입니까? …… 마치 혁명이 혼란 없이 이루어지기라도 해야 한다는 것처럼 말입니다!

며칠 후인 1790년 12월 5일 국민방위대에서 수동시민*을 배제하여 군대를 부르주아지가 독점하게 하는 라보 생테티엔*의 계획이 의회에서 논의되었다. 이 중대한 문제에 대해 로베스피에르는 자신의 가장 길고 중요한 연설문 중 하나를 작성했다. 이후의 그의 연설에서 매우 자주 불타오를 열정의 불길을 이 연설문에서 발견할 수 있다. 그의 지평은 넓어지고, 동시에 깊어진다. 이제 더는 부자와 가난한 자 사이의 정치적 권리의 엄격한 평등을 요구하는 것만을 문제로 삼지 않는다. 이제 더는 혁명을 지속적으로 민중들의 협력이라는 토대 위에 올려놓음으로써 혁명을 구하는 것만을 문제로 삼지 않는다. 국민의 삶의 가장 건전한 도덕적 원천과 가장 강력한 효력이 이 무산자 대중 안에 있음을 인정하게 되는 것이다.

여러분의 주권자는 민중입니다. 끊임없이 그들을 권리를 누릴 자격이 없는, 야만적이며 타락한 존재로 부름으로써 그들을 중상하고 모독하는 일을 그만둡시다. 정의롭지 않고 부패한 자들은 바로 여러분입니다. 여러분은 민중의 권력을 부유한 특권계급에게 넘겨주기를 원하고 있습니다. 선량하고, 인내심 강하고, 관대한 것은 민중입니다. 우리의 혁명이, 그리고 적들의 범죄가 그것을 입증합니다. 민중에게는 자연스러울 뿐인, 최근의 수천 가지 영웅적인 행동들이 그것을 증언합니다. 민중은 단지 평화, 정의, 그리고 생존권을 요구할 뿐입니다. 권력자들, 부자들은 차별, 부, 쾌락만을 갈망합니다. 민중의 이익과 소망은 천부의 것이며 인류의 것입니다. 그것은 보편적 이익입니다. 부자들의 이익과 소망은 야심, 탐욕, 기괴한 망상, 그리고 사회의 행복에 가장 치명적

수동시민 연 3일치 임금에 해당하는 직접세를 납부할 수 없어 선거권을 갖지 못하는 시민.
라보 생테티엔(Jean-Paul Rabaut Saint-Étienne, 1743~1793) 프랑스 남부 님(Nîmes) 출신의 신교도 목사. 미래의 지롱드파 지도자들 중 한 사람.

라보 생테티엔 성직자 출신의 제헌의회·국민공회 의원. 국민공회에서 지롱드파에 속했으며 국왕 재판에서 '민중에의 상소'를 주장했고, 지롱드파의 12인 위원회에 참여했다. 지롱드파의 몰락을 불러온 1793년 5월 31일~6월 2일 봉기가 일어난 후 도주했다가 체포되어 처형당한다.

인 열망에서 비롯된 것들입니다. 민중을 비탄에 빠뜨린 폐해는 언제나 부자들로 인한 것이었습니다. 그들은 언제나 민중에게는 재난이었습니다. 보십시오. 누가 우리의 영광스러운 혁명을 수행했습니까? 부자들입니까? 권력자들입니까? 민중만이 혁명을 열망할 수 있었고 혁명을 수행할 수 있었습니다. 오직 민중만이 한결같은 이성에 의해 혁명을 지속시킬 수 있습니다. 그런데도 감히 민중이 다시 쟁취한 권리를 민중으로부터 강탈할 것을 우리에게 제안한단 말입니까?

사람들은 국민을 두 계급으로 나누고자 합니다. 그중 한 계급은 언제든 반란을 일으킬 준비가 되어 있는 다른 한 계급을, 오직 그 계급을 제압할 목적으로만 무장하는 것으로 보입니다. 그 첫 번째 계급은 모든 독재자들, 모든 압제자들, 모든 공공의 흡혈귀들을 포함하고 있습니다. 그리고 다른 계급은 민중입니다! 그런데 여러분은 민중이 자유에 위협이 된다고 말합니다. 아! 여러분이 만약 민중에게 자유를 맡긴다면 민중은 자유의 가장 튼튼한 버팀목이 될 것입니다. 부당한 힘으로, 말하자면 민중을 절망에 빠뜨려 그들이 하는 수 없이 자신의 대의를 배신하도록 만들려는 자들은, 잔인하고 야심에 찬 궤변가들인, 바로 여러분들입니다. 그러니 인류의 신성한 권리에 대한 요구를 결코 중단하지 않을 민중을 더는 비난하지 마십시오!

이성과 자유에게 "거기까지만 가시오. 그들이 우리의 야심이나 우리의 개인적 이익을 위한 계산과 맞지 않는 지점에 도달하면 전진을 멈추시오."라고 말하는 여러분은 누구입니까? 이 세계가 자신을 행복으로 초대하는 영원한 정의의 법보다 이제껏 권력, 몇몇 독재자들의 범죄, 그리고 국민들의 불행만을 낳았을 뿐인 편협하고 부도덕한 정신의 역겨운 교활함을 더 좋아할 만큼 그렇게 무분별하리라고 생각하십니까?

여러분이 하찮은 술책과 궁정의 음모 따위로, 여러분은 누릴 자격도 없는 혁명을 지도하겠다고 주장하는 것은 헛된 일입니다. 여러분은 힘 없는 곤충처럼, 저항할 수 없는 혁명의 흐름에 끌려 들어갈 것입니다. 여러분의 성공은 거짓말처럼 사라져버리고, 여러분의 수치는 진리와 마찬가지로 영원히 남을 것입니다.

진행 중인 민중 혁명의 예언자 로베스피에르는 아직도 혁명의 사회적 성격을 보지 못하고 있었다. 이 연설의 뒷부분에 있는 한 구절은 그의 열정이 사그라드는 경계, 자신의 힘 밖에 있는 것으로 보여 그가 결정적으로 체념하게 되는 지점을 명료하게 보여준다.

본인은 대부분의 부가 몇몇 사람의 수중에 놓여 있는 재산의 거대한 불균형이 나머지 국민들로부터 그들의 양도할 수 없는 주권을 박탈하는 원인이 된다고는 결코 생각지 않습니다. 나는 오히려 바로 거기에서 **재산의 불가피한 불평등** 대신, 권리의 본질적인 평등을 회복할 수단을 그들에게 제공하는 것이 입법자와 우리 사회의 신성한 의무임을 발견합니다.

로베스피에르의 연설은 이러한 한계에 갇혀 있었지만, 그럼에도 불구하고 어느 연설보다 더 대담했다. 거의 아무런 거리낌 없이, 그는 제헌의회 지도자들에게 그들을 기다리고 있는 운명을 예고한다. 그리고 이때부터 그는 자신이 동료들 사이에서 수행하도록 운명지워진 역할을 의식하기 시작한 것으로 보인다. 그의 어조는 그의 열정에 걸맞은 단호함을 담고 있었다. 그의 동료들은 민중의 열정을 자신들의 이익을 위해 독점하고자 했으므로 일소될 것이다. 민중은 마지막까지 '혁명의 저항할 수 없는 흐름'에 충실할 것이다.

그리고 물론 조레스*로서는 로베스피에르가 혁명이 가난한 사람들의 과업이라고 말할 만큼 순진했다고 비난할 수 있을 것이다. 오늘날 우리는 프랑스 혁명이 본질적으로 부르주아지의 과업이었으며 초기 자본주의의 생산력이 더는 봉건사회의 생산관계와 구체제의 구조에 조응하지 않았기 때문에 일어났음을 잘 알고 있다. 혁명이 '자신의 저항할 수 없는 흐름 속으로 힘 없는 곤충처럼 끌어들인' 인물들 중 하나인 바르나브는 로베스피에르보다 그 점을 훨씬 더 잘 알고 있었다. 그러나 혁명을 승리로 이끈 것은 바르나브가 아니라 로베스피에르였다. 그리고 혁명을 배신한 것은 로베스피에르가 아니라 바르나브였다. 왜냐하면 부르주아 로베스피에르는 부르주아 바르나브가 결코 이해하지 못한 것, 즉 마라의 말에 따르면 "바스티유 함락은 특히 만 명에 이르는 생탕투안 포부르의 가난한 노동자들에 의해 이루어졌다."는 사실을 곧 진지하게 받아들였기 때문이다.

어쨌든 로베스피에르는 1790년 12월 5일 아침 자신의 연설문을 낭독할 수 없었다. 반동적인 의회의 다수파는 그의 발언을 거부했다. 거부권 문제로 15개월 전에 그랬던 것처럼, 그는 자신의 연설문을 출간하기로 결심했다. 그러나 그에 앞서 그날 밤 그는 자코뱅 클럽에서 연설문을 낭독했다. 우리로서는 알 길 없는 방식으로 이

조레스(Jean Jaurès, 1859~1914) 프랑스의 사회주의 정치가이자 역사가.

연설문을 낭독한다는 소문이 퍼졌음에 틀림없다. 왜냐하면 예외적일 정도로 많은 수의 사람들이 참석한 것을 확인할 수 있기 때문이다. 그 점이 뒤이은 사건에 영향을 미쳤던 것 같다.

그날 저녁 자코뱅 클럽의 회의를 주재한 것은 미라보였다. 1789년 협회에서 4개월을 보낸 후 그는 사태의 추이를 감지했다. 자신에 대한 평판이 지속적으로 악화되고 있음을 느낀 그는 [그리고 4개월 후에 그는 궁정의 명령에 따라, 자신이 '질 시저'*라고 부르며 혐오하던 라파예트와 더는 행동을 함께할 수 없었기 때문에 거기에 대처하기 위해] 10월 초 화환과 박수 갈채 속에 자코뱅의 품으로 돌아왔다. 그러나 그의 정책이 더 솔직해진 것도, 그가 자신의 이익을 위해 매수되지 않은 것도 아니었다. 특히 로베스피에르에게 반대하여 아비뇽의 프랑스 병합을 무기한 연기하는 법령을 통과시킨 것도 미라보였으며, 루이 16세에게 반혁명적인 조언을 거듭한 것도 미라보였다.

국민방위대 문제에서 미라보는 로베스피에르의 견해에 불만을 품지 않았다. 왜냐하면 그것이 국민방위대의 사령관이자 방위대에서 빈민들을 추방한 법령의 배후인물인 그의 적 라파예트를 공격하는 것이었기 때문이다. 따라서 그는 기꺼이 로베스피에르가 연설문을 낭독하도록 발언권을 주었다. 그러나 로베스피에르가 위에 인용한 긴 글을 읽어가자 미라보는 그것이 자신을 겨냥한 것이라고 느끼고 분노했다. 그는 그 법령이 이미 의회에 의해 거부된 것이라는 구실로 '결정된 사안에 대한 존중' 운운하며 연설자에게 침묵을 명령했다.

연설 방해가 그를 좌절시킬 수 있었던 그 전 시기 이후, 오직 로베스피에르만이 성장했다. 그리고 자코뱅 클럽에서 그는 이미 편안함을 느끼고 있었다. 박수 갈채로 고무된 그는 연단을 떠나기를 거부했다. 소란이 일어났다. 미라보는 초조해졌다. 소란과 고함 소리로 족히 한 시간 반은 지난 후 로베스피에르는 의장석에 올라 큰 소리로 외칠 결심을 했다. "나의 동료들은 나의 주위에 모이시오!"

그때 모든 청중들이 한결같이 …… 로베스피에르 주위로 모여들었다. 미라보 주위로 모인 사람은 30여 명의 의원들에 불과했다. ─ 라메트라는 자〔제헌의회 의원 라메트와는 동명이인〕가 개입하여 다소 평온을 회복한 후 로베스피에르는 열광적인 박수 갈채 속에 연설을 마무리했다. 혁명의 상승하는 힘이 그날 모리배들과 배신자들을 쓰러뜨리기 시작했다.

....
질 시저(Gilles César) 얼간이 시저라는 뜻. 라파예트의 야심을 쥘 시저(Jules César, 율리우스 카이사르)에 빗대 만든 풍자적인 별명이다.

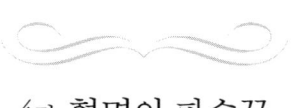

4장_혁명의 파수꾼

1791년
4월 2일   국민의회의 유명인사 미라보 사망.
5월   로베스피에르, 민중과 유리되어 타락한 제헌의회 의원들을 비판한다. 그는 라메트, 바르나브, 뒤포르의 삼두파와 대립해 자코뱅 클럽에서 그들 세력을 배제하려 노력한다. 파리 민중들 사이에서 로베스피에르의 인기가 점점 높아진다.
6월 20~21일 루이 16세 일가가 국외 탈출을 도모하다 바렌에서 체포되다.

그러나 그것은 여전히 전초전일 뿐이며, 그날 밤 로베스피에르의 승리는 사건들의 단기적인 흐름에서 아무것도 바꾸어놓지 못했음에 틀림없다. 미라보가 자신의 친구에게 "로베스피에르가 내 인기를 떨어뜨리지는 못할걸."이라고 한 말 속에는 어느 정도 허세가 섞여 있었지만, 그럼에도 불구하고 미라보의 위신은 많은 부분 손상되지 않고 유지되었으며, 제헌의회에서는 더욱 그러했다. 1791년 4월 2일 미라보가 죽었을 때, 그의 죽음은 전 국가적인 슬픔이 됐다. 그러나 동시에 〈파리의 혁명〉은 이에 대해 다음과 같이 썼다. "의회는 아마도 제1의 웅변가를 잃었다. 하지만 미라보 씨는 의회의 소수의 애국파들과 같은 대열에 있지 않았다. 로베스피에르 같은 의원이 남아 있는 한, 프랑스인들은 국가에 대해 희망을 잃지 않을 것이다."

미라보가 죽자, 궁정은 그를 대신할 인물을 찾는다. 미라보의 뒤를 잇는 것은 비밀 자문이자 은밀한 정보 제공자이며 비밀 자금 배포자인 삼두파, 특히 알렉상드르 드 라메트였다. 일화에 따르면 바르나브는 바렌에서 돌아오는 길에 마리 앙투아네트의 유혹을 받고 자신의 정치적 행보로부터 돌아섰다. 사실, 이러한 변절은 오래전에 시작되었고, 4월에는 이미 분명해졌다. 로베스피에르가 어떤 방식으로 정보를 얻었는지는 알 수 없지만, 그가 이에 대해 상당히 많이 알고 있었거나, 적어도 삼두파의 행동에서 수상한 점을 간파했다는 것은 거의 의심의 여지가 없다. 왜냐하면, 1791년 4월 중순 이후 그의 태도가 급속히 변하기 때문이다. 한편으로 그는 라메트-뒤포르-바르나브와 명료하게 거리를 두고 점점 더 적대적인 관계가 되었다. 다른 한편 그는 이제 더는 어떠한 동맹에도 의지하지 않는 사람처럼, 자신만이 홀로 애국파를 이루는 것처럼 행동하기 시작했다.

그때까지 그는 몇 달 동안 제헌의회와 자코뱅 클럽에서 수많은 발언을 계속했다. 그는 사법적[변호사란 직업상의 능력으로 인해 이 문제에서 자주, 길게 발언했다], 입헌적, 행정적 문제에 관해 늘 같은 방향에서 발언했다. 그리고 민중 소요와 기소된 민주파*의 옹호, 외교와 군사 문제에 관해, 아비뇽 사건에 관해 그는 여러 차례 발언했다. 거의 매번 그는 의회에서 새로운 실패를 겪었고, 그리고 계속 나아갔다.

4월이 되자 이전과는 달리 그는 새로운 공세에 나서기 시작했다. 그는 여전히 의회의 태도를 바꿀 유리한 기회가 오기를 기대하면서 은화 1마르크에 대한 새로운 연설문을 작성했다[국민의회 피선거권을 갖기 위한 세금이 은화 1마르크로 정해진 것이다]. 이번에도 기회가 오지 않자 그는 기다리지 않고 연설문을 다른 곳에서 낭독하고 출판하기로 결심했다. 그러나 예전처럼 자코뱅 클럽에서 낭독한 것이 아니라 4월 20일 코르들리에 클럽에서 낭독했다.

....

민주파 로베스피에르, 뷔조, 페티옹, 로베르 랭데, 쿠통, 카르노 등 제헌의회와 입법의회의 극좌파. 민중의 권익을 옹호하고 보통선거를 주장했다.

자코뱅 클럽은 그때 상당한 혼란에 빠져 있었다. '라메트'파는 여전히 강력했다. 미라보가 라파예트를 증오하여 자코뱅 클럽을 지지했듯이, 라메트파는 미라보를 증오하여 로베스피에르를 지지했다. 이제 삼두파가 죽은 자신들의 경쟁자[라파예트]를 대신한 지금, 클럽에서 그들의 세력은 더욱 기승을 부리고 있었다. 게다가 필리프 오를레앙이 전 해인 1790년 여름, 런던에서 돌아와 자코뱅 클럽 내에서 자신의 당파를 만들려고 애쓰고 있었다(그는 1789년 10월 봉기(파리 민중들의 베르사유 궁 습격) 직후 그를 몰아내려는 라파예트에 의해 런던으로 쫓겨갔다). 그는 샤르트르 공작이자 장차 7월 왕정*의 국왕 루이 필리프가 될, 당시 17살인 자신의 장남을 자코뱅 클럽에 참석시켰다. 특히 그는 가장 절친한 친구이자 소설 《위험한 관계》의 저자인 쇼데를로 드 라클로*를 클럽에 소개했고, 라클로는 자신의 역할을 훌륭히 수행했다. 1790년 10월 말 이래 자코뱅 클럽 신문의 편집을 담당한 그는 클럽에서 영향력을 키워 나갔고, 클럽의 공식적인 보호 아래 오를레앙주의를 확산시킬 수 있었다.

미심쩍은 인물들을 가입시켜 수를 불리려 노력하는 이 당파들과 비교하여 로베스피에르를 중심으로 모인 성실한 민주파는 수적으로 훨씬 미미했다. 그러나 그들 중 몇몇이 민중적 우애협회*들에 활력을 제공하고, 그들과 긴밀한 관계를 유지하고 있다는 점에서 그들은 유리한 점을 지니고 있었다. 이 협회들은 1791년 봄 늘어나기 시작했고, 모든 시민들, 즉 능동시민뿐 아니라 수동시민들이 평등하게 회합했는데, 그중 코르들리에 클럽 — 또는 인간의 권리의 벗 협회 — 이 가장 중요하고 가장 활동적이고 가장 많은 지도자들〔당통, 데물랭, 마라, 로베르〕을 보유하고 있었으며 동시에 가장 큰 민중적 활력을 지니고 있다. 5월에 파리의 모든 우애협회들이 연합하여 로베르를 의장으로 하는 중앙위원회를 구성한 것도 코르들리에 클럽의 자극으로 이루어진 일이었다. 이러한 상황에서 처음으로 그들에게 연설하는 로베스피에르의 행동은 충분한 의미를 지니고 있었다. 그의 연설은 '수동'시민들로 하여금 자신들의 대의를 위하여 행동을 더욱 강화하게 하는 것이자 민중들과의 관계를 더욱 긴밀히 함으로써 라메트파와 오를레앙파가 우파와 맺고 있는 여러 타협에 맞서는 것이었다.

이 새로운 연설에서는 로베스피에르가 이미 표현했던 생각도 다소 발견할 수 있다. 그는 부자들의 타락과 대비되는 민중의 덕을 일관되게 찬양하고, 여전히 "민중의 이익은 보편적 이익이며 부자들의 이익은 특수한 이익"이라고 주장한다. 또 로베스피에르가 마라를 주의 깊게 읽었음을 입증하는 구절들도 있다. "민중들이 여러분과 더불어 봉건적 특권층의 속박에서 벗어난 것이 부자 특권층의 멍에 아래, 결코 참을 수 없는 그 멍에 아래 다시금 굴복하기 위해서입니까?" 그러나 로베스피에르는 여전히 고유한 의미에서 사회적인 문제(경제적 불평등의 문제)를 명백하게 부정하고 있다. 그가 보기에 가난한 사람들이 요구하는 것은 "나의 자유, 나의 삶, 나와

7월 왕정(1830~1848) 1830년 7월 혁명으로 부르봉 복고 왕정이 무너진 후 들어서는 왕정.
라클로(Choderlos de Laclos, 1741~1803) 군인, 작가. 최초의 심리소설인 《위험한 관계》로 세상을 들끓게 했다.
우애협회 혁명기에 출현한 민중들의 자발적 정치 협회들.

나에게 소중한 사람의 안전이나 그들을 위한 보복을 얻어낼 권리, 억압을 떨쳐낼 권리, 나의 정신과 마음의 모든 능력을 자유롭게 행사할 권리"가 전부이다. 노동권에 대해서는 단 한마디도 하지 않는다. 마찬가지로 이때의 로베스피에르에 따르면, 가난한 사람들은 부자들에게 제한된 요구만을 제시한다. "나는 당신이 얻는 더 많은 몫을 부러워하지 않는다. 왜냐하면 이 불평등은 불가피하고 치유할 수 없는 악이기 때문이다. 그러나 인간의 법으로는 내게서 빼앗을 수 없는 소멸되지 않는 재산만은 내게서 박탈하지 말라."

이 연설은 오늘날에는 매우 불충분한 것으로 보일지 모르지만, 결국 목적을 달성했다. 선거법에 대항하는 요구들이 여러 민중협회에서 다시 출현하기 시작한 것이다. 로베스피에르의 연설은 인쇄를 거듭해 수많은 장소에서, 수많은 청중들 앞에서 읽히고 논평되었다. '수동'시민의 수중에서 그것은 무기가 되었다. 그러나 머잖아 민중들의 확대된 행동 자체가 의회에서 파문을 불러일으켰다. 르샤플리에는 수동시민들에게서 청원권까지 박탈하는 법안을 제출했다. 1791년 5월 9일과 10일 로베스피에르는 겨우 페티옹과 뷔조의 지지를 얻어 의회에서 격렬히 싸우는 한편, 5월 10일 저녁에는 자코뱅 클럽에서 언론의 자유에 대해 긴 연설문을 낭독했다.

그는 제헌의회에서 다음과 같이 연설했다.

우리의 유권자들은 모든 프랑스인입니다. 그리고 나는 그들 모두를, 특히 가장 가난한 이들을 옹호할 것입니다. 〔……〕 여러분은 더는 입법자가 아닙니다. 여러분은 차라리 민중의 압제자들입니다.

의회는 반동적인 의장 당드레*와 공모하여 그 어느 때보다 더 소리 높여 아우성치지만 이번에는 효과가 없었다. 로베스피에르는 버텼다. 그는 결국 최종적인 법령에서, 모든 개인의 청원권을 인정하게 만들었다. ― 로베스피에르는 그날 저녁 전례 없이 들어찬 자코뱅 클럽의 청중들 앞에서 무제한적인 언론의 자유를 옹호했다. 그것이 단지 판에 박힌 원칙을 옹호하는 것으로 보일 수도 있다. 그러나 사실상 언론 자유에 대한 그 옹호는 마라, 데물랭, 그리고 다른 사람들이 점점 더 음모의 공범이 되어 가는 의회에 구속당하지 않고 대중 선동가이자 특권층의 음모에 대한 고발자의 역할을 계속할 수 있게 해주는 것이었다.

이러한 여러 차례의 입장 표명은 로베스피에르로 하여금 삼두파로부터 명백히 멀어지게 했다. 삼두파와의 분명한 단절은 그 직후인 5월 11일 식민지 문제에 대한 논쟁이 시작되었을 때 드러난다. 로베스피에르는 오래전부터 그레구아르 신부, 브리소*, 콩도르세 등과 함께 *흑인의 벗 협회*에 참여했지만 식민지 문제에 대해서는 단지 부수적으로만 참여했다. 이제 그는 삼두파의 노골적인 개입 앞에서 근본적으로 파고든다. 라메트와 같은 자들, 사업을 등한시

....
당드레(Antoine Balthazar d'André, 1759~1825) 엑스(Aix) 고등법원 판사 출신. 귀족 대표로 삼부회에 진출했다. 제헌의회 해산 후 매점 및 망명 귀족과의 공모 혐의를 받자 망명했다.
브리소(Jacques-Pierre Brissot, 1754~1793) 흑인의 벗 협회의 창설자 중 한 사람. 부르주아 온건파인 지롱드파(일명 브리소파)를 이끌었다.
흑인의 벗 협회(Société des Amis des Noirs) 1788년 2월 19일 창설되어 노예무역과 노예제 폐지 운동을 주도한 단체.

자크피에르 브리소 언론인이자 입법의회·국민공회 의원. 흑인 문제에 관심을 갖고 '흑인의 벗 협회'를 창설했다. 지롱드파의 중심 인물로서 외국과의 전쟁을 주장하고 왕정 폐지에 유보적인 입장을 취해 로베스피에르와 대립했다.

하지 않았던 특권층은 자신이 투자한 자본으로 서인도제도의 백인 식민자들의 이익과 결합되어 있었다. 그들은 직접 개입하는 대신 바르나브를 연단으로 올려보냈다. 흑인의 벗 협회가 백인과 자유로운 물라토〔당시에 '유색인(hommes de couleur)'이라는 용어는 흑인이 아니라 오직 물라토(흑백 혼혈인)에게만 적용되었다〕사이의 즉각적인 시민적 평등, 노예무역의 폐지 그리고 노예제의 점진적인 폐지 — 단지 부차적인 것이었다. — 와 같은 자신의 계획을 성취하고자 한 것은 바로 이 순간이었다. 바르나브는 5월 11일 그들에게 대항하여 의회가 미리 백인 식민자들의 공식적인 요구를 접수하지 않고서는 유색인들의 정치적 지위에 대하여 어떠한 개혁도 시행하지 않는다는 동의안을 지지했다.

그레구아르와 랑쥐네*에 이어 5월 12일 로베스피에르가 공격에 가담했다.

나는 먼저 개인적인 이익, 욕망, 그리고 특정 계급 시민들의 이해관계, 탐욕, 오만과 이러한 종류의 거래를 하는 것이 과연 입법자들의 정책인지 국민의회에 묻는 바입니다. 나는 한 당파의 위협에 의해 사람들의 권리, 정의, 그리고 인류를 부정하게 이용하도록 결정하는 것이 정치인지를 묻는 바입니다.

여러분은 유색인들의 권리를 거부하고 그들을 그들의 적들에게 돌려보냅니다. 그것은 프랑스에서 제3신분에게 귀족과 성직자 두 신분의 대

랑쥐네(Jean Denis Lanjuinais, 1753~1827) 브르타뉴 클럽의 창설자 중 한 사람. 여러 개혁에 참여했으며 국민공회에서는 지롱드파에 가담했다.

표를 합한 것과 동일한 수의 대표를 허락할 것인지가 문제가 되었을 때 성직자 절반, 귀족 절반으로 이루어진 회의를 열어 평민의 권리에 관한 견해를 정부에 제시하게 한 것과 같은 것입니다(1788년 11월 국왕이 소집한 명사회(Assemblée des Notables)는 제3신분 대표 수의 배가에 반대했다). 나는 가장 소중한 이해관계, 가장 신성한 권리를 이 계급의 사람들에게 맡기지 말 것을 요구합니다. 이들은 여러분 앞에서 단지 지배의 권리를 얻기 위해 발언할 뿐입니다.

〔바르나브가 여러분에게 말한 바에 따르면 식민자(식민지를 개척한 본국인)들은〕유색인들에게 우호적일 것입니다. 그리고 만일 유색인들이 승리한다면 여러분의 식민지와 여러분의 상업은 끝장날 것이라고 여러분에게 말한 사람들이 바로 그 식민자들임을 여러분은 잊고 있습니다. 아닙니다, 누군가 나름의 정의를 가지고 있다면 그는 이렇게 모순되는, 가당치 않은 말을 하지는 않을 것입니다. 입법부를 다소라도 존중하는 사람이라면, 위협이나 이처럼 우스꽝스러운 이유를 내세워 입법부를 유혹하려고는 하지 않을 것입니다.

이튿날인 5월 13일 로베스피에르는 더욱 강력하게 공격에 나섰다. 어떤 의원은 위원회가 제안한 법령에 '노예'라는 말을 넣을 것을 제안했다. 이제 로베스피에르는 자유로운 물라토의 문제를 넘어서서, 자주 인용되는 발언을 했다. 그러나 다음의 말은 흔히 로베스피에르가 한 것으로 간주되지만 실은 뒤퐁 드 느무르*가 한 말이다. "식민지는 대전제가 아니며 차라리 소멸하는 것이다."

여러분의 법령 중 하나에서 여러분이 노예라는 단어를 말하는 그 순간, 여러분은 스스로 명예를 훼손하게 될 것입니다. 〔……〕 국민과 식민지들의 최상의 이익은 여러분이 자유로운 상태로 남아 있는 것, 그리고 자유의 토대를 여러분 자신의 손으로 뒤엎지 않는 것입니다. 여러분의 행복, 여러분의 영광, 여러분의 자유를 대가로 치르며 분투한다 해도 식민지는 사라질 것입니다! 되풀이하여 말하지만, 식민자들이 우리를 위협하여 강제로 자신들의 이익에 가장 적합한 것을 법령화하게 한다 해도 식민지는 사라질 것입니다! ― 나는 의회의 이름으로 ― 헌법의 전복을 원하지 않는 의원들의 이름으로, 자유롭기를 원하는 국민 전체의 이름으로, 우리가 식민지 대표들을 위해 국민도, 식민지들도, 인류 전체도 희생시키지 않으리라는 것을 선언합니다.

카를 마르크스가 "다른 민족을 억압하는 민족은 자유로운 민족이 될 수 없을 것이다."라고 선언할 시대가 도래하고 있었다. ― 그러는 동안 제헌의회가 로베스피에르에게 준 유일한 만족은 노예라는 표현을 *자유롭지 않은 사람들*이라는 표현으로 바꾼 것뿐이었다.

그날 저녁 자코뱅 클럽에서 로베스피에르는 다시 그 주제를 다루었다. 샤를 드 라메트가 그에게 대답하려 했지만, 청중의 야유로 발언을 포기할 수밖에 없었다. 자코뱅 클럽에서 삼두파의 인물이 그러한 모욕을 당한 것은 처음 있는 일이었다. 그러나 생토노레 가

뒤퐁 드 느무르(Du-Pont de Nemours, 1771~1834) 화학자. 혁명기에 미국으로 망명하여 1802년 세계 최초의 화학제품 제조회사인 '뒤퐁 드 느무르'의 전신이라 할 화약제조소를 설립했다.

1부 인권의 투사 153

에서는 위치가 흔들린다 해도 의회에서 샤를 드 라메트는 여전히 다수의 지지를 얻고 있었다. 다음다음 날인 5월 15일 로베스피에르의 최종적인 개입에도 불구하고 바르나브가 지지한 법령은 자유로운 부모에게서 태어난 유색인에게 *미래의* 식민지 의회의 문을 개방하는 뢰벨(Jean-François Reubell, 1747~1807)의 수정안과 함께 채택되었다.

이 과감하지 못한 양보가 로베스피에르가 노력하여 얻어낸 유일한 결실이었다. 의회는 그의 말에 귀 기울이지 않음으로써 프랑스와 생도맹그* 사이의 분리에 이르기까지 10년 이상 지속될 부당하고도 참혹한 유혈의 전쟁으로 프랑스를 몰아넣는다.

이튿날인 1791년 5월 16일은 대조적으로 로베스피에르가 의회에서 가장 크고 풍요로운 성공을 거둔 날이었다. 시간이 흐르면서 의회에 대한 그의 견해는 분명해지고 확고해져 그는 점점 더 의회에 연대감을 느낄 수 없게 되었다.―발언할 때의 그의 어조만으로도 사람들은 그것을 알 수 있었다.―로베스피에르는 제헌의회 의원들이 거의 모두 부패했다고 보고 있었다. 그들은 유권자들의 위임을 받은 의원으로서 엄격하게 행동하기는커녕 점점 더 공공연하게, 점점 더 심각하게 민중의 의지를 침해하고 있었다. 그들은 혁명을 그 논리적인 귀결로 이끌기는커녕 혁명을 배신하고 인권선언을 단지 휴지조각으로 여겼다. 그들은 특권층의 음모를 가차없이 뿌리뽑기는커녕 끊임없이 타협을 추구함으로써 음모를 부추겼다.

그에 따라 제헌의회 의원들을 정치로부터 가능한 한 철저하게 제외시킨다는 생각이 로베스피에르에게서 나타났다. 루소의 사상에 충실하고 고대(古代)의 위대한 모범을 변함없이 찬양하는 로베스피에르는 이미 여러 차례, 민중의 대표라면 진정으로 사리사욕 없는 이들인 만큼 다시 의회의 의원으로 위임받기를 열망하지 않으리라는 것을 원칙으로 간주해온 터였다. 그러나 그가 유일하게 공개적으로 표명한 이 이론적 신념은 앞에서 말한 '절박한 실제적 고려'를 동반하는 일이었다. 즉 능란한 음모가들을 제거해야 한다. 달리 말해 앞으로 선출할 새로운 의회의 활동은 그 음모가들로부터 전적으로 자유로워야 하는 것이다.

1789년 11월 7일 제헌의회는 미라보의 야심에 제동을 걸 목적으로, 의원은 의원직을 사임한다 해도 각료가 될 수 없다고 결정했다. 미라보는 이 법령의 철회를 얻어내려고 끊임없이 음모를 꾸몄지만 늘 허사로 돌아갔다. 그가 사망한 직후인 1791년 4월 7일 로베스피에르는 홀로 나서서 의회가 이 법령을 강화하도록 설득해 관철했다. 그에 따라 어떤 제헌의원도 현 입법부 이후의 4년간 각료가 될 수 없게 되었다. 5월 16일, 의원의 재선 문제가 논의에 부쳐졌을 때 로베스피에르는 제헌의회 의원들이 다음번 의회에 재선되는 것을 스스로 금하자는 선결 동의안을 요구했다.

그가 이때 행한 연설은 일반적으로 그의 가장 훌륭한 연설 중 하나로 여겨진다. 바로 여기에서 역사가는 자신의 임무의 주요한 어려움 중 하나를 확인하게 되는데, 그것은 자신의 시각과 특히 감성

생도맹그(Saint-Domaingue) 오늘날 아이티(Haïti)공화국의 옛 이름. 혁명기까지 프랑스의 식민지였으나 1791년 8월 노예들이 해방노예 출신인 투생 루베르튀르의 지휘 아래 반란을 일으켜 1794년 대부분의 지역을 지배했으며 1804년 독립을 선포했다.

을 자신이 다루고 있는 그 시대의 시각과 감성에 일치시킬 수 없다는 점이다. 매우 잘 구성되어 있고, 매우 능숙하고, 매우 간절한 로베스피에르의 연설에서 오늘날 우리를 크게 감동시킬 만한 것은 없다. 우리는 그가 자신이 생각하는 것을 모두 말한 것은 아니라는 것을 너무나 잘 알고 있다. [한 구절에서는 예외이다. "나는 위대한 의회들의 전술이라고 불리는 이 새로운 과학을 결코 좋아하지 않습니다. 그것은 음모와 너무나 흡사합니다. 나는 교활한 인물들이 이러한 방식으로 한 의회를 지배함으로써 다른 의회에 대한 자신들의 지배를 확고히 하고, 그렇게 함으로써 자유에 대한 재앙인 동맹의 체계(영향력 있는 특정 인물을 중심으로 한 파벌의 형성을 의미)를 영속화하는 것을 좋아하지 않습니다."] 그리고 우리는 그가 고대 위인들의 무사무욕을 언급한 데 대해서도 여전히 매우 무감각하다. 그러나 로베스피에르의 연설은 즉각적인 열정을 불러 일으켰다. 그날 저녁에 그의 동의안은 가결되었다.

그때 그가 주요하게 지목한 인물들이 가면을 벗는 것을 볼 수 있다. 극우파 전체가 그에게 찬성 투표한 것이다. 이는 극우파가 빈번히 저지른 판단 착오 중 하나인데, 극우파는 제헌의회 의원들을 다음번 의회에서 배제하는 이 투표를 통해 자신이 극약 처방식 전술을 구사하고 있고 지도자들을 잃은 혁명을 더 잘 물리치게 되었다고 생각한 것이다. 반대로 삼두파 중 가장 교활하거나 아니면 가장 똑똑한 아드리앵 뒤포르는 자신이 공격당했다고 느끼고 다음날 강력한 연설을 통해 '무정부주의'와 '토지의 분할'이라는 유령을 의회에 풀어놓았다. 다시 그 다음날인 5월 17일 로베스피에르는 그에게 매우 냉혹하게 응수했다. 제헌의회는 다소 냉정을 되찾은 상태였다. 제헌의회는 전전날 통과시킨 법령〔재선 금지 법령〕의 효력을 바로 뒤에 오는 입법부〔즉 입법의회〕로 한정했다. 그러나 로베스피에르의 본질적인 목적은 달성된 셈이었다. 삼두파와 그 추종자들은 2년 동안 경기장 밖에 있지 않으면 안 되게 되었다.

그들은 죽음을 선고받았지만, 로베스피에르는 그 자신 역시 재선이 금지되었음에도 불구하고 그렇지 않았다. 그의 5월 16일자 연설의 한 대목은 그 점을 명확히 암시한다.

우리로 말하자면, 입법의회 밖에서 우리는 의회 안에 남아 있는 것보다 더 많이 나라에 봉사할 것입니다. 우리는 지식을 필요로 하는 동료 시민들을 계몽하고, 공공정신·평화·질서·법 그리고 자유에 대한 사랑을 사방에 전파할 것입니다.

달리 말하자면, 의회의 술책과 국정의 음모에 완전히 빠져 있던 의원들에게는 급속한 정치적 죽음이 예정되어 있었다. 반대로 무엇보다 민중과 접촉하는 데 몰두했던 사람들로 말하자면, 그들은 더 자유롭게 계몽자와 선전가라는 자신들의 진정한 임무에 헌신할 수 있게 된 것이다.

이러한 시각에서 볼 때 가장 긴급한 임무 중 하나는 자코뱅 클럽을 선동하는 라메트파와 오를레앙파의 영향력을 클럽에서 일소하는 것이었다. 국민 전체와의 연결 기구로서 자코뱅 클럽은 둘도 없이 소중한 존재였다. 이미 로베스피에르는 며칠 동안 삼두파에게 혹독한 타격을 가한 바 있었다. 그는 5월 27일 더욱 직접적으로 그들을 공격했다. 그는 그날 라메트의 비호를 받는 자들로 채워진 협회(자코뱅 클럽) 통신위원회의 전면 개편을 요구했다. 바르나브가 개편에 격렬하게 반대했지만, 로베스피에르의 압력으로 개편이 결정되었다.

개편이 기대한 결과를 낳지는 않았다. 전(前) 위원들이 거의 전부 재선되었기 때문이다. 외무대신 몽모랭의 첩자 본카레르(Bonnecarère)는 떨어졌지만, 뒤포르는 지명되었다. 삼두파는 매수된 일부 민중 지도자들의 은밀한 지지를 기대할 수 있었기 때문에 여전히 강력했다. 로베스피에르가 3년 후 자신의 공책에 기록한, 1791년 5월의 논쟁에 관련된 글을 인용하면 다음과 같다.

> 미라보의 친구들은 당통의 입을 다물게 만든 것을 큰소리로 자랑하고 있었다. 그리고 이 인물이 살아 있는 한, 당통은 벙어리였다. 당시에는 내가 그리 중요하지 않게 여긴 일화 한 가지가 생각난다. 혁명의 처음 몇 달 중 언젠가 당통과 식사하고 있을 때 그는 내가 바르나브와 라메트가 따르고 있는 노선에서 일탈함으로써 훌륭한 대의를 망쳐놓았다고 비난했는데, 실은 그들이 당시 민중의 원칙으로부터 벗어나기 시작하고 있었다.

로베스피에르는 이 절반의 성공 이후, 자코뱅 클럽에서 공세를 재개할 다음 기회를 기다리면서 의회에서 일련의 발언을 계속했다. 5월 30일 그는 사형제를 확정하는 법령에 반대하지만 헛수고로 돌아갔다. 이 연설의 주인공(로베스피에르)이 이후 공포정치의 이론가이자 정치가가 되지 않았다면, 이 연설 중 일부는 여전히 감동적인 것으로 남았을 것이다. 이 대비는 숱한 논란을 불러 일으켰

아드리앵 뒤포르 바르나브, 알렉상드르 드 라메트와 함께 삼두파를 이루어 입헌군주정 지지자들을 이끌었다.

다. 에두아르 에리오*는 이 문제 때문에 로베스피에르의 진실성을 의심하고 그를 궤변론자로 취급하기까지 했다. 반대로 다른 사람들은 로베스피에르가 혐오감을 지닌 채, 그리고 마지못해 공포정치를 받아들인, 감성에 지배된 인물이라고 소개하면서 이 연설을 논거로 사용했다. 양쪽은 모두 사실들의 역사적 맥락 속으로 다시 들어가보는 것을 망각했다.

로베스피에르가 진심이었다는 것은 분명하다. 그가 아라스의 판사로 있을 때 사형 선고에 서명하면서 극심한 고통을 겪었다는 것은 앞에서 본 대로이다. 그가 결코 '피에 굶주린 호랑이'의 마음을 지니고 있지 않았으며, 범죄자들을 쓰러뜨려야 할 필요성을 오직 고통스럽게 예견했을 뿐이라는 것도 분명하다. 게다가 이 모든 점에서 로베스피에르는 대부분의 사람들, 그리고 진정한 혁명가 절

....
에리오(Édouard Herriot, 1872~1957) 프랑스의 작가이자 정치가.

대 다수와 거의 다르지 않았다. 그러나 알아야 할 것은 사형 폐지를 요구할 때 그는 가능한 한 가장 인간적인 헌법이 정상적이고 평화롭게 작동하는 상황을 염두에 두고 있었다는 사실이다. 그가 공포정치를 요구한 것은 예외적인 상황의 가차없는 압력하에서였던 것이다.

1791년 5월 국민은 평화로웠다. 그러나 2년 후 국민은 전 유럽과 전쟁을 벌이게 된다. 1791년 5월에 반혁명은 여전히 잠재적인 것이었다. 그러나 몇 달 후 반혁명은 샹 드 마르스의 발포(1791년 7월 17일), 님 소요*에 뒤이은 아비뇽 학살*, 브라운슈바이크 선언*과 함께 적나라한 진짜 얼굴을 드러낸다. 1792~1794년의 프랑스 혁명가들이 유혈을 주도한 것이 아니라는 것을, 또 그들이 결코 즐거운 마음으로 민중의 살해에 민중의 정의로 대응하기로 결심한 것은 아니었다는 것을 환기할 필요가 있다.

또한 지적해야 할 것은 사형에 반대하는 연설로부터 얼마 지나지 않은 6월 10일, 로베스피에르가 파리 선거인 회의에서 여유 있는 다수표로, 조직 중인 파리 형사재판소 공공검사에 선출되었다는 사실이다. 그의 주요 경쟁자는 우파 의원인 당드레였다. 뒤포르는 전날 이 재판소의 소장으로 선출되었지만, 로베스피에르와 협력할 필요가 없었으므로 사임하는 쪽을 택했고, 페티옹으로 대체되었다.

혁명의 파수꾼으로 남고자 하는 로베스피에르의 의지에는 변함이 없었다. 6월 8일과 10일 그는 자코뱅 클럽과 제헌의회에서 처음부터 그의 비상한 관심을 끌었던 문제, 즉 군 장교들 대부분의 반혁명 정신에 대해 발언했다. 1781년의 군 법규는 실제로 모든 계급에서 부르주아들을 배제했다. 많은 수의 귀족 장교들은 공민 선서를 해놓고도 적극적으로 음모에 가담했다. 그들의 술책을 막을 더 좋은 방법으로 제헌의회 군사위원회가 생각해낸 것이라고는 그들에게 명예서약을 요구한 것이 전부였다. 로베스피에르가 요구하는 것은 수상한 장교들을 무조건 파면하고 그들을 민중 출신 장교들로 대체하는 것이었다.

여러분은 귀족 신분을 파괴했지만, 귀족들은 여러분의 군대 중심부에 남아 있습니다! …… 나는 (귀족 장교들의) 파면을 원하지 않고 파면을 조언하지 않는 사람은 누구든 배신자라고 솔직하게, 무례함을 무릅쓰고 말하는 바입니다……. 그러므로 병사들에게 그들이 복종할 수 있는 지도자들을 주십시오……. 그들이 자신들의 장교와 법, 그리고 정의를 동시에 존경할 수 있도록 만들어주십시오. 그들이 대위·중위와 자유·조국 사이에서 선택하도록 만들지 마십시오. 오늘날 온 힘을 다해 프랑스 병사들을 지적인 능력도, 영혼도, 조국도, 자유에 대한 아무

님(Nîmes) 소요 1790년 6월 13일 구교도 왕당파와 신교도 애국파 사이의 충돌로 양측에서 300여 명이 사망한 사건.
아비뇽 학살 1791년 8월에서 10월까지 반혁명 세력의 지지를 받는 온건파 시 당국과 급진적 혁명 세력의 충돌로 수십 명이 사망한 사건.
브라운슈바이크 선언 프랑스의 망명 귀족들이 작성하여 프로이센 군대의 지휘관 브라운슈바이크(Braunschweig) 공작이 서명한 선언문. 왕실이 최소한의 모욕이라도 당한다면 "파리 시를 군사적으로 응징하여 완전히 파괴함으로써 본보기로 영원히 기억될 만한 복수"를 하겠다고 위협했다. 이 선언은 8월 1일 파리에 알려져 파리 시민들을 격분시켰고 결과적으로 왕정의 몰락을 가져온 8월 10일 봉기의 한 원인이 되었다.

런 감정도, 인간의 존엄에 대한 아무런 생각도 없는 꼭두각시로 바꾸려 하는 것은 얼마나 기이한 계획입니까! 게다가 그 모든 것이 그들이 조국과 국민의 권리를 더 잘 보호하려는 것이라니요……. 오! 지금 군의 규율이라는 단어가 얼마나 기이하게 악용되고 있는 것입니까!

이번에는, 로베스피에르는 전적으로 혼자였다. 방청석에서는 그에게 박수 갈채를 보냈지만, 어떤 의원도, 심지어 페티옹이나 뷔조조차도 감히 그를 지지하지 않았다. 군사위원회의 계획은 거의 만장일치로 채택되었다. 그리고 우파 신문들은 모두 로베스피에르의 전복적인 생각을 웃음거리로 만들었다. 그는 자신의 생각을 실현하게 될 때까지 2년 동안 늘 그렇듯이 끈기 있게 그 문제에 매달리게 된다. 그리고 주르당(Jean-Baptiste Jourdan, 1762~1833), 오슈(Louis Lazare Hoche, 1768~1797), 클레베르(Jean-Baptiste Kléber, 1753~1800), 마르소(François Séverin Marceau, 1769~1796)와 같은 구체제 시기의 평민 하사관들이 승승장구하는 상퀼로트 군대의 민중 지도자가 되는 그날, 혁명의 적들은 더는 웃지 못하게 된다.

로베스피에르는 전혀 다른 문제에서 이와 같은 끈기의 또 다른 예를 보여주었다. 입법의회 선거가 다가오자 자코뱅 협회는 지방의 결연 협회들에게 이러저러한 후보를 지지하거나 반대하도록 지침을 내리는 데 몰두했다. 이러한 목적으로 회람장을 작성할 책임을 맡은 사람은 로베스피에르였다. 그는 자코뱅 클럽의 마음에 드는 후보의 특징을 묘사하여 그 임무를 수행했는데, 거기에서 오를레앙파와 라메트파는 자신의 모습을 거의 발견할 수 없었다. 그러나 특히 6월 19일, 그는 자신의 회람장 초안을 제출하면서, 선거회의에 참석하려면 하루치 급료를 잃어야 하는 비교적 가난한 선거인들에게 급료를 보상해준다는, 자신이 고수해왔던 생각을 거기에 덧붙였다.

삼부회 선거 시기에 아라스에서 비슷한 제안이 성공을 거두지 못했음을 기억할 필요가 있다. 이 시기에도 여전히 거의 전적으로 부르주아 성원들로 구성된 자코뱅의 청중 앞에서 로베스피에르가 더 만족할 만한 성과를 얻었던 것은 아니다. 필리프 오를레앙의 친구인 라클로가 로베스피에르의 제안에 반대한다. 로베스피에르는 분개했지만, 레드레르가 제안하는 타협안을 받아들이지 않을 수 없었다. 그 문제에서 다시 그는 만족을 얻기까지 1년여를 기다려야 했다. 곧 외부에 알려진 이 제안은 적어도 민중 내에서의 인기의 상승 ─ 그가 그것을 목표로 삼지도 않았지만 ─ 을 그에게 확보해주었다. 이 6월부터 '부패할 수 없는(incorruptible)' 로베스피에르 〔벌써부터 이 형용사는 언제나 그의 이름 앞에 쓰였다〕의 초상화는 당시의 유행에 따른 열광적인 4행시와 함께 파리 도처에서 발견되었다. 그리고 반동적인 라크르텔*은 로베스피에르만이 의회 청중석의 민중들로부터 진실한 박수 갈채를 얻고 있음을 인정해야 했다.

로베스피에르는 장교들의 파면 문제에 대해 발언한 6월 10일과,

─────────────

라크르텔(Jean-Charles Lacretelle, 1751~1824) 푀양 클럽의 창설자 중 한 사람이자 입법의회 의원이었으며, 8월 10일 봉기 후 정치 생활에서 은퇴했다. 프랑스 혁명을 다룬 여러 권의 책을 집필하였다.

1부 인권의 투사 163

애국적인 견해 때문에 투옥된 브리콩트로베르(Brie-Comte-Robert)의 주민들을 열렬하게 옹호한 6월 18일 사이에 의회에서 한 번도 발언하지 않았다. 그러나 6월 14일 구체제 시기와 다름없이 파업과 노동자의 결사를 금지하는 르샤플리에 법이 결의되었다. 이후 파업은 1864년까지 범죄가 되고 노동조합은 1884년까지 금지됐다. 노동자들은 거의 백 년간 법적으로 고용주들의 처분 아래 놓이게 된 것이다. 마라는 그때까지 그 결과들을 모두 헤아린 것은 아니지만, 곧 그 중대함을 간파했다. 그는 곧 그 법에 반대하는 운동을 촉구했고 자신의 신문에 노동자들의 항의 편지를 실었다. 그는 혼자였다. 전적으로 혼자였다. — 혼자라는 것은 영원히 마라의 운명이었다. 압제당하는 자들의 옹호자이며 가난한 자들의 보호자 로베스피에르는 여전히 무관심했고, 적대적이라기보다는 (사태의 진실을) 보지 못하고 있었다.

그 일로 그를 비난할 수는 없다. 마라의 고독 자체가 당시에 그것을 분명히 이해하는 것이 얼마나 예외적인 것인지를 잘 보여준다. 오직 르샤플리에나 바르나브 같은 대부르주아지의 지도자들만이 당시에 자본주의가 제기하기 시작한 문제들에 주의를 기울이고, 지속적으로 관심을 가질 수 있었다. 로베스피에르는 예외적으로 사회적인 문제들을 생각할 때조차, 루소가 그 문제를 제기한 용어들 속에 머물러 있었다. 예를 들어 유산 상속의 권리를 법으로 제한할 것을 요구했던 1791년 4월 5일의 연설에서 이 점이 가장 분명하게 드러난다.

재산의 불평등을 키우는 모든 제도는 사악한 것이며, 사회의 행복과 상반되는 것입니다……. 평등은 모든 선의 원천이며 지나친 불평등은 정치적 평등과 자유를 파괴하는 원천입니다……. 어느 한 계급이 수백만 명의 양식을 집어삼킬 수 있는 나라에서 어떤 덕, 어떤 행복이 존재할 수 있겠습니까? …… 법 자체는 가난한 사람들을 억압하도록 부자들의 수중에 놓인 수단에 불과합니다. 부자와 가난한 자가 평등하게 태어났다고 양쪽에 말해봐야 헛된 일입니다. 피할 수 없는 경험이 매일 그것을 부정하기 때문입니다……. 입법자 여러분, 여러분의 법이 부드럽고 효과적인 방식으로 재산의 극단적인 불균형을 줄이는 방향으로 나아가지 않는다면 여러분은 자유를 위해 아무것도 하지 않은 것입니다.

여기에서 앞서 로베스피에르가 '재산의 불가피한 불평등'에 대해 보인 무관심으로부터 조금 진보했음을 알 수 있다. 그러나 그는 결코 무엇이 문제인지를 보지 못하고 있었다. 임금 노동자들의 커가는 불만 앞에서 그는 르샤플리에로 하여금 그의 법(위에 언급한 파업과 노동자의 결사를 금지하는 법, 일반적으로 르샤플리에 법이라고 불렸다)을 제안할 수밖에 없도록 만드는 그 두려움을 결코 경험하지 못했다. 좀 더 후에는 과도한 재산을 조금 깎아낼 '부드럽고 효과적인 방법들'을 생각해냈지만, 그의 관심은 여전히 오직 정치적 측면에만 집중되어 있었다. 그 시기 로베스피에르에게 중요한 것은 가난한 자들의 노동이나 임금의 권리를 위해서가 아니라 그들의 투표권, 청원권을 위해 싸우는 것이었다. 그리고 사건들이 진행되는 리듬은 그의 지향을 신속하게 바꾸어놓지 못했다.

1791년 6월 20일 로베스피에르는 하루 동안 파리를 떠났다. 그는 1789년 5월 이래 하루도 쉬지 못한 상태였다. 그는 베르사유 자코뱅 클럽을 방문해 파리의 공공검사직을 위해 장래의 베르사유 판사직을 포기한 일에 용서를 구했다. 그는 우애와 찬사가 담긴 환대를 받았다. 저녁 늦게 파리로 돌아온 그는 중대한 사건, 그가 여러 달 전부터 두려워하던 사건, 마라를 제외한 모든 사람들이 믿지 않는 척하고 있던 사건이 진행 중임을 알지 못했다. 루이 16세와 왕가가 파리를 탈출했고, 낭시 병사들 학살자인 부이예 후작의 군대와 합류하여 내전을 일으키려고 몽메디*로 가고 있었던 것이다.

....
몽메디(Montmédy) 벨기에 국경에 가까운 작은 도시.

5장_환호하는 일반의지

1791년

6월 25~7월 13일	자코뱅 클럽에서 루이 16세의 처리를 두고 치열한 논쟁이 벌어지다.
7월 16일	삼두파와 뒤부아크랑세, 뷔조 등이 '푀양 클럽'을 창설하다.
7월 17일	샹 드 마르스 광장의 학살이 일어나다. 이후, 학살을 지휘한 라파예트와 푀양 클럽이 민중협회를 탄압하는 백색 테러를 감행하다. 그 기간 동안 자코뱅 클럽은 많은 인사들이 빠져나가 위기에 처하지만, 로베스피에르가 클럽을 다시 재건한다.
9월 3일	의회, 프랑스 최초의 헌법인 입헌군주정 성격의 '1791년 헌법'을 가결하다.
9월 30일	제헌의회 해산.

중도파는, 두 전선에서 싸우고자 하면 반드시 우파에게 기만당한다는, 변함없이 되풀이되는 운명을 선고받았다. 루이 16세의 도주와 함께 라파예트와 삼두파의 타협책은 붕괴했다. 상황은 로베스피에르에게도 매우 심각했지만, 그는 그들처럼 슬퍼할 이유가 없었다. 1791년 6월 21일 아침 이래 그에게 가장 중대해 보인 것은 의회의 조치들이었다. ─ 국왕이 튈르리를 떠나면서 자신이 2년 동안 재가한 모든 것을 무효로 간주한다고 선언한 솔직한 반혁명적 성명서를 눈에 띄는 곳에 남겨두었고, 이 성명서가 의회에서 낭독되었는데도, 바이이 같은 의원들은 이미 국왕이 '유괴'되었다고 주장했고, 공범자 각료들은 자리를 지켰으며, 단지 하찮은 조치들만이 취해졌다.

로베스피에르는 하루 동안 네 차례에 걸쳐, 늘 같은 방향에서 발언했다. 그 발언에서 그는 1792년 8월 10일 봉기(파리 민중의 튈르리 궁 습격) 시기 파리 코뮌의 정책과 더 나중에 산악파* 정책의 전조가 되는 몇몇 용어들을 사용했다. "국민의회가 국민을 속일 생각이 없다면, 모든 시민들에게 배신자들을 감시하고 국가의 안녕에 신경쓰라고 촉구해야 합니다." 다시 말해 민중에게 호소하고 혐의자들, 즉 각료들뿐 아니라, 여러 차례 고발을 통해 도주가 예고되었는데도 아무런 방지책도 취하지 않은 국민방위대 사령관 라파예트, 파리 시장 바이이를 감시하라는 것이었다.

같은 날, 즉 6월 21일 저녁, 그는 자코뱅 클럽에서 다음과 같은 말로 시작하는 긴 연설을 했다.

"제1 공직자(국왕을 지칭)의 도주는 나에게 참담한 사건으로 보이지 않았습니다. 이날은 혁명의 가장 아름다운 날일 수 있었으며 여전히 그럴 수 있습니다. 또한 국왕 개인에게 드는 4천만(리브르)의 생계비를 절약할 수 있게 되었다는 것은 이날의 혜택 중 가장 작은 것이 될 것입니다. 그러나 그렇다고 해도 국민의회가 채택한 것과는 다른 조치들을 취해야 할 것입니다."

로베스피에르는 이때 외국과의 전쟁 위험을 언급하고 다음과 같이 말을 이었다. "내가 두려워하는 것은 이러한 상황이 아닙니다. 전 유럽이 우리에게 대항해 동맹을 맺는다 해도 유럽은 패배할 것입니다." 거기에는 한 가지 조건이 있었다. 그것은 적에게 협력한 자들을 제거해야 한다는 것이었다. "국왕은 달아나면서, 바로 우리들 사이에, 이 수도 파리 안에, 승리의 복귀를 위해 의지할 지지자들을 남겨놓았습니다. 그러지 않았다면 그의 도주는 너무나 무분별한 행동일 것입니다." 혁명의 첫 번째 중대한 위기가 나타났을 때 그의 견해는 변함이 없었고 그 뒤로도 그랬다. 즉 가장 중요한 과제는 민중을 무장시키고 국내의 배신자들을 무력화해야 한다는

산악파 로베스피에르, 당통, 마라, 생쥐스트 등을 중심으로 하는 국민공회 내의 좌파. 우파인 지롱드파에 맞서 민중과 연대한 급진 혁명을 주장했다.

것이었다. 그렇게 되면 전쟁은 단지 부차적인 문제로 떨어진다.

거기에서 시작하여 로베스피에르는 국내에 특권층의 음모가 존재한다는 것을 입증하는 사실들을 모두 열거했다. 이번에는 제헌의회를 공개적으로 문제삼았다. 그는 "나의 동료들 거의 전부가, 의회의 의원들이, 어떤 이들은 무지에 의해, 다른 이들은 두려움에 의해, 또 다른 이들은 원한에 의해, 또 다른 이들은 상처받은 자부심에 의해, 또 다른 이들은 맹목적인 믿음에 의해, 그리고 많은 이들은 부패했기 때문에 반혁명적으로 되었다."라고 고발했다. "국민의회는 국민의 이익을 배신했습니다……. 방금 나는 국민의회 전체를 비난했지만, 국민의회는 나를 비난하지 못할 것입니다."

로베스피에르가 자코뱅 클럽에서 이렇게 연설한 그날 저녁, 코르들리에 클럽은 공화국의 선포를 요구하는 동의안을 채택했다. 로베스피에르는 있을 수 있는 체제의 변화에 대해 한마디도 하지 않았다. 우리는 곧 그 문제를 다시 다루어야겠지만, 시기적으로 적절치 못한 주제의 전환에 대해 그가 늘 보여줄 일관된 두려움을 여기서 벌써 발견할 수 있다. 공화국인가, 군주정인가? 그것은 추상적인 논쟁으로 떨어질 수 있는 데 반해 시간은 촉박했다. 그의 계획은 가능한 한 가장 구체적인 것이었다. 첫째, 민중에게 호소하고 민중의 힘을 신뢰한다. 둘째, 국왕과 그의 공범들에 대한 심리와 처벌을 요구한다. 셋째, 제헌의회의 배신자들을 제거할 새로운 선거를 가능한 한 빨리 실시한다. 이 모든 조치들의 채택은 조만간 '공화국'이라는 체제 전환으로 이어질 수밖에 없었지만, 이러한 전망이 그를 당혹스럽게 하지 않으리라는 것은 확실했다. 그러나 지금은 그것이 문제가 아니었다. 로베스피에르의 재능은 가장 직접적인 현실에 밀착하는 것이었다.

그러나 중도파의 지도자들은 그러한 계획을 지지하기는커녕 자기들끼리 동맹을 맺었다. 그리고 6월 21일에서 22일 밤 바렌에서 국왕이 체포됐다. 국왕 체포는 모순적인 결과를 가져왔다. 한편으로는 반혁명 음모를 파괴함으로써 당장 내전을 불가능하게 만들었다. 부이예는 지휘권을 포기하고 뤽상부르*로 도주했다. 새로운 망명의 물결이 프랑스를 어느 정도 정화했다. 일부 연대들은 6월 10일 로베스피에르가 파면을 요구했던 장교들 전부가 탈영함으로써 반혁명적 간부들로부터 벗어났다. ― 다른 한편 국왕의 체포가 유럽의 군주들에게 불러일으킨 분노는 전쟁의 위험을 증대시켰고, 그에 따라 제헌의회 지도자들을 더욱 비겁하게 만들었다.

6월 25일 저녁, 루이 16세와 그의 가족이 그들의 귀환을 보려고 길가에 늘어선 사람들 중 누구도 모자를 벗지 않는, 죽음과도 같은 침묵 속에 파리로 돌아와 삼엄한 경호를 받으며 튈르리 궁에 들어섰을 때, 중도파의 인물들은 우파와의 타협이 다시 가능해졌다는 것을 깨달았다. 루이 16세는 그들을 농락했다. 그러나 이제 국왕이 그들의 성실한 동맹자가 되는 것을 받아들이지 않는다 해도, 그들은 이제 국왕을 자신들의 뜻대로 조종할 수 있다고 믿었다.

그에 따라 라파예트, 바이이, 그리고 삼두파는 동맹을 맺고 일련의 조치들을 채택했다. 그들은 민중에게 호소하는 대신, 군사령관들의 권한을 강화하고, 민중협회들을 탄압하는 조치들을 취했다.

뤽상부르(Luxembourg) 당시 오스트리아의 도시.

파리로 압송되는 루이 16세 일가를 풍자한 그림 해외로 탈출하려던 국왕 일가는 바렌에서 체포되어 파리로 압송되었다. 이 사건은 왕가에 대한 민중의 불만을 극에 달하게 만들었다.

그들은 국왕을 재판에 넘기지 않고, 장래를 언급하지 않은 채로 국왕의 직무를 정지시키는 것으로 만족했다. 그들은 의회의 위원들을 국왕에게 파견해 국왕을 공손하게 신문했다〔튈르리 구 재판소에서 국왕을 신문할 것을 요구한 로베스피에르의 의사를 무시하고〕. 그들은 국왕이 도주한 것이 아니라 *유괴*되었던 것이라고 공식적으로 선포했다. 마지막으로 그들은 선거에 박차를 가하기는커녕 선거인들의 1차 회의 소집을 정지시켰다.

모든 전선에서 패배한 로베스피에르는 6월 25일과 7월 13일 사이에 제헌의회에서도, 자코뱅에서도 단 한 차례도 발언하지 않았다〔매우 부차적인 문제들을 제외하면〕. 6월 23일 저녁 이래 자코뱅 클럽은 루이 16세를 대체해야 하는가, 그렇다면 무엇으로 대체할 것인가 하는 중요한 문제를 끊임없이 논의했던 만큼 이 침묵은 주목할 만한 것이었다. 로베스피에르가 약 3주간 계속될 이 논쟁에 참여하지 않았다는 것은 단 한 가지만을 의미했다. 즉 그는 상황이 애국파에게 점점 더 중대해지고 있다는 것, 가장 작은 과오도 치명적일 수 있다는 것을 알고 있었고, 따라서 그는 신중하게 관찰한 것이었다.

그는 무엇을 관찰할 수 있었는가? 다양한 성향의 견해들이 서로 대립하고 있고, 그 견해들은 미묘한 차이를 지니고 있음을 그는 보았다. 로베스피에르의 자제와 신중함을 이해하려면 몇 마디 말로 그것들을 설명해야 한다. 우파는 일시적으로 항의하고 염려하는 데 그쳤다. 중도 좌파에서는 뒤포르, 라메트, 바르나브가 자신들이 원하는 것을 알고 있었다. 그들은 루이 16세의 국왕 지위를 보존하고 권위가 실추된 국왕을 자신들의 힘이 미치는 범위 안에 두고 그의 이름으로 통치하기를 원했다. 그들은 그 바람에 따라 행동할 수 있으며, 자신들이 우파의 부득이하고 마지못한 협력에 의지할 수 있다는 것을 알고 있었다. ─그것은 비교적 단순하고 명료했다. 코르들리에 클럽과 민중협회들의 태도는 훨씬 더 단순했다. 거기에서는 공화국의 이념이 이미 뿌리를 내렸고, 이제 거의 만장일치의 지지를 얻고 있었다.

그러나 모든 것이 그렇게 단순한 것은 아니었다. 한편에는 오를레앙파가 있었다. 필리프 오를레앙은 장남의 뒤를 이어 몸소 자코뱅 클럽에 가입했다. 로베스피에르가 거리를 두고 삼두파가 점점 권위를 잃어감에 따라 자코뱅 클럽에서 스스로 논제를 제안하고 은밀히 논쟁을 지배하는 것은 라클로였다. 몇몇 연사들, 특히 처음 발언한 비요바렌*을 포함하여 공화국을 입에 올린 연사들은 야유를 받았다. 자코뱅 클럽의 다수파는 루이 16세의 퇴위, 루이 17세의 즉위, 그리고 필리프 오를레앙이 지배하는 섭정회의로 기울어졌다.

상황은 훨씬 더 복잡했다. 여전히 중도파의 부동의 지도자인 라파예트는 자신을 위해서 행동하기를 원했다. 그는 혐오하는 삼두파와의 동맹을 겉으로만 받아들였을 뿐이었다. 그는 모두 1789년 협회의 회원인 자신의 사람들, 즉 토머스 페인*, 브리소, 콩도르세

....

비요바렌(Jean-Nicolas Billaud-Varenne, 1756~1819) 미래의 국민공회 공안위원회 위원으로 당통파와 에베르파 숙청에 관여한다. 테르미도르 쿠데타에 참여하지만 곧 '로베스피에르의 공모자'로 고발되어 기아나 유형에 처해진다.
페인(Thomas Paine, 1737~1809) 영국 태생의 미국 언론인. 1791년 출간된 《인간의 권리》로 프랑스에서 큰 인기를 얻고 국민공회에 진출한다.

토머스 페인 프랑스 혁명과 공화제의 이상을 옹호한 〈인간의 권리〉로 역사상 위대한 정치 선동가로 불린 인물. 국민공회 의원이었던 그는 군주제 철폐에는 환호했으나 루이 16세의 처형은 막으려 했다. 이 일로 투옥되었다가 테르미도르 쿠데타 이후 풀려난다.

〔우연인 듯, 우리는 여기에서 이미 미래의 주요 지롱드파 지도자들 중 일부를 만나게 된다〕로 하여금 공화국을 요구하게 했다. 7월 초의 일이었다. 왜냐하면 라파예트는 귀족적이고 권위주의적인 공화국의 워싱턴* 또는 크롬웰*이 되는 것을 기꺼이 받아들일 것이기 때문이었다. 10여 일 후, 자신의 야심이 당분간은 성공할 기회가 없으며, 국왕의 도주에 공모한 것으로 의심받아 예전과 같은 인기를 누릴 수 없음을 알게 된 그는 지지자들을 침묵시키고, 잠정적으로 삼두파의 정책에 합류했다.

로베스피에르는 상황을 현실에 입각하여 바라볼 수 있을 만큼 이들 각자를 충분히 간파하고 있었다. 공화국을 가장 중요한 목표로 요구하는 것은 당시의 가장 긴급한 사안이 아닐 뿐 아니라 공화국을 지지하는 민중운동은 결코 성공할 수 없다. 민중들은 강화된 군사적 강제권에 직면해 무장 해제될 것이고, 자코뱅이 상징하는 막대한 힘의 지원을 기대조차 할 수 없을 것이다. 그러한 운동의 유일한 결과는 라파예트의 방앗간에 물을 대주는 것이 될 것이다. 로베스피에르가 결코 원하지 않는 것이 바로 그것이었다. 그는 1792년 5월 17일 그 점을 다음과 같이 썼다.

나는 특권적 원로원과 독재자의 채찍 아래 굴종하는 타락한 민중보다는 민중을 대표하는 의회와 국왕과 더불어 자유롭고 존경받는 시민들을 더 보고 싶다. 나는 찰스 1세*뿐 아니라 크롬웰도 원치 않는다. 중요한 사회적 문제의 해결책이 공화국이나 군주정과 같은 단어들 안에 있는 것인가?

따라서 그에게 있어 모든 공화주의적 선동은, 설사 그것이 반동적 선동가들의 욕망에 부응하는 것은 아니었다 해도, 당혹스러운 교란일 뿐이었다. 유일하게 가능한 것, 즉 공격을 집중해야 하는 지점은 체제의 문제를 제기하지 않으면서 루이 16세의 재판과 퇴위를 요구하는 것이다. 7월 13일 의회의 위원회는 로베스피에르에게 '국왕 유괴'라는 헛소리를 인정하고 국왕의 신체는 신성불가침임을 선포하라고 제안했다. 로베스피에르는 7월 13일에서 15일까지 행한 연설들에서 루이 16세는 법 위에 있지 않으며, 그의 재판〔과 퇴위〕에 대해 국민의 *의견을 물어야 한다*는 것을 입증하려고 분투했다.

그는 먼저 선언했다. "사람들은 나를 공화주의자라고 비난함으로써 나를 너무도 명예롭게 만들고 있지만 나는 공화주의자가 아닙니다. 사람들이 나를 왕정주의자라고 비난했다면 나의 명예를 훼손하는 것이었겠지만, 나는 또한 왕정주의자가 아닙니다." 그가 어디를 지향하는지를, 그리고 당분간은 그것이 중요하지 않다는 것을 이보다 더 솔직히 말할 수는 없었을 것이다.

워싱턴(George Washington, 1732~1799) 청교도 혁명 시기에 영국에서 아메리카로 이주한 집안 출신이었다. 아메리카 식민지 장군, 미국 독립전쟁(1775~1783) 당시의 식민지 군 총사령관, 미국의 초대 대통령(1789~1797).
크롬웰(Oliver Cromwell, 1599~1658) 청교도 혁명에서 왕당파에 대항한 의회파의 지도자. 국왕이 처형된 후 1653~1658년 호국경(Lord Protector)이 되어 영국을 지배했다.
찰스 1세(Charles Ⅰ, 1600~1649) 청교도 혁명기에 처형된 영국의 왕.

국민들이 오늘날도 국왕이 여인네처럼 유괴된다고 믿는 지경인지 조사해보지는 않겠습니다……. 만일 어떤 왕이 자신의 조국에 내전과 전쟁의 공포를 불러오고, 반도들과 외국인들의 선두에 서서 자기 자신의 나라를 짓밟고, 전 세계의 자유와 행복을 그 폐허 아래 묻어버렸다면 그래도 그는 신성불가침의 존재입니까? …… 국왕은 신성불가침한 존재입니까? 그렇다면 국민들 역시 그렇지 않습니까? …… 나는 의회가 국왕의 운명을 결정하는 문제를 국민의 뜻에 맡기겠다고 공포할 것과 둘째, 의회가 차기 의회 선거를 연기한 법령을 철회할 것을 제안합니다.

의회는 여전히 들으려 하지 않았다. 의회는 뛰어난 명철함으로 정치적 문제를 사회적 문제와 결부시키는 바르나브의 연설을 더 경청했다.

나는 여기에서 문제를 제기합니다. 우리는 혁명을 끝낼 것입니까, 아니면 다시 시작할 것입니까? …… 이 혁명 운동이 파괴해야 할 모든 것을 파괴했고, 우리를 멈추어야 할 지점까지 인도했음에도 불구하고 혁명을 계속한다면, 우리는 커다란 해악을 입게 될 것입니다……. 혁명은 위험을 감수하지 않고서는 한 걸음도 더 나아갈 수 없습니다. 달리 말해, 자유의 길에서 한 걸음 더 나아감은 왕권의 폐지요, 평등의 길에서 한 걸음 더 나아감은 소유권의 폐지가 될 것입니다.〔박수 갈채〕

이례적으로 군대를 이동시키면서까지 비밀리에 결정된, 국왕의 불가침성을 선언한 7월 15일 법령에 대한 민중의 반응은 격렬했다. 그날 저녁 군중들은 자코뱅 클럽으로 몰려갔다. 그날 오후에 로베스피에르와 페티옹은 가장 열성적인 사람들이 이미 제정된 법령에 반대하는 청원서를 제출하는 것을 막으려고 최선을 다하였다. 그들은 부르주아지가 민중들을 진압할 목적으로 그들을 자극하거나 가장 작은 말썽이라도 이용하려 한다고 염려하고 있었다. 그날 저녁 자코뱅 클럽에서 로베스피에르는 여전히 신중할 것을 요청하지만 어조는 더 약화되었다. 실제로 라클로가 난입한 군중들의 지지를 받아, 7월 15일 법령 반대 청원서를 제출한다는 원칙을 채택했을 때 로베스피에르는 마지못해 거기에 합류했다. 그는 지방의 결연 협회들에게 단순한 서신을 보내는 쪽을 더 택하고 싶어 했던 것 같다.

그것은 정신적인 위축인가? 아니면 그가 여전히 익숙하지 않은 일종의 대중적 행동에 직면했을 때 나타나는 서투름인가? 분명한 것은 7월 15일에서 16일 밤, 로베스피에르가 청원서 문안을 작성하는 중대한 임무를 필리프 오를레앙의 사람인 라클로와, 한 발은 라파예트파에, 다른 한 발은 오를레앙파에 걸치고 있던 브리소에게 넘겨주었다는 사실이다. 그들은 당통과 공모하여 세심하게 공화국이 아니라 섭정을 지향하는 단어들을 문안에 포함시키려 했다. 예를 들어 "모든 입헌적 *방법들로* 국왕의 대체에 대비한다."는 것 등이었다. ─ 그러나 몇 시간 후 이 문안을 알게 된 코르들리에 클럽과 민중협회들은 항의했다. 그들은 순수하고 단순하게 공화제를 요구하는 다른 청원서를 제출하기로 결정했다.

그에 따라 두 개의 청원서, 즉 자코뱅 클럽의 오를레앙파의 청원서와 코르들리에 클럽의 공화주의적 청원서가 대립했다. 좌파는 위험한 시합을 하고 있었고, 게다가 그들은 분열되어 있었다. 로베스피에르가 그것을 몰랐을 리 없는데, 7월 16일 오전과 오후에 아무것도 하지 않았다[적어도 그의 행적에 대한 어떤 문서도 우리에게 남아 있지 않다]. 그가 예견하고 두려워하는 파국이 가까이 다가오는데 그가 이처럼 움직이지 않은 이유는 무엇일까?

두 가지 설명이 가능해 보이는데, 그 둘은 서로를 뒷받침할 수 있다. 첫 번째, 좀 더 중요한 설명은 로베스피에르가 자신의 두뇌와 기질 사이의 분열로 고통받고 있었다 — 마지막이 아니라 처음으로 — 는 것이다. 혁명적 정치에 관한 그의 사상 전체는 행동의 정당성과 불가피성, 그리고 민중봉기의 필요성에 기반을 두고 있었다. 그러나 그의 성격이나 그가 받은 교육 그 어떠한 것도 로베스피에르가 직접적인 준비를 하거나 현장에 뛰어들어 지휘하게 하지 않았다. 그는 직접적인 혁명적 행동에 한번도 직접 참여하지 않았던 부르주아 출신 지식인으로서 사려 깊게 천천히 행동한다. 그는 현상을 명확히 이해하고, 토론하고, 설득하고, 움직이게 하고, 불가피한 후퇴에 동의하거나 직접적인 목표를 정하는 데 단 몇 시간 또는 단 몇 분이 남아 있을 뿐인 상황 앞에서 마음이 편안하지 않았다. 프롤레타리아 혁명의 이론가 레닌은 때가 되면 혁명을 일으키고 매시간 그것을 이끄는 데 경이로울 정도의 재능과 준비된 모습을 보였다. 1917년 스몰니 학원*에서 그는 며칠 전《국가와 혁명》을 썼던 감옥에서만큼이나 천재적인 재능을 보였다. 민중의 참여에 관한 이론가 로베스피에르는 결코 그것을 성공시키는 데 적합한 인물은 아니었다. 1791년 7월 16일(국왕의 퇴위를 요구하는 샹 드 마르스 시위 전날)에 그는 그러했고, 1792년 8월 10일(국왕을 퇴위시킨 민중봉기가 일어난 날)과 1793년 5월 31일(지롱드파를 의회에서 추방하려는 민중봉기가 일어난 날)의 전야에도 그러했으며, 그의 지체가 그의 운명을 봉인할 치명적인 테르미도르 9일(로베스피에르를 실각시킨 쿠데타가 일어난 1794년 7월 27일) 밤에도 그러했다.

두 번째 설명은 로베스피에르가 7월 16일 하루 종일 다른 주제에 정신이 팔려 있었다는 것이다. 실제로 자코뱅 클럽이 계획한 7월 15일 법령 반대 청원서의 내용을 알게 된 삼두파는 분노했다. 클럽에서 자신들의 영향력이 감소하고 있다고 느낀 그들은 2주 전부터 클럽에 나타나지 않고 있었다. 이제 그들은 클럽을 궤멸시키기로 결심했다. 그들은 협회의 창설자라는 위신을 내세워 협회의 회합 장소를 생토노레 가에서 몇 건물 떨어진 퇴양 수도원으로 옮긴다고 선언했다. 그리고 같은 날인 16일 밤, 그들은 그곳에서 첫 번째 회합을 열었다. 그 회합에는 극좌파의 인물들인 그레구아르, 뒤부아크랑세, 뷔조, 그리고 '덕망 있는 페티옹'을 포함하여, 로베스피에르를 제외한 자코뱅 의원 거의 전부가 참석했다. 로베스피에르가 정화하려 했던 이 자코뱅 클럽은 일거에 그 지도자들을 잃어버린 것이다. 그러한 위협이 몇 시간 동안 그의 관심을 온통 차지했을 것이라고 추측할 수 있다.

7월 16일 저녁, 코롤레(Coroller)와 그 자신을 제외한 모든 의원들이 불참한 회의에서 로베스피에르는 삼두파가 한 달 동안 저지른 모든 행동을 격렬히 비난하는 연설을 했다. 그러나 새로운 사건

....
스몰니 학원(Institut Smolny) 러시아 혁명 전 귀족의 딸들을 교육하던 학교였으나 1917년 볼셰비키 당 본부로 사용되었다.

이 일어났다. ─ 제헌의회는 전날, 루이 16세가 신성불가침이며 재판받지 않을 것이라고 선언했지만, 루이 16세의 왕권 유지를 명시하는 것이 유용할 것이라고는 생각하지 않았다. 따라서 [로베스피에르가 주장했던 것처럼] 합법성을 벗어나지 않으면서 그의 퇴위를 요구할 방법은 여전히 있었다. ─ 밀려드는 청원서의 물결 앞에서 의회는 이 공백을 서둘러 메우고자 했다. 의회는 저녁 회의에서 당분간 권한이 정지된 루이 16세가 완성된 헌법을 재가하는 즉시 직무를 회복할 것이라는 새로운 법령을 졸속으로 통과시켰다.

로베스피에르는 자코뱅 클럽에서 그 소식을 듣자마자 곧 그 중요성을 깨닫는다. 의회는 민중의 행동을 앞질렀다. 이제 청원서는 불법이 되었고 청원을 계속하는 것은 선동의 덫에 빠지는 것이다. 이런 판단에 따라 그는 청원을 철회하게 하는 데 온 힘을 쏟았다. 그는 이른 아침 청원의 철회를 얻어냈다. 그리고 위원들을 민중들이 모여 있는 샹 드 마르스(센 강과 사관학교 사이, 지금의 에펠탑 앞의 넓은 광장)로 보내 상황을 설명하고 모든 시위의 중단을 설득하자는 안도 통과되었다.

하지만 너무 늦었다. 코르들리에 클럽은 자신들의 청원을 철회하기를 거부했다. 수동시민들이 배제되어 오직 능동시민들로만 구성된 국민방위대는 라파예트와 바이이에게 맹목적으로 복종했다. 그리고 경찰의 의도적인 도발 이후 유혈 사태가 나타났고 사망자가 늘어났다. 특권층이 할 수 없었던 일을 부르주아지가 맡아 했던 것이다.

곧 탄압이 시작되었다. 삼두파는 이제 1789년 협회 회원들이 대거 합류한 새로운 푀양 클럽의 동료가 된 살인자 라파예트를 치하하는 것으로 만족하지 않았다. 그들은 7월 18일 그와 합의하여 진정한 계엄령을 수립하는 법령을 통과시켰다. 민중협회의 지도자들은 수백 명씩 감옥에 내던져졌고, 그들의 신문은 폐간되었다. 오직 지하실 깊숙한 곳에 숨은 영원한 지하 활동가 마라만이 처벌을 피해 저항을 계속했다.

모든 좌파 지도자들 중 로베스피에르가 가장 큰 위협을 당한 것으로 보였다. 한 달 전부터 우파와 중도파가 가장 큰 증오심을 품고 지켜본 사람이 바로 그였다. 이제 그들은 샹 드 마르스의 시위자들이 그를 왕으로 만들려 했다고 주장했다. 그러나 그들은 감히 민중의 대표를 해치지 못했다. 그렇더라도 자코뱅 클럽이 치명적인 타격을 입은 상황에서 로베스피에르가 할 수 있는 일이 뭐가 있겠는가 하고 그들은 생각했을 것이다.

반동 세력은 파리에서 첫 번째 백색 테러를 일으킨 후, 로베스피에르가 두려움에 떨며 숨어 있다고 주장함으로써 그를 조롱하려 했다. 당연히 그것은 거짓말이었다. 학살이 일어난 그날 저녁 그는 자코뱅인 소목(小木) 장인(匠人) 모리스 뒤플레(Maurice Duplay)의 환대를 받으며 그의 집에 머물렀지만, 이튿날 자신의 집으로 돌아가 그곳에서 규칙적인 생활을 계속했다. 그가 확정적으로 뒤플레의 집에 거주하기로 결정한 것은 3주 후, 소요가 진정되었을 때였다.

7월 17일 이후 4, 5일 동안 그는 의회에 나오지 않았다. 그것은 자코뱅 클럽을 구하는 것이 그에게 중대한 일이었기 때문이었다. 이제 혁명의 배신자 삼두파가 자신들의 자리를 넘겨주었으니 숙청이 환자의 생명을 앗아가서는 안 되었다. 충성을 고수하던 회원들 대부분이 단지 화해를 원했지만, 로베스피에르의 목표는 결별을 확고히 하는 것이었다. 며칠 만에 그는 혼자 — 또는 곧 그에게 합류한 페티옹과 함께 거의 혼자 — 자코뱅을 재(再)창설했다.

7월 18일 회의가 시작되자, 혼란에 빠진 사람들 앞에서 라클로가 발언했다. 그는 자코뱅 클럽의 진정한 창설자들이 푀양 클럽의 지도자들임을 인정한 뒤 그들에게 기록들을 제출하고서 그들과 합류하자고 제안했다. 로베스피에르는 거기에 반대했다. 그와 같은 재앙(전날의 샹 드 마르스의 학살) 직후 회원들이 어찌할 바를 모르고 있음을 아는 그는 완곡한 방법을 제안했다. 그의 제안은 푀양 클럽이 자코뱅을 반도로 취급할 뿐 아니라 '헌법의 벗'이라는 자코뱅의 칭호조차 인정하지 않고 있으므로, 제헌의회에 청원서를 보내 자코뱅이 입헌적 방법에서 벗어나지 않았음을 의회에서 입증해야 한다는 것이었다. 그리고 그는 청원서 초안을 낭독하였다. 그것은 라클로의 강력한 반대에도 불구하고 그 자리에서 채택되었다. 라클로는 클럽을 떠났다. 그러나 점차 몇몇 의원들이 클럽으로 돌아왔다.

청원서는 당연히 신중한 용어로 작성되어 20일 의회에 제출되었으나 아무런 효과도 낳지 못했다. 일부 자코뱅들이 두 클럽의 합병이 이루어질 수 있는 조건에 대해 의사를 타진하자 푀양은 가혹한 조건으로 응수했다. 푀양 클럽에 합류하고자 하는 모든 자코뱅은 정화 심사를 받아야 한다는 것이었다. 7월 24일 이 조건이 알려지자 다시 많은 사람들이 동요를 일으켰다. 유일하게 클럽에 활력을 부여한 인물은 다시 로베스피에르였다. 특히 그가 제안한 일련의 구체적인 조치들은 그 자리에서 만장일치로 채택되었다. 사무국을

샹 드 마르스 학살의 책임자 라파예트 혁명 초기엔 개혁을 지지하여 인기를 얻었다. 그러나 곧 왕정을 옹호하는 쪽으로 돌아섰고 1792년 4월 혁명전쟁이 일어난 뒤에는 반란을 도모하기까지 했다.

갱신하고, 자코뱅을 고수한 여섯 명의 의원[로베스피에르, 페티옹, 그레구아르, 코롤레, 루아이예(Pierre Paul Royer-Collard, 1763~1845)]을 포함한 12명으로 이루어진 임시 위원회를 구성할 것, 이 위원회가 즉각 확고한 애국심을 지닌 회원들을 선정하여 이들만을 다음 회합에 부를 것, 다른 모든 회원들의 상황을 검토할 특별 정화위원회를 창설할 것, 협회의 새로운 규약을 작성할 임무를 임시 위원회에 줄 것, 마지막으로 지방의 결연 협회들에 서신을 보내 분열의 진정한 성격을 설명할 것[그 서신은 로베스피에르 자신이 작성할 것이다] 등이 그 조치들이었다.

그것은 진정으로 새로운 탄생이었다. 애국파들이 경험한 패배에, 로베스피에르는 미래의 승리를 위한 엄정한 수단을 만들어내는 것으로 응수한 것이다. 그리고 곧 성공이 화답했다. 점점 더 많은 수의 의원들이 돌아왔다. 뒤부아크랑세, 뷔조, 레드레르, 앙투안*, 바디에*, 그리고 기회주의자 필리프 오를레앙을 포함하여 8월 한 달 동안 약 60여 명이 돌아왔다. 특히 거의 만장일치에 가까운 압도적인 다수의 지방 협회들이 푀양 클럽에 가입하는 것을 거부하고, 열정적인 서신들을 써 자코뱅에 대한 자신들의 충성을 주장했다. 그 서신들에서 로베스피에르의 인기는 결정적인 것이 된 것으로 보였다. 그것은 '경계를 게을리 하지 않는 파수꾼,' '국민의 자유의 사도,' '부패할 수 없는 로베스피에르'에 대한 찬사에 다름 아니었다.

자코뱅 클럽의 사례는 전염이 되었다. 코르들리에 클럽과 민중 협회들이 활동을 재개하고, 신문들이 부활하고, 라파예트와 삼두파는 민주파를 샹 드 마르스의 피 속에 익사시켰다고 믿었지만 민주파는 새로운 힘을 얻었다. 로베스피에르는 8월 초, 즉각적으로 널리 보급될 〈프랑스인들에게 보내는 편지〉를 발간함으로써 다시 이 부흥에 기여했다. 그것은 아르투아의 유권자들뿐 아니라 국민 전체에게 보내는 위임에 대한 보고서였다. 로베스피에르는 제헌의회 개원 이래 자신의 행동, 연설, 투표를 제시함으로써 자신의 사고의 논리적 일관성을 보여주었을 뿐 아니라 의회 다수파가 추구한 타협 정책의 파국적 결과를 어려움 없이 보여주었다.

1791년 8월 8일 의회에서 헌법 수정을 둘러싼 논쟁이 시작되었다. 교정 불능의* 삼두파는 국왕이 그들 덕에 왕위를 유지하게 된 이상 이제는 특권층과의 타협이 가능해졌다고 믿고 있었다. 그러나 한 달 후 그들은 우파에게 양보에 양보를 거듭할 수밖에 없게 되었다. 그들은 국왕의 절대적인 거부권, 국왕의 판사 임명, 상원의 창설, 선거 자격 납세점의 인상을 궁정에 제안했다. 무산자 대중에 대한 두려움은 그 어느 때보다 더 그들로 하여금 혁명의 성과들을 부인하게 만들었다.

강박관념에 사로잡힌 우파는 그들의 제안이 불충분하다고 생각했다. 바렌 탈주로부터 몇 주 후부터 우파는 외국의 개입을 통한 보복을 꿈꾸고 있었다. — 반대로 몇몇 중도파 의원들〔루이 16세의 '신임'을 삼두파에게 빼앗긴 라파예트가 그 중 한 사람이었다〕은

앙투안(François Paul Nicolas Anthoine, 1758~1793) 제헌의회·국민공회 의원.
바디에(Marc Guillaume Vadier, 1736~1828) 제헌의회·국민공회 의원. 국민공회에서는 산악파로서 보안위원회에서 활동했으나 테르미도르 쿠데타에 참여했다.
교정 불능의(incorrigible) 로베스피에르의 별명인 '부패할 수 없는(incorruptible)'과 앞부분의 발음이 유사한 데 착안해 저자가 우스개로 쓴 형용사.

그렇게 광범위한 수정을 내켜하지 않았다. 그들은 또한 나라 안의 불만이 증대하고 있음을 느꼈다. 따라서 그들은 개악적인 몇 가지 수정에 만족했다.

헌법에 관한 토론이 재개될 때까지 로베스피에르는 마치 완전히 부패한 의회의 활동에 참여하는 것을 스스로 금하는 것처럼, 거의 아무런 발언도 하지 않았다. 반대로 꼬박 3주 동안 계속된 헌법에 관한 논쟁에서 로베스피에르는 자주 발언하고 늘 같은 원칙[선거자격 납세점의 폐지, 국왕의 권한 제한 등]을 옹호했다. 거의 언제나 그는 아무것도 얻지 못했으며, 의회가 고함 소리로 그의 발언을 막지 않는 것만으로도 다행이었다. 이 8월만큼 그가 나라에서 인기를 얻었던 적도 없었다. 또한 그가 오직 음모에만 몰두하는 의회 내에서 이보다 더 배척당한 때도 없었다. 그러나 삼두파가 경멸당하기 시작한 만큼 의회의 회기가 끝나기에 앞서 로베스피에르는 몇 가지 설욕을 했다.

9월 1일 중도파는 국왕이 헌법을 있는 그대로 받아들이지 않을 경우 헌법을 다시 수정할 수 있다며 그 가능성을 제기했다. 이번에는 로베스피에르가 이제껏 결코 구사해보지 않은 어조로, 그리고 1792년 8월 10일 봉기 전야에 되찾을 어조로 발언했다.

여러분은 여러분이 우리로부터 얻어낸 모든 변화에 만족할 것입니다. 그러나 여러분은 적어도 우리의 첫 법령들 중 남아 있는 법령들이 우리 것임을 약속해야 할 것입니다. 우리의 헌법이 두 차례나 방해를 받은 이후에도 여러분이 또 헌법을 공격한다면, 우리의 칼, 우리의 무기를 드는 것 외에 우리에게 어떤 할 일이 남아 있습니까?

이 노골적인 반란의 위협에 삼두파는 흥분했다. 뒤포르가 로베스피에르에게 욕설을 퍼부으며 연단으로 달려왔다. 로베스피에르는 태연했다. "의장, 뒤포르 씨가 의회에 남아 있고 싶다면 나를 모욕하지 말라고 그에게 명령해줄 것을 요청합니다." 뒤포르는 멈춰 서서 놀라 입을 다물지 못한 채 꼼짝도 못했다. 로베스피에르가 행동할 시간이 왔다. 방청석의 청중들과 극좌파 의원들의 쏟아지는 박수 갈채를 받으며, 또한 우파와 중도 좌파가 기쁨을 감추지 못하는 가운데 로베스피에르는 뒤포르의 얼굴을 정면으로 바라보고 한 마디 한마디 분명히 말했다.

나는 이 의회 안에 우리 헌법의 어떤 조항을 두고 궁정과 타협할 만큼 비겁한 인물, 수치심으로 인해 스스로는 제안할 수 없을 새로운 수정을 의회로 하여금 제안하게 할 만큼 믿을 수 없는 인물, 헌법이 그의 야심이나 탐욕을 제한할 것이라는 이유로 헌법의 권위를 떨어뜨리고자 애쓸 만큼 조국의 적인 인물, 자신이 혁명에서 단지 자신의 권력을 강화하고 자신의 지위를 상승시킬 방법만을 찾았음을 국민들의 눈앞에서 고백할 만큼 파렴치한 인물이 있다고는 생각하지 않습니다.

정체가 폭로되고 각 구절마다 정곡을 찔려 할 말을 잊은 뒤포르는 겁에 질려 물러섰다. 로베스피에르가 동료들 각자에게 "헌법의 어떤 조항을 두고도 정부(국왕과 대신들)와 타협하는 데 결코 동의하지 않을 것"을 선서하도록 요구하는 것으로 연설을 끝맺었을 때,

뒤포르는 가장 먼저 그를 지지한 사람들 중 하나였다. 회의에 참석했던 극우 왕당파 몽로지에(François Montlosier, 1755~1838)는 이렇게 기록했다. "얼마 전부터 라메트파는 쇠퇴하고 있었고, 이 연설로 완전히 전의를 상실했다."

헌법은 9월 3일 완성되어 루이 16세에게 제출되었고, 그는 열흘간 지체한 후 13일 결국 새로운 수정을 요구하지 못하고 헌법을 재가했다.* 국왕은 곧 온전한 권한을 회복했다. 그때 마라는 일시적인 낙담에 사로잡혀 투쟁을 중단하고 프랑스를 떠나기로 결심했다. ─ 그러나 그는 아미앵에 도착하자마자 원기를 회복하고 싸움터로 돌아왔다. 로베스피에르는 그러한 낙담을 경험하지 않았다. 한편으로 그는 마라가 자신의 신문 때문에 빠져 있던 해결 불능의 경제적, 정치적 난관을 겪지 않았다. 다른 한편 그는 자코뱅 클럽의 증대하는 힘으로부터 지원을 받았다. 그리고 그는 공세를 계속한다.

9월 5일 식민지 문제에 대해 새로운 논쟁이 시작되었다(그 전달, 생도맹그에서 물라토들과 흑인들의 반란이 폭발했다]. 5월 15일 법령(자유로운 부모에게서 태어난 물라토들에게 시민권을 부여하는 법령)은 로베스피에르에게 매우 불충분한 것으로 보였고, 실제로 그렇다는 것이 드러났지만, 백인 식민자들에게나, 본국의 선주들, 무역상인들, 노예상인들에게는 여전히 받아들일 수 없는 것으로 보였다. 이들은 식민지에서 법령의 시행을 방해하거나 법령 철회 운동을 벌였다. 첫 번째 찾아온 기회(브레스트의 애국파 대표단이 법령의 엄격한 시행을 요구하러 왔다)를 포착한 삼두파는 법령이 개정되어야 할 것임을 암시했다. 그때 로베스피에르가 발언했다.

"여러분으로 하여금 법령을 철회하게 하기 위해 애쓰는 자들이야말로 조국의 배신자들입니다. 그리고 이 회의에서 그 개인들을 공격해야 한다면, 나는 개인적으로 바르나브 씨와 라메트 형제를 공격하는 것임을 선언합니다." 신랄한 야유에도 불구하고 그는 방청석의 박수를 받으며 고발을 계속했다. 발언 순서가 된 바르나브는 몇 마디 모호하고 싱거운 말로 대답할 뿐이었다. "정직한 사람들이 책동에 속아서는 안 됩니다……. 배신자들은," 이때 로베스피에르가 냉담하게 말을 잘랐다.

삼두파는 공론에서 체면을 잃었지만 끝까지 의회에서 다수파의 자리를 유지했다. 9월 24일 바르나브는 사실상 5월 15일 법령을 철회하는 법령을 통과시켰다. 그렇다고 해서 로베스피에르가 그와 끝까지 싸우지 않은 것은 아니었다. 바르나브는 그를 반박하려 했지만 그 자신이 그레구아르로부터 가차없이 논박당했다. 그리고 로베스피에르는 아무런 환상 없이 결론을 내렸다.

사람들이 자유를 사치로 여기고서, 프랑스 민중들에게 평화와 빵을 주기만 한다면 그들이 자유 없이도 살아갈 수 있다고 여기는 것, 사람들이 그렇게 생각하는 것, 그런 원칙을 가지고 그렇게 추론하는 것에 나는 놀라지 않습니다. 그러나 자유를 숭배하고, 자유 없는 사람들이나 자유 없는 국민들에게는 행복도, 번영도, 도덕도 없다고 생각하는 사람

1791년 헌법 국민주권의 원리를 담은 프랑스 최초의 헌법. 세습적인 왕정은 존속되었으나, 왕은 헌법에 종속되었으며 헌법에 선서를 해야 했다. 입법기구는 최고권력기관이 되었으며, 왕정이라는 가면 아래 프랑스는 사실상 공화국이 되었다.

으로서 그러한 제도들을 혐오하는 나는 여러분의 정의, 즉 자유로운 물라토들을 위한 인류애, 정의, 국민적 관심을 요구한다고 선언하는 바입니다.

회의는 끝났지만 삼두파는 마지막으로 자코뱅에 대한 공격을 시도했다. 그들은 르샤플리에에게 클럽들의 정치적 활동을 위협하는 법령을 제출하게 했다. 그를 반박하고 법령에서 적어도 보고자의 악의적인 전문(前文)을 분리하도록 한 것은 다시 로베스피에르였다. 그리고 그가 이때 한 연설은 역사가가 보기에 특히 예언적인 특징이 두드러진다.

보고자는 이렇게 말했다. "우리에게는 이제 이 협회들이 필요하지 않습니다. 혁명은 끝났기 때문입니다. 우리에게 그토록 유용했던 기구를 분쇄할 때입니다."

혁명은 끝났다? 매우 가식적으로 되풀이되어온 이 명제에 당신이 부여하고 있는 의미를 나는 잘 이해할 수 없지만, 나는 당신과 함께 그렇게 가정해보고 싶습니다. 나로서는 ……한 것을 볼 때, ……한 것을 볼 때, ……한 것을 볼 때〔여기에서 로베스피에르는 퇴양파 대부르주아지가 반혁명의 도구에 불과함을 입증하는 것으로 보이는 증거들을 길게 열거한다〕 …… *나는 혁명이 끝났다고 믿지 않습니다.*

1791년 9월 29일 제헌의회의 마지막 발언에서 로베스피에르는 그렇게 말했다. 이튿날인 9월 30일 제헌의회는 회기를 마감하고 입법의회에 자리를 물려주었다. 관례적인 연설에 이어 의원들은

'덕망 있는' 페티옹 혁명 초기에 로베스피에르와 절친한 동료였으나, 입법의회 시기에 브리소와 로베스피에르 사이에서 중재 역할을 하면서 점차 사이가 멀어졌다. 1792년 8월 10일 봉기 이후에는 완전히 지롱드파로 돌아선다.

행렬을 이루어 퇴장했다. 여느 때와 마찬가지로 부패할 수 없는 로베스피에르와 덕망 있는 페티옹은 나란히 나갔다. 그리고 모든 신문들과 당시의 증인들은 바로 이때의 이 장면에 대해 거의 같은 방식으로 이야기했다. 여기에서 카미유 데물랭이 쓴 글을 인용해보겠다.

쾨양 수도원의 테라스에 자리잡은 군악대의 음악에 맞추어 감격한 민중들이 보내는 일치된 박수 갈채와 환호성 속에서, 사람들은 로베스피에르와 페티옹에게 떡갈나무로 만든 시민관(冠)을 씌워준다. ─ 사람들은 그들에게 말한다. 당신들의 시민 정신, 당신들의 청렴함에 대한 상을 받으세요. 여러분에게 관(冠)을 씌움으로써 우리는 후세에 증거를 보이는 것입니다. 〔……〕 진정한 덕은 겸허하여 자신이 받을 자격이 있는 명예를 사양한다. 로베스피에르와 페티옹은 사람들이 바치는 그토록 정당한 보상을 받지 않으려 한다. 젊은 여인들이 그들을 붙든다. ─ 여성들이여, 그대들의 손이 덕성에 관(冠)을 수여할 때, 그대들은 우리의 사랑을 받을 자격이 있도다! 그 여인들 중 한 명이, 우리보다 더 섬세하게 느끼는 여성들의 자발적인 감정에 따라 흥미로운 태도로 자신의 딸을 그들에게 소개한다. 그녀는 말한다. 내 아이가 당신에게 입맞추는 것을 허락해주십시오. 조국의 두 아버지의 눈에서 눈물이 흘러내리고 〔《파리의 혁명》은 "그 어머니와 두 의원의 눈물이 아이를 적셨다."라고 전한다〕 그들은 아이를 껴안는다. 박수 갈채, 환호, 훌륭한 입법자들, *고결한 의원들 만세*의 외침이 되풀이된다.

음악소리에 맞추어 사방에서 몰려드는 민중들을 피하려고 축제의 두 영웅은 서둘러 삯마차에 오른다. ─ 르샤플리에, 바르나브, 라메트 같은 사람들은 멋진 마차를 가지고 있다. 로베스피에르와 페티옹의 검소한 삯마차를 더 좋아하지 않는 이에게 불행이 있기를.—시민들은 말을 마차에서 풀어내고 곧 마차를 끌고 가려 한다. 이 광경을 본 의원들은 뛰어 달아나려 한다. 훌륭한 시민들이 이들을 만류하며, 이러한 맹목적 숭배는 자유로운 사람들을 타락시키고 중상의 구실이 된다고 민중들에게 말한다. 그에 따라 사람들은 군악, 박수 갈채, 그리고 환호성으로 이 의원들을 떠나 보낸다. 이것은 3년간의 고된 활동, 수고, 용기, 청렴, 그리고 박해에 대한 참으로 정당한 보상이다.

2부 혁명의 혁명

정의 · 인류 · 자유에 대한 사랑은 다른 사랑과
마찬가지로 정념이다. 그것이 지배할 때
우리는 그것을 위해 모든 것을 희생한다.
1792년 1월 2일

1장_내부의 적

1791년
10월 1일   입법의회 개회.
10월~   도시와 농촌에서 경제 상황이 지속적으로 악화되면서 민중들의 불만이 높아진다. 한편, 망명 귀족의 세력이 커지면서 또 하나의 위협으로 자라난다. 국내외의 위기 상황을 타개하기 위해 전쟁을 요구하는 목소리가 커지고, 로베스피에르는 전쟁을 막기 위해 고군분투한다.

1792년
1월   의회에서 전쟁을 주장하는 브리소와 반대하는 로베스피에르가 논쟁을 벌이다.
1월 말~2월   곳곳에서 식량 품귀와 가격 폭등으로 인한 민중소요가 일어나다.
4월 20일   로베스피에르의 반전(反戰) 노력에도 불구하고, 입법의회가 오스트리아에 선전포고를 하면서 혁명전쟁이 시작된다.

입법의회(1791년 10월~1792년 9월) 의원 745명 중 135명만이 자코뱅 클럽에 가입한 사람들이었고, 푀양 클럽에 가입한 사람은 264명이었다. 그러나 수치가 중요한 의미를 갖지 않는다는 것을 곧 알 수 있다. 한편으로, [제헌의회 의원들은 입법의회에 진출할 수 없었으므로] 분파를 아우를 만큼 폭넓은 의회 지도자들을 모두 잃어버린 푀양파는 곧 경쟁적인 두 당파, 즉 라메트파와 라파예트파로 분열한다. 다른 한편 어떤 클럽에도 소속되는 것을 싫어했던 350여 명의 중도파 의원들은 사실상 좌파에 훨씬 더 가까웠다. 국왕의 바렌 탈주는 중도파 의원들을 궁정에 대한 치유할 수 없는 불신 상태에 빠뜨렸다. 그리고 오스트리아 황제와 프로이센 국왕이 1791년 8월 27일에 서명한 필니츠 선언*은 조심스럽지만 위협적인 어조로 그들(중도파 의원들)의 국민 감정에 불을 붙이고, 그들에게 '애국파'의 대의와 프랑스의 대의를 같은 것으로 보게 만들었다.

그러므로 새로운 의회에 대한 로베스피에르의 첫 인상이 매우 우호적이었고 파리를 아주 떠나지는 않더라도 얼마간 비울 수는 있겠다고 판단했던 것을 이해할 수 있다. 그는 2년 반 동안 휴식도 없이 일했으므로[아침에는 개인적인 일을 하고, 오후에는 제헌의회에 출석하고, 저녁에는 자코뱅 클럽에 참석했으며 글로 생생하게 묘사할 수 없을 만큼 이 모든 일을 규칙적으로 행했다] 어느 정도 쉴 권리가 있었다. 그러나 1791년 10월 중순부터 11월 말까지 그의 아라스 체류는 휴가와는 거리가 있는 것이었다. 파리에 완전히 정착하려면, 그를 아라스에 붙들어둘 수 있는 것을 모두 정리해야 했고, 또한 지방의 여론을 계몽하고 아르투아에 민주주의의 이념을 확산시키는 것도 중요했다.

그가 받은 대우는 의미심장한 것이었다. 10월 14일 지나는 길에 들른 바폼*에서 하층민들과 그곳에 주둔하고 있던 파리 국민방위대의 한 대대가 그를 열광적으로 환영했지만, 상류사회와 지방 당국은 이러한 열광 앞에 겁을 먹고 형식적인 예의를 지킬 뿐이었다. 아라스에서도 센에우아즈(Seine-et-Oise)에서 국민방위대가 도착한 것을 제외하면, 바폼에서와 같은 대조적인 반응이 나타났다. 로베스피에르는 많지 않은 친구들을 빼놓고는 상층 부르주아들에게 요주의 인물로 찍혀 배척당했다. 반대로 민중협회는 그를 위해 열광적인 연회를 수도 없이 조직했다. 연회에서 로베스피에르는 매번 발언했지만, 동시에 듣고 관찰했다. 그의 편지들에 따르면, 서로 연관된 두 개의 문제가 그를 사로잡고 있었다. 그것은 농민 대중을 혁명에 결집하기 위해 성직자들의 재산 매각에 박차를 가하는 일과 특히 선서 거부파 성직자들*이 유지하고 있는 정치적 영향력의 문제였다. "나는 파리 시민들이 지방의 일반적인 성향과 성직자들

....

필니츠(Pillnitz) 선언 프랑스 혁명의 진행을 막고 프랑스 왕이 군주정의 토대를 공고히 할 수 있도록 돕기 위해 오스트리아 황제 레오폴트 2세와 프로이센 국왕 프리드리히 빌헬름 2세가 발표한 공동 선언. 프랑스 국왕의 지위 회복을 요구했으며, 필요할 경우 무력을 이용해 신속히 행동할 것을 합의했다.
바폼(Bapaume) 아라스 남쪽에 있는 소도시.

레오폴트 2세 프랑스 왕비 마리 앙투아네트의 오빠인 레오폴트 2세는 1791년 8월 27일 프랑스 혁명의 확산을 저지하려는 '필니츠 선언'에 서명했다.

의 권력에 대해 잘 모르고 있었다는 것을 깨달았다. 내 생각으로는 전제정을 회복하는 데에는 이 성직자들만으로도 충분하고, 궁정은 그들의 행동을 내버려두기만 하면 된다."

1791년 11월 23일 그는 아라스를 떠나 다시는 돌아가지 않았다. 그리고 릴*에 잠깐 머무르며 그 도시의 자코뱅들로부터 영접을 받고 연설을 한 후 11월 28일 다시 파리로 돌아왔다. 그날 저녁 그는 파리의 새로운 시장이자 그의 뛰어난 조력자이며 제헌의회의 단짝인 '덕망 있는 페티옹'과 식사했다. 페티옹은 11월 14일 6,728표 대 3,126표로 라파예트에게 승리를 거두고 새로운 시장에 선출된 터였다[반혁명 세력이 라파예트에게 투표하기를 거부했으므로 민주파는 페티옹을 당선시킬 수 있었다]. 관례적인 축하에 이어 이 두 친구가 '정치적 지평을 두루 살펴보는' 일에 몰두했을 것이라고 짐작하기는 어렵지 않다.

당시의 정치적 지평 전체를 지배하던 현실은, 로베스피에르도 페티옹도 명확히 의식하지 못했지만, 점차 고조되는 경제적·재정적 불안이었다. 아시냐*의 가치는 결코 안정적이지 않았을 뿐 아니라 도시에서든 농촌에서든 하층민들은 불만이 가득했는데 그것은

선서 거부파 성직자 제헌의회는 1790년 7월 12일 교회와 성직자들을 국가의 지배하에 두는 '성직자 민사 기본법'을 제정하고 같은 해 11월 27일 이 법에 대한 성직자들의 선서를 명령했다. 이후 성직자들은 법에 따라 선서한 '선서파' 또는 '입헌파'와 선서를 거부한 '선서 거부파(비선서파)'로 분열되었다.
릴(Lille) 프랑스 최북단의 도시.
아시냐(assignat) 프랑스 혁명 중에 발행된 국채. 사실상 화폐로 통용되었다.

단지 높은 납세점 때문에 선거권을 박탈당했기 때문만은 아니었다! 농민들은 극적인 1789년 8월 4일 밤(제헌의회의 봉건 체제의 전면적 폐지 선언)이 실제로 자신들을 짓누르는 봉건적 권리들을 크게 감소시키지 못했음을 깨달았다. 나아가 가난한 농민들은 성직자 재산의 매각에서 자신들은 단지 부스러기를 긁어모을 수 있을 뿐이라는 사실을 깨달았다.

도시의 상황도 그보다 낫지 않았다. 부르주아지가 권력을 얻은 후 서둘러 광범위하게 시행한 경제적 자유주의는 점차 소비재 부족을 낳았고, 그것 때문에 가장 큰 고통을 당한 것은 당연히 가장 가난한 사람들이었다. 도처에서 하층민들은 상품 유통 규제와 1차 생필품의 공정가격제를 요구하기 시작했다.

이러한 상황에서 의회의 다수파와 그들을 이끄는 자코뱅 클럽은 어떻게 대응했는가? 입법의회의 새로운 지도자들인 브리소, 콩도르세, 이스나르*, 포셰*, 라수르스* 그리고 보르도 대표인 베르니오*, 장소네*, 귀아데*가 곧 부르주아지의 아주 특정한 한 층, 즉 은행가, 대(大)상인, 보르도·낭트·마르세유의 선주들을 대표하는 인물들로 등장했다. 퇴양파 대부르주아지[징세 청부업자 등]만큼 구체제의 구조와 긴밀한 관계에 있지 않은, 앞으로 '지롱드파'로 불리게 되는 이 부르주아들은 특권층과 타협할 어떠한 경제적 필요도 느끼지 않았다. 또한 그들은 반혁명적 음모에 대항한 투쟁에 더욱 박차를 가할 준비가 되어 있었다. 이러한 점에서 자코뱅 클럽은 맹렬하고 진지한 그들의 주장에 매료되었다.

그러나 동시에 정반대로 이 부르주아들은 자신들의 이익 중 어떠한 것도 포기하려 하지 않았다. 자신들의 계급적 이익을 모든 윤리의 절대적 가치로 삼는 그들의 이데올로기에 따르면 그 이익의 포기란 생각조차 할 수 없는 일이었다. 즉 잔존하는 봉건적 권리들을 침해한다는 것은 곧 소유권에 대한 신성모독 행위를 저지르는 것과 다름없었다(예를 들어 봉건제 폐지를 선언한 1789년 8월 4일 법령은 봉건적 지대의 '되사기', 즉 유상 폐지를 결정했다. 즉 지대를 내는 농민은 지대의 20~30배를 영주에게 일시불로 납부하고 소유권, 즉 지대를 납부하지 않을 권리를 산다는 것이다. 이 법에 따르면 봉건적 권리를 무조건 폐지하는 것은 영주의 소유권을 침해하는 것이다. 부르주아들도 영

이스나르(Maximn Isnard, 1755~1825) 입법의회와 국민공회의 지롱드파 의원. 지롱드파 몰락 후 피신해 있다가 테르미도르 반동 후 국민공회에 복귀했다.

포셰(Claude Fauchet, 1744~1793) 혁명 전 부르주(Bourges)의 부주교였는데, 혁명을 지지하여 1791년 입헌선서를 하고 칼바도스(Calvados) 도의 입헌주교가 되었다. 입법의회, 국민공회 의원으로 선출되었으며, 1793년 지롱드파 숙청 때 기요틴에서 처형당했다.

라수르스(Marie David Albin Lasource, 1762~1793) 입법의회, 국민공회 의원. 국민공회에서는 보안위원회, 제1차 공안위원회 위원이 되었으나, 지롱드파와 함께 기소되어 처형되었다.

베르니오(Pierre Victurnien Vergniaud, 1753~1793) 보르도 고등법원 변호사이자 지롱드 도 행정관리 출신의 입법의회, 국민공회 의원. 혁명재판소 창설 등 산악파의 공안 조치에 반대하였으며, 1793년 5월 31일~6월 2일 봉기 후 체포되어 처형되었다.

장소네(Armand Gensonné, 1758~1793) 보르도 고등법원 변호사 출신의 입법의회, 국민공회 의원. 국민공회에서는 산악파의 가장 맹렬한 비판자로 두각을 나타냈으며, 지롱드파 숙청 때 처형당했다.

귀아데(Marguerite Élie Guadet, 1758~1794) 변호사 출신의 입법의회, 국민공회 의원. 지롱드파의 가장 뛰어난 웅변가 중 한 사람으로 산악파의 정책을 맹렬히 비판하였다. 1793년 5월 31일~6월 2일 봉기 후 노르망디 지방에서 연방주의 반란을 주도하였으나 실패한 후 체포되어 처형되었다.

주권 소유자인 경우가 많았으므로 이 법령에 찬성했다). 마찬가지로 상품의 유통을 규제하고 매점을 금지하고 식료품의 공정 가격을 매기는 것은 '자유'에 대한 신성모독을 저지르는 것이다. 따라서 이 부르주아들은 민중들의 요구 중 어떠한 것도 충족시킬 수 없었다. 그렇다 하더라도 푀양파가 했던 것처럼, 민중을 폭력으로 굴복시킬 수도 없었다. 반혁명 행위에 대해 근본적으로 적대적인 태도를 택한 이상 민중의 협력은 승리를 위해 불가결한 것이기 때문이었다.

이 딜레마 앞에 한 가지 해결책이 남아 있었다. 자코뱅은 그 지도자들 및 그들과 합류한 여러 명의 전 제헌의원들, 즉 페티옹, 레드레르, 뒤부아크랑세 등에 이끌려, 그리고 자신들이 명료하게 보고 있다기보다는 막연하지만 절박하게 느끼는 필요에 떠밀려 마지막 해결책을 향해 뛰어들었다. 그 해결책이란 바로 전쟁이었다. 그것은 반혁명의 위험이 커지는 만큼 더욱더 뿌리칠 수 없는 해결책이었다. 선서 거부파 성직자들은 국내에서 특권층의 음모를 부추기고 조직했다. 망명 귀족의 수는 크게 늘어났고, 그들은 '자유의 나라가 시작되는' 국경 가까이에 있는 코블렌츠*에서 정규 군대를 조직했다. 외국의 궁정들은 끊임없이 공모하고 군사적 조치들을 계획하고 오만불손한 협박을 쏟아냈다.

또한 브리소, 카라*, 이스나르 같은 인물들은 공개적으로 극단적인 조치들과 공격적인 전쟁을 부추겼다. 그들에게 전쟁은 네 가지 중요한 이익을 제공해줄 수 있었다. 먼저 전쟁은 혁명을 망명 귀족과 국왕들이 가하는 외적 위험에서 구해줄 것이다. 또 전쟁은 루이 16세를 진퇴유곡에 빠뜨리고 그가 진지하게 헌법에 충성하는지를 입증하게 해줄 것이다. 전쟁은 민중의 불만을 다른 곳으로 돌리고, 상퀼로트의 분노를 적을 분쇄하는 데 이용하게 해줄 것이다. 마지막으로 전쟁은 아시냐를 구제하고 승리한 프랑스 부르주아지에게 유럽 시장을 열어줌으로써 상공업의 발전을 촉진할 것이다.

이 마지막 항목은 공공연하게 제시된 것은 아니었지만, 브리소의 직접적인 영향 아래 있던 자코뱅 클럽 통신위원회가 작성한, 전쟁을 권고하는 편지에서 이러한 구절을 읽을 수 있다. "곧 제국〔프랑스〕 안에서 신뢰가 되살아나고, 신용이 다시 확립되고, 교역이 균형을 회복하고, 우리의 아시냐가 전 유럽에서 통용될 것이다. 그리하여 우리의 이웃들을 혁명의 성공에 참여하게 할 것이며, 그때부터 혁명에는 두려운 적(敵)이 없어질 것이다."

뒤이은 18개월 간의 사건들을 이해하려면 이러한 여건들을 명료히 알아두는 것이 절대적으로 필요하다. 1791년 말 자코뱅은 일사불란하지는 않더라도 적어도 단합된 하나의 진영을 형성했다. 그러나 머지 않아 그들은 적대적인 두 개의 당파, 즉 브리소파〔미래의 지롱드파의 맹아〕와 로베스피에르파〔미래의 산악파의 맹아〕로 분열했다. 처음에 두 정파는 오직 전쟁이냐 평화냐 하는 문제로 갈라졌다. 그리고 그 문제를 둘러싼 투쟁이 끝났을 때 두 정파간 대

코블렌츠(Koblenz) 독일 서부, 모젤 강과 라인 강 합류점에 위치한 도시. 프랑스의 망명 귀족들이 모여 반혁명을 모의한 곳이다.
카라(Jean-Louis Carra, 1742~1793) 입법의회와 국민공회의 지롱드파 의원. 1793년 7월 28일 체포되어 처형되었다.

결의 쟁점은 전혀 다른 것으로 변했다. 그들은 주로 상퀼로트의 정치적·사회적 입장을 두고 대립했다〔동시에 그 시기에 이르러 설명될 급격한 변화에 의해 산악파는 철저한 주전파가 되고, 지롱드파는 타협에 의한 평화로 기운다〕. 따라서 두 정파의 정치적 변화를 이해하려면 처음부터 전쟁의 문제와 사회적·경제적 문제 사이에 존재했던 강력한 연관성을 반드시 지적해야 한다.

그러나 1791년 11월 말 로베스피에르가 파리의 정계와 접촉을 재개했을 때 그는 아직은 그러한 종류의 생각으로부터 가능한 한 거리를 두고 있었다는 점 역시 잊지 말아야 한다. 그가 전적으로 정치적 문제들에 몰입해 있어 경제적이고 심지어 사회적인 현실에 대해 부차적인 관심만을 기울였다는 것은 이미 이야기했다. 그에게 특히 중요한 것은 마침내 의회가 반혁명을 제어하는 데 꼭 필요한 구체적인 조치들을 채택하기 시작했다는 것이었다. '왕제'*에게 두 달 안에 프랑스로 돌아올 것을 촉구하고 그러지 않을 경우 섭정의 모든 권리를 박탈하겠다고 경고한 10월 31일 법령, 망명 귀족에 대한 11월 9일 법령, 선서 거부파 성직자들에 대한 11월 29일 법령, 그리고 같은 날 국왕에게 코블렌츠가 속한 영지인 트리어*의 선제후에게 망명 귀족들의 무리를 해산시킬 것을 요구하도록 권유한 것이 그러한 조치들이었다.

그런데 11월 28일 파리에 도착하자마자, 페티옹과 식사를 하기도 전에 로베스피에르는 자코뱅 클럽으로 갔다. 열렬한 환영을 받은 그는 대번에 회의의 의장에 지명되어 의회가 다음날 표결할 조치들에 대한 열띤 논쟁에 돌입했다. 그는 두 가지 문제에 대해 발언했다. 먼저 국왕이 시행할 법령을 국왕에게 권유해서는 안 되며

의회가 제정해야 한다. 다음으로는, 왜 수장을 겨냥하지 않는가? 라인 강 연안의 제후들이 아니라 바로 독일 황제에게 요구해야 한다. 그에게 말해야 한다. "우리는 당신에게 지체 없이 그들[망명 귀족들의 무리]을 쫓아낼 것을 촉구한다. 그러지 않는다면 우리는 프랑스 국민의 이름으로, 독재자의 적인 모든 국민들의 이름으로 전쟁을 선포할 것이다……. 레오폴트*의 주위에 포필리우스의 원*을 그려야 한다."

주제는 명료했다. 처음에 로베스피에르는 충동적으로 전쟁을 지지했다. 그는 좌파 전체를 동시에 봉기시킬 애국적 설득을 계속했다. 1790년 여름에 그는 영국에 대한 왕조(王朝) 전쟁에 반대했다. 그러나 이제 그는 혁명이 그 적들과 맞서 싸우는 투쟁에 동의했다. 혁명의 적들은 이미 그 투쟁을 불가피한 것으로 만들 준비가 되어

왕제(王第, Monsieur) 왕의 동생들인 프로방스 백작(미래의 루이 18세)과 아르투아 백작(미래의 샤를 10세).

트리어(Trier) 독일 남서부, 라인 강 중류 고지대 서쪽에 자리잡고 있다. 모젤 강이 이곳을 가로지른다. 프랑스어로는 트레브(Trèves)라고 한다. 4세기에 주교 관구가 되면서 알프스 산맥 북쪽의 기독교 중심지가 되었고, 815년에는 대주교 관구가 되었다. 대주교는 12세기 이후 신성로마제국의 선제후(選諸侯)가 되었다.

레오폴트 2세(Leopold II, 1747~1792) 1790년 2월 형 요제프 2세의 뒤를 이어 신성로마제국 황제이자 헝가리 왕 겸 오스트리아 대공이 되었다. 유능한 계몽군주로 평가받는다. 프랑스 혁명에 대해 처음엔 신중한 태도를 취했으나, 1791년 프로이센과 함께 필니츠 선언을 발표했다. 프랑스가 오스트리아에 선전포고를 하기 2개월 전에 사망했다.

포필리우스의 원 기원전 168년 시리아의 안티오코스 4세가 이집트를 침략하자 로마는 포필리우스를 특사로 보내 이집트에서 철수할 것을 안티오코스 4세에게 명령했다. 이때 포필리우스는 안티오코스 4세 주위에 원을 그리고 그 원 밖으로 나오기 전에 대답할 것을 요구했다.

있었다. 그가 맨 처음에 택한 이러한 태도는 당시에 전쟁이 자코뱅 부르주아지에게 얼마나 절실한 것이었는지를 입증해준다. 그것은 또한 로베스피에르가 철두철미한 평화주의자가 아니었다는 것도 입증해준다. 그는 극히 인간적이었으므로 공포정치와 마찬가지로 전쟁을 원치 않았을 것이다. 그러나 그는 반혁명이 혁명에 강요하는 전쟁은 지지해야 한다고 확신했고, 그런 만큼 그는 주저하지 않았다.

그가 2주도 못 되어 태도를 바꾸게 된 것은 감상적인 주저 때문이 아니었다. 일련의 사건들을 관찰하면서 함정을 감지했던 것이다. 국왕이 탈주를 결행한 그날 저녁 그는 이미 이렇게 말했다. "나를 두렵게 하는 것은 오늘 아침부터 우리의 모든 적들이 우리와 같은 말을 하고 있다는 것이다." 12월 초 그는 라파예트파가 전쟁을 원하고, 궁정이 전쟁을 원하고 있음을, 나아가 전쟁을 원한다고 말하는 그 사람들이 전쟁에 이기기 위한 수단(전쟁)의 사용을 거부하고 있음을 깨달았다.

그는 속지 않았다. 국왕의 측근 지위를 삼두파에게 빼앗긴 데 대해 점점 더 분노하면서 다른 한편으로 마지막 애국적 충정을 느낀 라파예트가 푀양파 절반을 이끌고 전쟁을 촉구했다. 그는 어리석게도 오스트리아에 맞서 프로이센과 동맹을 맺거나 최소한 프로이센의 중립을 얻어낼 수 있다고 생각했다. 또 쉽사리 몇 차례 승리를 거두고 나서 승리한 자신의 군대를 파리로 불러들여 자코뱅을 제압하고, 궁극적으로 궁정의 인정을 받고, 결국 자신이 꿈꾸는 헌법을 강요한 뒤 홀로 통치할 수 있다고 믿었다. 바로 그것이 '질 시저'의 마키아벨리적 계획이었다.

뒤포르와 라메트로 축소된 — 셋 중 가장 영리했던 바르나브는 게임에 졌음을 인정하고 고향인 도피네*로 은퇴했다. — 삼두파는 루이 16세에게 평화를 조언했다. 그러나 궁정은 라파예트와는 다른 목적에서 전쟁을 원했다. 궁정이 원한 것은 승전이 아니라 완벽한 패전, 즉 동맹군의 파리 입성이었다. 그것만이 루이 16세에게 절대 권력을 돌려주고, 그가 태연하게 라파예트파, 자코뱅, 삼두파를 교수형에 처하도록 해줄 것이었다. 이런 속셈에 따라 궁정은 루이 15세의 사생아이며 스탈 부인(네케르의 딸인 제르맨 드 스탈)의 공인된 정부인 열렬한 주전론자 나르본(Louis de Narbone, 1755~1813)을 육군대신에 지명했다. 브리소, 콩도르세, 라파예트, 그리고 그들 각자의 친구들이 숱한 음모의 중심이 된 스탈 부인의 살롱에 모이고 있었다.

궁정은 전쟁을 부추겼지만, 궁정으로서는 '신이 내린 패배'를 더 확실히 하기 위해 반혁명 세력이 가능한 한 더 강력해질 필요가 있었다. 따라서 루이 16세는 나르본을 육군대신에 지명하고 입법의회가 요구하는 최후통첩을 트리어 선제후에게 전달하는 동시에 망명 귀족과 선서 거부파 성직자를 탄압하는 법령에 거부권을 행사하고자 했다. 왕은 고도의 간계로 파리 도* 집행부〔그가 믿는 푀양파, 즉 탈레랑, 데무니에, 보메스 등으로 이루어진〕로 하여금 선서

도피네(Dauphiné) 프랑스 남동부의 이제르·오트잘프·드롱 도 들을 포함하는 역사적·문화적 지역.
파리 도(道) 파리 도는 파리 군(郡), 생드니 군, 부르라렌 군으로 이루어졌다. 각 도에는 도 집행부와 도 의회가 있다.

거부파 성직자들에 대한 처벌에 반대할 것을 요구하는 청원서를 자신에게 제출하게 했다. 루이 16세는 거부권을 행사하면서 단순히 선량한 민중의 희망에 따르는 것인 양 보이는 효과를 냈다.

이 '충직한' 군주는 외국에 파견한 자신의 비밀 대리인에게 이렇게 썼다. "그것은 내전이 아니라 정치적 전쟁이 될 것이다. 그리고, 그에 따라 상황은 훨씬 더 좋아질 것이다. 프랑스는 현재의 물질적·정신적 상태로는 반쪽짜리 전쟁(혁명적 상황 때문에 전쟁에 전적으로 몰입할 수 없음을 가리킴)을 이겨낼 수 없다. 그러나 나는 예전이라면 그랬을 것처럼 전적으로 전쟁에 투신하는 척해야 한다. 나의 태도는 불행에 빠진 국민이 나의 품으로 뛰어드는 것 외에는 길이 없다고 생각할 만한 것이어야 한다."

로베스피에르는 이 편지를 알지 못했다. 또한 오늘날에도 여전히 갈피를 잡지 못할 만큼 복잡하게 얽혀 있는 이 음모의 실타래를 푸는 것이 그로서는 불가능했다. 그러나 그는 나르본의 공인된 정부인 네케르의 딸의 살롱에서 진행되는 회견들과 마찬가지로 나르본의 육군대신 지명이 갖는 의미를 완전히 이해할 만큼은 사람들과 상황에 대해 충분한 정보를 가지고 있었다. 그는 파리 도 집행부의 청원서가 품고 있는 중요성을 대번에 이해했고, 12월 8일과 9일 자코뱅 클럽에서 클럽의 이름으로 그것을 격렬히 비난하고 공격하는 신랄한 편지를 작성했다.

게다가 그는 경각심을 품은 유일한 인물도, 최초의 인물도 아니었다. 언제나 로베스피에르를 앞지르는 마라는 〈민중의 벗〉 12월 1일자에서 경보를 울렸다. 그는 다음과 같이 말했다. "나는 더 일찍이 문제를 파고들어 덫을 찾아내지 못한 것을 몹시 후회한다. 나는

마담 드 스탈 네케르의 딸인 스탈 부인은 아버지의 영향을 받아 입헌군주제에 기반을 둔 정치적 견해를 갖고 있었다. 그녀는 당대의 지식인들이 모이는 살롱을 열어 유명했는데 주로 브리소, 콩도르세 같은 지롱드파 인사들이 살롱에 모여들었다.

애국파가 그 덫에 걸려들지 않을까 크게 우려한다. 그리고 나는 궁정에 매수된 광대들에게 밀려 조급해진 의회가 스스로 국민을 파멸로 이끌 준비를 하고 있는 것은 아닌지 두렵다."

12월 3일에는 〈파리의 혁명〉이 마라의 뒤를 이었다. 12월 5일 통찰력 있는 비요바렌은 자코뱅 클럽에서 행한 긴 연설에서 앞으로 로베스피에르가 다시 다룰 중요한 두 주제를 거론했다. 하나는, 먼저 국내의 적을 제거하지 않고 국외의 적과 맞서는 것은 참담한 패배로 달려가는 행동이라는 것, 다른 하나는, 우리의 요새들은 파괴되었고, 우리의 포병대, 우리의 부대들은 심각하게 약해진 상태여서 먼저 군대를 재건하지 않는다면 참패가 확실하다는 것이었다.

이 다른 목소리들이 아마도 결국 로베스피에르를 일깨웠을 것이다. 그는 (전쟁을 지지했던) 11월 28일의 과오를 되풀이하지 않고 평화를 위한 투쟁에 뛰어들어, 인기를 잃을 위험을 무릅쓰고 그 투쟁에 온 힘을 쏟는다. 몇 주 동안 그는, 결국 부르주아지의 경제적 이해관계와 속고 속이는 음모가들의 상반된 야심이 유럽의 적대적인 충돌로 이어지고 혁명의 진로를 결정할 갈등을 폭발시킬 때까지 전쟁을 지연시켰다.

1791년 12월 9일 그는 브리소파 카라의 호전적인 독설에 답하면서 몇 마디로 방향 전환에 착수했다. 11일에는 간단한 발언을 통해 전쟁에 대해 더 논의할 것을 요구했다. "각료들은 공격해야 한다고 설교하고, 많은 수의 훌륭한 애국파가 이 설교를 받아들였습니다. 두 당파가 만장일치로 받아들인 법은 결코 좋은 법이 아닙니다." 12일, 그는 전날의 발언에 살을 붙였다. "전쟁은 우리가 처한 상황에서 자유를 위협할 수 있는 가장 큰 재앙입니다……. 우리가 취해야 할 유일한 방책은 기다리는 것입니다."

12월 14일 루이 16세는 의회로 와서 의회의 요청대로 트리어 선제후에게 최후통첩을 보냈음을 알렸다. 그리고 나르본이 장중한 어조로 로베스피에르와 몇몇 자코뱅들의 반대를 언급하고 의원들에게 그들과 싸울 것을 요구했다. 자코뱅 클럽에서 로베스피에르는 새로운 논쟁을 요청했다. 호메로스의 영웅들 중 하나를 자처하던 당통이 그를 지지하여 브리소에게 도전장을 내고 연설을 통한 결투를 신청했다.

브리소는 12월 16일 자코뱅 클럽에서 과장되고 능숙한 연설로 자신의 견해를 설명했다. "자유를 쟁취한 민중은 전쟁을 필요로 합니다. 자유를 공고히 하려면 전쟁을 해야 합니다." 프랑스 내의 반혁명 세력은 오직 코블렌츠의 군대에 의지하고 있기 때문에 국내의 반혁명을 분쇄하려면 코블렌츠로 진군해야 한다고 주장한 뒤 이렇게 덧붙였다. "불신은 끔찍한 것입니다." "자유로운 체제에서는 장군들이 애국파 병사들로 이루어진 군대를 배신해도 소용이 *없습니다.*" 그리고 그는 결론지었다. "행정부(국왕과 각료들)는 전쟁을 선포할 것입니다. 행정부는 자신의 의무를 이행하는 것입니다. 행정부가 자신의 의무를 수행할 때 여러분은 그것을 지지해야 합니다. 행정부가 여러분을 배신한다 해도 *민중이 있으므로* 여러분은 두려워할 것이 없습니다." 크게 동요한 클럽은 로베스피에르의 반대에도 불구하고 브리소의 연설을 인쇄하기로 결정했다. 허풍쟁이 당통은 자신의 가장 무기력하고 어눌한 연설들 중 하나로 브리소에게 답할 뿐이었다.

12월 18일 실질적으로 브리소에게 답하는 것은 로베스피에르였다. 6주도 안 되는 기간에 그가 차례로 행한 네 차례의 중요한 반전(反戰) 연설〔더 짧은 여러 발언을 제외하면 12월 18일, 1월 2일, 1월 11일, 1월 25일〕에서 우리는 어쩔 수 없이 많은 중복을 발견하게 된다. 따라서 읽는 사람에게 가장 편리한 방법은 12월 18일의 연설을 기반으로 삼고 다른 연설들을 이용해 그것을 보완함으로써 로베스피에르의 생각을 단 한 번에 폭넓게 제시하는 것이 될 것이다. 내가 자유롭게, 그리고 때로 그의 연설 방식보다 더 논리적인 순서에 따라 그의 주장을 재배치한 것을 용서해주기 바란다(아래에서부터 226쪽의 내용은 로베스피에르의 연설을 저자가 요약하거나 직접 인용하는 부분이다).

무엇보다 먼저 거론할 것이 있다. 누가 전쟁을 원하는가? 브리소는 공론이 만장일치로 전쟁을 요구한다고 주장한다. 그것은 사실이 아니다. "국민은 적들의 노력이 좌절되고 국민의 대표들이 국민의 이익을 보호하기를 원한다. 국민이 보기에 전쟁은 피해 가면 좋을 극단적 처방이다. 공론을 깨우치는 것은 여러분의 몫이며, 국민의 이익이 승리하도록 하려면 국민에게 무엇이 진실인지 무엇이 보편 이익인지 제시하는 것만으로 충분하다." ─ 국민의 뜻과는 반대로 누가 전쟁을 부추기는지는 말하기 쉽다. 루이 16세와 궁정, 그를 둘러싼 나르본과 푀양파, 그리고 공격에 나설 세 군대 중 하나를 지휘할 라파예트가 그들이다.

브리소와 그를 따르는 자코뱅들은 반혁명의 위장된 애국심에 끌려 다닌다. 그들은 자신들이 자유를 죽음으로 몰아넣을 덫에 걸려 있음을 알지 못한다.[위에서 보았듯이] 로베스피에르는 여기에서도 브리소와 지롱드파 부르주아지가 전쟁을 요구할 그들만의 동기, 그들만의 계급적 이해관계를 가지고 있음을 깨닫지 못한다. 그러나 다른 한편 로베스피에르는 12월 9일 마리 앙투아네트가 오스트리아 대사 메르시 다르장토*에게 전했던 바로 그 견해에 도달한다. "바보들은 자신들이 우리를 돕고 있음을 알지 못한다. 왜냐하면 우리가 시작하면 모든 열강들이 참전할 것이기 때문이다."]

국왕, 나르본, 라파예트가 전쟁을 부추기며 무슨 짓을 했는지 생각해보면 그들이 자유에 덫을 놓았다는 것을 확신할 수 있다. 군사적인 차원에서 우리의 군대, 우리의 군수품, 우리의 요새는 완전히 방치돼 있다. 정치적인 차원에서 루이 16세는 귀족들의 망명을 저지하고 선서 거부파 성직자들의 반역 음모를 중단시킬 법령에 대한 재가를 거부했다.

마지막으로, 외교적인 차원에서 레오폴트와 망명 귀족들이 끊임없이 국왕을 들먹이고 있긴 하지만 왕실이 실제로는 그들과 비밀 거래를 하지 않는다는 사실을 어떻게 알 수 있는가?[여기에서 로베스피에르는 마리 앙투아네트와 망명 귀족들의 관계에 대해 잘못 생각하고 있다. 왜냐하면 그녀는 그들의 지도자이자 자신의 최악의 적인 미래의 루이 18세와 샤를 10세(즉 자신의 시동생들)를 증오하고 있기 때문이다. 반대로 로베스피에르는 국왕과 관련해서 자

메르시 다르장토(Florimund Graf Mercy d'Argenteau, 1727~1794) 오스트리아의 외교관. 프랑스 혁명이 일어났을 때, 오스트리아와 프랑스의 동맹을 유지하고 오스트리아 출신인 마리 앙투아네트 왕비를 구하려 했다.

신이 얼마나 정확한지를 모르고 있다. 12월 3일 루이 16세는 프로이센 왕에게 편지를 써 "이곳에서 반란의 무리를 체포하고, 더 바람직한 상황을 회복할 수단을 부여하고, 우리를 괴롭히는 해악이 유럽의 다른 나라들로 번지는 것을 막기 위해" 전 유럽의 군사적 개입에 힘써줄 것을 요청했다. 그리고 12월 14일 루이 16세는 트리어 선제후에게 최후통첩을 보내는 것과 동시에 망명 귀족 브르퇴이* 남작을 통해 자신의 처남인 오스트리아 황제에게 선제후로 하여금 이 최후통첩을 거부하게 해줄 것을 요청했다].

따라서 덫은 존재한다. 그렇다면 그 목적은 무엇인가? 로베스피에르는 순진할 정도로 정직해서 루이 16세가 1814년에 일어날 일(대프랑스 동맹군의 파리를 점령), 즉 '신이 내린 패배'에 의해 파리에 입성한 창기병대, 코사크 기병대, 그리고 '독일병사들(Kaiserlicks)'을 앞세운 반혁명을 기대할 수 있다고는 생각하지 못하는 듯하다. 그러나 그는 다른 위험들에 대해서는 상세히 언급한다. 즉 전쟁 이외의 어떤 상황도 집단적이고 개인적인 자유를 질식시킬 수 없으며 탄압법들을 통과시키는 데 전쟁보다 더 좋은 조건을 제공하지는 않는다고 강조하는 것이다.

왕, 대신들, 장군들은 전쟁 중인 국민을 공개적으로 배신할 만큼 어리석지는 않을 것이다. 그들은 차라리 다른 부대들을 보호함으로써 가장 애국적인 부대들이 학살당하게 만들 것이다. 특히 그들

브르퇴이(Louis A. Breteuil, 1730~1807) 혁명 전부터 국왕의 신임을 얻어 1789년 6월 7일 국왕에게 탄압 조치를 조언한 인물로 바스티유 함락 직후 망명했다. 루이 16세는 그에게 외국의 궁정과 협상할 권한을 부여했다.

루이 16세 무능력하고 우유부단했던 루이 16세는 1791년 이후 외국과의 전쟁이 일어나 프랑스가 패할 경우 자신의 권위를 되찾을 수 있으리라는 헛된 기대를 품었다. 결국 전쟁이 일어나지만 루이 16세의 기대는 충족되지 못했다.

은 작전을 지연시키고, 굶주리고 자유를 잃은 민중이 어떤 대가를 치르고서라도 '타협에 의한 평화'를 바라게 될 때까지 궁극적인 승리를 추구하지 않을 것이다[뒤무리에의 지연술이나 1792년 9월 발미 전투의 승리 이후 당통의 지연술을 생각하면 된다]. 그때 민중은 소모적인 전쟁을 끝내려고 양보에 동의함으로써 자신의 자유를 조금씩 파괴하게 될 것이다.

마지막으로 궁극적인 위험이 존재한다. 그것은 권위주의적 독재체제(césarisme)이다. 그리고 여기서 로베스피에르는 라파예트를 겨냥해 장차 총재정부(1795~1799)가 직면할 피슈그뤼*냐, 보나파르트*냐는 딜레마를 예견한다. "혼란과 분열의 시대에는 군 지휘관들이 나라의 운명의 중재자가 되고, 자신들이 지지하는 당파를 우세하게 만든다. *만일 그들이 카이사르나 크롬웰이라면, 그들은 스스로 권력을 차지할 것이다.* 그들이 개성 없는 신하에 불과하다면 권력을 자기 주인의 발 앞에 내려놓고, 그의 제1의 시종이 된다는 조건하에 그가 전제 권력을 되찾도록 도울 것이다."

루이 16세, 나르본, 그리고 라파예트가 침략 전쟁을 시작함으로써 어떤 이익을 얻을 수 있는지 이해하기는 어렵지 않다. 그러나 반대로 국민은 전쟁을 주창하는 데 아무런 이해관계도 없다. 전쟁을 꾸미는 사람들은 자신의 자유를 위해 싸우는 국민은 무적이 되리라고 말한다. 세계의 모든 국민들이 그 국민에게 합류하리라고 한다.

두 가지 지점에서 로베스피에르는 브리소를 경계한다. 이 부분은 길게 인용할 가치가 있다. 먼저 그는 이렇게 말한다.

자유로운 사람들, 또는 자유롭기를 원하는 사람들은 그러한 대의(자유)가 제공하는 모든 능력을 언제 발휘할 수 있습니까? 바로 그들이 자기 땅에서, 자기 고향을 위해 동료 시민들, 아내와 아이들 앞에서 싸울 때입니다. 바로 그럴 때 모든 지휘관은 동료 시민들이 보는 앞에서 싸워야 하므로 시민들을 배신할 수 없고, 만약 배신한다면 처벌을 면할 수 없습니다. 그러나 조국의 시선이 미치지 않는 곳에서, 낯선 나라에서 전쟁을 수행하면 이 모든 장점들은 사라질 것이고 가장 자유로운 땅은 가장 불길하고 가장 음험한 술책에 노출될 것입니다[1년 후 벨기에에서 뒤무리에가 꾸민 음모를 생각하면 된다]. 그때 국가의 운명은 자신을 위해 싸우는 국민 전체가 아니라 하나의 군대, 한 명의 장군의 손아귀에 떨어질 것입니다.

로베스피에르의 말은 이렇게 이어진다.

....
피슈그뤼(Jean-Charles Pichegru, 1761~1804) 1794년 라인 강 주둔군 사령관으로 홀란드를 정복하고 이듬해 4월 파리 주둔군 사령관이 되었다. 라인 군으로 돌아온 후 왕당파와 협상하다 총재정부에 의해 해임되었다. 1797년 봄 500인 의회 의원으로 선출되었으나 선거 결과를 무효화하는 쿠데타가 일어나 기아나 유형을 선고받았다. 유형지에서 탈출하여 영국으로 망명하였다가 1804년 2월 프랑스로 돌아와 반(反)보나파르트 음모에 참여하였으나 2월 28일 체포된 후 독방에서 시신으로 발견되었다.

보나파르트(Napoléon Bonaparte, 1769~1821) 코르시카의 소귀족 출신. 1793년 12월 영국 군에 함락된 툴롱 탈환에서 포병장교로 공을 세웠으나 테르미도르 쿠데타 후 자코뱅으로 지목되어 수감되었다. 1796년 이탈리아 방면군 사령관에 임명되어 여러 차례의 승전으로 명성을 얻었다. 1798년 이집트 원정길에 올랐으나 1799년 10월 비밀리에 귀국하여 브뤼메르 18일의 쿠데타(1799년 11월 9일)로 권좌에 올랐다. 1802년 민중투표로 종신통령이 되고 1804년 황제가 되었다.

사람들은 벌써 삼색기가 황제들, 술탄들, 교황, 그리고 국왕들의 궁전에 꽂혀 있다고 믿습니다. 또 어떤 사람들은 모든 왕좌가 동시에 무너지는 것을 보느니 차라리 전쟁을 선포하지 않을 것이라고 단언합니다. 나는 프랑스에서 자유의 진전이 지연되고 있음을 알고 있습니다. 따라서 나는 전제정에 속박된 어리석은 민족들이 자유를 여전히 믿지 않고 있다고 생각합니다.

이성의 전진이 천천히 이루어지는 것은 당연한 일입니다. 사악한 정부는 민중들의 편견, 습관, 교육에서 강력한 기반을 발견합니다. 전제정은 심지어 사람들의 정신을 타락시켜 그들로부터 찬양받는가 하면, 또 애초부터 자유를 의심스럽고 두려운 것으로 만듭니다. 정치가의 머리 속에서 나올 수 있는 가장 엉뚱한 생각은 무력 개입만으로 얼마든지 한 국민이 다른 국민에게 자신들의 법률과 헌법을 채택하도록 할 수 있다고 믿는 것입니다. *무장한 포교자들을 좋아하는 사람은 아무도 없습니다.* 본성과 신중함이 주는 첫 번째 충고는 '그들은 적이니 격퇴하라'는 것입니다. 이러한 침략은 입헌 사상을 싹트게 하기보다는 [루부아(marquis de Louvois)의] 팔라티나 파괴*의 기억만 일깨울 것입니다. 왜냐하면 그 지역의 민중들은 우리의 헌법보다는 이러한 역사적 사실들을 더 잘 알고 있기 때문입니다…….

우리가 이룬 혁명의 결과들을 외국 국민들이 느끼도록 만들기에 앞서 우리의 혁명을 굳게 다져야 합니다. 우리 스스로 자유를 쟁취하기도 전에 그것을 그들에게 주려는 것은 우리의 예속과 전 세계의 예속을 더 단단히 굳혀줄 뿐입니다……. 시간이 흐르고 여러 다행스러운 상황이 겹치면서 이 혁명이 서서히 도래하지 않았더라면 미국의 경우처럼 그렇게 쉽게 우리의 족쇄를 깨뜨릴 수 있었을까요? 인권선언은 결코 모든 인류를 동시에 비추는 햇빛이 아니며, 모든 왕좌를 동시에 내리치는 벼락이 아닙니다.

우리의 혁명이 이후 세계의 운명에 영향을 끼치지 못하리라고 주장하는 것은 결코 아닙니다. 그런 일은 현재의 징후들이 예고하는 것보다 더 빨리 일어날 수도 있습니다. 〔그러나〕 이 나라들에서 혁명이 일어난다 해도 그것은 점진적일 수밖에 없습니다. 혁명은 귀족, 성직자, 부자들에 의해 시작되고, 군주의 지배권력에 저항하는 일에서 민중은 자신의 이해관계와 그들(귀족, 성직자, 부자)의 이해관계가 일치할 때에야 그들을 지지합니다. 따라서 혁명을 출발시킨 것은 여러분 가운데 있는 고등법원 판사들, 귀족, 성직자, 부자들입니다. 이어 민중이 출현했습니다. 부자들은 민중이 주권을 회복하려는 것을 보고 자신의 행동을 후회하거나 적어도 혁명을 멈추려고 했습니다. 그러나 혁명을 시작한 것은 그들(부자들)입니다. 그들의 저항과 잘못된 계산이 없었더라면 국민은 여전히 전제정의 멍에 아래 있을 것입니다. 이러한 역사적·도덕적 진실에 따라 여러분은 어느 지점에서 전 유럽의 국민들에게 의지해야 하는지를 판단할 수 있을 것입니다.

국민은 전쟁을 선포함으로써 얻을 것이 없다. 또한 전쟁을 피할 수 없는 것도 아니다. 전쟁을 불가피하게 만드는 것은 다름 아니라, 나라가 반혁명의 음모로 약화되고, 반혁명적 대신들에 의해 통치되는 상황이다. 만일 특권층의 음모를 분쇄한다면, 그 국민은

팔라티나 파괴 1679년 루이 14세는 육군 담당 국가비서 루부아 후작의 충고에 따라 독일 라인 강 유역의 팔라티나 백작령을 침입하여 파괴하도록 명령을 내렸다.

〔다른 국가가 그 국민을〕 공격하기에 앞서 신중하게 재고해볼 만큼 강렬하게 빛을 발할 것이다.

그러나 만약 전쟁이 불가피하다면 그것은 어떤 경우인가.

내가 전쟁을 원한다면, 그것은 국민에게 이익이 되기 때문입니다. 우리 내부의 적들을 굴복시킵시다. 그리고 그때에도 여전히 외부의 적들이 존재한다면 그 적들을 무찌르러 진군합시다……. 자유를 얻는 데 불가피하다면 국민은 결코 전쟁을 거부하지 않습니다. 그러나 지금 국민은 자유를 원하고, 가능하다면 평화를 원합니다. 국민은 자유와 헌법을 보호한다는 구실을 내세우면서 오히려 그것을 소멸시키려는 모든 전쟁 계획을 배격할 것입니다.

결국 문제의 핵심은 어떤 전쟁인가이다. 다른 국민에 대한 한 국민의, 또는 다른 왕들에 대한 한 왕의 전쟁입니까? 아닙니다. 그것은 프랑스 혁명에 대해 혁명의 적들이 벌이는 전쟁입니다. 이 적들 중 그 수가 가장 많고 가장 위험한 적들이 코블렌츠에 있습니까? 아닙니다. 그들은 우리들 속에 있습니다……. 코블렌츠로 달려가기에 앞서 전쟁을 치를 준비를 갖춥시다.

〔브리소를 부르며〕 당신은 악의 본부가 코블렌츠에 있다고 말하지 않았습니까? 파리에는 없습니까? 코블렌츠와 여기서 멀지 않은 다른 곳은 아무런 관계도 없습니까? …… 진짜 코블렌츠는 프랑스에 있습니다. 트리어 주교구의 코블렌츠는 자유에 대적해 극단적인 음모를 획책하는 땅들 중 하나이며, 그 음모의 본거지, 중심, 지도자들은 우리들 가운데 있다는 것을 알아야 합니다. 만일 이것을 모르고 있다면 당신은 이 나라 안에서 일어나는 모든 일에 대해 어두운 것입니다.

로베스피에르의 논고는 여기에서 출발하여 브리소에 대해, 불신이라는 '끔찍한 상태'에 대한 브리소의 언급에 대해, 그리고 '민중이 있다'는 그의 주장에 대해 가차없이 이어진다. 우리를 통치하는 적의 첩자들 앞에서 어떻게 경계를 게을리 할 수 있겠는가?

불신은 민중의 권리의 수호자입니다. 불신과 자유라는 심오한 감정의 관계는 질투와 사랑의 관계와 같습니다……. 자유를 지키는 데 필요한 모든 자질 중 그것(불신)이 유일하게 당신에게 결여된 자질이라는 점을 염려하십시오……. 조금씩 생각이 다른 특권층 인사들이 한결같이 전쟁을 요구합니다. 그들의 의도도 불신해서는 안 되는 것입니까? 나는 당신의 행복에 감탄하지만 부러워하지는 않습니다. 당신은 적을 화나게 하지 않으면서, 궁정과도 대신들과도 온건파와도 대립하지 않으면서, *불신하지 않으면서 자유*를 수호할 운명이었군요. 애국심의 길이 당신에게는 참으로 쉽고 유쾌한 길이 되었습니다! ─ 나는 이 일을 하면 할수록 더 많은 장애물과 적들을 만나고 함께 시작한 사람들로부터 버림받게 된다는 것을 알게 됐습니다. 그리고 고백하건대 내가 이 길에서 대신들, 특권층, 온건파로 둘러싸여 있다면 나는 매우 나쁜 동행들 틈에 있다고 생각하게 될 것입니다.

전제정과 전 세계의 특권층에 대해 당신이 연단에서 거둔 신속한 승리가 우리에게 무슨 의미가 있습니까? 민중이나 '자유의 정령'이 우리에게 제안된 그 계획을 지휘합니까? 아닙니다. 그 계획을 지휘하는 것은 궁정과 그 장교들, 대신들입니다. *이러한 사실이 모든 계획을 바꾸어놓는다는 것을 당신은 늘 잊어버립니다*……. '우리가 배반당하면 민중이 거기 있다.' 아마도 그럴 것입니다. 그러나 당신이 여기서 가리키는 봉기가 드물고 불확실하며 극단적인 치료책이라는 것을 당신은 모르지 않습니다. 민중의 권리와 전능함에도 불구하고 교활한 사람들이 그들을 잠시 잠재운 뒤 수세기 동안 사슬로 묶어놓았을 때에도, 모든 자유로운 나라에 민중은 존재했습니다. 지난 7월 이 수도 안에서 민중의 피가 흐르고(1791년 7월 17일에 일어난 샹 드 마르스의 학살을 가리킴) 그에 대해 아무런 보복이 없었을 때에도 민중은 존재했습니다. 그것은 누구의 명령에 의한 것이었습니까?

[이 마지막 문장을 이해하려면, 나르본이 샹 드 마르스의 학살자 라파예트를 이제 막 군대의 사령관에 지명한 직후임을 상기해야 한다].

그렇다면 로베스피에르가 제시하는 조치들은 무엇인가? 전쟁을 선포하는 것이 아니라, 무기를 제작하고, 국민방위대를 무장시키고, '창으로라도 민중을 무장시키고' 대신들을 감시하여 죄를 짓는 자들을 처벌하고, 지금까지 너무나 소홀히 다루어 온 민중의 권리를 보호하고, 선동적인 성직자들을 처벌하고, 마지막으로 전쟁이 발발하면 망명 귀족의 재산을 몰수하는 것이다. 바로 이것들이 1791년 12월 18일 로베스피에르가 구상하였고, 일단 전쟁이 선포되면 상황에 따라 점차 전면적으로 시행될 수밖에 없는 프로그램이었다.

1791년 12월 18일 브리소는 즉각 로베스피에르에게 답변하겠다고 요청했다. 그러나 그는 혹독한 타격을 입은 만큼 답변을 준비하는 데 10여 일이 필요했다. 그러는 동안에 평화파는 로베스피에르의 주도 아래 더욱 강해졌다. 비요바렌, 당통, 앙투안, 상태르(Antoine Joseph Santerre, 1752~1809), 파니스*가 자코뱅 클럽에서 그를 지지했다. 데물랭, 프뤼돔(〈파리의 혁명〉), 에베르*, 고르사스*, 오두앵이 자신들의 신문에서 그를 정력적으로 지원했다〔마라는 돈이 없어 12월 15일 이래 신문을 발행하지 못했다〕. 평화파는 명백히 유리한 위치를 차지했으며, 전쟁에 반대하는 고립된 항의 대신 총체적인 운동이 출현했다.

브리소는 12월 30일 답변을 겸한 연설에서 자신의 견해를 고수하면서 로베스피에르의 결정적인 논거들에 대해 매우 무기력하게 답했다. 그의 전쟁 정책에서 경제적 동기가 더 명료하게 드러났을 뿐이었다. 그는 이미 29일 입법의회에서 전쟁의 필요성을 '우리의 재정과 공적인 신뢰를 재확립하기 위한', '국민의 선행'이라고 냉소적으로 말한 바 있었다. 30일 자코뱅 클럽에서 그는 대안을 내놓았다.

우리는 승리할 것이고 우리의 공적인 신뢰와 번영을 회복할 것입니

파니스(Étienne Jean Panis, 1757~1832) 파리 출신의 변호사, 국민공회 의원.
에베르(Jacques-René Hébert, 1757~1794) 언론인. 주로 파리 상퀼로트를 대변하는 글을 썼다. 그의 추종자들을 에베르파라 불렀다. 1792년 8월 10일 입헌군주제를 무너뜨린 봉기의 계획을 도왔으며, 비기독교화 운동에 앞장섰다. 가난한 사람들을 궁지에서 구하지 못한다고 국민공회의 공안위원회를 탄핵했다. 민중봉기를 촉구하던 중 1794년 3월 공안위원회에 체포되어 단두대에서 처형되었다. 그를 처형함으로써 혁명정부는 상퀼로트의 지지를 잃게 되었다.
고르사스(Antoine Joseph Gorsas, 1752~1793) 언론인이자 정치가. 1789년 〈베르사유 신문〉을 창간했다.

다. 우리가 패배한다면 결국 배신자들은 그 죄가 드러나 처벌받게 될 것입니다. 나는 오직 한 가지만을 두려워합니다. 그것은 우리가 배신당하지 않는 것입니다. 우리는 '중대한 배신'(루이 16세와 푀양파의 반역)이 필요합니다. 우리의 안녕이 거기에 달려 있습니다.

7월 16일 오를레앙파의 청원 이후 브리소의 생각은 바뀌지 않았다. 전쟁은 루이 16세와 푀양파의 반역을 폭로할 것이다[그 점에서 그는 제대로 보고 있었다]. 그러나 이어 "민중이 거기 있다." 곧 총알받이이자 봉기의 인적 물자로서 민중이 거기 있을 것이다. 특히 필리프 오를레앙이 루이 16세를 대체하고 브리소를 수상으로 지명할 수 있도록 브리소와 그의 정파가 거기 있게 될 것이다. 그리고 승리의 두 번째 단계, 즉 사업가 부르주아지*는 궁극적으로 소멸할 봉건제와 어떠한 타협도 하지 않으면서 대륙에서 경제적으로 성장하게 될 것이다.

그것은 공상과 예언이 뒤섞인 계획이었다. 브리소는 양자를 결합함으로써 나폴레옹의 유럽 지배와 루이 필리프의 부르주아 군주정의 윤곽을 미리 제시했던 것이다. 아마도 브리소는 그의 개인적 야심에서 진지하게 생각했을 것이다. 어쨌든 그는 이미 자신처럼 생각하지 않는 자코뱅들을 '혁명의 명예를 실추시키고' '무정부주의를 설교'한다고 비난하고 있었다. 지롱드파가 18개월 동안 산악파에 대해 끊임없이 사용할 무정부주의라는 비난이 여기에서 처음으로 등장한다. 이후 그것은 독재에 대한 비난과 결합할 것이다.

3일 후, 로베스피에르는 1792년 1월 2일의 연설로 브리소에게 답하기 시작했고, 11일의 연설이 그 뒤를 이었다. 그는 브리소의 연설문을 반박하기 위해 그것을 매우 면밀히 읽었다. 따라서 그가 브리소가 자인한 경제적 목적을 단 한마디도 언급하지 않은 것은 그가 토론을 경제적 차원으로 설정하는 것을 일관되게 원하지 않았기 때문이다. 반대로 정치적 토론은 이보다 더 치열한 적이 없었다. 또한 예를 들어 1월 11일자 연설의 말미에서처럼, 로베스피에르가 이보다 더 유창했던 적도 없었다. 웅변가 로베스피에르가 무미건조하고 단조롭다는 전설을 폐기하기 위해, 수천의 청중들이 그의 말을 한마디도 놓치지 않고 듣도록 만들었던 것이 무엇인지 느껴보기 위해 여기서 그 연설을 길게 인용한다.

우리 내부의 적들을 정복합시다. 그러고 나서 지구상의 모든 독재자들을 향해 진군합시다……. 이러한 조건하에서라면 나 자신이 큰소리로 전쟁을 요구하겠습니다……. 나는 추악한 음모꾼들이 바랄 만한 전쟁이 아니라 자유의 정령이 선포할 전쟁, 프랑스 민중이 스스로 수행할 전쟁, 그리고 그 자신 애국파인 대신들과 장군들이 우리를 이끌 그런 전쟁을 요구합시다.

프랑스인들이여, 안내자도 지도자도 없이 자유를 쟁취할 수 있었던 7월 14일(바스티유 함락)의 사람들이여, 전 세계를 해방시킬 군대를 양성합시다……. 샤토비외의 병사들이여, 이리로 와 승리를 향한 우리의 노력을 인도해주오! 당신들은 어디에 있는가? …… 바스티유의 성벽 앞에서 용기를 입증했던 시민들이여, 오시오, 자유가 당신들을 제1열로

사업가 부르주아지 구체제 시기 부르주아지의 다수를 차지했던 법률가 등 자유전문직 부르주아지와 구별해서 사용하는 용어.

부르고 있소. 아! 어디에서도 당신들을 찾을 수 없구려. 빈곤, 박해, 새로운 전제군주들의 증오가 당신들을 흩어놓았으니! …… 이 모든 독재자들에게는 여전히 너무도 미약한 것으로 보였던 잔인한 법[이 법이 아니더라도 그들은 그대들을 신속하게 학살할 수 있었으므로]에 희생된 시민들이여, 그대들은 이제 우리와 함께 싸우지 않는구려! …… 그토록 많은 지방에서 광신(狂信)과 특권층과 배신의 폭력 아래 쓰러진 불운하고 고결한 시민들이여, 그대들은 이제 오지 않는구려! ……

그렇다면 우리의 국경을 방어하는 데 특별히 헌신했던 국민방위대원들이라도 오시오……. 뭐라고! 아직 무장하지 못했다고? 뭐라고! 2년 전부터 무기를 요구했지만 받지 못했다고? …… 상관없으니 오시오, 우리가 우리의 재산을 처분해 여러분에게 무기를 사줄 것이오. 우리는 미국인들처럼 아무것도 없이 싸울 것이오, 오시오! …… 우리가 직접 레오폴트에게 진군합시다, 오직 우리 자신의 충고만을 따릅시다.

뭐라고! 여기 전쟁의 대변자들이 나를 가로막습니다. 여기 브리소 씨는 나르본 백작이 이 모든 전쟁을 인도해야 하며, 라파예트 후작의 명령 아래 행군해야 하고, 국민을 승리와 자유로 이끄는 것은 정부(왕과 대신)의 몫이어야 한다고 말합니다. 아, 프랑스인들이여! 이 한마디가 모든 환상을 깨뜨립니다. 그 한마디가 나의 모든 계획을 무효로 만듭니다. 모든 민족들의 자유여, 안녕! 독일 제후들의 모든 권력이 분쇄된다 해도 그런 방식으로는 아닐 것입니다!

웅변술에서, 그리고 특히 논거의 힘에서 로베스피에르는 브리소와 벌인 결투에서 의심의 여지 없는 승자임이 드러났다. 그리고 이 승리는 그가 다시 치를 일련의 논전(論戰), 특히 1월 18일의 논전

콩도르세 《백과전서》 집필에 참여한 계몽사상가였으며, 혁명이 일어나자 정치에 뛰어들었다. 브리소파(지롱드파)의 일원이었으며, 루이 16세의 사형에 반대했다.

에서 더욱 명백해졌다. 그러나 그의 승리는 허울뿐이었다. 자코뱅 클럽에서 다수파는 필시 그를 지지했다. 그러나 브리소는 콩도르세, 이스나르, 그리고 지롱드 도 출신 의원들의 지지를 업고 여전히 의회를 마음대로 조종했다. 브리소는 자신이 원하는 방향으로 사건들이 진행된다는 것을 알고 있었다. 로베스피에르의 영역에서 로베스피에르와 불공정한 싸움을 계속해보아야 무슨 소용이겠는가? 국경의 상황에 관한 만화에 가까우리만큼 낙관적인 나르본의 보고(1월 11일)와 이어, 레오폴트에게 모든 반혁명적 동맹을 분명히 포기할 것을 촉구하는 새로운 최후통첩을 보내자는 것으로 끝을 맺는 장소네의 연설〔1월 13일 — 의회는 1월 25일 그런 방향으로 결론을 내렸다〕 이후 브리소가 열정적인 연설을 한 곳은 〔자코뱅 클럽이 아니라〕 입법의회였다.

가열되는 전쟁 준비를 효과적으로 저지하기 위해 자코뱅은 로베스피에르의 주도 아래 진정으로 민중적인, 누구도 막을 수 없는 여론 운동을 촉발하고 지도해야 했다. 그러나 자코뱅 클럽의 통신위원회는 거의 전적으로 브리소파의 수중에 놓여 있었다. 따라서 지방 협회들은 생토노레 가에서 진행되는 논쟁의 왜곡된 메아리만을 들을 수 있을 뿐이었다. 지방의 협회들은 로베스피에르가 처음으로 판단 실수를 저지르고 있으며 모협회의 절대 다수가 전쟁 지지를 선언했다고 믿었다. 그러한 믿음은 현직 애국파 의원들이 지닌 완전히 새로운 위신에 의해 더욱 강화되었다.

특히 브리소의 계산은 부분적으로 정확한 것으로 드러났다. 경제적 곤경에 빠진 극빈층은 입법의회 초기의 정치적 투쟁에 대해 확연한 무관심을 드러낸다. 혁명이 시작된 지 2년 반 만에 그들은 자신들의 상황이 지속적으로 악화되고 있음을 확인했고, 불만이 쌓여 의기소침해졌다. 브리소파는 그들에게 코블렌츠가 유일하게 그들의 빈곤에 책임이 있다고 지목했다. 또 민중에게 매일 고발당하는 이 독재자들과 착취자들을 제거하는 데에는 전쟁으로 충분하다는 매혹적인 주장으로 그들의 애국심을 이용했다. 그리하여 브리소파는 확실히 상퀼로트와 중간 계급의 무시할 수 없는 일부를 흥분시키고, 그들을 자신들의 정책에 결집시키는 데 성공했다. 물론 그들의 즐거운 노래는 오래 가지 못했다. 그러나 전쟁이라는 생각이 민중 계층 일부에게 지지를 얻었다는 사실을 확인하는 데에는 의회에 전달된 편지들과 청원서들을 훑어보는 것으로 충분하다.

로베스피에르가 이를 반박하는 데 성공하려면, 단지 더 광범위한 민중과 지방 청중에게 지지를 얻기만 해서는 안 되었다. 그는 전쟁의 유혹을 물리치게 해줄 구체적이고 유익한 계획을 제시해야 했다. 그는 프랑스 내부의 코블렌츠를 어떤 일이 있어도 타도할 것을 요구하는 데 만족해서는 안 되며, 경제적으로 극심한 피해를 입은 사람들에게 삶과 최소한의 물질적인 풍요를 보장해줄 조치들을 제안해야 하는 것이다. 그러나 경제·사회적 문제에 대한 로베스피에르의 무관심이 그러한 인식을 방해했다. 그리고 그가 반복하여 브리소에게 가한 맹렬한 공격은 결국 적잖은 싫증을 초래했다.

마라는 아마도 이러한 답보 상태가 실패로 끝날 것이란 사실을 알고 있었을 것이다. 두 사람은 어떠한 심각한 견해 차이도 없이 나란히 투쟁에 돌입한 이래 여전히 단 한 번도 만난 적이 없었다.

마라는 1월 중순 로베스피에르를 방문하기로 결심했다. 이 두 사람이 그 만남에 대해 남긴 글들은 서로 전혀 모순되지 않는다. 마라가 꿈꾸었던 것은 일시적 독재 권력의 지도를 받는 민중봉기였다. 로베스피에르는 1792년 8월 10일 봉기나 공안위원회에 대해 여전히 충분히 준비되어 있지 않았다. 그는 폭력이나 유혈 없이 반혁명을 제압하는 것이 가능하다고 믿었다. 결국 두 사람은 합의에 이르지 못했다.

로베스피에르는 다음과 같이 썼다.

대화는 공적인 문제에 관한 것이었는데, 마라는 내게 그 문제들에 대해 필사적으로 이야기했다. 나는 그에게 애국파, 심지어 가장 열렬한 애국파가 그 자신에 대해 생각하고 있는 것들, 즉 그가 특권층의 지지자들뿐 아니라 자유의 벗들을 분노하게 하는 몇 가지 불합리하고 폭력적인 제안들을 끊임없이 고집스럽게 되풀이함으로써 자신의 글에서 제시한 유용한 진실들이 가져올 수 있는 이익을 스스로 막았다고 이야기했다. 그러나 그는 자신의 생각을 옹호했다.

다음은 마라의 말이다.

로베스피에르는 겁을 먹은 채 내 말을 들었다. 그는 창백해졌고 얼마 동안 침묵을 지켰다. 이 만남은 내가 그에 대해 늘 품고 있던 생각, 즉 그가 현명한 의회 의원의 지식과 진정으로 덕 있는 사람의 공명정대함을 갖추었지만, 또한 정치가의 안목과 대담함을 갖추지 못했음을 확인해주었다.

두 사람은 국민공회에서 함께 의석을 갖게 될 때까지 더는 서로 만나지 않을 것이다. 그러나 그들은 차이점에도 불구하고 갈라서지 않을 것이다. 이와 달리 당통은 다른 이유로 약해진다. 그는 로베스피에르에 대해 말한다. "파멸하기를 원한다면, 홀로 파멸하기를." 그리고 언론인 고르사스는 변절하기 시작해 곧 지롱드파의 대열에 합류할 것이다. 평화파는 이미 물러서기 시작했다. 아마도 브리소는 1792년 1월 20일 자코뱅에서 연설하면서 평화파의 후퇴를 느꼈을 것이다. 그는 자신의 순수한 마음, 생각의 정직함을 맹세하고서, 로베스피에르가 자신을 크게 상심시켰다고 말한 뒤, 로베스피에르에게 동족상잔이나 다름없으며 또한 아무 소용도 없는 저항을 종결지을 것을 촉구했다.

모든 사람이 크게 감동했다. 장 자크 루소의 친구이자 연로한 아카데미 회원 뒤조(A. M. Dusaulx)는 두 투사에게 서로 포옹할 것을 간청했다. 순종하는 것 외에 달리 어떻게 답하겠는가? 감동한 청중들의 흐느낌 속에서 두 사람은 얼싸안았다. 그리고 이튿날 브리소와 고르사스의 신문들은 그 장면을 기술하면서 로베스피에르가 브리소의 주장에 합류했음을 암시했다. ― 그러나 로베스피에르는 브리소와 포옹을 마친 후 자신의 견해를 분명히 했다. "이 일이 결코 모든 사람이 공익에 대해 가져야 하는 견해를 바꾸어서는 안 됩니다. 내가 생각하는 것, 공공의 안녕을 위해 필요하다고 믿는 것을 모두 이행하기 위해 나는 브리소 씨의 연설에 대해 다음 회의에서 답하고자 합니다." 그리고 그는 약속을 지켰다. 1792년 1월 25일 그는 전쟁에 반대하는 마지막 연설을 했다. 새로운 주장이나 구체적인 제안은 없지만, 어조는 특별히 더 비장했다.

푸르름과 꽃으로 뒤덮인 넓은 대지 위에서 춤추며 무기를 들고 놀이를 하고 기쁨의 함성과 군가로 대지를 울리고 있는 수많은 민중들을 보는 듯합니다. 그러나 갑자기 땅이 꺼지고 꽃, 사람, 무기가 사라집니다. 희생자들로 메워진 구덩이만이 보입니다. 아! 달아나시오, 달아나시오. 여러분이 서 있는 땅이 그곳을 뒤덮은 꽃들 밑으로 무너질 때까지 아직 시간이 남아 있습니다!

이튿날인 1월 26일 로베스피에르가 전쟁에 관한 토론을 계속할 것을 요구하자, 브리소파 의원 라수르스가 입법의회에서 논의될 예산 문제를 다루는 것이 긴급하다고 주장하며 반대했다. 갑자기 눈에 띄게 궁지에 몰린 로베스피에르의 필사적인 노력에도 불구하고 다수의 지지를 얻은 것은 라수르스였다. 자코뱅의 다수는 결국 진력이 났다. 그들은 두 사람, 즉 옳기는 하지만 특히 부정적인 비판을 되풀이하는 것으로 만족하고 있는 사람, 그리고 틀리긴 했지만 적어도 긍정적인 계획을 제시하는 사람 가운데 누구도 지지하지 않으면서, 강박관념에서 벗어나듯이 헛바퀴 도는 토론으로부터 달아났다. 브리소의 계산이 정확했던 것이다.

로베스피에르는 2주 동안 침묵을 지키면서 단 두 번 사소한 문제에 관해 발언하고, 통찰력과 끈질김에서 그에 필적하는 비요바렌에게 평화를 위한 투쟁의 노력을 넘겨주었다. 그러나 스스로에게 다소 긴 침묵의 시간을 부과할 때면 늘 그렇듯이 그는 자신의 실패를 되돌아보고 분석하고 결국은 그 일로 되돌아왔다. 신경과민이 되어 천막 속으로 숨어드는 의기소침한 아킬레우스 같은 상태를 상상하는 것은 심리학적으로 타당하지 않다. 다시 연단에 오른 1792년 2월 10일, 그는 자신의 견해를 되풀이하면서, 이번에는 '자유와 평등을 구할 방법에 관한 연설'로 더 구체적인 계획을 제시했다.

그의 연설에 따르면 먼저 세 가지 조치가 불가피하다. 첫 번째는 군대의 쇄신이다〔그리고 로베스피에르는 여기에서 같은 주제에 관해 제헌의회에서 했던 연설을 상기시킨다〕. 귀족 장교들을 군대에서 숙청하고 그들을 '애국파 평민 군인들'로 대체해야 한다. 혁명에 대한 지지를 드러냈다는 이유로 불명예스러운 증서〔유명한 '황색 증서(cartouche jaune)'〕를 발급받고 전역한 병사들과, 같은 이유로 면직된 프랑스 수비대원들을 다시 소집하고 그들로 '자유의 가장 공고한 성벽'을 이룰 특수 연대들을 조직해야 한다. 이 조치가 실행에 옮겨짐으로써 혁명력 2년 승리의 주역이 될 지휘관들과 병사들, 그리고 1793년 가을 수립될 혁명군대의 윤곽이 점점 더 분명하게 드러나게 된다.

두 번째는 파리의 안전이다. 페티옹과 마뉘엘*이 왕실의 무력 사용 가능성과 그에 대한 대비책을 염려하지 않은 것은 아니다〔그리고 실제로 오직 루이 16세의 우유부단함만이 3월 중순 뒤포르가 권고한 쿠데타를 무산시킬 것이다〕. 애국파 연대들이 파리에 머물러야 할 뿐 아니라 구(section)의 상설화를 허가하고 고무해야 한다

마뉘엘(Louis Manuel, 1751~1793) 1791년 12월 파리 시 검사에 지명되었다. 국민공회에서는 국왕 처형에 반대하여 의원직을 사임하였고 지롱드파가 몰락한 후 혁명재판소에 소환되어 처형되었다.

2부 혁명의 혁명

[지구의 상설화를 주장한 1790년 5월 3일의 연설을 기억할 것이다]. 이 조치가 실행됨으로써 구들은 자신의 활동과 협력을 통해 위협받는 자유를 구하게 된다. 그리하여 1792년 8월 10일의 봉기와 5월 31일~6월 2일의 위대한 봉기(지롱드파를 몰락하게 만드는 1793년 5월 31일~6월 2일의 민중봉기)를 가능하게 할 구의 메커니즘이 드러나게 된다(두 봉기에서 구 조직과 그 투사들이 중요한 역할을 했다).

마지막으로 파리와 전 프랑스의 결속이다. 1790년의 연맹제를 다시 개최해야 한다. "**자유 아니면 죽음**이라는 이 선서를 신성한 열정 속에서 되풀이하기 위해" 프랑스의 전체 국민방위대가 모여야 한다. "바로 그렇게 함으로써 자유를 위한 투쟁을 준비한다." 이 조치에 따라 8월 10일 봉기의 독창성이 되는 것, 즉 파리의 구들과 지방 연맹군의 공동 행동이 봉기에 진정으로 국민적인 성격을 부여하게 된다. 12월 18일 제시한 계획을 더욱 심화한 로베스피에르의 이 세 가지 요구는 이미 혁명의 미래를 위한 중대한 조치들을 보기 드문 혜안으로 지시하고 있었다.

그는 여기에 또 다른 계획, 마찬가지로 미래를 위한 중대한 계획을 덧붙였다. 모든 사람들과 마찬가지로 그는 결국 전반적인 무기력증과 혁명적 열정의 추락에 충격을 받는다. "공공의 정신을 일깨우고," "정치적 죽음의 징후인 이 치명적인 혼수 상태로부터 민중을 구해내야" 한다. 그것을 위해 필요한 것은 전쟁이 아니라 민중 전체의 협력으로 계속될 국민적 축제 의식, 브루투스*, 빌헬름 텔*, 또는 그라쿠스 형제*를 무대에 세우는 극예술, 마지막으로 민중들이 가장 훌륭한 작가와 예술가들에게 상을 주는 경연들이다. 그리고 로베스피에르는 "노인들이 수여하는 관(冠), 또는 아마도 훨씬 더 가치 있는 것으로, 미인들이 수여하는 관을 받은" 자신의 친구 다비드*를 언급했다.

입법의회에 대한 가혹한 비판이 이 유쾌한 이미지에 덧붙여졌다. 로베스피에르는 민중의 존경을 받지 못한 의원들의 죄를 물어 금고형으로 처벌하는 법을 요구했다. 그리고 특히 그는 리옹, 캉*, 남부 지방을 뒤흔들고 있는 반혁명 소요에 대해 의원들의 관심을 촉구했다. 그의 선견지명은 국민공회가 1793년 7월 노력을 기울여야 할 모든 요충지들을 지적한 셈이었고, 빠진 곳은 오직 방데*뿐이었다. "자유의 가장 열렬한 수호자들과 특권층의 가장 맹렬한 지

....

브루투스(Marcus Junius Brutus, BC 85~BC 42) 고대 로마의 정치가. BC 44년 율리우스 카이사르가 스스로 황제가 될 것을 우려해 그를 암살했다. 그의 영향력 때문에 수십 명의 원로원 의원들이 암살에 가담했다.
빌헬름 텔(Wilhelm Tell) 13세기에 오스트리아의 압제로부터 스위스의 독립을 위해 싸운 전설상의 영웅. 정치적·개인적 자유를 위한 투쟁을 상징한다.
그라쿠스 형제 티베리우스와 가이우스 형제. 로마 공화정 말기인 기원전 2세기의 호민관들로 평민들을 위한 정책을 시행하다가 그에 반대하는 원로원 의원들이 획책한 폭동에서 비극적인 죽음을 맞았다.
다비드(Jacques-Louis David, 1748~1825) 화가, 국민공회 의원. 혁명 초기에 자코뱅으로서 정치에 적극 참여했으며, 1793년까지 예술위원회 위원으로서 예술계의 독재자로 군림했다. '붓을 든 로베스피에르'라는 별명이 붙기도 했다. 혁명을 선전하기 위한 각종 그림과 선전물 제작으로 바빴으며, 혁명기의 여러 축제들을 조직했다. 〈테니스코트의 선서〉, 〈청년 마라〉, 〈마라의 암살〉 등을 그렸다.
캉(Caen) 프랑스 북부 바스노르망디 지방의 한 도시. 혁명 기간 중 지롱드파의 활동 중심지였다.
방데(Vendée) 1793년 3월부터 반혁명 반란에 돌입하는 프랑스 서부 페드라루아르 지방 해안의 도시.

자크루이 다비드의 자화상 다비드는 당대 가장 유명한 화가였으며, 또한 열렬한 자코뱅으로 '붓을 든 로베스피에르'라는 별명으로 불리기도 했다. 프랑스 혁명을 화폭에 옮겼으며, 후에 나폴레옹 정부의 공식 화가로 일했다.

지자들이 그곳에 함께 있다."

 이토록 정확하고 날카로운 정치적 견해는 사회경제적 상황에 대한 완전한 침묵과 결합하여 뜻밖의 결론으로 이어진다. "나는 여전히 우리의 혁명에 두 가지가 부족하다고 생각합니다. 그것은 내각에 매수된 사람들만큼이나 많았으면 하는 통찰력 있는 작가들과, 재산의 일부를 지식과 공공 정신의 전파를 위해 바칠 만큼 자유를 사랑하는 부자들입니다." 작가들은 이 호소에 호응할 수 있었다. 그러나 부자들은 무엇보다 설탕과 곡물 투기에 몰두하고 있었다. 어떻게 로베스피에르가 그것을 짐작하지 못했을까?

 1792년 1월 말, 파리에서 일련의 민중소요가 폭발했다. 원인은 설탕의 품귀와 갑작스러운 가격 폭등이었다. 당국은 생도맹그의 반란에서 원인을 찾고자 했다. 실제로 설탕의 비축량이 충분했다면 생도맹그로부터 아무것도 수입하지 않고 4년은 더 설탕을 소비할 수 있었을 것이다. 그러나 위기의 진정한 원인은 가격 폭등에 편승한 상당수 도매상들의 식료품 사재기에 있었다. 설탕의 공정가격제를 요구하는 수많은 청원서들이 의회로 쏟아졌다. 의회는 소유권을 침해할까 두려워 감히 그렇게 하지 못했다. — 자코뱅은 이러한 위기에 자극받아 1월 30일 만장일치로 중대한 결정을 내렸다. 그들은 설탕을 다시 부족함 없이 확보할 수 있을 때까지 설탕도 커피도 소비하지 않을 것을 엄숙하게 선서했다! 〔오직 콜로 데르부아*만이 지식인 노동자는 커피를 마셔야 한다고 주장했다〕. 로베스피에르는 아무 말도 하지 않았다. 아마도 그는 다른 사람들과 함께 이 유치하고 아무런 효과도 없는 선서를 했을 것이다.

다음달(2월)에는 빵의 품귀로 인한 훨씬 더 심각하고 광범위한 소요가 프랑스 전역에서 일어났다. 플랑드르*, 피카르디*, 보스*, 브리*, 모르방* 등 도처에서 민중들이 무리를 지어 곡물 유통에 반대하고, 지방 당국에 곡물의 공정가격제를 요구하고 때로는 강요했다. 개인적으로 투기에 연루되었던 에탕프*의 시장 시모노는 병력을 이끌고 주민들의 요구에 맞섰으나, 결국 자신의 목숨으로 고집의 대가를 치렀다. ― 시모노 살해 사건은 점잖은 사람들 사이에서 상당한 동요를 불러일으켰다. 의회의 우파와 중도파는 그 사건을 구실 삼아 신중하게 매우 가혹한 탄압을 조직했다. 자코뱅 클럽에서조차 그에게 사후 시민관(冠)을 부여하자는 논의가 있었다. 3월 28일 매우 짧은 발언을 통해 그 제안을 부결시킨 것은 로베스피에르였다. 그는 이 발언에서 문제의 핵심에 대한 견해를 드러내지는 않으면서 시모노를 영웅이자 순교자로 만드는 것은 지나친 일임을 깨닫게 했다.

사회적 위기가 고조된 이 두 달간, 이 발언은 로베스피에르가 유일하게 사건들에 보인 관심의 표시였다. 그러나 그의 가장 가까운 투쟁 동료들은 더 많은 관심을 쏟고 있었다. 페티옹은 이 시기에 그리고 8월 10일 봉기까지 계속해서 로베스피에르와 매우 긴밀한 관계를 유지했다. 파리의 시장으로서 적극적이고 진보적인 부르주아 그룹이 가하는 위협과 노동자 대중에게 양보해야 할 필요성을 감지한 그는 동료들에게 경고했다. 그는 2월 6일 뷔조에게 다음과 같이 썼다.

사람들은 부르주아지에게 이것(앞에 기술한 1792년 초의 설탕과 곡물

가격 폭등에 따른 여러 문제)이 못 가진 자들에 대한 가진 자들의 전쟁이라고 하도 자주 되풀이해서 부르주아지는 어디서든 그런 주장에 시달리고 있다. 민중들은 부르주아지에게 화를 내고, 그들의 배은망덕에 분개하고, 자신들이 그들에게 했던 봉사를 기억하고, 그들이 아름다운 자유의 기간 동안 모두 친구였음을 상기한다. 특권층은 우리를 부지불식간에 파멸로 이끄는 이 전쟁을 은밀하게 선동한다. 결속된 부르주아지와 민중이 혁명을 수행했고, 그들의 결속만이 혁명을 보존할 수 있다.

게다가 농민, 벌목 인부, 수공업자, 농업 노동자들은 식료품 유통과 가격 규제를 요구하면서 동시에 반봉건 투쟁을 추구했다. 거의 어디서나 사람들은 성을 약탈하고, 영주의 토지 증서를 불태웠다. 사람들이 공격한 것은 특히, 당연히, 망명 귀족의 저택과 재산이었다. ─그에 대응하여 입법의회는 모호한 조치를 취했다. 2월 9일 입법의회는 망명 귀족의 재산을 몰수하여 국민의 수중에 두었다. 하지만 그 조치는 소요를 진정시키는 데 전혀 도움이 되지 못

콜로 데르부아(Collot d'Herbois, 1749~1796) 순회극단의 배우이자 무대감독 출신으로 8월 10일 봉기의 주동자 중 한 사람. 국민공회 의원, 혁명력 2년 공안위원. 테르미도르 쿠데타에 참여했으나 곧 공포정치가로 기소되어 기아나 유형을 선고받았다.
플랑드르(Flandre) 프랑스와 벨기에의 접경 지역.
피카르디(Picardie) 플랑드르 바로 남쪽 지역.
보스(Beauce) 파리 분지 지역의 일부로 파리 시 남서쪽에 위치.
브리(Brie) 파리 분지 지역의 일부로 파리 시 동쪽에 위치.
모르방(Morvan) 프랑스 중동부 부르고뉴 서쪽의 산악지대.
에탕프(Étampes) 파리 남쪽 근교의 소도시.

했다. 소요를 멈추려면, 8월 4일 밤에 시작된 방향(1789년의 봉건제 폐지 선언)으로, 더 효과적인 한 걸음을 내딛어야 했다.

효과는 없었지만 그 조치를 시도한 것은 로베스피에르의 또 다른 친구, 페티옹보다 더 절친한 조르주 쿠통*이었다. 2월 29일 그는 입법의회에서 토지의 실질적인 양도(중세 초의 혼란스러운 시기에 농민들이 영주에게 토지를 바치고 그 대가로 영주의 보호를 받은 것을 의미)에 의해 정당화되지 않는 모든 봉건적 권리를 보상 없이 폐지할 것을 제안했다. 그리고 그는 아무도 듣지 않는 말, 로베스피에르만이 자신의 위엄과 자코뱅 협회라는 거대한 조직을 이용해 듣게 만들 말, 로베스피에르가 몇 달 뒤 되풀이함으로써 지배적인 견해로 만들 말을 했다.

민중들에게 관심을 기울이십시오……. 여론의 치명적인 무관심으로 여러분의 법령이 무력해진다면 공공의 안녕은 위태로워질 것입니다……. 군대의 힘과 국민의 힘이 오직 하나가 될 때에만 그리고 호의적인 민중이 그 목적과, 그리고 필요하다면 행동에서 군대와 결속할 때에만 우리의 군대는 우리의 기대를 충족시킬 것입니다. ― 따라서 입법의회가 무엇보다 앞서 확보해야 하는 것은 군대의 힘보다 더 강력한 민중의 정신력이며 질서와 만인의 행복에 필수 불가결한 전반적인 여론인 것입니다. ― 사람들은 민중을 계몽하기를 원하고, 나는 민중의 고통을 덜어주기를 원합니다. 사람들은 말로 그들을 혁명에 결집시키기를 원하고, 나는 공정하고 유익한 법으로 그렇게 하기를 원합니다.

틀림없이 로베스피에르는 쿠통의 우려를 알고 있었고 공감했다.

또한 틀림없이 그는 쿠통의 진취성을 알고 있었고 그것을 인정했다. 곧 그가 사회 문제에 관심을 갖게 되면 그는 자발적으로 같은 방향으로, 그리고 심지어 더 멀리 나아갈 것이다. 그러나 당분간 그는 계속해서 사회 문제에 관심을 두지 않는다. 정신적인 흔들림 없이, 또 현실적인 대가도 없이 그는 전쟁 반대 투쟁을 계속했다. 그리고 2월 하순 내내 그는 특히 디트리시*와 애초의 클럽에서 막 분리된 스트라스부르의 자코뱅 우파를 〔당대 최대의 야금업자 중 한 사람인 바로 그 디트리시. 루제 드 릴은 그의 집에서 〈라 마르세예즈〉를 작곡할 것이다〕 비난하고, 그리고 지방의 결연 협회들에게 점점 더 왜곡된 정보를 전달하고 있던 파리 자코뱅 클럽의 통신위원회를 비난했다.

1792년 3월에 사건들은 빠르게 전개되었다. 한편으로는 오스트리아 황제 레오폴트 2세가 사망하고, 그와 함께 오스트리아가 전쟁을 피할 마지막 기회도 사라졌다. 다른 한편 루이 16세는 일련의

쿠통(Georges Couthon, 1755~1794) 변호사, 입법의회와 국민공회 의원, 혁명력 2년 공안위원. 로베스피에르와 생쥐스트와 가까운 동료였으며, 두 사람을 도와 자크 에베르와 당통의 세력을 몰락시켰다. 테르미도르 쿠데타 후 로베스피에르와 함께 체포되어 단두대에서 처형되었다.

디트리시(baron de Dietrich, 1748~1793) 1790년 프랑스 북동부 국경 근처의 도시 스트라스부르의 시장. 아마추어 음악가이자 하급 장교인 루제 드 릴(Claude-Joseph Rouget de Lisle, 1760~1836)은 라인 연맹군을 위해 작사·작곡한 〈라 마르세예즈(La Marseillaise)〉를 그의 집에서 처음 불렀다. 디트리시는 입헌군주정 지지자로서 8월 10일 봉기 이후 스트라스부르 주민들을 선동하려다 실패하고 망명했다가 1793년 귀국하여 처형되었다.

음모와 술책에 뒤이어 3월 15일과 3월 23일 사이에 세 명의 자코뱅, 즉 뒤무리에[진심이라기보다 이름뿐인 자코뱅], 롤랑, 클라비에르(Étienne Klavière, 1735~1793)를 각료직에 임명하는 데 동의했다[네 번째 자코뱅 세르방(Joseph Servan, 1741~1808)은 5월에야 지명된다]. 이 지명을 부추겼던 브리소의 입지는 그만큼 더 강화되었고, 자코뱅 전체는 이렇게 권력으로 접근하게 된 것에 어느 정도 현혹되었다.

3월 19일 뒤무리에가 클럽의 회합에 나왔을 때[그때까지는 거의 참석하지 않았다] 로베스피에르는 예의 바르면서도 냉정한 말투로 그의 지명을 축하하면서, 그렇다 해도 자신은 경계심을 버리지 않을 것이라고 말했다. 그러나 클럽의 다수파는 붉은 모자를 쓴 각료, 장군(뒤무리에)을 열렬히 환영했다. 그리고 노련한 배우 뒤무리에가 부패할 수 없는 사람(로베스피에르)의 솔직함에 감사를 표하려고 그에게 달려가 포옹하자 흥분은 열광으로 바뀌었다.

그 어느 때보다 더 투쟁이 필요했다. 3월 26일 로베스피에르는 자코뱅 클럽에서 한 번 더 전쟁이라는 덫을 비난할 뜻으로 결연 협회들에 보낼 서신의 초안을 낭독했다. 통신위원회는 이번에는 그의 견해를 중간에서 가로채지 못했고, 로베스피에르는 결국 자코뱅 전체가 자신의 뒤를 따르게 할 수 있으리라 기대했다. 그러나 브리소파가 가만 있지 않았다. 내용에 대한 논쟁을 계속하기에는 너무도 빈틈없는 그들은 예기치 못한 허점을 찾아내려 했고 마침내 그것을 발견했다.

로베스피에르가 말했다. "언제나 우리 자신의 지혜보다 우리를 더 잘 보살피시는 신께서는 레오폴트(오스트리아 황제)를 벌하심

〈라 마르세예즈〉의 악보 하급 장교인 루제 드 릴은 1792년 4월 동료들을 위해 〈라인 군을 위한 전투가〉를 작곡했다. 이 노래는 마르세유 출신 의용군들이 즐겨 불렀기 때문에 '라 마르세예즈'로 불리게 되었다.

으로써 적들의 계획을 좌절시키신 것으로 보입니다. 지금까지 파멸의 길로 달려가려는 우리를 끝내 구원하고자 했던 하늘의 자비를 물리치는 일을 두려워합시다." 곧 귀아데가 공격했다. 그에 따르면 '신'이라는 단어를 사용하는 것은 "민중을 다시 미신의 속박 아래 두는 데 일조하는 것"이었다. 로베스피에르는 머리를 떨구고 함정에 빠졌다. 종교 문제가 제기되는 순간 그는 나머지를 다 잊어버렸다. 그리고 다시 그는 열정적인 즉흥연설을 시작했다. 이 연설은 꽤 길게 인용할 필요가 있다. 왜냐하면 로베스피에르가 자신의 깊숙한 본심을 이보다 더 있는 그대로 드러낸 적은 결코 없었기 때문이다.

그는 카톨릭에 대한 공격으로 시작했다. 이 부분은 거의 모든 자코뱅의 의견이 일치하는 지점이었다. 그러나 그가 신의 존재에 대한 자신의 믿음을 언명하자 커다란 소동이 일어나 그의 말을 중단시켰다. 터무니없는 일이 일어났다. 로베스피에르가 *자코뱅 클럽에서* 정숙을 요구받았다. 그러나 로베스피에르는 당황하지 않았다. 그에게는 모든 것이 걸린 일이었다.

아니오, 여러분, 여러분은 결코 나의 목소리를 잠재우지 못할 것입니다. 이 진실을 억누를 만큼 중대한 의사일정은 결코 존재하지 않습니다……. 예, 신의 이름을 들먹이고, 국가들의 운명에 절대적인 영향을 미치며 내게는 가장 특별한 방법으로 프랑스의 혁명을 보살피는 것으로 보이는 영원한 존재에 대해 이야기하는 것은 지나치게 위험한 생각이 아니라 진심에서 우러나온 감정이며, 내게는 불가피한 감정입니다. 제헌의회에서 온갖 격정과 온갖 비천한 음모에 내맡겨져 있었고 수많은 적들에 둘러싸인 채 자신을 지탱해야 했던 내게 그것이 어떻게 불가피하지 않겠습니까? 내가 나의 영혼을 고양시키지 않았더라면 인간의 힘으로는 감당할 수 없는 일들을 어떻게 나의 영혼만으로 감당할 수 있었겠습니까? 이 종교적 감정은 용기를 북돋우는 이러한 생각을 극단으로 치닫게 하지 않으면서도, 민중을 배반하고자 했던 사람들이 얻었던 모든 이익에 대해 내게 충분히 변상해주었습니다.

기독교 신자라면 본질적으로 혁명의 수호신으로 정의되는 이 신에 대해 그가 원하는 것이 무엇인지 생각할 것이다. 무신론자라면 특히 마지막 구절이 보여주는 폐부를 찌르는 듯한 양심의 고백에 감동받을 것이다. 로베스피에르는 자신의 신념에 충실하기 위해 명백한 개인적 야심에 대항해 자신이 수행해야 했던 투쟁을 이 이상은 명료하게 드러내 보이지 않았다. 그러나 기독교 신자이든, 무신론자이든 루소만큼이나 엄격한 루소의 제자에게 특히 종교의 문제가 어떻게 제기되었는가를 잊어서는 안 된다. 스승과 제자는 진심으로, 참으로 진지하게 자신들의 신을 믿었다. 그때의 신은 루소에게는 스피노자*의 신(범신론적 신), 로베스피에르에게는 라므네*의 신(모든 사회 개혁을 지지하는 신)을 예고하는 신이었다. 그러나 동시에 그들이 신을 믿은 것은 그 시대의 민중이 신을 믿었고 민중

스피노자(Baruch Spinoza, 1632~1677) 네덜란드의 철학자. 일체의 사물은 신의 변용이고 신은 모든 사물의 내재적 원인이라는 범신론적 세계를 전개하였다.
라므네(Félicité Lamennais, 1782~1854) 프랑스의 사제이자 사상가. 프랑스 혁명 이후 정치적 자유주의와 로마 카톨릭 신앙을 결합시키려 한 철학·정치 저술가이다.

은 신을 믿을 필요가 있기 때문이었다. 그리고 무신론은 그들에게 부자들, 즉 루소가 보기에는 돈 후안*의 품행을 따르는 부유한 대영주들과 부유한 백과전서의 철학자들, 로베스피에르가 보기에는 부유한 푀양파와 지롱드파 부르주아지를 위한 사치로 보였다. ― 그들의 시대에는 실제로 그러했다.

어쨌든 역사가가 확인해야 하는 것은 귀아데, 베르니오, 콩도르세 같은 지롱드파 지도자들이 어느 정도 무신론에 가깝지만 어쨌든 절대적인 종교적 무관심이라는 점에서 탈레랑, 프로방스 백작*, 미라보 백작, 그리고 마리 앙투아네트와 똑같았다는 사실이다. 반면 그와는 반대로 민중들과 긴밀히 교류하면서 최고 존재를 가장 열렬히 신봉한 것은 산악파의 지도자들인 마라, 로베스피에르, 생쥐스트였다. 로베스피에르가 비꼬는 말투로 다음과 같이 말할 때는 이 점을 겨냥하고 있었다.

고백하건대, 프랑스 민중은 물론 혁명에서 매우 중요한 존재입니다. 그들이 아니라면 우리는 여전히 전제정의 멍에 아래 있을 것입니다. 고백하건대 민중 위에 군림했던 사람이라면 누구든 바로 그러한 이유로 신에 관한 모든 관념을 기꺼이 포기했을 것입니다. 그러나 내가 느끼기로는 우리에게 그토록 크게 도움이 되는 신의 관념을 민중들에게 부여하는 것이 그들을 모욕하는 일일까요? 예, 나는 나보다 더 현명한 모든 사람들에게 용서를 구하는 바입니다. 왜냐하면 나는 민중에 대항하도록 창조된 수많은 적들, 민중이 이룬 성과를 무너뜨리기 위해 고용된 수많은 배신자들을 보았을 때, 민중이 스스로 행동하지 못하고 배신자들에게 자신을 맡겨야 하는 것을 보았을 때, 그때 나는 그 어느 때보다

신을 믿었기 때문입니다.

로베스피에르의 거친 항의에 굴복한 자코뱅들은 그의 발언을 중단시키지 않고 그가 연설을 마치도록 내버려두었다. 그러나 그가 자신의 서신을 지방의 결연 협회들에 발송할 것을 요구하자 더 큰 소란이 일어났다. 설상가상으로 의장을 맡은 사람은 파리의 입헌주교인 허약하고 서투른 고벨*이었다. 그가 평온을 회복시키려 하자 사람들이 그에게 외쳤다. "설교는 집어치우시오, 의장!" 결국 아무것도 결정하지 못한 채 일대 혼란 속에 회의는 끝이 났다. 3월 30일 편지의 초안이 다시 논의의 대상이 되자 자코뱅들은 다시 회의의 진행을 방해했다. 패배를 예상한 로베스피에르는 다수 표를 얻지 못할 것을 예상하고 자신의 서신 초안을 철회했다.

로베스피에르의 노력은 결국 실패했다. 그가 여전히 *신의 섭리에 의한* 레오폴트의 죽음으로 전쟁을 늦출 수 있으리라 기대하고 있었을 때, 폭탄은 이미 다른 곳에서 터졌다. 3월 25일 각료들이 대답도 요구하지 않는 최후통첩을 오스트리아에 보내기로 결정했던 것이다. 3월 26일 로베스피에르가 신을 위해 싸우고 있을 때, 마리 앙투아네트는 그 전날 각료들이 결정한 프랑스 군대의 군사

돈 후안(Don Juan) 전설에 등장하는 방탕한 귀족으로, 스페인의 극작가 티르소 데 몰리나가 쓴 비극 〈세비야의 호색가〉(1630)에서 문학작품 주인공으로 처음 선을 보였다.
프로방스 백작(1755~1824) 미래의 루이 18세(1814~1824년 재위).
고벨(Jean-Baptiste Gobel, 1727~1794) 입헌파 사제로 1791년 파리 주교에 선출되었다가 1793년 비기독교화 운동 과정에서 성직을 포기했다.

작전 계획을 조카인 프란츠 2세*에게 알리려고 빈으로 첩자를 보냈다. 그리고 4월 20일 입법의회는 라메트를 따르는 푀양파 일부의 표를 제외한 만장일치로 '헝가리와 보헤미아의 국왕'에게 전쟁을 선언한다.

이 전쟁을 밀어붙인 사람들 중 누구도 전쟁이 그들 모두를 쓸어버리리라고는 짐작도 하지 못했다. 그들 중 누구도 전쟁 중 와티니(Wattignies), 가이스베르크(Geisberg), 그리고 플뢰뤼스(Fleurus)의 전장(모두 프랑스가 오스트리아와 프로이센 군에게 승리를 거둔 곳)에서 로베스피에르의 정치적 행동이 승리를 거두리라고는 추호도 예상하지 못했다.

....
프란츠 2세(Fanz II, 1768~1835) 신성로마제국의 마지막 황제(1792~1806 재위), 오스트리아의 황제(1804~1835 재위). 1792년 혁명이 일어난 프랑스에 반대해 전쟁에 나섰으나 패하여 1797년 롬바르디아와 라인 강 좌안의 땅을 잃었다. 빈 회의(1815) 이후 독일과 유럽에서 메테르니히의 보수 정치체제를 지지했다.

2장_민중 봉기

1792년

4월   자코뱅 클럽에서 브리소파(지롱드파)와 로베스피에르가 충돌하다. 이 대결에서 반혁명 세력과 맞서기 위해 결속을 주장하는 로베스피에르가 클럽을 장악한다.

5월 17일   로베스피에르가 자신의 신문 〈헌법의 수호자〉 창간호를 발간하다.

6월 20일   지롱드파가 선동한 소요가 일어나다. 로베스피에르가 경고했던 대로 봉기는 실패로 끝나고, 오히려 루이 16세가 힘을 얻고, 민중들의 봉기에 놀란 의회의 중도파가 우파와 손을 잡는 사태가 벌어진다.

6월 28일   혁명전쟁을 수행하고 있던 라파예트가 의회를 협박하는 편지를 보내다. 쿠데타를 일으키기 위해 기회를 노리던 라파예트는 끝내 목적을 이루지 못한다.

7월 11일   의회, "조국이 위기에 처했다."라고 선언하다. 이후 로베스피에르는 국왕을 폐위하고 새로운 의회를 선출할 것을 요구한다.

8월 10일   파리 각 구의 대표가 봉기 코뮌을 결성. 파리 민중이 튈르리 궁을 습격하다(8월 10일의 봉기).

로베스피에르가 더는 전쟁을 막을 수 없다는 것을 깨달았다고 해서 선전포고의 날을 기다리고 있던 것은 아니다. 1792년 3월 말 이래 그는 새로운 투쟁의 목표가 된 한 가지 핵심적인 주제에 몰두하고 있었다. 우리는 라파예트의 분명한 사주를 받은 부이예가 어떻게 낭시 연대를 학살했는지 기억하고 있다. 샤토비외 연대의 스위스 병사 40여 명이 교수형을 면하고 중노동형에 처해졌다. 그들은 입법의회에 의해 사면 복권되었고, 브레스트의 도형장을 출발해 4월 15일 대규모 민중 축제를 통해 그들을 환영하기로 되어 있는 파리에 도착했다.

그런데 부이예 외에 낭시 학살의 진정한 책임자는 샹 드 마르스 총격의 장본인인 라파예트였다. 그리고 전쟁이 불가피해진 지금 로베스피에르가 의심하고 비난했던 모든 인물 중 그에게 가장 중요한 적도 라파예트였다. 왜냐하면 바로 그 라파예트가 군대를 지휘하기 때문이었다. 따라서 로베스피에르는 그를 공격하는 데 힘을 집중한다. 3월 28일부터 4월 23일까지 그는 샤토비외의 스위스 병사들을 찬양하고 라파예트를 비난하기 위해 자코뱅 클럽에서 아홉 차례나, 즉 거의 모든 회합에서 연단에 올랐다. 그는 매번 라파예트를 자유와 조국의 가장 위험한 적이라고 비난했다.

이번에는 공격이 성과를 거두었다. 라파예트파의 분노가 그것을 입증하고 있었다. 이 장군이 매수한 수많은 신문들이 모두 한꺼번에 로베스피에르에 대한 극히 폭력적인 여론 몰이를 시작하여, 그가 군대의 사기를 떨어뜨리고 국가 방위에 혼란을 야기하고 있으며 바로 이러한 목적 때문에 궁정에 매수되었다고 비난했다. 그는 살해 위협을 받았고, 위해 기도까지 받았다. 라파예트와 손잡은 사람들, 즉 뒤무리에, 브리소, 그리고 지롱드파는 서슴없이 자신들의 신문에서 같은 비난을 강도를 낮춰 되풀이했다. 그리고 국민방위대의 라파예트 지지 세력은 로베스피에르의 처벌을 요구했다.

로베스피에르의 한 가지 행동이 그의 적들에게 더욱더 아우성 칠 기회를 제공했다. 우리는 그가 1791년 6월 파리 형사재판소의 공공검사에 선출되었던 것을 기억하고 있다. 이 재판소는 조직되는 데 거의 1년이 걸렸다. 개회 전날인 4월 15일, 로베스피에르가 공공검사직을 사임했을 때, 재판소는 막 활동을 시작할 참이었다. ―이 사임의 이유는 쉽게 이해할 수 있다. 로베스피에르는 국왕의 바렌 탈주(1791년 6월 20일) 직전에, 즉 의원의 임기가 만료된 후 정치 생활에서 얼마간 물러날 수 있으리라고 기대하던 시기에 이 직위를 수락했다. 그러나 그 다음의 몇 달을 보내면서 그는 어떤 정치적 임무가 여전히 그를 기다리고 있는지를 충분히 알게 되었다.

따라서 그가 자신이 예견하고 있던 사건들에 온전히 매진하기 위해 구속력 큰 [그리고 아마 그 체제가 작동하는 조건하에서라면 헛된 것이 될] 임무로부터 벗어나는 것은 당연한 일이었다. 그러나 그의 행동은 비겁함, 도주로 해석되었다. 푀양파인 뒤포르뒤테르트르(Marguerite Duport-Dutertre, 1754~1793)가 그를 대신해 공공검사에 선출된 만큼 더욱 그러했다. 이 사건은 곧 책동에 휘말렸다. 즉 부패할 수 없는 인물이 결국 반혁명 세력에게 매수되었고, 그가 사임한 것은 오직 궁정의 후보에게 자리를 넘겨주기 위해서였다는 것이었다. 몇 달 전만 해도 프랑스에서 가장 인기 있는 인물이었던 사람이 가장 비난받고 가장 의심받는 사람이 된 듯했다.

브리소파가 그에게 최종적인 공격을 가하기로 결정한 것은 바로 그러한 분위기에서였다. 1792년 4월 25일 자코뱅 회합에서 브리소와 귀아데가 차례로 연단에 올랐다. 그들에게 찬동하는 라수르스가 회의를 주재하면서 로베스피에르의 지지자들, 특히 흥분한 카미유 데물랭에게 침묵을 강요했다. 브리소가 먼저 발언하고 귀아데가 뒤를 이었다. 그는 로베스피에르가 자코뱅 클럽에서 여론에 대한 독재를 행사하고, 자신의 책임을 회피하고, "민중의 우상이 되었으며," 언제나 공익보다 자신의 자존심을 더 중시한다고 비난했다. 이어서 그는 결국 화합을 회복하기 위해, 그리고 "자유에 대한 사랑으로" 스스로 자신에게 추방 처분을 내릴 것을 로베스피에르에게 충고하는 것으로 결론을 맺는다.

그러나 공격의 과도함 자체가 오히려 공격자로 하여금 목적을 달성할 수 없게 했다. 귀아데가 비난하는 내용을 끝까지 들을 수 있도록 정숙을 요청한 사람은 로베스피에르 자신이었다. 그리고 그는 다음 회합에서 자신의 무죄를 입증하겠다고 요청했다. 4월 27일, 전에 없이 빽빽이 들어찬 청중 앞에서 그는 자신의 행동에 대한 긴 변론으로 브리소와 귀아데에게 응답했다. 사람들은 흔히 로베스피에르가 자신에 대해 너무 많이 말하는 경향이 있다고 비난했다. 그러나 모든 혁명가들 중 로베스피에르가 살아 생전에 적들로부터 가장 조직적으로 비방을 당한 인물이었음을 잊지 말아야 할 것이다. 그 때문에 어느 누구도 어떤 이유로든 로베스피에르가 자신을 변호하는 것을 막으려 하지 않았던 것이다.

그는 먼저, 혁명적 정당 내의 공개적인 비판과 토론의 필요성에 대한 레닌의 테제를 이미 예고하는 용어로, 자코뱅의 화합을 깨뜨렸다는 비판에 대해 해명했다.

민중의 운명이 몇몇 인물들에게 매여 있다고 생각하지 마십시오. 여론의 충격과 격렬한 정치적 토론을 두려워하지 마십시오. 그것들은 자유를 낳기 위한 산고에 불과합니다……. 용기와 진실만이 이 위대한 혁명을 완수할 수 있습니다.

그리고 그는 덧붙였다.

내게 대항해 동맹을 맺은 모든 당파의 신문들이 나를 시샘하여 중상합니다. 그러나 나는 불평하지 않습니다. 나는 나를 비난하는 사람들에 대해 결코 음모를 꾸미지 않습니다. *나는 비난받는 것을 참으로 좋아합니다.* 나는 언제나 고발의 자유를 민중을 수호하는 도구이자 모든 시민의 신성한 권리라고 생각하기 때문입니다. 그리고 나는 여기에서 공론의 재판소 이외에 다른 재판소에 결코 제소하지 않을 것을 공식적으로 약속합니다. 그러나 적어도 내가 이 진정한 최고재판소 앞에서 나의 적들에게 응답함으로써 이 재판소에 경의를 표하는 것은 정당한 일입니다.

브리소가 그에게 뻔뻔스럽고도 신중하지 못한 질문을 했다. "당신은 나와 내 벗들의 행동을 비난할 권리를 얻기 위해 무엇을 했는가?" 로베스피에르는 그 질문을 받아들여 자신의 지나간 활동을 돌아본다. 이 자기 회고의 소묘에서 특히 두 구절은 기억해둘 만하다. 민중과 자신의 관계를 설정하는 구절과 1791년 7월 자코뱅의 위기에서 자신이 수행한 역할을 높이 평가하는 구절이 그것이다.

이 위대한 회의들[아라스에서 삼부회 대표를 선출하던 시기의 민중 회의들]이 보여준 장관은 법이 정한 모든 냉철한 선서문들보다 더 강한 끈으로, 영원히 나를 민중의 대의에 연결시켜준 숭고하고 온화한 감정을 나의 마음 속에 일깨웠습니다. 정말이지 나는 이때 장 자크 루소가 예고한 도덕적이고 정치적인 이 위대한 진실…… 민중만이 선량하고 공정하고 관대하며, 부패와 폭정은 그들을 멸시하는 모든 사람들의 배타적인 전유물이라는 진실을 이해했습니다……. 나는 민중의 아첨꾼도, 중재자도, 웅변적 옹호자도, 보호자도 아닙니다. 나 자신이 바로 민중입니다!

당신은 내가 무엇을 했는지 묻습니다. 그리고 당신은, 그 존재 자체가 내가 행한 일의 기념비인 이 협회에서, 이 연단에서 내게 그 질문을 던졌습니다! 내가 추방의 칼날 아래서, 함정과 총검에 둘러싸여 현대판 술라*들의 분노와 심지어 제헌의회의 전능함에 맞서 이 연단을 수호하고 있을 때 당신은 여기 없었습니다. 그러니 나의 말을 들었던 사람들에게 물어보십시오. 제국의 영토 전역에 흩어져 있는 모든 헌법의 벗들(자코뱅)에게 물어보십시오. 폭풍우 몰아치는 이때에 그들이 누구의 이름을 중심으로 집결했는지 그들에게 물어보십시오. 내가 행한 일이 없었다면 당신은 이 연단에서 결코 나를 모욕하지 못했을 것입니다. 왜냐하면 내가 없었더라면 이 연단은 존재하지 않을 것이기 때문입니다. 이 연단을 구한 것은 당신이 아닙니다!

이어 그는 공공검사직 사임에 대해 해명했다.

나는 공익의 적들과 더 쉽게 싸우기 위해, 방패를 던지듯이 그 자리를 포기했습니다. 나는 돌파구를 열기 위해, 진지를 버리듯이 그 자리를 *버렸습니다*. 나는 사사로운 범법자들을 추적하는 평화로운 임무에 위험 없이 전념할 수 있었을 것이고, 그랬다면 아마도 혁명의 적들은 나의 평판을 지배하는 나의 원칙적인 비타협성을 용서했을지도 모릅니다. 그러나 나는 공익에 대한 음모를 좌절시킬 자유를 갖는 쪽을 더 좋아합니다……. 여러분이 훌륭한 시민으로서 나의 모든 자질을 부인하면서 내가 중요한 자리에 필요하다고 믿는 체하는 것은 얼마나 기이한 모순입니까?

스스로에게 추방 처분을 내리라고 훈계했던 귀아데의 말에 로베스피에르가 응답한 것은 바로 그 다음이었다. 만일 로베스피에르가 난롯가에서 죽었다면(편안히 일생을 마쳤다면), 또는 모든 교차로마다 그의 상(像)이 세워졌다면 우리는 이어지는 내용을 빨리 지나쳐버릴 수 있을 것이다. 반대로 그가 얼마나 통찰력 있게 자신의 길을 선택했고, 한결같은 마음으로 자신에 관한 이야기와 전설을

술라(Lucius Cornelius Sulla, BC 138?~BC 78) 로마 역사상 최초의 전면적인 내전(BC 88~82)에서 승리했으며 뒤이어 독재관을 지내면서(BC 82~79) 로마 공화정의 마지막 세기에 공화정을 강화하기 위한 헌정 개혁을 실시했다.

받아들였는지를 평가하려면 그 응답을 한 단어 한 단어 살펴보아야 한다. 이 응답은 2년 3개월 후에 벌어질 1794년 9월의 '테르미도르 반동' 때에 그가 탈리앵*과 미슐레에게, 바르투(Barthou)와 프레롱에게 대답할 것과 조금도 다르지 않았다.

당신들은 내가 어디로 물러나기를 원합니까? 내가 어떤 국민에게서 확고한 자유를 발견할 수 있겠습니까? 그리고 어떤 전제군주가 내게 안식처를 주려 하겠습니까? 아! 우리는 승리를 거둔 행복한 조국은 버릴 수 있습니다. 그러나 위협받고, 분열되고, 억압당하는 조국이라면! 우리는 떠날 수 없습니다. 우리는 조국을 구하든지 아니면 조국을 위해 죽어야 합니다. 내게 자유에 열광하는 영혼을 주고, 독재자의 지배 아래 태어나게 한 하늘, 당파들과 범죄가 지배하는 시기까지 나의 생명을 연장시킨 하늘은 내 나라를 행복과 자유로 인도해야 할 길을 나의 피로써 그리라고 내게 명령하는 듯합니다. 나는 이 달콤하고 영광스러운 운명을 기쁘게 받아들입니다.

당신들은 나에게 다른 희생을 요구합니까? 예, 여러분이 여전히 요구할 수 있는 희생이 하나 있습니다. 나는 그것을 나의 조국에 바칩니다. 그것은 나의 평판입니다. 나는 나의 평판을 여러분에게 바칩니다. 모두 단결하여 그것을 찢어버리십시오, 자유를 위협하는 헤아릴 수 없이 많은 온갖 적의 무리와 결탁하십시오, 주기적인 비방을 통합하고 더욱 키우십시오. 나는 오직 내 나라의 행복을 위해서만 나의 평판을 원합니다. 만일 내가 평판을 유지할 목적으로 온당치 못한 침묵으로 진리와 민중의 대의를 배반한다면, 나는 여러분에게 그 평판을 내맡길 것입니다. 비방 중상에 넘어갈 수 있는 약하고 변덕스러운 모든 사람들에게, 그 중상을 퍼뜨릴 수 있는 모든 사악한 사람들에게 나의 평판을 내맡길 것입니다. 나는 여전히 그들의 경박한 박수갈채보다 내 양심의 동의와 덕 있고 계몽된 사람들의 존경을 더 좋아한다는 것을 자랑스럽게 여길 것입니다. 그 존경과 진실에 기대어, 나는 배신당한 인류와 억압당하는 민족들을 위해 복수해줄 시간이 뒤늦게라도 도래하기를 기다릴 것입니다.

그리고 결론이 이어졌다. "나는 조국의 벗들이 받아들일 수 있는 조건하에서만 여러분에게 평화를 제안합니다." 브리소파와 로베스피에르파는 이미 과거의 일이 된 분쟁을 잊어야 했다. 제1의 적 라파예트, 나르본, 푀양파와 싸우기 위해, 궁정을 감시하기 위해, 승리할 때까지 마지막 힘을 모아 전쟁을 수행하기 위해 그들은 결속해야 했다. ― 로베스피에르의 연설은 열광적인 박수갈채로 중단되곤 했다. 회의는 그의 연설을 인쇄하고 연설문을 청중들에게 무료로 나눠줄 것을 열광적으로 결의했다. 그리고 사흘 후인 4월 30일 ― 그 전날 페티옹이 중재에 나서 결속을 호소했지만 ― 클럽은 "협회는 브리소 씨의 연설에서 로베스피에르 씨가 보여준 (덕 있는) 감정 중 어떠한 것도 발견할 수 없다."라고 선언했다. 다시 로베스피에르가 자코뱅을 장악했다. 그는 이제 그것을 다시는 잃지

탈리앵(Jean-Lambert Tallien, 1767~1820) 1792년 8월 10일 봉기에 가담한 뒤 정치 생활을 시작했으며, 산악파와 손잡고 지롱드파에 맞섰다. 1794년 6월에 로베스피에르에게 비판을 받자, 푸셰 등과 함께 로베스피에르를 타도할 음모를 꾸몄다. 1794년 테르미도르 9월의 반동으로 로베스피에르를 제거한 뒤, 온건파(테르미도르파)의 지도자가 되었다.

않는다.

생토노레 가에서 패배한 브리소파는 그럼에도 불구하고 로베스피에르의 제안에 대답하지 않았다. 반대로 그들은 로베스피에르에 대한 여론 몰이와 중상 모략을 강화한다. 이제 그들은 내각, 비밀 자금, 나눠줄 자리들을 장악한 만큼, 자신들의 영향력을 확대하기 위해 거리낌없이 그것들을 이용하기 시작했다. 예를 들어 그들은 미래의 바뵈프*의 모호한 동료인 실뱅 마레샬(Pierre-Sylvain Maréchal, 1750~1803)을 매수하여 그로 하여금 그때까지 로베스피에르를 지지했던 신문인 〈파리의 혁명〉에 로베스피에르가 랑발 공작 부인*의 집에서 마리 앙투아네트와 비밀 회견을 가졌다고 비방하고, 또 그를 '오스트리아 위원회'*의 위원이라고 비난하는 극히 악의적이고 야비한 글을 발표하게 했다.

마라[다시 자금을 얻어 4월 15일 이래 신문을 발행한], 카미유 데

바뵈프(François-Noël Babeuf, 1760~1797) 프랑스 혁명기의 정치 선동가. 그가 구상한 토지개혁이 BC 2세기 로마의 정치가 그라쿠스 형제의 것과 비슷하다 하여 '그라쿠스'라는 별명을 얻었다. 토지와 수입의 균등 분배를 요구했으며 1796년 5월 봉기를 준비하던 중 체포되어('평등주의자들의 음모' 사건) 단두대에서 처형당했다.

랑발 공작 부인(Princesse de Lamballe, 1749~1792) 마리 앙투아네트 왕비의 절친한 친구로, 1792년 8월 앙투아네트의 반혁명 음모에 가담한 것으로 지목되어 9월 3일 군중들의 손에 참수당했다.

오스트리아 위원회(Comité Autrichien) 1790년 여름부터 1792년 8월 10일 봉기 전까지, 앙투아네트 왕비를 중심으로 하여 외국의 궁정들과 공모하여 프랑스 혁명을 분쇄하기 위해 튈르리 궁 안에 조직되어 활동하고 있다는 소문이 났던 위원회.

마리 앙투아네트 개혁에 적대적이었던 마리 앙투아네트는 1791년 6월 바렌 탈주 사건 이후에도 끊임없이 의회 내 입헌군주제 지지자들과 연계해 음모를 꾸몄다. 왕비에 대한 민중의 분노는 결국 1792년 8월 10일 왕정을 타도한 반란의 촉진제가 되었다.

2부 혁명의 혁명

물랭, 에베르가 로베스피에르를 강력하게 옹호했다. 그러나 로베스피에르는 상황이 불공평하다고 느꼈다. 라파예트와 브리소 편에 선 온갖 엉터리 기자들에 맞서고 있는 그에게 자코뱅 클럽의 연단은 더는 충분하지 않았다. 그에게도 자신의 신문이 필요했다. ─그 얼마 전 뒤무리에는 그를 매수하려 했다. 자코뱅이면서 궁정의 돈을 받는 이중 간첩 본카레르를 통해 그는 로베스피에르에게 내각의 은밀한 재정 지원을 받는 한 신문의 편집장직을 제안했다. 물론 로베스피에르는 거부했고, 이후 뒤무리에는 로베스피에르의 반대파를 더욱 부추겼다. 충실한 자코뱅들 ─ 아마도 로베스피에르의 하숙집 주인 뒤플레와 젊은 세바스티앙 라크루아* ─ 이 제공한 정직한 자금으로 로베스피에르는 자신의 계획을 실현할 수 있었다. 1792년 5월 17일 그의 신문 〈헌법의 수호자〉 창간호가 발간되었다.

신문의 제호 자체가 이 시기 로베스피에르의 생각을 강조해 보여주고 있다. 그리고 창간호의 긴 사설이 그의 생각을 설명해준다. 전쟁의 위기와 반동적 쿠데타의 위협 아래서 봉기는 그에게 가장 불확실한 해결책으로 보였다. 또 봉기가 실패하여 한 당파의 승리를 앞당길 수도 있었다. 확실히 공화국은 이론적으로 선호할 만한 것이었지만 이 문제에 대한 로베스피에르의 태도는 국왕의 바렌 탈주 이후와 동일했다. 즉 기존의 구조를 전복시켜야만 하는 상황이 도래하기에 앞서 현재의 상황을 합법적 범위 안에서 최대한, 그리고 가능한 한 가장 구체적으로 이용한다는 것이었다. 헌법의 수많은 조항들을 격렬히 공격했던 그는 그 누구보다 헌법의 결함과 취약성을 잘 알고 있었다.

그러나 그는 헌법에 대해 변증법적 태도를 취했다. 헌법은 전적으로 그 이론적 서문인 인권선언에 지배되고 고취되고 있고, 따라서 그 헌법은 결국 모든 사람들에게 명료히 드러날 내적 모순들, 즉 로베스피에르 자신이 비난했던 내적 모순들을 포함하고 있음이 분명했다(헌법이 인권선언의 정신과 요구에 부응하지 못한다는 의미). 그의 현실적인 전술은 이 모순들을 이용하고, 헌법 서두의 인권선언을 끊임없이 요구하면서 동시에 그 헌법이 제공하는 모든 합법적인 수단들을 고수하는 것이었다. 또한 그의 전술은 한 가지 해결책이 불가피해지는 시기, 즉 절충적인 이 헌법을 개혁하여 그 헌법의 토대라고 주장되는 원칙들에 따라 헌법을 바꿔 시행할 수 있게 되는 시기를 준비하는 것이었다.

1792년 5월 17일 로베스피에르는 헌법을 자기 행동의 토대로 간주했고, 합법적인 행동을 고수할 필요성을 역설했다. 8월 10일, 석 달도 채 지나지 않아 로베스피에르가 고취하고, 로베스피에르가 정한 목표를 지향하는 민중봉기가 왕좌를 무너뜨리고 동시에 헌법을 파괴했다. 로베스피에르를 경직된 이론가로 보려 한 사람들, 그리고 '자코뱅 정신'을 모든 상황에 동시에 규정되는 의지, 즉 인물 또는 정책의 도식을 상황을 고려하지 않고 적용하려 하는 비현실적인 의지로 정의하려 했던 사람들은 이 급작스러운 변화를 설명하는 데 큰 어려움을 겪는다. 줄곧 로베스피에르를 뒤따라온 우리는 사건들의 리듬이 가속화되어 문제의 조건들을 급속히 변화시킬 때 그의

라크루아(Sébastien Lacroix, 1768~1794) 변호사. 파리의 구(Section) 조직을 기반으로 활동한 혁명 투사들 중 한 사람.

완강함이 얼마나 유연해질 수 있는지를 더 잘 추측할 수 있다.

4월 28일 로샹보*의 군대는 오스트리아령 네덜란드의 벨기에 국경에서 공세에 나섰다. 그때 로베스피에르의 말을 듣지 않은 데 따른 대가가 드러났다. 애국파 병사들과 특권층 장군들은 서로를 불신의 눈으로 바라보았다. 오스트리아 군대와의 첫 충돌에서 테오발 딜롱(Théobald Dillon, 1745~1792) 장군은 병사들의 능력을 의심하고 퇴각 명령을 내렸다. 사령관에게 배신당했다고 생각한 병사들은 그를 배신했다. 그 결과가 패주였음은 쉽게 예견할 수 있는 일이었다.

라파예트파는 전쟁의 경과를 위의 상황 그대로 이해하지 않았다. 그에 따라 장군들은 병사들의 사기 저하와 규율 부재에 대해 분노에 찬 항의를 퍼붓고, 모든 책임을 부대의 비겁함으로 돌리면서 새로운 공격에 나서기를 단호히 거부했다. 라파예트는 5월 13일 뒤포르와 화해하고, 5월 18일 그의 동료들인 로샹보, 뤼크네르*와 회견한 후, 자신의 동의 없이 지명된 지롱드파 육군대신 세르방의 명령을 따르지 않고 오스트리아 군과 비밀 협상을 시작했다. 처음에 그는 적에게 몇 차례 승리를 거둔 후 자신의 군대와 함께 파리로 진격하여 독재권을 장악하리라 생각했다. 이제 그는 예정된 순서를 바꾸었다. 먼저 군대에 의지해 쿠데타를 일으키고 나서 전쟁 문제를 어떻게 할지 결정하기로 한 것이다. 그러는 동안 오스트리아 군은 그들에 대한 공격을 준비하고 있었고, 프로이센도 성공적으로 군대를 동원하고 있었다.

로베스피에르에게 돌아온 첫 번째 임무는 애국파 병사들을 변호하는 것이었다. "특권층의 어법상 '군기 문란'이란 병사이면서 동시에 애국파가 되는 범죄이며, 독재자의 신호에 따라 민중을 학살하고 자유를 억압할 준비가 되어 있는 꼭두각시가 되기를 거부하는 범죄이다."라고 그는 일기에 썼다. 로베스피에르는 근대사에서 처음으로 민주적 군대의 시민-병사들이 자유롭게 동의한 규율과 국민들의 자유를 공격하는 군대의 프로이센식 규율을 구분한 사람 중 하나였다.

동시에 그는 자신의 신문뿐 아니라 자코뱅의 연단에서 그 어느 때보다 더 라파예트와 푀양파 장군들에 대한 공격을 계속했다. 이번에는 민중협회들이 이전보다 더 열렬하게 그를 지지했다. 상황은 더 중대했지만 동시에 더 단순해졌다. 코르들리에 클럽은 마라의 주도 아래 5월 2일 장군들의 배신을 고발했다[마라는 이 일로 다시 한 번 기소된다]. 그리고 입법의회의 '코르들리에 3인조' — 샤보*, 바지르*, 메를랭 드 티옹빌* — 는 전쟁을 방해하고 쿠데타를 준비하는 '오스트리아 위원회'의 활동을 비난했다.

이러한 상황에 직면한 브리소파는 잠시 강경한 태도를 취했다. 브리소파는 라파예트와 롤랑 사이의 격렬한 편지 교환 이후 라파

로샹보(comte de Rochambeau, 1725~1807) 프랑스의 장군. 1781년 프랑스 군을 이끌고 버지니아의 요크타운 전투에 참가해 미국 독립혁명을 지원했다. 프랑스 혁명기에 북부군을 지휘했고(1790~1791) 1791년에 육군 원수가 되었다. 공포정치기에 체포되었다가 간신히 살아났으며 훗날 나폴레옹에게 연금을 받았다.
뤼크네르(Nicolas Lückner, 1722~1794) 1792년 라인 군과 북부군을 지휘하였으나 1794년 반역 행위로 처형되었다.
샤보(François Chabot, 1759~1794) 환속한 성직자로 입법의회와 국민공회 의원에 선출되었으며 급진적 혁명가로 이성(理性)숭배교 주창자의 한 사람이었다. 동인도회사 사건으로 기소되어 당통, 관용파와 함께 처형되었다.

프랑수아 샤보 성직자 출신의 급진적 혁명가로, 이성 숭배교 주창자이자 코르들리에 클럽의 일원이었다.

예트파와 라메트파가 자신들에 대항해 궁정과 동맹을 맺은 것을 알게 되었고 그에 따라 브리소파도 공격으로 돌아섰다. 5월 27일 브리소파는 선서 거부파 성직자들을 탄압하는 법령을 통과시켰는데, 그것은 루이 16세가 거부권을 행사한 1791년 11월 29일 법령을 손질한 것이었다. 5월 29일 브리소파는 단호한 반혁명 세력으로 유명했던 국왕의 입헌 근위대를 해산하는 새로운 법령의 표결에서 승리했다. 그리고 5월 30일 장소네는 정치적 경찰 기능과 혐의자들에 대한 체포권을 행정기구들에 부여할 것을 제안했다.

이 모든 조치들은 로베스피에르가 권고한 정책과 정확히 일치하는 것이었다. 따라서 자신의 신문 5월 31일자에 쓴 최근의 의회 내 논쟁에 대한 기사에서 그가 어느 때보다 더 비관적인 태도를 보인 것은 놀랄 만한 일이다. 그는 그 기사에서 좌파 의원들에게 이렇게 말하기까지 했다. "여러분은 여러분의 비겁, 부패, 무기력을 통해 끔찍한 [반동의] 계획들을 스스로 조장하고 있다." 이 말은 과장된 것이었다. 그러나 로베스피에르는 브리소파가 이중 게임을 하게 되리라는 것 — 이후에 일어날 일련의 사건들이 이를 분명히 보여준다. — 을 이미 알고 있었다.

한편으로는 현재 상황에서 후방의 음모를 제압할 조치를 취하는 것으로는 충분하지 않았고, 특히 장군들 — 일차적으로는 라파예트 — 을 엄하게 제재하고 군사 쿠데타의 위험을 차단해야 했다. 그런데 로베스피에르는 브리소파가 대담하지 못해서든, 신중해서든 이러한 쪽으로는 아무 일도 하지 않고 있다는 것을 알고 있었다. 다른 한편으로는, 브리소파가 어느 때보다 더 민중의 활력에 의지하려 하지 않는다는 것을 그는 잘 알고 있었다. 5월 초에 브리소파는 푀양파와 함께 마라와 코르들리에 클럽의 행동을 비난했다. 6월 초에 이르면 그들은 자신들의 계급 정책이 갖는 부르주아적 성격에 대해 훨씬 더 눈에 띄는 증거를 보여준다.

에탕프의 시장 시모노가 곡물 유통에 반대하는 농민들, 농업 노동자들과 충돌하여 사망한 사건을 기억할 것이다. 로베스피에르는 3월 28일과 4월 9일 두 차례에 걸쳐, [그 사건의 내용을 언급하지는 않았지만] 자코뱅이 그를 추모하는 것에 반대했다. 그러나 자코뱅이 포기한 것을 입법의회가 했다. 외국과의 전쟁이 불리해지고 최악의 배신이 우려되는 상황에서 푀양파와 지롱드파는 화기애애

바지르(Claude Basire, 1761~1794) 국민공회 의원으로 지롱드파 공격에 앞장섰지만, 점차 공포정치의 과도함을 비난했다. 샤보와 함께 기소되어 처형되었다.
티옹빌(Merlin de Thionville, 1762~1833) 입법의회와 국민공회 의원. 산악파였으나 테르미도르 쿠데타에 참여했다.

하게 의견 일치를 이루어 소유권의 순교자 시모노를 추모하는 *법의 축제*를 6월 3일 개최한다는 법령을 제정했다.

이 축제는 명확히 샤토비외의 스위스인 도형수들을 위해 4월 15일 조직되었던 *자유의 축제*, 점잖은 사람들로부터 극도의 분노를 샀던 그 축제의 결과를 짓밟아 없애는 것을 목표로 하고 있었다. 4월 15일의 축제를 위해 선택되었던 표어, 즉 몇 달 후 프랑스 자체의 표어가 될 '자유, 평등, 우애'에 맞서 6월 3일을 위해 선택된 표어 '자유, 평등, 소유권'은 신랄한 반격처럼 대비를 이루었다. 그러나 4월 15일의 축제가 민중들의 놀랄 만한 열광 속에서 평화롭게 진행되었던 반면, 6월 3일의 축제는 군대의 행렬 속에서 진행되었다. 오직 부르주아들만이 그 축제에 참석했고, 민중들은 집에 남아 있던가 의미심장하고 무거운 침묵 속에서 그것을 그저 지켜보았다.

로베스피에르의 반응은 그 누구도 예견하지 못한 거칠고 단호하고 진지한 것이었다. 그는 이 축제에 대해 항의했을 뿐 아니라 매점자이자 투기꾼인 시모노를 순교자로 만든 데 분노했다. 그리고 그는 문제의 본질 자체를 공격했다. 5월 1일 에탕프 근처 모샹(Mauchamps)의 입헌사제인 피에르 돌리비에*가 3월의 소요(곡물의 공정가격제를 요구하는 민중들의 소요) 진압 때 군대가 저지른 학살과 약탈에 대한 긴 항의문을 의회에 보내왔다. 돌리비에는 이 항의문 안에 매우 대담한 비판을 덧붙였는데 그것은 몇 년 뒤에 나타날 바뵈프의 것보다 더 기독교적이고 루소주의적인 언어로 사유재산, 최소한 토지 재산의 가치와 한계에 의문을 제기하는 결론에 이르고 있었다. 로베스피에르는 주저 없이 자신의 신문 〈헌법의 수호자〉 제4호(6월 6일)에 돌리비에의 긴 항의문을 그대로 실었다. 나아가 그는 돌리비에를 지지하는 긴 논평을 덧붙였다. 처음으로 그는, 연합한 푀양파와 브리소파를 혁명을 독점하려고 하는 하나의 사회 계급으로 규정해 공격했다.

부유한 상점 주인에서 당당한 귀족에 이르기까지, 변호사에서 옛 중신(重臣)에 이르기까지 거의 모든 사람들이 민중이라는 이름의 인류를 경멸할 특권을 유지하고 싶어하는 것으로 보인다. 그들은 자신들과 동등한 사람들이 늘어나는 것보다 주인을 모시는 것을 더 좋아한다. (주인의) 하수인으로서 (주인을) 섬기며 압제의 힘을 휘두르는 것이 그들에게는 동료 시민들과 자유를 공유하는 것보다 더 아름다운 운명으로 보인다. 인간의 존엄성과 조국의 영광, 그리고 미래 인류의 행복이 그들에게 무슨 의미가 있겠는가? 그들이 덕 없이 공경받고, 재능 없이 명성을 얻고, 그들의 재산이 그들의 부패와 공공의 빈곤과 더불어 나날이 증가한다면, 긴 세월이 흐르는 동안 우주는 소멸하고 인류는 불행해질지어다.

플루투스*의 제단밖에 아는 것이 없는 이 탐욕스러운 투기꾼들에게 자유에 대한 숭배를 설교하러 가자! 그들이 관심 있는 것이라고는 오직 현재 우리의 금융 체계가 그들의 자본에 대한 이자를 매순간 얼마만큼의 비율로 증식시킬 수 있는지를 아는 것뿐이다. 혁명이 그들의 탐욕에 제공한 봉사로는 그들을 혁명과 화해시킬 수 없다. 그들에게 혁명은 정확히 그들의 재산을 증대시키는 것으로 한정되어야 한다.

돌리비에(Pierre Dolivier, 1746~?) 성직자이자 광범위한 사회 개혁의 옹호자.
플루투스(Plutus) 로마 신화에 나오는 부(富)의 신.

그들이 새로운 정책에 대해 알고 있는 것은, 전능한 민중이 즉시 평온한 태도를 회복했다 해도 후작(라파예트)이 참모부를 수립하지 않았다면, 그리고 무장한 시민들로 이루어진 대규모 방위대 대신에 장교들로 이루어진 빛나는 군사 집단을 창설하지 않았다면, 파리가 바스티유를 함락한 그 순간 자신들은 모든 것을 잃었으리라는 것뿐이다. 따라서 그들은 자신들이 누리는 사업의 평온을 이 영웅(라파예트)의 공으로 돌리며 마찬가지로 프랑스도 자신의 안녕을 이 영웅의 공으로 돌리는 것이다. 바로 그러한 이유로, 그가 조국의 제단 위에서 1,500명의 평화로운 시민들, 남자, 여자, 아이들, 노인들을 학살한 날(1791년 7월 17일 샹 드 마르스의 발포 사건이 있던 날)이 우리의 역사상 가장 영광스러운 날인 것이다.

게다가 그들은 민중은 사슬에 매어두지 않으면, 그리고 이따금 충격을 가하는 배려를 베풀지 않으면, 언제나 *신사*들을 집어삼킬 준비가 되어 있는 길들여지지 않는 괴물이며, 따라서 권리를 요구하는 사람들은 모두 반도이자 선동꾼에 불과하다는 낡은 금언을 믿고 있다. 그들은 하늘이 오직 왕들, 귀족들, 법률가들, 주식투기업자들의 기쁨을 위해 인류를 창조했다고 믿는다. 그들은 아주 옛날부터 신이 어떤 사람들의 등은 짐을 메기에 적합하도록 굽게 해놓았고, 다른 사람들의 어깨는 황금 견장을 달기에 적합한 모양으로 만들었다고 믿는다.

여기서 로베스피에르가 어떤 진보를 이루었는지 알 수 있다. 처음으로 그는 정치적인 것과 사회경제적인 것의 연관을 깨달았다. 그는 민중의 정치적 권리를 옹호하는 것으로는 충분하지 않다는 사실을 깨달았던 것이다. 왜냐하면 민중의 적들을 움직여 퇴양파

구체제의 모순을 상징적으로 표현한 그림. 성직자와 귀족, 왕이 한 대의 마차에 올라타고 있다. 이 마차는 프랑스 민중을 가리킨다.

처럼 혁명을 진압하게 만들거나 브리소파가 앞으로 그러는 것처럼 혁명을 끝까지 수행할 수 없게 만드는 것은 바로 경제적 동기이기 때문이다. 그는 브리소파가 부르주아지의 소유권에 대한 옹호를 국민의 보편적 이익과 공공 안녕의 요구보다 중시했음을 확인하고서야 그것을 깨닫게 된다. 법의 축제가 민중의 그 모든 요구와 폭동보다 더 크게 로베스피에르의 눈을 열어주었다고 말할 수 있을 것이다.

생각해보면 이 과정은 극히 자연스러운 것이었다. 로베스피에르는 실제로 변호사인 바르나브, 이스나르, 또는 베르니오, 언론인인 브리소와 같은 사회 계급 출신이었다. 그러나 로베스피에르를 뺀 나머지 사람들은 곧 금융 및 상업 자본가들, 그리고 대두하고 있던 일부 산업 자본가들과도 긴밀히 접촉하게 되었다. 그들은 자본가들의 시각을 받아들였다. 온전한 신흥 계급으로서 봉건제와 토지 재산에 대해 우위를 확보한 자본가 부르주아지는 자신들의 이해관계와 그와 관련된 정책에 대한 명료한 시각을 지니고 있었다. 따라서 바르나브와 심지어 브리소가 경제에 대한 정치의 종속성에 대해 로베스피에르보다 더 빨리 그리고 더 예리한 통찰력을 갖게 된 것은 전혀 놀라운 일이 아니다.

반대로 로베스피에르가 옹호하고 사랑하는 민중, 그가 그 일부가 되고 싶어하는 민중은 결코 신흥 계급이 아니며, 수십 년 후에나 노동자 프롤레타리아를 이루게 될 것이다. 민중은 낡고 모순적인 이데올로기로부터 잘못 끄집어낸 요구들을 두서 없이 제시할 뿐이다. 마라 역시 특별한 통찰력에도 불구하고 이 혼란과 모순에서 벗어나지 못한다. 로베스피에르는 더욱 그러한데 이 문제를 강조할 기회는 앞으로도 여러 차례 있을 것이다. 그때까지 그는 엄격하게 정치적인 태도에서 멈추고 있기 때문에 유일하게 그를 사회경제적 문제 쪽으로 이끌 수 있는 것은 정치적 현상뿐이다. 그는 양자가 연관되어 있다는 것을 깨달아야 한다.

로베스피에르가 정치와 경제의 연관성을 깨닫는 것은 오직 전쟁이 시작된 이후, 자유와 조국을 지키는 데 대중들의 참여가 절박하고 결정적이라는 것이 명백해질 때였다. 그러나 그가 계산에 따라 행동했다고 보는 것은 매우 잘못된 일이다. '산악파'가 될 인물들 대다수는 실제로 계산에 몰두했다. 그들은 부르주아 혁명을 구하는 데 필수 불가결한 민중의 협력을 사회경제적인 양보를 주고 산다. 그들은 상황이 유리해지면 자신들이 민중에게 갉아먹으라고 넘겨주었던 뼈를 다시 뺏는 한이 있더라도 일단은 지롱드파가 지불하기를 거부했던 값을 치른다. 로베스피에르에게는 그와 같은 흥정이 없었다. 그 자신이 부르주아이지만 그는 모든 애정을 '가난한 사람들'에게 쏟고 있었다. 특히 그는 루소가 만들어낸 인물이었으며, 루소의 사상은 하층민들과 중간 계급들의 혼란스럽고 모순된 갈망과 아직 태어나지 않은 미래에 대한 그들의 모호한 욕구에 가장 가까운 이데올로기적 표현이었다.

테르미도르의 몰락보다 로베스피에르의 진실됨을 더 잘 입증해주는 것은 없을 것이다. 그러나 그에 앞서 우리가 주목해야 할 것은 1792년 6월 초 이래 그가 생필품에 대한 규제와 공정가격제에 대한 지지를 선언하면서 동시에 자신의 시각에 한계를 설정하고 그것을 재고하지 않는다는 사실이다. 훗날의 사회주의 지도자 조레스는 로베스피에르가 돌리비에의 항의문을 논평한 구절들에 대해 분개했다. 그 구절들을 주의 깊게 읽으면서 우리는 차라리 로베스피에르가 당시에 다른 것을 생각할 수 있었는지, 다른 것을 생각하면서 여전히 현실주의적이고 유능한 인물이 될 수 있었을지를 물어야 한다. 로베스피에르는 이렇게 쓴다.

이 혁명이 시작되었을 때부터 그들[부르주아 정치 지도자들]은 사악한 사람들이 어리석은 사람들에게 보여주는 터무니없는 허깨비인 농지법* 사상으로 모든 부자들을 겁주려 하는 것을 봐오지 않았던가? ······ 마치 자유의 옹호자들이 그처럼 위험하고 부당하고 실행 불가능한 계획을 구상하는 분별 없는 사람들이라도 된다는 듯이. 마치 그들이 재산의 평등이 시민 사회에서는 본질적으로 불가능하고 그것은 훨씬 더 명백히 *공상적인* 공동체를 필연적으로 전제로 한다는 것을 모르기라도 하는 것처럼. 또한 어떤 산업에 종사하는 사람으로서 이 터무니없는 계획에 따라 개인적 이익을 위협받지 않는 사람이 단 하나라도 있는 것처럼.

화를 내기에 앞서 마지막 두 구절에 주의해야 한다. 로베스피에르는 농지법이 공산주의 체제에서만 실현 가능하고, 그 체제는 '공상적'이라는 것을 분명히 알고 있다. 따라서 그는 공산주의 체제가 부르주아 윤리의 여신인 소유권에 대한 신성모독적 침해이기 때문이 아니라 무엇보다 그것이 불가능한 것이기 때문에, 그리고 그 불가능성은 '실행할 수 없어서' 치명적인 것이기 때문에 그것에 반대한다.

1792년 6월에 로베스피에르가 공산주의를 공상적이라고 판단한 것은 옳았다. 공산주의가 합리적 사고의 대상이 되려면 대기업의 발달과 자본주의적 집중이 필요하다. 4년 후 바뵈프가 예찬하는 공산주의가 여전히 대부분 공상적인 것이었고, 역사적으로 여전히 재화 생산의 공산주의를 생각할 수 없었으며 재화의 분배에 머물러 있어야 했음을 굳이 상기할 필요는 없을 것이다.

마지막 구절 역시 중요하다. 그것은 우리에게 로베스피에르가 그 대의를 받아들인 민중의 요구가 어떤 지점에서 모순적인지를 분명하게 보여준다. 우리는 민중 또는 *상퀼로트*라는 단어에서 항상 오늘날 프롤레타리아의 선조들을 상상하고 그들만을 보려 하는 경향이 있다. 그런데 도시들[농촌 민중의 또 다른 복잡성에 대해서는 말하지 않더라도], 특히 파리의 상퀼로트 중에는 이미 노동자들이 많이 있었지만 또한 그들과 함께 직인들, 중소 수공업자들, 소상점주들, 그리고 심지어 소기업 소유주들도 있었다. 따라서 상퀼로트가 모두 무산자인 것은 결코 아니었다.

예를 들어 사람들은 소목 장인 뒤플레를 평균적인 자코뱅적 심성(망탈리테)의 전형적인 예로 간주하는 데 동의한다. 생애의 마지막 3년을 그의 집에 머물고 가족으로 함께 생활한 로베스피에르가 보기에 물론 그는 전형적인 상퀼로트이다. 그러나 '소목 장인 뒤플레'는 '목공(木工) 기업가'로 부르는 것이 더 정확할 것이다. 그는 파리에 여러 채의 건물을 소유하고 있었고, 수하에 노동자를 40명까지 고용했으며, 그들 중 한 사람과 같은 식탁에 앉는 것을 자신의 권위를 해치는 일이라고 생각했다. ─ 물론 자영업자 뒤플레는 은행가, 대상인, 투기자에 맞서 생마르소 포부르의 노동자, 생탕투안 포부르의 가구세공 직인, 그라빌리에 구의 소규모 수공업자와 나란히 투쟁했을 것이다. 그러나 짐작컨대 '어떤 산업에 종사하는 인물'인 뒤플레의 '개인적인 이익'은 농지법과 공산주의라는 '엉뚱한 계획에 심각하게 위협'받았을 것이다.

로베스피에르는 오늘날 역사가들이 할 수 있는 것처럼 이 모순과 복잡성을 분석할 수는 없었다. 그러나 그는 그것들을 충분히 예감할 만큼 현실감각을 지니고 있었고, 효과적인 행동에 대한 관심 때문에라도 그것들을 고려하지 않을 수 없었다. 그의 글의 결론은

농지법 대토지 소유를 제한하고 경작자 농민들에게 가구당 적정량의 토지를 분배하는 법. 돌리비에도 사회 개혁의 일환으로 이를 요구했다.

또 다른 모순, 현실적이라기보다 이데올로기적인 모순을 드러내고 있다. 로베스피에르는 우선 당대로서는 보기 드물 만큼 대담하게 모든 사람의 노동권을 주장한다. 그리고 마지막에 그는 다시 '덕(德)에 의한 부(富)의 도덕적 상쇄'라는, 루소가 《성경》으로부터 물려받은 치명적인 약점에 빠진다. 바로 여기에서 우리는 바뵈프가 백과전서파의 낙관주의로부터 물려받은 유산에 의거해 로베스피에르를 넘어서 성취할 진보가 얼마나 중대한 것인가를 측정할 수 있다〔아래는 다시 로베스피에르의 글이다〕.

우리는 권리의 평등을 원한다. 왜냐하면 그것 없이는 자유도, 사회적 행복도 없기 때문이다. 재산에 대해서는, 일단 사회가 그 구성원들에게 노동을 통해 생필품과 식량을 확보할 수만 있게 해준다면 자유의 벗들은 재산을 원하지 않을 것이다. 아리스티데스*는 크라수스*의 보물들을 시샘하지 않았을 것이다. 순수하고 성숙한 사람들에게 아리스티데스는 크라수스의 보물들보다 훨씬 더 소중한 재산이다. 재산은 흔히 타락으로 이어지므로 그것을 잃은 사람들보다 그것을 소유하고 있는 사람들에게 더 해로운 것이다.

이 글은 로베스피에르의 진보에서 획기적인 계기가 되므로 길게 다룰 필요가 있다. 그러나 1792년 6월 계속해서 가속화되는 사건들의 리듬 속에서 아직 그것은 장차 펼쳐질 마당에 자리를 까는 것에 불과했다. 사회경제적 문제가 아무리 중요한 것이라 해도 그것은 긴급한 정치적 상황 앞에서 두 달 간 뒤로 물러나 있을 것이다. 6월 8일 자코뱅 육군대신 세르방은 의회가 전국에서 2만 명의 연맹군*을 징집하여 파리 안에 주둔 기지를 설립하게 하는 법령을 제정하도록 했다. 이 기지의 표면적인 목표는 예상할 수 있는 적의 공격으로부터 수도를 보호하는 것이었다. 그러나 그것의 은밀한 목표는 모든 반동적 쿠데타 시도에 대비하는 것이었다. 이번에는 브리소파가 정확히 판단했고, 그들이 발의하는 모든 조치를 언제나 의심했던 로베스피에르가 잘못 생각했다. 6월 7일과 8일 자코뱅 클럽에서 그는 이 조치에 반대했다. 파리를 지키는 데에는 파리 주민들과 국민방위대로 충분하다. 즉 "민중을 속박하지 않고 애국파를 억압하지 않는 것으로 충분하다." 그리고 파리 안의 군대는 라파예트파의 *군부 쿠데타*(pronunciamento)를 도와줄 수 있다. 연맹군이 애국파들 중에서 선발되리라고 누가 보장할 수 있는가?

루이 16세는 로베스피에르와 같은 이유에서 연맹군을 두려워한 것은 아니었다. 반대로 그는 로베스피에르보다 더 선견지명을 가지고 연맹군이 파리의 봉기에 지원군이 될 수 있으리라고 보았다. 각료들의 집단 사임이라는 위협 아래 그는 정말로 마지못해 자신의 입헌 근위대를 폐지하는 법령을 재가하는 데 동의해야 했다.

그러나 그는 뒤무리에와 세르방 사이에 격화되고 있던 분열을 이용하고, 파리의 푀양 클럽 회원 8천 명이 서명한 청원서에 기대어 6월 11일, 거부파 성직자 탄압 법령과 연맹군 기지에 관한 법

아리스티데스(Aristides, ?~?) BC 5세기에 활동한 고대 아테네의 장군이자 정치가. 페르시아 전쟁 후 아테네의 재무를 담당했고, 청렴한 사람으로 유명했다.
크라수스(Marcus Licinius Crassus, BC 115~BC 53) 로마 공화정 말기의 대부호이자 카이사르, 폼페이우스와 함께 삼두정치를 이끌었던 정치가.
연맹군(Fédérés) 혁명의 수도 파리를 수호하기 위해 전국에서 소집한 의용군.

령에 거부권을 행사했다. 롤랑은 매우 정중한 편지에서 국왕의 거부가 초래할 수 있는 심각한 결과들을 설명했다. 루이 16세는 이튿날인 6월 12일 그에 대한 답으로 롤랑, 클라비에르, 세르방을 '사임시키고,' 잘 알려지지 않은 우파 인물들로 그들을 대체했다. 국왕은 라파예트파와 라메트파의 동맹과 뒤무리에의 지지 덕에〔그러나 뒤무리에는 반역죄로 의회에 의해 기소되는 것을 두려워하여 15일 사임한다〕새로운 양보를 할 필요는 없을 것이라고 계산하고 있었다.

6월 13일 저녁, 로베스피에르는 자코뱅 클럽에서 발언했다. "공공의 안녕은 특히 왕실이 마음먹기에 따라 빈번히 해임할 수 있는 대신들의 기질에 달린 것이 아니라 입법의회의 힘과 애국심에 달려 있습니다……. 입법의회는 세르방 씨를 걱정하기보다 자유를 존중하게 하고 박해받는 불행한 사람들을 지원하는 일에 전념해야 합니다." 다음날 봉기를 옹호할 당통과는 반대로, 그는 "공익을 침해할 뿐인 불완전한 봉기"에 반대했다. 그는 브리소파와 같은 이유로 비밀 자금, 대신들의 지명과 그 내막에 대해 분노하는 것은 아니었다. 그것들을 공격해서 무슨 소용이 있겠는가? 중요한 것은 명백히 국내의 적들이 공격을 준비하고 있는 순간에 애국파 쪽에 혼란이 일어나서는 안 된다는 것이었다.

그는 정확히 보고 있었다. 6월 16일 라파예트는 모뵈주* 사령부에서 입법의회로 편지를 보냈고 그것은 6월 18일 낭독되었다. 그 편지는 의회에 정책을 바꾸고 자코뱅 클럽과 민중협회들을 무력화할 것을 촉구하고, 그러지 않는다면 라파예트 자신이 자신의 칼과 군대로 결판을 내겠다는 통고였다. 이 터무니없는 편지가 낭독된 후, 베르니오와 귀아데는 미약하게 항의했다. 그들의 당파(브리소파)는 반란을 획책하는 이 장군에 대해 감히 기소를 요구하기에는 그와의 석연찮은 뒷거래에 너무나 깊이 연루되어 있었다[5월 17일 브리소는 자코뱅 셰피(Chépy)로부터 라파예트와 오스트리아 간의 협상에 대해 보고를 받았지만 그를 입법의회에 고발하지 않았다]. ― 그들은 파리 시 당국의 페티옹, 마뉘엘과 공모하여 자신들의 당파에 속한 민중 지도자들이 민중들을 거리로 이끌고 나오도록 하는 쪽을 더 좋아했다. 그들의 응수가 6월 20일 봉기였고, 그 봉기에서 그들은 각료들의 복귀와 거부권의 철회만을 요구할 것이었다.

6월 18일 저녁 로베스피에르는 자코뱅 클럽에서 발언하고, 얼마 후 자신의 신문에 긴 글을 썼다. 거기에서 그는 세 가지를 말했다. "결국 라파예트는 가면을 집어던졌다. 그는 이제 한낱 범죄자에 불과하므로 가능한 한 빨리 그의 기소를 결정해야 한다. 왜냐하면 '반란의 수괴가 시간을 벌 경우 흔히 승리를 쟁취하기 때문이다."

둘째, 지금 닥친 시련은 입법의회의 행동을 판단하는 데 매우 중요하다. "우리에게 여전히 대표들이 있는가? 이 질문은 입법부가 감히 자신에게 도전하는 비열한 음모가에 맞서 취할 조치에 따라 결정될 것이다. ― 우리는 여전히 자유로운가? 이 문제를 해결하는 것은 국민 전체의 몫이다." 따라서 이 순간부터 그는 의회가 배신한다면 입헌적 합법성을 포기할 가능성까지 염두에 둔다. 왜냐하면 셋째로 이제 모든 민중운동은 라파예트에게 득이 될 수밖에 없기 때문이었다.

....
모뵈주(Maubeuge) 프랑스 북부 국경 근처의 소도시.

이튿날인 6월 19일 로베스피에르는 폭동 준비가 이루어지고 있다는 소식을 듣고 코르들리에파 의원 샤보를 보내 생탕투안 포부르의 노동자들에게 자중할 것을 요청하고, 민중들에게 때 이른 움직임이 초래할 위험에 대해 설득하게 했다. 샤보는 실패하고 도처에서 페티옹의 인기에 직면했다. 그리고 6월 20일 시위가 일어났다. 그것은 혁명의 모든 중요한 봉기들 중에서 유일한 지롱드파의 봉기였고 권위의 결여와 무질서를 특징으로 하는 유일한 봉기이자, 붉은 혁명 모자, 즉 브리소파에게는 소중했지만 로베스피에르는 언젠가 쓰기를 거부했던 그 모자를 왕에게 씌운 것 외에는 왕으로부터 아무것도 얻지 못한, 완전히 실패한 유일한 봉기가 되었다.

결과는 로베스피에르가 예견한 대로였다. 실패한 봉기보다 더 나쁜 것은 없었다. 민중의 개입에 놀란 의회 중도파는 우파에게 도움을 요청했다. 루이 16세는 의회에 엄중히 항의하고, 국민들에게 성명서를 발표해 늘 하던 대로 거짓말을 늘어놓았다. 파리의 왕당파(푀양 클럽 회원) 2만 명[6월 초에는 8천 명이었던 데 반해]이 6월 20일 봉기의 주동자들에 대한 처벌을 요구하는 청원서에 서명했다[로베스피에르파는 봉기에 참여하지 않았지만 아무 소용이 없었다. 그들은 가장 먼저 지목되었다]. 대부분 도 행정부에 숨어 있던 지방의 모든 반동 세력이 같은 내용의 청원서들을 보내왔다. 그리고 6월 27일 저녁 사령부를 이탈한 라파예트가 자신의 운을 시험해보려고 직접 파리로 돌아왔다.

6월 28일, 라파예트는 의회의 연단에서 위압적인 말투로 자코뱅 클럽과 코르들리에 클럽을 봉쇄할 것을 촉구했다. 귀아데가 이번에는 위험에 처한 지롱드파를 위해 배수진을 치고 라파예트의 징

샹 드 마르스의 학살 당시 반혁명적 성향을 드러냈던 라파예트는 1792년 4월 오스트리아와의 전쟁이 선포되자 자코뱅 클럽과 민중협회를 탄압하려 했다. 쿠데타를 계획했던 그는 8월 10일 봉기로 군주제가 타도된 뒤, 오스트리아로 도주했다.

계를 요구하는 동의안을 제출했다. 동의안은 234 대 339로 부결되었다. 의회는 존경의 표시와 함께 라파예트를 맞아들였다. 그날 저녁 자코뱅 클럽에서 브리소는 먼저 발언에 나서 결속을 촉구하고 자신이 라파예트에 대한 기소법령을 요구할 것임을 선언했다. 뒤를 이어 로베스피에르는 귀아데와 브리소에게 전적으로 동의했다. 의회가 냉정을 되찾는다면, 그리고 라파예트를 기소한다면, 그는 파멸할 것이다. 왜냐하면 라파예트의 시도는 '무능함의 결정체'이기 때문이었다.

6월 29일 라파예트는 쿠데타를 생각하고 있었다. 그러나 몇 차례의 기도에도 불구하고 그는 실패했다. 시작도 하기 전에 몇 가지 단순한 이유로 무산된 것이다. 첫 번째 이유는 그가 브뤼메르 18일*에 성공할 나폴레옹 보나파르트의 재능과 성격을 지니고 있지 않았다는 것이다. 두 번째는 마리 앙투아네트가 그를 증오했다는 것이다. 그녀는 푀양파 장군(라파예트)의 독재를 감수하느니 차라리 오스트리아와 프로이센의 군대가 절대왕정을 회복시켜주기를 기다리는 편이 낫다고 생각했다. 따라서 그녀는 진행 중인 음모를 페티옹에게 알리게 했고, 페티옹은 라파예트가 군대를 호령할 열병식을 취소했다.

세 번째는 라파예트가 국민방위대의 애국심을 과소평가했다는 것이다. 대부분의 대대들은 그가 보낸 밀사들의 말을 묵살했다. 그리고 가장 부르주아적인 성원들로 이루어진 나머지 소수파는 우연의 일치인 것처럼, 자신들의 견해를 드러내는 데 있어 같은 상황에서 보잘것없는 상퀼로트들이 보여주었던 것과 같은 열정을 지니고 있지 않았다. 예를 들어, 자코뱅 클럽으로 행진할 목적으로 장군이 자신의 지지자들을 소집한 연이은 두 번의 회합에서 그는 100명, 그리고 30명의 자원자를 발견했을 뿐이었다. 그 전 주의 왕당파 청원자 2만 명에 비해 너무나 하찮은 수였다.

라파예트는 고개를 떨구고 자신의 군대를 지휘하러 돌아갔다. 그러나 의회는 그를 기소하지 않았다. 브리소와 드브리(Jean Antoine Debry, 1760~1834)가 라파예트에 대한 기소법령을 요구했으나 그 법령은 토론에 들어가기까지 약 50일을 끌었다. 브리소파인 베르니오, 콩도르세, 그리고 브리소가 차례로 입법의회에서 격렬한 연설을 통해 루이 16세를 최후의 배신자라고 비난했지만, 결정할 순간이 닥치자 그들은 발을 빼고 감히 구체적인 조치들의 그림자도 제시하지 못한 채 돌연 방향을 바꾸었다.

그런 상황을 겪은 로베스피에르는 마음 속에서 의회의 태만함에 대해 최종적인 판결을 내렸다. 의회는 국민을 효과적으로 보호할 수 없다고 그는 생각했다. 그 전달 로베스피에르는 자유의 문제를 해결하기 위한 발언권은 국민 전체에 있다고 말한 바 있었다. 2월 10일 연설에서 한 제안에 따르면 그의 머리 속에는 이미 앞으로의

브뤼메르 18일 혁명력 8년 브뤼메르 18일(1799년 11월 9일) 파리에서 아베 시에예스가 이끄는 원로원은 원로원과 하원인 500인 의회를 다음날 생클루 궁전에서 동시에 소집하기로 결정했다. '자코뱅 클럽의 음모'로부터 양원(兩院)의 안전을 확보한다는 명분을 내세웠지만 실제로는 파리에서 떨어진 안전한 장소에서 나폴레옹 보나파르트 부대의 위협 아래 양원 회의를 개최하려는 것이었다. 이튿날인 19일, 시에예스 등은 병사들을 투입해 500인 의회를 해산하고 총재정부와 의회의 종말을 선언하게 했다. 그리고 보나파르트는 뤽상부르 궁전에서 취임식을 열었다. 이 사건은 나폴레옹 전제 정치의 서막이자, 프랑스 혁명의 실질적인 종말을 의미한다.

행동 계획과 방법의 윤곽이 잡혀 있었다. 그럼에도 불구하고 의회가 7월 2일 술책을 써 국왕이 연맹군에 관한 법령에 거부권을 행사하지 못하도록 하는 데 성공했으므로 이제는 연맹군에 대해 앞서 품었던 모든 적대감을 버리고 그들이 파리에 도착하자마자 그들을 계몽해야 하고, 활동을 증대시키고 있는 파리 구들과의 공동 행동으로 연맹군을 이끌어야 한다고 그는 생각했다. "통치자들의 행보와 방식을 고려할 때, 그리고 민중이 뽑은 공무원들〔의원들〕에게 생각을 집중해볼 때 나는 자유는 회복의 가망이 없다고 말해야 할 것 같았습니다. 그리고 나서 민중들에게 눈길을 돌렸고, 나는 자유는 구출되었다고 말했습니다."〔7월 9일 자코뱅 클럽에서〕

7월 11일, 며칠간의 토론 끝에 의회는 조국이 *위험에 처했다*고 선언했다. 이 선언의 이점은 헌법상 더는 거부권 행사의 대상이 될 수 없는 긴급조치들을 공포할 수 있다는 것이었다. 전날인 7월 10일, 푀양파 각료들은 여전히 아무런 행동도 하지 않으면서 적군을 기다리는 쪽을 선호했던 국왕이 쿠데타를 시도하라는 자신들의 조언에 따르기를 거부한 후 국왕에게 사직서를 제출했다. 이때가 지롱드파가 공세를 강화하기에 좋은 때였음이 틀림없다. 그러나 지롱드파는 공세를 중단했다. 내각이 비어 있고 지롱드파의 유일한 목표는 그것을 다시 장악하는 것이기 때문이었다. 지롱드파가 7월 초, 격렬한 독설을 내뱉는 것으로 만족한 것은 근본적으로 루이 16세가 추방되면 민중이 권력 전체 또는 일부를 차지하게 될 것이고, 그에 따라 자신들의 계급 정책을 파괴하리라는 것을 이미 알고 있었기 때문이었다. 따라서 지롱드파는 푀양 삼두파가 했던 것을 되풀이하기에 이르렀다. 즉 베르니오, 귀아데, 장소네가 궁정과 비밀리에 접촉하여 국왕에게 자신들의 당파에서 대신들을 선택하도록 설득하려 애쓴 것이다.

7월 11일 저녁, 로베스피에르는 자코뱅 클럽에서 조국이 위험에 처했다는 포고령에 대해 언급하고, 이번에는 라파예트만큼이나 국왕을 공개적으로 공격했다. "조국이 위험에 처한 것은 *개종시킬 수 없는* 악랄한 궁정이 있기 때문입니다……. 라파예트가 군대를 지휘하는 한 자유는 위험에 처할 것입니다……. 한 달 후에도〔진단의 정확성에 주목하라〕 여전히 조국이 위험에 처해 있다면, 상황이 *완전히 바뀌지* 않는다면, 국민은 가망이 없다고 말해야 할 것입니다." 그리고 그가 작성한 〈연맹군에게 보내는 편지〉가 클럽에서 채택되었다. 그 편지는 본질적인 것을 다루고 있지만 외견상 신중하고 여전히 합법성에 대한 존중과 무분별한 봉기의 위험성을 강조했다.

연맹군은 7월 14일 파리로 모여들기 시작했다. 사람들은 가능한 한 빨리 그들을 국경으로 보내려 했다. 7월 16일 로베스피에르는 그들이 파리에 남아 있어야 한다고 주장하고, 여러 구의 애국파에게 그들을 유숙(留宿)시킬 것을 요청했다〔그것은 연맹군과의 긴밀한 결속을 자극했다〕. 그 자신은 틀림없이 그들 중 중요한 인물들과 접촉하고 있었고, 그들의 애국심과 결의가 파리 상퀼로트 못지않게 열렬하다는 것을 확인했다. 연맹군이 7월 17일 의회에 제출한 청원서를 작성해준 사람이 바로 로베스피에르였다.

7월 17일의 청원서에서는 라파예트에 대한 기소법령, 군대 특권층 참모부의 해임, 그리고 반혁명적 도 집행부들(83개 중 30여 개)

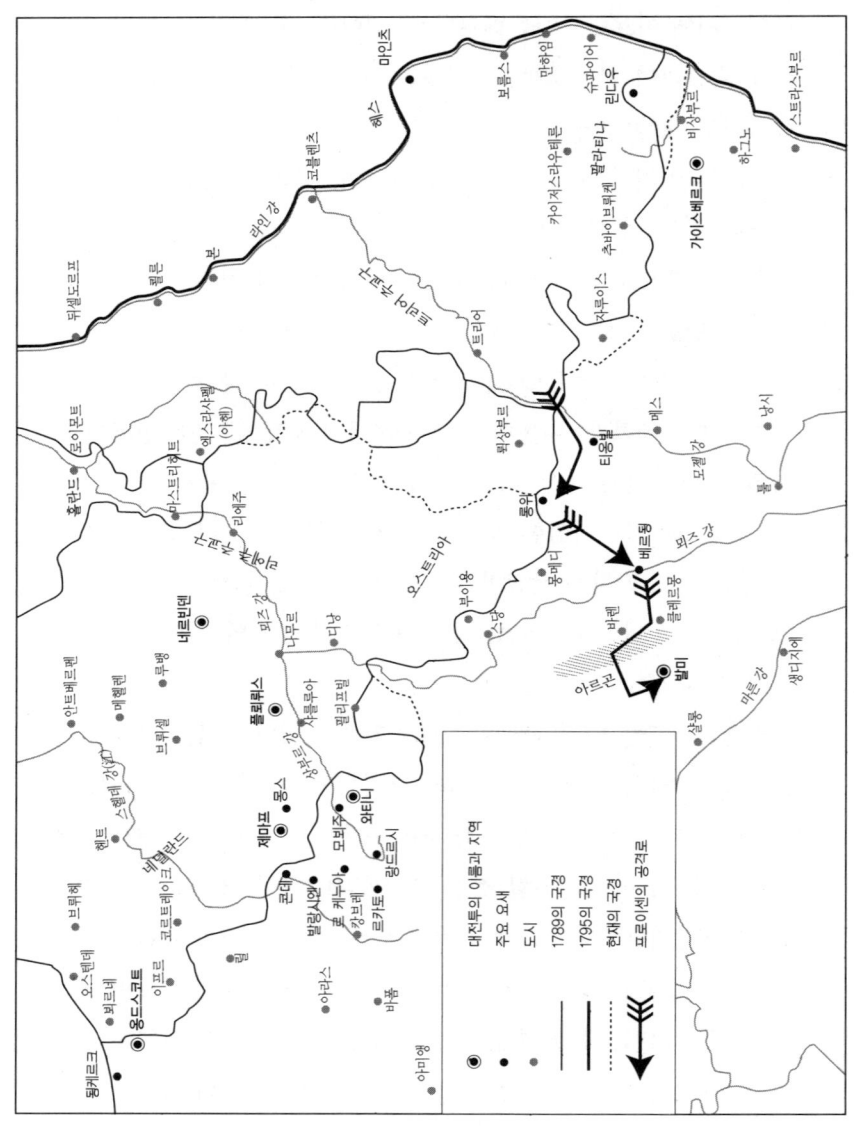

혁명전쟁의 경과

의 해체 등 세 가지를 요구했다. 로베스피에르가 작성한 청원서는 루이 16세에 대해 신중함과 합법성의 한계 안에서 말할 수 있는 모든 것을 이야기했다. 청원서는 "국민이 정부에 배신당할 경우 국가의 안녕과 헌법 자체가 요구하는 것"을 수행할 것을 의회에 촉구했다. 그러나 의회 연단에 선 연맹군 대표단의 연사는 매우 신중한 이 구절을 더 명료하고 더 솔직한 다른 표현으로 바꾸는 것이 좋겠다고 판단했다. 그는 이렇게 외쳤다. "조국의 아버지들이여, 국왕의 이름으로 행사되는 행정권을 잠정적으로 정지시키시오!"

〔완강한 공화주의자들로서 대부분 브레스트 군수 공장의 노동자들로 구성되었고, 우연처럼 파리의 소요의 온상 중 하나인 생마르소 포부르에 유숙하게 된 피니스테르(Finistère) 도(道) 연맹군이 21일 도착한 후인〕 연맹군의 7월 23일자 새로운 청원서는 훨씬 더 위협적이었다. 전체 연맹군의 비밀 지도부가 창설되었다. 이 비밀 지도부는 처음에 역시 우연인 듯 앙투안이 유숙하는 뒤플레의 집에 자리를 잡았다. 25일 파리의 구들은 결국 의회로부터 상설화의 권리를 얻어냈고, 27일에는 시청 안에 '중앙 통신 사무국'을 창설해도 좋다는 허가를 받았다. 이 사무국과 연맹군 지도부 사이에 지속적인 관계가 수립되었다. 이 모든 것에서 로베스피에르의 생각이 구현되었고 아마도 그의 직접적인 영향력이 작용했으리라는 것은 굳이 전문가가 아니더라도 알 수 있을 것이다.

이 모든 것은 브리소파가 행정부에 대해 품은 야심에 도움이 되지 않았다. 열에 들뜬 듯 지롱드파 의원 삼인방은 루이 16세에게 거듭 편지와 청원서를 보내 자신들과 동맹할 것을 탄원했다. 그러나 루이 16세는 대프랑스 동맹국의 군사령관 브라운슈바이크*가 파리인들을 위협하는 선언서를 발표하게 하는 편을 선호했다. 동시에 베르니오가 7월 24일에, 브리소가 26일에, 이어 라수르스와 이스나르가 커져가는 소요와 명확히 드러나는 공화주의 운동에 분통을 터뜨렸다. 국왕의 바렌 탈주(1791년 6월 20일) 직후 라파예트식 공화국을 제안했던 그 브리소가 이제는 "공화국을 창설하려 하는 국왕 시해자들의 무리"를 비난했다. 그리고 그는 선견지명이 결합된 교묘함으로 이렇게 덧붙였다. "사람들은 국왕이라는 단어에 그들의 소유권을 보존하는 마술적인 미덕을 결부시킨다." 이미 7월 11일 연맹군에게 보낸 편지 때문에 법정에 소추된 로베스피에르는 이제 브리소파로부터 공개적인 위협을 당했다. 브리소파는 그에 대한 기소법령을 통과시키겠다고 공언했다.

로베스피에르가 7월 29일 반란의 목적에 대한 진정한 강령이라 할 중요한 연설을 하기로 선택한 것은 바로 이러한 시점이었다. "어떤 방식으로든 국가는 구해내야 합니다. 국가의 파멸을 지향하는 것만이 헌법을 배반하는 것이기 때문입니다(국가를 구하기 위한 반란은 헌법을 배반하는 것이 아니라는 의미)." 루이 16세의 권한 정지로는 불충분했다. 1791년 7월의 교훈(샹 드 마르스의 학살)에 따라, 얻어내야 하는 것은 국왕의 폐위였다. 그러나 폐위로도 공공 안녕에는 충분하지 않다는 것이 분명했다. 권력을 장악하려고 동일한 음모들이 계속되리라는 것은 너무도 뻔한 일이었다. 그리고 입법의회가 라파예트에게 보여준 지나친 관대함은 의회가 국민을 구하는 데 부적격하고 무능하다는 것을 너무나 잘 입증한 터였다.

정부의 수장은 국민에게 충실했는가? (그렇다면) 그를 존속시켜야 한다. 그는 (국민을) 배신했는가? (그렇다면) 그를 퇴위시켜야 한다. 입법의회는 결코 이 퇴위를 선언하려 하지 않는다. 그리고 사람들의 생각에 국왕이 유죄라면, 입법의회 자신이 국왕이 꾸민 음모의 공범이라면, 의회는 국왕만큼이나 국가를 구할 능력이 없다. 따라서 이 경우 공권력과 입법부를 동시에 쇄신해야 한다……. 현재 입법부의 성원들과 자유 사이에서 선택해야 한다.

따라서 새로운 의회를 선출해야 한다. 새로운 의회는 단순히 법률을 제정하는 의회가 아니라 다시 제헌의회여야 한다(널리 사용되는 영어 단어로는 '공회(Convention)'). 특히 새 의회는 *직접 보통선거로 선출되어야 하고*, 수동시민들은 모두 선거인이자 피선거인이 되어야 한다. 마지막으로 의원들이 민중의 의지를 배신했다고 판단되면 유권자들의 손으로 그들을 언제든 해임할 수 있어야 하고, 입법의회의 의원들과 전 제헌의회 의원들은 재선되어선 안 된다. — 이러한 조치들을 취하고 나면, 또한 반혁명적 도 집행부들을 쇄신하고, 군대를 특권층 참모부로부터 구출해야 한다. — 그리고 국민이 그 위임자들을 통해 "(현재의) 헌법의 원칙이 아니라 헌법의 모순들을 제거한다면, 그때 더 나은 헌법을 제정할 수 있을 것이다."

이것이 로베스피에르의 강령이었다. — 대부분이 그의 가장 오

브라운슈바이크(Karl Braunschweig, 1735~1806) 프로이센의 장군. 1792년 9월 20일 프랑스 샹파뉴아르덴 지방 마른 도 발미에서 벌어진 프랑스 대 프로이센 군의 전투에서 프로이센 군을 이끌었다. 8시간 만에 끝난 이 전투에서 브라운슈바이크 장군이 패했으며, 발미 전투의 승리로 프랑스 혁명이 계속될 수 있었다.

래된 요구들로 이루어져 있음을 알 수 있다. 그가 포기하게 되는 몇 가지 세부적인 것들을 제외하면 이 강령은 8월 10일 봉기 이후 관철된다. 예를 들어 그 강령에서는 민중 전체의 직접적인 행동이 불가피하고, 권력은 본질적인 목적으로서 민중 전체의 수중에 놓여지며, 중심 사안은 능동시민과 수동시민 사이의 구별 철폐였다. 로베스피에르의 연설 다음날, 테아트르프랑세(Théâtre-Français) 구〔특히 팔레루아얄(Palais-Royal) 구와 혼동해서는 안된다. 당시 테아트르프랑세는 오데옹*을 지칭했고, 그 구는 마라, 데물랭, 당통 등의 봉토(封土)인 전 코르들리에 지구이다〕가 이러한 구별을 직권으로 폐지하고, 곧 다른 여러 구들이 모방한 것은 분명히 순수한 우연의 일치는 아니었다. 그러한 움직임은 매우 강력해서 같은 날인 7월 30일, 의회는 하는 수 없이 수동시민들을 다시 국민방위대에 받아들이는 법령을 통과시켰다.

같은 7월 30일, 전 연맹군들 중 가장 열렬한 마르세유 연맹군 대대가 〈라 마르세예즈〉가 될 노래를 부르면서 생탕투안 포부르를 거쳐 파리로 들어왔다. 그 부대들은, 로베스피에르의 반대에도 불구하고 브리소파가 점점 더 빠른 속도로 서둘러 국경으로 보냈던 연맹군 병력을 대체하기 위해 때맞춰 도착했다. ― 동시에 왕이 사소한 모욕이라도 당하면 파리를 "군사적으로 징벌하고 완전히 파괴"하겠다고 위협하는 '브라운슈바이크 선언'문이 유포되었다. 이러한 어리석음에 대해 파리는 변함없이 자신이 할 수 있는 유일한 방식으로 대답했다. 8월 3일 페티옹은 국왕의 폐위를 요구하는 47개 구(48개 중)의 청원서를 의회에 제출했다. 8월 4일 캥즈뱅(Quinze-

Vingts) 구(생탕투안 포부르)는 입법의회에 진정한 최후통첩을 전달했다. 만일 의회가 늦어도 9일까지 폐위를 선언하지 않으면 10일 자정에 경종을 울리겠다는 것이다.

7월 29일의 연설에서 8월 10일 혁명 — 조르주 르페브르가 매우 적절하게도 '제2차 프랑스 혁명'이라고 불렀던 — 사이의 며칠간, 로베스피에르의 입장은 설명할 수 있어도 그의 활동을 정확히 말하기는 매우 어렵다. 그가 마르세유 연맹군과 직접 접촉하고 있었음은 분명하다. 두 달 후, 마르세유 연맹군 지도자들 중 한 사람으로 롤랑 부인의 매력에 끌려 지롱드파에 가담한 바르바루*는 심지어 로베스피에르의 친구인 파니스가 로베스피에르에 대한 독재권 부여를 지지해줄 것을 요청했다고 주장하기까지 했다. 파니스는 바르바루를 거짓말쟁이로 취급하게 된다. 로베스피에르파가 마르세유 연맹군 대표들에게, 준비 중인 봉기가 규율과 결속력을 갖출 수 있도록 하나의 지도부를 받아들여야 한다고 주장한 것을 바르바루가 호의적이지 않은 방향으로 왜곡했다고 보는 것이 더 간단할 것이다. 로베스피에르는 자신이 마라와는 매우 다르다고 생각했지만 구체적이고 결정적인 행동을 성취해야 할 때에는 사실상 '봉기에 의한 독재'라는 마라의 이론에 접근할 수밖에 없었다.

그러나 봉기를 지휘할 인물은 로베스피에르가 아니었다. 로베스피에르보다 이러한 임무에 훨씬 더 적합한 인물이 필요했는데, 그

오데옹(Odéon) 현재 파리 6구에 있는 기념 건축물.
바르바루(Charles Jean-Marie Barbaroux, 1767~1794) 1792년 튈르리 궁을 습격한 8월 10일 봉기의 주역 중 한 사람으로 국민공회 의원으로 선출되었다.

샤를 바르바루 마르세유 연맹군을 이끌고 1792년 8월 10일 봉기에 참여하였으며, 국민공회 의원으로 선출되었다. 국민공회에서는 지롱드파에 가담해 로베스피에르와 맞섰다.

가 바로 생탕투안 포부르의 대규모 양조업자이며 국민방위대 대대장 중 한 사람인 상테르였다.—그러나 운명의 날을 준비하는 사람들과 로베스피에르의 관계는 여전히 긴밀했음에 틀림없다. 왜냐하면 8월 7일 그의 친구 페티옹이 그를 만나러 왔기 때문이다. 페티옹은 여전히 로베스피에르와 가까운 사이였지만, 점점 그와 브리소 사이의 중재자 역할을 하고자 했다. 그에 따라 그는 조금씩 지롱드파의 견해로 기울었다. 그는 과거 브리소파 의원들이 하던 식으로 비난을 퍼붓지는 않으면서 봉기를 위한 연맹군의 조치들을 제어하는 데 성공했었다. 그는 로베스피에르를 찾아와 모든 무장봉기를 막는 데 협력해줄 것을 요청했다.

로베스피에르의 즉각적인 반응이 어떠했는지는 알 수 없다. 분명한 것은 그가 페티옹의 요구를 무조건 거절하지는 않았다는 것이다. 한 달 전부터 그는 궁정과 의회의 배신을 막으려면 민중의 개입이 절대적으로 필요하다고 주장해왔다. 우리의 기억에 따르면 그는 7월 11일 이러한 개입에 시한을 설정하기까지 했다. 그러나 이론적으로나 기질적으로 그는 그 개입이 내전의 형태를 취한다는 생각에 커다란 열의를 느끼지 못했다. 특히 그는 궁정이 준비하고 있는 선제 공격에 대해 완벽하게 알고 있었다. 즉 쿠르브부아*와 뢰이유(Rueil)의 스위스 병사(루이 16세의 호위를 맡은 용병)들이 8월 4일 튈르리 궁으로 들어왔고, 무장한 수백 명의 특권층이 궁 안에 머물고 있었으며, 국민방위대는 파리 사령관인 왕당파 망다(marquis de Mandat, 1731~1792)에 의해 부분적으로 무력화된 상

쿠르브부아(Courbevoie) 파리 서부 교외 지역.

태였고, 라파예트의 군대는 분견대(分遣隊)를 콩피에뉴*로 이동시켰다. 이러한 상황에서 실패한다면 반란은 최악의 탄압에 직면할 것이다.

따라서 8월 7일 로베스피에르는 때를 기다리는 사람으로 처신하려 했을 수 있다. 그러나 그가 그렇게 했다 해도 그것은 헛된 일이었다. 주사위는 던져졌다. 그런데 8월 8일 그가 보기에 의심의 여지없이 결정적인 새로운 사건이 일어났다. 민중운동에 대한 두려움으로 점점 우경화하고 있던 의회는 406표 대 224표[6월 28일의 득표를 넘어서는 다수 표]로 라파예트에 대한 기소법령을 거부했다. — 이제는 죽지 않으려면 승리하는 길만이 남아 있었다. 8월 9일 로베스피에르는 이미 몸이 절반 이상 마비되어 요양차 파리를 떠나 있던 친구 쿠통에게 편지를 썼다.

우리는 여기에서 가장 중대한 사건들에 휘말려 있습니다. 의회는 라파예트를 방면했습니다. 분노한 민중들은 회의가 끝난 후 몇몇 의원들을 뒤쫓았습니다. 오늘은 법으로 루이 16세의 퇴위를 논의하도록 정해진 날입니다. 이 문제는 몇 가지 사건으로 더 연기될 것으로 생각됩니다[실제로 두려움 때문에 기가 질린 의원들은 구들이 내놓은 최후통첩 기한이 도래했음을 잘 알면서도 아무것도 결정하지 않은 채, 아무런 안전 조치조차 마련하지 않은 채 저녁 7시경 의회를 해산할 것이다]. 그러나 동요는 절정에 달했고, 모든 것이 오늘 밤에라도 파리에서 가장 큰 소요가 일어나리라는 것을 예고하고 있습니다. 우리는 헌정 드라마의 종착점에 도달했습니다. 혁명은, 군사독재의 전제정으로 빠지지만 않는다면, 더욱 빨리 전개될 것입니다.

우리가 처한 상황에서 자유의 벗들이 사건들을 예견하고 지휘하는 것은 불가능합니다. 프랑스의 운명은 프랑스를 음모와 우연에 내맡기고 있는 것처럼 보입니다. 우리를 안심시켜주는 것은 파리와 여러 도의 공공 정신의 힘이며 우리가 지닌 대의의 정당함입니다. 파리의 구들은 국가 전체에 모범이 될 만한 힘과 지혜를 보여주고 있습니다. 당신이 그립습니다.

베르니오는 이후, 봉기 코뮌*이 시청에 자리잡는 시각에, 최초의 마르세유 연맹군이 배신당해 귀족들과 스위스 병사들의 포화를 받아 쓰러지고 있는 시각에, 생탕투안 포부르와 생마르소 포부르의 상퀼로트들이 브레스트와 마르세유 연맹군들과 형제애로 결속하여 튈르리를 공략하고 루이 16세를 한낱 루이 카페*로 만들고 프랑스 역사상 처음으로 민중의 의지를 부르주아 의회에 강요하고 있던 시각에, 로베스피에르는 지하실에 숨어 있었다고 비난했다.

이 주장이 사실일까? 이 결정적인 날의 아침 나절에 로베스피에르가 어디에 있었는지는 알 수 없다. 반대로 우리가 잘 알고 있는

콩피에뉴(Compiègne) 우아즈(Oise) 도에 위치한, 파리에 가까운 소도시.
봉기 코뮌 8월 9일 밤 파리의 48개 구에서 각각 3명씩 파견된 구 대표들이 시청에 모여 봉기 코뮌을 구성했다. 이들은 이튿날 새벽 합법적 코뮌(시 자치기구)을 대체했고, 8월 10일 봉기 후 입법의회는 봉기 코뮌의 존재를 공식적으로 인정했다.
카페(Capet) 987~1328년까지 프랑스를 통치했던 왕가. 루이 16세는 카페 왕가의 한 갈래인 부르봉 왕가의 사람이다. 카페 왕가의 직계가 끊어지자 족보에서 부르봉 왕가보다 손위인 발루아 왕가가 왕위를 잇게 되었다. 그러나 발루아의 직계 남자 혈통이 단절되면서 1589년부터 부르봉 왕가의 남자가 프랑스 왕이 되었다. 부르봉 왕가는 유럽에서 가장 큰 지배 왕조의 하나로, 1589~1792, 1814~1848년에 프랑스를 다스렸다.

것은 베르니오가 의회의 의장이었다는 사실, 그리고 5주 전 자신이 쩌렁쩌렁한 목소리로 배신자라고 비난했던 국왕이 의회로 피신하면서 치열한 전투를 치르고 있는 자신의 보호자들을 저버렸을 때 그가 존경의 표시와 사과의 말로 왕의 비위를 맞추었다는 사실이다. 그리고 마찬가지로 분명한 것은 그날 아침 로베스피에르뿐 아니라 마라와 당통도 볼 수 없었다는 점이다. 마라는 그전에 늘 로베스피에르와 함께 쉬지 않고 투쟁했다. 당통은 독특하게도 중대한 결정들이 이루어진 시기에 오랫동안 자리를 비운 후 전날 밤에야 파리에 도착했다.

앞에서 말했듯이 로베스피에르는 민중의 시위나 더더구나 반란을 현장에서 이끄는 데 필요한 재능을 지니고 있지 않았다. 그가 그 점을 알고 있었다는 것을 칭찬해야 할 것이다. 중요한 순간 그의 존재가 효과적이지 않다면 오히려 거추장스러울 뿐이었을 것이기 때문이다. 그러나 민중들에게 발언권을 줄 필요성을 가장 잘, 가장 빨리 인식한 것은 그였다. 파리의 봉기를 국민적 혁명으로 전환하기 위해 연맹군들과 구의 투사들을 결속시킬 필요성을 가장 강하게 느낀 것도 그였다. 특히 그는 그 운동이 헛된 것이 되지 않으려면 이루어야 할 목표를 명료하게 제시했다. 이 모든 점에서 8월 10일 민중의 승리는 그의 승리였다. 그의 손이 그것을 지휘하지 않았다 해도 그의 두뇌가 그것을 가능하게 했기 때문이었다.

몇몇 순간에 혁명의 가장 위대한 인물들이 모두 소극적인 역할을 수행하거나 가장 중요한 시간에 수동적으로 결과를 기다리는 데 머물렀다는 것은 혁명사가에게, 그리고 로베스피에르의 전기작가에게는 더욱더 의미심장한 일이다. 로베스피에르 — 또는 어떤

8월 10일 봉기 1792년 8월 10일, 왕과 귀족들이 자신들을 배반했다고 생각한 민중들이 튈르리 궁을 습격했다. 루이 16세 일가는 궁에 감금되고, 입법의회는 국왕의 권리 정지를 선언했다.

다른 사람―의 행적을 매일매일 뒤따르고, 그의 모든 행동의 반향과 원인을 세밀히 평가하고, 그와 다른 정치 지도자들의 분쟁이나 관계를 해명하다 보면, 이 드라마의 다른 배우들과 다른 동기들을 경시하고, 혁명을 단지 몇몇 선수들이 말을 옮기고, 공격을 계산하고 반격을 선택하는 장기 시합으로 만들 위험이 있다.

역사는 여전히 존재하는 이러한 위험을 경계하라고 우리를 가르친다. 어떤 순간에 로베스피에르의 재능은 상테르, 알렉상드르*, 국민방위대의 어떤 포병, 어떤 연맹군 병사, 포부르들의 어떤 상퀼로트만큼 중요하지 않았던 것은 분명한 사실이다. 정치 지도자들의 지성 이상으로 다른 요인이 나름의 역할을 수행한다는 것은 분명한 사실이다. 그 요인이란, 우연이 아니라 민중이다. 8월 10일 봉기의 성공에서 우연은 거의 아무런 역할도 하지 못했다. 혁명적 봉기들 중 이보다 더 오래, 더 체계적으로, 더 공개적으로 준비된 것은 별로 없다. 그것은 로베스피에르의―또는 마라의―위대한 정치적 용기, 위대한 지성이 민중의 집단적 의식과 영웅적 행위가 없었더라면 아무런 역할도 하지 못했을 것이라는 믿음을 더욱 확실하게 해준다. 로베스피에르의 위대함은 전적으로 최선을 다해 민중을 계몽하면서 민중의 힘을 받아들였다는 데 있다.

....
알렉상드르(Charles Alexis Alexandre, 1759~1825) 파리의 환전업자. 8월 10일 봉기에서 중요한 역할을 했다.

3부 공화국의 탄생

이 모든 것은 자유 자체만큼이나 불법적인 것이었다.
시민들이여, 여러분은 혁명 없는 혁명을 원하는가?
오직 자유의 적들만을 위해 탄식하는 동정심은
내가 보기에 미심쩍은 것이다.
1792년 11월 5일

1장_파리 코뮌

1792년

8월 10일   로베스피에르, 피크 구의 봉기 코뮌 대표로 지명되다. 봉기 후 48시간 안에 의회는 코뮌의 요구를 받아들여 국왕의 권한을 정지하고 국왕 일가를 탕플에 감금한다.

8월 13~14일   의회, 국민공회 소집을 결정하다.

8월 19일   라파예트 오스트리아 군 진영으로 도주하다.

9월 2   오스트리아 군대가 베르됭을 점령하다. 같은 날, 로베스피에르가 코뮌에서 브리소를 배신자로 고발하다. 그러나 당통과 페티옹이 개입해 브리소파를 모든 기소에서 구해준다.

9월 2~6일   '9월의 학살'이 일어나다. 외국군의 프랑스 침공에 분노한 파리 민중들이 감옥을 습격하여 투옥되어 있던 반혁명 혐의자(귀족, 선서 거부파 성직자 등)들을 살해한다.

9월 20일   혁명전쟁에서 프랑스 군이 처음으로 승리하다(발미 전투 승리).

9월 20일   국민공회 소집.

1792년 8월 10일 오후〔무장 투쟁은 오전 11시경 종결되었다〕 로베스피에르는 자신이 살고 있는 피크 구의 회의〔방돔 광장〕에 참석했다. 구 회의는 곧 그를 간밤에 창설되어 조직 중인 봉기 코뮌의 대표로 지명했다. 그날 저녁 로베스피에르는 자코뱅 클럽에서 연설을 했다. 모두가 승리를 자축하였지만 그는 투쟁이 계속되고 있음을 상기시켰다. 민중은 "자신의 대리인들〔의원들〕이 자신의 권리를 절대 해치지 못하도록 해야" 한다. 그는 7월 29일의 연설에서 자신이 정했던 주요한 목표들〔보통선거로 직접 선출되는 국민공회, 라파예트에 대한 기소법령〕을 다시 열거하고 나아가 몇 가지 불가피한 조치들을 제시했다.

그것은 이후 코뮌이 엄격하게 시행할 조치들이었는데, 지방의 애국파를 계몽하고 그들을 새로운 혁명에 더 밀접하게 결속시키기 위해 코뮌의 위임관들을 각 도(道)에 파견하고, 민중협회가 없는 구에는 그것을 창설하고, 이미 존재하는 민중협회들과의 관계를 더욱 공고히 하고, 수동시민들을 모든 구 회합에 받아들이고, 투옥된 애국파를 석방하는 것 등이었다. 한마디로, 입법의회와 대결할 코뮌의 새로운 권력이 늘 민중으로부터 나오도록, 더더욱 그렇게 되도록 모든 주의를 기울이는 것이었다. 결국 그로 인해 브리소파는 이후의 몇 달간 로베스피에르를 용서하지 않게 될 것이다. 즉 로베스피에르는 상퀼로트를 행동하게 만들었을 뿐 아니라, 그들이 지속적으로 권력을 행사할 수 있도록 전력을 다했던 것이다. 반면 부르주아지의 게임의 법칙은 상퀼로트를 칭찬하고 그들을 무장해제시켜 집으로 돌아가게 하는 것이었다.

알베르 마티에즈는 뒤이은 몇 주간의 결정적인 중요성을 훌륭하게 조명할 수 있었다. 어떤 의미에서 코뮌은 그 기간에 다가올 혁명력 2년의 공안위원회*의 활동을 예행 연습할 수 있었다. 이 기간 동안 봉기를 통해 탄생한 코뮌과 합법성의 산물인 입법의회라는 두 개의 권력이 대결했다. 승리한 코뮌의 첫 번째 활동은 입법의회를 해산하는 것이었다. 하지만 코뮌은 불가피한 몇 가지 이유 때문에 그것을 포기했다[아마도 로베스피에르의 영향을 받아]. 코뮌이 입법의회를 해산했더라면, 상황을 잘 모르는 지방의 애국파들은 심각한 혼란에 빠졌을 것이다. 그들 중 많은 수는 세련된 지롱드파 웅변가들의 열정적인 글에 속아 여전히 그들을 신뢰하고 있었고, 파리 코뮌 성원들에 대해서는 이름조차 거의 모르고 있었기 때문이다. 따라서 입법의회가 존속하도록 내버려두고, 입법의회부터 불가피한 공안 조치들을 어렵게 얻어내기 위해 6주간 지속될 긴 결투를 시작해야 했다.

이 두 권력 사이에 세 번째 권력이 존재했다. 그것은 입법의회가

공안위원회(Comité de Salut Public) 1793년 4월 6일 혁명이 위기에 처하자 설립된 국민공회의 통치기구. 국민공회와 각료들을 연결하는 역할을 하도록 창설된 위원회였으나, 곧 각료들을 제치고 행정부의 역할을 하게 된다. 1793년 4월부터 7월 10일까지는 조르주 당통과 그 추종자들이 주도했고, 7월 이후로 로베스피에르를 비롯한 급진 세력이 권력을 잡았다.

막 선출한 각의(閣議, 내각의 회의)였다. 롤랑, 클라비에르, 그리고 세르방이 다시 각료직을 얻었고, 브리소파인 르브룅(Charles-François Lebrun, 1739~1824)이 외무장관직을, 더 중립적인 몽주(Gaspard Monge, 1746~1818)는 해군장관직을 얻었고, 마지막으로 당통이 법무장관에 취임했다. 브리소파가 당통을 장관 자리에 앉힌 것이 8월 10일 봉기의 주동자들과 타협하기 위한 것인지, 아니면 그들을 효과적으로 약화시키기 위한 것인지에 대해서는 단언할 수 없다. 분명한 것은 곧 내각이 롤랑과 당통의 경쟁 때문에 갈팡질팡하는 것으로 보였다는 것이다. 훨씬 더 영리하고, 더 능숙하고, 더 활동적인 당통이 곧 우위를 확보하고 처음에는 신중하게, 그 후에는 정력적으로 코뮌을 지원했다.

이 복잡한 상황 속에서 코뮌의 활동이 시작되었다. 친구이든 적이든 당대인들은 모두 코뮌에 대한 로베스피에르의 결정적인 영향력을 인정했다. 코뮌 총회의 중심 인물은 바로 로베스피에르였다. 코뮌의 결정에서 그는 정확히 어떤 역할을 수행했는가? 거기에 답하는 것은 불가능하다. 이때 우리가 겪는 어려움은 이후 그가 공안위원회에 들어간 후 다시 직면하게 될 어려움과 같은 것이다. 달리 말해 그가 집단 지도부 내에서 권력에 참여하던 시기보다는 반대파에 속해 있던 시기를 통해 그가 혁명사에서 수행한 개인적 기여를 끌어내는 것이 더 쉽다. 로베스피에르가 개인적으로 부각되는 경우들만 강조하다 보면 그가 단편적이고 세부적인 것에 대해 기묘한 근시안적 사고에 사로잡혀 있었다는 잘못된 인상을 주게 된다. 반면 집단적인 모든 결정에서 그의 영향력을 거듭 발견하다 보면 반대로 혁명을 승리로 이끈 위업이 광범위한 민중의 것이었다

조르주 당통 오늘날 그는 혁명에 헌신한 참된 애국자, 또는 궁정에 매수된 타락한 정치인이라는 상반된 평가를 받고 있다. 그러나 그가 초기 코르들리에 클럽의 지도자로서 하층계급과 진정한 교감을 나눴다는 데에는 이의가 없다.

는 사실을 심각하게 왜곡하고 따라서 민주주의자 로베스피에르의 면모를 왜곡하게 된다.

그러나 우리가 확신할 수 있는 것은 그가 자신이 제안하지 않은 결정들을 즉석에서 지지했고, 이후 국민공회에서 그것들을 꿋꿋하게 옹호하거나 되풀이했다는 것이다. 따라서 여기서는 적어도 그런 상황들의 개요만이라도 기술하려 한다.

튈르리 함락 이후의 48시간 동안 의회는 마지못해 코뮌의 요구에 굴복했다. 의회는 루이 16세의 폐위에 반대했지만 바렌 탈주 때처럼 그의 권한 정지를 받아들였고, 이번에는 투옥을 승인했다. 의회는 수감지로 뤽상부르(Luxembourg) 궁을 원했지만, 코뮌은 탈주가 쉽지 않은 탕플*에 왕을 가두었다. 의회는 코뮌의 압력으로, '왕세자'에게 가정교사를 제공한다는, 8월 10일에 결의된 법령을 철회해야 했다. 그리고 8월 13일 공세에 들어선 코뮌은 자신들의 문서에 '평등 제1년'이라고 표기하고, 14일 국왕을 공직자 명단에서 삭제할 것을 요구했다. 공화국을 요구하는 민중운동이 막대한 힘을 얻었으므로 의회는 묵시적으로 그 요구에 굴복했다.

입법의회는 또한 보통선거로 선출되는 국민공회 소집이라는, 로베스피에르가 제안한 본질적인 목표에도 순응해야 했다. 그러나 입법의회는 세 가지 문제에서 자신들의 주장을 고집했다. 첫째, 입법의회 의원과 전 제헌의원의 재선 가능성, 둘째, 위임자들이 의원들을 해임할 수 있다는 선언에 대한 거부, 셋째, 특히 직접 보통선거가 아닌 두 단계 선거 등이었다. 이 마지막 문제에서 로베스피에르〔그리고 코뮌〕는 투쟁을 계속하겠지만, 그 영역은 파리에 국한될 것이다. 그는 2단계 선거인들이(투표 용지를 사용한 비밀투표가 아니

라) 큰소리로 외쳐 투표하고〔제한된 선거인단에게 작용할 수 있는 음모와 술책을 피하기 위해〕그들의 선택을 1단계 선거회의가 재가하도록 결정하게 할 것이다.

그러나 조국을 위험에서 구하고 특히 국내의 반란 세력을 제압하기 위해 국민공회의 소집만을 기다릴 수는 없었다. 궁정은 숨통이 끊어졌지만 라파예트가 남아 있었다. 그런데 8월 14일 라파예트가 공개적으로 반란을 일으켰다. 그는 스당* 시 당국과 아르덴(Ardennes) 도(道) 집행부를 끌어들이는 데는 성공했지만, 자신의 병사들을 파리로 끌고 오는 데에는 실패했다. 8월 17일 로베스피에르는 자코뱅 클럽에서 분노를 터뜨렸다. 라파예트에 대한 조치를 취하는 데 무엇을 더 기다려야 한단 말인가? 다행히도 군대의 애국심은 의회의 망설임보다 효과적이었다. 의회는 라파예트가 자신의 병사들에게 위협당한 후 탈영하여 오스트리아 군 진영으로 넘어갈 8월 19일에야 기소법령을 통과시켰다. 오스트리아 군은 다급하게 라파예트를 감옥에 가두었다.

국내 반혁명의 핵심 세력으로는 선서 거부파 성직자들이 남아 있다. 8월 12일 코뮌은 성직자의 직무를 볼 때 외에는 성직자 복장을 금지했다. 16일 코뮌은 공공장소에서 행진과 종교 행사를 금지하고, 17일 군수품 제작을 위해 교회의 청동제품을 징발했다. 코뮌의 압력을 받은 입법의회는 14일 모든 성직자들에게 자유와 평등

──────────
탕플 파리의 마레(Marais) 지역에 있던 옛 성전기사단의 수도원.
스당(Sedan) 벨기에와의 국경 근처에 있는 프랑스 도시.

에 대한 새로운 충성 선서(입헌선서와는 구별되는)를 부과했고, 8월 26일에는 이 선서를 거부하는 공무원 성직자들은 2주 내에 프랑스를 떠나야 하고 그러지 않을 경우 유형에 처할 것을 결정했다. 교황 피우스 6세(Pius VI, 1717~1799)에게 순종하여 민사기본법을 거부한 성직자들 중 일부는 애국심으로, 일부는 거짓으로 이 새로운 선서를 받아들였다. 약 25,000명의 다른 성직자들은 망명을 선택했고, 그 결과 국내의 반혁명 군은 와해되었다.

이러한 조치들로는 충분치 않았다. 8월 11일 코뮌은 왕당파 신문의 발행 금지를 결정했다. — 로베스피에르는 자신의 유명한 1791년 5월 10일의 연설(무제한적인 언론의 자유를 옹호하는 내용의 연설)에도 불구하고 한창 전쟁 중이고 선거를 앞둔 시기라서 적들의 선전과 선동을 사전에 분쇄하는 조치에 반대하지 않은 것으로 짐작된다. — 같은 날 코뮌은 의회가 시 당국이 일시적으로 반혁명 혐의자 시민을 수색하고 체포할 권리를 인정하게 했다. 이후 며칠간 코뮌은 전 푀양파 각료들에 대해 체포영장을 발부했다. 8월 20일에 코뮌은 푀양파의 가장 적극적인 재정 지원자의 하나였던 징세청부인(이자 화학자) 라부아지에*를 소환하여 그의 행위에 대한 보고를 들었다. 이미 8월 17일 코뮌은 6월에 푀양파의 청원서에 서명했던 사람들, 이른바 '8천 인'과 '2만 인'의 이름을 공개하기로

라부아지에(Antoine-Laurent Lavoisier, 1743~1794) 근대 화학의 창시자로 불린다. 과학 연구와 함께 재정·경제·농업·교육·사회사업 등 공공분야에서 활동했다. 혁명이 일어나자 삼부회의 후보 위원으로 활동하기도 했는데, 징세청부조합에서 일한 전력 때문에 1794년 5월 혁명재판소에서 재판을 받고 5월 8일 단두대에서 처형당했다.

라부아지에 부부의 초상 화학자로 유명한 라부아지에는 한편으로 징세 청부인으로 일한 전력이 있었다. 구체제 시기의 징세 청부인은 민중을 착취하는 특권층의 대변인 같은 존재였다. 라부아지에는 이 때문에 결국 단두대에서 죽음을 맞는다.

결정했다.

파리 도 집행부의 역할을 두고 격화된 코뮌과 의회의 갈등이 중요한 것은 바로 이러한 전망에서이다. 반동적 성원들로 구성되었던(특히 1791년 12월의 활동(루이 16세의 사주를 받아, 왕에게 선서거부파 성직자들의 처벌에 반대하는 청원서를 제출한 일)에서 보았듯이] 파리 도 집행부는 쇄신되어야 했다. 그런데 코뮌은, 그 구성이 어떠하든 의회가 새로운 도 집행부를 의회에 대한 감시를 방해하는 수단으로 이용하리란 사실을 너무나 잘 알고 있었다. 8월 12일 코뮌 대표단의 단장인 로베스피에르는 관리들을 새로 선출할 때까지 파리 도 집행부의 활동을 뒤로 미룰 것을 의회에 요구했다. "코뮌 총회는 공공의 안녕과 자유를 확립하기 위해 8월 9일과 10일 밤 민중이 부여한 모든 권력을 유지할 필요가 있다." 의회는 타협했다. 그에 따라 새로운 도 집행부의 활동은 재무관리에 국한된다. 그러나 8월 22일 로베스피에르가 다시 의회에 참석해 새로운 집행부 성원들을 추천하고 이 성원들이 단지 '조세위원회'만을 구성하겠다고 요구하자, 의회는 이에 항의하면서 태도를 바꾸었다. 그 동안 롤랑과 브리소파가 영향력을 행사했던 것이다. 이러한 급격한 변화에도 불구하고 새로운 관리들은 실제로 힘이 약화된 채로 남아 있게 되었다.

게다가 1792년 8월 10일 봉기에서 마르세유 연맹군이 연대를 맺기 위해 전진했을 때 그들을 향해 발포한 튈르리 궁 수비군과 악명 높은 음모가들에 대한 민중의 분노는 더욱 증대하였다. 8월 11일 의회는 8월 10일 저질러진 범죄를 심판하기 위한 군사재판소의 창설을 공포했다. 15일 로베스피에르는 코뮌 대표단의 단장으로 다시 의회에 참석했다. 그의 요구는 두 가지 문제에 관한 것이었다. 튈르리의 암살자들뿐 아니라 모든 반혁명 범죄자들을 재판해야 하며, 배신자들은 이 재판을 위해 특별히 창설되는 특별민중재판소에서 재판 받아야 한다는 것이었다. — 이것은 이미 로베스피에르가 1789년 12월에 품었던 생각이었다. — "우리는 각 구에서 선출된 재판관들이 전권을 쥐고 최종적으로 범죄자들을 재판할 것을 요구한다."

코뮌의 제안에 대해 브리소는 의회로 하여금 범죄자들을 일반 재판소에서 재판한다고 결정하게 했다. 8월 17일, 이번에 코뮌의 새로운 대표단 단장으로 의회의 신사들에게 그들이 가장 잘 이해할 수 있는 언어로 다음과 같이 말하는 사람은 로베스피에르가 아니라 잘 알려지지 않은 인물인 뱅상 올리보(Vincent Ollivault)였다. "시민으로서, 민중의 관리로서, 나는 오늘 밤, 자정에 경종이 울리고, 비상소집령이 내려지리란 것을 예고하러 왔습니다. 민중은 의회가 복수해주지 않는 데 지쳤습니다. 민중이 스스로 심판하는 상황을 두려워하십시오." 회의 중 몇 가지 불가피한 항의를 들은 후, 의회는 굴복했고, 프랑스 역사상 최초의 혁명재판소를 수립했다.

다음날 밤, 구의 선거인들은 판사 지명에 착수했다. 로베스피에르는 명단의 1순위로 선출되었고, 그에 따른 자격으로 재판소장직을 부여받았다. 그러나 그는 거절했다. "나는 나의 적이었던 사람들의 재판관이 될 수는 없었습니다. 그리고 나는 그들이 조국의 적이라면 동시에 자신들이 나의 적이라고 선언한 것을 기억해야 했습니다." 이러한 망설임에 더해 그는 더 중요한 이유를 덧붙였다. 이러한 직무의 행사는 코뮌 대표의 직무와 양립할 수 없었습니다.

나는 내가 실제로 조국에 봉사해야 하는 자리라고 확신했던 지위에 머물러 있었습니다."

오늘날 로베스피에르의 여러 결정 가운데 이 결정만큼 비난받는 것도 거의 없다. 만일 로베스피에르가 이 재판소의 소장이었더라면, 그는 신속하고 엄중한 재판으로 9월 초의 며칠 동안 "민중이 직접 심판하는" 것(9월 학살을 의미)을 피할 수 있었을 것이라고 사람들은 말한다. 그러나 재판소가 그토록 무기력하게 활동하여 궁정의 공모자 단 세 명을 처형하고 불미스러운 방면을 선언할 것이란 사실을 그가 예견할 수 있었을까? 그가 파리의 유일한 애국파도 아니었고, 그에게는 코뮌 내에 남아 있는 것이 더 필요하다고 판단할 권리도 있었다. 로베스피에르가 용기가 없었다고 비난하기보다는 차라리 프랑스에 있어 가장 큰 위험은 9월 학살을 가능하게 한 것이 아니라(로베스피에르가 그것을 피할 수 있었으리라고 가정한다면), 적군이 파리로 진격하고 있는 순간에 코뮌으로부터 그 지휘관(로베스피에르)의 지위를 박탈하는 것이었다고 말할 용기가 있어야 한다.

오스트리아 군대는 이미 북부 국경을 돌파했다. 8월 19일에는 브라운슈바이크의 프로이센 군대가 로렌 국경을 통과했다. 21일, 프로이센 군대는 프랑스 쪽 주둔군 사령관의 배신 덕에 롱위*를 굴복시키고 베르됭*으로 진격했다. 롱위가 함락되었다는 소식은 8월 26일 파리에 전해졌다. 동시에 최초의 왕당파 봉기가 방데에서 어렵게 진압되었다는 소식이 전해졌고, 도피네와 브르타뉴에 광범위한 왕당파의 음모가 존재한다는 사실이 드러났다.

코뮌은 이러한 소식에 입법의회보다 더 강력하게 대응했다. 코뮌은 파리 앞에 참호로 둘러싸인 진지를 구축하기 위한 토목공사에 착수했다. 코뮌은 참호를 파는 노동자들에게 일당 42수*를 지급했다. 코뮌은 며칠 만에 3만 개의 창(槍)을 제작하게 했다. 8월 27일, 튈르리 공격에서 쓰러진 영웅들을 기리는 대규모 민중 축제에서 코뮌은 열광적으로 새로이 대규모의 의용군 징집을 실시했다. 같은 날 코뮌은 혐의자들을 가택수색하고 경우에 따라 체포할 것을 결정했다. 파리의 민중이 권력의 주인이 될 때면 늘 그렇듯이 분명히 그들의 도시 방위는 대충대충 이루어지지 않았을 것이다.

코뮌이 행동하는 동안, 각료들의 행정위원회(Conseil exécutif)는 공포에 사로잡혀 있었다. 8월 28일 롤랑은 클라비에르와 세르방의 지지를 받아 파리를 포기하고 보물들을 싣고 루아르(Loire) 강 너머로 후퇴할 것을 제안했다. 스당에서 온 브리소파 케르생(comte de Kersaint, 1742~1793)에 따르면, 2주 후 프로이센 군이 파리에 도달하리라는 것은 "위에서 때리면 쐐기가 장작에 박히는 것만큼이나 확실하다." 바로 여기가 브리소파가 전 유럽에 우리의 아시냐와 우리의 상품이 넘쳐나게 할 신나고 즐거운 이 멋진 전쟁을 이끌어 온 지점이다. 첫 패배에서 그들은 브라운슈바이크와 망명 귀족들이 지휘할 백색 테러에 민중들을 태연히 내맡기고 오직 도망갈

....
롱위(Longwy) 벨기에와 룩셈부르크와의 국경 근처, 로렌 지방에 있는 도시.
베르됭(Verdun) 프랑스 북동부 로렌 지방에 있는 도시. 1792년 프로이센 군대에 포위되었다가 발미에서 프랑스가 승리하기 몇 주 전에 회복되었다.
수(sou) 1수는 20분의 1리브르. 혁명 직전 파리에서 노동자 일당이 약 1리브르, 즉 20수였다.

궁리만 하고 있었던 것이다.

  각료들 중 유일하게 당통만이 격렬한 분노와 위협으로 후퇴에 반대했고, 그에 따라 다른 각료들도 도망을 포기했다. 그리고 같은 날, 의회에서 당통은 코뮌이 이미 취한 조치들을 찬양하고 의용군 징집과 군대의 식량 공급에 필요한 식료품 징발을 담당할 행정위원회 위임관들[그가 그들을 선택할 것이고, 그들은 거의 모두 코뮌 성원들일 것이다]의 지방 파견을 결정하게 했다. 그는 마지막으로 코뮌이 결정한 혐의자들의 가택수색을 승인하게 했다. — 이튿날인 29일 코뮌 당국은 가택수색을 시작했다. 당통은 대략 3만 명의 체포를 예견했지만 코뮌 당국은 3일간 3천 명을 체포했다.

  바로 이때 의회가 되살아났다. 의회는 브리소파 언론인 지레뒤프레(Joseph-Marie Girey-Dupré, 1769~1793)와 코뮌 사이의 사건*, 롤랑이 지지하는 식량위원회와 코뮌 사이의 갈등과 같은 사소한 사건들을 구실 삼아 8월 30일 귀아데의 제안에 따라, 코뮌이 변질되었으며 곧 쇄신되어야 한다고 공포했다. 이 일이 프로이센 군이 수도로 들어오는 길의 마지막 요새인 베르됭을 포위 공략하고 있던 바로 그날, 파리와 수도의 안녕에 대해 입법의회가 기여한 조치였다. 의회는 경쟁자인 민중 권력(코뮌)을 끝장낼 순간이 왔다고 판단했다. 처음에는 주전파였던 지롱드파가 상퀼로트에 대한 본능적인 증오와 두려움으로 어떻게 패배주의자들과 겁쟁이들의 당파로 변했는지를 볼 수 있다.

  1792년 8월 30일 저녁 로베스피에르는 코뮌 총회에서 발언했다. 그는 롤랑, 브리소, 콩도르세를 비난한 후, 의회에 항의하기 위해 민중 시위를 조직한다는 생각을 거부했다. 그는 그에 못지않게 강력하면서 더 합법적인 방법으로 민중들에게 호소할 것을 제안했다.

> 우리는 우리의 구(區) 회의들로 물러나와 민중에게 우리의 상황을 설명하고, 우리가 취한 행동에 대해 그들의 견해를 묻고, 그들이 우리에게 위임한 권력을 돌려주고, 그리고 그들이 그 권력을 우리에게 계속 위임한다면, 우리의 직무를 유지할 방법을 묻고, 필요하다면 직무를 행하다 죽어야 합니다.

9월 1일 시 행정부는 혐의자들에 대한 가택수색이 끝났다고 판단하고 파리의 성문들을 다시 열게 했다. 그날 아침 코뮌 총회를 주재한 페티옹[코뮌 총회에서 페티옹은 점점 더 (코뮌에 붙들려 있는 지롱드파) 볼모처럼 행동했다. 8월 10일 이후 그는 지롱드파로 변신을 완료했다]에 따르면, 로베스피에르는 성문을 연 것에 대해 격렬히 항의하고 "이 땅에 우글거리는 음모꾼들의 자유를 일소해야 한다."라고 주장했다. 이 항의는 당시 파리 애국파들을 사로잡고 있던 염려, 즉 감옥에서 이루어지는 음모에 대한 염려와 무관하지 않았을 것이다.

....
지레뒤프레와 코뮌 사이의 사건 1792년 8월 28일 파리 코뮌은 지레뒤프레에게 구인장을 발부했으나 지레뒤프레는 파리 코뮌의 구인장 발부가 언론의 자유와 인간의 권리에 대한 침해라며 입법의회에 고발했다. 입법의회는 브리소의 보고에 따라 구인장을 무효화했다.

게다가 이 염려는 근거가 있는 것이었다. 감옥에 갑자기 수감자들이 엄청나게 늘어나자, 간수들이 부족해진 것이다. 죄수들은 외부와 쉽게 연락할 수 있었고, 그들끼리 회합하는 일은 더 쉬웠다. 그리고 그들 사이에는 기괴한 분위기가 떠돌고 있었다. 그들은 함께 적의 건강을 기원하며 건배했고, 프로이센 군이 승리했다는 소식을 듣고 주연을 벌였으며, 동맹군이 파리에 입성하면 애국파를 본보기 삼아 가혹하게 징벌하겠다고 공언했다. 이 모든 이야기들이 외부로 널리 퍼져 나갔고, 그 점을 고려해야 했다.

혁명에 맞서는 반혁명과의 전쟁은 사활을 건 전쟁이었다. 로베스피에르도, 마라도, 그리고 다른 어느 누구도 그 점을 인식하고 있었다고 해서 환각에 사로잡힌 것은 아니었다. 브라운슈바이크가 망명 귀족들을 동반하고 파리에 입성했더라면, 스파르타쿠스*의 패배 이후 로마의 아피아 가도에 세워진 십자가만큼의 교수대가 거리에 세워졌을 것이고, 전날의 죄수들인 반혁명 혐의자들이 애국파를 거기에 매달지 않았으리라고 말할 수 없을 것이다. 랑발 부인의 운명을 탄식하기에 앞서 더 많이 숙고해보고, 마리 앙투아네트의 심복이자 공모자인 그녀가 어떤 심정으로 파리인들의 대량학살에 자신의 우아한 손가락 끝으로 박수 갈채를 보냈을지를 깨닫는 것이 좋을 것이다.

1792년 9월 1일 저녁, 로베스피에르는 책임을 맡았던, 구 회의들에 보내는 편지를 코뮌 총회에 제출했다. 이 편지는 코뮌 정부의 활동에 대한 열렬한 옹호로 시작하고 있었다. 그의 격정적인 어조를 통해 그가 코뮌에 얼마나 깊은 연대감을 느끼고 있었는지를 알 수 있다.

위대하고 숭고한 구상(코뮌을 의미), 이것이 없었더라면 봉기는 아무런 흔적도 없이 급류처럼 흘러가버렸을 것이고, 민중은 그때까지 그들을 속여온 음모가들의 수중으로 다시 떨어져버렸을 것입니다. 이 새로운 공직자들은 그들에 앞서 등장한 이들과 닮은 점이 거의 없습니다……. 민중의 모든 위임자들 중에서, 모든 면에서, 그들만이 민중이었습니다.

그리고 그는 코뮌의 권한을 구 회의들의 투표에 붙인다는 8월 30일의 제안을 되풀이한다. 그리고 그는 코르네유에 필적할 만한 말로 급작스럽게 발언을 마친다.

사악한 사람들과 마찬가지로 유약한 사람들을 경계하십시오. 민중의 용기와 활력만이 민중의 자유를 보존할 수 있음을 유념하십시오. 민중은 잠들면 곧 사슬에 묶이고, 스스로를 두려움의 대상으로 만들지 못하면 곧 경멸의 대상이 되며, 적들을 완전히 굴복시키기 전에 용서하면 곧 정복당합니다.

코뮌 총회는 이 편지의 인쇄를 결의하지만, 구 회의들의 투표를 요청하지도 않고 직무를 유지할 것을 결정했다. 즉 코뮌 총회는 민중의 지지를 확신하는 만큼 의회에 대한 반란에 돌입했던 것이다.

....

스파르타쿠스 고대 로마의 검투 노예로 BC 73~71년 대규모 노예반란을 주도했다. 로마군에 패한 뒤, 스파르타쿠스의 휘하에 있던 부하들 중 6천여 명이 포로로 잡혀 아피아 가도에서 십자가에 못박혔다.

또한 이튿날인 9월 2일 입법의회는 또 다른 걱정거리를 갖게 되었다. 베르됭이 함락되었다는 소식과 동시에 베르됭이 이틀도 채 버티지 못했다는 소식이 전해졌던 것이다〔사실, 도시의 왕당파가 요새 사령관 보르페르(Beaurepaire)를 살해한 후, 베르됭은 9월 1일 항복했다〕. 그 직후 프로이센의 창기병들이 이미 클레르몽탕아르곤*에 입성했다는 소식이 전해졌다.

프랑스를 구하는 것은 다시 한 번 코뮌이었다. 코뮌은 곧 경종을 울리고, 다시 성문을 닫고, 쓸 수 있는 말들을 모두 징발하고, 진군할 부대를 조직하기 위해 건강한 남자들을 모두 샹 드 마르스에 소집하라는 명령을 내렸다. 그리고 코뮌은 민중들에게 죽음을 각오하고 스스로를 지키도록 촉구하기 위해 각 구의 대표를 구 회의에 파견했다. 그리고 이번만은 코뮌의 예가 의회에 활력을 주었다. 베르니오는 파리의 주민들과 그 지도자들을 감동적으로 찬양했다. 튀리오*는 8월 30일의 법령(코뮌이 변질되었으며, 쇄신되어야 한다는 법령)을 취소하고 현재의 코뮌이 계속 활동할 수 있게 하는 법령을 통과시켰다. 당통이 등장해 탁월하고도 유명한 연설을 하는 것은 바로 그때였다.

우리가 울릴 경종은 경보 신호가 아니라 조국의 적들에 대한 돌격입

....
클레르몽탕아르곤(Clermont-en-Argonne) 베르됭 서쪽의 소도시.
튀리오(Jacques-Alexis Thuriot, 1753~1892) 입법의회와 국민공회 의원. 1793년 7월 10일 공안위원회에 들어갔으나 국민공회에서 로베스피에르를 비난한 후 위원회에서 나왔고 이어 자코뱅 클럽에서 추방당했다. 이후 테르미도르 쿠데타에 참여한다.

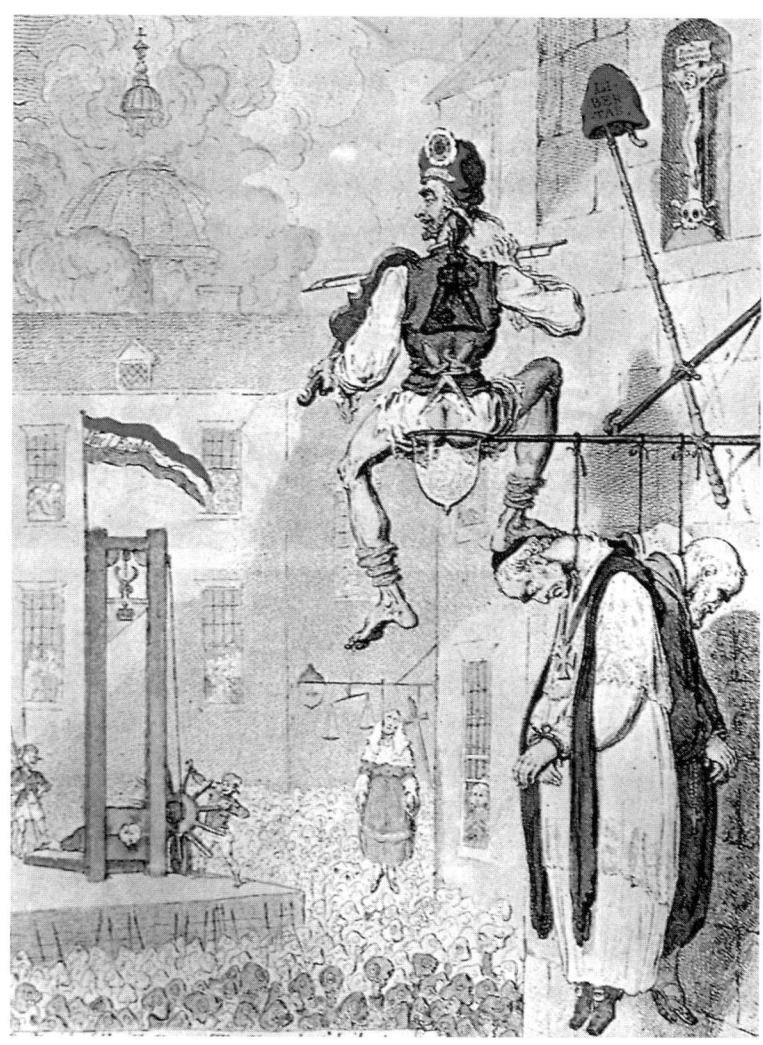

9월의 학살 프로이센과 오스트리아 군의 진격 소식은 반혁명 혐의자들에 대한 증오를 부추겼다. 그 결과, 1792년 9월 2일부터 5일간 파리 민중이 감옥을 습격, 투옥되어 있던 귀족과 선서 거부파 성직자들을 처형했다. 민중들은 그들이 감옥 안에서 반혁명 음모를 꾸민다고 믿었다.

니다. 여러분, 적들을 무찌르기 위해 우리는 대담해야 하고, 더욱 대담해야 하며, 언제나 대담해야 합니다. 그때 프랑스는 구원받을 것입니다.

이 애국적 흥분과 형제애적 일체감 속에서 푸아소니에르 포부르(Poissonnière faubourg) 구는 뒤이은 다른 세 구와 함께, 의용군이 출발하기 전에 수감되어 있는 혐의자들을 재판하여 처형할 것을 결정했다. '9월 학살'이 시작되었다. 학살은 5일 동안 계속되었고, 1,000명에서 1,400명의 희생자를 낳았다. 로베스피에르의 전기에서 반드시 그것을 상세히 연구해야만 하는 것은 아니다. 그러나 로베스피에르가 어느 정도나 학살에 책임이 있으며, 그가 학살에 직면해 어떻게 행동했고, 이후에 그가 이 학살을 어떻게 생각했는가를 질문하는 것은 필요하다.

로베스피에르가 8월 18일 혁명재판소장직을 거절한 것을 비난하는 경우를 제외하면, 그 정도로 자발적인 성격을 갖는 행위에서 그가 정확히 어느 정도 책임을 질 수 있었는지는 알 수 없다. 페티옹이 9월 1일 로베스피에르의 말이라고 전하는 구절이나, 그날 저녁 그가 구 회의들에 보낸 편지의 마지막 구절은 명확히 혐의자들의 숙청 쪽을 향하고 있었다. 코뮌 총회에는 참석하지 않았지만 코뮌 감시위원회에 참여했던 마라의 다른 구절들은 훨씬 더 명료하게 같은 방향을 향하고 있었다. 그러나 로베스피에르도 마라도 학살을 조직하기 위해, 더더구나 조직적인 숙청을 구체적으로 제안하는 어떤 일도 하지 않았다.

게다가 사람들이 그들의 잘못이라고 비난하는 그 말들을 그들이 한 게 아니라면, 분명히 사태의 추이도 마찬가지였을 것이다. 조르주 르페브르가 훌륭하게 설명한 연쇄반응(특권층의 음모에 대한 공포가 그 음모를 분쇄하고 보복하려는 의지를 낳는다는)이 민중의 의식 속에서 결정적인 역할을 했고, 그 연쇄반응은 (특권층의 음모에 대한) 예방과 함께 처벌 행위를 유발하기에 충분했다.

가장 좋은 증거는 파리에서 일어난 학살이 아직 널리 알려지지 않았는데도 동시에 동일한 숙청이 지방에서 일어났다는 것이다. 도처에서 같은 감정이 나타났다. 즉 의용군들은 자신들의 도시, "자신들의 아들과 자신들의 동료들"((라 마르세예즈)의 가사처럼)을 적의 힘이 미치지 않는 안전한 곳에 두기 전에는 외부의 적을 향해 진격하기를 원치 않았다. 그들은 거부파 성직자들, 특권층 반혁명 혐의자들, 즉 공법의 선고에 따르면 반혁명의 하수인과 그 사형 집행인이 될 수 있는 사람들을 무력화해야 한다고 생각했다. 오늘날 '제5열'*이 어떤 일을 할 수 있는지 알고 있는 우리는 당시의 애국파의 정신 상태, 예를 들어 수감자들을 너무도 정확하게 판단했던 스타니슬라스 메이야르*의 정신 상태를 더 잘 이해할 수 있다.

9월 3일 라 포르스*를 방문한 페티옹도 그들의 신념에 깊은 인상을 받았다. "재판과 처형에 참여한 사람들은, 이러한 임무를 수

제5열 진격해 오는 정규군에 호응하여, 적국 안에서 각종 모략 활동을 하는 무장 집단 또는 그 집단의 구성원을 말한다. 평소 상대국에 침입해 공작 활동을 벌이는 간첩을 일컫는 말로도 쓰인다.
메이야르(Stanislas Maillard, 1763~1794) 바스티유 함락, 1789년 10월 5일 봉기, 1792년 8월 10일 봉기와 9월 학살에 참여한 혁명 투사.
라 포르스(la Force) 파리의 마레 지역에 위치한 감옥.

행하도록 법으로 부름받은 것과 같은 확신을 지니고 있었다. 그들은 자신들의 정의, 범죄자들로부터 무고한 사람들을 가려내기 위해 자신들이 기울인 주의, 그리고 자신들이 수행한 임무를 내게 자랑했다." 이러한 신념은 매우 확고한 것이어서 어떤 것도 그 행동을 막을 수 없었을 것이다. 정규 법정이 민중의 기대를 저버린 그 순간 민중은 저항할 수 없는 격정으로 "스스로 심판했"으며 그 동일한 격정은 같은 도시에서 바로 그날, 조국의 안녕을 위한 수많은 영웅적인 헌신을 불러일으켰다.

후자(조국의 안녕을 위한 헌신)를 약화시키지 않으면서 어떻게 전자(스스로 심판하고자 하는 격정)를 없앨 수 있는가? 사실상 누구도 그것을 시도하지 않았다. 당통도, 9월 3일 "나는 민중이 그 복수에서는 잔혹하지만 여전히 일종의 정의를 수반하고 있다는 것을 알고 있다."라고 말한 '덕 있는 롤랑'도, 페티옹도 그렇게 하지 않았다. 로베스피에르도 다른 사람들과 마찬가지였다. 사건이 종료되었을 때, 인정과 이해 관계는 다르게 반응했다. 당시에 그들은 이 끔찍하고 혼란스러운 시련 속에서, 발미에서 프로이센 군을 격퇴할 용기가 단련되고 있음을 느끼고 있었다.

더 나아가 로베스피에르는 아마도 처형을 중단할 마음이 없었다고 말해야 할 것이다. 그는 처형의 조급함을 유감스러워하고, 뒤섞여 있는 불필요한 죽음과 그 죽음을 더럽히는 사디즘적인 행위들을 분명히 한탄했을 것이다. 그러나 로베스피에르는 그 원칙에는 반대할 수 없었다. 그가 젊은 부르주아 애국파 여성이었던 드롬(Drôme) 도(道)의 쥘리앙의 아내가 느낀 것과 동일한 감정을 가졌을 것이라 추정한다고 해서 지나친 생각은 아닐 것이다. 그녀는 9

월 2일 자신의 남편에게 다음과 같이 썼다.

민중이 일어섰습니다. 분노로 가혹해진 민중은 3년간의 가장 비겁한 배신의 범죄에 보복하고 있습니다! 모든 파리인들을 사로잡고 있는 전투적인 분노는 하나의 기적입니다. 한 가정의 아버지, 부르주아지, 군대(국민방위대), 상퀼로트들이 도처에 있습니다. 민중들은 아내와 아이들을 집에, 적들의 한가운데에 두고 왔으니 자유의 땅을 정화해야 한다고 말했습니다. 오스트리아 군과 프로이센 군이 파리의 문 앞에 도달할 것이고 나는 한 걸음도 물러서지 않을 것입니다. 나는 더 큰 확신으로 외칠 것입니다. 승리가 우리 앞에 있다!

아마 로베스피에르도 그렇게 생각했을 것이다. 자기 자신에게 충실한 로베스피에르는 아마도 또한 처형의 집행자들보다는 지도부의 배신을 처벌해야 한다고 생각했을 것이다. 9월 2일 저녁 로베스피에르는 다시 한 번 비요바렌과 협력하여 코뮌에서 "브라운슈바이크 공을 프랑스 왕좌에 추대하려는 강력한 세력의 음모"를 고발했다. 실제로 콩도르세와 카라는 지난 7월 25일에도 자신들의 신문에서 브라운슈바이크에 대한 열광적인 찬사에 몰두했다. 그리고 브리소 자신은 7월 17일 여러 의원들 앞에서 루이 16세를 열렬한 프로이센 지지자인 요크 공작*으로 대체할 가능성을 언급했다. 우리가 정말로 알고 싶은 것은 로베스피에르가 그 이상을 알고 있었는지, 즉 그가 이튿날인 9월 3일 브리소파 외무대신 르브룅이 브

요크 공작(duc d'York, 1763~1827) 영국 왕 조지 3세의 둘째 아들.

라운슈바이크와 흥정하기 위해 비밀 첩자를 보낼 것이란 사실을 알았을 가능성이 있는가 하는 점이다. 만일 그가 아무것도 몰랐다면 다시 한 번 로베스피에르의 직감이 가장 놀라운 방식으로 그를 도왔다고 해야 할 것이다.

비요바렌과 로베스피에르의 공격은 곧 구체적인 결실을 맺었다. 9월 3일 감시위원회가 브리소의 집을 수색하게 했던 것이다. 9월 4일, 위원회는 롤랑과 여덟 명의 브리소파 의원들에 대한 체포영장을 발부했다. 이번에는 당통과 페티옹이 개입하여 브리소파를 모든 기소에서 구해주었다. 당통과 마라는 두 사람의 성격을 보여주는 언쟁을 벌였고, 거의 동시에 페티옹과 로베스피에르도 격론을 벌였는데 그 논쟁에서 두 사람의 우정은 결국 끝장이 났다. 코뮌은 파리 시장 및 법무장관과 불화를 일으키지 않기 위해 롤랑과 브리소의 당파에 대한 공격을 포기했다[롤랑과 브리소의 당파라는 명칭이 더 널리 알려져 있었지만, 마라가 썼던 것처럼 이후에는 '롤랑파(rolandins)'라고 말하는 것이 더 적합할 것이다. 왜냐하면 8월 10일 이후 이 당파의 진정한 수장은 롤랑—특히 롤랑 부인으로 보이기 때문이다. 브리소라는 별은 로베스피에르의 공격을 받아 입법의회의 쇠퇴와 함께 빛을 잃었다].

로베스피에르가 브리소를 고발한 것에 대해 로베스피에르를 연구하는 많은 역사가들은 가혹한 평가를 내린다. 로베스피에르의 전기 작가인 제라르 발테르(Gérard Walter)는 그 고발이 "거추장스러운 정적을 제거하기 위해 미리 계획한 냉정하고 잔혹한 행위"라고 규정했다. 나는 그러한 시각에 찬성할 수 없다. 감옥에서 학살이 이미 시작되었는데 브리소를 고발한다는 것은 자신의 생명을 위태롭게 하는 일임을 로베스피에르는 분명 알고 있었다. 이러한 관점에서 이후 그가 지롱드파에 의해 국민공회에서 피고인의 입장에 섰을 때 그가 제시할 변명은 매우 취약하다〔"한 사람을 고발하는 것과 그를 죽이는 것을 같다고 여기는 논리란 도대체 무엇이란 말인가?"〕. 그러나 로베스피에르가 브리소의 배신을 전적으로 확신하고 있었다는 것 역시 분명하다. ― 이 책의 독자라면 이러한 견해가 객관적인 근거가 없지 않다는 것을 알 수 있으며, 제라르 발테르 자신도 그 점을 인정했다. ― 조국의 배신자를 제거하는 것과 거추장스러운 정적을 냉혹하게 제거하는 것을 전혀 구분하지 않는 것은 대단히 경솔한 행위이다.

반대로 나는 1792년 9월 브리소를 배신자로 고발한 로베스피에르의 행위와 1793년 4월 브리소를 배신자로 고발한 같은 로베스피에르의 행위 사이에 차이를 거의 발견할 수 없다. 역사가에게 제기되는 단 두 가지 문제는 로베스피에르의 진실성이란 문제와 그의 확신이 합당한 것인가의 문제이다. 첫 번째 문제에 대해서는 어떤 의심도 불가능하다. 두 번째 문제에서, 최소한 말할 수 있는 것은 지롱드파의 몰락만이 조국을 구할 수 있었고, 브리소 같은 사람의 머리는 결코 큰 희생이 아니었다는 것이다.

어쨌든 이번에는 롤랑, 브리소, 그들의 동료들이 여전히 자유롭게 음모를 꾸밀 수 있게 되었다. 그들은 여러 도들에서 위신을 유지했지만, 적어도 파리 민중의 눈에는 그 정체가 드러났다. 9월 3일 아침 파리 도의 선거회의가 열렸다. 입법의회의 파리 대표인 브리소는 '선거인'으로도 선출되지 못했다. 반면 로베스피에르는 만장일치로 자신의 구에서 일등으로 선출되었다. 선거회의의 활동이 시작되자, 로베스피에르는 푀양파 등 군주제를 지지하는 우파 클럽에 속한 사람들, '2만 인' 청원서에 서명한 사람들, 정치적 애국심을 입증할 수 없는 사람들을 모두 선거인단에서 배제할 것을 제안했다. 볼셰비키는 1917년 10월 혁명 직후의 몇 년간, 민중이 위기에 처해 있는 동안 민중의 적들에게서 잠정적으로 선거권을 박탈한다는 바로 이 절차에서 영감을 얻을 것이다. 선거회의는 즉각 로베스피에르의 동의안을 채택하고 반혁명 혐의자들은 자신들의 경우가 거론되는 것을 기다리지 않고 자진해서 물러났다. 그들은 전체 선거인 990명 중 약 200명이었다.

1792년 9월 5일, 1회전 투표에서 로베스피에르는 525명의 투표자 중 338표를 얻어 136표를 얻은 페티옹과 7표를 얻은 브리소를 누르고 국민공회의 제1 파리 대표로 선출되었다. 9월 6일과 7일에는 당통, 콜로 데르부아, 마뉘엘[그는 이후에나 지롱드파에 가담할 것이다], 그리고 비요바렌이 연이어 선출되었다. 8일, 카미유 데물랭과 케르생은 1회전에서 동수를 얻었다. 그때 로베스피에르가 개입해 매일 아침 한 시간씩 "표를 얻을 자격이 있는 사람들에 대해 검토할 것"을 요구했다. "그렇게 되면 아마도 조국에 공헌한 사람들을 선택하게 될 것이다." 결과는 즉각 나타났다. 2회전에서 카미유는 롤랑의 친구 케르생을 누르고 여유 있게 선출되었다.

이튿날인 9월 9일, 두 후보, 마라와 지롱드파가 추천한 영국인 화학자 프리스틀리*가 참석했다. 로베스피에르가 다시 개입했다. 루베가 로베스피에르의 것이라고 전하는, 매우 그럴듯한 발언을 믿는다면, 로베스피에르는 마라와 자신을 갈라놓는 차이에도 불구하고 주저하지 않았다.

프리스틀리 박사는 자신의 연구실에서 글을 썼습니다. 그러나 책을 썼을 뿐인 이런 사람들이 필요합니까? 우리에게는 혁명에서 단련되고, 전제정에 정면으로 맞서 투쟁했던 애국파가 필요합니다. 고백하건대, 나는 라파예트와 궁정에 맞서 투쟁하기 위해 1년간 지하실에 숨어 있던 사람을 더 좋아합니다.

지하실에 숨어 있던 사람이 누구를 가리키는지는 분명하다. 결국 마라가 선출되었다.

9월 11일, 당시로서는 별로 중요하지 않은 새로운 사건이 일어났다. 로베스피에르가 탈리앵을 "민중이 약할 때 약하고 민중이 강할 때 강했다."라고 비난하여 그의 입후보를 좌절시켰던 것이다. 테르미도르 반동으로부터 2년 전에 그는 이 인물의 기회주의와 무기력을 간파했다. — 훨씬 더 중요한 새로운 사건은 19일에 일어났다. 로베스피에르가 필리프 오를레앙(14일, 그는 코뮌으로부터 그의 이름을 필리프 에갈리테(Égalité, '평등'이라는 뜻)로 바꾼다는 약속을 얻어냈다)의 입후보에 반대했던 것이다. 그러나 이번에는, 필

....
프리스틀리(Joseph Priestley, 1733~1804) 영국의 성직자, 화학자. 산소의 발견자로 유명하며, 자유주의적 정치 사상과 종교 사상의 발전에도 기여했다. 프랑스 혁명의 옹호자로, 종교 자유의 지지자로 널리 알려졌다. 혁명에 반대하는 영국인들에게 증오의 대상이 되었고, 특히 1793년 루이 16세가 처형되고 같은 해 프랑스에 대한 전쟁이 선포되면서 그는 더욱 영국의 증오를 사게 되었다. 결국 그는 1794년 4월 미국으로 이주, 거기서 생을 마쳤다.

프리스틀리 영국의 유명한 화학자로 프랑스 혁명을 옹호했던 프리스틀리는 그 때문에 조국을 떠나 미국으로 이주했다.

리프 오를레앙의 입후보를 적극 지지하는 당통보다 우위를 확보할 수 없었고, '에갈리테'는 마지막으로 선출되었다. 이 일은 로베스피에르가 당통을 용서하지 않을 일 중 하나이다. 며칠 후 당통이 미래의 루이 필리프(필리프 오를레앙의 아들)에게 군대에서 인기를 얻으라고 충고하고, "그것은 우리에게, 당신 가문에, 특히 당신의 아버지에게 무척 중요한 일입니다. 당신은 군림할 절호의 기회를 얻었습니다."라고 충고한 말들을 로베스피에르가 알았더라면, 무어라 말했을까?

이 유감스러운 선출에도 불구하고 파리에서의 투표는 거의 전적으로 코뮌의 정신 내에서 선출된 굳게 뭉친 대표단을 구성하는 것으로 귀착되었다. 파니스, 세르장, 로베스피에르, 오귀스탱 로베스피에르*, 루이 다비드 등이 초선 의원들을 보강했다. 그들은 다 함께 국민공회에서 산악파의 핵심을 이루게 된다. 파리에서 패배한 입법의회의 거물들은 지방에서 선출되었다. 브리소와 페티옹은 외르에루아르(Eure-et-Loir) 도에서, 콩도르세는 엔(Aisne) 도에서 선출되었다. 그리고 그들은 곧 국민공회에서 산악파보다 수적으로 더 우세한 당파를 지휘하게 된다.

그 이유는 여러 가지였다. 첫째는 지방의 선거인들이 파리의 선거인들보다 정보가 부족해 대립하는 성향들을 대부분 알지 못했다는 점이다. 그들은 아직 존재하지 않는 당파들, 결코 명확히 규정되지 않을 당파들을 구분하지 못하고 가장 잘 알려진 '애국파'에게

오귀스탱 로베스피에르(Augustin Robespierre, 1767~1794) 막시밀리앙 로베스피에르의 동생, 국민공회 의원. 테르미도르 쿠데타 때 형과 함께 처형되었다.

투표했다. 엔의 동일한 선거인들은 생쥐스트와 콩도르세를 국민공회 대표로 파견했다. 퓌드돔(Puy-de-Dôme) 도의 같은 선거인들은 쿠통과 방칼(Jean H. Bancal, 1750~1826)을 보냈다. 그런 이유로 수많은 제헌의회 의원들과 입법의회 의원들이 재선되었다. — 로베스피에르는 바로 이러한 사태를 막으려 했던 것인데, 이는 그가 그들이 어떤 타협을 할 수 있었는지를 알고 있었고 또한 그들이 어느 쪽을 선호할지를 알았기 때문이었다〔그리고 실제로 국민공회의 가장 극단적인 '지롱드파'는 대부분 카뮈(Armand G. Camus, 1740~1804), 살(Jean-Baptiste Salles, 1759~1794), 실레리, 랑쥐네, 케르벨레강(Augustin Kervélégan, 1748~1825), 라보 생테티엔, 페티옹, 뷔조 같은 옛 제헌의원들로 이루어질 것이다〕.

그리고 또 다른 요인이, 선거 초보다는 마지막에, 그리고 선거인들보다는 의원들의 정신 상태에서 더욱더, 지롱드파에 유리하게 작용할 것이다. 그것은 바로 '9월 학살'이 불러일으킨 동요였다. 우리는 파리가 학살의 유일한 무대가 아니었다는 것을 보았고, 롤랑이 어떻게 초기의 학살을 거의 승인했는지도 보았다. 그러나 이어 브리소파는 그 학살에 희생당할 뻔했다. 사려 깊은 인도적 감정보다는 이러한 사실이 그들의 견해를 바꾸어놓았을 수도 있었을 것이다. 그리고 프로이센 군이 뒤무리에의 술책으로 아르곤에서 이럭저럭 제지되어 도착하지 않고, 시간이 흐르면서 일단 애국파의 전율이 가라앉자, 수많은 단순하고 심약한 사람들이 분노했다. 그것은 9월 학살의 구체적인 사실들이 내무부 내에 선거를 위한 선전 수단을 쥐고 있던 롤랑 정부를 통해 그들에게 제시된 만큼 더더욱 그러했다. 브리소와 그의 당파는 확산되고 있던 유혈 사태에 대한 두려움을 매우 능숙하게 이용하여 조금은 겁을 먹은 수많은 지방 의원들이 파리에 도착하자마자 그들과 접촉해 그들을 코뮌파에 대항하도록 할 수 있었다.

 훨씬 더 결정적인 마지막 이유가 국민공회의 초기 태도를 결정하였다. 그것은 사회경제적 소요의 재개와 확산이었다. 8월 11일 코뮌은 은(銀) 매입자들을 다스릴 준엄한 법을 요구하면서 "공공의 재난에 편승하려는 자들에게 사형은 지나치게 가혹한 것으로는 보이지 않는다."라고 덧붙였다. 의회는 이 요구를 받아들이지 않고 의사일정으로 넘어갔다. 그러나 의회는 다른 계획들에서는 양보해야 했다. 8월 14일 의회는 가난한 농민들이 구입할 수 있게 한다는 조건 아래 공유지의 분할과 망명 귀족 토지의 분할 매각을 결정했다. 마지막으로 8월 25일 의회는 2월 29일자 쿠통의 연설(토지의 실질적인 양도에 의해 정당화되지 않는 모든 봉건적 권리를 보상 없이 폐지하자는 주장)에 답하여 영주의 권리를 입증하는 본원적 문서(titre primitif)를 제시하지 못하는 모든 봉건적 권리를 보상 없이 폐지했다. — 한 달 후 투르* 견직물 노동자들의 폭동, 리옹의 카뉘*들의 폭동, 거의 전국 각지에서 일어난 농민 폭동 등 폭동이 다시 격화되자 의회는, 군사적 필요에 따라 이미 시행하고 있던 식료품의 재고 조사와 징발을 민간의 필요에 따라 확대하지만 공정가격제로까지는 나아가지 않는 9월 9일과 16일의 법령을 발표했다.

투르(Tours) 앙드르에루아르 도의 도청 소재지.
카뉘(canut) 특별히 리옹의 견직물 노동자를 지칭하는 용어.

그것으로도 민중들의 요구에 응하기에는 충분하지 않았다. 여기 저기에서 공정가격제와 심지어 (농민들에게 토지를 균등히 분배하자는) 농지법을 요구하는 목소리가 높아졌다[5월 17일 사회 개혁에 관한 설교를 시작한 자크 루*, 리옹의 랑주(François Lange, 1743~1793), 셰르의 프티장*, 본빌(Nicolas de Bonneville, 1760~1828)]. 그런데 당통의 제안에 따라 8월 28일에 임명된 행정위원회의 일부 위임관들—그리고 앞에서 언급했듯이 코뮌의 성원들 중에서 선택된—의 활동도 훨씬 소극적이기는 하지만 같은 방향으로 나아갔다. 특히 외르(Eure) 도에 파견된 모모로*는 다음의 조항들을 포함하는 선언문을 배포했다.

1. 국민은 산업 재산을 인정한다. 국민은 그것의 보장과 불가침성을 약속한다. 2. 국민은 또한 *이 문제에 대한 법률을 제정할 때까지*(소유권에 대한 법적 제한을 암시) 토지 재산이라 잘못 불리는 것의 보장과 불가침성을 시민들에게 약속한다.

이 글이 배포되자 곧 베르네 시 당국이 모모로를 투옥했다(모모로는 산업 재산의 불가침성만 인정하고 토지 재산의 불가침성을 인정하지 않았으며, 경작자가 사회 구성원들의 생계 유지를 위한 토지 산물의 소유권을 가질 수 없다고 주장했다).

이미 보았듯이 로베스피에르는 농지법에 공식적으로 반대했다. 코뮌의 지도자들 대부분은 농지법에 대해 로베스피에르보다 훨씬 더 적대적이었다. 이 시기에 코뮌총회에서 다수가 공정가격제를 지지했는지조차 단언할 수 없다. 그러나 지롱드파의 선전

(propagande)이 이것을 이용하지 않기에는 기회가 너무나 좋았다. 브리소는 9월 10일에 이미 코뮌의 음모를 고발하고, 코뮌이 무정부 상태를 확산시켜 농지법을 공포하기 위해 '9월 학살'을 부추겼다고 비난했다. 곧 롤랑의 영향력 아래 있는 모든 신문들이, 마티에즈의 표현에 따르면, 서둘러 "재산 소유자들을 결집하는 종을 울렸다." 학살 앞에 몸을 떨었던 신사들은 분노할 도덕적 이유를 발견했다. 이 '신사들' 중에는 수많은 국민공회 의원들이 포함되어 있었다. 두 명의 노동자, 노엘 푸앵트(Noël Pointe)와 아르몽빌*을 제외하면 모든 의원들이 스스로를 부르주아지로 생각했기 때문이다.

지롱드파는 새로운 힘을 얻고 있다고 느끼면서 파리의 '도적들'에 대해 더욱 공격적으로 나갔다. 9월 17일, 롤랑, 라수르스, 그리고 베르니오의 계획적인 공격 이후 입법의회는 코뮌 감시위원회를 해체했다. 9월 20일 마지막 회의에서 입법의회는 도들에 파견된 코뮌 위임관들이 인신과 재산의 안전을 위태롭게 했다고 비난하고

....

루(Jacques Roux, 1752~1794) 성직자이자 격앙파(국민공회 시기 급진적 민중운동 세력을 가리키는 말) 운동의 지도자. 모든 사람에게 토지를 균등하게 분배해야 한다고 주장했다.
프티장(Jean-Baptiste Petitjean, 1750~?) 성직자, 공산주의자. 재산을 나눠 갖고 최소한의 것만 소유할 것을 시민들에게 설교했다.
모모로(Antoine F. Momoro, 1756~1794) 파리의 서적상, 인쇄업자. 코르들리에 클럽 회원으로 농지법과 재산의 평등을 주장했다.
아르몽빌(Jean-Baptiste Armonville, 1757~1808) 모직물 노동자 출신의 국민공회 의원. 국민공회에서는 마라와 가까웠고, 극좌파적 견해 때문에 '붉은 혁명 모자(bonnet rouge)'라는 별명을 얻었다.

그들을 소환했다.

　이번에는 코뮌이 굴복했다. 한편으로는 코뮌이 펼친 공안 정책의 성공이 도리어 코뮌을 무장해제시켰다. 첫 승리를 거둔 발미 전투(9월 20일) 이후, 국민들은 더 이상 예외적인 조치의 필요성을 이해하지 못했을 것이다. 다른 한편으로는, 국민공회 의원이 된 코뮌 지도자들은 국민공회의 분위기가 얼마나 자신들에게 적대적으로 변할 가능성이 큰지를 깨닫고 신생 의회의 미래를 더욱 위태롭게 할 어떠한 행동도 하지 않으려는 태도를 보였다. 마라는 자신의 신문에서 새로운 행동 노선을 택하려는 의지를 드러냈다.

　로베스피에르로 말하자면, 그의 침묵은 더 의미심장하다. 선거회의에 개입하고, 자신이 코뮌 내에서 독재를 하고 있다고 비난하는, 탈리앵의 영향을 받아 작성된 팜플렛에 대해 항의한 것을 제외하고 그는 9월 2일 이후 더는 발언하지 않았다. 아마도 그는 새로운 상황에 대해 숙고했을 것이다. 또한 아마도 그는 '지롱드파'가 얻은 새로운 얼굴을 고찰했을 것이다. 로베스피에르가 단지 막연하게 구분하는 것은 상인과 은행가 부르주아지의 공세적 당파가 어떤 절실한 필요에 의해 금융업자들과 상인들뿐 아니라 지주들을 포함하는 모든 재산 소유자들의 방어적인 당파로 변모했다는 것이다. 그러나 그는 정치적 결과들, 즉 지롱드파가 프랑스의 통일성을 파괴하는 연방주의를 지향하게끔 만드는, 파리 상퀼로트에 대한 증대하는 증오와 말로는 오직 자신들의 오른쪽에서만 적을 발견하는 체했지만 이제는 가장 오른쪽에 자리잡고 제헌의회의 퇴양파 잔당들을 자신들의 대열로 형제처럼 받아들이는 그들의 새로운 태도를 더 선명하게 보고 있었다. 입법의회에서 지롱드파는 하나의 당파였다. 그러나 국민공회에서 지롱드파는 반혁명의 무리에 불과한 존재로 변모할 것이고, 결국 자신의 본래 성격을 상실할 것이다.

바로 이 모든 것에 대해 로베스피에르는 숙고해야 했다. 아마도 그는 제헌의회 말기에 그랬던 것보다 훨씬 더, 혁명이 끝나지 않았으며 새로운 위험이 자유와 조국을 위협하고 있다고 생각할 것이다. 그는 코뮌의 긍정적 성과가 포함하고 있는 교훈을 종합적으로 검토했다. 그리고 그는 민중의 적인 브리소파(지롱드파)를 끝장내기에 적합한 순간이 올 때까지 자신이 견지해야 할 수세적 태도를 예측할 것이다.

2장_아, 프랑스 공화국

1792년
9월 21일   국민공회, 왕권 폐지를 의결하다.
9월 22일   '공화국 제1년'이 선포되다.
10월   자코뱅 클럽에서 지롱드파와 로베스피에르파가 대결하다. 한 달 이상 지속된 투쟁에서 로베스피에르가 승리한다.
12월 11일   루이 16세에 대한 재판이 시작되다.

1793년
1월 14~15일 루이 16세에 유죄 판결이 내려지다.
1월 21일   루이 16세, 단두대에서 죽음을 맞다.

1792년 9월 20일 국민 만세!의 외침과 함께 켈레르만*의 병사들은 발미에서 구체제 최고의 군대(프로이센 군 3만 5,000명)를 격퇴했으니, "오늘, 이곳으로부터 세계사의 새로운 시대가 시작된다."(프로이센의 브라운슈바이크 장군의 참모로 전투를 목격한 독일의 문호 괴테의 말) 같은 날, 같은 시간, 국민공회는 사무국을 선출했다. 사무국의 성향이 곧 드러나는데, 의장은 페티옹, 서기는 브리소, 콩도르세, 베르니오, 라수르스, 카뮈, 그리고 라보 생테티엔이었다. 롤랑의 당파는 옛 푀양파와 결합하여 의회를 지배하게 되었고, 동시에 코뮌 출신의 파리 의원들 ― 곧 일반적으로 부르게 되는 것처럼, 산악파 ― 을 따돌리려는 의지를 드러냈다.

이튿날인 9월 21일 국민공회의 첫 번째 공개회의에서 산악파는 솔선하여 우파와 화해에 나섰다. 코뮌의 독재를 비난하는 고발에 대응하여, 쿠통은 모든 사람들에게 민중의 온전한 주권과 군주정, 독재, 삼두정에 대한 동일한 증오를 선서할 것을 제안했다. 당통은 '농지법'에 대한 고발에 답하여 "모든 토지 재산, 개인 재산, 그리고 산업 재산을 **영구적으로** 유지할 것"을 선언하자고 제안했다. 어느 누구에게든 부의 증식을 엄격히 금지하는 이 법령은 지롱드파에게조차 지나친 조치로 보였으므로 의회는 '인신과 재산을 국민의 보호 아래' 두는 것으로 만족했다.

그러나 산악파는 담보를 제공하는 것과 동시에 자신들의 본질적인 목표들을 제시했다. 당통과 쿠통은 미래의 헌법이 1차 회의에 모인 민중들의 재가를 받아야 한다고 제안하여 통과시켰다. 콜로 데르부아와 그레구아르는 "프랑스에서 왕정은 폐지되었다."라고 공포할 것을 제안하여 통과시켰다. 모든 모호함을 차단하기 위해 비요바렌이 모든 문서에 **프랑스 공화국** *제1년*이라고 표기하는 결정을 얻어낸 것은 이튿날에 이르러서이다. 로베스피에르는 여전히 입을 열지 않았지만, 산악파가 요구한 완전한 정치적 민주주의는 분명히 로베스피에르의 최소 강령이었다. 그리고 이론적으로 거기에는 입법의회의 브리소파나 제헌의회의 옛 민주파, 페티옹이나 뷔조가 견해를 달리할 만한 것이 없었으므로 자코뱅과 마찬가지로 모두가 이 강령을 받아들였다.

가능한 합의를 거부한 것은 지롱드파였다. 자신들이 끌어모은 우파 지지자들과 자파(自派) 지도자들〔특히 롤랑 부부〕의 앙심에 떠밀린 지롱드파가 원하는 것은 국민공회가 코뮌의 사람들, 적어도 가장 저명한 인물들을 국민공회에서 축출하는 것이었다. 그렇게 할 때에만 지롱드파는 안도의 한숨을 쉴 것이다. 따라서 파리의 도적떼에게 둘러싸인 국민공회가 처한 불안함에 대해 몇 차례 격

....
켈레르만(François-Christophe Kellermann, 1735~1820) 프랑스 군 원수. 법복귀족의 집안에서 태어나 1752년 군 장교가 되었다. 프랑스 혁명을 환영했으며, 1792년 9월 북부전선 사령관인 뒤무리에와 함께 발미 전투를 승리로 이끌었다. 계속해서 전공을 쌓았으나 1793년 11월 자코뱅 정권은 그를 불충성 혐의로 체포했다. 1794년 7월 자코뱅의 몰락 직후 석방되었다. 나폴레옹 집권기와 루이 18세의 왕정복고기에 두루 높은 직위를 거쳤다.

혁명의 상징 중앙에 '공화국의 단일, 불가분성, 자유·평등·우애가 아니면 죽음'이라고 씌어 있다.

렬한 공격을 한 끝에 지롱드파는 더 이상 기다리지 않고 결정적인 공격을 개시했다. 9월 25일 라수르스, 뷔조, 바르바루, 부알로(Jacques Boileau, 1751~1793), 브리소, 베르니오, 라리비에르*는 페티옹의 동조 아래, 코뮌이 로베스피에르[특히 가장 먼저 지목된다], 마라[그들은 그를 공수병에 걸린 개 취급한다], 당통[그들은 그를 지명하는 것을 삼간다. 당통은 내각에서 롤랑의 동료이며 그에 대해 상세히 알고 있다. 따라서 당통을 건드리지 않는 편이 나을 것이다]의 '삼두정'을 수립함으로써 자유를 질식시키려 했다고 연이어 고발했다.

당통이 가장 먼저 대답했다. 그는 로베스피에르를 옹호하는 말은 한마디도 하지 않고[이후에 로베스피에르는 그것을 나무란다], 자신을 마라와 구별짓기 위해 여러 차례 경멸적인 표현을 사용했다. 그러나 본능적으로 위대한 전술가인 그는 독재를 갈망하는 사람과 누구든 프랑스의 통일을 해치는 자는 사형에 처한다는 두 개의 법령을 동시에 제안했다.

뒤를 이어 로베스피에르가 연단에 올랐다. 야유를 받으면서도 그는 내려오지 않았다. 그는 다시 한 번 자신의 지난 행동을 변호하는 것으로 만족했다. 그는 한 가지 문제에 대해서만 온건하게 공격했다. 즉 그는 지롱드파의 연방주의적 성향을 비난했다[조금 후 라수르스는 파리를 다른 도들과 마찬가지로 83분의 1의 영향력으로 축소할 것을 요구했다]. 그는 당통이 요구한 두 개의 법령을 지지하는 것으로 연설을 끝맺었다. 분명히 그는 철저하게 따져보기를 원하지 않았고, 그의 연설이 여전히 활력이 없다면 아마도 이러한 이유 때문이었을 것이다.

마라에 대해서 그는 한마디도 하지 않았다. 모든 과정은, 당통과 로베스피에르가 서로 협의하지 않고도 두 사람 모두 산악파를 구하기 위해 마라를 우파의 맹수들에게 넘겨주기로 결정한 것처럼 진행되었다. 마라가 "나는 이 의회 안에 수많은 개인적인 적을 가지고 있습니다."라는 말로 발언을 시작할 때, 그리고 "모두가 적이다! 모두가 적이다!"라는 거의 이구동성의 외침이 그의 말을 가로

라리비에르(Pierre-François-Joachim Larivière, 1761∼1838) 국민공회 내의 드문 왕당파 중 한 사람. 1793년 6월 2일 봉기 후 기소되었으나 살아남아 테르미도르 쿠데타 후 공안위원회 위원, 500인 의회 의원을 역임했다.

막을 때["나는 그들에게 수치심을 일깨우고자 합니다."라고 마라는 태연하게 계속한다], 로베스피에르는 한마디도 하지 않았다. 베르니오가, 마라의 동료라는 사실이 국민공회 의원의 가장 큰 불행이라고 표현할 때에도 로베스피에르는 꿈쩍하지 않았다. 마라와의 견해 차이나 그 순간의 전술적 신중함으로는 이 *비겁함*[나는 여기에서 이 단어를 신중하게 고려하여 사용한다]을 설명하는 데 충분치 않다. 그들은 전쟁에 반대하고, 입법의회에 대항하여, 왕권의 몰락을 위하여, 코뮌의 민중 권력을 위하여 함께 투쟁했다. 어쩌면 우리가 앞으로 다른 증거를 통해 보게 될 기질상의 깊은 반감이 작용한 것으로 볼 수도 있을 것이다. 여전히 반듯한 부르주아지인 로베스피에르는 피부병을 앓는 사내, 제대로 차려 입지 못하는 단정치 못한 사내, 지하실에 숨어 사는 사내, 민중의 감정적 반응을 그토록 본능적으로 체험하는 사내, 장 폴 마라라는 그의 이름만으로도 불가피한 폭력을 불러일으키는 사내 앞에서 문자 그대로 굳어 버리고 만 것이다.

그러나 이날 산악파를 구하는 것은 마라였다. 처음으로 그는 은거 생활로부터 벗어났다. 그는 의회의 토론에 대해 아무런 경험도 없었다. 그러나 마라는 마라였다. 자신에게 고유한 관대함, 용기, 솔직함으로 그는 완전히 적대적인 의회가 자신을 주목하게 만든다. 이는 로베스피에르도 할 수 없었던 일이었다. 모두에게 버림받은 그는 공격에 나서, 당통과 로베스피에르를 옹호하고 그가 흔히 예찬했던 봉기시의 일시적 독재 이론을 오직 자신의 것이라고 주장하고 우파에게 소리쳤다. "여러분이 내 말을 들을 능력이 없다면 딱한 노릇입니다!" 이 반격의 활력은 산악파를 열광시키고, 중도파

연설하는 마라 누구보다도 급진적인 혁명가였던 마라는 국민공회에서 유력한 인물로 떠오른다.

를 굴복시키고, 우파를 물러서게 했다. 그리고 회의는 지롱드파의 명백한 패배로 끝났다. '삼두파'에 대한 고발 법령은 더 이상 문제가 아니며 쿠통은 모든 연방주의에 대항해 "프랑스 공화국은 *하나이며 나누어질 수 없다.*"라고 주장하는 표결을 얻어냈다.

패배한 지롱드파는 공격 계획을 수정했다. 지롱드파는 한꺼번에 패배시킬 수 없었던 사람들을 한 사람 한 사람 공격할 것이다. 그리고 그 공격은 우선 당통을 향하였다. 돈이라는 그의 약점을 그들이 찾아낸 것이다. 각료 재직 시절의 지출에 대한 회계 제출을 독촉받고 있던 당통은 계속 그것을 회피했는데, 이는 당연한 일이었다. 그는 결국 그의 혐의를 계속 추궁하는 일에 대한 의회의 싫증과 정확한 혐의를 제시할 수 없다는 점을 이용하여 난관에서 벗어났다. 그러나 그는 그 과정에서 위신과 권위를 손상당하였다. 이제 지롱드파가 로베스피에르와 마라를 공격할 수 있는 순간이 올 것이다.

1792년 10월 한 달간 로베스피에르는 자주 번민했다. 그는 자코뱅 클럽에서나, 국민공회에서나 거의 발언하지 않았다. 그는 10월 10일 자코뱅의 브리소 추방 조치에도 참여하지 않았던 것으로 보인다. 그러나 10월 말 그는 〈유권자들에게 보내는 편지〉〔〈헌법의 수호자〉를 대체한〕제1호를 발간하고 10월 28일 자코뱅 클럽에서 중요한 연설을 하면서 다시 모습을 드러냈다. 거의 같은 시기인 10월 24일 브리소는 국민공회에서 재산소유자 보호에 대한 연설을 하고, 자신이 자코뱅 클럽에서 축출된 것에 대한 생각을 밝히기 위해 〈모든 공화주의자들에게 보내는 편지〉를 발간했다. 따라서 그것은 두 사람 사이의 진정한 결투라고 할 수 있다.

코뮌, 자코뱅 클럽, 산악파, 그리고 분명하게 지목된 마라와 로베스피에르에 대해 브리소는 사회적 무정부주의에 대한 비난을 더욱 격렬하게 되풀이했다. "무정부주의자들이란 재산, 유복함, 식료품 가격, 사회에 대한 다양한 봉사 등을 균등화하려는 사람들이며, 병영의 노동자가 의회 의원의 세비(歲費)를 받기 원하는 사람들이다……." 잠깐 중단하고 마지막의 이 어처구니없는 말에 대해 생각해보자. 코뮌은 파리 앞 병영의 참호를 판 노동자들에게 한푼도 더 보태지 않고 일당 *42수*를 지급했다. 지롱드파는 이 수당마저 폐지한다. 브리소가 넋두리를 끝내도록 발언권을 돌려주자. "(무정부주의자들이란)…… 심지어 재능, 지식, 덕까지도 평준화하려는 사람들이다. 왜냐하면 그들은 이 모든 것을 전혀 지니고 있지 않기 때문이다!" 다시 놀라우리만큼 순진하고 파렴치한 다음 구절을 보자. "민중은 혁명에 봉사하기 위해 태어났지만, 혁명이 완수되면 집으로 돌아가 자신들보다 지적으로 뛰어난 사람들에게 자신들을 지도하는 수고를 맡겨야 한다."

로베스피에르는 무산자들의 사회경제적 요구에 기대려 하지 않았다. 그러나 그는 엄격하게 정치적 영역에 머물면서도 브리소파의 계급적 성격을 가차없이 강조했다. "정치체의 불치병은 무정부주의가 아니라 독재이다." 그리고 독재는 민중을 무정부주의로 고발하는 것으로 시작한다. "폭동과 약탈이라는 관념을 민중과 빈곤이라는 관념과 결부시키는 이 변함 없는 성향을 보라." 진짜 도적들은 "평등의 지배가 시작된다."는 것을 인정하지 않는 사람들, "정부의 모든 지위와 권위를 차지하고자" 하는 사람들이다. 그들은

"오직 자기들만을 위해 공화국을 수립하고자 하고 …… 특권층의 원칙과 부자들의 이익에 따라 정부 형태를 바꾸고자 애쓰며 …… 오직 부자들과 공공 관리들의 이익을 위해 통치하고자 하는, 공화국의 음모꾼들이다."

따라서 그들의 당파가 곧 "군주정의 깃발을 내걸었던 모든 사람들, 모든 나쁜 시민들을 받아들여 덩치를 키우는 것은 당연한 일이다."

다른 사람들〔푀양파〕은 왕의 이름으로 권위를 행사하기 위해 서로 왕의 망령을 차지하려 다툰다. 이들〔지롱드파〕은 다른 이름으로 지배하기를 원한다. 만약 그들의 권력을 유지하기 위해 다시 왕을 옹립해야 한다면, 그들이 주저할까? …… **그들은 신사들이고, 공화국의 품위 있는 인물들이다. 우리는 상퀼로트이고 — 천민들이다**.

로베스피에르가 자코뱅에서 다시 발언한 것은 10월 28일이다. 이튿날인 10월 29일, 때가 왔다고 판단한 '롤랑파'는 대규모 공격을 개시했다〔이 공격을 결정한 것은 롤랑의 최측근들이다. 그들만큼 과격하지 않았던 몇몇 '지롱드파', 특히 베르니오와 콩도르세는 단지 매우 유약하게만 공격을 지지했다〕. 그날 낭독된 롤랑의 긴 보고서는 코뮌에 대한 동일한 비난을 지겹도록 되풀이하고 로베스피에르를 의심하는 정보원의 보고를 인용했다. 로베스피에르는 연단으로 뛰어올라 정확한 증거를 밝힐 것을 적들에게 촉구했다. 곧 루베(Jean-Baptiste Louvet, 1760~1797)가 나타나 로베스피에르에 대한 기소를 요구하고, 전적으로 자신이 준비한 것에 틀림없는 매우 공들인 긴 연설문을 낭독했다.

　이번 고발은 모호하지 않았다. 루베는 궁극적인 기소로 수렴될 수많은 구체적인 '사실들'을 내놓았다. 그 사실들은 약간 변형되거나 편향적으로 제시된 실제 사실들과 중상의 매우 교묘한 직조물이었다. 루베에 따르면 로베스피에르는 "가장 순수하고 가장 훌륭한 애국파들을 중상했다." 로베스피에르는 그들이 9월의 학살자들의 공격 대상이 되도록 지목했다. 그는 "국민의 대표들을 박해했다." 그는 "끊임없이 자신을 숭배의 대상으로" 만들었다. 그는 "파리의 선거회의를 전제적으로 지배했다." 마지막으로 그는 "명백히 최고 권력을 향해 나아갔다." 그리고 루베는 자신의 '로베스피에르 비방가(歌)'를 마무리하면서 "그 이름이 나의 입을 더럽히지 않을 또 다른 사람"을 비난하고 그에 대해 훨씬 더 긴급한 재판을 요구한다. "그를 심판하기 전에는 해산하지 맙시다. 나는 이 자리에서 마라에 대한 기소법령을 요구합니다……. 신이여! 내가 그의 이름을 불렀습니다."

　여기가, 이 10월의 마지막 날들 동안 여전히 오로지 혼자였던 마라가 어떻게 적들에 맞서 다시 승리를 거두었는지 이야기할 자리는 아니다. 로베스피에르는 자신이 충분히 답할 수 있다면 루베의 고발로부터 어떤 이익을 끌어낼 수 있을지 즉각 깨달았다. 그는 자신에게 유예 기간을 줄 것을 요구했고 11월 5일 자신을 변호하기 위해 다시 연단에 올랐다. 이번에 그의 연설은 9월 25일의 연설이 미약했던 만큼이나 훌륭했다. 로베스피에르는 자신감을 되찾았다. 그는 결코 자신에 대해서만 말하지 않았고, 코뮌의 활동 전체를 찬양했다.

그는 우선 자신이 독재를 원했다면 국민공회 선거를 요구하는 것으로 시작하지는 않았을 것이라고 지적했다. "적어도 사전에 내가 완전히 미쳤다는 것을 입증해야 할 것입니다." — 그는 이어, 어조는 어떠했든 마라와 결별한다.〔"사람들이 내게 가하는 가장 지독한 비난 중 하나가 마라의 이름이라는 것을 잘 알고 있습니다."〕 그는 파리 선거회의의 활동을 옹호한 후, 자신이 자코뱅 클럽에서 행사했다고들 말하는 독재의 문제에 다다랐다. "우선 나는, 그것이 원칙의 자연적인 지배가 아니라면, 특히 자유로운 사람들의 사회에서 여론에 대한 독재라는 것이 무엇인지 모르겠습니다……. 경험은 자코뱅 클럽과 민중협회들의 여론이 프랑스 국민의 여론이라는 것을 입증했습니다. 어떤 시민도 그것을 창조하거나 지배하지 않았으며, 나는 그것을 공유했을 뿐입니다."

그는 곧장 공세로 넘어갔다. 자코뱅이 '8월의 신성한 봉기'를 준비한 것 말고 무엇을 했는가? "전제정을 격퇴한 것은 바로 여러분이 말하는 한줌의 악당들입니다. 여러분과 여러분의 당파는 그러한 음모에 가담하기에는 너무나 현명하고, 너무나 안정을 좋아했습니다." 그리고 그는 공격의 수위를 높였다. "나는 여러분의 열정이 자코뱅을 추방하는 법령을 국민공회에 요구하도록 만들 순간을 기다리고 있습니다. 우리는 그때 여러분이 레오폴트나 라파예트보다 더 설득력 있는지, 또는 그들보다 더 행복한지를 보게 될 것입니다." 이것으로는 아직 충분하지 않았다. 그는 라파예트와의 유사성에 근거해 지롱드파의 계급적 성격을 강조했다. "여러분이 연설마다 구분하는 이 두 부류의 민중들, 즉 여러분을 사랑하는 한 부류와 우리의 원칙을 따르는 것으로 보이는 또 다른 부류로 나누는 것, 여기서 여러분이 의미하는 것이 무엇인지만 우리에게 말해주십시오. 여러분의 의도는 여기에서 라파예트가 신사라고 불렀던 사람들과 그가 상퀼로트와 하층민이라고 지칭했던 사람들을 가리키는 것입니까?"

그러고 나서 바로 로베스피에르는 코뮌이 불법적인 활동을 했다는 비난에 대한 반박으로 넘어갔다. ─ 그리고 여기에서 우리는 그의 사고가 이룬 진보를 측정할 수 있다.

여러분은 단지 특권층과 왕당파 작가(作家)들의 불만을 접수하기 위해 위원회를 만든 것입니까? 여러분은 단지 우리가 모든 음모꾼들을 이 위대한 도시의 성문을 벗어나지 못하게 했다는 이유로 우리를 비난하는 것입니까? 여러분은 단지 우리가 수상한 시민들을 무장 해제하고, 혁명의 적으로 인정된 자들을 공공의 안녕에 대해 논의하는 우리의 회의에서 추방했다는 이유로 우리를 비난하는 것입니까? …… 사실상 이 모든 것은 불법적인 것입니다. 혁명만큼이나, 왕좌와 바스티유의 붕괴만큼이나, 그리고 **자유 그 자체만큼이나** 불법적인 것입니다!

시민 여러분, 여러분은 혁명 없는 혁명을 원합니까? …… 누가 사후에 민중봉기의 흐름이 중단되어야 했던 지점을 표시할 수 있습니까? 이러한 값을 치르며(외부에서 정해준 지점에서 봉기를 중단하는 것을 의미) 어떤 국민이 전제정의 굴레에서 벗어날 수 있습니까? …… 〔봉기 가담자들은〕 사회 전체를 위해 암묵적으로 위임받은 대리인으로 간주되어야 합니다……. 여러분이 승리를 위해 우리가 사용한 방식을 인정하지 않는다 해도 그 승리의 결실을 우리에게 남겨주십시오. 여러분의 헌법과 여러분의 모든 옛 법들을 되찾으십시오. 그러나 공공의 대의를 위해 죽은 우리의 동료 시민들, 우리의 형제들, 우리의 아이들을 돌려주십시오! …… 아닙니다. 우리는 결코 실패하지 않았습니다. 나는 무너진 왕좌와 새로이 태어난 공화국을 두고 맹세합니다!

그리고 로베스피에르는 '9월 학살'을 다루었다. 그는 학살을 부추겼거나 지휘했음을 부인했다. 그는 이 집단적이고 자발적인 운동에서 코뮌 총회의 책임이 없다고 주장하고 왜 아무도 그것을 막을 수 없었는지를 설명한 후 마무리했다.

사람들은 무고한 사람들이 죽었다고 주장합니다. 사람들은 그 수를 과장하기를 좋아합니다. (무고하게 죽은 사람이) 단 한 사람이라 해도, 그것은 너무 많은 수일 것입니다. 시민 여러분, 이 잔인한 실수를 한탄하십시오! 법의 보복이 예정되어 있었으나 민중이 내린 심판의 칼 아래 쓰러진, 비난받아 마땅한 희생자들에 대해서조차 애통해하십시오. 그러나 모든 인간사와 마찬가지로 여러분의 고통에는 한계가 있습니다. 더 비통한 재난을 위해 눈물을 아껴두십시오. 전제정에 희생된 수십만의 애국파를 위해 우십시오. 여러분 역시 복수해야 할 형제, 자녀, 남편이 있지 않습니까? 입법자들의 가족은 조국이며 전 인류이지 전제군주나 그 공모자들이 아닙니다! …… *거의 언제나 자유의 적들만을 위해 탄식하는 동정심은 내가 보기에 미심쩍은 것입니다.* 나의 눈앞에서 전제군주의 피로 물든 옷을 펄럭이는 일을 그만두십시오. 그러지 않으면 나는 여러분이 다시 로마를 노예로 만들고자 한다고 믿을 것입니다.

국민공회의 결속을 촉구하는 것으로 끝맺기에 앞서, 그는 마지

1790년경에 그려진 막시밀리앙 로베스피에르의 초상.

막 독설을 내뱉었다.

이처럼 여러분이 독재에 대해 말하는 것은 오직 여러분 스스로 아무런 제약 없이 독재를 행하기 위해서입니다! 여러분이 추방과 전제정에 대해 말하는 것은 오직 추방과 전제정을 행하기 위해서입니다! 이렇게 여러분은 국민공회를 여러분의 범죄적 계획의 맹목적 도구로 만들기 위해 그 앞에서 매우 교묘한 이야기들을 선포하고, 끊임없이 자유의 상실과 국민공회 자신의 불명예를 공포하도록 제안하는 것으로 충분하다고 생각했습니다!

방청석과 국민공회 의원 대부분이 박수 갈채로 로베스피에르에게 경의를 표했다. 루베와 바르바루는 발언하려 했으나 헛수고였고, 바레르가 효과를 반감시키려 노력했으나 허사였다. 의회는 압도적 다수로 로베스피에르의 연설을 무조건 인쇄할 것을 결의했다. 그가 자코뱅 클럽으로 가기 위해 국민공회에서 나오자 엄청난 군중이 그를 환영하고, 횃불을 밝히고 〈라 카르마뇰(la Carmagnole)〉*, 〈사 이라(Ça ira)〉, 〈라 마르세예즈〉 같은 혁명가요를 부르면서 그의 뒤를 따랐다. 자코뱅 클럽에서는 박수 갈채가 끊이지 않았다. 그것은 지롱드파 신사들에 대한 파리 하층민들의 대답이었다.

루베에 대한 로베스피에르의 승리는 단순히 지롱드파의 공세에 대한 결정적인 반격에 그치지 않았다. 그 승리로부터, 지롱드파 지도자들의 호전적이고 신랄한 태도에 이미 어느 정도 싫증을 느끼고 있던 중도파가 점점 새로운 우파로부터 이탈했다. 로베스피에르의 능숙함, 그리고 진지하면서도 확고한 태도는 대다수의 의원들에게 지롱드파의 정책이 8월 10일 봉기를 다시 문제삼고 따라서 국민공회의 존재 자체를 의문시하는 것에 다름 아님을 보여주는 것이었다. 국왕을 다시 왕좌에 앉히는 것과, 8월과 9월의 사건들을 승인하고 앞으로 전진하는 것 사이에 절충안은 존재하지 않았다.

중도파 의원들은 대부분 부르주아적 유사성이나 정보의 부족 때문에 지롱드파를 추종했다. 11월부터 그들은 한층 더 고심했다. 캉봉(Pierre-Joseph Cambon, 1756~1820), 들라크루아(Jean-François Delacroix, 1753~1794), 아나카르시스 클로츠*, 바레르처럼 그때까지 롤랑파를 추종했고, 얼마 전까지만 해도 코뮌을 비방했던 몇몇 온건파가 신속히 방향 전환을 시작하여 산악파의 대열에 합류했다.

지롱드파가 얼마 동안 더 지위를 유지할 수 있었던 이유는, 그들이 시작했지만 승리를 위해 아무것도 하지 않은 전쟁의 승리 때문이었다. 남부군 사령관 몽테스키유(Anne P. Montesquiou-Fezensac, 1739~1798)가 사부아를, 역시 남부군 지휘관인 앙셀름(Jacques B. M. d'Anselme, 1740~1814)이 니스를, 그리고 라인 군

라 카르마뇰 혁명기의 민중가요이자 그에 맞추어 추는 춤. 혁명가들이 입던 카르마뇰 복에서 따온 이름.
클로츠(Jean-Baptiste Cloots, 1755~1794) 프로이센의 귀족으로 1776년 파리로 건너가 디드로의 〈백과전서〉 편찬에 참여했다. 아나카르시스(anacharsis)는 1784년 파리를 떠나 전 유럽을 여행하다가 1789년 프랑스에 정착한 후 열렬한 혁명가가 되어 국민공회에 진출했다. 로베스피에르는 그의 무신론을 경계하고 그가 외국과 연계하여 음모를 꾀한다고 의심했다. 1793년 12월 자코뱅과 국민공회에서 추방되었고 에베르파와 함께 처형되었다.

사령관 퀴스틴(Adam P. Custine, 1740~1793)이 라인 지방 남부(마인츠)를 정복한 후, 제마프(Jemmapes)에서 거둔 승리(11월 6일)는 뒤무리에로 하여금 한 달 만에 벨기에를 정복할 수 있게 해주었다. 국민적 자부심, 사업가 부르주아지를 사로잡은 기쁨, 국제적 혁명이 짧은 기간 내에 전 세계로 확산되리라는 희망의 유토피아적 재생, 이 모든 것이 지롱드파에게 그들이 필요로 하는 위신의 회복을 가져다주었다. 그리고 지롱드파는 그것을 이용해 의회에서 몇 차례 승리를 거두었다. 지롱드파가 11월 29일, 8월 10일 봉기로부터 태어나 한 번도 활발하게 기능을 하지 못한 특별재판소의 폐지를 얻어내는 것도 바로 그렇게 해서이다.

그러나 산악파는 이미 공격 지점을 선택했다. 그것은 11월 6일과 7일의 발라제(Charles É. Valazé, 1751~1793)와 멜(Jean Mailhe, 1750~1834)의 보고(두 사람 다 루이 16세의 처형을 지지했지만, 동시에 민중에게 상소할 것과 집행유예를 주장했다)에 이어, 11월 13일 논쟁이 시작된 루이 카페(루이 16세)의 재판이다. 만일 지롱드파가 자신들이 주장하는 대로 애국파이자 공화주의자들이라면, 그들은 자신들이 그토록 자주 국민의 배신자라고 비난했던 인물에게 부과되는 처벌을 시행하는 데 성실하게 협력했을 것이다. — 그리고 그들은 그들을 따라다니는 서투르게 위장된 왕당파의 후원과 궁극적으로 결별했을 것이다. 그리고 충분히 예견할 수 있듯이 그들이 루이를 구하려 노력함으로써 가면을 벗어버린다면, 국민공회의 다수파는 11월 5일 로베스피에르가 제기한 딜레마, 즉 8월 10일 봉기의 결과를 끝까지 밀어붙일 것인가, 아니면 공화국과 국민공회의 자살에 동의할 것인가 하는 딜레마(루이 16세를 살려두기로 한다면 공화국과 국민공회가 스스로의 존재를 부정하는 것이 되므로)에 다시금 직면할 것이다.

로베스피에르는 이미 10월에 며칠 동안 건강이 좋지 않았다. 이어 11월 5일부터 30일까지 그는 병이 났고, 그는 어디에도 나타나지 않았다. 3년 반 동안의 집중적인 업무, 코뮌의 열광적인 날들의 여파, 그에 대한 지롱드파의 공격이 불러온 흥분이 아마도 그의 발병의 원인이 되었을 것이다. 11월 말에 활동을 재개할 때, 그는 두 가지를 확인할 수 있었다. 첫째는 루이 16세의 재판이 답보 상태라는 것이었다. 11월 13일 논쟁이 시작된 후, 재능 있는 젊은이인 생쥐스트가 벼락 같은 — 그 단어에 담긴 온전한 의미에서 — 연설로 국민공회에 깊은 인상을 남겼다. 그러나 그의 뒤를 이은 거의 모든 발언자들은 관용의 방향으로 의견을 개진했고 11월 17일 이후의 논쟁에서는 재판은 더 이상 있을 수 없는 일이 되어버렸다. 그러나 11월 29일, 비밀문서들을 숨겨둔 튈르리 궁의 철제 금고가 발견되면서 두 가지 사실이 드러났다. 하나는 루이 16세의 배신이 [동시에 미라보의 매수에 대해] 담겨 있는 새로운 문서들에 의해, 다른 하나는 롤랑이 지롱드파의 공모를 발견하고 공식적인 조사 없이 서둘러 모든 문서를 자신의 집으로 가져온 바로 그 서투름 때문이었다.

로베스피에르가 두 번째로 확인할 수 있는 것은 사회경제적 문제가 급격히 악화되고 있다는 것이었다. 지롱드파 은행가들 — 그리고 당통 주변의 모리배 정치가들 — 이 벨기에 정복과 군수품을 이용해 치부할 준비를 하는 동안 빈민들의 식량 공급은 개선되지 않고 있었다. 편협한 경제적 자유주의의 지지자인 롤랑의 긴밀한 감시 아래 9월 9일과 16일의 법령(식료품의 재고 조사와 징발을 민간의 필요에 따라 확대한다는 내용의 법령)은 사문서로 남아 있었다. 그리고 소요가 거의 도처에서 재개되고 있었다.

11월 19일 센에우아즈 대표단이 미래 '프레리알의 순교자'*, 구종(Jean-Marie Goujon, 1766~1795)이 작성한 청원서를 제출했다. 그는 특히 이렇게 말했다.

곡물 교역의 자유는 우리 공화국의 생존과 양립할 수 없다. 우리 공화국은 무엇으로 이루어져 있는가? 소수의 자본가와 수많은 가난한 사람들이다. 누가 곡물 교역을 담당하는가? 소수의 자본가들이다. 왜 그들은 교역을 하는가? 부자가 되기 위해서이다. 어떻게 그들은 부자가 될 수 있는가? 소비자에게 비싼 값에 곡물을 되팔아서이다. 그러나 여러분은 또한 무제한적인 자유로 곡물가를 지배하는 이 자본가와 지주계급이 노동자의 일당을 결정하는 데서도 지배자라는 것을 알 수 있을 것이다. 왜냐하면 한 명의 노동자가 필요할 때마다 열 명의 노동자가 줄을 서 있고, 부자가 결정권을 갖기 때문이다. 부자들은 적게 요구하는 사람을 선택한다. 그는 노동자의 값을 결정하고, 노동자는 그의 법에 따른다. 노동자는 빵이 필요하기 때문이다. 그는 이 필요에서 벗어날 수 없다……. 일당은 16~18수인 반면, 밀은 스티에(setier, 1스티에는 약 75킬로그램)당 36리브르(1리브르는 20수)이다……. 따라서 일당은 생존하는 데 충분하지 않다.

그리고 구종은 곡물의 공정가격제, 대규모 농지의 분할, 그리고 식량 중앙관리국의 설립을 요구하는 것으로 끝을 맺었다.

당시의 모든 문헌들 중 마르크스의 분석을 가장 잘 예고하고 있지만 여전히 온건한 해결책에 머무르고 있는 문서의 하나인 이 청원서가 낭독된 직후, 국민공회에서는 롤랑의 편지가 낭독되었다. 이 편지는 경제적 자유주의의 진정한 전형이라 할, 다음의 구절을 포함하고 있었다. "아마도 의회가 식량 (문제)에 대해 취할 수 있는 유일한 조치는 자신이 아무것도 해서는 안 된다고 선언하는 일일 것이다." 그리고 롤랑은, 미미하게 규제의 성격을 갖지만 거의 시행된 적 없는 9월 9일과 16일의 법령(민간의 필요에 따라 식료품의 재고 조사와 징발을 확대한다는 내용의 법령)을 폐지할 것을 요구했다. 의회는 구종의 청원서 인쇄를 거부하고, 롤랑의 편지를 인쇄할 것을 결정했다. 몇몇 과격파의 항의를 제외하고, 산악파 전체는 꼼짝도 하지 않았다.

뒤이은 기간에 소요가 격화되었다. 사르트(Sarthe), 외르에루아르(Eure-et-Loir), 루아르에셰르(Loir-et-Cher), 앵드르에루아르(Indre-et-Loire)의 네 개 도(모두 파리 남서부에 위치한 내륙의 도들)에서 진정한 반란이 일어났다. 11월 29일 생쥐스트는 식량 문제에 관해 연설했다. 이 연설에서도 역시 마르크스를 예고하는 구절을 발견할 수 있다. "행복하지 않은 민중은 조국이 없습니다." 그러나

프레리알의 순교자 테르미도르 반동 이후인 1795년 프레리알 1~3일, 즉 5월 20~22일에 발생한 민중봉기에 참여한 산악파 의원 여섯 명은 봉기가 실패로 돌아간 후 사형을 선고받았다. 그들은 서로 비수로 찔러 죽으려 했고, 구종을 포함한 세 명이 즉사했다.

그는 재정과 세무에 관한 조치들만을 제안했다. "사람들은 식량에 관한 법을 요구합니다. 그 점에 대한 실정법은 현명한 것이 아닐 것입니다. 나는 교역에 관한 극단적인 법들을 좋아하지 않습니다." 처음으로 지롱드파는 생쥐스트에게 박수 갈채를 보냈다.

이튿날인 11월 30일, 페티옹은 보스(Beauce)의 반란을 무력으로 진압할 것을 요구했다. 뷔조는 먼저 타협을 시도하기 위해 위임관들을 보낼 것을 요구했다. 결국 로베스피에르가 다시 등원하여 발언했다. 먼저 그는 페티옹에 반대하고 뷔조를 지지했다. 그리고 그는 국민공회가 다른 데로 주의를 돌리지 말고 먼저 본질적인 문제에 대해 결론을 내림으로써 다시 하나가 될 것을 요구했다. 그 본질적인 문제란 "곧 프랑스인들의 전제군주에게 그의 중죄에 대한 처벌을 선고해야 한다."는 것이었다. 그 다음에야 나머지 문제들을 다룰 것이다. "내일 여러분은 재산권과 인간의 삶을 화해시킬 것입니다. 여러분은 식량에 대해 선언할 것입니다. 다음날 여러분은 자유로운 헌법 전체의 토대를 놓을 것입니다." 여기서 우리는 한결같은 그 로베스피에르, 즉 정치적 문제들을 우선시할 것을 요구하지만, 또한 무르익지 않은 문제들, 아직 해결할 수 없는 문제들은 다루려 하지 않는 매우 확고한 현실주의자를 다시 발견하게 된다.

국민공회는 그날 어떠한 문제에서도 로베스피에르를 따르지 않았다. 국민공회는 페티옹의 요구에 따라 즉각적인 무력 진압〔곧 이루어질 것이며 참혹한 결과를 낳는다〕을 결정하고 식량 문제에 대한 토론을 계속하기로 하였다. 상황이 그러했으므로 로베스피에르는 그에 대한 방침을 정하고 12월 2일 식량 문제에 대해 발언했다. 지난 6월에 그는 돌리비에를 지지하면서, 거기에 부자들의 당파에 대한 그의 공격을 결합하고, 농지법을 비난하는 데 만족하였다. 이제 그가 로베스피에르 개인의 이름으로, 마라를 제외하면 생쥐스트를 포함해 당대의 어떤 산악파 의원보다도 훨씬 더 격렬하게 문제삼는 것은 재산권의 가치 자체이다.

사회의 일차적 목적은 무엇입니까? 시효의 대상이 될 수 없는 인간의 권리들을 보존하는 것입니다. 이 권리들 중 첫 번째는 무엇입니까? 생존권입니다. 따라서 사회의 으뜸이 되는 법은 모든 사회 성원들에게 생존의 수단을 보장하는 법입니다. 다른 모든 법은 이 법에 종속됩니다. 소유권은 이 법을 공고히 하기 위해서만 수립되거나 보장되었습니다. 소유권이 인간의 생존과 대립할 수 있다는 것은 사실이 아닙니다. 인간의 삶에 필수적인 양식은 삶 자체만큼이나 신성합니다. *삶을 유지하는 데 필요불가결한 모든 것은 사회 전체의 공동 재산입니다.* 오직 잉여만이 개인들의 소유가 되고 상인들의 산업에 맡겨지는 것입니다. 나의 동포를 희생시켜 행하는, 돈벌이를 위한 투기는 교역이 아닙니다. 그것은 도적질이자 형제살해입니다.

이 원칙에 따르면, 식량에 관한 입법에서 해결해야 할 문제는 무엇입니까? 사회의 모든 성원들에게 땅의 산물 중 그들의 생존에 필요한 몫의 향유를, 지주들과 경작자들에게는 그들의 산업의 대가를 보장하고, 잉여를 상업의 자유에 맡기는 것, 바로 이것입니다. 양심적인 소유권의 옹호자라면 이 원칙들을 부인하지 못할 것입니다.

결론적으로 로베스피에르는 자신의 전제로부터 크게 후퇴했다. 그는 구종이 주창한 식량 중앙관리국은 말할 것도 없고, 공정가격제로까지도 나아가지 않고, 곡물의 유통에 대한 규제를 요구하는 데 만족했다. 그가 거기에 그친 것은 신중함 외에도 다른 동기가 있었다. 즉 그러한 관리국이 창설된다면 그것은 내무장관의 지배 하에 놓일 것이고, 롤랑이 그것을 어떻게 이용할지 상상이 가는 일이었다. 그러나 로베스피에르의 신중함조차 아무 소용이 없었다. 12월 8일 국민공회는 9월의 법령들을 조건 없이 폐지했다.

이날 로베스피에르는 벌써 자신이 정치적으로 중요하다고 생각하는 문제로 관심을 옮겼다. 식량 문제에 대해 발언한 다음날인 12월 3일 그는 루이 16세의 재판에 대해 연설했다. 경제 문제에 대한 로베스피에르의 태도는 생쥐스트의 그것과 다르지만 반면 이 문제에 대한 그의 태도는 언뜻 보기에 11월 13일자 생쥐스트의 연설에서 영감을 얻은 것이었다. 간단히 말해 로베스피에르는 생쥐스트의 간결한 문장들과 반짝이는 구절들을 더 구체적인 정치적 시각으로 보완하였다.

생쥐스트의 시각은 역사적 여건을 거의 고려하지 않은 순수한 상태의 공화주의 그것이었다.

> 위원회의 유일한 목적은 국왕이 단순한 시민으로서 재판받아야 한다는 것을 여러분에게 설득하는 것이었습니다. 그리고 나는 국왕이 적으로서 재판받아야 하고, 우리가 그를 재판하기보다 그와 싸워야 한다고 주장합니다……. 아마도 언젠가, 우리가 반달 족*의 전례로부터 멀리 떨어져 있는 만큼이나 우리의 전례로부터 멀리 떨어져 있는 (미래의) 사람들은 전제군주를 재판하는 것이 종교적인 것이었던 시대, 전제군주를 재판해야 하는 민중이 그를 시민의 범주에 넣어 그의 범죄를 조사

루이 드 생쥐스트 공포정치를 열렬히 옹호했던 생쥐스트는 자신이 흠모했던 로베스피에르보다 한 발 더 극단으로 나아가곤 했다.

했던 시대, 그리고 나라면 압제자라고 말할 인류 최악의 부류의 범죄자를 이를테면 그의 오만함의 희생자로 만든 시대의 야만성에 놀랄 것입니다……. 루이를 재판할 바로 그 사람들이 공화국을 건설할 것입니다. 그러나 국왕의 정당한 처벌을 중시하는 사람들은 결코 공화국을 건설하지 못할 것입니다……. 나는 중도(中道)를 발견할 수 없습니다. 이 사람은 군림하거나 아니면 죽어야 합니다……. 국왕을 한 사람의 시민으로서 재판하십시오! 이 말은 냉담한 후대인들을 놀라게 할 것입니다. 재판한다는 것은 법을 시행하는 것입니다. 법이란 정의로운 관계입니다. 인류와 왕들 사이에 도대체 어떤 정의로운 관계가 존재합니까? 루이와 프랑스 민중 사이에 어떤 관련이 있어 그의 배신에도 불구하고 그를 용서할 수 있습니까? …… 누구도 죄 없이 군림할 수는 없습니다. 군림하는 왕의 광기는 너무도 명백하기 때문입니다. 모든 왕은 반도이며 찬탈자입니다.

우리는 생쥐스트가 거의 한결같이 추상적인 보편 속에 자리잡고 있는 것을 알 수 있다. 이것이 그의 위대함이자 한계이다. 그리고 어쨌든 그것이 언제나 그와 로베스피에르의 차이이다. 생쥐스트에게 모든 왕은 그 자체로 인류의 법 밖에 있는 자였다. 할 수 있을 때 그를 맹수처럼 쓰러뜨리는 것은 하나의 의무였다. 로베스피에르는 점차 생쥐스트의 시각을 공유하게 되었다고 말할 수 있다. 그러나 그러한 시각은 그에게 충분하지 않았다. 국왕 일반을 법의 보호 밖에 두는 것으로 만족하기에는 그는 너무나 오랫동안 입헌 군주정을 받아들이고자 노력했고, 국왕의 배신을 너무나 격렬하게 비난했으며, 조국과 자유를 구하기 위해 그에 대항해 너무나 열렬히 투쟁했다. 그가 관심을 두는 것은 개별적인 국왕, 루이 카페인 것이다. 그리고 특히 그는 구체적으로 8월 10일 봉기의 산물인 국민공회가 8월 10일 봉기의 의미와 논리적 요구에 대면해야 한다는 11월 5일자 자신의 연설의 주요한 주장을 고수했다.

국민이 왕권을 무너뜨리고 공화국을 선포한 것은 이론적으로 가장 훌륭한 형태의 체제에 대한 학구적 논쟁을 따른 것이 아니었다 [그랬더라면 왕은 좋든 싫든 왕위를 포기하고 마음에 드는 곳으로 갔을 것이다]. 국민은 죽지 않기 위해 더 이상 현실적인 다른 해결책이 없었기 때문에, 루이 카페라는 국왕 개인의 배신이 더 이상 참을 수 없는 정도에 이르렀기 때문에 집단적으로 봉기했다. 그것은 프랑스에게 있어 진정으로, 문자 그대로 "공화국 아니면 죽음을"이었고, 브라운슈바이크의 프로이센 군대를 파리로 불러들인 루이 16세의 실수에 따른 것이었다. 바로 그런 이유로 더 이상 루이 16세를 재판할 필요가 없다. *8월 10일 봉기가 루이 16세에 대한 재판이며*, 국민의 궁극적이고 결정적인 재판이다. 따라서 민중의 수임자인 국민공회는 이미 판결이 난 재판을 다시 할 권리가 없다. 국민공회는 단지 8월 10일 봉기가 내린 판결을 집행하기만 하면 된다.

여기에서 로베스피에르는 생쥐스트가 아니라 11월 30일 다음과 같이 외친 장 봉 생탕드레*에 가깝다. "재판에 대해 말하는가! 시

반달 족(Vandales) 민족 대이동기의 게르만 족의 한 부족. 4~5세기 동유럽으로부터 지금의 프랑스와 스페인을 거쳐 북아프리카로 건너가 카르타고를 중심으로 왕국을 세웠다. 455년경 이들이 로마를 점령한 후 자행한 약탈과 파괴로부터 문화·예술의 파괴 경향이나 행위를 지칭하는 반달리즘이라는 말이 나왔다.

행할 재판은 없다. 더 이상 내려야 할 판결조차 없다. 민중이 8월 10일 판결을 내렸기 때문이다." 그리고 12월 3일 로베스피에르의 연설 직전 장 봉 생탕드레는 다음과 같이 말했다. "루이 카페는 8월 10일 재판받았다. 그러므로 그의 재판을 의문시하는 것은 혁명을 심판하려는 것이고, 여러분 스스로 반도라고 선언하는 것이다."

이 구체적인 입장으로부터 우리는 수많은 역사가들을 놀라게 하고 여전히 많은 독자들을 분노케 하는 것이 무엇인지 이해할 수 있다. 그것은 로베스피에르가 전 국왕의 유죄를 입증하는 사실들과 문서들을 열거하면서 논고하지 않았다는 것이다. 그렇다고 해서 그에게 증거가 부족했다고 결론지어서는 안 된다. 1789년 7월의 군사적 조치들로부터 바렌 탈주, 연이은 거부권 행사, 브라운슈바이크 선언에 대해 보인 무기력함과 8월 10일 아침의 태도에 이르기까지 루이 16세의 모든 행위가 명백한 증거이며, 모든 사람들이 그것을 알고 있다. 그리고 그것을 보완할 또 다른 증거가 필요했다면 왕실비(王室費) 관리인 라포르트의 집에서 8월에 압류한 문서들, 11월 튈르리 궁의 철제 금고에서 압류한 문서들이 넘칠 만한 수확을 제공하고 있었다.

오늘날 우리는 국민공회 의원들보다 훨씬 더 많은 것을 알고 있다[군주들과 브르퇴이에게 보내는 편지들, 라마르크(Jean-Baptiste de Monet Lamarck)와 페르젠* 등의 문서들은 배신의 홍수이자 나이아가라 폭포이다]. 그러나 국민공회 의원들 모두가 알고 있던 것에 한정한다 해도, 어떤 프랑스 인을 아무런 주저나 거리낌 없이 반역죄로 사형을 선고할 만한 10배나 되는 증거가 있었다[그리고 이어, 더 이상 재론하지 않기 위해, 마리 앙투아네트에 대해서는 마찬가지로 훨씬 더 많은 증거가 있음을 덧붙이자]. 로베스피에르와 생쥐스트가 그것을 말하는 것은 쉬운 일이었다. 그러나 두 사람은 다른 시각을 가지고 있었기 때문에 그렇게 하려 하지 않았다. 생쥐스트에게 국왕에 대한 재판은 늑대에 대한 재판과 마찬가지로 더 이상 생각할 수 없는 것이었다. 로베스피에르가 보기에 8월 10일 봉기로 판결이 내려진 국민의 재판을 다시 시작하는 것은 국민을 배반하는 것이었다.

해야 할 재판은 여기 없습니다. 루이는 피고가 아니며 여러분은 재판관이 아닙니다. 정치인들인 여러분은 국민의 대표들에 불과하며 불과할 수밖에 없습니다. 여러분은 한 사람을 지지하거나 반대하는 선고를 내릴 것이 아니라 공공 안녕의 조치를 취하고 국민이 인도하는 대로 따라야 합니다……. 루이는 국왕이었지만, 공화국이 수립되었습니다. 여러분을 사로잡고 있는 유명한 문제는 오직 이 말에 의해 결정됩니다. 즉 루이는 자신의 죄에 의해 폐위되었다는 것입니다. 루이는 프랑스 민중을 반도라고 고발했습니다. 그는 민중을 징벌하기 위해 자신의 친구인 전제군주들의 군대를 불러들였습니다. 민중과 민중의 승리는 오직 그만이 반도라고 결정했습니다. 따라서 루이는 재판받을 수 없습니다. 그는 이미 재판받았습니다. 그는 유죄 선고를 받았으며 그렇지 않다면

생탕드레(Jean Bon Saint-André, 1749~1813) 개신교 목사 출신으로 국민공회의 산악파.
페르젠(Axel Fersen, 1755~1810) 왕비 마리 앙투아네트의 연인이었던 스웨덴의 귀족.

공화국은 용서받을 수 없습니다.

어떤 방식으로든 루이 16세를 재판할 것을 제안하는 것은 혁명 자체를 비난하는 것입니다. 사실상 루이가 여전히 재판의 대상이 될 수 있다면, 루이는 방면될 수 있습니다. 그는 무죄일 수도 있습니다. 아니 그는 판결을 받을 때까지 그렇게 추정되어야 합니다. 그러나 루이가 방면된다면, 그가 무죄로 추정될 수 있다면, 혁명은 어떻게 되는 것입니까?

한 국민이 반란권에 의지해야만 하는 때, 그 국민은 전제군주에 대해 자연 상태로 돌아가는 것입니다. 어떻게 전제군주가 사회계약을 내세울 수 있겠습니까? 그는 그것을 파괴했습니다……. 전제군주를 처벌하는 권리와 그를 폐위하는 권리는 같은 것입니다. 전자는 바로 후자의 형식을 포함하고 있습니다. 전제군주에 대한 재판은 곧 반란입니다. 그에 대한 재판은 곧 그의 권력의 실추입니다. 민중의 자유가 요구하는 것은 그의 처벌입니다. 민중들은 재판소처럼 재판하지 않습니다. 민중들은 결코 판결을 내리지 않고 벼락을 내리칩니다. 민중들은 국왕들에게 유죄를 선고하지 않고 그들을 소멸시킵니다. 그리고 이 재판은 법정의 그것에 진정으로 상응하는 것입니다! …… 어떤 왕이 민중에 의해 사멸되었을 때, 누가 그를 소생시켜 새로운 소요와 반란의 구실로 만들 권리가 있습니까?

이것은 현명하게, 그리고 천천히 신중하게 판결해야 하는 중요한 재판이라고들 합니다. 이것을 중요한 재판으로 만드는 것은 여러분입니다. 아니, 이것을 재판으로 만드는 것이 여러분입니다! 국왕의 재판에 무슨 중요한 것이 있습니까? 그 어려움입니까? 아닙니다. 그 인물입니까? 자유의 눈으로 본다면 그보다 더 무가치한 자는 없습니다. 인류의 눈으로 볼 때 그보다 더 파렴치한 자도 없습니다. 그는 오직 그보다 더 비겁한 자들에게만 경외심을 갖게 할 수 있습니다. 그렇다면 결과의 유용성입니까? 그것은 더 서둘러 그를 처리해야 하는 이유입니다……. 마지막 왕이라는 이 비루한 개인이 민중에게 왜 중요합니까? 의원 여러분, 민중에게 중요한 것, 여러분 자신에게 중요한 것, 그것은 민중의 신뢰가 여러분에게 부과한 임무를 여러분이 수행하는 것입니다. 여러분은 공화국을 선포했습니다. 그러나 여러분이 우리에게 그것을 주었습니까? …… 공화국, 그리고 루이는 아직 살아 있습니다! …… 나는 이 치명적인 진실을 마지못해 선언하지만, 조국이 살아야 하므로 루이는 죽어야 합니다.

로베스피에르의 연설은 국민공회 다수파의 즉각적인 지지를 얻지는 못했다. 국민공회는 그날 페티옹의 제안에 따라 루이 16세를 재판에 회부하기로 결정했던 것이다. 그러나 그는 결정적으로 공론과 다수의 의원들에게 영향을 끼쳤다. 그 결과, 로베스피에르의 의지와는 달리 루이 16세의 재판이 열려야 하겠지만 적어도 재판을 회피하거나 터무니없이 연장하는 일은 불가능해졌다. 이후 지롱드파는 더 이상 드러내놓고 늑장을 부릴 수는 없었다. 그리고 12월 6일 마라가 재판에 관한 모든 투표는 호명과 고성(의원의 이름을 일일이 부르고 의원은 큰소리로 견해를 표현해야 한다는 의미)으로 이루어져야 한다고 결정하게 만들었을 때, 논의는 실제로 끝났다. 로베스피에르의 논리에 승복한 의원이라면 누구도 스스로를 8월 10일 봉기와 공화국의 적이라고 지칭하지 않고는 왕에게 유리하게 투표할 수 없게 된 것이다.

이후 로베스피에르의 모든 노력은 지롱드파의 교란 행위를 좌절시키기 위한 것이 될 것이다. 12월 16일 뷔조가 부르봉 왕가 일족 전원의 추방을 법령화함으로써 논의를 확대할 것을 제안할 때, 산악파는 모두 이에 반대했다. 산악파는 뷔조가 국민공회의 파리 의원인 '평등공(필리프 오를레앙의 별명)'을 공격하려 하고, 따라서 국왕의 재판을 코뮌의 재판으로 가지려 한다는 것을 이해했다. 로베스피에르만이 다른 견해를 보였다. 그는 9월에 필리프 오를레앙의 선출에 반대했고, 그에 대한 끝도 없는 논쟁이 계속 루이 16세에 대한 판결을 지연시키는 것을 원하지 않았다. 그는 뷔조에게 동의한다고 선언하지만, 이 동의안은 오를레앙파에 우호적인 당통과 페티옹의 동맹에 의해 배격된다.

12월 말 지롱드파는 다른 교란 행위를 생각해냈다. 민중 선동적이기 때문에 훨씬 더 위험한 이 교란 행위는 '민중에의 상소(appel au peuple)'라는 것이었다. 국민공회가 루이 16세에 대한 재판을 포기하고 모든 프랑스 국민이 1차회의에 모여 판결하게 하자(민중에의 상소)고 제안할 책임을 맡은 것은 살(Salles)이었다. 이에 12월 28일 로베스피에르는 다시 긴 연설을 했다. 그는 자신의 최초의 견해를 고수하면서 재판의 진행 자체에는 모든 개입을 삼가고 있었다. 그러나 이제 그는 의원들이 모든 연설과 변론을 듣고도[이틀 전인 12월 26일 드 세즈(de Sèze, 1748~1828)는 로베스피에르가 이후 '마지막 왕 루이'라고 지칭하는 인물을 변호했다], 여전히 자신들이 스스로 판결을 내리기에는 충분한 식견을 갖고 있지 못하다고 생각하는 데 놀랐다.

특히 ― 그리고 그는 여기에서 11월 5일 이래 자신이 거듭 언급해온 주제로 돌아왔다. — 민중에의 상소라는 관념은 불합리하다. 그것은 이미 민중이 8월 10일 봉기에서 이 재판의 판결을 내렸기 때문이다. 민중은 국민공회 의원들을 선출해 그들에게 자신들의 판결을 집행할 책임을 맡겼다. 그런데 민중에게 새로운 판결을 요구하려는 욕망은 무엇을 의미하는가? 그것은 8월 10일 혁명을 점진적으로 부정하려는 것이 아닌가?

로베스피에르는 공격에 좋은 조건을 갖추고 있었다. 민중에의 상소는, 전쟁이 끝나지 않았고, 봄의 군사 작전을 계획해야 하고, 동맹군을 궁극적으로 격퇴하기 위해 단합을 이루어야 하는 상황에서, 프랑스 전체에 토론의 불을 지피고, 몇 달 더 사건을 질질 끌게 만들 수단이었다. 민중에의 상소는 또한 가장 애국적인 성원들을 무력하게 만들기 위한 술책이었다. 모든 가난한 사람들은 몇 시간, 아마도 며칠 동안의 토론에 대해 급료를 지급받지 못할 것이고, 따라서 그들은 일터를 떠나지 못할 것이다. 연맹군과 파리의 의용군, 즉 수많은 8월 10일의 승리자들은 조국을 지키기 위해 군대에 있고, 따라서 투표든 토론이든 참여할 수 없을 것이다. 마지막으로 민중에의 상소는 변론의 자유라는 이름으로 버젓이 반혁명적 선전을 펼칠 수 있는 합법적 가능성을 제공할 것이다.

로베스피에르는 지롱드파가 선동적 게임 아래 숨기고 있는 반동적인 의도들을 간파했다. 그는 이 문제에 대해 계속 다양한 발언을 했지만, 거기에는 본질적인 내용이 담겨 있지 않았다. 그리고 지롱드파는 자신들의 전술이 간파됨에 따라 점점 더 불안해져 절차에 관한 합의에도 이르지 못했다. 1월 14일 국민공회가 424 대 287로 '민중에의 상소'를 부결했을 때 콩도르세, 카라, 토머스 페인, 뒤코

〈단두대 아래의 루이 16세〉(샤를 베나제크, 1793년경)

(Jean-François Ducos, 1765~1793), 퐁프레드(Jean-Baptiste Boyer-Fonfrède, 1765~1793), 그리고 다른 사람들은 로베스피에르에게, 그리고 산악파 전체와 결속한 중도파의 다수파에 합류했다. 그에 앞서 루이 카페의 유죄는 같은 날 707 대 0으로 가결되었다!

이후의 상황에 대해서는 잘 알려져 있다. 표를 매수하기 위한 왕당파 비밀 첩자들과 스페인 대사의 노력으로 사형에 대한 1차 투표의 결과는 387 대 334로 나왔다. 사전 흥정을 수반한 수정 표결의 결과는 361 대 360이었다. 집행유예는 380 대 310으로 거부되었고 지롱드파는 거의 모든 투표에서 내적으로 분열하였고 결속된 다수를 회복하지 못했다. 투표할 차례가 되어 호명되었을 때 로베스피에르는 어느 때보다 긴 연설을 했고, 특히 다음과 같이 말했다.

〈루이 16세의 죽음, 1793년 1월 21일〉(다비드, 1793)

나는 압제당하는 사람들을 동정하기 때문에, 압제자들에 대해 완고합니다. 나는 민중을 학살하면서 전제군주를 용서하는 인류애를 알지 못합니다. 제헌의회에서 나로 하여금 헛되이 사형제의 폐지를 요구하게 만들었던 그 감정은 오늘 그것을 내 조국의 압제자와 그가 구현하는 왕정 자체에 적용할 것을 요구하게 하는 감정과 같은 것입니다……. 나는 사형에 찬성합니다.

1793년 1월 21일, 10시 22분 루이 카페는 처형되었다. 그러나 전날 17시, 사형에 찬성 투표한 미셸 르펠르티에 드 생파르조(Michel Lepeletier de Saint-Fargeau, 1760~1793)가 군주제주의자에게 암살되었다. 지롱드파 의원들은 재판 과정에서 산악파 살인

3부 공화국의 탄생 373

청부업자들로부터 사형에 투표하지 않을 경우 살해하겠다는 위협을 일상적으로 받고 있다고 수도 없이 소리쳤다. ―그러나 칼에 찔린 것은 산악파였다. ― 이는 두 정파의 역사적 진실에 대한 매우 정확한 상징이다.

1793년 1월 21일 오후 국민공회에서 로베스피에르는 자신의 친구인 미셸 르펠르티에의 추도사를 낭독하고, 그를 팡테옹*에 안장할 의례를 요구했다. 동시에 그는 중상과 공격으로 이 암살의 간접적인 공모에 가담한 모든 사람들을 고발했다. 그리고 그는 공공 정신 함양을 목적으로 하는 지출을 면밀히 조사할 것을 국민공회에 요구했다. 그가 겨냥한 것은 내무부가 설립하고 지배하는 '공공 정신 함양 사무국'이라는 이름의 선전 본거지였다. 회의 중에 국민공회는 그 사무국의 폐지를 결정했다. 이튿날, 롤랑은 사직서를 제출했고 의회는 토의 없이 그것을 수리했다.

따라서 4개월간의 투쟁 끝에 산악파는 ― 무엇보다 로베스피에르의 활동 덕에 ―8월 10일 혁명에 대한 재가, 국민공회의 지롱드파 다수파의 붕괴, 그리고 내무부의 숙청을 얻어냈다. 이러한 결과들은 대부분, 그리고 장기적으로 돌이킬 수 없는 것이었다. 미셸 르펠르티에의 죽음은 루이 16세의 죽음과 마찬가지로 모든 사람들에게 예전으로 되돌아갈 수 없다는 인상을 주었다. 그리고 로베스피에르는 아마도 그의 친구인 국민공회 의원 르바*와 같은 이유로 그러한 인상을 받았을 것이다. 르바는 1월 20일 저녁 이렇게 기록했다.

이제 우리는 돌진한다. 길은 우리 뒤에서 끊어졌고, 좋든 싫든 앞으로 나아가야 한다. 그리고 지금이야말로 이렇게 말할 때이다. 자유롭게 살든가 아니면 죽으리라.

....
팡테옹(Panthéon) 프랑스 위인들의 묘가 있는 사원. 1757년 건축가 자크 제르맹 수플로가 지은 교회였는데, 프랑스 혁명 이후 세속 건물로 바뀌었다. '팡테옹'이라는 이름도 그때부터 쓰이기 시작했다.
르바(Philippe Le Bas, 1765~1794) 1793년 9월 보안위원에 지명된 후 그해 말과 이듬해 초 북부와 동부에서 파견의원으로 활동했다. 로베스피에르와 친분이 두터웠으며 테르미도르 쿠데타 직후 체포되어 자살했다.

3장_반혁명 음모

1793년

2월 1일	국민공회, 영국과 홀란드에 선전포고를 하다.
3월 10일	혁명재판소가 창설되다.
3월 10~11일	방데 반혁명 반란이 일어나다. 이로써 혁명 정부는 안팎으로 반혁명의 위협에 놓이게 된다. 지롱드파는 반란을 과소평가하려 한다.
3월 25일	반혁명 반란에 맞서기 위해 국민공회가 국방위원회를 개편한다.
4월 6일	국민공회, 당통과 로베스피에르가 3월 10일 이후 요구해온 공안위원회를 창설한다.
4월 13일	지롱드파가 마라를 고발하다.
4월 24일	혁명재판소, 마라에 무죄 판결을 내리다.
5월 18일	지롱드파, 파리 코뮌의 활동을 고발하고 조사를 위한 12인 위원회를 구성하다.
5월 24일	12인 위원회가 코뮌 지도자들을 공격하여 에베르가 체포되다.
5월 31일~6월 2일	로베스피에르의 요청에 따라 민중들이 봉기해 의회 내 지롱드파 의원의 추방을 요구하다. 마침내 공회가 지롱드파 의원 29명의 체포를 결정하면서 지롱드파는 쇠퇴한다.

루이 16세의 처형 이후 6주 동안 로베스피에르의 행동은 쉽게 이해할 수 있다. 그는 국민공회의 건전한 다수로부터 소수의 음모가들, 즉 지롱드파 지도자들을 궁극적으로 고립시키려 했다. 따라서 그는 계속해서 지롱드파의 중상, 술책, 무기력을 고발하는 동시에[특히 콩도르세의 헌법 초안에 대해 2월 15일 자코뱅 클럽에서 행한 연설에서. 후에 이 문제를 다시 다룰 것이다] 제1차 대프랑스 동맹이 결성되고 프랑스가 오스트리아, 프로이센, 피에몬테* 뿐 아니라 영국, 홀란드*, 그리고 스페인과 전쟁 상태에 놓인 국내외의 위험에 직면하여 새로운 의회 다수파의 결속을 파괴할 수 있는 어떠한 일도 하지 않으려 했다. 따라서 그는 1월 23일, 이전부터 뒤 무리에의 모호한 태도가 불러일으킨 비난에 합류하기를 거부했다. 그에 따라 그는 2월 27일 지롱드파 의원들을 소환하게 하고 예비의원들*로 그들을 대체하려는 자코뱅의 제안에 반대했다. 그가 보기에 지롱드파는 분명 배신자들이지만, 그들의 예비의원들이 어떤 사람들인지 알 수 없고, 국민의 대표들에게 위해를 가하여 대다수 의원들을 겁먹게 해서는 안 되기 때문이었다.

1793년 2월 말 파리의 봉기에 대한 로베스피에르와 다른 산악파의 태도는 바로 이러한 관점에서 보아야 한다. 짐작할 수 있듯이, 1792년 9월 법령(식료품의 재고조사와 징발을 확대한 법령)의 폐기는 민중들의 식량 공급을 개선하지도, 굶주린 노동자들의 동요를 진정시키지도 못했다. 전국 각지의 도에서 소요가 계속되었고, 심지어 격화되었다. 특히 그것이 간헐적인 움직임이 아니라 연합하기 시작한 활동임을 관찰할 수 있었다. *격앙파*라고 불릴 사람들의 지도자들, 즉 파리의 자크 루와 바를레*, 리옹의 도디외(Dodieu)와 르클레르(Jean Leclerc, 1771~?), 오를레앙의 타부로(Taboureau de Montigny, 1746~?)는 서로를 알고 있었고, 교류하고 있었다. 그들은 점점 더 격렬하게 국민공회 전체의 무력함을 비난하고 지롱드파뿐 아니라 산악파도 비판했다[그들의 비난에 감동한 생쥐스트가 그들과 접촉하려 애쓰고 그들에게 어떤 지원을 약속한 것으로 보일 만큼]. 일종의 초기 단계의 상퀼로트 당파가 탄생하고 있었던 것이다. 이 당파는 산악파가 착수하고 있는 공공 안녕의 통일성을 위태롭게 하고, 나아가 자신들의 경제적 요구를 정치적·군사적으

피에몬테(Piemonte) 알프스 산맥 기슭에 있는 이탈리아 북서부 지방. 1400년부터 이 지역을 다스린 사보이 가문은 1700년부터 피에몬테 전체와 사르데냐를 지배했다(피에몬테-사르데냐 왕국).
홀란드(Holland) 당시 여러 주(州)로 이루어진 연합국가였던 네덜란드의 여러 주 중 하나로 가장 부유하고 강력했다.
예비의원 의회 선거에서는 정해진 수의 의원들 외에도 의원의 유고시 대신할 수 있는 예비의원을 선출했다.
격앙파(Enragés) 혁명 초에는 특권층이 애국파를, 이후에는 지롱드파가 자코뱅이나 코르들리에파를 가리키는 데 사용한 용어이다. 왕정이 무너진 후에는 징발, 공정가격제, 혐의자의 사형 등 급진적인 사회·경제적 조치를 요구하는 구(section)의 혁명투사들을 이렇게 불렀다.
바를레(Jean Varlet, 1764~?) 가장 급진적인 상퀼로트 운동의 지도자 중 한 사람. 의원의 면직 가능성, 법에 대한 인민의 재가, 반란권을 주장했다.

로 위급한 모든 문제들보다 우선시하였다. 이후 이 두 가지 이유로 로베스피에르가 이 당파를 비판할 수밖에 없음을 예견할 수 있다.

그러나 생계가 극심하게 어려워지면서 점점 더 신랄해진 격앙파의 선전은 파리 주민들에게 침투한다. 그리고 2월 12일, 파리에 남아 있던 **8월 10일 봉기 연맹군 위원회**의 지원을 받은 파리 48개 구 대표단이 국민공회 연단에 올라, 자크 루가 작성한 것이 분명한 청원서를 낭독했다. "입법자 시민 여러분, 우리가 프랑스의 공화주의자들이라고 선언하는 것으로는 충분하지 않으며, 그에 더하여 민중은 행복해야 합니다. 민중은 빵이 있어야 합니다. 빵이 없는 곳에는 법도, 자유도, 공화국도 없기 때문입니다." 그들이 원하는 것은 무엇이었나? 밀 교역의 투기자들에게 10년의 금고형 선고, 프랑스 전역에 단일한 밀의 최고가격제 실시, 그리고 범법자에 대한 10년의 금고형과 재범자의 처형이었다.

수많은 산악파―마라, 로베스피에르, 생쥐스트, 적어도 몇몇 다른 사람들―는 그것이 산 자들에게 자유를 주는지, 죽은 자들에게 자유를 주는지 알고자 하지 않는, 인권선언의 위선적이고 추상적인 성격에 대한 이 고발을 그 자체로 이해할 수 있었다. 그러나 그들이 특히 주목하는 것은 지롱드파가 그것(그 고발)을 이용해 다시 파리를 무정부주의와 도적질의 주체로 비난할 것이란 사실이었다. 불시에 생각지도 못했던 이 선언에 충격을 받은 산악파는 곧 대응에 나섰다. 연단에 올라 청원자들을 특권층의 반혁명에 매수된 선동자들이라고 비난함으로써 모두를 놀라게 한 사람은 바로 마라였다. 로베스피에르는 파리 의원들이 유권자들에게 보내는 집단적 편지를 같은 관점에서 작성하고, 다음과 같은 내용의 기사를 자신의 신문에 실었다.

우리가 프랑스 민중에게 빚지고 있는 것은 빵만이 아니다[전제군주들도 자신들의 백성들에게 빵을 주므로]. 인류의 법에 의해 공고해진 자유, 시민들의 존엄, 인류의 신성한 권리의 향유, 공화국이 발전시키는 모든 사회적 덕의 실천이기도 한 것이다.

마치 사막에서 예수가 사탄에게 대답하는 것을 듣는 듯하다. "사람이 오직 빵으로만 사는 것이 아니오……." 2월의 로베스피에르의 태도가 온전히 기회주의에 의한 것이 아님을 알 수 있다. 그가 좀 더 나중에 다르게 말하고 행동할 때조차 그는 여전히 어떤 시각의 제한을 지니고 있는데, 그 제한으로 그를 비난할 수는 없지만, 그것을 분명히 지적하는 것이 정직한 일일 것이다. 그 제한은 절박한 정치 상황이나, 지속적이고 역동적인 경제를 수립할 수 없었던, 1793년 상퀼로트가 처해 있던 역사적이고 현실적인 상황에만 기인한 것이 아니라, 로베스피에르가 확신하고 있던 루소의 복음주의적 이데올로기에 기인한 것이기도 했다.

그러나 파리의 주민들, 그리고 특히 여인들은 그의 말에 귀기울이지 않았다. 소요는 증가하고, 시위가 준비되었다. 로베스피에르만큼 복음주의적이지 않은 마라는 소요 세력을 부분적으로 만족시켜서 소요를 저지하려 하였다. 그는 공정가격제를 피하기 위해 매점자들과 투기업자들에 대한 처벌을 강력히 요구하고, 범죄를 저지른 상인들을 재판하기 위한 특별재판소를 요구했다[지롱드파는 이 주장을 이유로 또 다시 마라의 기소를 요구하지만, 다시 한 번 마라가 그들에게 승리한다). 격앙파는 이미 행동에 돌입했다. 2월 25일과 그 이후 며칠간 파리의 여인들은 상점에 침입해 자신들이 정한 가격에 강제로 식료품을 내놓게 했다. 특히 이후의 며칠 동안 곳곳에서 그러한 활동은 무조건적이고 거침 없는 약탈로 변질되었다.

2월 25일 저녁, 로베스피에르와 마라는 자코뱅 클럽에서 다시 공동전선을 폈다. 특히 로베스피에르는 폭도들이 왕당파를 지지하는 발언을 하고 다른 일부는 산악파에 반대하는 것을 직접 들었다고 주장했다. 게다가 두 가지 모두 절대로 불가능한 일이 아니었다. 이번 사태는 매우 자발적인 것이어서 선동꾼들이 저마다 그것을 이용하려 들기 때문이었다. 수많은 격앙파가 실제로 반혁명에 이용될 것을 우려하여 며칠간 위축되어 있었다. 3월 1일, 로베스피에르가 작성한 자코뱅의 공식 편지는 다시 그들을 비난하였다. 그리고 거기에서 다시, 우리는 로베스피에르가 사람들이 단지 '하찮은 상품'[원문대로]을 위해 공화국에서 소요를 일으킬 수도 있다는 생각만으로도 분노하는 것을 볼 수 있다.

"민중은 설탕을 얻기 위해서가 아니라 도적들을 쓰러뜨리기 위해 일어서야 한다."라고 그는 2월 25일 말했다. 3월 1일 그는 덧붙인다.

파리의 민중은 전제군주에게 벼락을 내릴 수 있지만, 식료품상을 찾아다니지 않는다. 파리의 민중은 83개 도의 연맹군과 함께 왕좌를 무너뜨렸다. 그들은 2년 전 바스티유를 무너뜨렸다. 그러나 그들은 롱바르가(街)의 은행들을 공격하지는 않았다. 인류의 압제자들의 범죄가 한도에 도달하고, 성난 민중이 위엄 있는 휴식에서 깨어날 때, 그 민중은 하찮은 매점자들을 격퇴한 것을 기뻐하는 것이 아니라, 모든 전제군주들, 배신자들, 음모가들을 먼지로 돌아가게 만든다. 민중은 정의와 이성의 토대 위에 공공의 번영이라는 건축물을 공고하게 세운다.

같은 3월 1일, 작스코부르크 공작*이 이끄는 오스트리아 군이 벨기에를 공격했다. 당시 뒤무리에는 자신의 주력 부대를 홀란드 공격에 투입한 뒤였다. 군사 상황은 곧 재난으로 바뀌었다. 며칠 만에 프랑스 군은 대혼란 속에 엑스라샤펠*과 리에주*에서 퇴각했다. 혁명은 이전의 어느 때보다 더 맹렬하고 긴, 새로운 폭풍우 속으로 빠져들었다. 3월 8일, 국민공회가 파견했던 들라크루아와 당통이 벨기에에서 돌아와 상황을 침울하게 묘사하고, 이미 결정된 30만 징집을 서두를 것을 요청했다. 로베스피에르는 발언에 나서 그들을 지지했다.

이튿날인 3월 9일, 격앙파가 참여하긴 했지만, 당통을 지지하는 사람들이 주도한 혼란스러운 대규모 민중소요가 일어났다. 혁명적 봉기가 3월 10일로 예정되었다. 그러나 로베스피에르가 자코뱅 클럽에서 그것을 격렬하게 비난했고, 결국 자코뱅 클럽과 코뮌의 반

작스코부르크 공작(duc de Saxe-Cobourg, 1737~1815) 네덜란드에서 대프랑스 동맹군을 지휘한 오스트리아의 장군.
엑스라샤펠(Aix-La-Chapelle) 독일 서부의 도시 아헨(Aachen)의 프랑스식 이름.
리에주(Liège) 벨기에 동부의 도시. 1795년 프랑스가 이 지역을 합병했으나, 1815년 네덜란드로 넘어갔다가 1830년 다시 벨기에 영토가 되었다.

대로 봉기는 일어나지 못한다. 그러나 그 봉기는 지난 9월에 일어났던 자발적인 민중의 복수라는 유령을 상기시켰다. 그 유령의 복귀를 막기 위해 국민공회는 3월 10일 파리 혁명재판소의 창설을 받아들였다. 그날 로베스피에르는 다시 개입해 이 조치를 지지하고, 배신자로 고발된 스탕젤(Stengel) 장군에 대한 기소법령과 특히 행정부 조직의 개선을 요구했다. 그것은 각료들의 활동을 강화하고 그것과 조화를 이룰, 행정권을 갖는 위원회를 창설하자는 당통의 동의안을 지원하기 위한 것이었다. 그러나 지롱드파가 반대하여 그 동의안을 좌절시켰다. 전쟁 반대 속에서 태어난 산악파는 그 어느 때보다 더, 승리할 때까지 전쟁을 수행하려는 주전파의 모습을 보였다. 그리고 이 위기의 첫 며칠간 로베스피에르의 활동은, 지롱드파의 뜻에 반해 의회가 필요불가결한 조치를 취하도록 하기 위해 당통의 활동과 하나가 된다.

상황은 더욱 복잡해졌다. 오래전부터 뒤무리에는 몇 가지 차이는 있지만 라파예트와 같은 계획을 품고 있었다. 정복한 벨기에에서 그는 이미 총독처럼 행동하고 있었다. 그가 꿈꾸는 것은 대규모 승리로 자신의 명성을 더욱 확고히 하고, 홀란드를 정복한 후 파리로 행군하여 자코뱅 클럽과 국민공회를 해산하고, 군주정을 복귀시킨 후 그 외형 아래 결국 독재권을 찬탈하는 것이었다. 누구를 옹립하여 군주정을 복귀시킬 것인가? 어린 루이 17세라면 지나치게 거추장스럽지 않을 것이다. 그러나 샤르트르 공작*이라는, 가능한 다른 후보가 있었다. 그는 아버지 에갈리테만큼 타협적이지 않

샤르트르 공작 미래 7월 왕정(1830~1848)의 국왕 루이 필리프.

샤르트르 공작 루이 필리프 필리프 도를레앙(일명 필리프 에갈리테)의 아들인 루이 필리프는 반혁명을 계획한 뒤무리에 장군과 함께 달아난다. 그의 도주로 아버지 필리프 오를레앙이 체포되어 처형당한다.

앉고, 때마침 북부 군대를 지휘하고 있었다. 어떤 정치 세력과 협력하여 군주정을 회복시킬 것인가? 지롱드파와 뒤무리에의 관계는 오래고도 공고한 것이었다. 그러나 다른 한편, 뒤무리에는 국민공회가 그에게 파견했던 위임관 당통과 그의 친구 들라크루아와 매우 긴밀한 관계를 맺고 있었다.

10월부터 마라는 뒤무리에를 의심하고 비난해왔다. 반면 로베스피에르는 그를 높이 평가하지도, 경계하지도 않았다. 그가 3월 10일 국민공회에서 한 발언에 따르면, "그의 욕심, 즉 자신의 영광에 대한 욕심조차 우리 군대의 성공과 결합되어 있기 때문이다." 그러나 최초의 패배는 장군이 가면을 벗어버리게 만들었다. 3월 15일 국민공회 보안위원회는, 자신의 패배를 국민공회의 책임으로 돌리는 뒤무리에의 위협적인 편지에 대해 알게 되었다. 모두의 분노에도 불구하고 당통은 뒤무리에를 옹호하고, 그에 대한 동정을 회복하기 위해 다시 그에게 파견해줄 것을 자청했다. 당통은 3월 20일 뒤무리에를 다시 만났다. 이미 뒤무리에는 18일 네르빈덴*에서 작스코부르크에게 격퇴당한 상태였다. 뒤무리에와 당통은 비밀 회담을 가졌다. 파리로 돌아온 당통은 자신의 임무를 보고하러 나오지 않은 채, 며칠 간 잠적했다. 그 일은 여전히 풀리지 않은 미스터리이지만, 적어도 그에 대해 말할 수 있는 것은 그가 혼란에 빠져 있었다는 것이다.

뒤무리에의 행동은 비극적이리만큼 분명했다. 3월 23일 그는 오스트리아 군과 접촉했다. 오스트리아 군의 포로가 된 라파예트의 유감스러운 선례를 알고 있는 그는 안트베르펜*을 포함해 프랑스 군이 여전히 점령하고 있는 요새들과 벨기에로부터 완전 철수하기로 하고 그들의 중립을 매수했다. 그리고 그는 파리로 진군하기 위해 자신의 군대를 봉기시키려 하였다. 군대와 몇몇 장교들(오슈와 다부를 포함한)의 애국심이 4월 5일 그를 적진으로 달아날 수밖에 없도록 만들었다. 이때 미래의 루이 필리프가 그와 함께 달아났다. 뒤무리에는 실패했지만, 그의 배신은 다시 프랑스 국경에 대한 적의 공격을 초래한다.

당통이 자신이 수행한 임무를 보고하지 않은 상황에서 국민공회는 뒤무리에의 첫 번째 이면 공작인 네르빈덴의 패배 소식을 듣게 되었다. 이것이 유일하게 비극적인 소식은 아니었다. 3월 10일과 11일, 방데에서 징집에 반대하는 유혈 소요가 폭발했다. 이제, 진정한 내전이 시작되었다. 방데의 무리들은 자신의 지도자들, 즉 카텔리노(Jacques Cathelineau, 1759~1793), 스토플레(Nicolas Stofflet, 1751~1796), 가스통을 따라 숄레*와 다른 도시들을 점령했다. 지롱드파는 반란을 과소평가하려 했지만 아무 소용이 없고, 브리소는 반란을 단지 산악파가 선동한 교란 작전으로 여겼다. 서부는 이미 불타고 있었다. 3월 25일 국민공회는 이러한 소식에 자극받아 국방위원회를 개편했다. 결속의 의지가 폭발하면서 국민공회는 지롱드파, 중도파, 그리고 당통, 데물랭, 뒤부아크랑세, 로베스피에르 같은 산악파를 뒤죽박죽으로 선출했다. 로베스피에르는

네르빈덴(Neerwinden) 벨기에의 도시.
안트베르펜(Antwerpen) 벨기에의 도시.
숄레(Cholet) 프랑스 서부 멘에루아르(Maine-et-Loire) 도의 도시. 방데 반혁명 반란(1793~1796)의 첫 번째 폭동이 시작된 곳이다. 3월 4일 숄레에서 폭동이 시작되어 13일에는 방데 지역 전체가 반란에 들어갔다.

처음으로 국민공회 내 위원회 참여를 받아들였다.

이러한 결속은 오래가지 않았다. 3월 26일, 첫 회의에서 결국 다시 모습을 드러낸 당통은 뒤무리에를 변호하고, 장군이 잘못을 저질렀음을 인정하지만, 그가 사심 없다는 것을 보증했다. 그때 로베스피에르가 개입하여 당통의 태도에 놀라면서 뒤무리에의 즉각적인 해임을 요구했다. 지롱드파는 당통과 하나가 되어 반대하고 나섰다. 이튿날인 3월 27일, 로베스피에르는 국민공회에서 투쟁을 계속했다. 그는 다시 뒤무리에를 비난하고, 방데의 반도들을 진압하기 위해 파견한 군대를 지휘하는 귀족 출신 장군들을 공격했다. 그는 카페 가(家)의 모든 사람들〔따라서 오를레앙 가(家)*도〕을 일주일 안에 프랑스 밖으로 추방하고 마리 앙투아네트를 혁명재판소로 소환할 것을 요구했다. 로베스피에르는 1792년 대재난의 날들(1792년 봄과 여름에 특권층 장군들이 지휘하던 프랑스 군대가 패전을 거듭하던 시기)과 같은 상황에 놓였다.

"민중이 내부의 적들에 대항해 집단적으로 일어설 때에만, 그리고 민중이 자신들이 신뢰하는 사람들을 지도자로 세울 때에만 여러분은 승리할 것입니다……. 일개 장군은, 그가 아무리 강력한 자라 해도 그의 재능뿐 아니라 배신까지 감당할 수 있는 위대한 국민에게 둘러싸여 있는 한 결코 두려운 존재가 될 수 없습니다." 따라서 군대의 고급 장교들을 쇄신해야 한다. 그의 이 오랜 생각은 가을에야 완전히 실현될 것이다. 그리고 동시에 내부의 적들을 감시

오를레앙 가 루이 14세의 동생 필리프를 시조로 하는 왕가. 여기서는 필리프 오를레앙, 즉 필리프 에갈리테와 그의 아들들을 염두에 두고 있다.

샤를 프랑수아 뒤무리에 혁명전쟁 초기에 프랑스에 승리를 안겨주었으나, 1793년 네르빈덴과 루뱅에서 오스트리아에 패한 뒤 적과 휴전을 맺고 오히려 반란을 계획한다.

해야 한다. 그 적은 여전히 지롱드파이다.

국민공회가 뒤무리에에게 위임관들을 파견해 출두를 명령하기로 결정한 것은 3월 30일에 이르러서이다〔그는 곧 그 위임관들을 오스트리아 군에 넘길 것이다〕. 4월 1일, 위원회는 시민 필리프 에갈리테를 체포했다. 그날 회의가 시작되자 로베스피에르는 국경의 방어태세를 갖추기 위해 취할 조치들에 대해 논의할 것을 요구했다. 지롱드파는 그의 말을 듣는 대신 당통이 지난날에 보인 모호한 행위를 해명할 것을 요구했다. 이번에는 당통이 공세적으로 나섰다. 지롱드파와 당통은 선전포고의 분위기 속에서 서로 뒤무리에의 군주제적 음모에 빠졌다고 격렬히 비난했다. 몹시 역겨운 이 논전의 유일하게 직접적인 결과는 지롱드파의 발의이다. 이후 지롱드파는 이 발의에 홀로 책임을 지고 그 희생물이 되었다. 지롱드파는 적과 공모 혐의가 있는 의원들은 더 이상 국회의원의 면책특권에 의해 보호받지 못할 것이라는 법령을 발의하여 통과시켰던 것이다.

회의가 진행되는 내내 로베스피에르는 침묵을 지켰다. 그러나 그날 저녁에도 그는 자코뱅 클럽에서 당통을 변론하기 위해 발언했다. 루이 16세의 재판과 다른 사건들에서 지롱드파가 보인 태도로 볼 때 로베스피에르는 제1의 왕정주의 혐의자를 지롱드파로 여겼다. 또 당통을 지롱드파의 공격에 내맡긴다면, 신뢰를 잃은 한 산악파(당통)에 대해 그들이 틀림없이 승리하리라는 것을 그가 알고 있었다는 것도 분명하다. 그러나 로베스피에르의 행동은 능란한 상황 파악에 따른 것만은 아니었다. 그가 감지한 당통의 양면성에도 불구하고, 아마도 투쟁으로 쌓은 오랜 동지애가 그로 하여금 당통이 배신했다는 사실을 믿지 못하게 만들었을 것이다. 전우의 이중성을 체념하고 인정하게 되기까지는 언제나 다소 시간이 걸리는 법이다.

4월 2일 브리소의 신문은 여전히 뒤무리에를 찬양하는 지지문을 발표했다. 4월 3일 로베스피에르는 국민공회에서 공격을 주도했다. 그는 먼저 국방위원회를 공격했다. "나는 이제 나 자신을 이 위원회의 성원으로 생각하지 않음을 선언합니다. 나는 국민공회의 위원회라기보다는 오히려 뒤무리에의 자문위원회를 더 닮은 위원회의 성원이고 싶지 않습니다." 그리고 그는 지롱드파를 비난했다. 브리소가 답변을 요청했지만, 로베스피에르는 계속했다. "내가 지금 말한 것을 브리소에게 적용해보겠습니다." 그리고 그는 브리소와 뒤무리에 사이의 공모에 대한 오래되거나 최근의 것인 모든 증거들을 길게 열거하고 결론을 맺었다. "우리가 취해야 할 첫 번째 공안 조치는 뒤무리에와 공모한 혐의로 고소당한 모든 사람들, 특히 브리소에 대한 기소를 결정하는 것입니다."

한 주 동안 로베스피에르는 침묵을 지켰다. 4월 5일 마라의 주재 아래 자코뱅 클럽은 민중에 의한 지롱드파 의원들의 해임(혁명기 상퀼로트는 민중의 신임을 잃은 의원에 대한 위임을 철회할 수 있어야 한다고 주장했다)을 요구하는 회람장을 발표했다. 4월 6일 국민공회는 당통과 로베스피에르가 3월 10일 이래 요구해온 공안위원회를 마침내 창설하고, 중도파와 좌파 의원들, 즉 캉봉, 바레르, 랭데, 들라크루아, 당통 등을 지명했다. 로베스피에르는 이 조치를 지지하지만 발언하지는 않았다. 그는 우파에 반대하는 구(區) 청원서를 구실 삼아, 4월 10일 발표할 장문의 최종 고발장을 준비하는 데 여념이 없었다. 여기에서 이 연설을 요약하는 것은 부질없는 일이다. 로베스피에르는 거기에서 1791년 10월 이래 브리소파의 역사를 되풀이하는데, 우리는 그가 말할 것을 이미 거의 모두 알고 있기 때문이다.

그보다 서두의 두 구절을 비교해보는 것이 더 흥미로운 일이다. 첫 번째 구절에서 로베스피에르는 민중과 상퀼로트라는 용어에서 명확한 사회적 내용을 모두 박탈한다. 두 번째 구절에서 그는 그 용어들에 그 시대가 그에게 허용하는 만큼의 명확한 계급적 의미를 부여한다. 아마도 그가 의식조차 못했을 이러한 대조는 무엇에 기인하는 것일까? 그에게 정치적 범주들이 다른 무엇보다 중요하다는 점, 그리고 특히 그가 이미 민중 대중들과 부르주아지의 가장 선진적인 분파〔중소 부르주아지, 즉 소규모 산업 생산자, 소(小)지주, 관리, 지식인 등〕의 승리를 위한 결속을 확보하는 데 관심을 가졌다는 점, 그에 따라 후자를 배제하지 않으면서도 전자를 명확히 지칭할 필요가 있었다는 점에 기인할 것이다.

공화국이란 오직 민중에게만 어울린다. 즉 순수하고 고결한 영혼을 지닌 모든 지위의 사람들, 인류의 벗인 철학자들, 홀란드의 공화주의자들이 알바 공작*이 그들에게 붙여준 '거지떼(gueux)'라는 이름을 기꺼이 받아들였던 것처럼, 프랑스에서 라파예트와 옛 궁정이 그들에게 낙인찍고자 했던 이 칭호를 자랑스럽게 과시한 상퀼로트들에게 어울리는 것이다. ……〔지롱드파는〕민중을 가장 교활하고 가장 강한 자들에게 지도받을 운명을 지닌 어리석은 무리라고 보았다……. 그들은 일찍부터 농지법이라는 유령으로 사람들을 두려움에 빠지게 만들었다. 그들은 부자들의 이익을 가난한 사람들의 이익과 분리시켰으며, 스스로를 상퀼로트에 맞서 부자들을 지켜줄 보호자로 자처했다.

4월 3일의 비판으로 철저하게 권위가 실추된 브리소는 더 이상 나서지 못했다. 이후 주요 지도자가 될 베르니오는 4월 10일의 비판에 대해 '온건파'임을 자랑으로 여기는 즉흥연설로 답했다. 로베스피에르는 논쟁을 계속하려고도 하지 않았다. 그는 하고 싶은 말을 다 했다. 이튿날 페티옹을 비난하기 위해, 4월 13일에는 지롱드파가 공격으로 방어하려 할 때 마라를 변호하기 위해 겨우 몇 마디를 더했다〔마라는 기소가 결정되었으나 4월 24일 혁명재판소에 의해 방면되어 승리를 거두었다〕. 4월 15일 파리의 구(區)들이 시장 파슈*의 지휘 아래 지롱드파 지도자들 — '22인' — 을 국민공회에서 추방할 것을 엄숙히 요구했을 때 로베스피에르는 입을 열지 않았다. 두 차례의 연설(4월 3일과 10일의 연설)에서 그는 지롱드파를 공격할 근거를 제공했다. 4월 22일 페티옹은 산악파의 머리가 단두대 위에서 굴러 떨어져야 한다고 주장했다. 르베키(Rebecqui)는 로

....

알바 공작(duc d'Albe, Ferdinando Álvarez de Toledo, 1507~1582) 스페인의 군인이자 정치가. 1580년의 포르투갈 정복으로 유명하며, 1567~1573년까지 네덜란드 총독으로 있었다. 1567년 스페인 합스부르크 가의 지배하에 있던 네덜란드의 반란을 진압했다. 당시 알바는 '피의 법정'을 설치해 모든 현지 법률을 무시하고 1만 2천여 명에게 유죄 판결을 내리는 등 폭정을 폈다.
파슈(Jean Nicolas Pache, 1746~1823) 1792년 10월에서 1793년 2월까지 육군장관이었고 1793년 2월 파리 구들의 압도적 지지로 파리 시장에 선출되었다.

베스피에르가 여전히 단두대에서 처형되지 않았다고 의원직을 사직했다. 로베스피에르는 경멸하듯 입을 다물고 있었다. 그는 기다렸다. 그리고 그는 다른 문제들에 전력을 기울였다.

산악파는 단호하고 신속한 대응책으로 2월 말 파리의 소요를 종결지을 수 있었다. 그러나 아시냐의 가치는 계속 하락했고, 투기꾼들은 투기를 계속했으며, 벨기에에서 입은 군사적 손실은 프랑스 시장의 위기를 가중시켰다. 불만은 높아져만 갔다. 리옹에서는 산악파 중 극좌파인 샬리에*와 지롱드파인 시 정부 사이에 내전의 징후가 나타나고 있었다. 서부의 내전은 대부분 고조되는 경제 위기가 정치·종교적 원인들과 결합하여 나타난 것이었다. 3월 26일, 프랑스 남서부에 파견되었던 장 봉 생탕드레는 바레르에게 다음과 같이 통찰력 있는 편지를 썼다.

나의 경험은 지금 혁명이 끝나지 않았음을 입증하며, 정말이지 오늘 국민공회에서 여러분은 혁명의회입니다라고 말해야 합니다……. 방데와 인근 여러 도(道)에서 일어난 소요는 염려스러운 것이지만, 그것들이 진정으로 위험한 이유는 오직 모든 사람들의 마음에서 자유에 대한 신성한 열정이 질식되고 있기 때문입니다. 도처에서 사람들은 혁명에 진력이 나 있습니다. 부자들은 혁명을 혐오하고, *가난한 사람들은 빵이 없으며, 어떤 이들은 그들에게 그들이 비난해야 하는 것은 우리(국민공회)라고 믿게 하고 있습니다*……. 민중협회들 자신이 활력을 완전히 상실했습니다……. 우리는 사람들에게 약간의 힘이라도 회복시켜주고자 모든 노력을 기울이고 있지만, 시체들에게 이야기하는 것이나 다름없습니다……. 가난한 사람들은 빵이 없습니다. 곡식은 부족하지 않지만 시장에 나오지 않고, 우리가 만난 모든 관리들이 이 사실을 확언했습니다. 여러분이 가난한 사람들이 혁명을 완수하는 것을 돕기를 원한다면, 먼저 그들을 먹여 살리는 일이 매우 절박함을 알아야 합니다. 극단적인 경우, 단지 공공 안전에 관한 중대한 법을 고려해야 합니다.

가장 훌륭한 산악파 정치가 중 한 사람인 생탕드레는 이 예외적인 경험을 통해 3월 10일 도들에 파견된 거의 모든 위임관들이 더 혼란스럽게 국민공회에 보고했던 것을 명료하게 표현할 수 있었다. 그들은, 가난한 사람들에 대한 국민공회의 지원과 혁명에 대한 가난한 사람들의 지원을 주고받기식의 거래로 표현하기에는 너무나 루소주의적이고 너무나 가난한 사람들에 대한 사랑으로 가득했던 로베스피에르와는 매우 다르게 말했다. 이 중요하고 미묘한 차이를 제외하면 그들은 모두 같은 생각을 했다. 즉 전쟁의 불가피함이 그들로 하여금 사회경제적 문제를 가장 중시하게 만든다는 것이었다. 달리 말해, 격앙파의 요구, 또는 부르주아의 지갑으로 구입할 수 있고 따라서 부르주아들은 대수롭지 않게 여기는 이 '하찮은 상품들'을 진지하게 여길 수밖에 없도록 만든다는 것이었다.

지롱드파는 3월 10일 지방에 파견될 86명의 의회 의원들이 산악파 중에서 뽑히도록 주의를 기울였다. 지롱드파가 다시 의회의 다수파를 확보하기 위해서였다. 그들은 산악파 위임관들이 파리의 코뮌 당파와 각 도의 애국파 세력 간의 관계를 더 긴밀히 할 것이

샬리에(Joseph Chalier, 1757~1793) 1793년 7월 리옹에서 파리와 산악파에 대항한 반란이 성공한 후 반란 세력에 의해 처형되었다.

라는 데 유의하지 않았다. 특히 그들은 파견된 위임관들의 주장이 중도파 의원들에게 가할 충격을 예상하지 못했다. 크게 감소한 산악파와 도덕적으로 위신을 크게 잃은 지롱드파 사이에서, 실제로 4월 초부터 6월 2일까지 의회의 결정을 좌우한 것은 대부분 캉봉, 바레르, 랭데 같은 중도파 지도자들이었다. 한편으로 코뮌의 유령은 그들에게 여전히 혐오감을 불러일으켰고, 그들은 마라와 지롱드파 지도자들의 처분을 둘러싼 토론에서 산악파를 따르기를 거부했다. 그들은 지롱드파가 추방되도록 내버려두지 않고, 반대로 마라를 그의 적들에게 넘겨주었다. 그러나 다른 한편, 그들은 산악파의 다수파가 이미 단지 재난의 압력하에서만 채택했던 사회적 입장을 좋든 싫든 따라야 했다.

  3월 18일 국민공회는 무엇보다 먼저, 농지법을 제안하는 사람은 누구든 사형으로 처벌한다는 법령을 결의했다. 로베스피에르에서 브리소까지 국민공회는 만장일치로, 바뵈프가 나타날 때까지 어느 혁명가도 감히 넘어서지 못할 경계를 설정했다. 그러나 같은 날, 국민공회는 각 납세자의 재산과 호사에 비례하는 누진세의 원칙을 결의했다. — 4월 11일에는 격앙파의 본질적인 요구 중 하나가 받아들여졌다. 즉 캉봉이 현금 구매 금지와 아시냐의 강제 유통을 발의하여 통과시켰던 것이다. 국민공회는 이처럼 가난한 노동자들의 요구들을 누그러뜨리고자 했다. 〔그러나〕 결과는 그 반대였다. 로베스피에르가 그 청원서를 지지한 바 있는 알오블레(Halle-aux-Blés) 구가 지휘하는 가운데 파리 도, 코뮌, 베르사유의 여인들이 4월 10일, 산악파의 박수를 받으며 공정가격제를 요구했다. 뒤를 이어 생탕투안 포부르가 동요했다. 9천 명이 국민공회로 가 공정가격

아시냐 혁명 정부가 재정 조달을 위해 발행한 채권. 그러나 아시냐가 지폐처럼 통용되면서 가치가 급락해 인플레이션을 초래했다.

제를 채택하지 않으면 반란을 일으키겠다고 위협한 것이다. 이튿날인 5월 4일 국민공회는 곡가를 인하하는 최고가격제를 결의했다.

다수파가 자신들에게서 멀어지는 것을 느낀 지롱드파는 전술을 바꾸었다. 국민공회가 지배당하려 하지 않으므로, 유권자들 앞으로 돌아가 더 유순한 새로운 의회를 준비해야 했다. 그런데 국민공회의 존재 이유는 새로운 헌법을 제정하는 것이었다. 따라서 지롱드파는 가능한 한 빨리 헌법을 대충 만들어내는 데 모든 노력을 기울여야 한다. — 반대로 첫 몇 달간 지롱드파는 헌법 제정 활동을 가능한 한 천천히 주도했고, 콩도르세가 곧 로베스피에르로부터 "음모가들이 만들어낸 가장 기만적인 초안"이라고 불릴 헌법 초안을 지롱드파 일색인 한 위원회의 이름으로 제출한 것은 2월 15일에 이르러서였다. 콩도르세의 초안은 그의 정치적 친구들조차 크게 실망시켜 모든 사람들이 두 달 동안 그것을 폐기하는 데 동의했다.

4월 15일, 갑작스럽게, 랑쥐네와 뷔조는 의회가 계속해서 매주 3번의 회합을 헌법 제정에 할애하고, 기획 중인 새로운 인권선언을 제쳐두고 우선 실제적인 조항들을 결정할 것을 요구했다(86명의 산악파 의원들이 파견되어 자리를 비운 동안 이 조항들을 논의하는 것이 더 적절했다). 로베스피에르가 곧 개입했다. 헌법의 토대는 무엇인가? 인간의 행복이다.(왜 후대 사람들은 생쥐스트의 빛나는 구절들을 기억하면서 그가 로베스피에르의 중심 사상을 되풀이했음을 말하지 않을까?) — "따라서 정부를 수립하기에 앞서 정부가 보존하고자 하는 그 권리들의 성격과 범위를 분명히 결정해야 한다." 헌법의 서문인 인권선언의 이름으로 3년 동안 헌법의 해악들에 대항해 투쟁했던 이 사람은, 더 쉽게 독재를 강요하기 위해 이미 어떤 원칙과의 결합도 거부한 우파의 경험주의를 거부했다(1789년의 인권선언은 1791년 헌법의 서문이었다. 그러나 1791년 헌법은 1789년 인권선언의 정신에 부합하지 않는 조항들을 포함하고 있었다. 새로운 헌법에 대해 논의하면서 로베스피에르는 새 헌법의 정신에 대해 먼저 논의하여 그것을 새로운 인권선언으로 정리할 것을 요구한 것이다).

그의 견해가 승리하고 의회는 인권선언부터 시작한다.

4월 21일, 로베스피에르는 자코뱅 클럽에서 자신이 작성한 인권선언 초안을 낭독했다. 24일, 그는 역시 매우 중요한 몇 가지 해설과 함께 그 초안을 국민공회에서 제안했다. 미래의 산악파 위원회가 두 달 후 그것을 마음대로 개작할 때 그는 자신의 초안을 방어하지 않는다. 아마도 그 초안이 우리에게 훨씬 더 중요할 것이다. 그것은 모든 전술적 침묵과 사건들이 그에게 강요할 수 있는 불가피한 양보들과는 무관하게 4년간의 정치적 투쟁 끝에 나온 로베스피에르의 근본적인 구상이었다. 또한 그것은 로베스피에르의 사상이 다른 산악파들의 그것보다 특히 더 혁명적인 지점들을 보여준다. 따라서 36개 조항을 모두 옮기지는 않더라도 적어도 그 중 본질적인 것들을 반드시 살펴보아야 한다. 그것들을 보면 왜 이 중요한 문서가 19세기 초 사회주의자들의 헌장이 되었는지를 이해하게 될 것이다.

제1조 모든 정치적 결사의 목적은 인간이 지닌 자연적이고 시효에 의해 소멸되지 않는 자연권의 유지와 인간의 모든 능력의 발전이다. 〔1793년 헌법. "사회의 목적은 공동의 행복이다."〕

제2조 인간의 중요한 권리들이란 그의 생존과 자유를 보존할 수 있게 해주는 권리들이다.〔1793년 헌법. "이 권리들은 평등, 자유, 안전, 소유권이다."〕

제5조 자유는 인간이 자신의 모든 능력을 자신의 뜻대로 행사하는 힘이다. **자유는 정의를 모범으로**, 타인의 권리를 한계로, 자연을 원칙으로, 그리고 법을 보호자로 삼는다.

9조 앞에는 로베스피에르의 해설이 있다. "먼저 소유권에 대한 여러분의 이론을 완성하는 데 필요한 몇 가지 조항들을 제안하겠다." 그에게 중요한 주제들이 이어진다. 즉 재산의 평등은 망상에 불과하고, 궁정에서 악을 행하는 것보다 초가집에서 덕을 행하는 것이 낫다. 그리고 갑자기 어조가 바뀐다. 그는 콩도르세 후작과 지롱드파 부르주아지의 위임을 받은 의원들을 공격한다.

"이 인육(人肉) 상인에게 소유권이 무엇인지 물어보라. 그는 자신이 생존자들이라 부르는 사람들을 넣어 보관해두고 선박이라고 부르는 이 긴 관을 보여주면서 여러분에게 말할 것이다. 이것이 나의 소유물들이다. 나는 일인당 얼마씩을 주고 이것들을 샀다. ─ 토지와 가신(家臣)들을 가지고 있거나 또는 이것들을 더 이상 소유하지 못하면 곧 세상이 뒤집어진다고 믿는 이 귀족에게 물어보라. 그는 소유권에 대해 거의 유사한 생각을 보여줄 것이다. ─ 카페 왕조의 위엄 있는 성원들에게 물어보라. 그들은 모든 소유물 중 가장 신성한 것은, 이의의 여지없이, 프랑스 영토에 살고 있는 2천5백만의 사람들을 자신의 뜻에 따라, 합법적으로, 군주로서 억압하고, 타락시키고, 쥐어짤 수 있는, 그들이 예로부터 누려온 대대로 내려오는 권리라고 말할 것이다.

이러한 사람들이 보기에 소유권은 어떠한 도덕적 원칙에도 근거를 두지 않는다. 우리의 인권선언이 인간의 제일 가는 재산이며 자연으로부터 받은 가장 신성한 권리인 자유를 정의하면서 같은 오류를 저지르는 것으로 보이는 것은 왜인가? 우리는 자유의 한계가 타인의 권리라는 것을 타당하게 이야기했다. 왜 여러분은 이 원칙을 하나의 사회적 제도인 소유권에 적용하지 않았는가? 마치 자연의 영원한 법이 인간의 관습들보다 덜 신성하기나 한 것처럼! 여러분은 소유권을 행사할 가장 큰 자유를 확고히 하기 위한 조항들을 늘리면서 그것의 성격과 정당성을 결정하기 위한 말은 단 한마디도 하지 않았다. 그 결과 *여러분의 선언은 사람들을 위해서가 아니라 부자들을 위해서*, 매점자들, 투기업자들, 전제군주들을 위해 만들어진 것처럼 보인다.

나는 다음과 같은 진리를 확립함으로써 이러한 결점들을 개선할 것을 제안한다.

제9조 소유권이란 각 시민이 법으로 그에게 보장된 몫의 재산을 향유하고 마음대로 처분하는 권리이다.

제10조 소유권은 다른 모든 권리와 마찬가지로 타인의 권리를 존중할 의무에 의해 제한된다. [2조와 비교하라.]

제11조 소유권은 우리 동포들의 안전, 자유, 생존, 재산을 해칠 수 없다.

제12조 이 원칙을 침해하는 모든 소유, 모든 거래는 본질적으로 불법적이고 비도덕적인 것이다.

[이 네 개의 조항은 1793년 헌법에서 삭제되었다. 반대로 제13조는 실질적으로 보전될 것이다. "사회는 구성원들에게 일자리를 제공하든가, 일할 수 없는 사람들에게는 생존 수단을 확보해줌으로써, 모든 사회 구성원들의 생계를 마련해주어야 한다."]

제15조 사회는 온 힘을 다해 공적(公的) 이성의 진보를 고무하고, 모든 시민들이 교육을 받을 수 있게 해야 한다.

제18조 [……] 민중은, 원한다면, 자신의 정부를 바꾸고, 자신의 수임자들을 해임할 수 있다.

제22조 [……] 사회는 노동으로 생활하는 시민들이 자신의 생활과 가족의 생활을 해치지 않으면서, 법이 출석을 요구하는 회의들에 참석

할 수 있도록 해야 한다.〔1793년 헌법에서 삭제된 구절〕

제26조 압제에 대한 저항은 인간과 시민의 다른 권리들의 결과이다.

제27조 사회 구성원들 중 단 한 사람이라도 압제당한다면 사회체가 압제당하는 것이다.

제28조 정부가 민중을 억압할 때, 민중 전체와 민중의 각 부분의 반란은 가장 신성한 의무이다.〔1793년 헌법. "가장 신성한 권리이며 가장 불가결한 의무이다."〕

제30조 압제에 대한 저항을 법률적 형식에 종속시키는 것은 전제정에 대한 최종적인 장식이다. …… 민중이 선량하고 관리들이 타락할 수 있다는 것을 전제하지 않는 모든 제도는 사악한 것이다.〔1793년 헌법에 포함되지 않았다.〕

제32조 민중의 수임자들이 저지른 범죄는 준엄하고 용이하게 처벌되어야 한다. 자신이 다른 시민들보다 더 큰 면책특권을 갖는다고 말할 권리를 갖는 사람은 아무도 없다.……

마지막 네 개의 조항 앞에 로베스피에르의 새로운 해설이 있다. "위원회는 또한 모든 국가의 모든 사람들을 결속시키는 우애의 의무와 그들의 상호원조의 권리를 확고히 하는 것을 잊었다. 즉 전제군주들에 대항하는 국민들의 영원한 동맹의 토대를 무시한 것으로 보인다. 여러분의 선언은 소유하고 거주하도록 자연으로부터 땅을 제공받은 거대한 가족을 위해서가 아니라, 지구의 한구석에 몰아넣어진 한 떼의 인간들을 위해 만들어진 것 같다……. 다음의 조항들은 여러분이 끊임없이 왕들과 불화를 겪게 만드는 단점을 지니고 있을지 모른다! 고백하건대, 이 단점은 결코 나를 두렵게 하지 않는다. 그들과 화해하기를 원치 않는 사람들 역시 그것을 두려워하지 않을 것이다…….

제33조 모든 나라의 사람들은 형제이고〔베토벤은 이렇게 말했다. "모든 인간은 형제가 된다!"〕, 여러 민족들은 한 국가의 시민들처럼 힘이 닿는 대로 서로 도와야 한다.

제34조 한 국가의 국민을 억압하는 자는 모든 국가의 국민들의 적으로 선언된다.

제35조 자유의 진보를 방해하고 인간의 권리를 소멸시키기 위해 한 민족에게 전쟁을 일으키는 자들은 예사로운 적이 아니라 살인자이자 반도로 기소되어야 한다.

제36조 왕들, 특권층, 독재자들은 누구든 지상의 주권자인 인류와 우주의 입법자인 자연에 대해 반란을 일으킨 노예들이다.〔33~36조의 네 개 조항은 1793년 헌법에 나타나지 않는다.〕

4월 말, 상퀼로트 격앙파와 산악파의 진보적인 부르주아지 사이에 암묵적으로 체결된 이러한 종류의 민중전선(진보적 부르주아지와 민중 사이의 공동 전선), 즉 로베스피에르의 인권선언 초안이 그 선언문이 되었을 것이고, 제1차 최고가격제를 직접적인 목표로 한 민중전선에 직면한 지롱드파는 자신들의 야심이 이제껏 경험해보지 못한 가장 중대한 재난에 직면했음을 깨달았다. 그 지도자들 중 일부는 겁에 질려 히스테리 상태에 빠졌다. 페티옹, 즉 뷔조에게 부자들과 가난한 사람들 사이의 동맹이 불가피하다고 말했던 그 페티옹이 공개적인 내전의 호소에 불과한 〈파리 시민들에게 보내는 편지〉를 발표했다.

여러분의 재산이 위협받고 있는데 여러분은 눈을 감고 있습니다. 가진 자들과 갖지 못한 자들 사이에 전쟁이 부추겨지고 있는데 여러분은 그것을 막기 위한 어떤 일도 하지 않고 있습니다. 몇몇 음모가들, 한줌의 반도들이 여러분을 지배하고, 폭력적이고 무분별한 조치들로 여러분을 끌어들이고 있는데 여러분은 저항할 용기가 없습니다. 여러분은 감히 그들과 투쟁하기 위해 여러분의 구 회합들에도 참석하지 않습니다. 여러분은 모든 부유하고 평화로운 사람들이 파리를 떠나고, 파리가 소멸되는 것을 보면서도〔덧붙이자면, 지롱드파가 파리와 부유한 파리인들을 동일시하고 있음에 경탄하게 된다〕평온을 유지하고 있습니다. 파리인들이여, 이제 혼수 상태에서 벗어나 이 해충들을 그 소굴로 돌려보내십시오.

4월 29일, 페티옹의 선동적인 편지에 자극받은 마르세유의 부르주아지들은 반(反)산악파적인 비상(非常)위원회를 구성했다. 국민공회 의원들은 달아나야 했다. 5월 4일, 베르니오는 보르도인들에게 행동을 촉구했다. "그래야 한다면, 지금이 그때라면, 나는 연단에서 여러분에게 우리를 보호하러 와줄 것을, 독재자들을 절멸시킴으로써 자유를 회복해줄 것을 요청합니다. 지롱드인들이여, 일어나십시오! 우리의 마리우스*를 두려움에 떨게 하십시오!" 그의 호소에 응해 보르도의 구(區)들은 5월 25일, 군대를 모집해 수도로 보내는 계획에 대해 토의했다. 지롱드파가 다른 어느 곳보다 더 왕당파와 긴밀하게 연계되어 있던 리옹에서 그러한 움직임은 훨씬 더 강력했다. 그리고 그것은 5월 29일 국민공회에 대한 공개적인 반란으로 귀결된다. 이 상이한 날짜들을 기억해야 한다. 5월 31일과 6월 2일의 봉기(지롱드파의 몰락을 가져온 민중봉기)는 그에 대한 반격에 불과할 것이기 때문이다.

이것은 북부 군대가 오스트리아의 공격을 받아 퇴각하고, 무기력한 퀴스틴이 클레베르를 포위당한 마인츠에 남겨두고 모호하게 후퇴함으로써 알자스를 공격에 노출시키고, 방데 군은 해안의 항구들에서 격퇴되었음에도 불구하고 공화국 군대들에 차례로 승리를 거두고 있었으며, 파올리*가 코르시카에서 봉기를 일으킨 시점에서 나타난 상황이었다. 산악파가 지롱드파를 공격함으로써 저속한 경쟁심에 복종한 것이 아니라는 점을 상기하기 위해서는 이러한 상황의 일치를 제대로 강조해야 한다. 지롱드파의 내적인 감정이 어떤 것이었든, 그들의 객관적인 행동은 가장 중대한 반역에 해당하는 것이었고, 그들의 제거는 조국과 공화국의 안녕을 결정할 일이었다.

그러나 파리 부르주아지에 대한 페티옹의 질책은 결실을 맺었다. 각자의 구에서 수적으로 상퀼로트들에게 압도되었던 그들은 다른 전술을 사용했다. 그들은 노동에 매인 상퀼로트들이 지속적

마리우스(Gaius Marius, BC 157~BC 86) 로마 공화정 시기의 군인이자 정치가. 일곱 차례에 걸쳐 콘술(집정관)을 지냈다. 유산자 계급에서만 군인을 뽑던 관례를 깨고 무직자와 무산자 지원병으로 직업적 군대를 새로 편성하는 방향으로 군사개혁을 단행했다. 로마 평민들의 지지를 받아 벌족파인 술라와 대결했다.

파올리(Pasqual 또는 Pascal Paoli, 1725~1807) 코르시카 태생의 혁명가. 코르시카에 민주정부를 수립하고자 했던 파올리는 1790년 제헌의회에 의해 코르시카 총독에 임명되었으나 1793년 국민공회에 반대하고 영국에 도움을 요청했다. 1794년 영국 해군의 지원을 받아 프랑스인들을 코르시카에서 몰아내고, 영국 왕 조지 3세에게 코르시카 통치를 제의했다. 1795년 은퇴해 영국으로 건너가 영국 정부가 주는 연금을 받아 살았다.

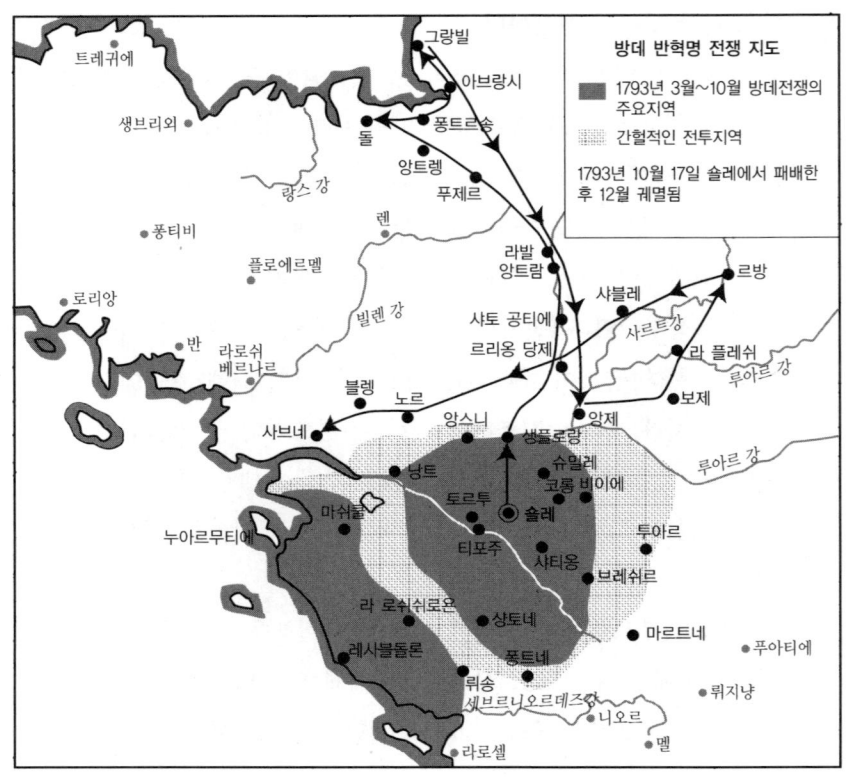

으로 참석할 수 없는 주 중에 대거 구 회합에 참석했다. 그렇게 해서 그들은 서부의 몇몇 구들에서 다수를 차지하고, 형성 중인 혁명위원회에 침투했다. 동시에 '황금 퀼로트들"—테르미도르 이후의 미래의 '왕당파,' 즉 젊은 부르주아지, 법률 분야의 서기 등—은 징집에 반대하는 격렬한 시위를 벌여 지롱드파의 박수를 받았다.

5월 8일 국민공회에서 로베스피에르는 파리에서 진행되고 있는 반혁명 음모를 고발했다. 그의 발언은 다음과 같이 계급투쟁을 한 탄하면서도 동시에 부인하는 베르니오에 뒤이은 것이었다.

> 불행히도 나는 *상퀼로트*라는 이름을 얻은 사람들과 *신사들*이라는 이름을 유지하고 있는 사람들 사이에 파국적인 전쟁이 벌어지고 있는 것을 목도하고 있습니다. 나는 오직 하나의 민중만을 알고 있으며 앞으로도 그럴 것입니다. 그러나 이 두 계급이 치르는 전쟁의 성격은, 한 계급(신사들)은 떠나기를[전쟁에서 죽게 되기를] 원하지 않고 다른 계급[지롱드파의 인장이 찍혀 있는 징병법은 부유한 사병들이 대체복무자를 돈을 주고 살 수 있게 했다는 것을 잊지 말아야 한다]을 대신 떠나게 하기를 원하고, 후자는 자신이 없는 동안 자신의 식솔들이 학대당하지 않을까 염려하는, 그러한 종류의 것입니다.

로베스피에르의 신랄한 반박이 이어졌다. 같은 날 저녁 자코뱅 클럽에서의 그의 반박은 훨씬 더 신랄했다. "프랑스에는 두 개의 당파, 즉 민중과 그들의 적만이 있습니다. 민중을 지지하지 않는 자는 민중에 반대하는 것입니다. 황금 퀼로트를 가진 자는 모든 상퀼로트의 적입니다." 그리고 그는 위험을 명확히 말했다.

> 파리는 혁명의 중심입니다. 파리는 자유의 요람이었습니다. 파리는 자유의 가장 굳건한 성채가 될 것입니다. 이러한 이유로 파리는 모든 적들로부터 공격당할 만합니다……. 방데에 반혁명 세력의 군대가 하나 있다면, 파리에 반혁명 세력의 또 다른 군대가 있습니다. 양자를 모두 격퇴해야 합니다. 그리고 우리가 반도들을 진압하기 위해 방데에 파

리의 애국파를 보낼 때, 여기 파리에 반도들의 공모자가 있지 않을까 두려워할 필요가 없어야 합니다.

그는 자신의 계획을 제시했다. 그것은 반혁명 혐의자의 체포[이미 5월 6일, 그는 베르니오에 대항해, 여러 차례 체포 활동을 벌인 파리 시장 파슈를 옹호했다], 구들의 숙청, 구 회의에 참석하느라 빼앗긴 상퀼로트들의 노동 시간을 부자들에게서 징수한 돈으로 보상해줄 것, 국내 혁명군대의 조직, 무기 생산의 증대, 이를 위해 모든 공공장소에 제철소 설립, 황금 퀼로트들의 시위에 대한 가차없는 진압 등이었다.

나흘간 세 차례, 즉 5월 10일[이날 그는 콩도르세의 헌법 초안이 지닌 반민주적 성격을 논박하는 중요한 연설을 한다], 12일과 13일, 로베스피에르는 여전히 코뮌과 구 회의들에게 엄격히 합법성을 고수할 것을 조언하면서도 자신의 요구를 되풀이했다. 산악파 의원들의 지지를 받은 상퀼로트들이 다시 파리를 장악했다. 이에 대응해 지롱드파는 5월 18일 코뮌의 활동을 조사할 책임을 맡고, 오로지 지롱드파로만 구성된 *12인 위원회*의 창설을 가결시켰다. 이튿날인 5월 19일 구의 혁명위원회들이 회합을 가졌다. 그 회합에서는 조직되고 있는 탄압을 저지해야 한다는 반응이 지배적이었다. 그곳에서 극단론자들의 과격한 발언은 곧 시장 파슈에게 비판 받기는 했지만 되풀이되면서 지롱드파의 분노를 극에 달하게 만들었다.

5월 13일에서 24일까지, 힘에 의한 해결책만이 상황을 종결지으리라는 것이 분명해진 시기에 로베스피에르는 또 다시 병이 났다.

24일, 12인 위원회는 코뮌 지도자들을 공격하기 시작했다. 위원회는 에베르, 바를레, 마리노*를, 그리고 이튿날에는 돕상*을 체포하게 했다. 25일, 코뮌은 의회의 연단에서 그들의 석방을 요구한다. 회의를 주재하는 이스나르는 브라운슈바이크의 선언을 기이한 방식으로 되풀이하는 위협으로 이에 답했다. "국민공회의 권위가 실추된다면, 프랑스 전체의 이름으로 여러분에게 선언하건대, 파리는 전멸할 것입니다. 오래지 않아 사람들은 센 강변에서 파리가 존재했는지를 찾으려 애쓸 것입니다." 바로 이 이스나르가 이후 남부에서 그토록 격렬하게 백색 테러를 조직했다는 사실은, 그가 모든 지롱드파가 광적으로 박수 갈채를 보낸 이 허장성세를 부렸을 때 그것이 그의 진심에서 우러나온 것이었음을 보여주는 가장 좋은 증거이다.

1793년 5월 26일, 로베스피에르는 여전히 열이 나고 쇠약한 상태에서 다시 연단에 섰다. 간신히 말을 할 수 있게 된 그는 이번에는 자신이 전쟁을 선포한다. "나는 이 범죄자들이 그들의 추악한 활동을 마무리하도록 내버려두렵니다. 그들이 이 연단에서 내전의 불씨를 뿌리기를. 그들이 조국의 적들과 내통을 계속하기를. 그들의 활동을 마무리하기를. *국민이 그들을 심판할 것입니다.*" 이것은

....
마리노(Jean-Baptiste Marino, 1767~1794) 도공 출신으로 8월 10일 봉기의 지도자 중 한 사람. 콜로 데르부아 암살 미수 사건에 연루되어 처형당했다.
돕상(Claude Emmanuel Dobsen, 1743~1811) 파리 민중운동 지도자. 1793년 5월 31일 봉기의 주동자 중 한 사람.

3부 공화국의 탄생 409

엄격히 의회적인 모든 활동의 포기였다. — 그날 저녁 자코뱅 클럽에서 로베스피에르는 무장 봉기를 호소했다.

민중이 억압당할 때, 민중에게 자기 자신 밖에 남아 있지 않을 때, 민중에게 일어나라고 말하지 않는 사람은 겁쟁이입니다……. 그 순간이 왔습니다……. 나는 민중에게 타락한 의원들에 대항해 반란을 일으킬 것을 촉구합니다……. 나는 나 홀로 의장과 국민공회에 의석을 가지고 있는 모든 〔지롱드파〕 의원들에 대항해 반란을 시작함을 선언합니다……. 사람들이 상퀼로트에 대해 온당치 않은 경멸을 나타낼 때, 나는 부패한 의원들에 맞서 반란을 시작함을 선언합니다……. 배신이 외국의 적들을 프랑스 한가운데로 불러들인다면, 그때 나는 스스로 배신자들을 벌할 것을 선언하며, 모든 음모자들을 나의 적으로 간주하여 그렇게 다룰 것을 약속합니다.

필연성은 하나의 언어만을 갖는다. 로베스피에르는 마라처럼 말하고 있다. 그는 자신이 목숨을 걸고 있음을 알고 있었다. 그러나 그는 또한 자신의 말이 갖는 무게도 알고 있었다. 그 말은 곧 파리를 일주할 것이다. 이튿날인 5월 27일, 파리 구들의 대표들이 국민공회로 몰려와 마라가 이끄는 산악파의 반격을 지지했다. 로베스피에르가 발언을 요구하지만 의장인 이스나르는 거부했다. 몇 시간에 걸친 소란 후 지롱드파 의원들이 철수했다. 회의장에 남은 산악파와 평원파*는 수감된 애국파의 석방을 결의하고 12인 위원회를 해산했다.

이튿날, 이번에는 지롱드파가 반격에 나서, 로베스피에르의 최종적인 개입에도 불구하고 12인 위원회를 재건하게 하였다. 5월 29일 구 회의들은 주교 관저에서 비밀 봉기위원회를 구성했다. 저녁에 로베스피에르는 다시 자코뱅 클럽에서 발언했다. 그는 그 운동에 합류할 것을 자코뱅들에게 촉구하지만, 동시에 지휘권을 맡으라는 제안을 거절했다. 이번에는 아마도 그가 실제 봉기를 지휘하는 데 적합하지 않다는 것만큼이나 육체적으로 쇠약해진 그의 상태가 영향을 미쳤을 것이다.

나는 민중들에게 스스로를 구제할 방법을 일러줄 수 없습니다. 그것은 어느 한 사람에게 주어진 일이 아닙니다. 그것은 나에게 주어진 일이 아닙니다. 나는 4년간의 혁명에 의해, 그리고 전제정의 승리와 그보다 더 격렬하고 더 타락한 모든 것의 비통한 광경에 의해 소진되었습니다. 또한 나는 빨리 낫지 않는 열병, 특히 애국심의 열병 때문에 쇠약해졌습니다. 이미 말했다시피, 더 이상 내게 이 순간 수행해야 할 다른 의무는 남아 있지 않습니다.

또 다른 병자 마라[그는 6월 2일 이후 병세가 악화되어 더 이상 거의 국민공회에 나오지 못할 것이다]의 재능과 조언에 힘입어, 봉기위원회는 준비를 완료했다. 5월 31일, 1792년 8월 10일 아침에

평원파(La Plaine) 국민공회에서 다수를 차지했던 중도파. 소택(沼澤)파(Marais)라고도 한다. 시에예스와 바레르 등이 평원파의 지도자였다. 처음엔 지롱드파의 편을 들었으나 점차 급진적인 산악파로 기울어 1793년 1월 국왕 처형에 찬성하는 다수표를 던졌다. 1794년 테르미도르 반동 때 로베스피에르와 급진파를 제거하는 데 기여했다.

그랬던 것처럼 경종이 울리고, 상퀼로트들은 앙리오*의 지휘 아래 국민공회로 진군하여 공회에 침입해 군사적·사회적 조치들, 일차적으로는 12인 위원회의 폐지와 지롱드파 지도자들의 체포를 요구했다. 로베스피에르가 그들을 지지하는 발언을 했다. 그가 다소 길게 열정적으로 발언했으므로 베르니오가 그의 말을 끊었다. "그러니 결론을 말하시오!" 그러자 로베스피에르가 마무리한다.

예, 결론을 말하겠습니다. 그것은 당신들에게 반대한다는 것입니다. 8월 10일의 혁명 후, 그 혁명을 수행한 사람들을 단두대로 끌고 가려 했던 당신들에게 반대합니다! 끊임없이 파리의 파괴를 선동했던 당신들에게 반대합니다. 전제군주를 구하고자 했던 당신들에게 반대합니다. 뒤무리에와 공모했던 당신들에게 반대합니다. 뒤무리에가 목을 요구했던 그 애국파들을 가차없이 기소했던 당신들에게 반대합니다. 사악한 보복으로 분노의 외침을 불러일으키고, 그 외침을 당신들에게 희생된 사람들의 범죄로 만들고자 하는 당신들에게 반대합니다. 예! 그렇습니다. 나의 결론은 뒤무리에의 모든 공범자들에 대한, 그리고 청원자들이 지목한 모든 사람들에 대한 기소법령입니다.

베르니오는 아무 대꾸도 하지 못했다. 그러나 국민공회는 굴복하지 않았다. 중도파는 아직 파리 민중이 개입한 데 대한 혐오감에서 벗어나지 못했다. 당통은 다른 산악파들보다 더 크게 소리지른 후, 늘 그렇듯이 자신의 모호한 역할을 계속해 지롱드파를 구하려 하였다. 의회는 기꺼이 다시 한 번 12인 위원회를 해산하는 데 동의하지만, 고발된 의원들을 의회에서 추방하는 데에는 반대했다.

어떤 관점에서 보자면, 5월 31일 봉기는 실패했다.

로베스피에르가 어떻게 반응했는지, 그가 조언을 했는지 우리는 알 수 없다. 가장 그럴 듯한 것은 그가 육체적으로 병들고 쇠약한 상태에서, 승리 아니면 죽음이라는 결심 아래 극히 비관적으로 결과를 기다릴 수밖에 없었으리라는 것이다. 코뮌과 마라는 로베스피에르 없이 결정적인 봉기를 준비했다. 6월 2일, 무장한 상퀼로트들이 다시 의회가 자리잡은 튈르리 궁에 침입했을 때, 앙리오가 이끄는 포병들이 겁에 질린 의원들을 밖으로 나오지 못하게 했을 때, 쿠통이 29명 의원의 추방과 가택 구금을 얻어냈을 때, 승리한 마라가 "허튼소리를 늘어놓은 사람" 한 명, "머리 나쁜 사람" 한 명, 그리고 "몇 가지 잘못된 견해를 가지고 있었을 뿐인 의원" 한 명을 추방자 명단에서 삭제했을 때, 쿠통이 이스나르와 포셰가 자발적으로 의원직을 사임했다는 이유로 그들을 체포에서 면해주었을 때, 로베스피에르는 침묵을 지켰다. 회의 내내 그는 입을 열지 않았다.

그는 자신의 승리이기도 한 이 승리를 아무런 도취감 없이 바라보았다. 왕당파 반도들이 리옹에서 권력을 장악했고 방데 군이 다시 승리를 거두었다는 소식이 이미 파리에 알려져 있었다. 6월 2일 저녁의 분위기는 8월 10일의 그것보다 훨씬 무거웠고, 조국은 훨씬 더 큰 위험에 처해 있었다. 그러나 적어도 파리는 승자였고, 산

앙리오(François Hanriot, 1761~1794)   8월 10일 봉기의 지도자 중 한 사람. 1793년 5월 파리 국민방위대 임시 사령관에 지명되어 5월 31일 봉기를 주도했다. 1794년 7월 로베스피에르와 함께 처형되었다.

악파는 혁명을 구하기 위해 아무런 구속 없이 자유롭게 행동할 수 있게 되었다.

4장_마라의 죽음

1793년
6월 3일 망명 귀족의 재산 매각법이 성립되다.
6월 24일 국민공회, 공화국 1년의 헌법(1793년의 헌법)을 채택하다. 이 헌법은 로베스피에르가 제안한 1793년 인권선언을 바탕으로 만들어진 것이었다.
7월~ 전국적으로 심각한 식량 위기에 직면하다.
7월 13일 장폴 마라가 암살당하다.
7월 26일 국민공회, 매점 단속법을 가결하다.
7월 27일 로베스피에르, 공안위원회에 가담하다.

로베스피에르가 1793년 6월 2일 저녁에 정확히 무엇을 생각했는지는 알 수 없지만, 6월 3일 저녁 그는 다시 자코뱅 클럽에서 발언했다. 그는 당연히 전날의 봉기와 파리 민중의 위업을 찬양하는 것으로 발언을 시작했다. 그러나 그가 보기에 결코 조국을 구한 것은 아니었다. 여전히 "음모가들이 국민공회 안에 남아 있다." 산악파는 몇몇 순간에 취약함을 드러냈다. 지롱드파는 마비되었지만 여전히 소멸되지는 않았다. 입헌적 활동을 완수하고, 적대적인 언론을 감시하고, 혁명재판소를 활성화하고, 민중과 산악파 의원들의 동맹을 긴밀히 해야 한다.

공안위원회는 그런 일들을 하지 않았다. 위원회를 지배하고, 특히 바레르의 보좌를 받는 당통은 오직 한 가지, 즉 우파를 완전히 소멸시키지 않는 데에만 관심이 있었다. 로베스피에르의 희망에 따라 제헌위원회가 즉각 창설되었지만, 반대로 가택연금당한 지롱드파 의원들에 대한 감시는 매우 허술해서 대부분이 달아났다. 공안위원회의 태도에 고무된 73명의 의원들은 6월 2일 봉기에 대한 항의문에 서명하였다. 리옹에서는 왕당파의 탄압이 맹위를 떨쳤다. 보르도와 마르세유는 6월 6일과 7일 공개적인 반혁명 반란에 들어갔다. 툴루즈가 곧 뒤를 이었다. 반혁명 세력은 당통의 무활동에 진정되기는커녕, 이제는 거의 모두 지롱드파의 깃발을 내걸고 나라 전체에 걸쳐 소요를 확산시켰다.

특히 파리 상퀼로트에게 깊은 적대감을 품고 있는 평원파는 오직 그들을 정치 무대에서 배제하는 데에만 목표를 두고, 봉기 세력인 그들을 완전히 약화시키려 하였다. 8월 10일 봉기와는 반대로 6월 2일 봉기는 프랑스 역사상 가장 적은 피를 흘린 혁명이었다. 그러나 또한 8월 10일 봉기와는 반대로 그 승자들을 무장 해제시키기가 가장 쉬웠음에 틀림없다. 상퀼로트들은 자신들의 봉기위원회를 도(道) 감시위원회로 대체하는 데 별다른 논의 없이 동의했다. 6월 6일 바레르는 모든 구 혁명위원회의 폐지, 무장 병력을 직접 요구할 수 있는 권리를 국민공회에 부여할 것, 국민방위대 총사령관 앙리오의 해임, 그리고 출신 의원들이 체포된 모든 도에 산악파 의원 중에서 동일한 수의 볼모를 선정하여 파견할 것을 공안위원회의 이름으로 제안했다.

6월 8일 로베스피에르는 바레르의 제안에 정력적으로 반대했다. 그는 세부 내용을 논의할 것도 없이 국민공회에 안팎의 상황을 숙고할 것을 요구했다. 지금이 자유의 수호자들을 무장 해제할 때인가? 지금이 여러 도들을 병화(兵禍)와 유혈의 도가니로 만들기 시작한 사람들에게 약한 모습을 보여줄 때인가? 6월 2일을 부인하는 것이 파리의 애국파를 리옹, 마르세유, 보르도의 애국파와 같은 운명에 처하게 하는 것임을 왜 알지 못하는가? 로베스피에르의 반대는 의회를 소란스럽게 만들지만, 르쥔(Sylvain Lejeune, 1758~1827), 생탕드레의 지지로 결국 승리를 거두었다. 늘 그렇듯이 신중한 바레르와 당통은 사태의 추이를 감지하고 스스로 공안위원회의 제안을 조심스럽게 포기했다.

공안위원회는 파리의 상퀼로트와 그들의 '봉기'를 부인하거나 볼모를 보냄으로써 반도들의 환심을 사려고는 하지 않았지만, 그렇다고 해서 더 강력한 조치들을 취한 것도 아니었다. 상황은 계속 악화되었다. 소뮈르*에서 승리한 방데 군은 낭트 공격을 준비한다. 동시에 발생한 왕당파와 지롱드파의 반란은 6월 중순경, 전면적이라기보다는 표면적으로 60개의 도를 장악할 것이다. 엄밀한 의미의 지롱드파 반란은 도 행정부의 관리들, 그리고 지롱드파가 5월의 전술(평일에 구 회합에 지속적으로 참석하는 것) 덕에 영향력을 행사했던 지방 도시의 구들에 기반을 두고 있었다. 남동부의 일부 지역을 제외하면, 반란은 주민 대중의 적극적인 협력을 거의 기대하지 못했고 주민들의 수동성과 매우 심한 혼란을 이용할 수 있었을 뿐이다. 그러나 반란 세력은 조직화를 시도하였다. 파리에서 탈출한 의원들의 대부분, 즉 페티옹, 귀아데, 뷔조, 바르바루, 랑쥐네, 루베 등은 6월 13일 캉에 '도 통합회의(assmblée des départements réunis)'를 소집하고 왕당파로 드러난 뷤펜*이 지휘할 군대를 조직하려 했다.

6월 12일 저녁, 자코뱅 클럽에서 로베스피에르가 가장 침울한 연설 중 하나를 한 것은 전혀 놀랍지 않다. "한 달 내로 여러분은 도처에서 새로운 배신이 터져 나오는 것을 보게 될 것입니다. 그때 여러분의 노력은 헛된 것이 될 것입니다……. 여러분은 패배할 것이며, 단두대에 오르게 될 것이고, 그것은 여러분의 부주의와 비겁함에 대한 정당한 대가가 될 것입니다."

어떻게 할 것인가? 반혁명 혐의자 장군들의 명령에 따라 새로운 군대를 도살장으로 보낼 것이 아니라 그 장군들을 해임하고, 공화국을 구하려면 애국파 의원들을 민중과 더 긴밀히 결속시켜야 한다. 그러나 국민공회는 매우 실망스럽다. 국민공회의 애국파가 거의 결속되어 있지 않은 데 그는 절망했다. 1791년 9월 마라가 그랬던 것처럼, 불굴의 로베스피에르는 5년여 만에 처음으로 투쟁을 포기한다고 선언했다. "나는 더 이상 특권층과 투쟁하는 데 필요한 기력을 지니고 있지 않습니다. 4년간의 고통스럽고 무익한 노력 때문에 나의 육체와 정신적 능력이 소진되어 위대한 혁명을 감당할 수 없는 지경에 이르렀음을 느끼면서, 나는 사임할 것을 선언합니다."

로베스피에르의 통고는 망연자실한 자코뱅들의 충격 속에서 그가 더 이상 기대하지 못했던 반향을 불러일으켰다. 게다가 지속적으로 악화되는 상황이 여기에 기여했다. 6월 13일 국민공회의 회의에서 쿠통과 당통은, 당통의 예기치 못한 경쟁심에 의해, 번갈아 파리의 혁명 세력을 열렬히 찬양하고, 모든 (반혁명 세력에 대한) 양보 정책에 종지부를 찍겠다는 자신들의 의지를 선언하였다. 그들은 회의 말미에 기운을 되찾은 로베스피에르의 지지를 받아 "5월 31일과 6월 2일의 봉기에서 혁명적인 코뮌 총회와 파리 민중이 공화국의 자유와 통일을 구하고, 공화국이 하나이며, 나누어질 수 없음을 분명히 하는 데 크게 기여했"음을 확인했다.

느슨해진 산악파는 결국 다시 원래의 산악파, 즉 8월 10일 코뮌

소뮈르(Saumur) 프랑스 서부 멘에루아르 도의 도시.
빔펜(Georges F. Wimpffen, 1744~1814) 프랑스의 장군. 삼부회의 귀족신분 대표. 지롱드파를 지지하여 1793년 노르망디에서 연방주의 운동을 지휘했다.

의 그 당파로 돌아가기로 결심했다(일부에서 은밀한 주저가 없지 않았지만). 그 결과, 로베스피에르의 사임은 더 이상 문제가 되지 않았다. 더구나 공안위원회는 다섯 명의 보조위원을 추가했는데, 그 중 세 명, 즉 쿠통, 생탕드레, 생쥐스트는 로베스피에르가 마지막까지 신뢰할 인물들이다. 또 6월 14일, 다소 놀란 자코뱅들 앞에서 로베스피에르는 사임하겠다는 6월 12일의 연설을 취소했다. 이제 로베스피에르는 자신의 청중에게 절망에 굴복하지 말고, 공안위원회의 선한 의도를 의심하지 말라고 권고하였다. "그들이 자신들의 일을 완수하도록 내버려둡시다……. 아마도 6개월 안에 모든 전제군주들이 파멸할 것입니다."

6개월보다 더 오랜 시간이 필요할 것이다. 그리고 당통과 같은 사람들, 바레르와 같은 사람들, 캉봉과 같은 사람들은 끊임없이 로베스피에르를 실망시켰다. 그러나 이 6월 13일 이후 산악파의 분위기에서 몇 가지는 영구히 바뀌었다. 산악파는 완전한 승리에 이르기까지 내외적 투쟁을 지속하는 코르네유적 단호함(극작가 코르네유의 비극에 나오는 영웅들과 같은 단호함)을 되찾았다.

6월 18일, 국민공회가 "프랑스 민중은 자신의 영토를 점령한 적과 강화조약을 맺지 않는다."라는 새로운 헌법의 제121조에 대한 논의를 시작하자, 지롱드파 의원 메르시에(Louis-Sébastien Mercier, 1740~1814)는 겁에 질렸다. "당신들은 늘 승리하리라 생각하는가? 당신들은 승리와 협정을 맺었는가?" 산악파 의석에서 바지르가 대답했다. "우리는 죽음과 협정을 맺었다!" 그리고 로베스피에르가 열렬히 발언하여 이 중대한 조항의 표결을 얻어냈다.

의회에서 연설하는 로베스피에르. 그가 웅변가로서 재능이 없었다는 이야기는 근거가 없는 거짓이다. 실제로 로베스피에르는 연설을 통해 회의장의 분위기를 단번에 휘어잡는 탁월한 능력을 지니고 있었다.

우리는 우리가 지지해 마땅한 조항을 공포할 것입니다. 자유로운 민중의 힘을 짐작할 수 없는 모든 사람들은 이 조항이 민중의 의지의 표현이라는 것을 알아야 할 것입니다! 자신의 영토에서 적과 협정을 맺는 민중은 이미 패배한 민중이며, 자신의 독립을 포기한 민중입니다. 프랑스 민중은 결코 그러한 수치를 당하지 않을 것입니다.

[로베스피에르가 미처 몰랐던 것은, 당통이 공안위원회에 들어온 이래, 8월 10일 봉기에서 혁명적 각료였을 때와 마찬가지로, 타협을 통한 평화를 얻기 위해 동료들 몰래 탐색과 음모와 비밀 대화를 계속하였다는 사실이다. 당통의 그러한 행동이 조국에 진정으로 봉사한다는 신념에 따른 것이었는지, 돈에 매수된 배신이었는지 여기서 결론을 내리려는 것은 아니다. 주목해야 할 것은 당통이 내외 정책에서 진정으로 로베스피에르에게 동의한 것은 단지 목소리뿐이지, 행동과 진심에서는 결코 그렇지 않았다는 점이다. 결국 두 사람 사이에 개인적 질투와는 아무 상관이 없는, 사활을 건 결투가 벌어지는 것은 필연적인 일이었다].

국민공회는 승리의 의지를 천명함과 동시에, 에로 드 세셸*이 6월 9일 쿠통과 생쥐스트도 참여하고 있던 한 위원회의 이름으로 제출한 헌법 초안에 대한 논의를 신속히 진행했다. 이 토론에서 로베스피에르는 여러 가지 세부 항목에 적극적으로 참여한다. 그러나 그는, 보상을 얻을 단 한 조항, 즉 사회는 모든 구성원들에게 교육을 제공할 의무를 갖는다는 조항을 제외하고는 자신의 인권선언 초안을 고집하지 않았다. 자신이 4월 24일 특별히 강조했던 두 가지 조항, 즉 소유권이 도덕적으로 절대적인 것이 아니며 생존을 위한 필요와 법적 조치들에 굴복해야 한다는 소유권 개념의 제한, 그리고 특히 압제자들에 대항하는 모든 나라 국민들에 대한 형제애적 지원의 원칙에 대해 그는 발언하지 않았다.

그 이유는 쉽게 짐작할 수 있다. 헌법의 신속한 가결은 국민공회의 중요한 존재 이유일 뿐 아니라, 정치적 급선무였다. 지롱드파의 반(反)산악파 선전은 두 가지 비난, 즉 독재 추구와 사회적 무정부주의에 놓여 있었다. 사람들이 세상에서 이제껏 보지 못한 [그리고 1848년까지 모든 혁명가들의 결집점이 될, 거의 모세의 율법(Thora) 같은 역할을 할] 가장 민주적인 헌법의 신속한 채택은 산악파를 첫 번째 비난에서 벗어나도록 해줄 것이었다. 지롱드파의 비난으로 동요된, 진정으로 정직하고 애국적인 부르주아지들을 반혁명으로부터 완전히 떼어놓기 위해서는 소유권의 신성 불가침한 성격을 의심하는 것은 적절하지 않았다. — 마찬가지로, 지금의 전쟁은 승리할 때까지 단호하게 수행해야 했지만, 적이 모든 국경을 침범하고 전체 도의 3분의 2가 공화국의 중앙 권력에 대해 반란을 일으킨 상황에서 또 다른 무장 간섭의 가능성을 제시하는 것은 적절하지 않았다.

바로 그러한 이유에서 쿠통과 생쥐스트는 새로운 인권선언에서 로베스피에르의 초안 중 가장 새로운 [장기적으로는 역사에 가장 많은 영향을 끼칠] 조항들을 지지할 수 없었다. 같은 이유로 로베

에로 드 세셸(Marie-Jean Hérault de Séchelles, 1759~1794) 1793년 헌법의 작성자이자 공안위원회 위원. 당통의 친구이자 동시에 에베르파와 친분이 있어 비기독교 운동에 열렬히 참여했다. 1794년 4월 당통과 함께 처형되었다.

스피에르는 그 조항들을 옹호하기 위해 어떠한 투쟁도 하지 않았다. 그는 1793년 헌법을 열렬히 찬양했다. 그는 헌법이 아직 사람들이 바라는 만큼 이론적으로 완벽하지는 않다는 점만을 분명하게 말하고 세월이 더 좋아지면 개선할 수 있을 것이라고 언급했다. 그의 태도가 유익했음이 곧 드러났다.

6월 24일 국민공회에서 가결되어, 민중의 재가에 붙여져 1만 8천 명 미만의 반대와 18만여 명의 지지를 얻은 1793년 헌법은 6월 2일의 성과를 최종적으로 완료한다〔그 헌법은 결코 시행되지 않을 것이지만!〕. 이 헌법이 진지한 부르주아 애국파들을 그 주위에 결집시킨 순간부터 당파로서 지롱드파는 순식간에 해체되었다. 오직 산악파와 가장 노골적인 반혁명만이 일시적으로 대치하게 되었다. 그리고 지롱드파 잔존 세력은 자신들이 일으킨 반란이 공공연하게 왕당파적이고 특권적인 양상을 보이는 것에 두려움을 느끼고 스스로 암울하게 활동을 정지하거나 노골적인 반혁명 속으로 뒤섞여 들어갔다. 테르미도르의 새로운 피가 흐르는 그날에야 이 잔존자들은 다시 활기를 얻을 것이다.

산악파는 지롱드파 책임자들과 주동자들을 가차없이 처벌하기로 결심했지만, 동시에 일시적으로 길을 잃은 데 불과했던 사람들을 결집하려 애썼다. 이러한 전술은 또한 당시 산악파의 사회 정책에서도 감지된다. 즉 그들은 민중의 요구와 부르주아지의 요구 사이에서 타협을 시도하였다. 6월 3일, 국민공회는 망명 귀족들의 토지를 분할 매각할 것을 공포하고 10년에 걸쳐 대금을 치를 수 있게 하였다. 6월 10일, 국민공회는 엄격하게 평등한 방식으로 공유지를 분할할 것을 결정하였다〔7월 17일, 국민공회는 증서가 작성된 부과조(농민이 영주에게 납부하던 여러 형태의 지대)까지 폐지하고, 증서 자체의 파괴를 명령함으로써 봉건제의 마지막 잔재들을 폐지하였다〕. 그렇게 하여 국민공회는 가난한 농민들의 환심을 샀다.

동시에 국민공회는, 5월 29일 캉봉이 제안하여 통과된 부자들에 대한 10억 리브르의 강제 공채로부터 소부르주아지를 면제해주었다. 6월 21일, 순수입 6천 리브르 이하의 독신자들과 순수입 1만 리브르 이하의 기혼자들에게서 강제 공채를 면제해줄 것을 제안한 사람은 로베스피에르 자신이었다.

도시의 상퀼로트들만이 새로운 정치적 동향으로부터 혜택을 입지 못했다. 최고가격제를 정한 5월 4일 법령이 국민공회의 유약함과 도 행정부들의 무력함이나 태업 때문에 실제로 사문서로 남아 있었기 때문에 그들은 더욱 혜택을 받지 못했다. 그에 따라 6월 2일의 승자들의 환멸은 커져 갔다. 심지어 격앙파가 '봉기'의 조직에서 결정적인 역할을 수행하여 위신이 높아지고, 혁명적 공화주의 협회를 조직하여 더 강해지던 시기, 여성들이 클레르 라콩브*의 자극을 받아 점점 더 적극적으로 활동하던 시기, 샬리에의 친구 르클레르가 리옹에서 올라와 그들과 합류한 시기에도 그러했다.

이제 격앙파가 요구하는 것은, 경제적 차원에서, 〔곡물뿐 아니라〕 모든 *1차 생필품에 대한 최고가격제*와 국내에서 매점자들을

라콩브(Claire Lacombe, 1765~?)   배우. 1792년 지방에서 파리로 올라와 혁명운동에 적극적으로 참여했다. 특히 '혁명적 공화주의 여성시민협회'를 주도하고 자크 루와 격앙파를 지지했다.

감시하고 그들이 불법적으로 차지한 것을 내놓게 할 혁명군대의 조직이었다. 그러나 6월 2일 이후 그들은 또한 정치적인 요구들, 특히 루이 16세의 재판에서 '민중에의 상소'에 표를 던졌던 의원 280명의 추방, 그리고 특히 폭력의 전면적인 사용을 더 분명히 강조했다. ─ 정치적 측면에서 격앙파가 보인 이렇게 난폭한 당파성은 그들의 경험 부족 때문으로 설명할 수 있다. 한 계급이 하루 아침에 정치적 성숙에 이르는 것이 아니며, 특히 그 계급이 아직 하나의 계급조차 아닐 때, 또 이제까지 예속 상태에 매여 공적인 문제들에서 실제로 결정권을 행사해본 적이 없을 때 그러하다. 민중의 빈곤이 심화되고 있었으므로 경제적 차원에서 그들의 태도는 훨씬 더 강력했다.

그들의 잘못은 정치적 차원에서 공격했다는 점이다. 1793년 6월 20일, 자크 루는 코르들리에 클럽과 자신이 속한 코뮌에서 헌법에 저항하는 투쟁을 시작했다. 그는 코뮌이 매점이나 투기를 단죄하지 않는다고 비난했다. 그의 비난은 지극히 타당했다. "어떤 계급이 다른 계급을 굶주리게 할 수 있을 때, 자유란 무엇입니까? 부자들이 독점에 의해 동포들의 생사 여탈권을 행사할 수 있을 때, 평등이란 무엇입니까? 자유, 평등, 공화국, 이 모든 것은 한낱 유령에 불과합니다." 코르들리에 클럽은 그에게 집단적인 지지를 보냈다. 코뮌은 동요했다. 자코뱅 클럽은 주저했다.

로베스피에르는 헌법이 소유권 제한에 대해 침묵함으로써 과오를 범했음을 가장 먼저 ─ 당연히 ─ 알아차렸다. 그러나 그는 헌법이 더 이상 그것에 대해 말할 수 없으며 그랬다가는 혁명의 안녕에 필수적인 세력 간 균형을 뒤엎게 되리라는 것을 더욱 잘 알고 있었다. 그는 격앙파에 대한 저항을 지휘했다. 6월 23일, 자크 루는 코르들리에 클럽과 자신이 속한 그라빌리에 구의 이름으로 청원서를 낭독하기 위해 국민공회의 연단에 올랐다. 로베스피에르가 거기에 반대했다. 헌법이 완성되었으므로 그날은 국가적인 축제일이고, 따라서 청원서 제출은 연기되어야 한다는 것이었다. 이 연기가 코뮌 지도자들〔파슈, 쇼메트*, 에베르〕로 하여금 정치적 재난을 헤아려보고 냉정을 되찾게 했다.

6월 25일, 자크 루는 청원서를 들고 국민공회로 돌아왔다. 부자들에 대한 비난과 헌법에 대한 비판에 더해 그는 국민공회가 "민중의 행복을 위해 모든 것을 다하지" 않았으며, 산악파는 늘 민중에 대해 말하지만 민중이 진정으로 어떤 상태에 처해 있는지에 대해서는 여전히 무지하다고 맹렬히 공격했다. 그는 마지막으로 국민공회와 산악파에게 "그들의 경력을 치욕스럽게 끝내지" 말 것을 촉구했다. 국민공회는 일치하여 자크 루에게 저주를 퍼부었지만, 그날 저녁 코르들리에 클럽은 계속 그에 대한 지지를 표명했다. 5월 31일의 전 봉기위원회도 자크 루에 대한 지지를 선언했고, 동시에 여인들이 스스로 식료품에 공정가격을 부과하면서 다시 식료품을 탈취하기 시작했다.

자크 루가 다시 논쟁을 정치적 장으로 되돌려놓으려 시도한 것은 국민공회가 수그러들 때였다. 그는 산악파에 대한 공격을 배가

쇼메트(Pierre-Gaspard Chaumette, 1763~1794) 코르들리에 클럽 회원으로 1792년 말 파리 코뮌 검사에 지명되었다. 이후 비기독교화 운동을 주도하여 로베스피에르와 대립하다가 반역죄로 기소되어 처형되었다.

한다. 즉각 반격이 돌아왔다. 6월 28일 저녁, 자코뱅 클럽의 회의가 시작될 때 로베스피에르는 그에 대해 분노를 터뜨렸다. 로베스피에르는 그가 영국 총리 피트*와 브리소에게 득이 되도록 행동하고 있으며, 가장 훌륭한 애국파들을 비방하고 있다고 비난했다. ─ 이튿날인 29일에는 코뮌이 자크 루를 비난했다. 6월 30일, 로베스피에르, 에베르, 그리고 콜로 데르부아가 이끄는 자코뱅 대표단이 코르들리에 클럽을 방문해 연설하고 자크 루의 제명을 요구했다. ─ 그들은 자크 루와 르클레르의 제명을 얻어냈다. 7월 1일, 코뮌은 다시 그를 비난했다. 7월 4일에는 마지막으로, 병 때문에 침묵을 지키고 있던 마라가 자신의 신문 전체를 상퀼로트들의 사제(자크 루)에 대한 욕설 ─ 그리고, 아마도 깨닫지는 못하겠지만, 비방 ─ 을 퍼붓는 데 할애했다. 이 반대 시위는 격앙파의 공세를 중단시켰지만, 민중의 경제적 곤경을 변화시키지는 못했다. 승자들은 약간의 시간을 얻었을 뿐임을 곧 깨닫게 될 것이다.

이 위기의 기간 동안, 다시 한 번, 공안위원회의 태만함이 부각되었다. 그리고 전반적인 상황은 개선되지 않았다. 이틀간의 전투 끝에 낭트를 앞에 두고 패퇴한 방데 반혁명 군은 평원에서 다시 승리를 거두었다. 빔펜은 민중의 열정이 지롱드파를 거의 지지하지 않은 탓에 한 열병식에서 겨우 17명의 자원병을 확보했을 뿐인데도, 캉에서 파리로 진군을 준비하고 있었다. 북부 군대를 지휘하고 있던 귀족 퀴스틴은 육군장관인 애국파 부쇼트*를 비난할 줄만 알았지, 오스트리아 군이 콩데쉬르에스코*를 공략해 7월 12일 함락하도록 내버려두었다.

1793년 7월 8일 로베스피에르는 자코뱅 클럽에서 신랄한 비판에 답변하면서 조금 모호하게 공안위원회를 옹호했다. "이 위원회 안에는 조직에 활력을 불어넣고, 새로운 성격의 결단력을 제공하고, 상황을 감당하게 할 수 있는 순수한 성원들이 있습니다." 그 말은 적어도 앞으로 있을 위원회의 쇄신이 갖는 중요성에 대해 주의를 환기시키는 것이었다. 보통 공안위원회의 모든 성원들은 특별한 문제 없이 매달 재선되었다. 그러나 7월 10일, 당통, 캉봉, 들라크루아, 트레야르(Jean-Baptiste Treilhard, 1742~1810) 등은 재선되지 않았다. 반면 로베스피에르파의 세 명의 보조위원 생탕드레, 쿠통, 생쥐스트는 상당한 표를 얻어 정식위원으로 선출되었다. 그들은 프리외르 드 라 마른과 에로 드 세셸의 선출로 더욱 힘을 얻었다. 당통파 중에서는 튀리오와 가스파랭(Thomas A. de Gasparin, 1754~1793) 만이 선출되었다. 로베스피에르가 이 쇄신에서 아무런 역할도 하지 않았으리라고 가정하기는 어렵다. 로베스피에르는

피트(William Pitt, 1759~1806) 영국의 정치가. 1781년에 하원의원, 이듬해 재무장관을 거쳐 1783년 총리가 되었다. 1793년 대프랑스 동맹의 결성을 주도했다.
부쇼트(Bouchotte, Jean-Baptiste, 1754~1840) 메스(Metz)의 직업 군인 출신으로 20년간 복무했음에도 1789년 당시 대위에 불과했던 그는 혁명을 열렬히 환영했다. 1793년 초 뒤무리에가 오스트리아로 탈주한 후 북부 전선에서 두각을 나타냈다. 1793년 4월 육군부 장관에 지명되어 상퀼로트 투사들을 요직에 등용하고 군 개혁을 단행했다. 지롱드파와 당통파의 공격에도 불구하고 공안위원회의 지지를 얻어 장관직을 유지했다. 1794년 4월 장관직이 폐지된 후 군에 복귀했다. 1794년 6월 체포되었다가 이듬해 사면되었으며 브뤼메르 쿠데타에서 나폴레옹을 지지했다.
콩데쉬르에스코(Condé-sur-Escaut) 프랑스 북부 국경 지대인 노르(Nord) 도의 도시.

생탕드레의 뒤를 이어 공공교육위원회에 참여하였고, 그가 곧 자신의 임무에 열렬한 관심을 보였다는 것은 그가 다른 지위를 차지하는 데 아무런 개인적 야심도 없었음을 보여준다.

7월 13일, 로베스피에르는 공공교육위원회의 보고자로 나서, 자신의 친구 르펠르티에 드 생 파르조가 살해되기 전에 작성한 국민교육에 관한 계획을 국민공회에서 낭독했다. 사회 구성원 모두가 교육을 받을 권리가 있다는 조항을 헌법에 삽입하게 한 것은 로베스피에르였다. 로베스피에르는 진정으로 모든 사람에게 제공되는 교육, 재산에 비례하여 징수한 특별 세금으로 거의 무상으로 제공하는 의무 교육이라는 르펠르티에의 생각을 자기의 것으로 받아들였다(이 항목에서 국민공회는 도저히 그를 따르지 못할 것이다). 그리고 로베스피에르는 르펠르티에의 보고서를 낭독하면서 특히 한 구절에 크게 감동하였다.

> 3년 전부터 진행된 혁명은 다른 여러 계급의 시민들을 위해 모든 것을 했습니다. 그러나 가장 가난한 사람들, 가진 것이라고는 노동밖에 없는 사람들을 위해서는 거의 아무것도 하지 않았습니다……. 여기 빈곤의 혁명이 있습니다.

르펠르티에와 마찬가지로 로베스피에르가 지닌 사회적이고 민주적인 진지함, 유토피아적 이상주의가 모두 이 구절 안에 들어 있다. 그들은 루소만의 아들이 아니라 18세기 전체의 아들이다. 그들에게 사회·정치적 문제는 우선적으로, 그리고 궁극적으로 오직 '계몽'의 확산으로 해결될 것이었다. 그들의 후손에게는 인간이 사

〈마라의 죽음〉(다비드, 1793) 다비드는 마라의 손에 편지가 쥐어져 있게 그려 설명을 덧붙였다. 편지는 암살자 샤를로트 코르데가 마라에게 접근하기 위해 도움을 청하는 내용을 담고 있다.

상만으로 살 수 없으며, 무엇보다 빵이 필요하고, 다른 곳에서 빈곤의 혁명이 시작되고 있다는 것을 배워야 할 임무가 남겨질 것이다. 바뵈프가 그 임무에 투신할 것이다.

로베스피에르가 국민공회에서 첫 번째 '자유의 순교자'의 보고서를 읽은 것과 거의 같은 시간, 훨씬 더 위대한 또 다른 순교자가 쓰러졌다. 7월 13일, 마라가 지롱드파에 우호적인 한 왕당파 여성에게 암살당했다. 그녀는 마라의 친절에 호소해 그에게 접근했다. 이 살해 소식이 전해진 뒤 애국파들을 사로잡은 흥분과 격렬한 분노 속에서, 로베스피에르는 마라에 대한 극복할 수 없는 반감을 다시 한 번 드러냈다. 그가 찾아낸 말이라고는 자기 역시 곧 살해될 것이며 — 그 점에서 그는 크게 틀리지 않았다. — 공화국이 마침내 승리를 거두는 날 마라를 팡테옹에 안장해야 하리라는 것이 전부였다. 1월 21일 이후 르펠르티에를 팡테옹에 안치할 것을 요구한 것이 바로 로베스피에르였다.

샬리에가 리옹에서 반도들의 손에 참수된 지 사흘 만에 일어난 마라의 암살은 투쟁과 승리에 대한 산악파의 의지를 더욱 거세게 만들었다. 새로운 공안위원회는 즉각 몇 가지 단호한 조치들을 취했다. 노르망디에 파견된 파리 의용군 부대는 파시쉬르외르에서 빔펜의 군대를 문자 그대로 증발시켜버렸다. 방데 군과 맞선 군대들을 지휘하고 있던 귀족 왕당파 비롱 장군(Arman Louis de Gontaut Biron, 1747~1793)은 성실하지만 유감스럽게도 아무런 능력도 갖추지 못한 상퀼로트 로시뇰(Jean-Antonie Rossignol, 1759~1802)로 대체되었다. 그리고 믿을 수 없는 리옹 의원들에 대한 체포법령이 내려졌다. 퀴스틴은, 콩데 공이 봉사하고 있던 오스트리아 군이 발랑시엔을 포위 공격하던 때에 북부 군대 사령관직에서 결국 해임되어 파리로 소환되었다. 7월 19일, 위원회는 소심하고 미심쩍은 몇몇 파견 의원들을 소환하는 대담한 조치를 취했다.

그리고 당통은 은밀하고 완강한 반대를 대대적으로 조직했다. 7월 21일부터 국민공회의 모든 회의는 전투가 되었고, 모든 군사적 패배, 소환이나 지명은 매번 공안위원회의 활동을 의심할 기회로 활용되었다. 거의 매일, 로베스피에르는 주저하지 않고 공안위원회를 옹호했다. 혁명이 시작된 이후 처음으로 그는 권좌에 있는 사람들을 거리낌없이 지지했다. 그는 특히 두 가지 문제에서 집중적으로 개입했다. 그가 요구하여 관철시킨 퀴스틴의 체포와 당통파로부터 격렬한 공격을 받은 부쇼트를 육군장관에 유임시키는 것이 그것이었다. 로베스피에르에게 부쇼트는 미심쩍은 지도자들을 해임하고, 무엇보다 공화국에 대한 고위 장교와 장군들의 애국심을 감시하는 의지를 구현하는 사람이다. 오래전부터 알 수 있었듯이, 그의 승리의 열쇠는 바로 거기에 있었다. 또한 그는 당통이 '새로운 뒤무리에'에게 길을 열어주기 위해 '새로운 뵈르농빌(Pierre de Ruel Beurnonville, 1752~1821)[뒤무리에가 연이은 패배 뒤 적과 협상하고 있던 1793년 3월 당시의 육군장관]'을 부쇼트의 자리에 앉히려 한다고 드러내놓고 말하였다. 이 격한 논쟁 이후 꼼짝없이 궁지에 몰린 당통은 더 이상 반발하지 않고, 국민공회도 로베스피에르의 뜻에 따랐다.

위원회 내에서 당통은 여전히 튀리오와 가스파랭 같은 지지자를

발랑시엔(Valenciennes) 프랑스 북부 노르파드 칼레 지방에 있는 도시.

거느리고 있었다. 7월 24일 가스파랭은 퀴스틴의 체포에 항의하는 뜻으로 사임했다. 로베스피에르가 부쇼트를 옹호하기 위해 당통을 공격한 것은 7월 26일이다. 이튿날 생탕드레는, 공안위원회에서 로베스피에르가 가스파랭의 자리를 대신할 것을 국민공회에 제안하자 국민공회는 동의하였다. 로베스피에르는 이를 받아들였다. 그는 며칠 후 그것이 "마지못해 한 것"이라고 주장하였다.

그의 진심을 의심할 만한 것은 아무것도 없다. 혁명이 시작된 이래, 무엇이든 공식적인 지위를 받아들이는 것을 내켜하지 않는 그의 태도, 자유롭게 보고 거침없이 말하는, 한낱 보초병이 되고자 하는 그의 의지를 우리는 이미 보았다. 그러나 지난 두 달간의 경험을 통해, 로베스피에르는 산악파가 권력을 잡은 뒤로는 더 이상 반대파의 지도자였을 때와 똑같이 거리낌없이 말할 수 없다는 것을 깨달았다.

그리고 더 단순하게는, 그는 1792년 8월 10일 저녁 코뮌에서, 그리고 3월 말 보안위원회에서 그랬던 것처럼, 중대한 위기의 순간에 책임을 거부할 권리가 자신에게 없다고 생각했을 것이다. 그가 자신의 미래를 순순히 받아들이는 이러한 종류의 비관주의를 우리는 이미 알고 있다. 1793년 7월 27일 공안위원회에 들어가는 막시밀리앙 로베스피에르에게 누가 다가와 앞으로 살 날이 정확히 1년과 하루가 남아 있다고 예언했다 해도 그는 결코 놀라지 않았을 것이다.

4부 자유의 독재

적이 발랑시엔에 쳐들어 왔을 때, 거기 있었던 자는
공안위원회의 위원이 될 자격이 없다.
그는 다음의 질문에 결코 답하지 못할 것이다.
당신은 죽었는가? …… 나는 그런 인물이 속해 있는 위원회에
결코 들어가지 않을 것이다……. 죽을 때까지
민중의 대의를 옹호하려는 힘을 내 가슴속에서
느끼는 것으로 나는 충분하다.
1793년 9월 25일

1장_공포정치의 등장

1793년

8월   프랑스 군, 여러 전선에서 대프랑스 동맹군에게 패하다.
           격앙파가 반혁명 혐의자들의 숙청과 최고가격제 등을 요구하며 봉기를 준비. 로베스피에르는 급진적인 격앙파에 맞서 당통을 비롯한 국민공회 의원들을 보호하려 한다.

8월 9일   반혁명 세력이 점거한 리옹에 대한 공격이 시작되다.

8월 23일   국민공회, 국민총동원령을 공포하다.

9월 5일   파리에서 격앙파와 상퀼로트들이 확실한 개혁 조치를 요구하며 국민공회를 향해 시위를 벌이다(9월 5일의 봉기). 국민공회는 시위대의 요구사항을 법에 반영하기로 동의하고, 이후 며칠 동안 그에 준하는 여러 법령을 공포한다. 이로써 공포정치가 출현한다.

9월 6~8일   옹드스코트 전투. 프랑스 군이 영국 군을 격파하고 됭케르크를 해방시키다.

9월 25일   로베스피에르의 활약으로 공안위원회가 산악파 중심으로 개편, 쇄신되다.

로베스피에르가 그때 어떤 정책을 따르고자 했는지 알고자 할 때, 우리는 가설들에 머무르지 않는다. 테르미도르파는 로베스피에르의 개인적인 문서들을 강탈했지만, 두 개의 긴 노트는 보존되었다. 특히 퀴스틴에 관한 몇 가지 언급에 비추어 우리는 그것들이 7월에 기록된 것이라고 추정할 수 있다. 그 중 몇 가지는 6월까지 거슬러 올라갈 수 있다. 가장 중요한 구절들을 인용해보자.

확실히 1793년 7월 10일 공안위원회 쇄신 전에 씌어진 첫 번째 노트는 명백히 언론의 자유, 애국심의 확산, 그리고 국민 교육의 문제에 관한 것이다.

목적은 무엇인가? 민중을 위한 헌법의 시행이다. 우리의 적들은 누구인가? 사악한 자들과 부자들이다. 그들은 어떤 수단을 사용할 것인가? 비방과 위선이다. 어떤 원인이 이 수단들의 사용을 용이하게 하는가? 상퀼로트의 무지이다. 따라서 민중을 계몽해야 한다. 그렇다면 민중의 교육을 가로막는 장애물은 무엇인가? 기만으로 그들을 오도하는, 돈을 위해 글을 파는 작가들이다.

어떻게 이 매문가(賣文家)들을 침묵시킬 수 있는가, 아니면 어떻게 이들을 민중의 대의에 결합시킬 수 있는가? 그 자들은 값을 지불하는 무리에 속해 있다. 그런데 그들에게 값을 치를 수 있는 유일한 사람들은 본래부터 정의와 평등의 적인 부자들과, 민중을 희생시켜 끊임없이 권력을 확대하기 위해 애쓰는 정부이다. 그로부터 어떤 결론이 나오는가? 1. 자유의 가장 위험한 적인 이 작가들을 추방해야 한다. 2. 좋은 글들을 널리 퍼뜨려야 한다.

민중…… 민중의 교육을 가로막는 장애물로는 또 무엇이 있는가? 빈곤이다. ― 그렇다면 민중은 언제 계몽될 것인가? 민중이 빵을 갖게 될 때, 그리고 부자들과 정부가 더 이상 민중을 속이기 위해 신의(信義) 없는 펜과 혀를 매수하지 않게 될 때, 그리고 그들의 이익이 민중의 이익과 합치될 때이다. ― 언제 그들의 이익이 민중의 이익과 합치될 것인가? 그런 일은 결코 없을 것이다.

이 명석하고 비관적인 진술에 이어, 로베스피에르는 몇 가지 지시를 적었다. "공화주의자 장군들이 우리의 군대를 지휘하게 하고, 우리를 배신한 자들을 처벌하라……. 배신자들과 음모자들을 처벌하라……. 민중의 생계와 법."

두 번째 노트는 같은 맥락에서 정부의 진정한 계획을 제시한다.

단일한 의지가 필요하다. 그 의지는 공화주의적이든가 아니면 왕정주의적이어야 한다. 그것이 공화주의적이기 위해서는 공화주의자 각료, 공화주의 문헌〔신문〕, 공화주의자 의원, 공화주의 정부가 필요하다. 정치체가 혁명과 의지의 분열로 병들어 있을 때 외국과의 전쟁은 죽음에 이르는 병이다.

국내의 위험은 부르주아들로부터 온다. 부르주아들에게 승리하기 위해서는 민중을 결집해야 한다. 민중을 부르주아의 멍에 아래 두고, 공화국의 수호자들을 단두대 위에서 사라지게 만들기 위한 모든 준비가 되어 있었다. 부르주아들은 마르세유, 보르도, 리옹에서 승리했다. 지금의 봉기[1793년 6월 2일 봉기]가 없었다면 그들은 파리에서 승리를 거두었을 것이다. 공화국을 구하는 데 필요한 조치들을 마련할 때까지 지금의 봉기는 계속되어야 한다. 민중은 국민공회와 결합하고, 국민공회는 민중을 이용해야 한다. 봉기는 같은 차원에서 점점 확대되고, 상퀼로트는 급료를 받으며 도시 안에 머물러 있어야 한다[군대에 보내서는 안 된다]. 상퀼로트들에게 무기를 제공하고, 그들의 분노를 자극하고, 그들을 계몽해야 한다. 가능한 모든 수단을 이용해 공화주의적 열정을 불러일으켜야 한다.

혁명과 계급투쟁의 관계를 이보다 더 분명히 표현하기란 불가능하다. 그러나 이 구절들을 근거로 로베스피에르가 미완성의 마르크시스트였을 수도 있다는 식으로 해석하는 것은 크나큰 오류일 것이다. 한편으로, 이미 보았듯이, 실재하는 상퀼로트는 당시 형성 중이던 미래의 프롤레타리아 계급과 정확히 일치하지 않았다. 그것은 어림도 없는 이야기이다. 다른 한편으로는, 역시 이미 보았던 것처럼, 로베스피에르의 사고 속에서 상퀼로트는 빈민, 무산자, 그리고 건전하고 애국적인 일부 국민을 동시에 지칭하는 것이었다. 따라서 부르주아지와 민중[또는 부자와 가난한 자]이라는 그의 대비는 실제로는 훨씬 더 불명료한 현실을 포괄하는 것으로, 1871년의 코뮌*을 분석하는 마르크스나 1917년 10월 혁명을 승리로 이끈 레닌의 정책보다 불가피하게 더 복잡한 정책을 필요로 한다.

실제로 로베스피에르의 글을 더 면밀히 읽어보면, 대립하는 두 요소 사이에 세 번째 요소가 개입하는데 그것은 국민공회이다. 로베스피에르의 사고 속에서 국민공회는 국가의 합법적 권력기관이라기보다는 국민주권 그 자체와 동일시된다. 이러한 의미에서, 그에게 민중이라는 단어가 갖는 모호함을 고려한다 해도, 국민공회는 반(反)애국파적인 '부르주아들'과 대립하는 '민중'과 불가피하게 결합한다. 그런데 이 시기 로베스피에르의 사고에서 국민공회는 구체적으로 산악파와 산악파에 합류할 의원들이다. 문제는 산악파가 대부분 국유재산의 매입자들과 몇몇 자본주의적 산업생산의 선구자들로 이루어진 부르주아지의 가장 진보적인 부분을 구성하고 있다는 점이다. 로베스피에르가 민중을 *부르주아*들과 대비할 때, 그는 상황을 지배하는 진정한 대립을 잘못 정의한 것이다.

로베스피에르는 상퀼로트들로 구성된 일사불란한 정당의 지도자가 아니었으며 그럴 수도 없었다. 그는 자신이 늘 권고했던 동맹, 즉 1793년 4~5월 지롱드파의 반혁명 위협에 대항하여 수립되었으며 더욱 굳건해져야 하는 동맹[이미 거의 민중전선이라고 말할 수 있을 것이다]의 결속을 확고히 해야 한다. 이 동맹은 상퀼로트 대중[그 구성이 동질적이지 않은]과 산악파의 부르주아 의원들[국

1871년의 코뮌(파리 코뮌) 1871년 3월 26일 파리에 구성된 혁명정부. 1870년 독일과의 전쟁에서 프랑스가 패한 후, 왕당파가 주도하는 새 의회가 구성되고 행정수반 티에르가 파리 국민방위대의 대포를 회수하려 하자 파리에서 봉기가 시작되었다. 선거로 구성된 파리 코뮌이 봉기의 주축이 되었으며 자코뱅, 사회주의자, 무정부주의자 등 다양한 좌파 세력이 파리 코뮌에 집결하였다. 5월 21~28일 코뮌군과 의회군 사이에 전투가 벌어져 코뮌군 약 2만 명이 사망하고 4만 명이 체포되었다.

로베스피에르의 캐리커쳐.

민공회의 나머지를 이끌어갈]로 이루어진다. 산악파 부르주아들에게 그들 계급의 집단적 자살에 참여하라고 요구할 수 없었다는 것은 분명하다. 다만 그들은 반혁명으로 넘어간 푀양파와 지롱드파 부르주아들에 대항해 어느 정도 기꺼이 상퀼로트와 결속했다고 이해할 수 있다.

  이 역할을 맡는 데에서 로베스피에르는 자신의 루소주의적 이데올로기의 한계(민중의 정치적 권리를 옹호하되 그것의 토대인 사회·경제적 변혁을 주장하지 않는)에 속박된다. 그러나 그는 자신의 확고한 정치적 현실주의의 도움을 받는다. 한편으로 그는 1789년 7월 이래 프랑스 혁명은 변호사들의 혁명이 아니며, 민중의 힘을 가동시킴으로써만, 그리고 심지어 민중을 역사상 처음으로 권력 행사에 긴밀히 결합시킬 때에만 혁명이 승리할 수 있음을 이해하고 느꼈다. 혁명정부는 상퀼로트들을 처음으로 고유한 의미의 정치적 행동에 참여하게 할 것이고, 이 출발이 풍요한 결실을 맺을 수 있었음은 미래의 프롤레타리아 운동 과정에서 지속적으로 드러날 것이다. 레닌은 이러한 사실에 의거하여 20세기의 볼셰비키들을 위해 18세기 자코뱅의 유산을 요구할 것이다. 이미 로베스피에르는 자신이 민중의 역사적 진출을 위해 일하고 있음을 충분히 의식했다. 그는 그것을 감수한 것이 아니라 간절히 염원했다. 그는 상퀼로트들이 '부자들'의 먹이가 되기 위해 혁명에서 이용당하는 것을 단호히 거부하고, 마침내 '빈곤의 혁명'이 시작되기를 열렬히 원했다.

  그러나 로베스피에르는 민중이 혁명의 심장이며 팔이지만, 산악파 부르주아지가 여전히 혁명의 두뇌여야 한다는 것을 명백히 의식하고 있었다. 상퀼로트들의 본질적인 욕망을 가장 충실하게 표현하고 있는 자들 — 오늘의 격앙파, 내일의 '에베르파' — 의 정치적 견해는 그가 보기에 편협하고 미숙하며, 위험하게도 무정부주의를 지향하고 있다. 그들의 경제적 요구는 그에 대한 대가로 재난을 야기하지 않고서는 이른 시일 안에 전적으로 충족시킬 수 없는 것들이었으며, 어쨌든 부분적으로 시행 불가능한 것들이었다. 그에 따라 다음과 같은 조급하고 적절치 않은 표현이 나타나는데, 이 표현의 글자 그대로의 내용은 그의 생각이 그렇지 않았음에도 불구하고 그가 민중을 경멸했다고 믿게 할 만한 것이다. "…… 국민공회는 민중을 이용해야 한다……." 그리고 후렴구가 끊임없이 되풀이된다. "민중을 계몽해야 한다." — 또한 필요하다면 민중에게 대항해야 한다. 그러나 그렇다면 어떻게 지속적으로 "민중의 열정을 자극"할 것인가?

바르나브나 브리소와는 달리, 로베스피에르는 권력을 획득하고 나서도 태도나 생각에서 아무것도 달라지지 않았다. 그러나 통치하는 기술은 반대하는 기술과 다르고 더 어렵다. 거듭 충돌을 빚는 여러 결정들 때문에 약화되고 있는 동맹을 지속시켜야 하고, 어쩔 수 없이 타협을 감수하는 상충되는 이해관계들의 합의를 끊임없이 새롭게 강화해야 했다. 그것이 그가 에베르와 당통에 대해 조금씩 계획할 사활을 건 투쟁의 목적이었다. 혁명사 개설서들이 거칠게 암시하는 것처럼, 10만 명—에베르—의 머리를 떨어뜨려야 하는가, 아니면 천 명—로베스피에르—, 아니면 열 명—당통—의 머리를 떨어뜨려야 하는가를 아는 것은 전혀 문제가 되지 않는다. 문제는 산악파의 국민공회와 상퀼로트 사이의 동맹이 해체되지 않아야 한다는 것이다. 즉 상퀼로트에게 산악파를 혁명의 머리로 받아들이게 하고, 국민공회에는 민중을 혁명의 심장으로 받아들이게 한다. 양쪽 모두 상황의 강제력에 복종하게 하고, 둘 다에게 반혁명이라는 각자의 주적(主敵)이자 공동의 적이 존재함을 상기시킨다. 그리하여 이 팽팽한 줄 위에 혁명을 구하는 데 필요한 시간을 붙들어 매두어야 한다는 것이다.

내가 개략적으로 묘사하고자 했던 대로, 공안위원회의 전체 위원들 중에서 어떤 정책을 따라야 할지를 가장 명료하게 보고 있는 것은 로베스피에르이다. 통찰력, 정치적 용기, 인기 면에서 그는 처음부터 의심의 여지 없이 동료들 중 제1인자이다. 그러나 그는 그들 중 하나일 뿐이다. 위원회가 지닌 공동의 권위를 제외하면, 그는 단지 도덕적 권위를 누릴 뿐이며 그것만을 원한다. 그는 위원회의 최고 연장자도, 위원장도 아니다. 그는 동료들을 지명하거나 교체할 권리가 없다. 그리고 그들 중 하인 기질을 가진 사람은 하나도 없다는 것을 결코 잊어서는 안 된다. '혁명력 2년의 대(大)위원회'라는 이름 아래, 쿠통과 비요바렌, 생쥐스트와 로베르 랭데, 생탕드레와 콜로 데르부아, 프리외르 드 라 마른과 바레르, 로베스피에르와 라자르 카르노처럼 뛰어나고, 서로 다르고, 대부분 사귀기 어려운 인물들이 모였다. 아마 이 위원회만큼 개성 강한 인물들의 결집체도 역사상 드물 것이다.

역사가는 그 점을 고려해야 하고, 동시에 거의 1년간 대위원회의 활동이 매우 강한 결속력을 보여주었음을 인정해야 한다. 모든 것은 마치 그들이 기꺼이 공동의 노선에 합의한 것처럼, 또는 이 노선이 그들에게 부과되는 한 합의할 필요조차 없었던 것처럼 진행되었다. 어쨌든 그들은 매우 신속하게 가장 엄격한 집단 지도의 원칙을 따랐다. 따라서 사람들이 흔히 그러는 것처럼, 전체의 노력으로부터 각자의 역할을 분리시키려는 시도는 아무런 소용이 없다. 어떤 위원들은 더 특수하게 한 분야를 담당하지만 결코 혼자는 아니다. 카르노뿐 아니라 로베스피에르와 생쥐스트가 육군을, 랭데뿐 아니라 다른 사람들이 식량을, 생탕드레가 해군을 담당하는 것 등이다.

그러나 정치 전반의 영역에서는, 더 개인적인 목소리를 묵인하더라도, 그들 중 국민공회에서 발언하는 사람은 진정으로 위원회 전체가 도달한 결론을 표현했다. 적어도 위원회가 최종적으로 그 위원들을 확정한 9월 말부터는 그러했다. 따라서 이러저러한 보고나 결정(예를 들어 최고 존재 축제)의 배타적인 영역을 로베스피에르에게, 또는 방토즈 법령(1794년 생쥐스트가 제안하여 통과된 법. 유죄를 선고받은 반혁명 혐의자들의 재산을 몰수하여 빈민들에게 나눠준다는 내용)의 대담함을 생쥐스트에게, 프레리알 법(혁명재판소의 소송 절차를 최소한으로 간소화하여 수많은 사람들을 죽음으로 몰고 간, 공포정치의 발단이 된 법)의 가혹함을 오직 쿠통에게, 테르미도르파가 서둘러 붙여준 '승리의 조직자'라는 영예로운 칭호를 오직 카르노에게 돌릴 문제는 아니다.

역사가 에른스트 아멜(Ernest Hamel)이 진지하게 시도했던 것처럼, 명령서의 하단에 있는 서명들을 샅샅이 조사하여, 로베스피에르가 만약 어떤 체포에 서명하지 않았다면 그것은 그가 진심으로 애석해했기 때문이라고 결론을 내리는 것은 더 이상 타당하지 않다. 결정을 집행하기 위해서는 단 한 명의 서명으로도 충분했고, 위원회의 의사록을 보다 세밀히 검토해보면 서명은 각자 참석하는 대로, 도착 시간이나 출발 시간에 이루어졌음을 알 수 있다. 이 결정적인 해에 로베스피에르의 활동을 평가하기 위해서 그를 위원회의 집단적 지도체제로부터 고립시켜서는 안 되며, 그가 흔히 자신의 생각만큼이나 위원회의 생각을 표현했다는 것을 잊어서는 안 된다.

1793년 8월 초부터 위원회는 그 어느 때보다 중대한 상황에 직면했다. 프랑스 군대는 마인츠에서 철수했다. ─ 그것은 무기나 군기(軍旗)를 내주지 않는 명예로운 항복 조건을 수반한 철수였지만, 적들의 전 병력은 자유롭게 알자스로 집결을 완수할 수 있었다. 북부 전선에서는 발랑시엔이 7월 28일 항복했다. 영국 군과 오스트리아 군은 파리로 진군하기 위해 결집한다. 피레네 지방에서는 스페인 군이 루시용*으로 진격해 들어갔다. 남동부에서는 8월 27일 공화국 군대의 아비뇽 탈환과 드롬 도(道)의 애국파들의 활동으로 마르세유, 님, 리옹 반도들의 합류를 가까스로 막아낸다. 그러나 피에몬테 왕국에 대한 공화국 군대의 공격으로 상황은 더욱 복잡해졌다. 노르망디, 부르고뉴, 그리고 중앙 산악지대의 반란은 거의 평정되었지만, 보르도, 툴루즈, 브르타뉴 지방의 대부분은 여전히 굴복하지 않았다. 그리고 방데는 여전히 패배한 적이 없었다. 방데 군은 앙제로 진군한다.

격앙파는 이러한 상황을 이용하여 선전을 강화했다. 마라가 암살된 후, 자크 루와 르클레르는 그의 후계자로 행세했다. 그들은

루시용(Rousillon) 프랑스와 스페인의 동부 접경 지역.

리옹 공격 1793년 8~10월에 반혁명파의 수중에 들어간 리옹을 진압하기 위해 국민공회가 파견한 군대가 리옹을 포위, 공격하고 있다.

모든 식료품에 대한 최고가격제, 매점자들의 처형뿐만 아니라 모든 반혁명 혐의자들의 체포를 그 어느 때보다 강력하게 요구했다. 그들은 당통의 측근으로 부(富)를 모은 사업가 출신 의원들을 고발하고, 다시 국민공회를 비난하고, 8월 10일 봉기 기념일에 맞추어 대규모 민중봉기를 준비했다.

공안위원회는 실제로 격앙파에 대해 무력했다. 위원회는 코뮌에 의지할 수 있지만, 코뮌은 여러 구(區)들의 문제로 정신이 없고, 국민방위대는 믿을 수 없었다. 공안위원회는 폭동에 좌우되었다. 용감하게도 위원회는 행동을 결심했다. 사람들은 진정으로 상퀼로트를 산악파에 결속시키기를 원했지만, 상퀼로트들을 만족시키면서 동시에 격앙파 지도자들의 정치적 의도를 고발해야 했다. 이미 7월 27일, 국민공회는 곡물에 대한 재고 조사를 명령하고, 그 진행을 감시하는 위임관들을 파견하고, 부정 행위자들을 사형에 처하겠다고 위협하는, 매점에 관한 법을 결의했다. 8월 9일, 바레르는 공안위원회의 이름으로 각 군(郡)마다 '곡식 저장소'를 설치하게 하고 그러한 목적으로 대부를 허용하는 법령을 제안하여 통과시켰다[이 법령은 결코 시행되지 않는다]. 게다가 코뮌에 보조금을 지급하거나 다른 방법을 통해, 위원회는 파리의 식량 공급을 개선했다.

동시에 로베스피에르는 격앙파 지도자들에 대한 투쟁에 착수하지만 정치적 차원으로 한정하고자 노력했다. 8월 5일, 자코뱅 클럽에서 한 격앙파가 당통을 비난하자 로베스피에르는 당통을 변호했다. 7월 26일 당통에 대한 그의 위협에 비추어볼 때, 그가 이번에는 "당통에게 아무리 하찮은 비난이라도 제기할 권리가 있는 사람은 아무도 없다."라고 주장하는 것이 전적으로 진심에서 우러나온 말인지는 의심해볼 수 있다. 그러나 로베스피에르로서는 지롱드파 지도자들 외에, 국민공회 의원들에 대한 위해 행위를 방치할 수 없었을 것이다. 그리고 곧 그는 자크 루와 르클레르의 정치적 목표를 비난했다. 8월 7일, 자코뱅 클럽에서 그들에 대한 새로운 공격이 벌어졌다. 8일, 그는 자크 루와 르클레르가 8월 10일 새로운 학살을 준비하기 위해 마라의 가호(加護)를 내세우지 말 것을 국민공회에 요구한 마라의 미망인의 행동을 고무하고 지지했다.

당통을 칭송하고 마라의 유덕(遺德)을 기려야 할 만큼 로베스피에르는 거의 궁지에 몰렸음에 틀림없다. 그러나 책략은 성공했다. 국민공회는 자크 루와 르클레르의 행동을 조사할 권리를 보안위원회에 부여했다. 그리고 8월 10일 봉기의 대대적인 기념제가 평화롭게 진행되었다. 여전히 충성스럽거나 충성을 되찾은 도(道)들의 수많은 연맹군이 헌법에 대한 민중투표 결과를 장엄하게 선포하는 것을 듣고자 참석했다. 파리가 평화롭다는 것이 중요했다. 또한 반혁명 세력이 파리에서 무력해졌다는 것이 중요했다. 위원회는 반혁명 혐의자 연맹군들을 수색하고 체포하는 데 주저하지 않았고, 로베스피에르는 중도파의 비난으로부터 이러한 조치들을 옹호했다.

격앙파는 궁지에 몰렸다. 자코뱅 클럽과 구 의회의 성원들로부터 1792년만큼 환대를 받은 연맹군은 더 이상 파리를 두려워하지 않고 열성적으로 산악파에 합류했다. 그러나 다른 종류의 위험이 공안위원회의 정책을 위협했다. 그 위험은 아주 간단하게 국민공회의 다수파, 즉 거짓으로 혐의를 벗은 지롱드파, 평원파의 인물들, 그리고 당통파로부터 시작되었다. 7월 10일 공안위원회에서 축출된 후 그 위협의 은밀한 주동자가 되는 것은 바로 당통이었다. 그리고 그는 공안위원회 안에서조차 위원회를 전복하기 위한 공모(共謀)를 기대했다. 일차적으로는 튀리오가 있지만 랭데와 바레르도 마찬가지이다[아마 에로 드 세셸도 그랬겠지만, 역사가들은 이 문제에 대해 전혀 합의에 이르지 못하고 있다].

8월 1일, 당통은 공안위원회를 임시정부로 승격하여 각료들을 대신하게 하고 5천만 리브르의 예산을 공안위원회에 할당할 것을 주장함으로써 은밀한 공세를 시작했다. 로베스피에르는 이 동의안이 사실상 정부 전체를 마비시킬 것임을 입증하여 무위로 돌아가게 만들었다. ─8월 2일, 당통은 8월 10일 기념제를 맞아 모든 반도들에 대한 일반 사면을 제안하여 새로운 공세에 나섰다. 사면은 공안위원회에서는 바레르의 지지를 받고, 국민공회에서는 당통의 친구들에 의해 되풀이되었지만, 로베스피에르와 쿠통의 개입으로 거부되었다. ─ 반대파는 다른 문제에서 더 유리한 대결의 장을 발견한다.

8월 11일, 로베스피에르와 쿠통이 공안위원회에서 마인츠의 항복에 서명한 의원들인 메를랭 드 티옹빌과 뢰벨(두 사람은 당시 마인츠에 파견의원으로 나가 있었다)의 기소를 요구하였으나 튀리오의 영향으로 무위로 돌아갔을 때, 당통의 죽마고우인 들라크루아가 국민공회의 연단에 올랐다. 전날 헌법이 엄숙하게 선포되었으므로 이제 국민공회는 소임을 마쳤다. 따라서 그는 국민공회가 자신의 뒤를 이을 새로운 의회의 소집을 당장 준비할 것을 요구했다. 이론적인 측면에서 이론의 여지가 없는 임기응변으로 시도된 책략은 성공을 거두었다. 들라크루아는 국민공회의 긍정적인 표결을 얻어냈다.

로베스피에르로서는 이러한 급격한 상황 변화를 받아들일 수 없었다. 전체 국경에서 적의 공격을 받았을 뿐 아니라 내전으로 황폐해진 나라에서 총선을 실시하고, 전시의 예외적인 제도들을 평화 시에 맞춘 헌법 시행으로 대체한다는 것은 프랑스를 속수무책으로 내외의 반혁명에 내어주는 것이었다. 로베스피에르는 8월 11일 저녁 자코뱅 클럽에 참석해 감정을 터뜨렸다. 그는 자신이 성패를 건 막판 승부를 하고 있음을 알고 있었다.

나는 마지못해 공안위원회에 들어간 후, 감히 생각지도 못했던 것들을 보았습니다. 한편으로는 때로 헛된 노력에 그치고 말지라도 나라를 구하기 위해 전력을 다하는 애국파 위원들을, 다른 한편으로는 위원회 안에서까지 음모를 꾸미면서도 처벌받지 않고 오히려 대담하게 행동하는 배신자들을 보았습니다……. 나는 오늘 아침 국민공회에서 이루어진 제안을 듣고 읽었습니다. 여러분에게 고백하건대 나는 지금도 그것을 믿기 어렵습니다. 나는 사라질 위원회나 의회의 쓸모 없는 구성원으로 오래 남아 있지 않을 것입니다. 나는 내 나라의 행복을 위해 나 자신을 바칠 것입니다.

내가 예견하는 일이 일어난다면, 나는 위원회에서 탈퇴할 것입니다. 인간의 어떠한 힘도 내가 국민공회에 모든 진실을 말하고, 민중이 처한 위험을 입증하고, 유일하게 그것을 막을 수 있는 조치들을 제안하는 것을 막을 수 없으리라는 것을 선언합니다. 국민공회를 해산하고 입법의회로 대체하자는 오늘 아침의 제안이 채택된다면 그 무엇으로도 공화국을 구할 수 없으리라는 것을 선언합니다. 내가 반대하는 그 제안은 피트와 작스코부르크가 보낸 자들로 국민공회에서 추방되는 의원들의 뒤를 잇게 하려는 것이나 다름없습니다.

메시도르의 비극적인 날들(1794년 메시도르 7~10일 즉 6월 25~28일, 로베스피에르는 카트린 테오 사건과 프레리알 법 등을 두고 공안위원회에서 격렬한 논쟁을 벌여 위원회의 주요 인물들과 결별한다 — 5부 3장 참조)에 이르기까지, 로베스피에르가 아직 동질성을 찾지 못한 공안위원회와 갈라서는 것은 이때가 유일하다. 그가 보인 맹렬함으로 그가 지닌 위신이 진가를 발휘했다. 배신자들, 거의 '피트와 작스코부르크'의 살인청부업자라고 지칭된 공안위원회의 의심스러운 위원들은 항의조차 하지 않았다. 그들의 항의가 성공할 수 있었겠는가? 로베스피에르의 말에 따라 자코뱅은 새로운 연맹군과 함께 만장일치로 완전한 성공을 거둘 때까지 해산하지 말 것을 국민공회에 촉구했다. 들라크루아의 동의안은 곧바로 거부되었다. — 그러나 8월 12일 들라크루아는 마지막 공격을 시도했다. 그는 다시 한 번 부쇼트를 비난하고 공안위원회의 로베스피에르파 위원들인 생탕드레와 프리외르 드 라 마른이 군(軍) 파견의원의 임무를 맡았다는 것을 구실로 그들을 대체할 것을 요구했다. 국민공회는 그를 따르기를 거부하고 위원회의 모든 성원들을 한 달 간 유임시켰다. 이후 국민공회는 의미심장하게도 로베스피에르를 의장으로 선출했다. 자코뱅 클럽은 그보다 며칠 앞서 그를 클럽의 의장으로 선출했다.

그러나 로베스피에르의 승리는 취약했다. 방데 군은 뤼송*에서

뤼송(Luçon) 방데 도의 도시.

격퇴되었지만, 반대로 퀴스틴의 후임자인 킬멘(Charles-Eduard-Saul de Kilmaine, 1751~1799)은 세자르 기지를 내주고 아라스로 퇴각했다. 그는 곧 해임되고 우샤르*로 대체되지만, 파리로의 길이 뚫리고 말았다. 공안위원회는 군사 작전의 전문가로 두 명의 위원, 즉 카르노와 그의 친구이며 군비(軍備)를 담당할 프리외르 드 라 코트도르*를 영입했다. 그리고 영국의 관망이 위원회에 숨돌릴 여유를 주었다. 영국 총리 피트는 요크 공작에게 오스트리아 군과 따로 떨어져 됭케르크(Dunquerque)를 공격하고 그곳에 교두보를 구축할 것을 명령했다. 오스트리아의 장군 코부르크는 혼자 파리로 진격하는 것을 주저했다. 그는 오랜 관례에 따라 계속해서 전선의 요새들을 함락하는 쪽을 선택하고 르 케누아*를 포위 공격하러 갔다.

파리에서는 아직 그 사실을 알지 못했다. 구(區)들과 연맹군의 자극을 받아 국민총동원(대규모 징집)이라는 생각이 억제할 수 없이 확산되었다. 그 웅장한 외형이 군중들의 마음을 움직이지만, 로베스피에르는 처음에 더 많은 군대가 필요한 것이 아니라, 민중들과 더 가깝고, 더 애국적이고, 더 맹렬한 장군들이 필요하다는, 자신이 늘 제기해온 주장으로 국민총동원에 반대했다. 공화주의자들을 모두 전선으로 보내고 나라 안을 반혁명 세력에 넘겨줄 위험을 무엇 때문에 감수한단 말인가? 유일한 문제는 참모부의 위기를 해결하는 것이었다. — 그러나 민중의 압력이 증대하고, 당통은 새로운 전략을 수립하여 그 압력에 가세했다. 공안위원회는 자신들이 찬미하는 상퀼로트와 국민공회의 결속이 자신들에 맞서도록 내버려둘 수는 없었다. 따라서 로베스피에르는 순응했다. 연맹군은 국민총동원을 책임지는 동시에, 단지 자신들이 속한 면(面, canton)에서 미심쩍은 관리들을 확실한 애국파로 대체하는 일을 맡는다. 그리고 그는 혁명력 2년의 장군들과 승리를 예언하면서 자신의 주제를 되풀이했다.

> 결국 우리는 싸워 이기기로 결심했으므로 승리는 확실합니다……. 우리는 배신의 족쇄를 깨뜨리는 데 민중의 재능으로 충분하다고 너무나 쉽게 믿었습니다. 우리는 배신자들에게 너무나 관대했습니다……. 공화국을 구하는 데에는 세 명의 영웅으로 충분합니다. 그들은 병사들 속에 숨어 있습니다. 그들을 찾아내겠다는 의지를 가지십시오. 그러면 진정으로 국민의 신뢰를 받을 자격이 있는 장군들을 발견하게 될 것입니다.

8월 23일 국민공회가 공포한 국민총동원이 부분적으로만 시행될 것임을 로베스피에르는 정확히 알고 있었다. 국민총동원이라는 발상은 열광을 불러일으킬 만한 것이었지만 실제로 실현은 거의 불가능했다. 그리고 어쨌든 그것은 결실을 보기까지 너무나 오랜 시간이 걸릴 일이었다. 아마도 새로운 징집병들이 효과적으로 전

프리외르 드 라 코트도르(Prieur de la Côte-d'Or, 1763~1832) '프리외르 드 라 코트도르'는 별칭이며, 원래 이름은 프리외르뒤베르누아(Claude-Antoine Prieur-Duvernois)이다. 공병 장교 출신으로 입법의회와 국민공회 의원을 지냈다.
르 케누아(Le Quesnoy) 프랑스 북부 노르 도의 도시.
우샤르(Jean Nicolas Houchard, 1738~1793) 1793년 6월 라인 군 사단장에 임명된 후 이어 북부군을 지휘한 장군. 옹드스코트에서 승리하고 므넹(Meinin)을 점령했지만 공안위원회의 명령을 어기로 퇴각을 명령해 궤멸을 자초했다. 파면당한 후 혁명재판소로 소환되어 1793년 11월 15일 처형되었다.

투에 참가할 수 있기 전에 프랑스는 패배하거나 구출될 것이었다. 공화국을 구하는 것은 오슈, 주르당, 피슈그뤼(참으로 매우 일시적인 영웅인), 마르소, 클레베르 같은, 로베스피에르가 요구한 영웅들이었다.

로베스피에르의 인도를 받은 공안위원회는 격앙파의 반대를 억누르고, 당통파의 술책을 좌초시킬 수 있었다. 그것은 위원회가 세 개의 확고한 지원 세력, 즉 코뮌, 자코뱅 클럽, 연맹군이라는 상퀼로트와 진보적 부르주아들이 결속한 세 세력을 보유했기 때문이었다. 8월 말, 로베스피에르가 주장한 *단일 의지*(volonté une)가 혼란 속에서 대두하기 시작할 때, 급격한 변화를 촉발할 균형의 파괴가 나타났다. 코뮌의 지도자들, 특히 자코뱅 클럽을 지휘하던 에베르가 격앙파의 바톤을 이어받은 것이다.

에베르의 이러한 변화의 이유는 단순했다. 육군부의 부쇼트와 뱅상, 클로츠(독일 출신의 망명자이자 지롱드파 변절자) 같은 과도하게 호전적인 몇몇 자코뱅들, 또는 비요바렌과 콜로 데르부아 같은 극단주의자들과 친분이 두터웠던 에베르는 국민공회가 아직도 전쟁을 끝까지 밀어붙일 단호한 의지가 없으며 공안위원회는 그것을 국민공회에 강요하기에는 너무나 유약하다고 생각했다. ─ 에베르 자신은 세련된 품행과 명민한 정신의 부르주아이지만, 동시에 그는 신문 〈페르 뒤셴〉*의 발행인으로서 극히 교양 없고 원색적인 언어, 상퀼로트 독자들이 힘들이지 않고 이해할 수 있는 언어를 구

〈페르 뒤셴〉(Père Duchesne) 뒤셴 신부라는 뜻.

전쟁터의 주르당 구체제 시기의 평민 하사관 출신인 주르당은 혁명을 열렬히 지지했다. 혁명기에 그는 장교에서 사령관으로 승승장구했다. 특히 그가 1794년 6월 26일 플뢰리스에서 거둔 승리는 프랑스가 오스트리아 군 과의 전투에서 우위를 차지하는 결정적 계기가 되었다.

사했다. 아마도 선동적인 저의가 없지 않았을 것이다. 언론인으로서 그는 격앙파 지도자들의 인기를 시샘했다. 게다가 그는 민중의 감정을 간파하는 놀라운 능력을 지니고 있었다. 그는 격앙파의 강령을 되풀이함으로써 그들을 제거할 수 있다면 자신의 독자를 증가시킬 유일한 기회를 얻게 되리라는 것을 감지했다. 그 기회는 여름의 가뭄이 제분기를 정지시키고 기근이 다시 나타나는 때에 찾아왔다.

따라서 에베르는 한편으로는 여러 차례에 걸쳐 상퀼로트 지도자들에 대한 고발, 가택수색, 그리고 체포를 선동했다(그의 이러한 활동에 대해 정치가들은 거의 반대하지 않았다). 결국 자크 루(플뤼비오즈 22일(1794년 2월 10일) 감옥에서 자살한다), 르클레르, 바를레, 클레르 라콩브가 몇 주 만에 힘을 잃는다. — 다른 한편으로 그는 프랑스에서 가장 많이 읽히고 (육군장관 부쇼트의 사무국들이 배포해주는 덕에) 군대에서 가장 널리 읽히는 자신의 신문에서 결사항전, 공포정치를 통한 배신자들과 혐의자들 탄압, 경제적 규제의 강화와 같은 상퀼로트들의 요구를 거침없이 주도했다.

간략하게 말해, 격앙파는 본래부터, 본질적으로 상퀼로트의 당파였다. 그 지도자들은 르클레르처럼 부르주아 출신이거나 자크 루처럼 성직자였지만, 내면으로부터 진정한 민중의 사람이 되었다. 그들은 오직 민중과 함께 존재했다. 사건들의 리듬이 조금 늦추어져 정치적으로 성숙해질 수 있었더라면, 그들은 민중에게 예리한 사고와 강력한 활동을 고무하는 민중적 활력으로 역사를 놀라게 할 수 있었을 것이다.

에베르 자신의 모습을 더 적당하게 되살릴 다른 용어를 발견할 수 없어 '에베르주의'라고 부를 수밖에 없는 용어에서는 민중적 활력에 근거한 사고와 활동을 발견할 수 없다. '에베르주의'는 결코 그 무엇보다도 더 잡다한 하나의 분파 이상을 이루지 못할 것이다. 〈페르 뒤셴〉이 그 요구를 대변하는 활기에 찬 진정한 상퀼로트 이외에 거기에는 클로츠 같은 백만장자들, 프롤리* 같은 은행가들, 당통의 측근들만큼이나 타락한 사업가 출신 의원들과 같은, 에베르가 개인적으로 친한 다양한 인물들이 있었다. 때문에 여기 속한 많은 수의 정치가들을 '에베르파'로 분류해야 할지, '당통파'로 분류해야 할지 말하기 어려울 정도이다. 혁명력 2년의 민중운동에서 에베르는 결코 당파 지도자의 도량을 갖지 못할 것이다. 그러나 그의 신문 〈페르 뒤셴〉은 가장 모호한 인물들도 침투할 수 있는 동맹의 대변지가 된다.

에베르는 격앙파의 강령을 답습하면서도, 그들의 전술을 모방하는 것은 극히 꺼렸다. 격앙파는 헌법을 정면에서 공격하고, 거리에서의 폭력을 찬양했다. 그들은 8월 10일 봉기 기념일에 맞춰 새로운 '9월 학살'을 준비하고 있다고 알려지면서 몰락했다. 에베르는 민중봉기를 조직하지만 당분간은 합법성의 영역에 남아 있고자 애썼다. 그는 당통을 공격하지만, 또한 공안위원회의 독재도 공격했다. 그는 28일, 국민공회에 공공 안녕의 조치들을 요구한다는 구상을 발표했다. 이번에는 자코뱅 클럽, 코뮌, 그리고 연맹군이 그의

프롤리(Pierre Proli 또는 Proly, 1752~1794) 오스트리아 재상 카우니츠(Wenzel von Kaunitz)의 서자로 알려진 인물. 1780년대부터 파리에서 생활했으며 급진적 신문 〈세계주의자(Le Cosmopolite)〉를 발간했다.

제안에 찬사를 보냈다.

 1793년 8월 29일, '에베르파'의 압력은 이미 국민공회 내에서도 반향을 불러일으켰다. 비요바렌은 정부의 태만을 비판하고, 그것을 치유할 감시위원회를 요구했다. 며칠 전에 수립한 극단주의적 전술을 지속하고 있는 당통이 비요바렌을 지지했지만, 정부의 태만함을 치유하려면 감시위원회보다는 차라리 공안위원회에 3명의 새로운 위원들을 합류시키는 일이 필요하다고 제안했다. 로베스피에르는 다시 적대적으로 변한 의회의 분위기를 무릅쓰고 비요바렌에게 반대했다. "공안위원회의 활동을 돕는 척하면서 다른 한편으로는 그것을 마비시키려 하는 표리부동한 인물이 존재한다는 사실을 나는 이미 오래전에 깨달았습니다." 결국 당통에 의해 수정된 비요바렌의 제안은 공안위원회에 회부되었고, 거부되었다.

 이튿날인 8월 30일, 에베르는 다시 청원서를 거론했다. 당통은 그보다 더 큰소리로 고함치기 시작했다. 그가 세 번째 혁명을 일으켜야 한다고 주장할 때에는 회의장이 쩌렁쩌렁 울릴 지경이었다. 루아이예는 "공포정치를 의사일정에 올릴 것"을 요구했다. 공안위원회가 더 이상 코뮌에도, 자코뱅 클럽에도 의지할 수 없다는 사실은 분명했다. 로베스피에르는 위험을 벗어나기 위해 희생을 감수했다. "민중은 복수를 요구합니다. 복수는 정당하고 법은 그것을 거부해서는 안 됩니다." 사실상 이때의 '에베르파' 강령은, 로베스피에르가 보기엔 몇몇 조항들이 시기상조이고 비효율적이거나 위험한 것이라고 판단되기는 하지만, 전체적으로 그가 근본적으로 반대해야 하는 내용은 포함되어 있지 않다. 그의 바람은 공안위원회에 침투한 반대자들 때문에 위원회가 마비되는 일을 막는 것이

비요바렌 법률가 출신의 혁명가. 공포정치 시기의 공안위원회 위원으로서 누구보다 활동적이고 정력적으로 일했다. 로베스피에르를 압박해 당통을 단두대로 보내는 데 일조한다.

었다. 그리고 특히 민중봉기의 폭력을 막는 것인데, 그 봉기는 국민공회에 강제력을 행사함으로써 국민공회의 중도파를 격분시키고 그들을 완강한 반대 진영으로 몰아넣을 위험이 있었다.

그러나 이 봉기는 일어날 것이고, 군사적 상황의 악화가 그것을 폭발시킬 것이다. 오스트리아의 코부르크는 르 케누아를 포위 공격했다. 영국의 요크는 됭케르크를 공격했다. 공화국 군대는 리옹을 느슨하게 포위하고 포격했지만 아무 효과도 거두지 못했다. 위기였다. 8월 28일, 왕당파 부르주아들과 배신자 제독들의 요청을 받은 영국 군이 전투 한 번 없이 툴롱*에 입성해 프랑스에서 가장 좋은 항구의 하나, 가장 훌륭한 함대 하나의 주인이 되었다. 공식적인 툴롱 함락 소식은 9월 4일 아침 파리에 도착했다.

곧 자물쇠공들, 건축 직인들이 모여들고 그들은 민중을 이끌고

툴롱(Toulon) 지중해 연안의 항구 도시.

시청으로 갔다. 파리 코뮌 검사인 쇼메트는 코뮌의 이름으로 국민 공회에 경고했다. 의장인 로베스피에르는 모든 1차 생필품에 대한 전반적인 최고가격제에 매우 가까운 법의 심의를 결정했음을 그에게 알렸다. 쇼메트가 이 소식을 알렸을 때 군중은 약속을 믿을 태세가 아니었다. 쇼메트는 그들에게 합세했고, 에베르는 모든 상퀼로트에게 이튿날 국민공회로 갈 것을 촉구했다. 그날 저녁, 로베스피에르는 자코뱅 클럽에서 정숙을 요구하지만 효과가 없었다. 로베스피에르는 루아이예가 비난한 바레르를 옹호하기까지 했다. 그러나 자코뱅은 더 이상 그에게 귀기울이지 않았고, 그는 입을 다물었다.

그는 이제 되돌릴 수 없는 폭력을 피하기 위해 모든 노력을 기울였다. 아무런 병력도 없고, 과도하게 흥분한 공론으로부터 지지도 얻지 못한 그는 양보할 수밖에 없었다. 이제 그는 기껏해야 국민공회에 신속하게 부과될 결정들, 그리고 바람직하지는 않지만 그렇다고 파국적인 것은 아닌 결정들을 이용하고자 노력할 수밖에 없었다.

이튿날인 9월 5일은 로베스피에르가 의장을 맡은 마지막 날이었다. 그는 파리 시장 파슈와 쇼메트가 이끄는 시위자들을 맞이하면서 훌륭한 시민들에게 국민공회를 중심으로 결집할 것을 촉구하고, 회의를 정상적인 외형으로 유지하는 데 성공했다. 그 회의에서 비요바렌과 당통은 '에베르파'가 청원서에서 요구한 조치들, 즉 혁명재판소의 재조직, 혐의자 체포, 특별재판소를 포함하는 국내 혁명군대의 창설, 혁명위원회의 정화와 그 구성원들에 대한 보상, 식량에 관한 조치들을 신속히 공포하게 하기 위해 열정적으로 경쟁했다. 격앙파 강령의 본질적인 내용은 민중의 압력 아래 의회와 공안위원회의 동의를 얻었다. 이로써 법률적 공포정치가 출현하게 되었다. 그리고 공포정치는 1792년 9월로의 복귀(8월 10일 봉기 후, 9월 초에 벌어진 민중들에 의한 반혁명 혐의자 학살을 가리킴)를 피하도록 해주었다. 그리고 그것은 군사적 필요보다는 사회 정책의 도구로 더 중요하게 부과되었다(군사적 승리를 위해서라기보다는 상퀼로트 격앙파가 요구하는 정책을 시행하기 위한 수단으로 공포정치를 채택했다는 뜻이다).

공안위원회는 위원회가 9월 5일 봉기의 결과들을 충실하게 수용했음을 입증하고자 했다. 6일, 공안위원회는 비요바렌, 콜로 데르부아, 그리고 그라네(François Granet, 1758~1821)를 받아들여 위원회를 보강할 것을 국민공회에 요구했다. 당통은 다시 공안위원회를 비판했다. 그에 대해 그의 친구들은 당통도 위원회에 합류할 것을 제안했다. 당통은 애쓴 목적을 달성한 듯 보였다. 그러나 그는 회피했다[그라네와 마찬가지로]. 비요바렌과 콜로 데르부아만이 위원회에 들어갔다. 그들의 위원회 진입은 위원회를 모험과 극단으로 이끌 수도 있었을 것이다. 그러나 그런 일은 결코 없었다. 특히 정력적이고, 활동적이며 논리적인 비요바렌은 곧 정부와의 결속의 필요성을 이해했다. 두 사람은 동료들이 상퀼로트들과 더 직접적으로 접촉할 수 있게 해주었다.

당통의 회피는 설명할 수 있다. 가장 쩌렁쩌렁한 목소리로 가장 단호한 조치들을 요구한 후, 그는 그것의 시행을 제안받았다. 그러나 정확히 당통은 타협과 협상이라는 자신의 정책을 멋대로 되풀이할 수 있는 곳에서만 편안함을 느꼈을 것이다. 융통성 없는 로베스피에르 눈앞에서라면 그는 반대로 정력적인 활동에 충실하게 협력해야 했을 것이다. 이러한 책임은 위험한 일이었고, 그는 밑바닥까지 투신하는 것을 좋아하지 않았다. 또 이러한 책임은 그 책임의 당사자를 녹초로 만드는 것일 테고, 그는 그렇게 되는 것을 원하지 않았다. 공안위원회와의 협력을 거부하면서 그는 상황에 의해, 점점 더 의회 내 반대파의 지도자로 자리잡게 될 것이다.

그러나 당통은 이미 결정되어 자신으로서는 선택하는 일만 남은 활동을 정면에서 곧바로 비판할 수는 없었다. 게다가 상퀼로트들은 일시적으로 만족했다. 따라서 20여 일간의 소강상태가 이어졌고, 공안위원회는 그것을 이용했다. 9월 7일, 공안위원회는 외국인 은행가들의 체포를 제안하여 통과시켰다. 9일, 공안위원회는 혁명군대를 조직하는 법령을 제출했다. 11일, 위원회는 곡물의 공정가격제〔5월 4일의 *최고가격제*〕를 재조직하고 그것을 나라 전체에 단일하게 부과했다. 13일에는 3단계의 무상 의무교육을 확립하는 법령을 통과시켰다. 17일에는 다양한 범주의 혐의자들을 폭넓게 정의하는 법을 지지했다〔이 융통성에 의해, 혁명위원회들은 실제로 절대적인 힘을 얻게 되었다. 혁명재판소가 재조직된 후, 실제로 공포정치를 여는 것은 이 조치이다〕. 21일, 공안위원회는 식료품 수입을 사실상 불가능하게 하는 항해법을 제안하여 통과시켰다. 결국 22일, 1차 생필품과 급료에 대한 전반적인 최고가격제를 확립하는 법령에 대한 토의를 시작하여 9월 29일 법령이 통과되었다. 이 법령은 9월 5일 국민공회가 동의한 조치들의 법적인 시행을 가능하게 해주었다.

의회 연단에서 연설하는 당통 1793년 7월 공안위원회에서 축출당한 뒤, 당통은 점점 더 로베스피에르파와 반대 방향으로 나아갔다. 관용파의 일원으로 공포정치를 강력히 비판하다가 결국 혁명재판소에 기소된 당통은 1794년 4월 5일 단두대에서 죽음을 맞았다.

그러나 국민공회가 국내에서 성취한 놀랄 만한 과업, 로베스피에르가 정확히 말하기 어려운 방식으로 참여한 과업이 군사적 상황을 망각하게 할 수는 없었다. 구(區)들에서 조직된 상퀼로트들의 봉기로 보르도를 다시 탈환했지만, 리옹은 여전히 버티고 있고, 방데 군은 코롱과 토르푸에서 공화국 군대를 차례로 격퇴했다. 9월 8일, 우샤르는 사흘간의 전투 끝에 옹드스코트*에서 영국-하노버 군을 무찌르고, 요크는 됭케르크에 대한 포위 공격을 풀었다. 제마프 이후 프랑스 군이 북부에서 거둔 첫 번째 승리였다. 그러나 우샤르는 적을 추격하는 것을 소홀히 하고, 단지 르 케누아 시(市)가 코부르크에게 항복하는 것을 막으려고만 했다. 그러고는 다시 퇴각하여 코부르크가 모뵈주를 포위하도록 방치했다.

그에 대한 조치로 공안위원회는 너무 유약하다고 판단된 몇몇 파견의원들을 소환했다. 위원회는 9월 20일, 우샤르를 해임하고 그를 혁명재판소로 소환하기로 결정했다. 같은 날 튀리오는 이 조치에 항의하기 위해 사임했고, 이는 공안위원회의 결속력을 강화시켰다. 그러나 당통, 들라크루아, 튀리오를 중심으로 반대파가 집결하고, 반대파는 두 달 전부터 소환된 모든 파견의원들, 즉 메를랭 드 티옹빌, 뒤엠*, 부르동 드 루아즈*, 구필로 드 퐁트네*, 브리에 등의 합류로 강화되었다. ─ 새로운 핵심 집단이 거기에 합류했다. 9월 13일, 공안위원회는 금융가들과 높은 지위에 있는 혐의자들에게 너무나 관대하다고 판단되는 보안위원회를 쇄신할 뿐 아니라, 나아가 새로운 위원들의 목록을 대위원회가 제출한다는 약속을 국민공회로부터 얻어냈다. 그에 따라 전 보안위원들인 샤보, 바지르, 오슬랭(Charles Osselin, 1752~1794), 쥘리앵 드 툴루즈* 등이 불만을 나타냈다.

  1793년 9월 25일 반대파가 공격을 개시한 것은 바로 이러한 상황에서이다. 튀리오가 작성한 규탄 문서는 공안위원회가 시행하고 있는 통제경제, 상퀼로트들이 명사들의 자리를 대체한 것, 그리고 군사적 조치들을 비난했다. 국민공회의 다수파가 그를 따랐고, 발랑시엔이 항복할 때 그 자리에 있었던 브리에를 공안위원회에 합류시키기로 결정한다. 바레르, 비요바렌, 생탕드레, 프리외르 드 라 마른이 공안위원회를 옹호했지만 큰 반응은 얻지 못했다. 그때 로베스피에르가 개입했다. 그는 "내가 존경하고 높이 평가하는 나의 동료들[그리고 내가 이러한 감정에 헤프지 않다는 것을 여러분은 알 것입니다]"에 대한 연대감을 확인하는 것으로 시작했다. 이

옹드스코트(Hondschoote) 프랑스 북부 노르 도의 도시.
뒤엠(Pierre-Joseph Duhem, 1758~1807) 릴(Lille)의 의사 출신으로 로베스피에르와의 불화로 1793년 12월 자코뱅 클럽에서 추방되었다. 테르미도르 쿠데타 이후에는 좌파적 입장을 고수하여 바디에와 아마르를 변호했다.
부르동 드 루아즈(Bourdon de l'Oise, 1758~1798) 파리 고등법원 변호사 출신으로 테르미도르 쿠데타에 참여했다. 이후 500인 의회에서 왕당파로 지목되어 프뤽티도르 쿠데타(1797년 9월 4일) 직후 유형을 선고받았다. 프뤽티도르 쿠데타란 총재정부 기간 동안 입법부와 기타 요직에서 극단적 보수주의자들을 숙청한 사건이다.
구필로 드 퐁트네(Goupilleau de Fontenay, 1753~1823) 국민의회와 국민공회 의원으로 1793년과 1794년에는 대부분 파견의원으로서 서부에서 활동했고 총재정부 시기에 500인 의회 의원으로 선출되었다.
쥘리앵 드 툴루즈(Jean Julien, 1750~1828) '쥘리앵 드 툴루즈'는 그의 별칭이다. 툴루즈의 개신교 목사 출신의 국민공회 의원. 동인도회사 사건으로 체포법령이 통과되었으나, 피신해 목숨을 건졌다.

어 그는 사람들이 공안위원회와 함께 마비시키려 하는 것은 국민공회임을 상기시켰다. 다음이 그 유명한 구절이다.

사람들은 우리가 아무것도 하지 않는다고 비난합니다. 그러나 도대체 그들이 우리의 처지에 대해 생각해본 적이 있습니까? 우리는 11개의 군대를 통솔해야 하고, 유럽 전체의 무게를 감당해야 하고, 도처에 있는 배신자들의 가면을 벗겨내야 하고, 외국 열강들의 황금에 매수된 밀사들의 활동을 좌초시켜야 하고, 불성실한 관리들을 감시하고 소추해야 하며, 가장 현명한 조치들의 시행을 가로막는 장애물과 족쇄들을 제거해야 합니다. 또한 모든 독재자들과 싸워야 하고, 이전에는 재산을 통해 그리고 여전히 간계를 써서 거의 모든 강력한 특권적 지위를 보존하고 있는 모든 음모가들에게 위압감을 주어야 합니다. 이것이 우리의 임무입니다. 여러분은 행동의 통일 없이, 활동의 비밀을 유지하지 않으면서, 국민공회 내에서 지지를 얻을 수 있다는 확신 없이, 정부가 그 많은 장애물들과 적들에게 승리를 거둘 수 있으리라고 생각합니까? ……
사람들은 끊임없이 귀족들을 맹렬히 비난합니다. 사람들은 귀족들의 권리를 박탈해야 한다고 말합니다. 그러면서도 사람들은, 기이하리만큼 모순되게도, 우리가 이 거대한 혁명을 수행하고 있는데도…… 우리가 모든 것을 파괴하고 있다고 비난합니다. 사람들은 우리에게 오직 진정한 상퀼로트들만이 군대를 지휘하는 것을 보고 싶다고 말했습니다. 그래서 우리는 새로운 위업으로 국민의 인정을 받은 사람들을 선택했습니다〔전날 북부 군대의 사령관에 지명된 주르당에 대한 찬사가 이어진다〕……. 그런데 사람들은 우리를 비난합니다! ……
우리가 완벽에 도달했다고 자랑할 수 없음을 나는 잘 알고 있습니다.

그러나 적들에게 둘러싸인 공화국을 지지하고, 자유를 위해 이성을 무장하고, 편견을 파괴하고, 공익에 대항하는 사적인 노력들을 소멸시켜야 하는 이때, 우리에게는 도덕적이고 육체적인 힘이 필요합니다. 아마도 자연은 우리를 비난하고 우리와 싸우는 사람들에게 이러한 힘을 주지 않았을 것입니다. ㅡ 공안위원회는 왕들과 사기꾼들을 증오할 권리가 있습니다. 만일 여러분이 위원회가 공익에 바친 헌신에도 불구하고 위원회의 열정을 믿을 수 없다면, 이 기구를 파괴하십시오. 그러나 그 전에 여러분이 놓인 처지를 살펴보십시오.

나는 정부가 무한한 신뢰를 얻지 못한다면, 그리고 정부가 그럴 자격이 있는 사람들로 이루어지지 않는다면, 조국은 패배한다고 생각합니다. 나는 공안위원회를 쇄신할 것을 요구합니다.

로베스피에르의 결론은 집단 사임이었다. 의회는 만장일치로 그 제안에 반대했다. 의회는 궁지에 몰린 동시에 매료되어 굴복했다. 그러나 의회는 브리에의 지명을 철회하지 않았다. 그러자 로베스피에르는 두 번째로, 더 거침없이 어느 때보다 더 코르네유풍으로 공격했다.

조국을 구하기 위해서는 강한 기개와 고결한 덕이 필요합니다. 강력한 조치들을 제안할 용기가 있고, 개인들의 자부심을 감히 공격할 수 있는 사람들이 필요합니다……. 그렇습니다! 여러분에게 선언하건대, 적이 발랑시엔에 처들어 왔을 때, 그곳에 있었던 자는 공안위원회의 위원이 될 자격이 없습니다. 그 사람은 다음 질문에 결코 답하지 못할 것입니다. 당신은 죽었는가? 내가 그때 발랑시엔에 있었다면, 나는 결코 포위 공격에 대해 여러분에게 보고하는 처지에 있지 않을 것입니다. 나는 수치스러운 항복보다 명예로운 죽음을 선택한 용감한 병사들과 운명을 같이 했을 것입니다. 그리고 공화주의자로서 단호함을 유지해야 하는 나는, 여러분에게 선언하건대, 그런 인물이 속해 있는 위원회에 결코 들어가지 않을 것입니다.

나의 제안이 가혹해 보일 것입니다. 그러나 애국파에게 훨씬 더 가혹한 것은 2년 전부터 10만 명의 사람들이 배신과 유약함으로 학살되었다는 것입니다. 우리를 파멸시키는 것은 배신자들에 대한 관대함입니다. 사람들은 가장 큰 범죄자들, 적의 칼 앞에 조국을 내어준 사람들을 동정합니다. 나는 오직 불행한 미덕만을 동정할 수 있을 뿐입니다. 나는 오직 압제당하는 무고함만을 동정할 수 있을 뿐입니다. 나는 오직 그토록 악랄하게 학살당한 관대한 민중의 운명만을 동정할 수 있을 뿐입니다.

로베스피에르는 이번에는 사임하겠다고 위협하지 않았다. 두 번째 즉흥연설[그가 결코 즉흥연설을 한 적이 없고, 지나치게 공들인 그의 능변은 온기가 없다고 주장한 얼빠진 사람은 도대체 누구인가?]을 끝내면서 그는 요구했다. "국민공회는 공안위원회를 전적으로 신뢰한다고 선언해야 합니다."—그는 시합에서 승리했다. 다음과 같이 외친 것은 바지르였다. "이 비참한 토론에서 고통을 느끼지 않는 사람은 시민적 덕성이 없는 자이다. 로베스피에르가 산악파 앞에서 자신을 옹호해야 한다면, 도대체 우리는 어떤 지경에 처해 있는 것인가?" 그리고 그는 의회의 신임 투표를 주도하고, 열정이 폭발하는 가운데 투표는 만장일치로 통과된다.

브리에는 공안위원회에 들어오지 못했다. 뒤이은 해임들은 소용돌이를 일으키지 못했다. 피슈그뤼(32살)의 라인 군대 지명, 오슈(25살)의 모젤 군대 지명은 주르당의 북부 군대 지명보다 더 평온하게 통과되었다. 보안위원회는 바디에*, 아마르*, 르바, 루이 다비드, 륄*, 르봉 등 성실한 산악파로 구성되었다. 이제 공안위원회는 다른 위원회에 대해 주도권을 행사하고 사람들은 더 이상 공안위원회가 의원들을 소환하는 권리에 이의를 제기하지 않을 것이다.
　혁명력 2년의 출발점에서 프랑스는 결국 혁명 초부터 크게 결여하고 있던 것을 갖게 되었다. 그것은 안정적이고, 정력적이고, 인기 있는 정부였다.

....
바디에(Marc-Guillaume-Albert Vadier, 1736~1828)　삼부회 대표, 국민공회 의원. 급진 좌파적 시각에서 로베스피에르에 반대하여 테르미도르 쿠데타에 참여했으나 곧 우파의 공격을 받았다. 1795년 제르미날 12일(4월 1일)의 민중봉기가 실패한 후 체포되어 유형을 선고받았지만 도주했다가 1796년에는 바뵈프의 '평등주의자들의 음모'에 연루되어 체포되었다.
아마르(Jean-Baptiste-André Amar, 1755~1816)　보안위원회에서 바디에와 함께 당통파, 에베르파에 대한 투쟁을 주도했다. 테르미도르 쿠데타를 지지했으나 곧 '공포정치가'로 고발되었다. 제르미날 12일 민중봉기 후 체포되었다가 풀려난 후 1796년 바뵈프의 공범으로 다시 체포되었다.
륄(Philippe Rühl, 1737~1795)　개신교 교회 목사 출신의 입법의회·국민공회 의원. 동부전선에서 파견의원으로 활동하였으며, 공안위원회에 참여하기도 했다. 테르미도르 쿠데타 후 정계에서 은퇴했으나 1795년 5월 민중봉기에 연루되어 사형을 선고받고 단두대를 향하던 중 자살했다.

2장_승리의 여신

1793년

10월 9일	반란 도시 리옹이 공화국의 혁명군에 항복하다.
10월 5일	국민공회, 혁명력을 채택하다. 1792년 9월 22일이 공화국 제1년 제1일.
10월 10일	국민공회, 생쥐스트의 제안에 따라 "프랑스 임시 정부는 평화가 도래할 때까지 혁명적이다."라고 선언하고 공안위원회에 전시(戰時)의 비상 조치권을 부여하다. 이로써 공포정치의 체제가 완성되었다.
10월 15~16일	와티니 전투에서 프랑스 군대가 오스트리아 군을 격파.
11월 15일	동인도회사 사건이 일어나다.
12월~	산악파 내에서 당통파와 에베르파의 투쟁이 시작되다.
12월 4일	프리메르 법('혁명정부에 관한 법령') 성립. 이로써 공안위원회가 경제적·군사적인 측면에서 실권을 장악한다.
12월 15~19일	프랑스 군, 툴롱의 반혁명 세력 공격. 포병 중위 나폴레옹 보나파르트 참가.

로베스피에르가 국민공회로 하여금 그 책임을 직시하게 하고, 일체감을 갖게 된 공안위원회〔위원회는 얼마 후, 비밀 결의들의 유출에 대해 책임이 있는 것으로 의심받던 에로 드 세셸을 파견을 구실 삼아 쫓아냄으로써 훨씬 더 일체감을 갖게 될 것이다〕를 위해 사실상 전권을 얻어낸 것은 1793년 9월 25일이었다.—10월 23일(브뤼메르 2일), 공안위원회는 상황에 근거하여 승리의 선언문을 군대들에 전달할 수 있었다. 3개월간의 노력, 최근 몇 주의 조치들은 결국 결정적인 군사 회복이라는 결실을 맺었다.

10월 9일, 리옹은 마침내 뒤부아크랑세를 대신하여 정력적인 쿠통이 이끄는 공화국 군대에 항복했다. 10월 17일, 클레베르와 마르소는 마침내 숄레에서 방데 군에게 결정적인 패배를 안겨주었다. 그 패배에서 방데 군 지휘관인 봉샹(Charles M. A., marquis de Bonchamps, 1760~1793), 레스퀴르, 그리고 델베가 죽거나 치명상을 입었다. 9월 말에는 스페인 군을 루시용과 바스크 지방에서 격퇴함과 동시에 모리엔과 아르브 계곡을 피에몬테 군으로부터 재탈환했다. 특히 10월 16일 카르노와 주르당은 48시간의 전투 끝에 와티니*에서 승리하여 코부르크가 모뵈주의 포위 공격을 포기하고 상브르(Sambre) 강 좌안으로 퇴각하게 만들었다.

그러나 지평선 위에는 그림자 이상의 것, 중대한 위험이 남아 있었다. 영국 군은 포위된 툴롱 안에서 버티고 있었다. 라 로슈자클랭*에 의해 재집결한 방데 군은 루아르 강을 건너 대담하게 그랑빌을 기습했다. 특히 부름제*의 오스트리아 군은 란다우를 포위했고 비상부르(Wissembourg) 전선을 돌파해 알자스 북쪽으로 몰려왔다. 공안위원회는 오슈를 북부 군대 지휘관으로 지명하고 생쥐스트와 르바를 긴급히 알자스에 파견하는 것으로 대응했다. 두 사람은 군사적으로나 정치적으로 필요한 모든 조치들을 정력적으로 시행했고, 스트라스부르를 구함으로써 적의 진군을 막았다.

대프랑스 동맹군은 새로운 공격을 시도할 수단과 의지를 지니고 있으므로 위험은 여전히 남아 있다. 그러나 반격이 이루어졌다. 1814년까지 프랑스 국경은 결코 다시는 침입을 당하지 않을 것이다. 그리고 (마라를 살해한) 샤를로트 코르데 같은 인물이 브뤼메르 1일경(10월 22일) 로베스피에르를 살해했다 해도, 리옹에서 쿠통이, 모뵈주를 앞에 두고 카르노가, 스트라스부르를 앞에 두고 생쥐스트가 얻은 군사적 영광을 전적으로 인정한다 해도, 그 누구도 프랑스를 적으로부터 방어한 주요한 공을 두고 로베스피에르와 경쟁하려 하지 않았을 것이다. ─ 국민공회에서의 긴 연설이 때로 풍부한 인용을 요구하는 반면, 이 모든 것들(프랑스 방어에서 로베스피에르가 수행한 독보적 역할)은 몇 줄로 요약되고 그에 따라 로베스피에

와티니(Wattignies) 1793년 10월 16일 프랑스 군이 48시간의 전투 끝에 프로이센 군에게 승리를 거둔 프랑스 북부의 도시.
라 로슈자클랭(Henri de La Rochejaquelein, 1772~1794) 1793년 10월 방데 군의 사령관으로 활약했으나 이듬해 공화국 군대와의 전투에서 사망하였다.
부름제(Dagoberte S. Wurmser, 1724~1797) 오스트리아의 장군.

방데 반란군을 이끈 젊은 귀족 앙리 드 라 로슈자클랭. 그는 낭트 외곽에서 벌어진 전투에서 전사하였다.

르에 대한 모든 연구에서는 불가피하게 불균형이 나타난다. 독자는 늘 그 점을 고려해야 한다. 그러나 그러한 것들이 당대에 가장 중요한 위치를 차지했고 로베스피에르의 관심사였다는 것은 국민공회와 자코뱅 클럽에서 그의 세부적인 여러 발언들과 그의 수첩을 뒤덮고 있는 기록과 메모로 입증된다.

군사적 조치들과 나란히 국내에서 탄압이 나타났다. 혁명재판소가 효율적으로 기능하기 시작한 것이다. 10월 3일, 아마르는 결국 보안위원회의 이름으로 지롱드파에 대한 보고서를 국민공회에 제출했다. 그는 주모자들[6월 봉기의 표적이 된 사람들과 이후 연방주의 반란을 주도한 사람들]뿐 아니라 '73인', 즉 6월 2일 봉기에 항의한, 덜 알려진 의원들에 대한 기소로 결론을 내렸다. 로베스피에르가 — 그리고 그가 유일하게 — 개입했다. "국민공회는 죄인들을 늘리려 해서는 안 됩니다. 국민공회가 관심을 집중해야 하는 대상은 그 당파의 지도자들입니다." 그리고 그는 '길 잃은 자들', 서명이 도용된 사람 등을 변호했다. 그는 73인에 대해 단지 의원직을 박탈하고 체포한다는 결정을 얻어냈다. 다음 몇 달 동안 '에베르파'는 여러 차례 73인의 목을 요구했다. 로베스피에르는 계속 거기에 반대했다. 지롱드파 73인은 테르미도르 9일까지 지나치게 불편하지는 않은 투옥 상태에 놓여 있었다. 그들은 그 뒤에 그들의 보호자를 피에 굶주린 괴물이라고 비난했다.

반대로 10월 29일(브뤼메르 8일), 지롱드파 지도자들의 재판이 지지부진하게 지속되면서 도리어 그들에게 공개적으로 산악파, 민중, 그리고 파리를 격렬하게 비난할 기회가 주어졌다. 이에 로베스피에르는 최소한 3일간의 토론 후 혁명재판소 배심원들의 뜻에 따라 논쟁을 종결할 수 있는 절차를 공포할 것을 국민공회에 요구했다. 바로 그날 저녁, 지롱드파 지도자들은 사형을 선고받고 브뤼메르 10일에 처형되었다.

이 두 가지 예는 로베스피에르가 혁명 재판의 기능에 대해 어떻게 생각했는지를 명료하게 보여준다. 그는 1793년 4월에, 처음으로 마리 앙투아네트를 재판해야 한다고 주장한 사람이었지만, 루이 16세의 누이 엘리자베트의 죄는 분명하지 않다는 이유로 그의 재판을 피해보고자 노력했지만 허사로 돌아갔다. 필리프 에갈리테, 롤랑 부인, 바이이, 바르나브, 뤼크네르, 징세 청부업자들[라부아지에를 포함하여]의 재판 같은 대부분의 다른 중요한 재판에 대해 그는 절대 개입하지 않았지만, 틀림없이 그는 동의했다. 그리고 그는 개인적으로, 지방의 감시위원회들이 임무를 수행하는 데 지나치게 많은 형식에 구애받지 않도록 하기 위해 노력했다. 브뤼메르 3일(10월 24일), 이 위원회들이 조서를 제출하고 수행한 체포의 동기를 명시할 의무가 있다는 데 반대한 것도 로베스피에르였다. 체포가 합당한지를 평가하는 것은 오직 혁명재판소의 몫이 되었다.

6주 동안, 국민공회는 완벽한 평온 상태에 있었다. 73인의 체포는 반대파의 오른쪽 날개를 꺾어놓았다. 당통은 10월 초, 모든 활동을 일시적으로 중단하고, 고향인 아르시쉬르오브에서 휴식을 갖기 위해 휴가를 요청했다. 공안위원회는 헌법의 시행 날짜를 결정할 때가 왔다고 판단했다. 10월 10일의 보고서에서 혁명의 완전한 승리를 이룰 때까지 헌법의 연기를 요청할 책임을 맡은 것은 생쥐스트였다. 생쥐스트가 밝힌 원칙은 로베스피에르와 동일했다. "공화국은 오직 주권자[민중]의 의지가 소수의 군주파를 제압하고 정복의 법으로 그들을 지배할 때에만 수립될 수 있습니다……. 정의에 의해 통치될 수 없는 사람들은 칼로 통치해야 합니다. 독재자들을 짓밟아야 합니다." 체념한 국민공회는 "프랑스의 임시 정부는 평화가 올 때까지 혁명적이다."라고 공포한다.

이미 9월부터 공안위원회는 민중협회들과 감시위원회들에 의지하고 있었다. 공안위원회가 점차 국가 전체의 경제 생활에 통제권을 행사하고, 전반적인 최고가격제의 험난한 시행을 감시할 수 있것은 그들의 덕이었다. 파리에서는 코뮌이 빵의 배급권(券)을 작성한다. 10월 22일, 공안위원회는 국민공회로 하여금 식량위원회[곧 로베르 랭데가 위원장이 된다]를 수립하게 하고, 식량위원회는 생산, 교역, 그리고 수송을 자신의 지침 아래 통합했다.

공안위원회의 정책이 제기하는 복잡한 경제적 문제들, 대재산가들에게서 직면하는 저항, 공공연하게 드러날 수 없기 때문에 더욱 집요한 이 저항들은 정부의 통제경제가 지속적으로 강화되는 원인이 되었다. 공안위원회가 이 통제경제에 동의하게 된 것은 전쟁의 필요 때문이었다. 이제 경제적 이유는 권력과 탄압의 강화를 요구하는 데에서 군사적·정치적 이유들만큼이나 중요한 요인이 되었다. 왜 군사적 승리가 공포정치를 완화시킬 수 없었는지를 이해하려면 이것을 잊어서는 안 된다. 그러지 않으면 우리는 다시 피에 굶주린 통치자들의 사디즘, 또는 자신들의 독재를 강화하는 데 도취한 정치가들의 절제되지 않은 야심과 같은 불합리한 설명에 빠지고 말 것이다.

막강한 권한을 부여받은 공안위원회는 1791년 헌법(실제로 여러 영역에서 여전히 유효한)에 의해 극단적으로 지방분권화된 나라를 대면하고 있었다. 따라서 공안위원회는 자신들의 결정을 시행하기 위해 이번에는 위원회가 여러 도들에 파견하는 의원들에게 가장 광범위한 권한을 부여해야 했다. 그러지 않으면 그 의원들은 지방 정부의 나태나 악의(惡意) 앞에서 무력할 수밖에 없을 것이다. 파견의원들이 과감하지 못한 곳에서 공안위원회의 정책은 사문서로 남게 되었다. 정력적이고 흔히 모험적인 위원들에 대해 처음에 공안위원회는 만족한다. 그러나 공안위원회는 곧 그로부터 수많은 위험이 나타날 것임을 깨달았다.

파견의원들은 가혹한 정책을 시행하면서 때로 지방의 혁명군대를 조직하고, 부자들에게 중과세하고 그들의 식량을 몰수하여 가난한 사람들에게 무상으로 나눠주었다. 공안위원회는 처음에는 그들의 활동을 치하하고 지지했다. 그러나 공안위원회는 곧 여기저기서 저질러지는 권력 남용과 수탈에 대해 걱정하게 되었다. 파견의원들에게 전권을 위임한 위원회는 이들이 다시, 대부분 통제할 수 없고 때로는 의심스러운 지방의 선동가들에게 전폭적인 권한을 위임하는 것을 걱정스런 눈으로 바라볼 수밖에 없었다.

또한 다른 한편으로, 의원들의 활동은 다시 종교 문제를 첨예하게 제기했다. 비선서파 사제들이 유형을 가거나 망명한 이후, 사람들은 종교 문제를 해결했다고 믿었을 것이다. 그러나 프랑스 땅에 숨어 있는 거부파 성직자들(그들 중 일부는 방데나 브르타뉴에서 일하고 있었다) 외에 입헌파 성직자들도 돌리비에나 자크 루 같은 '빨갱이들(rouges)'을 제외하면 대부분 점차 반혁명 진영으로 넘어

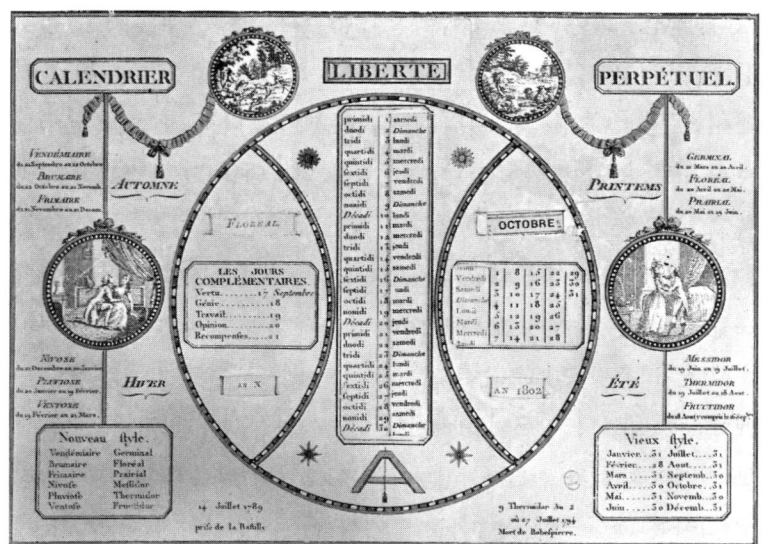

공화국의 혁명력 1793년 10월 5일, 국민공회는 공화국이 수립된 1792년 9월 22일을 공화국 제1년 제1일로 하는 혁명력을 채택했다.

갔다. 국민공회는 이미 그것을 알고 있었다. 국민공회 내에는 성실한 카톨릭 교도들이 극소수였을 뿐이므로 국민공회는 기꺼이 성직자 수의 축소나 성직의 완전한 폐지를 지향했다. 국민공회가 10월 초 공화력(曆)을 창설한 것은 대체로 국민들의 종교적 관행을 뿌리 뽑고, 일요일을 순일*로 대체하기 위한 것이었다.

임무에 열중한 파견의원들은 훨씬 더 강하게 나간다. 흔히 옛 사제들이나 수도사들은 교회에 대한 분노와 강렬한 실망을 극복하지 못했다. 라플랑슈(Jacques de Laplanche, 1755~1817)나 푸셰*, 쿠페 드 루아즈*나 마시외(Massieu)는 그 점에 대해 라카날*이나 샤보, 비요바렌이나 전 목사 생탕드레와 생각이 다르지 않았다. 그리고 그들은 자신들이 활동하는 도에서 근본적인 '비기독교화' 조치를 마련했다. 곧 공안위원회는 이러한 상황에 동요했다. 공안위원회는 브뤼메르 6일(10월 27일), 솜(Somme) 도에서 활동하고 있는 앙드레 뒤몽*에게 다음과 같이 썼다. "반혁명 세력에게 우리가 예배의 자유를 침해하고 종교 자체와 싸우고 있다고 말할 기회를 주어서는 안 됩니다."

브뤼메르 중순, 지방에서 시작된 비기독교화 운동은 파리에서 매우 격렬하게 폭발하는데 그것을 주도한 것은 '에베르파' 지도자들이었다. 이 폭발이 상퀼로트의 요구로부터 자발적으로 일어났던 것 같지는 않다. 상퀼로트의 절대 다수는 반(反)교권적이지만 카톨릭 신자들이었다. 그들은 구체제와, 이어 반혁명과 연루되어 있다는 것이 여러 차례 입증된 교회를 거의 존경하지 않았지만, 그들 중 무신론자는 거의 없었고 여전히 종교적 관행에 애착을 지니고 있었다. 상퀼로트들이 지도자들을 부추기는 것이 아니었다. 그들은 에베르, 쇼메트, 레오나르 부르동*, 클로츠 등 비기독교화를 백과전서 사상의 승리이자 동시에 혁명기 탄압 조치의 하나라고 여길 그 지도자들의 인기에 이끌려 추종할 것이다.

브뤼메르 17일, 전날 저녁 쇼메트, 백만장자 클로츠, 그리고 사업가 프레라[이 얼마나 기묘한 상퀼로트들인가!]로부터 질책을 들은 파리의 입헌주교 고벨은 국민공회에서 엄숙하게 '성직을 포기'했다. 그날 저녁 클로츠는 로베스피에르와 심한 언쟁을 벌였는데, 이때 로베스피에르는 클로츠가 외국의 카톨릭 교도들, 특히 벨기에인들에게 혁명의 평판을 떨어뜨리고 있다고 비난했다. 며칠 만에 수많은 주교와 사제들이 서둘러 고벨을 따라 성직을 포기했다. 브뤼메르 20일(11월 10일), 코뮌의 발의로 노트르담 대성당에서 유명

....

순일(旬日, décadi) 공화력은 한 달을 세 개의 순(旬, 열흘)으로 나누고 그에 따라 열흘에 하루를 쉬게 했는데 그날이 순일이다.
푸셰(Joseph Fouché, 1759~1820) 교사 출신으로 국민공회 의원으로 선출되어 여러 지역에서 파견의원으로 활동했다. 파견지에서 행한 가혹한 탄압 행위 때문에 파리로 소환된 후 테르미도르 쿠데타에 가담했다.
쿠페 드 루아즈(Coupé de l'Oise, 1737~1809) 지방의 사제 출신인 입법의회와 국민공회 의원.
라카날(Joseph Lakanal, 1762~1845) 콜레주 교사 출신의 국민공회 의원으로 공공교육위원회에 소속되어 공공교육과 초등학교 조직에 관한 법률 제정에 기여했다.
뒤몽(André Dumont, 1765~1838) 프랑스 북부 피카르디 지방의 변호사 출신. 국민공회 의원.
부르동(Leonard Bourdon, 1754~1807) 변호사 출신의 국민공회 의원으로 에베르와 함께 비기독교화 운동을 주도하여 로베스피에르와 대립하였고 테르미도르 쿠데타에 참여했다.

한 이성의 여신 축제*가 거행되었다. 코뮌의 초청에 따라 국민공회는 *단체*로 그 축제에 참석했다. 점차 설득당한 국민공회는 교회로부터 교회당과 사제관을 몰수하여 학교와 빈민들에게 제공했다.

'에베르파'가 그 운동에서 코뮌과 구(區)들을 주도했지만 이제 그 운동은 그들의 영역을 훨씬 넘어섰다. 너무나 많은 역사가들이 그랬던 것처럼, '에베르주의'를 전투적인 반(反)종교로 정의하는 것이 얼마나 불합리한 것인지를 알 수 있다. 레오나르 부르동과 수많은 비기독교화 운동가들은 당통과 훨씬 더 가까웠다. 그리고 베르니오나 콩도르세 같은 유명한 무신론자들이 여전히 무대를 차지하고 있었더라면 그들 역시 박수 갈채를 보냈을 것이다.

로베스피에르는 비기독교화 운동가들에게 반대하면서 공안위원회를 설득한 것으로 보이는데, 그것은 그의 동료들이 이때 그를 거의 지지하지 않고 동의하는 데 만족했기 때문이었다. 로베스피에르가 비기독교화 물결에 반대하는 데에는 몇 가지 이유가 있었는데, 각각의 이유는 타당성이 있었다. 그는 프리메르 1일(1793년 11월 21일)과 8일(11월 28일) 자코뱅 클럽의 연설과 프리메르 15일(12월 6일) 국민공회의 보고서에서 그 이유들을 설명했다. 그러나 곧

이성의 여신 축제 몇몇 혁명가들은 비기독교화 운동의 일환으로 이성(異性) 숭배를 설교했다. 브뤼메르 20일 축제는 두 번째 이성의 여신 축제로서 노트르담 대성당 내진에 산(山) 모양의 상징물을 쌓고 그 위에 신전을 세운 후 이성의 여신으로 분한 여배우가 그 신전에서 나와 군중의 경배를 받았다. 첫 번째 이성의 여신 축제는 1793년 8월 10일 거대한 이성의 여신상을 세운 바스티유 광장에서 거행되었다.

아나카르시스 클로츠 프로이센 귀족 출신인 클로츠는 스스로를 '인류의 대변자'라 부르며 'Anacharsis'라는 별명을 사용했다. 과격한 에베르파에 가담했다가 외국 간첩이라는 의심을 받고 자코뱅에서 축출당한 뒤, 에베르파와 함께 처형당한다.

주목해야 하는 것은 그가 확대를 막으려 할 뿐, 결코 뒤로 돌아가려 하지는 않는다는 점이다. 그는 브뤼메르의 광풍으로 강력한, 거의 치명적인 타격을 입은 이 입헌교회를 결코 회복시키려 하지 않았고, 폐쇄되거나 이제 세속적인 용도로 쓰이고 있는 교회당을 예배를 위해 돌려주려 하지도 않았다. 뿐만 아니라, 중요한 프리메르 15일의 보고서를 제출하기 전날, 그는 르 아브르*의 카푸치노 수도회 소속 교회를 이 도시의 자코뱅 클럽에게 제공하는 포고령에 개인적으로 서명했다.

"나는 콜레주에 다닐 때부터 아주 불성실한 카톨릭 신자였습니다." 프리메르 1일 로베스피에르는 단언했다. 실제로 우리는 그가 모든 종교적 실천과 교리에 대한 무관심으로 루이르그랑의 교사들을 상심시켰다는 것을 알고 있다. 그러나 동시에 그는 보편적 자연-최고 존재를 열렬히 믿고 있었다. 그가 귀아데에 대항해 얼마나 열정적으로 신을 옹호했는지 우리는 기억하고 있다. 게다가 이 신앙은 그에게는 하나의 정치적 명령이었다.

철학자나 어떤 개인이나 누구든 종교 문제나 신앙에 대해 자기 마음에 드는 견해를 선택할 수 있습니다. 그렇게 했다고 해서 그를 비난하는 사람은 누구든 무분별한 사람입니다. 그러나 그러한 체계(무신론)를 채택하는 입법자는 백 배는 더 무분별한 사람일 것입니다……. 사람들은 아마도 내가 편협한 사람이며 편견으로 가득차 있고 광신도라고 말할 것입니다……. 무신론은 특권층의 것입니다. 압제당하는 무고한 이들을 보살피고, 득세하는 범죄를 처벌하는 위대한 존재가 있다는 믿음은 온전히 민중의 것입니다……. 이러한 감정은 유럽과 우주의 것입니다. 그것은 프랑스 민중의 감정입니다. 이 민중은 성직자에게도, 미신에도, 의례에도 애착을 가지고 있지 않습니다. 이 민중은 오직 예배 그 자체, 즉 범죄에는 공포이며 덕성에는 지지자인, 불가사의한 힘이라는 관념에만 애착을 지니고 있습니다.

무신론은 반(反)공화주의적일뿐 아니라, 예배의 자유는 헌법에도 명시되어 있었다. 로베스피에르는 언젠가는 무신론 자체가 쓸모없는 것이 되리라는 희망이 없지 않았지만, 인간의 권리를 보호하는 데 매진했던 만큼 무신론 역시 보호하지 않을 수 없었다. 그 점을 잘못 생각해서는 안 된다. 로베스피에르는 이성의 여신이라는 무신론적 선전에 대항하면서 《사회계약론》이 찬양하고, 최고 존재의 축제로 귀결될 이 시민 종교를 확립하기 위해 노력했다. 그러기 위해서는 부적절한 논쟁으로 기독교를 소생시킬 기회를 주지 말고, 기독교가 서서히, 자유롭게 천수를 다하도록 만들어야 했다.

내 생각에 우리들 사이에 광신을 일깨울 수단은 단 한 가지인데, 그것은 광신의 힘을 믿는 체하는 것입니다. 광신은 흉포하고 변덕스러운 짐승입니다. 그것은 이성 앞에서 달아났습니다. 그러나 크게 소리치며 그것을 뒤쫓아가 보십시오. 광신은 되돌아올 것입니다……. 사람들은 미사를 집전한 성직자들을 고발했습니다. 미사 집전을 막는다면 이들은 더 오래 미사를 집전할 것입니다. 그들을 막으려는 사람은 미사를 집전하는 사람보다 더 광신적입니다.

....
르 아브르(Le Havre) 프랑스 북부의 항구 도시.

그렇다고 해서 이 발언이 본질을 건드린 것은 아니었다. 로베스피에르가 비기독교화에 반대한 것은, 그것이 수많은 새로운 방데를 자극할 수 있다고 믿기 때문이었다. 그리고 비기독교화 운동은 국외에서 혁명의 평판을 떨어뜨리고, 국내에서는 내전으로 혁명을 마비시키려는 이중 목적에서 외국 세력이 촉발한 것이라고 믿었기 때문이다. 브뤼메르 27일(11월 17일), 로베스피에르는 '공화국의 정치적[외교적] 상황에 대한' 중요한 보고서에서 이미 그 점을 암시했다. 그 보고서에서 그는 푀양파, 오를레앙파, 지롱드파 등 모든 정파 뒤에 영국 총리 피트의 손이 있다고 믿는다. — 프리메르 15일, 그는 훨씬 더 분명하게 말했다. 동맹국들은 일종의 선언문을 발표해 무신론을 구실로 프랑스 혁명을 비난했다. 로베스피에르는 공인된 예배의 자유를 확인하는 법령을 국민공회로부터 얻어내는 동시에 국민공회로 하여금 왕들의 선언문에 대한 답변을 채택하게 한다.

적국의 밀정들은 지금 공화주의로 공화국을 전복하고, 철학으로 내전을 불러일으키려 하고 있습니다……. 그들은 공화국의 진정한 위험과 절박한 필요로부터 우리의 관심을 돌려 전적으로 종교적 관념으로 향하게 하고자 합니다. 그들은 정치 혁명을 새로운 혁명으로 대체하고자 합니다.

전제군주들은 우리를 무어라고 비난합니까? 그들은 그들 자신의 범죄로 우리를 비난합니다……. 그들은 우리에게 종교가 없다고 비난하고, 우리가 신에게 전쟁을 선포했다고 떠벌입니다. 전제군주들의 신앙심이라니, 얼마나 감동적입니까! …… 그들은 스스로를 신의 형상이라고 자처합니다. 그것은 신을 증오하게 만들려는 것입니까? 그들이 하늘에 기도하는 것은 땅을 찬탈하기 위해서입니다. 그들이 우리에게 신에 대해 말하는 것은 신의 자리에 앉기 위해서입니다. 그들은 가난한 자들의 기도와 불행한 자들의 탄식을 신에게 전달합니다. 그러나 그들 자신이 부자들의 신이며 민중의 압제자와 학살자의 신인 것입니다.

우리의 적들은 이 격렬한 반(反)카톨릭 운동을 촉발하면서 두 가지 목표를 정했습니다. 첫 번째 목표는 방데를 동원하고, 프랑스 국민으로부터 다른 민족들을 멀어지게 하고, 철학을 이용해 자유를 파괴하는 것입니다. 두 번째 목표는 국내의 평화를 교란하고, 그렇게 함으로써 우리의 적들의 동맹에 더 큰 힘을 제공하는 것입니다. — 바로 이러한 것이 반(反)카톨릭 음모의 주요한 토대이며, 만일 내가 그 음모의 최초의 주체들을 폭로하려고만 한다면 나는 그 음모를 명확히 입증할 수 있습니다.

로베스피에르의 이 단호하고 명확한 확신은 어디에서 온 것인가? 이 질문에 답하기 위해서는 좀 더 과거로 거슬러 올라가야 한다. 혁명에 이끌려 수많은 외국인들이 프랑스에 정착했다. 클로츠와 토머스 페인 같은 사람들은 자유주의에 대한 공감 때문에, 다른 사람들, 특히 많은 수의 은행가들은 사업을 위해. 영국인 월터 보이드*, 뇌샤텔 출신의 프로이센 사람 페르고(Jean F. Perregaux, 1744~1808), 벨기에-오스트리아 사람들인 프롤리와 왈키에

──────────
보이드(Walter Boyd) 영국 외무부의 은행가로 1793년 가을에야 프랑스에서 추방되었다.

4부 자유의 독재 489

(Walkiers), 스페인 사람 구즈만(Andre M. de Guzman, 1752~1794), 홀란드 사람 코크(Kock)(폴 드 코크의 아버지), 프라이〔자유롭다는 뜻〕라는 이름을 썼던 오스트리아의 쇤펠트(Schoenfeld) 등이 그들이다.

당연한 일이지만, 이 은행가들은 장사를 할 수 있기를 바랐다. 그들이 반드시 고용된 첩자였던 것은 아니지만, 그들은 대부르주아지에 대항해 상퀼로트에게 의지하는 정책이 성공하는 것을 그리 원하지 않았다. 그리고 그들 주위에는 수많은 석연찮은 수하들이 돌아다녔고, 그런 사람들 중에는 실제로 첩자들이 넘쳐날 수 있었다. 외국인 은행가들 중 일부는 지롱드파〔그러나 지롱드파는 그들을 배출한 특수한 사회 집단이 있었다. 즉 이미 그들 자신의 은행가들을 보유하고 있었다〕와, 특히 당통 주위에 모여 있는 의원들과 정치적 관계를 맺는 데 성공했다. 들로네*와 샤보는 보이드와 친분이 두터웠다. 당통 자신은 페르고 및 구즈만과, 에로 드 세셸, 데물랭, 방타볼(Bentabole)은 프롤리와 친분이 있었다. 샤보는 프라이와도 친분이 두터웠고 10월 6일 그의 누이와 결혼했다. 파브르 데글랑틴*은 아무 때나 거의 모든 사람들의 집에 드나들었다.

도덕적이고 사실적인 판단에 따르면, 이 의원들은 부패한 자들이었다. 그러나 그들은 사회적으로 새로운 집단을 대표했다. 이 새로운 사업 부르주아지는 혁명의 주체라기보다 그 산물로서 무기 공급, 국유재산의 매매, 아시냐의 가치 하락과 식료품 가격의 상승을 이용한 투기를 통해 부를 모은 사람들이었다. 앞으로 형성될, 당통을 수장으로 하는 관용파(1793년 말부터 공포정치의 완화와 전쟁의 종결을 요구한 산악파 내의 우파)를 지지하는 것이 이 새로운 부르주아지였다. 이 부르주아지는 국제적인 관계 때문에 국익에 그다지 관심이 없었다. 게다가 이들은 한창 팽창하고 있는 프랑스 교역의 대변자들이었던 브리소파와는 달리 결사항전도, 공포정치에 의한 탄압도, 통제경제도, 공안위원회의 초기 사회정책도 좋아하지 않았다. 왜냐하면, 이 모든 것이 그들의 사업을 방해하기 때문이었다.

정치적으로 당통파는 공통의 강령을 가지고 있었다. 그러나 사업에서는 대립되는 이해관계나 그들이 관계를 맺고 있는 은행가 집단 간의 경쟁에 따라 심각하게 분열할 수도 있었다. 바로 그렇게 해서 '동인도회사* 추문'이 터졌다. 한 무리의 의원들, 즉 쥘리앵 드 툴루즈, 들로네 당제, 샤보, 바지르는, 프랑스 은행가이지만 공공연한 왕당파 음모가인 바(Batz) 남작(baron de Batz, 1756~1822)의 부추김을 받아 유리한 거래를 생각해냈다. 그들은 가격이 하락하는 주식으로 투기를 하기 위해 금융회사들, 특히 동인도회사의

들로네(L'aîné Joseph Delaunay, 1752~1794) 프랑스 서부 앙제의 변호사 출신 국민공회 의원. 동인도회사 사건에 연루되어 처형당했다.
파브르 데글랑틴(Fabre d'Églantine, 1755~1794) 극작가이자 국민공회 의원. 코르들리에 클럽 회원으로 당통, 마라와 함께 활동했다. 1793년 10월 채택된 혁명력 제정시 달(月)들의 시적인 이름을 고안했다. 외국인의 음모 및 동인도회사 사건에 연루되어 처형되었다.
동인도회사 1664년, 루이 14세의 재정대신이었던 장 바티스트 콜베르가 설립한 특권 회사. 인도·아프리카 등지에서 산업, 무역, 금융을 독점했다. 영국의 동인도회사에 압박당해 1770년에 해산되었다가 1786년에 다시 새 회사로 설립되었다. 그러나 프랑스 혁명 후인 1790년에 다시 해산당하게 되었는데, 청산 도중인 1793년에 독직(瀆職) 사건이 일어났다.

폐지를 요구하여 얻어냈고, 막대한 뇌물을 받고 회사에 매우 유리한 청산 법령을 제출했다.

그에 대해, 같은 당통파이지만 다른 경쟁 집단에 속해 있던 파브르 데글랑틴은 분노하여 3주 후 더 가혹한 법령을 제출했다. 동시에 그는 10월에 로베스피에르, 생쥐스트, 그리고 보안위원회의 위원 여덟 명에게 면담을 요청했다. 그때 그는 프롤리, 왈키에, 프라이, 샤보, 바지르, 에로 드 세셸 등이 가담한 '외국인의 음모'의 존재를 그들에게 폭로했다. ─ 로베스피에르는, 특히 프롤리가 관련되어 있다는 점에서 파브르의 고발을 매우 심각하게 받아들였다. 왜냐하면 프롤리는 휘하에 있던 두 사람, 데피외 및 페레라와 함께, 뒤무리에가 본색을 드러낸(뒤무리에는 1793년 3월 패배를 거듭하다가 오스트리아 군 진영으로 도주했다. 로베스피에르는 3월의 패배를 적과 내통한 뒤무리에의 술책이라 생각했다) 시기인 3월 26일 그와 매우 수상한 회견을 가졌기 때문이었다. 그리고 소문에 따르면 프롤리는 오스트리아의 재상 카우니츠의 서자였다.

프롤리는 분명히 정치적 야심을 지니고 있었다. 그는 자코뱅 클럽의 통신위원회 위원장인 데피외를 통해 콜로 데르부아, 에베르〔그는 코크, 왈키에와도 자주 어울렸다〕같은 상퀼로트 지도자들과 관계를 맺고 있었다. 그는 데피외, 페레라, 그리고 뒤뷔송을 통해, '에베르파'가 각 구에 창설한 민중협회들을 중앙위원회로 조직화하는 데 성공했다. 이 위원회를 이끄는 것은 바로 프롤리였다. 그는 무엇을 겨냥했는가? 현재 우리가 알고 있는 한도 내에서 정확히 말하기는 어렵다. ─ 그러나 프롤리를 순수하게 애국적이고 진지한 상퀼로트로 보기는 더 어렵다. 그리고 그의 중앙위원회는 곧

자크르네 에베르 파리 상퀼로트의 대변인. 그를 지지하는 이들을 '에베르파'라고 불렀다. 코르들리에 클럽에서 주도권을 잡은 뒤, 비기독교화 운동에 앞장섰다. 자코뱅 내의 온건파 및 로베스피에르와도 맞섰으며, 공안위원회에 체포되어 죽음을 맞았다.

봉기 세력이 될 수 있었다.

그런데 브뤼메르 중순쯤, 바로 이 위원회가 성직자들의 급료와 입헌파의 예배 폐지를 국민공회에 요구하는 민중 청원서를 발표했다. 그리고 바로 얼마 후, 외국인 클로츠, 쇼메트와 함께 고벨 주교로 하여금 '성직을 포기'하도록 부추긴 사람은 프롤리의 사람인 페레라였다. 파브르 데글랑틴을 통해 외국인의 음모를 경계하고 있던 로베스피에르가, 이러한 상황에서, 프랑스를 휩쓰는 비기독교화 압력의 원천을 미심쩍게 생각한 것은 이해할 수 있는 일이었다.

그리고 그것이 전부가 아니었다. 또 다른 당통파 의원인 오슬랭이 다른 문제로 국민공회에 고발되었다. 나흘에 걸친 의회에서 논전이 있은 후 샤보, 바지르, 튀리오는 오슬랭을 딱한 처지에 버려두어야 했다. 그러나 그들은 자신들을 걱정하기 시작했다. 특히 많은 돈을 집에 보관하고 있고, 첫 번째 징발에서 면제되었던 샤보가 그러했다. 마침내 샤보는 바지르를 부추겨 모든 것을 건 단판 승부를 하기로 결심했다. 그는 공안위원회로 가 이번에는 자신이 반혁명 음모를 고발하고, 바, 들로네, 쥘리앵 드 툴루즈, 파브르 데글랑틴, 그리고 에베르, 프롤리와 다른 사람들을 고발했다. 그는 의원들을 매수하고 상퀼로트를 봉기하게 하는 것이 그 음모의 두 가지 목표이고, 자신과 바지르는 단지 그 음모를 더 확실하게 고발하기 위해 음모에 참여하는 척했을 뿐이라고 설명했다.

공안위원회는 샤보의 고백을 파브르 데글랑틴의 진술을 강화하는 것으로만 간주하고, 파브르의 결백함을 결코 의심하지 않았다. 위원회는 브뤼메르 27일(11월 17일), 바, 보이드, 프롤리, 쥘리앵 드 툴루즈, 들로네, 샤보, 바지르의 체포령을 뒤죽박죽으로 발표한다. 바와 보이드는 달아났고, 프롤리는 숨었고, 쥘리앵 역시 달아났고, 뒤의 세 명은 수감되었다. 그리고 공안위원회는 아마르와, 그리고 …… 다른 사람 아닌 바로 파브르에게 사건의 심리를 맡겼다. — 로베스피에르가 주목하는 것은 무엇보다 연루된 의원들의 파렴치함이 아니었다. 그는 바 남작의 존재에 비추어 볼 때 왕당파적 경향을 띤 외국인의 음모가 존재하고 이 음모는 '에베르파'와 비기독교화 운동과 결합되어 있다고 확신했다. 그에 따라 로베스피에르는 격렬하게 후자를 비난하고, '에베르파'에게 전쟁을 선포했다.

프리메르 1일(1793년 11월 21일), 로베스피에르는 프롤리, 데피외, 페레라, 뒤뷔송을 자코뱅 클럽에서 추방했다. 에베르는 매우 비겁하고도 거만하게 행동하지만, 모모로와 마찬가지로 매몰찬 푸대접을 면치 못했다. 그러나 로베스피에르에게는 이러한 결과가 충분치 않았다. 1793년 8월 말 이래 자코뱅 클럽은 부분적으로 그에게서 멀어졌고, '에베르파'가 코르들리에 클럽과 거의 마찬가지로 자코뱅 클럽을 지배했다. 그러한 이유로 로베스피에르는 프리메르 1일 자코뱅 클럽으로 하여금, 1791년 여름의 영웅적인 날들에 그랬던 것처럼, 회원 각자에 대한 정화 투표를 실시할 것을 결정하게 했다.

이 투쟁에서 예기치 않은 위험한 동맹자, 당통이 대두했다. 10월 10일 이래 그는 농촌에서 휴식을 취하고 있었다. 그의 친구들(들로네, 샤보, 바지르)이 체포되었다는 소식은 그에게서 맛있는 식사와 두 번째 아내와 누리던 기쁨을 앗아간다. 그는 조국을 구해야 한다고 생각하고, 브뤼메르 30일(11월 20일) 파리로 돌아왔다. 그는 돌아오자마자 친구인 가라(Dominique Joseph Garat, 1749~1833)[전 법무장관이자 내무장관]를 만나, 공안위원회를 해산하여 새로 조직하고, 빠른 시일 내에 평화조약을 체결하고, 감옥을 열고, 헌법을 개정하고, 상퀼로트 대신 대부르주아지를 권좌에 올려놓고, 수많은 망명 귀족들을 귀국시킨다는 자신의 계획을 전달했다. 간단히 말해, 마티에즈의 표현에 따르면, "모든 적들과의 타협을 통해 혁명을 청산한다."는 것이었다.

먼저 공안위원회를 해산한다. 즉 로베스피에르를 가장 '왼쪽에 있는' 그의 동료들, 비요바렌, 콜로 데르부아, 심지어 생탕드레로부터 갈라놓는다는 것이었다. 그를 위해 당통은 로베스피에르와 협력해 비기독교화 주창자들에게 대항하고, 되풀이해 개입했다. 당통은 자코뱅 클럽에서 매우 격렬하게 분노를 터뜨렸다. 이번에는 '과격 혁명 세력'이 반발하고, 그에게 야유를 보내고, 그의 모든 수상한 과거 행적들을 상기시켰다. 당통은 당황하여 자신을 옹호하기 위해 마라의 기억을 언급하게 되었고, 결국 가련하게 자신을 조사할 위원회를 요청했다. 그를 구하는 것은 로베스피에르였다. 이때에는 아마도 격앙파에 맞섰던 1793년 8월 초보다 훨씬 더 어쩔 수 없이 그렇게 했을 것이다. 그는 당통을 치하하면서도 유보 조건을 붙일 수밖에 없었다. 그는 뒤무리에 사건에서 당통이 보인 무력함, 브리소파에 대한 관대함을 꾸짖고, "정치적인 측면에서" 자신이 당통을 "주의 깊게, 때로는 분노를 가지고" 관찰했다고 선언하고, 그들 사이에 존재하는 "의견 차이"는 아마도 성격에 기인하는 것이지만 당통은 여전히 훌륭한 애국파라는 결론으로 끝을 맺었다. 그럼에도 불구하고 검증이라는 조건은 남아 있었다. "나는 당통에 대해 잘못 생각하고 있을지도 모릅니다."

냉담하기는 하지만 로베스피에르의 도움으로 다시 말에 오른 당통은 활동을 계속했다. 프리메르 2일(11월 22일)부터 그는 국민공회에서 반(反)종교적인 가장 행렬을 공격하는 동시에, 사법적 탄압의 완화를 요청했다. (1792년 9월에 일어난) '9월 학살'을 원했고 조직했다고 자랑했던 그가[그는 코뮌만큼 책임이 있는 것은 아닌데도] "나는 사람들의 피를 아낄 것을 요구한다."는 자신의 슬로건이 사제들에 대한 옹호보다 더 득이 되는 선거용 정견이라고 생각했다. 동시에 그는 프리메르 11일(12월 1일), 캉봉에 반대해, 투기자들을 안심시키기 위해 아시냐에 대한 금의 강제 교환을 공포하지 않는다는 결정을 얻어냈다.

로베스피에르는 반응하지 않았다. 당통은 계속해서 자신의 친구들을 부추겼다. 프리메르 15일 카미유 데물랭이 〈비외 코르들리에〉* 제1호를 발간했다. 그는 외국인의 음모라는 주제를 되풀이하고, '에베르파'를 피트의 밀정들이라고 비난했다. 모든 반동 세력이 그의 신문을 환영하지만 로베스피에르는 그것을 공격할 수 없었다. 그 역시 음모에 대해 생각하고 있었기 때문이다. 16일 다른 당통파인 필리포(Pierre-Nicolas Philippeaux, 1756~1794)가 무대에 등장했다. 그는 방데의 사건들(방데 반란군 잔존 세력의 저항)에 대해 공안위원회에 공개 서한을 보내 모두 훌륭한 상퀼로트들인 부쇼트, 특히 내무부 내에서 부쇼트의 오른팔인 뱅상*, 혁명군대를 지휘하는 롱상*, 그리고 로시뇰을 공격했다.

....
비외 코르들리에(Vieux Cordelier) 늙은 코르들리에 수사라는 의미.

⟨비외 코르들리에⟩ 카미유 데물랭이 발간한 신문. 이 신문에서 데물랭은 에베르파의 비기독교화 운동을 비판했으며, 뒤이어 로베스피에르와 공안위원회를 정치 폭력 남용이라는 이유로 강하게 비난했다.

그러나 로베스피에르도, 공안위원회도 쉬고 있는 것은 아니었다. 그들은 예배의 자유를 옹호하고 음모를 감시하는 동시에, 파견의원들과 행정관리들에게 더 작은 자유만을 부여하고 공안위원회의 명령을 더 효과적으로 만들기 위해, 정부를 더 중앙집권적으로 조직화할 수 있도록 하는 데 전력을 기울였다. 이미 브뤼메르 28일(11월 18일)에 비요바렌은 이러한 취지의 보고서를 제출했다.

프리메르 14일(1793년 12월 4일), 국민공회는 '혁명정부에 관한 법령'을 통과시켰다. 미심쩍은 당국은 공안위원회로 대체되었고 이후 선거로 구성되지 않을 것이다. 파견의원들은 더 이상 자신들의 권한을 위임할 수 없게 되었다. 공안위원회는 각 군(郡)마다 미래의 지사(知事)들을 예고하는 국민의 대리인(agent national)을 지명했다. 그리하여 생쥐스트의 10월 10일 보고 이후, 경제적이고 군사적인 양 측면에서 필요 불가결한 수단이 완성되었다.

공안위원회의 정책에 대해 문제가 제기되자, 로베스피에르는 더 이상 '에베르파'에 맞서 당통과 공조하지 않았다. 프리메르 15일에서 19일까지 메를랭 드 티옹빌, 튀리오, 시몽(Philibert Simond, 1755~1794)은 연이어 과도한 투옥을 공격했다. 로베스피에르가

뱅상(François-Nicolas Vincent, 1767~1794) 코르들리에 클럽의 지도적 회원 중 하나. 1792년 육군부 사무국장에 지명되어 이 사무국을 에베르파의 본거지로 만들었다. 에베르와 함께 혁명재판소에 소환되어 처형되었다.
롱상(Charles Ronsin, 1751~1794) 에베르파 장군. 1793년 여름 서부 반란군을 격퇴하는 데 공을 세우고 10월 방데 혁명군대 사령관에 지명되었다. 1794년 3월 에베르와 함께 체포되어 처형되었다.

그들에게 반대했다. 그때 그들이 요구하기 전에, 당통파가 공안위원회를 정면 공격하고 공안위원회의 부분적인 갱신을 주장했다. "더 이상 보지 않으면 좋을 위원들이 몇 명 있다."라고 부르동 드 루아즈가 말했다. 국민공회는 허락하지만, 다음날 평정을 되찾고 위원회의 모든 권한을 공고히 했다. 모든 사람들은 공안위원회의 쇄신이 단지 유예된 것일 뿐이라고 생각했다.

프리메르 20일(12월 10일), 데물랭은 〈비외 코르들리에〉 제2호를 통해 클로츠를 맹렬히 공격했다. 22일, 로베스피에르는 정화 투표에 개입하여 클로츠를 자코뱅 클럽에서 추방하게 하고, 때때로 데물랭의 비난을 단어 하나하나 되풀이했다. 그날 저녁, 파브르는 쿠페의 추방을 얻어냈다. 24일, 로베스피에르는 당통을 변호할 때는 찾아볼 수 없었던 열정으로 데물랭을 옹호했다. 그는 카미유 데물랭이 "본능적으로, 마음으로 자유를 사랑하고, 오직 자유만을 사랑했음"을 인정했다. 그는 단지 데물랭에게 이제부터는 덜 "변덕스러울" 것을 요구했다. 이때 카미유 데물랭의 추방을 막은 것은 〈비외 코르들리에〉의 첫 두 호에 대한 연대를 선언하는 것이나 거의 마찬가지였다.

프리메르 28일(12월 18일) 〈비외 코르들리에〉의 제3호가 발간되었다. 이번에 데물랭이 마지막 카이사르들의 범죄를 논한다는 구실 아래 비난한 것은 국민공회, 위원회들, 파견의원들, 공공 안녕과 공포정치의 체계 전체였다. 반혁명 세력은 환호성을 질렀다. 앞서 며칠간 의회의 논전으로 심각한 타격을 입은 공안위원회는 반응하지 않았다. 다른 한편 국민공회는 그를 무시하는 척했다. 27일, 파브르가 뱅상과 롱상을 공격했을 때, 국민공회는 위원회들에 위임하지도 않고 회의 중에 그들의 체포를 가결했다.

프리메르 30일, 로베스피에르는 관용파의 길로 가능한 한 멀리 나아갔다. 그는 공안위원회와 보안위원회가 그 성원을 지명하고, 부당하게 수감된 애국파들을 찾아내 알릴 임무를 맡는 정의위원회(Commission de Justice)의 지명을 국민공회에 제안했다. 사람들은 당통의 전술이 성공했고, 공안위원회의 종말이 가까웠으며, 외국인의 음모와 '에베르파'의 위협이라는 강박관념에 사로잡힌 로베스피에르가 관용파와 결합했다고 믿었을지 모른다. ― 그러나 그것은 그를 잘못 알고 있는 것이다. 그가 냉정을 되찾는 데는 며칠이면 충분하다.

그리고 며칠 안에 희소식이 파리에 도착한다. 프리메르 23일, 임시로 총지휘를 맡은 마르소와 클레베르는 르망에서 방데 군을 분쇄했다. 니보즈 3일(12월 23일), 그들은 사브네에서 그 잔당을 전멸시킨다. 서부에서의 대규모 전쟁은 게릴라전으로 바뀔 것이다. ― 프리메르 29일, 오귀스탱 로베스피에르, 뒤고미에*, 그리고 보나파르트는 툴롱을 공략했다. ― 니보즈 6일, 오슈는 가이스베르크에서 오스트리아의 부름제를 격파하고, 알자스를 해방시키고 란다우의 포위를 풀게 했다. ― 니보즈 12일(1794년 1월 1일), 국민공회는 "라인, 모젤, 이탈리아 파견 군대가 조국에 큰 공을 세웠다."라고 선언

....
사브네(Savenay) 루아르 엥페리외르(현재의 루아르 아틀랑티크) 도의 도시.
뒤고미에(Dugommier, 1738~1794) '뒤고미에'는 별칭이고, 본명은 Jacques François Coquille이다. 프랑스 식민지였던 서인도 제도 출신의 장군. 국민공회 의원이자 피레네 오리앙탈 군의 사령관이었다. 스페인 군과 교전 중 전사했다.

했다. 국민공회는 공안위원회에 대해서도 같은 말을 해야 했을 것이다. 로베스피에르와 그의 동료들은 단호하고 과감한 결정으로 나라 전체를 해방했던 것이다. 산악파와 죽음의 협약은 승리와의 협약이었음이 드러났다.

3장_단두대에 선 당통

1793년
12월 26일 로베스피에르, 혁명정부에 관한 보고서를 국민공회에 제출하다. 이 때 그는 공안위원회의 독재를 옹호하면서 온건파(당통을 비롯한 관용파)와 과격파(에베르파)를 강하게 비판한다.

1794년
2월 26일, 3월 3일 국민공회, 반혁명 용의자의 재산 몰수와 무상분배를 내용으로 하는 '방토즈 법령'을 가결하다.
3월 13일 에베르파 체포 시작.
3월 24일 에베르와 코르들리에 클럽의 주요 지도자들 처형.
3월 30일 당통과 그 일파 체포.
4월 5일 당통 처형.

로베스피에르가 니보즈 3일(1793년 12월 23일) 밤 당통파와 결별할 때, 그는 아직 이 네 개의 승리(르망, 사브네, 툴롱, 가이스베르크에서의 승리) 중 첫 번째 것, 즉 르망 전투만을 알고 있었다. 그가 진로를 수정한 것은 자신이 더 강하다는 생각 때문이 아니라, 각각 타당성이 있는 일련의 이유들 때문이다. 첫 번째 이유는 프리메르 29일(12월 19일), 동인도회사 사건을 심리하면서 나타난 사건의 급변이다. 아마르는 파브르 데글랑틴이 서명하여 의회 공보(公報)에 발표한 두 번째 청산 법령에서 두 부분이 변조되었음을 알게 되었다〔파브르 데글랑틴은 이미 자신의 서명이 기습적으로 강탈되었다고 주장하면서 이 점을 미리 이야기했다〕. 그리고 이 두 가지 변조는 동인도회사에 매우 유리한 것이었다.

그때부터 대번에 많은 사실이 드러났다. 10월에 파브르가 한 모든 행위는 거대한 협박의 술수로 보였다. 그는 단지 자기 몫의 뇌물을 챙기기 위해 들로네, 샤보 그리고 바지르를 공격했던 것이다. 이때부터, 비록 '외국인의 음모'에 대한 그의 폭로 중 많은 부분이 여전히 사실이라 해도 이 사기 행위가 정치적 술책을 은폐하고 있는 것은 아닌지, 당통파는 변조된 카드들로 어떤 게임을 한 것인지 묻지 않을 수 없게 되었다.

이 새로운 규명이 없었더라도 〈비외 코르들리에〉의 반혁명적 어조는 로베스피에르에게 위험 신호를 발하기에 충분했다. 이미 이 신문의 제3호는 로베스피에르에게 틀림없이 용납할 수 없는 것으로 보였을 것이다. 그러나 제4호는 훨씬 더 나아가서 실제로 모든 혐의자들의 무조건적인 석방을 주장했다. 카미유 데물랭이〔실상은 귀 얇은 카미유 데물랭의 배후 인물들이〕 권고한 '관용위원회(Comité de Clémence)'는 로베스피에르가 제안한 '정의위원회'와는 전혀 다른 것이었다. 사면과 관용의 슬로건 뒤에서 어떤 대가를 치르더라도 신속히 평화조약을 체결하려는 성향이 점점 더 노골적으로 드러났다.

프리메르 22일(12월 12일), 당통파는 좌파가 잘려 나간 공안위원회에 들어가려는 의도를 드러냈다. 로베스피에르는 그 의도에 찬성할 수 없었다. 그리고 좌파의 강경한 태도는 여전히 그의 강경함을 강화하는 데 기여했다. 니보즈 1일, 콜로 데르부아가 리옹에서의 오랜 임무를 마치고 파리로 돌아왔다. 푸셰와 그가 리옹에서 공포정치를 시행하면서 보인 폭력성 — 그들이 대체한 쿠통의 온건함과 대조되는 폭력성 — 은 로베스피에르에게 정말이지 혐오감을 불러일으켰다. 그는 콜로가 그에게 보낸 편지에 단 한 통에도 답하려 하지 않았다. 그러나 그에게 가장 치명적인 재난은 도처에서 일어나는 야만적이리만큼 과도한 탄압이 아니라, 반혁명의 반격에 있었다.

그런데 콜로는 에베르, 롱상, 뱅상의 친구이고 프롤리를 알고 있었다. 그는 도착 직후 코뮌으로 가 샬리에의 머리를 성유물(聖遺物)로 바쳤다. 상퀼로트의 거대한 행렬이 국민공회까지 리옹의 순교자의 유해를 따라갔다. 쿠통은 샬리에를 팡테옹에 안장하는 예우를 요구하고, 당통의 친구 당피에르* 장군을 팡테옹에서 이장할 것을 요구했다. 시신을 이용한 이 전투에서 로베스피에르의 친구들은 콜로 데르부아와의 연대를 분명히 표현했다. 그들은 한 걸음 더 나아가 리옹 지방 총독으로서 행한 콜로의 행위들을 국민공회로 하여금 승인하게 했다.

그날 저녁, 콜로는 자코뱅 클럽에서 공격을 계속해, 거만하게 굴던 '에베르파'를 자극하여 그들이 관용파를 공격하도록 부추겼다. 그는 클럽으로부터 뱅상과 롱상의 체포에 항의한다는 약속을 얻어냈다. 명백히 로베스피에르는 그의 행동을 방치했다. 그는 비요바렌과 심지어 생탕드레도 콜로의 편임을 알고 있었다〔바로 그러한 이유로 생탕드레는 6일, 비요바렌이 정의위원회의 폐지를 요구하여 목적을 이룰 때, 정의위원회 계획안이 자신의 것임에도 아주 소극적으로 개입하여 그것을 옹호한다〕. 그리고 로베스피에르는 특히 공안위원회의 좌파와 결별하는 것은 상퀼로트와 결별하는 것이란 사실을 알고 있었다. 외국인의 음모를 분쇄하고 예배의 자유를 보존하는 것은 더 이상 문제가 아니며, 산악파와 민중의 동맹을 포기할 수 있는지 사람들이 그것을 원하는지를 알아야 했다.

이상이 파리에 대한 식량 공급이 가장 중대한 문제들을 제기하고, 전반적 최고가격제가 도처에서 빈번히 방해를 받아 시행하기 어렵고 심지어 헛된 것임이 드러나던 시기의 상황이었다. 오직 소비에 관한 분배적 통제경제로는 충분치 않아서 공안위원회가 식료품 생산에 소극적으로 개입해야겠다고 느끼던 시기이기도 했다. 콜로, 비요바렌, 생탕드레는 프롤리도, 클로츠도, 구즈만도 아니었다. 그들의 애국심〔그리고 뒤 두 사람의 무사무욕〕은 의문의 여지가 없

조르주 쿠통 로베스피에르, 생쥐스트와 매우 절친한 동료였다. 1794년 3~4월에 로베스피에르를 도와 에베르파, 당통파를 몰락시켰다.

었다. 그들과 함께 공안위원회의 사회정책을 유지해야 했다. 그것은 (에베르파를 공격한) 프리메르의 결정들을 재고해야 한다거나, 의혹의 대상이었던 '에베르파'의 지도자들이라는 혐의를 무분별하게 벗겨주어야 한다는 것을 의미하지는 않았다. 그것은 공안위원회 전체가 여러 달 전부터 추구해온 정부의 노선으로부터 한치도 벗어나서는 안 되며, '극좌파'뿐 아니라 온건파의 모든 교란 행위들을 배격하는 데 모든 정력을 투여해야 한다는 것을 의미했다.

외부에서 추론할 수 있는 범위에서, 로베스피에르가 당시 심사숙고하고 있던 고려들, 그가 당통이 죽기 전 약 100일간(그리고 로베스피에르가 죽기 전 겨우 220일간) 굽힘 없이 고수할 결심은 그

당피에르(Auguste Dampierre, 1756~1793) 혁명을 지지한 귀족 출신의 장군. 발미와 제마프 전투의 승리에 기여했지만 발랑시엔에서 치명상을 입고 사망했다.

런 것들이었다.

니보즈 3일(1793년 12월 23일), 콜로는 자코뱅 클럽에서 다시 당통파를 공격했다. 필리포는 비난에 처해서도 롱상과 로시뇰에 대한 고발을 철회하지 않았다. 당통이 그를 지지했다. 그때 로베스피에르가 개입했다. 분명히 그의 지배적인 관심사는 모든 진정한 애국파의 단합을 호소하는 것이었다. "적의 전술은 우리를 갈라놓는 것입니다. 그들은 우리가 몸을 부딪쳐 가며 싸워, 우리 손으로 우리를 분열시키기를 원합니다." 그는 개인적인 다툼으로 모든 것을 악화시켰다고 필리포를 꾸짖고, 자존심을 버릴 것을 요구했다. 그는 '에베르파'에게 롱상과 뱅상이 감옥에 있지만 샤보 역시 그러하며, 그들은 법정에서 자기의 결백을 확신했던 마라의 평온을 따르기만 하면 된다는 것을 상기시켰다. ─필리포는 한층 더 고집을 부렸다. 당통은 여전히 그를 지지하면서 조사위원회를 요구했다. 로베스피에르가 제안한 휴전이 거부되었으므로, 쿠통은 당통의 제안을 지지하지만, 그것은 불화의 원인을 완전히 제거해야 한다는, 전혀 다른 생각에 따른 것이었다.

이틀 뒤인 니보즈 5일, 로베스피에르는 '혁명정부의 원리에 관한' 자신의 보고서를 국민공회에 제출했다. 그는 상호 연관된 두 가지 목표를 추구했다. 첫째는 공안위원회가 행사하는 것과 같은 전형적이고, 불가피하고, 임시적인 독재의 특성을 정의하는 것이었다. 그 과정을 통해 그는 과격 혁명 세력과 온건 혁명 세력을 비판한다. 두 당파는 모두 정부의 혁명적 성격을 흐려놓는데, 전자는 공공의 안녕을 책임질 능력이 없는 절대적인 민주주의의 이름으로, 후자는 공공의 안녕을 책임지기를 포기한 온건성의 이름으로 그렇게 한다. 따라서 로베스피에르는 '과격파'와 '온건파'에 동시에 맞선다. 실제로 그의 보고가 특히 〈비외 코르들리에〉 최신호에 대한 가장 단호한 답으로 보이는 것은 피할 수 없는 일이었다.

당대인들에게 가장 큰 충격을 준 것은 당통파의 희망에 종말을 고한 이 보고서의 두 번째이자 가장 긴 부분이다. 그러나 아마도 오늘날 그보다 더 우리의 주의를 끄는 것은 도입부의 대담함일 것이다. 로베스피에르가 거기에서 밝히는 [그리고 아마도 마라의 가장 독창적인 시각과 유사성을 발견할 수 있는] 원칙들은 마르크스, 엥겔스, 그리고 레닌이 평화시의 입헌정부와 전시 혁명정부의 구분을 계급투쟁에 적용하면서 계승하고 발전시킬 바로 그 원칙들이었다. 이러한 관점에서 로베스피에르는 10월 10일 생쥐스트가 주장한 명제를 크게 심화했다. 여기에서 그는 첫 구절들부터 명백히 루소를 능가하고 있다. 현재의 가르침에 충실한 그는 미래를 향해 도약했다. 그는 아직 나이 서른여섯도 되지 않았다. 우리는 젊은 그가 작성한 보고서의 앞부분을 읽으면서 만일 그가 모차르트가 사망한 그 나이에 요절하지 않았더라면, 이러한 인물의 성숙함이 역사에 어떤 기여를 했을지 공상에 빠질 수밖에 없다.

혁명정부의 이론은 그 이론을 낳은 혁명만큼이나 새로운 것이다. 이 혁명을 결코 예견하지 못했던 정치적 저자들의 책 속에서 그 이론을 찾아서는 안 된다……. 또한 이 단어는 특권층에게는 공포를 불러일으키는 주제이거나 비방문일 따름이고, 전제군주들에게는 추문일 따름이며, 수많은 사람들에게는 수수께끼일 따름이다. ……

입헌정부의 목표는 공화국을 유지하는 것이고, 혁명정부의 목표는 공화국을 수립하는 것이다.

혁명은 자유와 그 적들의 전쟁이고, 헌법은 승리를 거두고 평화를 누리는 그 자유의 체제이다.

혁명정부는, 정확히 말해 전쟁 중에 있기 때문에 특별한 활동이 필요하다. ……

입헌정부는 주로 시민적 자유에 전념하고, 혁명정부는 공적 자유에 전념한다. 입헌체제 아래서는 공권력 남용에 대항해 개인들을 보호하는 것으로 거의 충분하다. 그러나 혁명정부 아래서는 공권력 스스로 자신을 공격하는 모든 당파들로부터 자신을 보호해야 한다.

혁명정부는 선량한 시민들에게는 모든 국민적 보호를 제공하며 적들에게는 오직 죽음만을 가져다줄 뿐이다.

우리가 혁명적이라고 부르는 법들의 기원과 성격을 설명하기 위해서는 이러한 개념들로 충분하다. 그 법들을 독단적이라거나 전제적이라고 칭하는 자들은 상반되는 것들을 뒤섞으려는, 어리석거나 사악한 궤변론자들이다. 그들은 *평화와 전쟁을*, 건강과 질병을 같은 *체제에 부과하려 하거나*, 심지어 전제정의 부활과 조국의 죽음을 원한다. 그들이 헌법의 조항들을 문자 그대로 시행하기를 기원한다면, 그것은 단지 처벌받지 않으면서 그 조항들을 침해하기 위해서이다. 그들은 요람에 든 공화국을 아무런 위험 없이 살해하기 위해 자신들은 쉽게 빠져나올 수 있는 모호한 원칙들로 공화국을 포박하고자 하는 비겁한 살인자들이다. ……

혁명정부가 정상적인 보통 정부보다 전진하는 데 더 적극적이고, 활동에서 더 자유로워야 한다면, 그것은 덜 정의롭고 덜 정당한 것인가?

그렇지 않다! 혁명정부는 모든 법들 중 가장 신성한 법인 민중의 안녕과 모든 이유 중 가장 거부할 수 없는 이유인 필연성에 기반을 두고 있다.

혁명정부는 또한 자신의 규율들을 가지고 있으며 그것들은 모두 정의와 공공질서에서 끌어낸 것이다. 혁명정부는 무정부 상태나 무질서와는 아무런 공통점도 없다. 반대로 혁명정부의 목표는 무질서를 억제해 법의 지배가 도래하게 하고 그 지배를 공고히 하는 것이다. 혁명정부는 독단과는 아무런 공통점도 없다. 혁명정부를 인도하는 것은 특수한 열정이 아니라 공공의 이익이다.

이 진술 후에 로베스피에르는 '과격파'와 '온건파'를 비난했다. 그는 먼저 양자 사이에서 균형을 유지하려고 애쓴다.

혁명정부는 허약함과 무모함, 온건주의(modérantisme)와 과격함이라는 두 개의 암초 사이를 항해해야 한다. 절제와 온건주의의 관계는 정숙함과 무능력의 관계와 같다. 과격함은 정력과 비슷하지만 정력과 과격함의 관계는 건강과 수종(水腫)의 관계와 같은 것이다. ……

과녁 이편에 있든 저편에 있든 마찬가지로 과녁은 맞힐 수 없다. 단일하고 보편적인 공화국에 대한 *시의 적절치 못한*[로베스피에르 자신의 강조] 설교자보다 더 연방주의*의 사도와 비슷한 자도 없다. 왕들의

연방주의(fédéralisme) 산악파가 지롱드파를 비난하면서 사용한 용어. 지롱드파는 파리 민중들이 폭력을 통해 자신들의 의지를 의회에 강요하는 데 반대하여 파리는 프랑스의 83개 도 중 하나에 불과하며 따라서 그만큼의 영향력만 가져야 한다고 주장했다. 산악파는 지롱드파의 이런 주장이 프랑스에 연방주의를 수립하여 프랑스를 분열시키려는 것이라고 비난했다.

4부 자유의 독재 511

친구와 인류의 대리인[클로츠에 대한 직접적인 언급. 클로츠는 스스로 '인류의 대변자'로 자처했다]은 서로 아주 잘 통한다. 수도사의 스카풀라리오*를 걸친 광신자와 무신론을 설교하는 광신자는 수많은 유사성을 가지고 있다. 민주주의자 남작[다시 클로츠를 가리킴]은 코블렌츠 후작의 형제이고 때때로 붉은 혁명 모자는 사람들이 생각하는 것보다 더 귀족들의 붉은 구두 뒤축에 가깝다(혁명가를 자처하는 인물이 사실은 반혁명 세력일 수도 있다는 의미).

이상은 '에베르파'에 대한 것이다. 그러나 이제는 당통파에 대해 이야기하기 시작한다. 여기서 저울은 명백히 당통파에게 불리한 쪽으로 기운다.

    과도한 애국적 열정이나…… 온건주의의 침체 중 하나를 택해야 한다면 주저해서는 안 될 것이다. 원기 왕성하고, 활기가 넘치는 몸은 시체보다 더 많은 자원을 남겨준다. 특히 애국심을 치료한다면서 그것을 죽이는 일이 없도록 하자. ― 애국심은 그 본성상 열렬한 것이다. 누가 조국을 냉정하게 사랑할 수 있는가? 애국심은 특히 그 애국심에 따른 시민적 행위가 초래하는 정치적 결과들을 계산할 수 없는 단순한 사람들의 몫이다[여기에서 어떤 대가를 치르더라도 상퀼로트로부터 분리되지 않으려는 로베스피에르의 의지가 선명하게 확인된다]. 심지어 계몽된 자라 해도, 결코 실수한 적 없는 애국파가 있을 수 있단 말인가? ……
    혁명운동에서 신중하게 그어놓은 정확한 선을 넘어간 사람들을 모두 범죄자로 취급한다면, 여러분의 친구이자 모두 공화국의 지지자들인 타고난 자유의 벗들을 나쁜 시민들과 함께 추방하게 될 것이다. 전제군주의 교활한 밀정들은 그들을 배신한 후〔여기서 표적이 되는 것은 파브르 데글랑틴이다〕, 스스로 그들의 고발자가 되고, 아마도 그들의 판사가 될 것이다.

로베스피에르는 이 중요한 보고서의 결론에서 공포정치의 공세를 더 잘 지휘하면서도 그것을 강화해야 할 필요성을 강조했다.

공안위원회는 법이 중대한 범죄자들을 신속하게 처벌할 수 없다는 것을 지적했다……. 한 명의 음모 주동자에 대한 처벌이 백 명의 이름 없고 하찮은 범죄자에 대한 처벌보다 자유에 더 유용하다." 그리고 그는 국민공회로 하여금 만장일치로 다음을 표결하게 했다〔관용파는 감히 반대를 표하지 못했다〕. 1. 뒤무리에, 퀴스틴과 공모한 장군들, 또는 비롱과 같은 왕당파들, 스트라스부르의 전 쾨양파 시장 디트리시, 그리고 "마찬가지로 *외국인들*, *은행가들*, 그리고 반역 행위로 고소된 다른 사람들"을 즉각 혁명재판소로 소환한다. 2. 공안위원회는 가능한 한 빠른 시일 안에 혁명재판소의 조직을 완성할 방법에 관한 보고서를 제출한다.

따라서 니보즈 5일(12월 25일), 로베스피에르의 생각은 이미 끔찍한 프레리알 22일(1794년 6월 8일)의 법을 향하고 있었다. 그의 정치적 견해는 명료하고 동시에 공안위원회의 응집력을 유지할 수

스카풀라리오(scapulario) 수도복 위로 양 어깨에 걸쳐 입는 사각형의 긴 겉옷.

있는 것이었다. 상퀼로트에게 그는 그들을 기만하는 몇몇 배신자들과 첩자들의 징벌에 동의할 것을 요구했다. 새로운 부르주아지의 지지를 받는 관용파에게 그는 전시 권력과 전시 재판권의 강화를 단호히 내세웠다.

니보즈 6일(1793년 12월 27일) 저녁, 자코뱅 클럽에서 로베스피에르는 롱상의 석방을 요구하는 생탕투안 포부르의 격렬한 청원서에 반대했다. 그의 견해는 늘 같았다. 국민공회가 롱상의 체포를 결정했으므로, 심리는 계속되어야 한다. — 반대로 12일에 그는 부르동 드 루아즈에 맞서 도비니(Jean Daubigny, 1754~1804)를 옹호했다. 부쇼트와 뱅상의 협력자인 도비니는 필리포를 비난하는 선전문에서 그들을 옹호했다. 마찬가지로 니보즈 18일(1794년 1월 7일)에 로베스피에르는 당통파에 대항해 불랑제를 변호했다.

로베스피에르는 '에베르파' 중 자신이 보기에 진정한 애국파인 사람들을 변호하는 동시에[게다가 이 시기에는 '에베르파'라는 단어가 로베스피에르에게 아무런 의미도 없다는 것을 잊지 말자. 이질적인 결합체가 〈페르 뒤셴〉의 주도 아래 일관성 있는 당파로 결집하는 것은 나중에 가서이다] 관용파 공격에 가담했다. 16일, 콜로 데르부아는 자코뱅 클럽이 3일에 설립한 조사위원회의 이름으로 필리포에 관한 보고서를 클럽에 제출했다. 예상했던 것처럼 콜로의 보고서는 정식 고발이었다. 데물랭은 논점을 흐리기 위해 에베르가 사기 행각을 저질렀다고 비난했다. 그때 로베스피에르가 퉁명스레 개입해 필리포에 대한 고발로 돌아올 것을 요구했다. 그 문제는 이틀 후로 연기되었다.

카미유 데물랭 프랑스 혁명기에 가장 영향력 있는 언론인. 자코뱅 산악파에 가담해 로베스피에르와 함께 혁명의 대의를 위해 일했으나, 점차 온건파 쪽으로 기울었다. 그가 숙청당할 때, 로베스피에르는 그가 반혁명 세력에게 이용당한다고 생각했으나, 그를 구할 순 없었다.

니보즈 18일 필리포는 자코뱅 클럽에 나오지 않는 편이 더 낫겠다고 판단했다. 분위기는 소란스러웠다. 이전 호들보다 훨씬 더 반혁명적인 〈비외 코르들리에〉 제5호가 막 발행되어서 비판의 대상이 된 것은 카미유 데물랭이었다. 로베스피에르가 발언권을 요구했다. 그는 데물랭이 필리포를 신뢰하는 것을 나무라고, 또 데물랭이 자신의 신문으로 반혁명 세력을 기쁘게 하고 있다고 질책하지만, 다음과 같이 마무리하는 데 그쳤다. "카미유는 훌륭한 재능을 지녔지만 나쁜 친구들 때문에 옳은 길에서 벗어난 착한 응석받이이다." 그리고 그는 데물랭 개인에 대해서는 어떤 제재도 가하지 말고 그의 신문을 소각할 것을 요구했다. ─화가 난 데물랭은 루소를 인용하는 것으로 응수했다. "불태우는 것은 반론하는 것이 아니다." 그러자 이번에는 로베스피에르가 분노를 터뜨렸다. "나의 동의안을 철회합니다. 카미유의 신문들은 불태워져서는 안 되며, 우리는 그 신문들에 반론을 제기해야 합니다……. 해로운 글들에 그토록 강하게 집착하는 사람은 아마도 길을 잃은 것 이상일 것입니다."

그에 따라 19일, 자코뱅 클럽에서 〈비외 코르들리에〉가 낭독되었다. 에베르는 아무런 어려움 없이, 낭독이 불러일으킨 끔찍한 인상을 이용해 데물랭을 공격했다. 그러나 로베스피에르가 그의 말을 잘랐다. 그것은 개인적인 다툼이다. 에베르는 지나치게 자기 자신만을 생각하고 있으며 데물랭에 대해 말하자면 협회가 그의 글을 읽는 데 더 많은 시간을 할애할 만한 가치가 없는 인물이다.

틀림없이 로베스피에르는 카미유에 대한 꿈틀거리는 애정에 순종하지만[그것은 다소 경멸적이지만 진정한 애정이다. 그로부터 이틀 뒤 로베스피에르는 자코뱅 클럽으로부터 그의 동창이자 결혼의 증인으로 자신을 선택했던 사람, 바스티유 함락 이래 그의 곁에서 싸워온 사람에 대한, 이미 선언된 추방을 재고한다는 약속을 얻어낸다). 그는 특히 니보즈 5일에 제시했던 원칙, 즉 우두머리들을 처벌하고 수하들은 용서한다는 원칙을 여전히 고수했다. 분명히 사람들에게 악용된 그의 매우 뛰어난 재능에도 불구하고 카미유는 관용파의 우두머리는 아니었다. 모사꾼들과 외국인의 음모를 고발하는 긴 연설 끝에 로베스피에르가 전혀 다른 사냥감인 파브르 데글랑틴을 직접 심문하는 것은 바로 그러한 이유이다. "나는 손에 든 작은 쌍안경만이 보이는 이 인물, 무대에서 그토록 능숙하게 음모를 드러낼 줄 아는 이 인물(알려져 있다시피 파브르는 〈몰리에르의 필랭트〉*를 포함해 시시한 극작품들을 쓴 작가이다]이 여기에서 스스로 해명할 것을 요구합니다."

로베스피에르는 관용파의 가장 중요한 지도자라고 생각되는 인물[그는 아마도 부분적으로는 당통을 살리려는 마지막 희망에서, 끝까지 그렇게 생각하는 체했다. 혁명재판소에서 제1 피고의 자리에 앉을 권리를 갖는 것은 여전히 파브르 데글랑틴이었다)에게 결정적 공격을 가하기 위해 때를 기다려 선택했다.

니보즈 15일(1794년 1월 4일), 아마르는 봉인된 들로네의 서류들에서 파브르가 동인도회사 청산 법령을 위조했음을 입증하는 반박

....

몰리에르의 필랭트(Le Philinte de Molière) 파브르 데글랑틴의 작품 중 가장 유명한 것으로, 몰리에르의 〈염세주의자〉의 후편으로 쓴 것이다. 여기서 데글랑틴은 정치적으로 위험한 귀족과 덕성을 갖춘 공화주의자를 주인공으로 내세웠다.

4부 자유의 독재 517

할 수 없는 증거를 발견했다. 19일, 로베스피에르는 파브르를 심문했다. 추문은 여전히 비밀에 부쳐졌다. 23일, 아마르는 국민공회에서 모든 것을 밝혔다. 그날 저녁, 파브르 데글랑틴은 샤보, 바지르, 그리고 들로네에 이어 투옥되었다. 당통은 모든 증거에도 불구하고 국민공회에서 파브르의 결백을 옹호하려 애썼다. 그는 비요바렌의 우레와 같은 반박을 자초했다. "파브르 데글랑틴과 함께 있었고 여전히 그에게 속고 있는 자에게 재앙 있으라. 그는 가장 훌륭한 애국파들을 기만했다."

의회의 이 마지막 회의에서 로베스피에르는 발언하지 않았다. 그는 이제 상황이 흘러가는 대로 내버려두고자 했다. 클로츠는 10일에 체포되었다. 이제 파브르의 차례였다. 이 두 예로 충분하다면 가장 좋았을 것이다. 프리메르와 니보즈에 걸친 로베스피에르의 태도를 면밀히 살펴볼수록 그가 미슐레가 공들여 묘사한 사악한 야심가로 행동하지 않았음을 더욱 확신하게 된다. 로베스피에르가 추구하는 것은 독재에 이르는 길에서 장애물이 될 수 있는 모든 사람들을 차례로 제거하는 것이 아니라, 피해를 최소한으로 막고, 결속을 회복하고, 애국파가 내부에서 분열하지 않도록 막는 것이었다.

니보즈 21일(1월 9일), 자코뱅 클럽의 회합에서, 지롱드파의 비방이 한창이던 때처럼 누군가 그를 독재자로 취급했다. 그는 격한 어조로 대꾸했다. "오늘날 야심가라면 누구든 동시에 미치광이이기도 합니다. 내가 공안위원회에서 권위의 12분의 1을 행사한다고 해서 사람들은 나를 독재자라고 부릅니다. 나의 독재는 르펠르티에의 독재이며 마라의 독재입니다. 다시 말해 그것은 전제군주들

혁명전쟁을 위해 길을 떠나는 시민 병사들. 1792년 4월 대(對) 오스트리아 선전포고로 시작된 혁명전쟁은 1815년 나폴레옹 전쟁이 끝날 때까지 무려 20여 년간 계속되었다.

이 나에게 꽂는 비수입니다." 그에게 익숙한 이 말들 아래서 우리는 현기증 나는 증오, 즉 애국파를 서로 대립시키는 상호 고발의 물결에 대한 새로운 우려가 나타나는 것을 느낄 수 있다. 평온을 회복하는 것은 생사가 걸린 문제였다. 바로 이 회합에서 그가 자코뱅들에게 다음 회의에서 영국 헌법을 비판할 것을 요구하여 약속을 얻어내는 것은 바로 그러한 이유에서이다. 그가 제안하는 것은 학문적 주제가 아니었다. 그는 내부의 분쟁을 격화시키느니 다 함께 주요한 적에 신경을 쓰는 편이 낫다고 생각했다.

플뤼비오즈 9일(1월 28일)과 11일, 로베스피에르는 두 차례에 걸쳐 새로운 논쟁에 개입하는데, 두 번째 개입은 "자유를 다시금 정복한 관대한 국민과 감히 전쟁을 벌이는 무례한 국민"인 배신자 알비옹*을 격렬하게 비난하기 위해서였다.

나는 영국 국민을 증오하며, 내 안에 깃들어 있는, 그들에 대한 내 동포들의 증오를 더욱 격화시킬 것을 선언합니다……. 영국 국민에 대한 나의 증오는 그 정부에 대한 증오에 뿌리를 두고 있습니다……. 영국혁명의 값을 치러야 하는 것은 결코 우리가 아닙니다. 이 국민은 스스로 해방될 것이며, 그때 우리는 그들에게 우리의 존경과 우정을 전할 것입니다.

이러한 격렬함은 국제 문제에서 로베스피에르가 통상적으로 보여주는 중용과 대조된다. 그것은 그가 오늘날 우리에게는 손쉬운 일인 역사적 거리두기를 할 수 없었다는 것으로 설명할 수 있다. 17세기의 영국 혁명은 프랑스의 혁명가들에게 하나의 횃불이었다. 18

세기 말의 모든 유럽 국가 중에서 사법(司法)〔로베스피에르는 이 보고서에서 그것을 크게 찬양했다〕과 정치에서 가장 자유로운 나라는 영국이다. 영국은 이러한 이유로 프랑스 계몽사상가들에게 찬사의 대상이 되었다. 마지막으로, 영국에서 출현한 대기업의 발전은 프랑스의 혁명적 부르주아지의 비상을 위한 모델로 제시되었다. ─ 대다수 국민공회 의원들은 영국이 25년간 전례 없이 악착스럽게 반(反)프랑스 동맹을 지휘하는 것이 바로 이 마지막 이유에서라는 점을 이해하지 못했다. 영국은 상공업에서 유일하게 자신의 경쟁자가 될 수 있는 프랑스의 도약을 용인할 수 없었다. 프랑스인들이 가장 가깝다고 믿었던 국민, 자유로운 환경으로 그들에게 가장 많은 격려를 제공했던 국민이 가장 큰 국민적 단결과 단호함으로 반혁명전쟁을 수행하는 국민이 되었던 것이다. 바로 그러한 이유에서 로베스피에르와 다른 의원들이 품었던 애정어린 실망이 결국 증오로 변했다. 사람들이 가장 미워하는 것은 동료를 배신한 자이다. 경제의 일차적 중요성에 무지한 탓에 이원론적 사고를 가질 수밖에 없는 사람들의 눈에 영국 총리 피트는 사탄의 화신이 되었다.

그러나 로베스피에르의 이러한 격렬함은 또한 분위기를 이완시키려는 의지 때문이었음에 틀림없다. 데물랭이나 부쇼트보다는 피트와 알비옹에게 욕설을 퍼붓는 것이 나았던 것이다. 플뤼비오즈 14일(2월 2일), 불랑(Jean Voulland, 1751~1801)은 국민공회에서 보안위원회의 이름으로 뱅상과 롱상을 기소할 아무런 증거도 찾지 못했다고 발표하고, 그들의 석방을 요구했다. 분노한 관용파가 반

알비옹(Albion) 영국을 지칭하는 켈트어 이름.

대했다. 모두의 예상과 달리 당통은 불랑의 제안을 지지하고 더 후에 파브르를 위해서도 개입할 것임을 명확히 밝혔다. 자신의 친구들보다 더 빈틈없는 그는 전술을 바꿔야 한다는 사실을 이해했다. 아마도 이날, 그는 단순히 산악파를 사로잡고 있는 상호 파괴의 소용돌이 앞에서 로베스피에르와 동일한 두려움에 굴복한 것인지도 모른다.

로베스피에르는 롱상과 뱅상의 석방으로 종결된 논쟁에 개입하지 않았다. 플뤼비오즈 17일(2월 5일), 그는 다시 국민공회의 단상에 올라 공안위원회의 이름으로 "공화국의 국내 행정에서 국민공회가 따라야 할 도덕의 원리에 관한" 새로운 방대한 보고서를 발표했다. 이 보고서는 니보즈 5일에 발표한 보고서의 논리적 귀결이며, 동시에 새로운 단계에 접근하고 앞으로 세울 나라의 토대들을 일찍이 명시하는 것이었다. 그가 '거짓 혁명가들'에게 여전히 가하고 있는 비판에도 불구하고[그는 이때 그들에 대한 면밀하고 통찰력 있는 초상화를 그려내는데, 그것은 분명히 그가 공들여 쓴 것으로서 라 브뤼예르*의 것이라 할 만한 다음의 독설로 끝이 난다. "거짓 혁명가들은 한 가지 훌륭한 행동을 하는 것보다 백 개의 붉은 혁명 모자를 이용하는 것을 더 좋아할 것입니다."], 그는 지난 몇 달 동안의 논쟁을 시대에 뒤진 것으로 여기는 듯했다. '음모'에 대한 경계는 그 어느 때보다 더 필요 불가결하지만, 그는 모든 애국파를 결집하기 위해 적극적으로 나섰다.

그는 우선 이전에 제시한 주제들, 즉 공포정치의 정당화를 되풀이했다.

여러분이 세우는 정책의 첫 번째 원칙은 민중은 이성으로, 민중의 적들은 공포로 이끈다는 것이어야 합니다……. 공화국에서는 공화주의자들만이 시민입니다. 왕당파, 음모가는 공화국에 있어 외국인이거나 차라리 적일 뿐입니다……. 공화국 내외의 적들을 제거하거나, 아니면 공화국과 함께 죽어야 합니다……. **혁명정부는 전제정에 항거하는 자유의 독재입니다.**

그리고 그는 자신에게는 익숙하지만 여기에서는 데물랭에 대한 마지막 대답으로 들리는 말투를 회복했다.

언제까지 독재자들의 분노는 정의로, 민중의 정의는 야만이나 반란으로 불려야 합니까? 사람들은 압제자들에게는 관대하고, 압제당하는 자들에게는 가혹합니다! 다음의 사실보다 더 자연스러운 것은 없습니다. 범죄를 미워하지 않는 자는 아무도 덕을 사랑할 수 없습니다. 그러나 둘 중 하나는 굴복해야 합니다. 어떤 사람들은 왕당파에 대한 관용을 외칩니다. 악당들에게 자비라니요! 안 됩니다! 무고한 사람들에게 자비를, 약자들에게 자비를, 불행한 사람들에게 자비를, 인류에게 자비를!

아! 도대체 그들(압제자에게 관대한 사람들)은 누구를 불쌍히 여겼던 것입니까? 자유의 적들이 휘두른 칼에, 또는 왕당파나 연방주의자

라 브뤼예르(Jean de La Bruyère, 1645~1696) 17세기 프랑스의 모랄리스트. 인물들을 재치 있게 묘사하는 문학 장르인 포르트레(portrait)로 성공하여 명성을 얻었다.

암살자의 비수에 살해된 국민의 정예집단, 20만의 영웅들입니까? 아닙니다. 이들, 자유의 적들에게 살해된 사람들은 단지 평민들, 애국파들에 불과합니다! …… 그들의 따뜻한 관심을 얻을 자격을 갖기 위해서는 적어도 수도 없이 조국을 배신한 장군의 미망인은 되어야 합니다.

여기에서 로베스피에르는 단지 〈비외 코르들리에〉에 답하고 있는 것만은 아니었다. 그에게 혁명으로 인해 사람들이 흘려야 했던 피를 수치스럽게 느끼도록 만듦으로써 혁명의 가치를 훼손시킬 수 있다고 믿을 모든 사람들에게 미리 대답하는 것이었다. 그들은 더구나 백색 테러를 태연하게 용인할 사람들이었다. — 그들은 여전히 '9월 학살'을 상기하면서도, 1790년 8월 낭시에서 부이예가 라파예트의 박수를 받으며 학살한 수백 명의 비무장 병사들이나 1791년 7월 17일 라파예트와 바이이가 샹 드 마르스에서 사살한 수백 명의 파리 시민들, 그리고 1793년 3월, 방데 반란 초기의 며칠간 방데 군에게 살해된, 마쉬쿨 읍에서만 545명에 이르는 민간인, 남자, 여자, 아이들을 전혀 생각하지 않는 바로 그 사람들이다. — 그들은 또한 공포정치 시기 프랑스 전역에서, 주로는 서부와 남동부의 군사작전 지역에서 합법적으로 이루어진 약 17,000건의 사형 선고 앞에서 공포에 사로잡혀 성호를 긋겠지만 1848년 6월 봉기의 진압과 1871년 코뮌의 진압에서 희생된 노동자들의 수는 결코 헤아려보려 하지 않는 바로 그 사람들이다.

때로는 수치가 사실과 마찬가지로 완고하다는 점을 상기시키는 것이 역사가의 의무이다. 왜냐하면 아직도 많은 이들이 — 로베스피에르는 이들에 대한 최초의 맹렬한 비판자였다. — 일반적으로

이 점을 알아차리지 못하고 있기 때문이다. 그들은 역사적 사기의 희생자들이다. — 알베르 마티에즈는 1920년에 행한 한 강연에서 1917년 폭동*의 진압으로 희생된 훨씬 더 많은 수의 사람들 중 사망자 2,700명의 명예가 이미 파기원*에서 회복되었음을 상기시켰다. 다시 말해 공식적으로 최소한 2,700명의 무고한 사람들이 살해당했다는 것이다. — 그런데 1793년 3월 10일에서 1794년 테르미도르 9일까지 파리의 혁명재판소는 모두 합쳐 2,627명에게 사형을 선고했을 뿐이었다. 이들 중 왕족, 주교, 은행가 그리고 지주들이 있었던 것은 사실이다. 1917년의 반도들이 거의 모두 프롤레타리아나 농민들이었다는 것 또한 사실이다.

한 사람의 생명이 다른 사람의 생명과 동일한 가치가 있다고 생각하든지(이 경우에는 산술적 계산의 설득력 앞에 굴복해야 한다), 그렇게 생각하지 않든지(이 경우에는 바르나브가 1789년에 교수형에 처해진 첫 특권층에 대해 제기한 문제를 공포정치 시기에 유죄를 선고받은 사람들에 대해 제기해야 한다. "이 피가 그렇게 깨끗한가?") 여기에서 가장 중요한 것은 로베스피에르가 어떻게 생각했는지를 명백히 밝히는 것이다. 그리고 우리가 방금 살펴본 그의 발언들은 공포정치를 정당화하려는 그의 몇몇 옹호자들의 노력을 그가 결코 용납하지 않았을 것임을 명백히 입증한다. 그는 정상을 참작케 하는 사정을 내세우지도 않았을 것이다. 그는 자신의 행

1917년 폭동 전쟁 중이던 1917년 5~6월 프랑스 북부 국경에서 독일군과 대치 중이던 프랑스 군 병사들이 일으킨 폭동.
파기원(Cour de Cassation) 프랑스 최고재판소.

위에 책임을 졌다. 그의 책임을 그에게 남겨주어야 한다. "둘 중 하나는 굴복해야 한다. 인류의 압제자들을 처벌하는 것은 관용이다. 그들을 용서하는 것은 야만이다."

그렇다고 해서 이것이 공포정치가 학살의 체계가 되는 데 그가 동의했다는 것을 의미하는 것은 아니다. 이미 앞에서 보았듯이 그는 콜로 데르부아가 리옹에서 자행한 자의적인 대규모 처형을 지지하지 않았다. 그 외에도 그는 이러저러한 다른 파견의원들이 저지른 과격행위에 반대했으며, 이들이 그의 위협에 겁을 먹고 테르미도르 9일 쿠데타의 주요한 의회 내 주동자들이 되리라는 사실은 모두가 알고 있다. 로베스피에르에게 전달된 한 장의 편지 때문에 공안위원회가 낭트에서 진행 중인 공포정치의 과도함을 종결하기 위해 카리에*를 파리로 소환하는 것은 플뤼비오즈 20일(2월 8일)이다. 바라스*와 프레롱은 이미 4일에 툴롱과 마르세유에서의 임무를 박탈당했다.

그리고 플뤼비오즈 17일, 로베스피에르는 공포정치의 필요성을 재천명한 후 다음과 같이 덧붙였다.

민중의 적을 위해 준비된 공포를 감히 민중을 향해 돌리는 자들에게 재앙 있으라! 애국파의 마음에 비탄이나 죽음을 가져오기 위해 감히 자유의 신성한 이름을 악용하거나, 자유가 제공한 두려운 무기들을 남용하는 악당들은 멸망할지어다! 공화국 전체를 통틀어 자유의 적들에게 박해당하는 단 한 사람의 덕 있는 사람이 있다면, 염려하는 마음으로 그를 찾아내고, 보란 듯이 그의 원수를 갚는 것이 정부의 의무입니다.

바로 이러한 전제로부터 로베스피에르는 관용파와의 논쟁이 그에게 제기한 새로운 문제, 즉 '자유의 독재'를 다른 독재와 구분하게 하는 것은 무엇인가라는 문제를 제기하고 그것을 풀고자 애쓴다. 카미유가 공안위원회의 혁명적 공포정치를 로마제국의 폭군 황제들인 티베리우스(BC 42~AD 37), 칼리굴라(AD 12~41), 또는 네로(AD 37~68)가 주위에 퍼뜨리는 비열한 공포와 동일시할 때 그에게 어떻게 답할 것인가?

공포는 독재정부의 원동력이라고들 합니다. 그렇다면 여러분의 정부가 독재를 닮았습니까? 그렇습니다. 자유의 영웅들의 수중에서 빛나는 칼이 전제군주의 심복들이 지닌 칼과 비슷한 것과 마찬가지입니다. 독재자가 공포로 자신의 어리석은 신민을 다스린다면, 그는 독재자로서 올바른 것입니다. 여러분의 적들을 공포로 길들이십시오. 그때 여러분은 공화국의 건설자로서 옳은 것입니다. 힘이라는 것이 단지 범죄를 보호하는 데에만 사용되어야 합니까? 벼락은 오만한 인간들을 내리치기 위해 예정된 것이 아닙니까?

로베스피에르가 보기에 공포의 양면성은 ─ 적색이든 백색이든

카리에(Jean-Baptiste Carrier, 1756~1794) 방데 반란이 진압된 후 낭트에 파견된 국민공회 의원. 이른바 '익사형'을 통해 2,000~3,000명에 이르는 선서 거부 성직자, 반혁명 혐의자, 공민권을 박탈당한 자들을 재판도 하지 않고 처형했다.
바라스(Paul Barras, 1755~1829) 국민공회 의원으로서 툴롱 탈환에 참여한 후, 독직 행위로 막대한 재산을 축적했다. 1794년 1월 공안위원회에 소환된 후 로베스피에르에게 냉담한 대접을 받고 테르미도르 쿠데타에 참여했다.

루아르 강의 학살 낭트에 파견된 국민공회 의원 카리에는 반혁명파 2천여 명을 루아르 강에 수장시켜 악명을 얻었다.

―순수하게 형식적인 것이고 오직 비방꾼들만이 그것에 집착할 수 있다. 그에게는 어떤 원칙에 근거해 그것의 근본적인 차이를 확인할 것인가 하는 문제가 남아 있었다. 아직 레닌이 프롤레타리아 독재와 관련하여 그 문제를 객관적으로 해결할 시간은 도래하지 않았다. 로베스피에르는 다른 해결책을 생각할 수 없으므로 여전히 그것의 도덕적 근거에 머물러 있었다. 즉 '영웅들'이 지배하는 좋은 공포인 혁명적 공포는 '전제군주의 심복들'이 행사하는 악의적인 공포와는 다르다는 것이다. 왜냐하면 "그것(혁명적 공포)은 신속하고, 엄격하고, 굽힐 줄 모르는" 정의에 다름 아니기 때문이다. (혁명적) 공포는 정의이기 때문에 그것은 민주주의의 원동력이자

본질 자체인 원칙, 즉 덕성에 실질적으로 기여하는 것이다. "그것(공포)은 특수한 원칙이라기보다는 조국의 가장 절박한 필요에 따라 시행되는 민주주의의 일반적 원칙의 한 가지 결과이다." 한마디로 말해 공포 — 물론 좋은 공포 — 는 "덕성의 발현"이다. 따라서 "혁명기 민중적 정부의 원동력은 덕성이자 동시에 공포이다. 즉, 덕성이 없는 공포는 치명적이다. 반면 공포가 없는 덕성은 무력하다."

우리는 사회·정치적 문제를 도덕적 문제와 동일시하는 로베스피에르의 이러한 경향 — 루소로부터 물려받은 — 을 그의 생애 초기에 발견할 수 있었다. 두 범주의 대립되는 어휘들이 오래전부터 그 어휘들의 순진한 선악이원론과 공존했다. 그 어휘들이란 한편으로는 전제군주들, 특권층, 부르주아들, 부자들, 악의적이고 극악무도한 자들, 다른 한편으로는 애국파, 자유의 벗들, 민주주의자들, 상퀼로트, 가난한 사람들, 선량하고 덕 있는 사람들이다. 이 길다란 두 범주의 등식에서 이제껏 지배적인 어휘들은 애국파, 자유의 벗들, 상퀼로트 또는 그 반대말 같은 구체적인 어휘들이었다. 이제는 반대로 도덕적 추상성이 나머지 전부를 자신에게 종속시켰다. 로베스피에르가 덕성의 지배를 시작한 것이다.

대부분의 통치자들은 민중에게 빵이 없을 때 덕성에 호소하는데, 그것은 그들이 민중에게 빵을 주기를 원치 않거나, 민중에게 빵을 줄 수 있는 사회경제적 구조를 발견할 수 없었기 때문이다. 첫 번째 설명은 로베스피에르에게 전혀 해당되지 않는다. 두 번째 설명은 그 실질적 중요성이 어느 정도이든 부분적으로만 타당하다. 로베스피에르로 하여금 덕성을 내세우도록 만드는 감정은 상퀼로트의 물질적 요구에 응해야 할 필요보다는 그를 둘러싼 정치 지도자들의 품행에 대한 진지하고 깊은 혐오감이며 또한 그가 목격한 부패를 말소하기 위한 최고의 노력이었다.

최근 몇 달간의 사건들이 로베스피에르에게 어떤 심리적 혼란을 야기했을 것인가에 대해서는 아마도 충분히 이야기되지 않았다. 이제까지 그는 투쟁을 시작하기 전 아무개 씨로만 알았던 적들(제헌의회의 우파), 결코 크게 신뢰하지 않았던 적들(미라보, 푀양파), 또는 결코 친분이 두텁지 않았던 적들(페티옹과 뷔조를 제외한 지롱드파 전원)과 맞서는 것으로 충분했다. 특권층, 대(大)부르주아지, 부자들에게 매수된 지식인 등 그는 자신이 누구와 대면하고 있는지 알고 있었고, 그들의 부패를 사전에 감지하고 있었다.

그러나 이제, 그는 그들의 단점이나 결함에도 불구하고 늘 믿어 왔던 사람들, 자신들을 둘러싼 민중들의 덕성을 공유하고 있는 진정한 자코뱅, 진정한 코르들리에파의 부패를 갑작스럽게 확인했다. 그들은 5년이 조금 못 되는 기간 동안 그와 함께 혁명을 수행한 사람들, 간단히 말해 산악파들이다. 이제 로베스피에르가 상퀼로트에게 '신성한 산악파'를 중심으로 결집할 것을 촉구하면서 어떻게 얼굴을 붉히지 않을 수 있겠는가? 처음으로 혁명가들 자신의 내부에서 붕괴의 조짐이 나타난 것이다. 플뤼비오즈 17일(2월 5일)에 "그들은 혁명을 직업으로, 공화국을 전리품으로 선택했다."라고 그는 말했다.

우리는 자신의 경쟁자가 될 수도 있는 사람들을 차례로 거꾸러뜨리기 위해 인내심을 가지고 적당한 순간을 기다리는 냉혹한 계산기를 보고 있는 것이 아니다. 그러나 우리는 프리메르 당시에 로베스피에르가 느낀 동요, 전우들의 몰락에 직면한 부패할 수 없는 인물의 혼란을 이해할 수 있다. 이 혼란이 많은 부분 순진함에 의한 것이었다는 것은 분명하다. 로베스피에르는 진행 중인 경제·사회적 변화를 이해할 수 없었다. 따라서 그는 프랑스 부르주아지의 인적 틀을 쇄신할 물결에 휩쓸린 수십 명의 의원들과 정치가들을 사로잡고 있는 욕망, 즉 거래를 하고, 모험을 시도하고, 위험을 감수하려는 욕망을 오늘날의 역사가처럼 정상적인 것으로 생각할 수 없다. 발자크*를 읽고, 고리오 영감으로 대표되는 발자크의 모든 주인공들이 부르주아 혁명을 통해 득을 보게 되는 사회적 변동의 폭을 깨달을 수 있으려면 로베스피에르는 75세까지는 살아남았어야 했을 것이다.

그러나 발자크를 읽었다 해도 로베스피에르는 여전히 발자크보다 더 분노했을 것이다. 그는 자신의 일생을 바친 혁명이 결국 자신이 경멸하고 혐오하는 사회계층을 부자로 만들고 번성하게 만드는 데 기여할 뿐이라는 것을 용납하지 않았을 것이다. 그리고 그가 이제 다시 덕성을 향해 기수를 돌리는 것은 굶주리는 민중을 속이기 위해서가 아니라 민중과 매우 유사한 끓어오르는 혈기 때문이다. 7주 후, 파브르와 당통에 대한 그의 기록 중 몇 구절을 통해 우

발자크(Honoré de Balzac, 1799~1850) 프랑스의 소설가. 19세기 전반의 프랑스 상황, 즉 신분질서의 붕괴, 경쟁 원리의 출현, 생활 수준의 향상, 현세적이고 개인 중심적인 사상의 일반화 등이 그의 소설의 배경이 되었다. 《고리오 영감》을 비롯하여 그의 작품에는 대두하는 시민 계급의 에너지와 욕망, 개인을 짓밟는 근대사회의 원리가 잘 묘사되어 있다.

리는 그의 반응을 이해할 수 있고 또한 이 선량한 가슴을 죄어오는 구토를 확인할 수 있다.

당통은 덕성이라는 말에 웃음을 터뜨렸다. 그는 매일 밤 자신이 아내와 함께 발휘하는 덕성보다 더 확실한 덕성은 없다고 익살스럽게 말했다. 도덕의 관념과 이토록 무관한 사람이 어떻게 자유의 수호자가 될 수 있었는가? 당통의 또 다른 원칙은 사기꾼들을 이용해야 한다는 것이었다. 또한 그는 가장 부도덕한 음모꾼들로 둘러싸여 있었다. 그는 세상의 모든 타락한 인간들을 그의 지지자로 만들 수 있도록 악덕에 대한 관용을 주장했다. 그의 말에 따르면, *우리의 대의를 약화시키는 것은 우리의 원칙이 지닌 가혹함이 많은 사람들을 겁먹게 만든다는 점이다.*

오를레앙이 손수 펀치 음료를 만들고, 파브르, 당통 그리고 빔펜이 참석했던 로베르의 다과회를 잊어서는 안 된다. 사람들은 할 수 있는 한 가장 많은 수의 산악파 의원들을 바로 그곳으로 불러모아 그들을 유혹하고 그들의 평판을 해치고자 했다.

중요한 플뤼비오즈 17일(2월 5일)의 보고서를 수사(修辭)의 한 대목이나 구체적 현실에서 유리된 도덕가의 이상으로 볼 것이 아니라, 이러한 상황들을 고려하면서 읽어야 한다. 로베스피에르가 호소하고자 하는 대상은 국민공회를 넘어 민중이다. 그는 7월 14일 바스티유 함락, 8월 10일 봉기, 와티니 그리고 가이스베르크의 사자(死者)들이 자신들의 생명을 바친 것은, 파브르 같은 인물들이 법령을 위조하여 호주머니를 불릴 수 있도록 하기 위해서가 아니라는 것을 민중들에게 주장하고자 했다. 그리고 아마도 또한 그는 당통에게, 그리고 자신을 회복하라는 마지막 주문인 듯 데물랭과 아직도 존경하는 다른 사람들에게 호소했다.

혁명의 목표와 우리가 도달하고자 하는 종결점을 분명히 밝힐 때입니다〔이 도입부의 중요성은 충분히 강조되지 않았다〕. 우리가 지향하는 목표는 무엇입니까? 그것은 자유와 평등을 평화롭게 누리는 것입니다……

우리는 모든 저열하고 잔인한 열정들이 사슬에 묶이고, 모든 관대하고 유익한 열정들이 법에 의해 깨어나는 세계, 야심이란 곧 명예를 얻고 조국에 봉사하려는 욕망인 세계, 차별은 단지 평등 자체로부터만 생겨나는 세계, 시민들은 관리들에게, 관리들은 민중들에게, 민중들은 정의에 순종하는 세계, 조국이 각 개인의 행복을 보장하고 각각의 개인이 자랑스럽게 조국의 번영과 영광을 누리는 세계, 모든 사람들이 끊임없이 서로 공화주의적 감정을 나눔으로써 위대한 민중의 존경을 받고자 하는 욕구에 의해 성장하는 세계, 예술은 그것을 고결하게 만들어주는 자유의 장식품이 되는 세계, 상업이 단지 몇몇 가문들의 추악한 호사의 원천만이 아니라 공공의 부의 원천이 되는 세계를 원합니다.

우리는 프랑스에서 도덕이 이기주의를, 정직이 체면을, 원칙이 관행을, 의무가 관례를, 이성의 지배가 관습의 독재를, 악덕에 대한 멸시가 불행에 대한 멸시를, 자부심이 무례함을, 관대함이 허영을, 명예에 대한 사랑이 돈에 대한 사랑을, 어떤 사람인가가 어디에 속해 있는가를, 공로가 음모를, 타고난 재능이 범용한 재주를, 진실이 화려함을, 행복의 매력이 쾌락의 권태를, 인간의 위대함이 위인들의 옹졸함을, 관대하고 강력하고 행복한 민중이 친절하고 경박하고 비참한 민중을, 다시 말해 공화국의 모든 덕성과 모든 기적이 군주정의 모든 악덕과 조롱거리들을 대신하기를 원합니다.

한마디로 우리가 원하는 것은, 자연의 염원을 충족시키고, 인류의 운명을 완수하고, 철학의 약속을 이행하고, 섭리를 범죄와 전제정의 오랜 지배로부터 해방시키는 것입니다. 프랑스가…… 모든 국민의 모범이자 압제자들의 두려움의 대상이 되기를, 또한 압제당하는 이들에게 위로이자 세계의 자랑이 되기를, 그리고 우리의 과업을 우리의 피로 봉인함으로써 적어도 전 세계에 행복의 서광이 빛나는 것을 볼 수 있기를 바라는 것입니다. 이것이 우리의 야심이며 우리의 목표입니다.

로베스피에르는 혁명이 새로운 시대의 시작이며 인류 전체를 변화시킬 출발점임을 주장하면서 그의 가장 열렬한 확신을 표현했다. 전날인 플뤼비오즈 16일, 국민공회가 결국 식민지 노예제의 무조건적인 폐지를 공포한 것은 단순한 우연의 일치가 아니었다. 3주 후 생쥐스트는 "행복은 유럽에서 새로운 사상이다."라고 말함으로써 같은 생각을 되풀이한다. 그는 또 "혁명은 행복이 완성될 때 끝이 난다."라고 쓴다. 먼 후대에까지 더욱 많이 통용된 것은 생쥐스트의 격언들이다. 그러나 우리가 막 읽은 로베스피에르의 긴 글은 뛰어난 서정성으로 베토벤의 〈9번 교향곡〉의 정열을 보여준다. ― 어쨌든 흥미로운 것은 마지막 구절들에서 당통과 대화의 가능성을 드러내고 있다는 것이다. 왜냐하면 로베스피에르는 당통에 관한 의견서에서 분명히 자신을 분격시켰던 이 말을 다시 적고 있기 때문이다.

내가 당통에게 신문마다 실려 있는 롤랑과 브리소파의 조직적인 중상을 보여주었을 때 당통은 내게 이렇게 대답했다. *내게는 아무 문제도 되지 않는다! 공론은 창녀이고, 후세는 백치이다!* (후세 자체가 어리석으므로 고려의 여지가 없다는 뜻)

반대로 로베스피에르는 후세를 늘 염두에 두고 있고 모두가 자신처럼 거기에서 필요한 열정을 끌어오길 원했다. 그는 이미 브뤼메르 27일(1793년 11월 17일)의 보고에서 다음과 같이 외쳤다.

우리들 중 자신의 능력이 자라고 있다고 느끼지 않는 사람, 우리가 투쟁하는 것은 한 민족을 위해서가 아니라 전 세계를 위해서이고, 지금 살아 있는 사람들을 위해서가 아니라 앞으로 존재할 모든 사람들을 위해서임을 생각하면서 인류 자신을 넘어 성장하고 있다고 믿지 않는 자는 누구인가?

이틀 후인 플뤼비오즈 19일(2월 7일), 브리셰라는 이름의 한 흥분한 사람이, 지롱드파를 지지하여 항의문에 서명한 73인뿐 아니라 평원파 의원들, 즉 '늪의 두꺼비들*'을 혁명재판소로 소환할 것을 자코뱅 클럽에 제안했다. 곧 로베스피에르가 일어나 고발당한 사람들을 옹호하면서 브리셰는 결코 자유를 위한 투쟁에서 모습을 보인 적이 없고 그가 폴리냑의 측근이라는 것은 다 알려져 있는 일

....

늪의 두꺼비들 국민공회의 중도파인 평원파 의원들을 경멸적으로 부르는 별명. 평원파를 늪지파(Marais)라고도 불렀던 데서 비롯한다.

이니 이러한 선동분자는 추방해야 한다고 주장했다. 브리셰의 친구 생텍스(Saintex)는 로베스피에르가 의견에 대한 독재를 행사한다고 비난했다. 로베스피에르는 "자유의 모든 적들은 의견의 자유에 반대했다. 왜냐하면 그들은 힘의 독재를 더 좋아하기 때문이다."라고 답한다. 그는 생텍스가 열렬한 브리소파였음을 환기시키고 브리셰와 생텍스의 추방을 얻어냈다.

이 짧은 장면보다 이 당시 정치적 당파들의 모호성을 더 잘 보여주는 것은 없다. 파리에서는 당파들을 구분하기가 비교적 쉬웠다. 그러나 지방의 도(道)들에서는 파견의원들이 교체되거나 이동하는 데 따라 상충하는 고발과 체포가 이어지는 광경을 도처에서 목격할 수 있었다. 로베스피에르가 가장 두려워한 일이 이미 진행되고 있었다. 즉 방향을 잃은 민중이 어떻게 미심쩍은 혁명가들을 진정한 혁명가들로부터 구별할 수 있는지 묻고 있었다. 가장 훌륭한 애국파들조차 자신들이 전날 고발한 소요꾼들을 대신해 다음날 감옥에 갇히지 않으리라고 확신할 수 없는 상황이었다.

로베스피에르가 과도한 노동으로 지쳐버려 한 달간 병석에 눕는 것은 바로 이러한 상황에서였다. 1793년 5~6월, 그가 이미 혁명 4년 만에 자신이 육체적으로 한계에 이르렀다고 말했던 것을 기억할 것이다. 이후 국민공회의 회의들, 그리고 대부분 자코뱅 클럽의 회합이 차지하고 있는 저녁 모임에 공안위원회의 격무가 추가되었다. 플뤼비오즈 마지막 주에 그는 몸져누웠다. 방토즈 22일(3월 12일)에야 그는 활동을 재개했다.—그리고 이 4주 사이에 상황은 현저하게 변화했다.

로베스피에르가 공안위원회에 들어간 이후로는 그가 사회경제적 문제들을 다소 길고 명확하게 다룬 글을 더 이상 하나도 발견할 수 없음을 지적할 수 있는데, 이러한 지적은 그가 사망할 때까지 유효하다(테르미도르 8일 캉봉의 재무정책에 대한 그의 공격을 제외하면). 그는 지나는 길에 그 문제들을 암시할 뿐이었다. 방금 읽은 플뤼비오즈의 보고서에서 그는 정치적일 뿐 아니라 여러 가지 점에서 사회적이기도 한 민주주의를 개략적으로 그려 보인다. 그러나 그는 1792년 6월부터 1793년 7월까지 할 수 있었던 대담한 주장들을 더 이상 재론하지 않았다. 플뤼비오즈 말까지 모든 것은 1793년 9월 29일 통과된 *최고가격제*의 시행이 공안위원회 경제 정책의 전부인 것처럼 진행되었다. 그것은 한편으로는 아마도 산악파 부르주아지의 대부분을 반대파로 몰아넣지 않고서는, 그리고 공공 안녕의 토대가 되는 취약한 민중전선을 깨뜨리지 않고서는 더 멀리 나가기가 어려웠기 때문일 것이다.

또한 다른 한편으로는 *최고가격제*가 그것만으로도 충분히 소란을 야기하고 있었기 때문이다. 어디에서나 그 법이 엄격하게 시행되도록 할 수도 없고, 설사 그 법을 무자비하게 시행한다 해도 그것이 *생산의 국유화*를 수반하지 않으면서 효력을 발휘할 수 있는지 의문이었다. 그런데 이 분야에서 유일하게 중요한 조치들은 직접적인 군사적 필요를 위해 취해진 것이었다. 만일 그 조치들이 민간 부문의 필요에 따라 광범위하게 확산된다면, 산악파는 틀림없이 그 조치들을 거부했을 것이다. 이러한 상황에서 왜 로베스피에르가 사회·경제적인 문제들에 침묵을 지켰는지 이해할 수 있을 것이다.

그러나 플뤼비오즈에 상퀼로트의 경제적 소요는 더 격렬해졌다.

최고가격제는 한편으로는 방해에 직면하여, 다른 한편으로는 적절한 해결책이 아니기 때문에 무력하다는 것이 확인되었고, 파리에서 기근은 어느 때보다 더 극심해졌다. 방토즈의 첫 2주 동안, 상점 앞의 소요, 여기저기에서 발생하는 약탈과 폭력행위, 민중들의 전반적인 불만은 격앙파의 시대를 상기시켰다. '에베르파'는 상퀼로트 대중의 전폭적인 신뢰를 얻고 있으므로 이런 상황이 그들에게는 좋은 기회였다. 프리메르에 시작된 정화 투표 이후, 자코뱅 클럽에는 더 이상 그들에게 귀기울이는 이가 없었다. 그러나 그들은 코르들리에 클럽 안에서 확고부동한 지위를 누리고 있었고, 조르주 르페브르가 이미 흔쾌히 그렇게 했듯이, 그들을 코르들리에파라고 부르는 것이 앞으로는 더 정확할 것이다. 경제적 강령이 가장 큰 관심사였던 격앙파와는 달리 코르들리에파 지도자들(소심한 에베르를 자신들의 항로로 끌어들이고 있는 뱅상, 롱상 그리고 모모로)은 자신들의 정치적 목표를 달성하기 위해 사회적 분위기와 경제적 어려움을 이용했다.

그들은 이번에는, 속보이는 암시를 이용해 바로 로베스피에르를 비난했다. 플뤼비오즈 24일(2월 12일), 모모로는 코르들리에 클럽에서 "공화국에서 지쳐버린 사람들, 혁명으로 다리가 부러진 사람들, 우리는 애국파이고 그들은 더 이상 애국파이고 싶지 않다는 이유로 우리를 과격파 취급하는 사람들"에게 분노했다. 방토즈 4일(2월 22일), 이번에는 에베르가 '새로운 브리소파,' '회유자들,' '카미유 데물랭을 어린애로, 필리포를 미치광이로' 묘사한 사람들, 지롱드파 항의자 73인을 단두대에서 빼내준 사람들을 공격했다.

이러한 공세에 공안위원회는 일련의 조치들로 답한다. 로베스피에르가 병이 나기 전에 공안위원회가 모든 것을 이미 결정했는지는 알 수 없지만, 로베스피에르가 그 결정들에 동의할 수밖에 없었다는 것은 분명하다. 방토즈 3일, 바레르는 결국 식량위원회가 몇 달간의 작업 끝에 확정한 새로운 *최고가격제*의 완성안을 국민공회에 제출했다. 9일에는 매점에 관한 새로운 법안이 제출되었다. 두 시기 사이인 방토즈 8일(2월 26일), 생쥐스트는 반혁명 혐의자에 관한 자신의 보고서를 발표했다. 그것은 *방토즈 법*으로 귀결되었다. 그리고 이번에 그는 로베스피에르파의 공동 강령의 결과들〔로베스피에르는 아직 어렴풋이 예감했을 뿐인〕을 명료히 했다.

공화주의적 자유가 전쟁 없이, 곧 혁명정부와 정치적 공포 없이 확립될 수 없다면, '자유의 전제(專制)'는 그 '자유의 전제'로 인해 정치적 독재권을 잃은 사람들(특권층)로부터 모든 사회경제적 권력을 박탈하고, 바로 그 '자유의 전제'가 정치적 권력을 가져다주기 위해 싸운 그 사람들에게 모든 사회·경제적 권력을 주어야 한다. 왜냐하면 정치적 권력과 경제적 권력이 상반되면 바로 후자가 전자를 치명적으로 파괴할 것이기 때문이다. 추론의 거의 모든 요소들은 로베스피에르에게서 오지만, 생쥐스트의 천부적 능력은 그것들을 하나의 강력한 총합으로 묶어냈다.

바로 그러한 이유로 로베스피에르의 전기에서 생쥐스트의 보고서와 〈공화주의 체제〉의 여러 구절들에 많은 공간을 할애해야 하는 것이다. 정치사상으로서 *로베스피에르주의*는 생쥐스트에 의해 자신의 혁명적 미래를 보장할 하나의 이론으로 완성된다. 그 이론이란 정치적 민주주의는 사회적이거나(소유 및 계급의 문제와 관련된 것을 의미) 또는 그렇지 않거나 둘 중 하나라는 것이었다. 그것은 마르크스주의와는 전혀 다른 것이다(왜냐하면 한편으로 사회적인 것은 정치적인 것과의 관련 아래에서만 고려되고, 게다가 놀랍게도 경제적 받침대 없이 존재하기 때문이다). 그러나 그것은 상황과 전쟁으로부터 탄생한 로베스피에르주의자들의 사회 정책이 단지 임시변통의 정책만은 아니라는 것을 말해준다. 분명 생쥐스트에게는 심층적이고 지속적인 사회적 변화를 실현하는 것이 중요했다.

그것은 틀림없이 로베스피에르에게도 마찬가지였다. 로베스피에르가 이후 자신에게 남아 있는 다섯 달 동안 생쥐스트의 보고서를 명백히 언급한 것 같지는 않지만, 그는 자기 사상의 정수를 포기하지 않고서는 그 보고서의 가장 하찮은 부분이라도 부정할 수 없었다. 그는 바로 이 부분에서 자신의 플뤼비오즈 17일(2월 5일)자 보고의 논리적 귀결을 인정하지 않을 수 없었다.

공화국을 수립한다는 것은 그것에 반대하는 것을 완전히 파괴하는 것입니다……. 상황의 힘은 아마도 우리가 전혀 생각하지 못했던 결과로 우리를 이끌어갈 것입니다. 부(富)는 수많은 혁명의 적들 수중에 있으며, 빈궁은 노동하는 민중을 그 적들에게 종속시킵니다. 어떤 국가의 시민적(생쥐스트에게는 사회적이라는 의미) 관계가 정부의 형태에 반대되는 것으로 귀결된다면, 그 국가가 존속할 수 있겠습니까? 혁명을 절반만 수행하는 사람들은 스스로 무덤을 판 것에 다름 아닙니다. 혁명은 스스로 자기 나라의 적임을 입증한 사람은 그 나라의 재산 소유자가 될 수 없다는 원칙을 인정하게 합니다. 우리를 구하기 위해서는 여전히 몇 가지 비범한 행동이 필요합니다……. 가난한 이들이 곧 지상의 권력자들입니다. 그들은 자신들을 무시하는 정부를 향해 주인으로서 말할 권리가 있습니다.

이러한 견해의 실제적인 결론은 방토즈 8일(2월 26일)과 13일(3월 3일), 생쥐스트가 두 차례에 걸쳐 제안하여 통과시킨 방토즈 법이었다. 이 법들에 따라 1793년 9월 17일 법에 의해 확정된 혐의자들의 범죄를 심사할 여섯 개의 민중위원회들이 창설된다. 혐의자들은 석방되는 사람들, 유형에 처해지는 사람들, 혁명재판소로 이송되는 사람들의 세 범주로 분류된다. 뒤의 두 범주에 속하는 사람들의 재산은 몰수되어 적빈자(赤貧者)들에게 분배된다. 각 코뮌에서 이 적빈자들의 명단을 작성할 것이다.

생쥐스트가 이 법들을 적어도 급진적인 사회 개혁의 출발로 보았다는 것은 의심의 여지가 없다. 방토즈 23일(3월 13일), 그는 말했다.

우리는 악을 억제할 단 한 가지 방법만을 알고 있습니다. 그것은 결국 혁명을 시민적[사회적이라는 의미] 상태에 두는 것입니다……. 만일 여러분이 모든 불행한 사람들에게 토지를 준다면, 모든 범죄자들로부터 토지를 박탈한다면, 나는 여러분이 혁명을 수행했다고 인정할 것입니다……. 조국에서 아무런 일도 하지 않는 사람들이 조국에서 어떤 권리를 가질 수 있습니까?

그러나 실제로 방토즈 법들은 제한된 효력만을 가질 수밖에 없었고, 그 효력은 보고서에 비해서도 훨씬 더 적은 것이었다.

방토즈 법들의 효력이 제한적일 수밖에 없었던 것은 사회 문제를 해결하는 데 그 법들로는 매우 불충분했기 때문이었다. 알베르 마티에즈와 조르주 르페브르는 종국에 가서는 반혁명 혐의자들의 수를 약 9만 명으로 산정하는 데 동의했다. 이 숫자는 무산자들의 수에 비해 적었지만, 혐의자들이 모두 백만장자들인 것도 아니었다. 교회의 재산과 망명 귀족들의 재산은 엄청난 규모였지만, 그것들은 경매에서 매각되었고 가장 가난한 사람들은 거의 혜택을 보지 못했다. 게다가 농촌의 상퀼로트들은 도시의 상퀼로트들보다 비할 수 없이 유리했다. 도시에서 혐의자들의 재산은 상퀼로트의 수중에 들어가면 하잘것없고 값싼 적선에 불과할 것이었다. 반면 농촌의 지주 혐의자들의 재산은 토지였기 때문에 농촌 상퀼로트들에게 큰 도움이 되었다.

방토즈 법들의 효력이 보고서에 비해서도 훨씬 더 적었던 것은 생쥐스트가 법령의 명료함보다 보고서 작성에 더 많은 노력을 기울였기 때문이다. 법령의 첫 번째 불명료함은 적빈자를 어떻게 정의할 것인가와 관련되어 있다. 농업 노동자만을 포함시킬 것인가 아니면 수적으로 매우 많은 빈농들, 먹고 살기에 충분하지 않은 토지를 소유한 사람들도 포함시킬 것인가? 본문의 모호함을 이용하여 많은 수의 부르주아 관리들은 땅을 경작할 수 없는 노인들, 불구자들, 어린이들, 즉 하찮은 적선만으로도 떼어낼 수 있는 사람들만을 적빈자로 언급할 수 있었다.

두 번째 불명료함은, 보고서의 원문에서 자주 등장하는 요구 사항, 즉 혐의자들의 재산은 연부 상환금이나 지대 없이 무상으로 배분되리라는 것이 법령의 본문에서는 어디에서도 언급되어 있지 않다는 점이었다.

세 번째 불명료함은 가장 치명적인 것이었는데, 생쥐스트는 방토즈 23일의 보고서에서 분배되는 것은 토지 자체라고 말한 반면, 법령의 본문은 그 점을 분명히 하지 않았다. 그에 따라 이윤을 남기려는 활동이 나타난다. 즉 혐의자들의 땅을 부유한 사람들에게 팔고, 상퀼로트들에게는 판매 대금을 나누어준 것이다. ─ 네 번째 불명료함은 혐의자들의 재산 압류 방식과 날짜를 정하지 않았다는 점이다.

아마도 로베스피에르가 병이 나지 않았더라면 법령의 본문을 더 엄밀하게 작성하도록 유의했을 것이다. 그에 따라 사건들의 결과가 크게 달라졌을지는 확실하지 않다. 방토즈 법들의 중요성은 ─ 마티에즈가 정확히 보았듯이 ─ 그것이 처음으로, 심지어 공안위원회 내에서조차 로베스피에르파와 다른 사람들을 근본적으로 구분하는 역할을 했다는 점이었다. 이 최초의 균열은 테르미도르의 나락으로 귀결될 것이다. 로베스피에르, 생쥐스트 그리고 쿠통[아마도 이들에게 생탕드레와 프리외르 드 라 마른을 덧붙여야 하겠지만 이들은 파견 임무로 늘 자리를 비웠다]은 비요바렌과 아마도 콜로 데르부아와 함께 상퀼로트의 사회적 상승을 진지하게 원한 유일한 사람들이었다. 내가 이미 밝히고자 했던 모든 한계와 소심함에도 불구하고, 기회가 될 때마다 그들은 혁명, 전쟁 그리고 공공 안녕의 사회적 교훈들을 진심으로 받아들였다. 아마도 그들은 일단 국내외에서 반혁명 위험이 사라지고 난 후에도 결코 그것들을 포기하려 하지 않았을 것이다.

카르노, 프리외르 드 라 코트도르, 랭데, 심지어 바레르 같은 사람들의 경우는 전혀 다르다. 카를 마르크스의 유명한 문장이 가장 잘 들어맞는 것은 로베스피에르파가 아니라 바로 그들이다. "프랑스의 공포정치는 부르주아지의 적들을 끝장내기 위한 저속한 방법에 불과하다." 그들에게 방토즈의 법들은 임시방편에 불과했다[통제경제이든, 공포정치 체제의 민중적 토대이든]. 상퀼로트의 압력이 그토록 위협적이지 않았다면 그들은 결코 그 법들에 동의하지 않았을 것이다. 상퀼로트의 압력을 제어하게 되면 그들은 곧 그 법들을 무력화하기 위해 온갖 수단을 찾아냈을 것이다. 법령들의 불명료함은 단지 그들의 악의를 실현하는 데 편리한 발판에 불과했을 것이다. 그 불명료함이 없었다면 그들은 방토즈 법들을 금전적 보조로 극도의 빈곤을 제거한다는 광범위한 계획 속에 수장시키기 위해 다른 수단을 찾아냈을 것이다. 그 금전적 보조는 플로레알 22일(5월 11일) 바레르가 제안하는 것인데, 그 안(案)에서는 경작 능력이 있는 상퀼로트들에게 땅을 제공한다는 것은 더 이상 고려되지 않았다.

방토즈 16일(3월 6일), 그들의 술책이 드러났다. 그날 그들은 생쥐스트가 통과시킨 법령들을 명시적으로 언급하면서 가난한 사람들을 위한 50만 리브르의 예산을 결의하게 했다. 그것은 전적으로 생색만 내는 실속 없는 돈은 아니었다. 그러나 그 돈은 (가치가 형편없이 떨어진) 아시냐에 불과했다. 가난한 사람들은 땅에는 손도 대보지 못할 것이다.

가장 진지한 혁명가들이 제안한 방토즈의 법령들은 산악파 부르주아 중 가장 계산적인 인물들이 부여하려 했던 바로 그만큼의 효력만을 갖게 되었다. 그 법령들은 결코 시행되지 않았지만, 그 법령의 예고는 상퀼로트의 흥분을 때맞춰 가라앉혔다. 파리에서조차, 그리고 프랑스 전역에서 생쥐스트의 보고서는 커다란 희망을 불러일으켰다. 그러나 공안위원회의 위원들은 그것으로 코르들리에파를 무장해제시켰다고 착각했다. 게다가 낭트에서 소환되어 돌아온 뒤 원한을 품고 있던 카리에가 코르들리에파에 합류했다. 그들은 공안위원회가 약해졌고, 따라서 대공세를 가할 때라고 생각했다.

코르들리에파를 자극한 것은 한 당파의 이기적인 야심만은 아니었다. 오히려 이 야심은 대중의 자발성을 믿고 그 자발성에 의지하고 있었다. 상퀼로트 역시 정치적 이상을 지니고 있었고 그들은 상퀼로트의 열망을 반영하려고 노력했다. 그들은 반혁명을 분쇄하기 위해서는 공포정치와 자유의 독재가 불가피하다는 것을 본능적으로 이해했다. 반면 그들은 독재는 강력하게 중앙집권화되고 부르주아지들로 구성되는 정부에 의해 이루어진다는 것은 그만큼 잘 이해하지 못했다. 한 가지 특징적인 예가 그들의 반응을 설명해준다. 앞으로 있을 '평등주의자들의 음모'*의 배후 인물 중 한 사람인 부오나로티는 언제나 열렬한 로베스피에르주의자였다. 그러나 반대로 바뵈프는 로베스피에르를 독재자로 생각했고 처음에는 그의

평등주의자들의 음모 1795~1796년 바뵈프와 부오나로티가 주도하여 폭동으로 권력을 탈취하고 공산주의를 실현하고자 했던 음모. 조직 단계에서 발각되어 1796년 5월 주동자들이 체포되었고 이듬해 5월 바뵈프는 사형을, 부오나로티는 유형을 선고받았다.

몰락을 기뻐했다가 테르미도르의 사회적 결과들을 깨닫고 나서야 그가 옳았음을 인정했던 것이다.

상퀼로트의 정치적 이상이 내포하는 모순은 그들의 정치적 미숙함을 드러내주고 있었다. 한편으로 그들은 공포정치의 강화, 혁명군대의 증강과 최대한의 강제적 활용, 통제경제의 강화와 그 귀착점으로 *최고재산제*(한 사람이 소유할 수 있는 재산의 최고 한도를 설정하는 제도)까지 주장했다. ― 그리고 다른 한편으로 그들은 각 구가 국민공회의 법령들을 토의하고 그 후에야 법령들을 받아들이는 직접 민주주의를 꿈꾸었다.

따라서 코르들리에파는 국민공회와 혁명정부를 공격하면서 그들이 자신들의 야심에 가장 유리하게 이용하고자 했던 대중들의 열망에 실제로 부응하고 있었다. 이 열망은 너무나 혼란스러운 것이어서 대중들은 사회경제적 요구들이 동시에 그들을 밀어내지 않는 한 코르들리에파의 실력 행사를 적극적으로 지지할 수 없었다. 로베스피에르와 다른 사람들은 여전히 대중들에게 불균등한 위신을 누리고 있었다. 봉기에 대한 지지를 기대한 코르들리에파는 자신들을 파멸로 이끌 오류를 저질렀다. 그러나 반대로 로베스피에르는 코르들리에파를 공격함으로써 또한 상퀼로트의 정치적 열정과 활력을 함께 분쇄한 것임을 곧 깨닫게 될 것이다.

방토즈 14일(3월 4일), 코르들리에 클럽에서 에베르와 카리에는 한편으로는 기근을 구실로 내세우고, 다른 한편으로는 로베스피에르와 공안위원회가 관용파와 타협했다고 주장하면서 봉기를 호소했다. 그러나 이튿날 코뮌은 그들을 따르기를 거부했다. 16일, 바

프랑수아노엘 바뵈프 열렬한 로베스피에르주의자인 부오나로티와 함께 '평등주의자들의 음모'를 계획한다. 1796년 5월, 반란이 사전에 발각되어 처형당했다.

레르는 '관용파와 자칭 항거파'가 파리를 아사시키려고 음모를 꾸몄다고 싸잡아 고발했다. 그날 저녁 콜로 데르부아는 자코뱅들로부터 공안위원회를 지지한다는 약속을 얻어냈다. 17일, 콜로와 자코뱅 클럽의 대표들이 1793년 6월 자크 루의 소요 때 그랬던 것처럼 코르들리에 클럽으로 갔다. 카리에, 모모로, 에베르, 롱상은 자신들의 말이 왜곡되었다고 주장했고, 모두들 포옹한다.

그러나 19일, 유일하게 자신의 견해를 철회하지 않은 뱅상이 다른 사람들의 회피를 비난했다. '에베르주의'가 지배적인 몇몇 구들이 위협적인 청원을 되풀이했다. 코르들리에파는 자신들의 고립을 절감했다. 그들은 파슈와 코뮌에게도〔심지어 변덕쟁이 아낙사고라스 쇼메트에게도〕의지할 수 없고, 불랑제의 지지는 얻었지만 앙리오와 국민방위대 참모부에도, 자코뱅 클럽에도 의지할 수 없었다.

롱상이 지휘하는 혁명군대는 센에우아즈 전역에 분산되어 있었다. 공개적인 봉기에 필요한 어떠한 지지 세력도 갖추지 못했으므로 그들에게는 단지 실력 행사를 은밀히 준비하는 일만이 남아 있었다. 그리고 흔히 파슈의 것으로 거론된 지위인 '대심판관'(달리 말해 비상독재관)의 지명이 예정된 것에 비추어 그 준비는 꽤 멀리까지 진척되었던 것 같다.

오직 공안위원회만이 그들의 음모를 알고 있었다. 22일(3월 12일), 이제 막 회복된 로베스피에르가, 마비가 점점 심해지고 있는 역시 병들어 있는 쿠통, 그리고 포르말로(Port-Malo)의 파견 임무에서 돌아온 비요바렌과 함께 공안위원회에 복귀했다. 그들은 다 함께 따라야 할 절차를 결정했다. 그리고 이튿날인 23일, 생쥐스트는 공안위원회의 이름으로 '프랑스 민중과 자유에 대항하는 음모'에 관한 보고서를 작성했다. 보고서에서 그는 음모를 고발하면서 동시에 방토즈 법들의 시행을 서두르는 공안위원회의 의지를 천명한다.

23일 저녁, 로베스피에르는 자코뱅 클럽에 참석했다. 클럽은 그칠 줄 모르는 환호로 그의 복귀를 환영했다. 몇 마디 말로 그는 고발과 생쥐스트의 주제를 되풀이했다.―23일에서 24일로 넘어가는 밤, 롱상, 뱅상, 에베르, 모모로, 마쥐엘* 그리고 뒤크로케가 체포되었다. 제르미날 4일(3월 24일) 그들의 처형과 함께 끝이 날, 뒤이은 재판에서 그들은 '외국인의 음모'라는 동일한 기소 조항 아래 클로츠, 코크, 프롤리, 데피외, 페레라 그리고 뒤뷔송과 뒤섞였다. 그러나 결과는 현실이 그렇게 단순하지 않았음을 보여준다.

코르들리에파를 체포하기로 결정했을 때, 공안위원회가 스스로 정당한 방어태세를 갖추고 있다고 믿었다는 ― 그리고 실제로 그랬다는 ― 것은 진정으로 인정해야 한다. 그리고 니보즈 3일(1793년 12월 23일) 이래 주로 관용파에 대항했던 로베스피에르의 모든 활동은 코르들리에파의 체포를 피하기 위한 것이었고, 따라서 로베스피에르가 기꺼이 그 체포를 받아들인 것은 아니었을 것이라고 추측할 수 있다. 그럼에도 불구하고 로베스피에르는 상퀼로트들이 전적으로 신뢰하는 사람들을 공격함으로써 9월 5일 봉기 이래 결코 하고 싶지 않았던 행동을 해야만 했다. 그는 상퀼로트의 혁명적 열정을 부분적으로 파괴했다. 〈페르 뒤셴〉에서 자신들의 열망에 대한 충실한 표현, 교묘하고도 끊임없이 선동적인 표현을 발견했던 모든 사람들은, 그 위대한 로베스피에르가 그들에게 에베르가 피트와 코부르크의 살인청부업자라고 주장한 그날부터 자신들이 연루된 그 역사에서 더 이상 아무것도 이해할 수 없게 되었다. 이제 누구를 믿을 것인가? "혁명이 얼어붙었다."라고 생쥐스트는 사적인 기록에서 인정하게 된다.

상퀼로트의 이 무력함과 혼란이 산악파와 민중 사이의 동맹 결렬보다 더 나쁜 것이며, 바로 그 무력함과 혼란 때문에 이 동맹은 불가피하게 균형을 상실했다. 부르주아 의원들은 단지 새로운 봉기를 막기 위해 로베스피에르를 지지했을 뿐이다. 민중이 무력해짐으로써 그 가능성이 소멸된 상황에서 왜 그들이 로베스피에르가

마쥐엘(Albert Mazuel, 1766~1794) 견직물 상인 출신의 코르들리에파 투사. 1792년 8월 10일 봉기에 참여하였으며, 지방의 연방주의 반란을 진압하는 데에도 기여하였다.

성취한 공공 안녕을 이용하면서 동시에 그에게서 벗어날 생각을 하지 않았겠는가?

로베스피에르가 옳았으며, 그로서는 방토즈에 실제로 모의되고 있던 코르들리에파의 음모를 사전에 제거하는 것 외에 달리 방법이 없었다고 말하는 것은 아무 소용이 없다. 에베르를 모든 악의 원천인 대머리, 타락한 인물이라고 비난하는 것 역시 아무 소용이 없다. 사람들은 아마도 테르미도르 9일 사후에 만들어졌을 다음의 말을 수도 없이 뇌까리기를 좋아했을 것이다. "당통의 피가 네 숨통을 막는다." 당통의 피는 에베르의 피와 마찬가지로 누군가의 숨통을 막을 만큼 순수하지 않았다. 그러나 〈페르 뒤셴〉의 신화는 붕괴했고, 배신자이자 첩자라는 코르들리에파에 대한 고발은 로베스피에르파의 의지를 실현시켜야 하는 사람들을 마비시킴으로써 그 의지에 종말을 고했다. 그리고 그것은 방토즈 법 직후의 매우 끔찍한 역사의 아이러니였다.

'클레오파트라의 코'도, 섭리에 의한 숙명도 믿지 않는 사람들에게는 테르미도르 9일의 원인으로서 코르들리에파의 몰락이 지닌 중요성이, 로베스피에르의 시도가 그 시대의 가능성에 적합하지 않았을 뿐 아니라 역사적으로 조숙했기 때문에 결국 실현 불가능했음을 보여주는 신호가 아닌지 자문하는 일이 남아 있다. 그리고 나는 엥겔스가 《독일농민전쟁》에서 또 다른 혁명 영웅 토마스 뮌처*에 대해 썼던 구절들에 대해 일부를 수정해 생각해보지 않을 수 없다. "과격파의 지도자에게 일어날 수 있는 최악의 일은 그가 대표하는 계급의 지배와 이 계급의 지배가 요구하는 조치들을 시행하기 위한 운동이 아직 성숙하지 않은 시대에 권력을 장악해야 하는 것, 바로

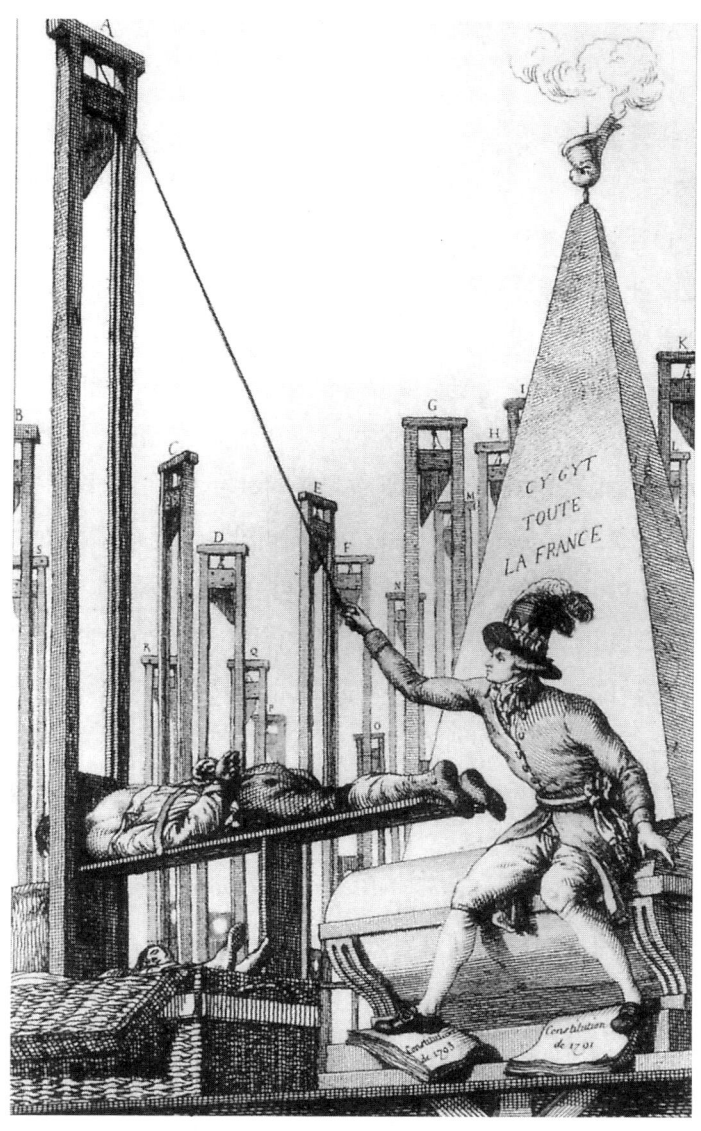

프랑스 국민의 목을 벤 후 사형집행인의 목을 베는 로베스피에르 로베스피에르의 공포 정치를 은유적으로 표현한 그림이다.

그것이다."

병에서 막 회복된 로베스피에르는 때때로 연설 도중 체력의 고갈로 고통받으면서도 다가올 며칠간 아낌없이 분투했다. 방토즈 23일(3월 13일)에서 제르미날 1일(3월 21일)까지 9일 동안, 그는 열두 번 발언했다. 틀림없이 그는 상퀼로트 지도자들의 몰락이 가져올 파급 효과를 예감했을 것이다. 그의 모든 노력은 보완적인 두 방향으로 이루어졌다. 그것은 상퀼로트 운동의 건전한 애국파 성원 중 구제할 수 있는 이들을 모두 구제하고, 이제 막 나타난 불균형을 관용파가 이용하지 못하도록 그들에게 공세를 취하는 것이었다.

플뤼비오즈 중순 이래 당통은 이상하리만치 조용하게 처신하고 있었다. 마티에즈는 조금 지나치게 취약한 지표들에 의거하여 그가 코르들리에파의 실력 행사 준비를 지지했을지도 모른다고 주장했다. 거기까지 나아가지 않더라도, 그가 상황이 어떻게 전개될지, 그리고 그 상황을 어떻게 이용할 수 있을지 알 수 있을 때까지 기다리면서 침묵을 지키고 있었다고 추측해볼 수 있다. 어쨌든 확실한 것은 그의 당파가 음모가들에 대한 공안위원회의 승리를 이용하여, 프리메르에 성공할 뻔했던 활동을 상퀼로트 운동 전체에 대항하여 다시 시작하려 한다는 것이었다.

코르들리에파 지도자들의 체포가 알려지자마자 관용파는 먹잇감으로 달려든다. 방토즈 24일(3월 14일), 로베스피에르는 관용파에 대항해 불랑제를 옹호했다. 불랑제는 방토즈 14일의 봉기 호소에 환호를 보냈지만 로베스피에르는 그를 훌륭한 애국파로 생각했다. "가장 큰 위험은 애국파들을 음모가들의 대의에 연루시키는 것이다." 마찬가지로 로베스피에르는 앙리오와 파슈를 변호했다. 카리에에겐 별일 없을 것이다. 쇼메트만이 28일에 체포되었다.

방토즈 26일(3월 16일), 레오나르 부르동이 자코뱅 클럽이 공공 관리들에 대한 새로운 숙청(일차적으로는 코뮌의 성원들을 겨냥한)을 시행해야 한다고 요구했을 때 로베스피에르는 그를 직접 공격하고 그의 동의안을 부결시켰다. — 대부분 롱상의 지지자들로 이루어진 혁명군대의 해산은 불가피했다. 그것은 제르미날 7일(3월 27일) 결정될 것이다. 그러나 그에 앞서 로베스피에르는 방토즈 29일(3월 19일) 롱상의 애국심을 치하하고, 롱상의 병사들 중 희망하는 모든 병사를 다른 곳에 적극적으로 활용할 필요성을 강조했다. — 같은 날 그는 1792년 6월의 왕당파 청원자 '8천 인', '2만 인'에 대해 다시 제기된 처벌 요구에 모두 반대했다. 도발은 너무 거칠었고, 그는 언제나 그랬듯이 지도자들만을 공격하기를 원했다.

"외국인의 음모의 다른 분파"(샤보 자신의 말대로 하자면)가 엄중한 감시 아래 놓이지 않는다면 이 모든 조치는 충분하지 않을 것이었다. 24일(코르들리에파는 밤에 체포되었다), 카미유 데물랭의 인쇄소가 수색당하고 작업이 중단되었다. 지금까지 나온 것보다

뮌처(Thomas Muntzer, 1490~1525) 프로테스탄트 종교개혁 시기의 독일 급진파 종교개혁 지도자. 급진적 사회개혁을 주장했던 그는 가난한 자를 위한 교회와 수도원 강탈을 주장하기도 했다. 《성서》의 권위가 아니라 내적 신앙의 체험을 중시하여 루터파와 맞섰다. 1525년 무장 농민봉기에 민병을 거느리고 참여했다가 영주 연합군에게 패하여 결국 참수당했다. 프리드리히 엥겔스로부터 시작해 20세기 마르크스주의자들은 그를 계급 없는 사회를 위한 투쟁의 선구자로 본다.

더 반혁명적인 〈비외 코르들리에〉 제7호는 발간되지 못했다. 카미유는 거기에서 플뤼비오즈에 이루어진 자코뱅의 토론을 조롱하면서 영국을 찬양하고, 가능한 한 빨리 평화협정을 맺을 것을 공개적으로 요구했다.

방토즈 25일(3월 15일), 로베스피에르는 국민공회에서 에베르의 음모를 규탄했다. 그의 연설의 한 구절은 이미 위협이라기보다 결의로 들렸다. "훌륭한 애국파라면 누구든 자유를 구하기 위해 우리와 결속함으로써 자신이 자유를 사랑한다는 것을 입증해야 할 것입니다. *모든 당파들은 동시에 사라져야 합니다.*" 그리고 이미 방토즈 23일, 생쥐스트는 망명 귀족들에게 피신처를 제공한 사람들〔당통은 한 번 그런 적이 있었다〕과 감옥 문을 열고자 한 모든 사람들을 조국의 배신자들로 선언하게 했다.

방토즈 26일, 아마르는 보안위원회의 이름으로 동인도회사의 추문에 대한 보고서를 제출했다. 비요바렌에 뒤이어 로베스피에르는 아마르의 보고가 동인도회사 사건을 단순한 사기 행위로 제시하고 그것의 정치적 의미나 외국인의 음모와의 관련을 강조하지 않은 데 대해 불만을 표시했다. 그는 출판에 앞서 보고서를 보완한다는 약속을 얻어내고, 단두대로 보내야 할 배신자들과 부패 인사들, 공공의 대의를 배신하여 법의 칼을 받아야 할 사람들에 대한 위협적인 구절들을 덧붙였다. ― 방토즈 27일, 에로 드 세셸과 필리베르 시몽을 공격하고 두 사람의 체포를 결의하게 하는 것은 생쥐스트였다.

이에 따라 관용파는 매일 새로운 타격을 입었다. 그들은 대응을 시도했다. 방토즈 28일(3월 18일), 국민공회 의장 뢸과 당통은 극적인 포옹을 했다. 29일, 부르동 드 루아즈는 보안위원회의 첩자 에롱(Louis Héron)을 공격하고 그의 체포를 얻어냈다. 30일, 로베스피에르는 이 체포를 철회하게 하고, 더 이상 어떠한 모호함도 허락하지 않는 용어들로 자신의 견해를 피력했다. 위원회들은 모든 음모가들을 일소하겠다고 민중에게 약속했지만, 애국파에게 위해를 가하는 것은 묵인하지 않을 것이다.

조국을 분열시키고자 했던 한 당파는 거의 소멸된 것이 사실이지만, 다른 당파는 타도되지 않았습니다……. 살아남은 당파는 법의 칼에서 벗어난 다른 당파의 모든 인물들과 결합해야 할 것입니다. 여러분처럼 우리가 두 개의 범죄 사이에 끼어 질식하게 될지 나는 알 수 없습니다. 그러나 그렇게 된다면 우리에게 가장 행복한 것은 죽음이 될 것입니다. 그것은 지난 3년간 혁명의 무대에서 벌어진 광경, 즉 공화주의적 덕성의 광채를 퇴색시키고자 기를 썼던, 너무나 길고 고통스러운 비열함과 범죄의 광경으로부터 결국 해방되는 길이 될 것입니다. 그러나 …… 만일 국민공회가 편견과 쇠약함에서 벗어나 한 당파를 분쇄한 후 힘센 한 팔로 다른 당파를 쓰러뜨린다면, 조국은 구원될 것입니다.

이튿날인 제르미날 1일(1794년 3월 21일), 자코뱅 클럽에서 로베스피에르는 훨씬 더 맹렬하게 연설했다.

외국과 동맹한 모든 악당들은 공화국을 경시합니다. 공화국은 그들에게 약탈의 대상에 불과합니다. 그들이 보기에 민중은 수레에 매여 그들을 부와 호사로 이끌어주기 위해 태어난 비천한 가축 떼에 불과합니다. 혁명에서 매번 민중이 승리하는 것은, 그들은 숨어 있는 반면 민중은 서 있기 때문입니다. 그러나 민중이 집으로 돌아가자마자 반도들이 다시 나타나고 곧 민중은 자신이 막 빠져나온 그 비참한 상태에 다시 빠져들었습니다.

그는 이처럼 당통파의 계급적 성격을 강조한 후 그들을 브리소의 계승자로 지목했다.

한 당파를 억누르는 것으로는 충분하지 않으며, 모든 당파를 분쇄해야 합니다. 우리가 다른 당파를 추적하면서 보여주었던 동일한 분노로, 여전히 존재하는 당파를 공격해야 합니다……. 그렇습니다. 최후의 당파가 내일 소멸하지 않는다면, 군대는 패할 것이고, 공화국은 갈가리 찢길 것이고, 파리는 굶주릴 것이며, 여러분 자신은 적의 공격 앞에 쓰러지고, 여러분의 후손은 전제정의 멍에 아래 남겨질 것입니다.

로베스피에르가 코르들리에파에 대해서는 이처럼 집요하고도 맹렬하게 공격한 적이 없다는 사실은 곧 알아챌 수 있을 것이다. 그는 8월 10일 봉기 전, 5월 31일(1793년 지롱드파를 몰락하게 만든 민중봉기) 전의 어조를 되찾았다. 싸워야 할 적이 다시 오른쪽(당통파가 산악파 내의 우파라는 뜻)에 있어서 그가 더 편안하게 느끼고 있다고 말할 수 있을 것이다. 무슨 일이 계획되고 있는지 그토록 빈번히 이야기되었으므로, 어쨌든 당통은 그것에 대해 은밀히 예고를 받을 필요가 없었을 것이다. 로베스피에르의 선전포고는 늘 본보기가 될 만큼 거침없고 솔직하다. 그리고 흔히 그렇듯이 선전포고 뒤에는 침묵이 이어진다. 그는 행동할 시간이 되었을 때, 말이 그 역할을 다했을 때면 언제나 침묵을 지켰다. 제르미날 1일부터 11일까지 그는 국민공회에서도 자코뱅 클럽에서도 더 이상 발언하지 않았다.

그리하여 코르들리에파의 체포 이후 관용파 지도자들에 대한 공격이 결정되었다. 그러나 누구를 공격할 것인가? 그리고 특히 당통에 대한 공격은 언제 수락되었는가? 테르미도르 9일, 비요바렌은 로베스피에르가 오랫동안 당통을 용서해주려 했다고 가차 없이 비난할 것이지만[그만큼 그날 로베스피에르의 숨통을 막은 것은 당통의 피가 아니라는 것이 사실인 것이다!], 비요바렌이 두 번, 즉 한 번은 니보즈 말, 파브르가 체포된 다음날에, 다른 한 번은 방토즈 말에 당통의 체포를 요구했다는 것은 지적해야 한다.

비요바렌은 '에베르파'와 매우 가까운 사이였다. 그는 파견 임무에서 돌아와 그들이 봉기를 계획하고 있다는 것을 알았다. 그와 성향이 같은 콜로가 시도한 중재가 실패했으므로 그는 그들의 몰락에 동의할 수밖에 없었다. 그러나 그가 전체 공안위원들 중에서 가장 정력적으로 즉각적인 보상을 요구했다는 것은 당연하다. 그리고 그는 니보즈 말 당통의 체포에 대한 로베스피에르의 강력한 반대와 방토즈 말 그의 마지막 주저를 기억 속에서 혼동했는지도 모른다.

로베스피에르가 자신이 제르미날 11일(3월 31일)이면 비난하게 될 *부패한* 우상의 무고함을 방토즈 말까지도 믿었다는 것은 다소 인정하기 어렵다. 그러나 당통을 정당하게 벌해야 한다는 것을 받아들이기에 앞서 그가 극도의 심리적 고통을 극복해야 했다는 것은 논의의 여지가 없는 것으로 보인다. 그렇지 않았다면 그는 당통을 보려 하지 않았을 것이다. 그런데 두 사람의 공동의 벗들[특히 레뉠로(Joseph Laignelot, 1752~1829)]이 비극의 결말을 예감하고 방토즈 말에 몇 차례 면담을 조직했을 때, 로베스피에르는 참석을 수락했다.—1792년 8월에 라파예트를 또는 1793년 5월에 브리소를 만나는 일이었다면, 그는 결코 수락하지 않았을 것이다. 그는 여전히 당통이 스스로 해명하기를, 무죄를 증명하기를, 또는 태도 변화를 받아들이기를 기대했던 것이다.

두 사람 사이에 무슨 말이 오갔는지는 오직 당통의 친구들을 통해서만 알 수 있다. 확실한 것은 모든 증인들이 평가한 바로는 로베스피에르가 냉담하게 회담을 마쳤다는 것이다. 그리고 우리는 그 자신의 말을 통해 그가 회담에서 단지 혐오감만을 느꼈음을 알 수 있다. 그는 마지막 회담에서 "당통이 내 집에서 울기 위해 기울인 무력하고 우스꽝스러운 노력들"을 기록할 것이다. 비요바렌의 말을 믿는다면, 로베스피에르가 당통을 혁명재판소로 소환하는 데 동의한다고 선언한 것은 그 다음날이다. 그가 보기에 당통은 많은 부분에서 스스로 자신이 유죄임을 선언했다.

한 가지가 특히 그의 혐오감을 불러일으켰다. 그것은 극도로 무기력한 이 거물의 비겁함이었다. "그는 천둥소리로 시작해 평화를 제안하는 것으로 마무리했다." 잊을 수 없는 사건으로, 그는 1792년 9월 25일, 마라[이 점에 대해 로베스피에르가 그를 비난할 수 있을까?]와 로베스피에르를 저버렸다. 이제 그는 비열하게도 카미유 데물랭을 향하고 있었다.

당통에게는 그가 배은망덕하고 사악한 영혼의 소유자임을 입증하는 특징이 있다. 그는 데물랭이 최근에 쓴 글들을 소리 높여 찬양했다. 내가 그를 마지막으로 방문했을 때, 그는 데물랭에 대해 경멸조로 이야기했다. 그는 그의 일탈을 사적이고 수치스러운, 그러나 혁명과는 절대로 무관한 악덕의 탓으로 돌렸다. 자신이 이용한 수단들을 스스로 파괴하는 것이 당통의 원칙이다.

로베스피에르로서는 당통보다도 카미유를 쓰러뜨리는 데 동의하는 것이 더 힘든 일이었음에 틀림없다. 그는 카미유를 중대한 범죄자로 말한 적이 한 번도 없었다. 그러나 카미유의 글들이 그를 유죄로 만들고〔교활한 당통은 전혀 글을 쓰지 않았다〕, 그가 비난하고 공격한 모든 사람들이 그의 목을 요구하고, 반혁명 세력이 그를 동료로 환영하고 있는데, 어떻게 그를 변호할 것인가? 카미유를 용서하는 것은 사람들이 〈비외 코르들리에〉의 최근 호들을 지지한다고 믿게 내버려두는 것이다. 로베스피에르는 동정에 마음이 움직이지 않았다. ― 제르미날 초의 어느 날, 카미유는 친구를 만나 이렇게 말한다. "나는 가망이 없다. 로베스피에르의 집으로 찾아갔지만, 그는 나를 만나주지 않았다."

일은 이미 결판이 났다. 제르미날 9일(3월 29일)에서 10일 밤, 공안위원회와 보안위원회는 회합을 갖고, 당통, 들라크루아, 데물랭, 필리포의 체포를 결정한다. 국민공회에 제출할 보고서를 책임진 사람은 이번에도 생쥐스트였다. 그러나 이번에는 격렬한 토론이 벌어졌다. 로베스피에르의 지지를 받은 생쥐스트는 피고들이 출석한 가운데 보고서를 낭독하고, 회합이 끝날 때 그들을 체포하기를 원했다. 다른 사람들은 극히 소란스러운 논쟁이 일어날 것을 우려하여 거기에 반대했다. 반대하는 이들이 압도적인 다수였으므로 그들의 뜻대로 결정이 내려졌다. 분노한 생쥐스트는 자기 모자를 불 속에 던져버린다〔그는 언젠가 로베스피에르에게 이렇게 말한 적이 있다. "진정하십시오, 제국은 침착한 사람들의 것이니!"〕. 로베스피에르에게 남은 것은 위원회들의 의지에 순종하고 앞으로 그가 보여주듯 그 의지를 옹호하는 일뿐이었다. 왜냐하면, 그는 할 수 있는 한 오랫동안 집단 지도의 규율과 방식들을 준수할 것이기 때문이다.

10일과 11일 사이의 밤, 당통과 그의 친구들이 체포되었다. 11일, 국민공회의 다수파가 그 소식을 듣고 전율했다. 르장드르(Louis Legendre, 1752~1797)가 관용파 전원의 대변인이 되었다. 그는 피고들이 국민공회의 연단에서 자신들을 변호할 수 있어야 한다고 요구했다. 로베스피에르가 그에게 답할 책임을 맡았다.

오늘, 몇몇 인물들이 조국보다 우위에 있어야 하는지 판단해야 합니다……. 몇몇 야심에 찬 위선자들의 이익이 프랑스 민중의 이익보다 우월해야 하는지 오늘 판단해야 합니다……. 르장드르가 당통에 대해 이야기하는 것은 아마도 그의 이름에 특권이 부여되어 있다고 믿기 때문일 것입니다. 아닙니다, 우리는 특권을 원하지 않습니다! 우리는 우상을 원하지 않습니다!

우리는 오늘 국민공회가 오래전에 부패한 우상을 분쇄할 수 있는지, 이 추락하는 우상이 국민공회와 프랑스 민중을 분쇄할 것인지를 보게 될 것입니다! …… 당통은 그의 동료들, 그가 열렬히 변호했으며 굳게 믿었던 친구 샤보, 파브르 데글랑틴보다 어떤 점에서 우월한 것입니까? 어떤 점에서 그가 그의 동료 시민들보다 우월합니까? 몇몇 기만당한 개인들과 기만당하지 않은 다른 사람들이 그를 중심으로 모여 재산과 권력을 향해 그를 따라 행진했기 때문입니까? ……

사람들은 여러분으로 하여금 권력의 남용, 즉 여러분이 행사한 국민적 권력, 또한 단지 몇몇 개인들의 수중에 있는 것이 아닌 이 권력의 남용을 두려워하게 만들고자 합니다. 여러분이 행한 일들 중 여러분이 자유롭게 한 것이 아닌 것, 공화국을 구하지 않은 것, 프랑스 전체의 지지를 얻지 않은 것은 무엇입니까? …… 도대체 사람들은 국민의 정의를 불신한다는 것입니까? …… 나는 지금 이 순간 떨고 있는 사람은 그 누구든 유죄라고 말하고자 합니다. 무고한 사람은 결코 공공의 감시를 두려워하지 않기 때문입니다. ……

그리고 사람들은 나에게도 두려움을 불러일으키려 했습니다. 사람들은 당통에게 가까워지고 있는 위험이 내게도 미칠 수 있다고 나를 설득하려 했습니다. 사람들은 그가 나를 보호할 수 있는 방패라고들 말했습니다……. 사람들은 당통의 친구들이 내게 편지를 보냈고 내가 그들의 연설에 사로잡혀 있었다고 썼습니다. 그들은 예전의 관계에 대한 기억, 거짓 덕성에 대한 옛 믿음이 나로 하여금 자유에 대한 나의 열정과 사랑을 억제하게 하리라고 믿었습니다. 아! 이 동기들 중 어떠한 것도 내 영혼에 아주 가벼운 인상조차 남기지 못하리라고 선언하는 바입니다! …… 위험은 내게 아무런 의미도 없습니다! 나의 목숨은 조국의 것이고 내 심장은 두려움을 모르며, 만일 내가 죽는다면 그것은 비난받을 만한 것도 치욕스러운 것도 아닐 것입니다. ……

나는 또한 페티옹의 친구였습니다. 그가 정체를 드러낸 순간 나는 그를 버렸습니다. 나는 또한 롤랑과도 교분이 있었습니다. 그는 배신했고 나는 그를 고발했습니다. 당통은 그들의 자리를 차지하고자 합니다. 내가 보기에 그는 이제 조국의 적에 불과합니다. ─ 아마도 바로 여기에서 우리에게 어느 정도 용기와 영혼의 고결함이 필요할 것입니다……. 그러나 이 회의 안에는 비속한 사람들도 있지만, 영웅적인 사람들도 있습니다. 왜냐하면 이 회의는 이 땅의 운명을 지휘하고, 모든 당파들을 소멸시키고 있기 때문입니다.

로베스피에르의 발언이 끝난 후, 르장드르의 주장은 거짓말처럼 더 이상 아무런 옹호자도 찾지 못했다. 그리고 생쥐스트가 자신의 보고서를 제출했다. 이 보고서의 초고는 로베스피에르가 보기에 충분하지 않았다. 그는 매우 많은 양의 평을 적어 생쥐스트에게 돌려주었다. 그 평들의 여러 단편들을 이 전기에서 찾을 수 있다. 생쥐스트는 그 평들로부터 크게 영감을 받았고, 제르미날 11일(3월 31일)에 낭독하는 최종 보고서의 원문 안에 여러 차례 그것들을 문자 그대로 다시 베끼기까지 했다. ─ 따라서 공포정치 전반에 대해서와 마찬가지로, 당통의 처벌에서 로베스피에르에게 책임이 없다고 주장하는 것은 터무니없는 일이다. 결심을 하기에 앞서 그는 오래 주저했을지 모른다. 그러나 일단 결심이 서자 그는 당통의 처벌 문제에서 주요한 역할을 했다. 그는 거리낌없이 그렇게 했다.

제르미날 16일(4월 5일), 당통, 데물랭, 들라크루아 그리고 필리포의 머리가 파브르, 들로네, 샤보 그리고 바지르, 정체가 불분명한 에로 드 세셸, 은행가인 프라이와 구즈만, 모험적인 장군 베스테르만(François Westermann, 1751~1794), 투기꾼 성직자 데스파냑(d'Espagnac, 1752~1794)의 머리와 함께 굴러 떨어질 때, 피상적인 관찰자라면 불가피하게 로베스피에르가 이제 프랑스에서 유일한 지배자이고, 그가 아주 오랫동안 경쟁자들의 시체 위에서 자신의 개인적 권력을 아무런 저항도 받지 않고 공고히 할 수 있으리라는 인상을 받을 것이다. 그러나 그에게는 고조되는 비관적 전망 속에서 마지막 전투를 수행할 날들이 120일도 남지 않았다. 이제 상퀼로트들에게는 더 이상 지도자가 없었고, 관용파의 반혁명 위험을 제거한 상황에서 산악파의 부패하지 않은 부르주아들은 공공 안녕을 상징하는 인물에게 적대적인 질문으로 가득한 눈길을 던졌다. 로베스피에르가 거둔 승리 자체의 변증법적 대응물로서 테르미도르 9일이 이미 윤곽을 드러내고 있었다.

5부 혁명의 붕괴

그들은 조국을 전리품처럼 나눠 갖는
것만이 문제라고 믿었다…….
나는 범죄를 지배하기 위해서가 아니라
범죄와 투쟁하기 위해 태어났다. 덕 있는 사람들이
벌 받지 않고 조국에 봉사할 수 있는 때는 오지 않았다.
1794년 테르미도르 8일

1장_최고 존재

1794년
4월 1일   국민공회, 장관직을 폐지하고 12개의 위원회로 대체한다.
4월 16일 국민공회, 지방의 혁명재판소 폐지(파리 혁명재판소의 위상 강화)를 결정하다. 공안위원회가 반혁명 혐의자를 수배하여 혁명재판소로 소환할 권한을 갖게 되다.
5월 7일   국민공회, 로베스피에르의 주장을 받아들여 "최고 존재의 실재와 영혼의 불멸을 인정한다."라고 선언하다.

외견상 공안위원회의 승리는 완벽했다. 로베스피에르가 관용파를 변호한 르장드르에게 맹공을 가한 후 국민공회는 로베스피에르에게 동의할 수밖에 없었다. 반대 언론은 사라졌다. 공안위원회가 아무런 구속 없이 마음대로 행동할 수 있는 때가 온 것이다. 그러나 그것은 또한 니체(Friedrich Nietzsche, 1844~1900)의 격언을 상기시킨다. "무엇으로부터 자유로운가? 차라리 스스로에게 물어보라. 무엇을 위해 자유로운가?" 물론 겨울의 성공(1793년 말 전선에서의 승리)이 입증하는 승리를 완수하기 위해 자유롭다. ─석 달 후 플뢰뤼스 전투* 승리가 공안위원회의 훨씬 더 강력한 노력에 부응했다. 그러나 국내 정치의 차원에서는 이전보다 훨씬 더 자유롭지 못했다. 상퀼로트 지도자들과 관용파 지도자들의 제거는 공안위원회가 그 중심이 되려 했던 동맹의 범위를 크게 축소했고, 공안위원회는 새로운 조직의 개혁을 구상할 수 없게 되었다. 그리고 조르주 르페브르의 표현에 따르면 공안위원회의 중요한 관심사는 그 어느 때보다 더 "제3신분의 다양한 구성원들이 서로 싸우지 않게 하는 것"이 되었다. 게다가 반혁명에 대한 투쟁이 끝나지 않은 상황에서 달리 어떻게 할 수 있었겠는가?

그에 따라 명백한 정체(停滯)가 나타났고 그 아래서 심각한 역류 현상이 일어났다. 방토즈(1794년 2월 19일~3월 20일) 말까지 공안위원회의 정책은 본질적으로 전쟁 정책이었지만 그것은 우리가 본 한계 안에서 많은 부분 계급 정책을 야기했다. 이후 계급 정책은 진행 중인 국내외 전쟁 정책과 연관성을 잃으면서 퇴색한다. 로베스피에르는 여전히 진심으로 상퀼로트에게 의지하기를 원하지만 소용이 없었다. 그는 민중 지도자들에 대한 타격을 최소화하려고 노력했지만 불가능했고, 그들에 대한 숙청을 단행하지 않을 수 없었다. 숙청은 불가피하게 정부 활동의 추진력과 집행에 대한 상퀼로트의 참여를 훨씬 더 제한하게 된다. 대다수의 민중과 그들의 열정이 정치 활동에서 배제된 것은 테르미도르가 아니라 이처럼 이미 방토즈 말, 제르미날(1794년 3월 21일~4월 19일) 초였다.

제르미날 7일(3월 27일), 혁명군대가 폐지되었다. 8일, 식량위원회는 코뮌을 대신하여 파리에 대한 빵과 고기의 공급을 맡았다. 같은 날 파양(Claude François Payan, 1766~1794)은 쇼메트 대신 파리의 '국민의 대리인'*으로 지명된다[한 달 후 파리 시장 파슈는 레스코플뢰리오*로 교체된다]. 12일, 국민공회는 장관직을 폐지하

....

플뢰뤼스 전투 1794년 6월 26일 주르당 장군은 벨기에의 도시 플뢰뤼스에서 오스트리아 군에게 결정적인 승리를 거두었다.

국민의 대리인(agent national) 국민공회는 프랑스 곳곳에서 발발한 반란을 진압한 후인 1793년 겨울, 지방에 대한 통제력을 강화하기 위해 프리메르 14일(12월 4일) 법으로 각 군(郡)에 국민의 대리인을 파견했다.

레스코플뢰리오(Jean Lescot-Fleuriot, 1761~1794) 벨기에 브뤼셀 출신. 혁명기 파리의 마지막 시장이다. 화가 다비드의 주선으로 로베스피에르와 친분을 맺은 뒤 1793년 3월 혁명재판소의 검사 대리에 지명되었다. 1794년 5월 공안위원회에 의해 파리 시장에 지명되어 국민의 대리인 파양과 함께 로베스피에르파 코뮌을 주도했다. 테르미도르 반동 직후 로베스피에르를 구하기 위해 군사 행동을 시도했으나 실패하고 체포되어 처형당했다.

고 12개의 위원회가 장관직을 대신할 것을 결정했다. 그리고 당통의 두 추종자인 각료, 데포르그(Desforgues)와 파레(Jules François Paré, 1755~1819), 그리고 부쇼트를 축출하고, 육군의 각 부서들에서 뱅상의 지지자들을 모두 몰아냈다. — 코르들리에 클럽은 이제 존재하지 않았다. 자코뱅 클럽은 로베스피에르의 방침에 따라 코르들리에 클럽과 다시 교류하는 것을 거부했다. 그리고 구(區)의 민중협회들이 차례로 사라져갔다.

지방에서 탄압은 흔히 훨씬 더 폭력적인 양상으로 전개되었다. '공포정치가' 파견의원들의 열정이 자제되지 않았기에 더욱 그러했다. 그리고 관용파는 그 점을 기뻐했다. 콜로 데르부아가 떠난 후 리옹에 남은 푸셰는 상황을 감지하고 자신의 과도한 행위를 용서받기 위해 반도들에게 참수당한 샬리에의 친구들을 박해하기 시작했다. 그는 제르미날 7일에 소환되었는데, 로베스피에르는 19일 자코뱅 클럽에서 그를 면전에 두고 혐오감을 표시했다. 보르도에서 역시 역겨운 정책을 수행했던 탈리앵은 이미 소환되어 있었다. 이어 베르나르 드 생트(Bernard de Saintes)*가 15일 프랑슈콩테*〔여기에서는 오귀스탱 로베스피에르가 그에게 대항했다〕에서 소환되었다. 30일에는 21명의 파견의원들이 한꺼번에 공안위원회에 소환되었다. 그러나 그들의 소환이 상퀼로트 운동에 활력을 되돌려주지는

베르나르(Andé Antoine Bernard, 1751~1818) '베르나르 드 생트'는 그의 별칭이다. 변호사 출신의 입법의회 · 국민공회 의원. 프랑슈콩테에서 가혹한 탄압 행위를 저질러 국민공회에 소환되었으나 처벌을 면했다.
프랑슈콩테(Franche-Comté) 프랑스 동부의 국경 지방.

조제프 푸셰 정치가이자 프랑스 경찰의 조직가. 특유의 처세술과 능력으로 1792~1815년의 격동기에 계속 공직에 있었다. 리옹의 반혁명 반란을 진압하러 파견 나가 반란군을 매우 잔인하게 다루어 공안위원회에서 비판받은 후 테르미도르 쿠데타를 기획했다.

못했다. 지방 행정당국을 채우고 있는 모든 부르주아들이 상퀼로트들을 감시하기에 충분했기 때문이다.

공안위원회의 경제 정책도 유사한 곡선을 그리며 변화했다. 방토즈 26일(3월 16일), 로베스피에르는 자코뱅 클럽에서 〈페르 뒤셴〉이 집단적으로 기요틴에 회부하라고 요구한 상인들을 변호했다.

상인이 필연적으로 나쁜 시민이라면 어느 누구도 더 이상 물건을 팔 수 없을 것입니다. 그렇게 되면 사회의 구성원들을 먹여 살리는 이 자연적인 교환은 소멸하고 결국 사회는 해체될 것입니다. 우리의 적들은 상업을 파괴해서 민중을 굶주리게 하려 했습니다.

그의 발언은 공안위원회의 생각을 드러내고 있었다. 이미 방토즈 초에 공포된 새로운 *최고가격제*[세 번째]는 중간상인들의 이윤폭을 늘리기 위해 식료품에 9월의 *최고가격*보다 더 높은 가격을 책정했다. 공정가격제의 실패 앞에서 정부는 더 나은 성공을 위해 중간 계급들에 의지할 수밖에 없었다.

제르미날 9일(3월 29일), 매점 감시위원직이 폐지되고, 뒤이어 경제적 탄압이 급속히 완화되었다. 12일, 식량위원회는 의미심장하게 구별되는 두 개의 위원회, 즉 농업과 기술[즉 산업]위원회, 상업과 식량공급위원회로 대체되었다. 일련의 조치들로 정부의 통제 아래 식료품 수출이 다시 허용되었다. 제르미날 27일, 징발권이 군(軍) 파견의원들과 위의 두 위원회로 엄격하게 제한되었다. 같은 날, 사적 생산을 고무하기 위한 장려금 제도가 공포되었는데, 이는 사실상 최고가격제에 대한 합법적 예외 조치였다.

이러한 조치들이 여전히 통제경제의 완전한 폐지를 갈망하는 상인들을 온전히 만족시킨 것은 아니었다. 그러나 이 조치들은 적어도 징발을 당해야 하는 농민들과 공정가격제를 요구한 후 스스로도 그것을 감수해야 했던 수공업자들의 불만을 누그러뜨렸다. 매우 복합적으로 구성된 상퀼로트 집단 전체에서 이 조치들 때문에 불이익을 당한 것은 가장 가난한 사람들이었다. 그리고 그들은 공포정치의 강화에서 거의 위로를 얻지 못했다.

제르미날 27일(4월 16일), 전날 생쥐스트가 쿠통의 결론을 조금 수정한 '공화국의 전반적 치안에 관한' 보고서를 발표한 후 국민공회는 일련의 법령들을 채택했다. 지방의 혁명재판소 폐지가 결정되었는데, 이는 곧 파리 혁명재판소의 위상을 강화하는 조치였다.[이 조치는 드문 예외들을 제외하고 플로레알 19일(1794년 5월 8일) 실현되었다]. 파브르 데글랑틴에 대한 아마르의 보고(파브르 데글랑틴이 동인도회사에 유리하게 서류를 변조했음을 고발한 보고) 이후 공안위원회는 눈 밖에 난 보안위원회 위원들을 대부분 교체했다. 공안위원회는 스스로 음모 가담자들을 수배하고 혁명재판소로 소환할 권한을 갖게 되었다. 공안위원회는 나아가 관리들을 감시할 독점적 권한을 얻었고, 이를 위해 자신의 지배 아래 둘 경찰총국을 창설할 수 있게 되었다.

이렇게 공포정치는 조금씩 그 성격이 변했다. 애초에 공포정치는 특권층의 음모에 대항하는 민중의 열정의 산물이자 강압적으로 경제를 규제하기 위한 것이었다. 얼마 후 그것은 혁명기에 나타나는 무정부주의적 소요들을 억제함으로써 중앙권력의 명령을 수행

캉봉 재정전문가로서 1791~1795년에 혁명정부의 재정 확보에 힘을 기울여 성과를 거두었다. 로베스피에르가 자신의 업무에 관여하자 양심을 품고 테르미도르 9일에 로베스피에르를 실각시키는 이들을 후원한다.

하기 위한 수단으로도 보였다. 이제 공포정치의 운용이 공안위원회에 집중됨에 따라 공포정치의 민중적 기원이나 경제적 동기와의 직접적 관련은 줄어든 것으로 보였다. 그리고 공안위원회의 적들은 공포정치를 점차 몇몇 인물들의 권력을 존속시키기 위한 수단으로 보았음에 틀림없다.

제르미날의 다양한 결정들에는 전체적으로 대중들을 열광시킬 만한 어떠한 요소도 들어 있지 않았다. 공안위원회가 예고한 사회적 조치들은 시행되지 않았다. 방토즈 법(유죄를 선고받은 반혁명 혐의자의 재산을 몰수해 빈민들에게 분배한다는 등의 법령)의 시행을 위해 계획된 민중위원회들은 아직 창설되지 않았다. 플로레알 22일(5월 11일), 바레르는 극빈(極貧)을 소멸하기 위한 장중한 계획 — 다른 측면에서는 20세기 복지국가의 사회 보장의 맹아를 예견하는 계획 — 을 제출했다. 그는 그 계획에서 반혁명 혐의자들의 재산을 경매로 매각할 가능성을 제시했다. 그러나 로베스피에르도, 생쥐스트도 방토즈 법들의 본질을 파괴할 이러한 암시에 항의할 수 없었거나 항의하려 하지 않았다. 플로레알 23일, 점점 더 파국으로 치닫는 재정 상황에 골몰한 캉봉은 종신 연금의 실질적 청산을 얻어냈다. 이는 수많은 서민들을 어려움에 빠뜨리는 것이었다[로베스피에르는 공안위원회에서 개입하여 법의 집행을 정지시킨다. 캉봉은 이 일로 로베스피에르를 결코 용서하지 않을 것이다]. 국민공회가 사회적 강령의 측면에서 민중에게 제안하는 것은 이것이 전부였다.

족히 한 달간 로베스피에르는 공안위원회에서 집단적 활동을 제외하면 가끔씩 짧은 개인적 발언만을 했을 뿐이었다. 플로레알 18일(5월 7일), 그는 자신의 보고서 중 가장 방대한—그의 마지막—보고서를 읽기 위해 다시 국민공회 연단에 올랐다. 그것은 오늘날 우리가 보기에 가장 생생한 것은 아니지만 아마도 그가 가장 큰 정성과 애정을 기울인 보고서일 것이다. 그는 혁명이 거둔 최근의 승리를 찬양하는 것으로 시작했다(피슈그뤼는 퓌른*과 코르트레이크*에 입성했고, 뒤고미에는 불루*에서 스페인 군에 승리를 거두었다). 그는 국민 전체를 사로잡고 있는 이 불안을 느꼈을까? 그는 거기에 답하고자 했는가? 그가 자신의 보고서에 '공화국의 국내 행정에서 국민공회가 따라야 할 정치 윤리의 원리에 관하여'라는 제목을 붙인 상황에서 그렇게 말한다면 어느 정도의 조롱을 감수해야 할 것이다.

"시민사회의 유일한 토대는 도덕입니다. 우리와 싸우는 모든 조직들은 범죄에 기반을 두고 있습니다." 역사에서 독재와 왕정은 언제나 부도덕과 분리될 수 없는 것이었다. "덕성이 공화국의 본질인 것처럼, 부도덕은 전제정의 토대입니다." 바로 그러한 이유로 혁명 과정에서 자유에 대항했던 모든 당파들은, 부도덕하고 위선적이며 무신론적인 악당들, 즉 라파예트, 뒤무리에, 브리소, 에베르, 그리고 "조국의 모든 적들 중 가장 비겁하지는 않다 해도 가장 위험한" 당통 같은 인물들의 작품이었다. 다행히도 프랑스 민중의 재능이 그들의 술책을 좌절시켰다.

오직 조국의 행복과 인류의 이익만을 생각하십시오. 사람들을 위로하고 성장시키는 모든 제도와 교리는 수용되어야 합니다. 사람들을 타락시키고 부패하게 하는 제도와 교리들을 거부하십시오. 악당들이 소멸시키고자 했던 모든 관대한 감정과 위대한 도덕적 사상들을 되살리고 찬양하십시오. 그들이 분열시키고자 했던 사람들을 우애의 힘과 덕성의 끈으로 가까워지게 하십시오.

도대체 누가 네게 신이 존재하지 않는다고 민중에게 선언할 임무를 부여했는가? 너는 이 무미건조한 교리에 열광하고 조국을 위해서는 결코 열광하지 않는구나…….

신의 부재라는 관념이 신의 불멸이라는 관념보다 더 순수하고 고양된 감정을 인간에게 불러일으킬까요? 그 관념이 인간에게 그의 동포와 그 자신에 대한 더 큰 존경, 조국에 대한 더 큰 헌신, 독재와 싸울 더 큰 담대함, 죽음과 쾌락에 대한 더 큰 경멸을 고취할까요? …… 신의 존재와 인간의 불멸이 단지 몽상에 불과하다 해도 그것들은 여전히 인간 정신이 꿈꿀 수 있는 가장 아름다운 것입니다.

…… 입법자가 보기에 사람들에게 유익하고 일상생활에서 도움이 되는 것은 모두 진리입니다. 최고 존재(Être suprême)와 영혼의 불멸이라는 관념은 끊임없이 정의를 환기시킵니다. 따라서 그것은 사회적이고 공화주의적인 것입니다……. 한 사회에서 신의 자리를 차지할 수 있는 자는 내가 보기에 경이로운 천재입니다. 반면 신을 대신하지 않으면서 단지 신을 인간 정신에서 추방하고자 하는 자는 어리석음의 극치이거나 사악함의 극치입니다.

퓌른(Furne) 프랑스와의 국경 근처에 있는 벨기에의 도시.
코르트레이크(Kortrijk) 벨기에 서부의 도시.
불루(Boulou) 스페인과의 동쪽 국경 근처에 있는 프랑스의 작은 도시.

여기서 우리는 1792년 농지법 문제에서와 마찬가지로 로베스피에르가 무신론을 원하지 않은 것은 그것이 실현 불가능한 일이라고 생각했기 때문이라고 말할 수 있을 것이다.—그리고 실제로 그는 그가 처해 있었던 역사적 시점에서 볼 때 두 가지 문제에서 모두 옳았다. 그러나 신의 존재와 무신론을 둘러싼 논란에는 분명 그 이상의 것이 있었다. 의회에서 발언하면서 그는 의원들 대다수가 회의론자이거나 단호한 무신론자임을 알고 있었고, 그가 "오직 양심에 의거할 때," 또는 귀아데가 신에 대한 그의 믿음을 공격할 때, 그는 자신이 개인적으로 표현할 수 있는 것을 헤아려보고자 세심한 노력을 기울였다. 그렇다고 해도 그의 열정 안에서조차 가장 중요한 것은 신비적 경험이나 철학적 논증이 아니라, 사회적 실용주의임에는 변함이 없었다. 그 점에서 그는 진정한 장 자크 루소의 아들이었다.

여기에서 가장 강조해야 하는 것은 필수 불가결한 종교의 정치적 측면만이 드러나고 사회계급적 측면[부유한 무신론자 대 가난한 신자]은 은폐되었다는 것이다. 이러한 시각에서 플로레알 18일의 보고는 1792년 3월 26일 로베스피에르의 신에 대한 믿음을 공격한 귀아데에 대한 답변뿐 아니라 비기독교화 운동에 대한 반대 이유를 설명한 프리메르 1일의 연설에 비해 훨씬 후퇴한 것이다. 이것이 단지 로베스피에르가 자코뱅 클럽이 아니라 국민공회에서 발언하였기 때문인지는 매우 의심스럽다. 두 경우 모두, 늘 그랬듯이 결국 그는 바로 국민에게 말을 걸고 있는 것이다. 차라리 여기에서 코르들리에파에 대한 투쟁 이후 변화한 로베스피에르를 보아야 할 것이다.

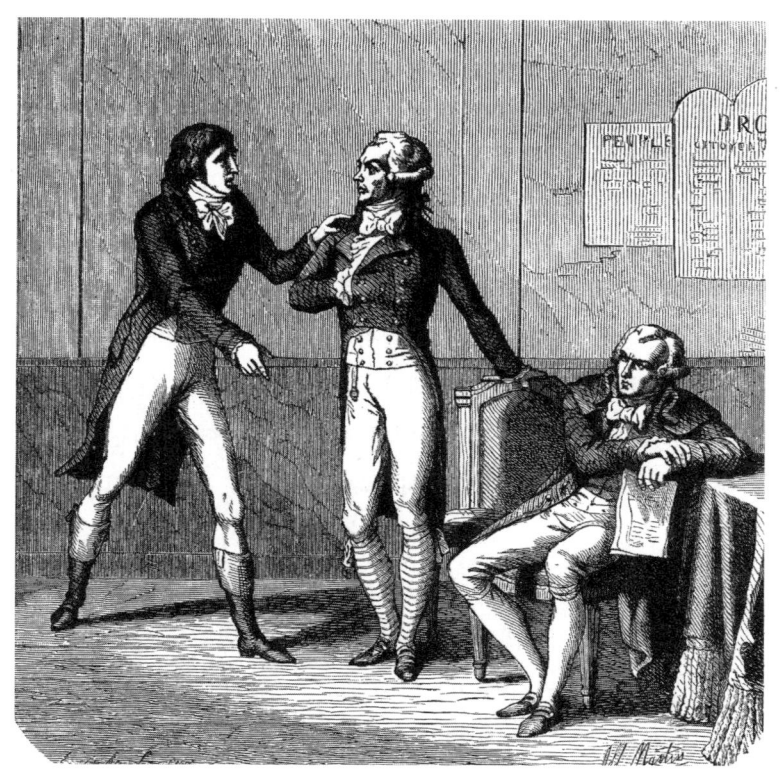

공안위원회의 세 친구. 생쥐스트, 로베스피에르, 쿠통(왼쪽부터).

그는 결코 편을 바꾸지 않을 것이고, 상퀼로트를 버리지 않을 것이다. 모든 상황에 비추어 그는 산악파 부르주아들과 상퀼로트 사이의 동맹을 오랫동안 유지할 수 있으리라는 희망을 포기하고 이제 공동의 도덕 질서에 호소함으로써 그들의 적대감을 초월하려 했던 것 같다. 덕성으로의 강조점 변화는 플뤼비오즈 17일(1794년 2월 6일)의 보고보다 여기에서 훨씬 더 현저하다. 1793년 5월에 로베스피에르는 단지 황금 퀼로트(부유층 반혁명 세력)의 당파와 상퀼로트의 당파를 구별하기를 원했다. 사회적 동맹을 존속시킬 수 없게 된 지금, 그는 모든 사람들에게 사악한 자들에 맞서는 선량한 사람들의 당파, 무신론에 대항하는 신의 당파를 구성할 것을 촉구했다.

이어 로베스피에르는 신에 대한 믿음을 역사적으로 폭넓게 회고했다. 도중에 그는 백과전서파를 비난하고[이 학파는 정치적인 차원에서 늘 민중의 권리에 이르지 못했다. 도덕의 차원에서 이 학파는 종교적 편견의 파괴를 훨씬 넘어섰다(종교 자체의 파괴로 나아갔다)], '인류의 교사라 할' 루소를 찬양했다[제르미날 25일(4월 14일) 국민공회는 루소를 팡테옹에 안치하기로 결정했다]. — 그리고 전선이 바뀐다. 그는 프리메르(1793년 11월 21일~12월 21일)에 그랬던 것보다 훨씬 더 격렬하게 교회를 비판했다.

광신도들이여, 우리에게 아무것도 기대하지 말지어다! 사람들에게 최고 존재에 대한 순수한 예배를 상기시키는 것은 광신에 치명타를 가하는 것입니다. 모든 허구는 진리 앞에서 소멸하고, 모든 광기는 이성 앞에서 쓰러집니다. 아무런 강제도, 박해도 없이 모든 종파들은 스스로 보편 종교 안에 합류해야 합니다……. 야심 많은 성직자들이여, 우리가 당신들의 제국을 재건하기 위해 일할 것이라 기대하지 마십시오! 그러한 시도는 우리의 능력 밖에 있는 것입니다. 당신들은 스스로 사멸했기 때문에, 물질적인 존재뿐 아니라 정신적 삶도 회복될 수 없습니다.

성직자들과 신 사이에 무엇이 있습니까? 성직자와 도덕의 관계는 돌팔이 의사와 진정한 의사의 관계와 같습니다……. 성직자들이여, 당신들은 어떤 증거를 내세워 당신들의 소명을 입증했습니까? 당신들은 다른 사람들보다 더 공정하고, 더 겸손한, 진정한 진리의 벗이었습니까? 당신들은 평등을 사랑하고, 민중들의 권리를 옹호하고, 전제정을 미워하고, 독재를 쓰러뜨렸습니까? 당신들은 왕들에게 이렇게 말했습니다. *당신은 지상에서의 신의 형상입니다. 당신은 오직 신으로부터 당신의 권력을 부여받았습니다.* 그리고 왕들은 당신들에게 대답했습니다. *그렇습니다. 참으로 당신은 신의 사자입니다. 우리와 함께 인간들의 가죽과 찬양을 나눠 가집시다.* 왕홀(王笏)과 향로가 결탁해 하늘을 욕보이고 지상을 찬탈했습니다. 성직자들을 내버려두고 신에게로 돌아갑시다.

…… 자연의 신은 성직자들의 신과 얼마나 다릅니까! 내가 알기로 그들이 만들어낸 종교보다 더 무신론을 닮은 것도 없습니다……. 최고 존재의 진정한 사제는 자연이며, 그 신전은 우주이고, 예배는 덕이며 그 축제는 보편적 우애의 부드러운 매듭을 다시 죄고, 그에게 다감하고 순수한 마음의 경의를 표하기 위해 그의 눈앞에 모인 위대한 민중의 기쁨입니다.

로베스피에르는 성직자들을 무신론으로 고발했다. 성직자들도 그를 범신론(凡神論)으로 비난할 수 있을 것이다. 이미 그가 1793

년 4월 자신의 인권선언 초안에서 "곧 *자연인 우주의 입법자*"에 대해 말했던 것을 기억할 것이다. 그때 초월성은 더 이상 거의 강조되지 않았다. 18세기 말 스피노자는 모든 심오한 종교적 탐구를 거의 보편적으로 고취했다. ─ 교회의 가까운 미래에 대한 로베스피에르의 생각이 순진하다고 비웃을 수는 있지만[성직자들과 왕들의 결탁에 대한 그의 비판에 대해서는 결코 비웃을 수 없을 것이다. 그는 보쉬에*를 다시 읽고 주변을 둘러보았을 뿐이다], 그의 시도를 모든 일이 판가름 난 지금 비웃는 것은 너무 쉬운 일이다. 그의 시도가 국민들에게 실제로 불러일으킨 감동과 열광은 그것이 구체적인 여건에 부응하는 것이었음을 충분히 입증한다.

이상주의에 다른 이상주의로 답하고자 하는 그의 노력이 왜 실패할 수밖에 없었는지는 쉽게 이해할 수 있다. 인간의 문제들을 직접적인 인간의 용어로 제기하기에는 1794년의 사회가 아직 충분히 성숙하지 않았다는 사실, 그리고 그 이유가 무엇인지도 쉽게 알 수 있다. 그러나 국민공회에 최고 존재가 존재한다고 선언할 것을 요구하는 로베스피에르를 조롱하는 바로 그 사람들이 왜 니케아의 교리*가 훌륭하다고 판단한 콘스탄티누스 대제*를 우스꽝스럽게 여기지 않았는지는 이해하기 어렵다.

로베스피에르는 보고를 계속하면서 중간에 교육의 문제를 언급했다. "이제는 *신사*들의 교육이 아니라 시민의 교육이 중요합니다. 조국만이 그 자녀들을 양육할 권리가 있습니다. 조국은 이러한 임무를 가문들의 오만이나 개인의 편견에 맡길 수 없습니다. 그러한 것들은 특권층의 영원한 자양분이며, 사람들을 고립시킴으로써 편협하게 만들고 사회 질서의 모든 토대들을 똑같이 파괴하는 가족

연방주의의 자양분이기 때문입니다."(특권층과 부유층의 개별적인 사교육이 덕 있는 시민의 양성을 방해한다는 점을, 반혁명적이라 비난받은 지방의 연방주의에 비유하고 있다) 그리고 그는 "공공교육의 본질적인 부분"인 국민 축제에 도달한다. 장황하게, 그리고 눈에 띄게 편향적으로 그는 국민 축제의 매력과 효과를 찬양했다. "인간은 자연 속에 있는 가장 위대한 존재입니다. 그리고 모든 광경들 중 가장 장엄한 것은 위대한 민중이 집결해 있는 광경입니다."

보고를 마무리하면서 로베스피에르는 마지막으로 모든 *사악한 자*들에 대한 모든 *선량한 사람*들의 결속을 호소했다. 1793년 7월처럼 상퀼로트에게 부르주아들을 대립시키는 것은 더 이상 의미가 없다. "공화국의 적은 모든 부패한 사람들입니다. 애국파란 진정한 의미의 청렴하고 관대한 인물에 다름 아닙니다." — 6주 후인 메시도르 9일(1794년 6월 27일), 당시 로베스피에르의 정치적 견해를 대변하는 국민의 대리인 파양은 1793년 5월 8일의 베르니오(그날 베르니오는 '상퀼로트'와 '신사들' 사이의 계급투쟁을 한탄하고 부인하는 연설을 했다)라도 부인하지 않았을 표현으로 다음과 같이 말한다. "사회의 특수한 분파들을 공격할 것이 아니라 모든 계층의 사악한 시

보쉬에(Jacques-Bénigne Bossuet, 1627~1704) 프랑스의 주교, 신학자, 작가. 왕권은 신으로부터 주어졌기 때문에 신성불가침하다는 '왕권신수설'에 기반하여 루이 14세의 절대왕정을 적극 옹호하였다.
니케아의 교리 325년 콘스탄티누스 대제가 소집한 니케아 회의는 예수가 완전한 신이며 동시에 완전한 인간이라고 선언했다.
콘스탄티누스 대제(Constantinus the Great, 280~337) 기독교를 공인한 로마제국의 황제.

민들을 구별 없이 타도합시다."

로베스피에르가 결론적으로 제안하여 국민공회가 토론 없이 채택한 법령은 꽤 길다. 그러나 그가 수립하는 이 시민종교의 성격을 명확히 밝히기 위해 충분히 인용할 가치가 있다.

제1조 프랑스 민중은 최고 존재의 존재와 영혼의 불멸을 인정한다.

제2조 프랑스 민중은 최고 존재에 합당한 예배는 인간의 의무를 실천하는 것임을 인정한다.

제3조 프랑스 민중은 악의와 독재를 미워하고, 독재자들과 반역자들을 처벌하고, 불행한 이들을 구제하고, 약자들을 존중하고, 압제당하는 이들을 보호하고, 다른 사람들에게 할 수 있는 모든 선을 행하고, 그 누구도 부당하게 취급하지 않는 것을 가장 중요한 의무로 여긴다.

제4조 인간들에게 신의 관념과 그의 존재의 존엄함을 상기시키기 위해 축제들을 창설할 것이다.

제5조 축제들은 우리 혁명의 영광스러운 사건들, 인간에게 가장 소중하고 유익한 덕성들, 자연의 가장 위대한 혜택에서 이름을 빌려올 것이다.

제6조 프랑스 공화국은 매년 1789년 7월 14일, 1792년 8월 10일, 1793년 1월 21일, 1793년 5월 31일을 기념하는 축제를 거행할 것이다.

제7조 프랑스 공화국은 순일(旬日)들에 다음의 축제들을 거행할 것이다. 최고 존재와 자연 · 인류 · 프랑스 민중 · 인류의 은인 · 자유의 순교자 · 자유와 평등 · 공화국 · 세계의 자유 · 조국에 대한 사랑 · 독재자들과 반역자들에 대한 증오 · 진리 · 정의 · 정숙함 · 영광과 불멸 · 우애 · 검소함 · 용기 · 성실함 · 용맹함 · 불편부당함 · 인내 · 사랑 · 부부

간의 신뢰 · 부정(父情) · 모정(母情) · 효심(孝心) · 유년 · 청춘 · 성년 · 노년 · 불행 · 농업 · 산업 · 조상 · 후손 · 행복〔이 목록은 이에 앞서 작성된 마티외(Mathieu) 안(案)을 원문 그대로 되풀이한 것이다〕.

제11조 예배의 자유는 프리메르 16일 법령에 따라 유지된다.

제12조 특권적이고 공공질서를 침해하는 집회는 해산될 것이다〔행렬 등〕.

제13조 다가오는 프레리알 20일(1794년 6월 8일)에 최고 존재를 기리는 국민 축제를 거행할 것이다. 다비드가 국민공회에 그 계획안을 제출할 책임을 맡는다.

1790년 연맹제, 1792년 샤토비외의 스위스 병사들을 위한 축제, 1793년 8월 10일 봉기 기념 축제, 더 최근에는 루이 카페 처형 기념 축제가 이 대규모 국민 축제의 전조들이었다. 테르미도르 9일의 쿠데타로 인해 이 실험은 예정대로 계속되지 못하였지만, 적어도 그 계획은 풍성했다. 예정대로 진행된 프레리알 20일의 축제는 그 배치의 아름다움과 군중들의 대규모 참여로 축제의 예고가 불러일으켰던 열광적인 기대에 부응했다.

정치적 삶으로부터 밀려나고, 국가 관리체제에 의해 경제적으로 불이익을 당하고, 방토즈 법〔어쨌든 불충분한〕에 대한 방해로 사회적으로 옴짝달싹 못하게 된 상퀼로트에게 로베스피에르는 단지 계급투쟁의 포기와 그에 대한 보상으로 신, 영혼 그리고 덕성을 제공했다. 그러한 방식이 가져올 결과는 충분히 예견할 수 있었다. 그러나 로베스피에르의 보고서의 결과가 비록 심층적이지도 지속적이지도 않았지만, 광범위한 계층의 시민들 내에서 대단한 영향을 끼쳤음을 잊어서는 안 된다. 수많은 이들이 혁명이 정점에 도달했다는 인상을 받았다.

로베스피에르 자신도 혁명이 정점에 이르렀다는 인상을 공유했을 것이다. 프레리알 16일(6월 4일), 485표를 얻어 만장일치로 국민공회 의장으로 선출되어 최고 존재 축제를 주재하는 — 거의 의식을 집행한다고 말해야 할 것이다. — 사람은 바로 로베스피에르였다. 1794년 6월의 이날, 그는 역설적이게도 자신의 소원을 성취했다. 더 정확히 말해 1793년보다는 1789년의 소원을 성취한 것이었다. 그는 산악파 지도자로서 꿈꿀 수 있었던 모든 것을 다 이룰 수는 없었다. 그러나 1789년 무명의 제헌의원이 꿈꿀 수 있었던 모든 것은 실현되었다. 그가 단지 이해 타산에 따라 행동했고, 개인적인 권력을 갈망했을 뿐이라고 의심했던 사람들은 모두 그의 최초의 꿈[궁극적으로는 마지막 꿈]이 얼마나 단순하고 겸허한 것이었는지 이해하지 못했다. 장 자크 루소의 아들은 자유를 얻은 위대한 민중의 한가운데에서 자연의 선의를 찬양하는 꿈을 꾸고 있었다.

프레리알 20일, 바로 이날 로베스피에르의 기쁨은 절정에 달했다. 그러나 그 기쁨에는 그것을 더하게 한 것인지 아니면 흐려놓은 것인지 알 수 없는 어떤 다른 감정이 혼재해 있었다. 이미 17일 전부터 그는 비수의 위협 아래 살고 있었다. 그리고 그는 곧 자신이 순교자가 되리라는 확신을 가지고 국민의 선두에 서서 최고 존재를 향해 나아가고 있었다.

2장_위기의 공포정치

1794년

5~6월　자코뱅 클럽과 국민공회 내에서 반(反)로베스피에르파가 로베스피에르를 독재자라고 공격하기 시작한다. 로베스피에르와 생쥐스트 등은 지나친 공포정치, 대공포의 무분별한 진행에 대해 우려하지만, 오히려 반대파들에 의해 공포정치의 조종자로 선전된다.

5월 22일　두 차례에 걸쳐 로베스피에르 암살 미수 사건이 일어나다.

6월 4일　로베스피에르, 만장일치로 국민공회 의장으로 선출되다.

6월 10일　혁명재판소에서 변호와 증인 심문을 폐지하는 법령이 가결되다(프레리알 22일 법).

6월 12일　로베스피에르, 공안위원회에서 "당파로서 산악파는 더 이상 존재하지 않는다."라고 선언하다. 이 일로 말미암아 그는 기존 산악파 출신 의원들에게 집단적 반감을 사게 된다.

프레리알 3일(1794년 5월 22일), 군주제를 신봉하는 아드미라라는 한 낙오자가 로베스피에르를 암살하려 했으나 그를 만나지 못했다. 그날 저녁, 그는 콜로 데르부아를 향해 총을 두 발 쏘는 것으로 분을 풀려고 했으나 두 발 모두 빗나갔다. 상퀼로트 한 명에게 부상을 입힌 후 붙잡힌 아드미라가 첫 자백을 한 직후, 이번에는 왕당파 아버지와 전직 수녀인 고모 밑에서 자란 세실 르노라는 젊은 처녀가 프레리알 4일, 주머니에 작은 칼을 2개 넣고 부재중이던 로베스피에르의 집으로 가 '독재자'를 위협하는 말을 퍼부었다. 체포된 그녀는 기요틴에서 처형되기에 앞서 감옥으로 가는 데 필요한 속옷을 모두 준비했다고 태연자약하게 진술했다.

이틀간 두 차례의 암살 기도가 실패했다. 그 사건들이 개인적인 충동에 따라 행동한 정신병자들의 소행이었는지, 동일한 음모 아래 움직인 자들의 행동이었는지는 알 수 없다. 분명한 것은 아드미라가 우리가 이미 동인도회사 사건에서 본 왕당파 음모가 바(Batz) 남작의 첩자를 개인적으로 알고 있었다는 것이다. 그리고 더욱 확실한 것은 공안위원회가 아드미라를 영국과 반혁명 세력의 조종을 받은 것으로 여겼다는 점이다.

자신에 대한 두 차례의 암살 기도가 있었다는 소식을 듣고 로베스피에르가 보인 반응을 이해하기 위해서는 5년 동안의 분주한 활동과 강렬한 감정 동요 이후, 그리고 열 달 동안 권력 행사에서 매우 막중한 책임을 맡은 이후, 그가 어느 정도의 육체적 피로와 신경쇠약 상태에 있었는지를 분명히 짚고 넘어가야 한다. 이때부터 테르미도르 9일(7월 27일)까지 과민함뿐 아니라 결정의 공정함과 발언의 적절함에서 그의 신경이 부분적으로 그의 통제를 벗어난 것으로 보였다. 내가 보기에는 로베스피에르의 전기 작가 중 누구도 이 점을 충분히 강조하지 않았다. 그는 혁명 초부터 자신의 상태가 어떻든 끊임없이 수많은 임무를 맡아야 했고 이제 한계에 이르기 시작했다. 앞에서 보았듯이 1793년 5~6월에 이미 그는 자신의 기력이 소진되었음을 고백했다. 따라서 1년 후 그가 얼마나 기진맥진했을지는 쉽게 짐작할 수 있다. 그렇다고 해도 그의 극한적인 용기가 하루 아침에 꺾였다고 결론을 내려서는 안 된다.

프레리알에 공안위원회가 흥망을 걸고 군사 작전을 감행한다는 것 역시 잊어서는 안 될 것이다. 플랑드르 해안에서 피슈그뤼는 너무나 천천히 공세를 펼쳤다. 주르당의 지휘를 받는 모젤 군대[이 군대는 곧 상브르에뫼즈 군대가 된다]의 일부로 보강된 아르덴 군대는 샤를루아*로 가는 길을 뚫으려 했다. 그런데 프랑스의 두 공격 날개 사이를 오스트리아의 코부르크가 공격했다. 그는 플로레알 11일(4월 30일) 랑드르시*를 굴복시켰고, 뒤이어 캉브레*를 위협했다. 공안위원회는 사기를 북돋고 오스트리아 군의 진격을 저

....
샤를루아(Charleroi) 벨기에 남서부의 도시.
랑드르시(Landrecies) 벨기에와의 국경 부근에 있는 도시.
캉브레(Cambrai) 프랑스 북부의 도시.

지하기 위해 서둘러 생쥐스트와 르바를 북부로 파견했다. 봄에서 여름으로 이어지는 이 전투는 겨울의 승리들을 공고히 하고 활용하려는 쪽에게나 그 결과들을 무효화하려는 쪽에게나 결정적인 것이 된다.

따라서 만일 로베스피에르가 프레리알 3일과 4일의 암살 기도로 쓰러졌다면, 그것은 그가 개인적으로 표적이 되었기 때문만은 아니었다고 말할 수 있다. 그는 오래전부터 자신이 혁명의 순교자가 되리라고 예견해왔다. 그 예견이 실현되었다는 것을 고려하지 않는다면, 그리고 로베스피에르 주위의 모든 사람들이 그만큼은 아니지만 진지하게 순교자의 영예를 얻고자 하지 않았다면 다소 짜증스럽게 느껴질 만큼 집요하게 그는 그 예견을 되풀이했다.

전제정의 비수는 당시의 웅변에서 빠지지 않고 나타나는 주제였다. 그러나 르펠르티에와 마라의 암살 이후 그 비수의 그림자가 구체적으로 자신의 운명 위에 드리워지자, 로베스피에르는 자신의 죽음을 원하는 사람들이 그의 죽음을 통해, 그가 결정적 승리를 확보하기 위해 에너지를 배가해야 하는 시기에 혁명정부를 와해시키고 마비시키려 한다는 것을 알고 있었다.

그는 또한 반혁명 세력이 언제든 무장 해제되지 않은 국내의 반대파에 의지할 수 있다는 것[그리고 아드미라와 세실 르노의 행위는 그 징표에 불과하다는 것]을 알고 있었다. 그는 반혁명 세력을 분별하기보다 직감하였으며 그들이 아마도 그 어느 때보다 더 체계적이고 응집되어 있다고 생각했다. 그러나 그는 모호한 여러 집단이 반혁명에 연루되어 있고, 따라서 반혁명 세력이 여전히 가변적임을 인식하고 있었으며, 지금 우리는 반혁명의 다양한 부분들을 그보다 더 잘 분간할 수 있다.

우선 당통의 잔당이라 부를 만한 사람들이 있다. 그들은 르장드르를 제외하곤 '부패한 우상'을 변호할 용기가 없었지만, 당통의 원수를 갚고 싶어했다. 이 음모의 주동자는 르쿠앵트르*였다〔그를 중심으로 튀리오, 조프루아(Geoffroy), 티리옹*, 쿠르투아*, 부르동 드 루아즈 등〕. 프레리알 초에 그는 로베스피에르의 고발장을 작성하고 은밀히 그에 대해 이야기했다. 프레리알 5일(5월 24일), 그는 국민공회 안에 나타난 새로운 카이사르를 제거하기 위해 동료들과 계획을 세웠다. 로베스피에르는 곧 그 사실을 알게 된다.

또 그들과 관계가 있는 소환된 파견의원들, 전날의 잔혹한 과격 공포정치가들, 즉 푸셰〔이 집단에서 가장 뛰어나고 가장 활동적인 노련한 정치가인 그는 프레리알에 자코뱅 클럽의 의장으로 선출되는 데 성공했다〕, 탈리앵〔덜 똑똑하고, 더 수다스럽고, 훨씬 더 부패한〕, 프레롱, 바라스, 로베르 등이 있었다. 의심의 여지없는 애국심을 지닌 냉혹한 파견의원들, 좀 더 후에는 카리에, 르봉에 대해 로베스피에르는 타협적인 태도를 보였다. 반대로 그가 알기에 신념이 없고 부패한 인물들에 대해 로베스피에르는 어떠한 타협도

르쿠앵트르(Laurent Lecointre, 1742~1805) 직물 상인 출신의 입법의회·국민공회 의원. 테르미도르 쿠데타에 참여한 후 '공포정치가들'을 고발했다.
티리옹(Didier Thirion, 1763~1815) 교사 출신의 국민공회 의원. 파견지에서 소환된 후 로베스피에르의 열렬한 반대파가 되었다.
쿠르투아(Edme Courtois, 1754~1816) 콜레주 동창인 당통의 지지를 얻어 입법의회와 국민공회에 진출했다. 의회에서는 눈에 띄지 않는 존재여서 당통파의 숙청 과정에서 체포를 면했다.

받아들이지 않았다. 그는 그들이 행한 가혹한 탄압보다는 그들이 공화국의 명예를 실추시켰다고 비난했다(그런 이유로 그는 리옹 함락에서 온건한 태도 때문에 의심을 산 뒤부아크랑세를 그들과 동일시했다). 그가 원하는 것은 그들의 목이 아니라 국민공회가 그들을 국민공회에서 추방하여 스스로를 정화하는 것이었다. 그들이 로베스피에르에게 쓴 탄원서를 긍정적으로 받아들였다면 그는 그들을 자기 편으로 만들 수도 있었을 것이다. 그러나 그렇게 한다면 그는 더 이상 로베스피에르가 아닐 것이다. 그는 그들과 타협하느니 불구대천의 원수가 되는 쪽을 선택했다.

두 번째 집단도 당통파와 친분이 있었다. 이 집단은 공포정치를 전문적인 직업으로 삼은 또 다른 반대파들과도 관련을 맺고 있었는데, 이들은 보안위원회의 다수파를 이루는 바디에, 아마르, 불랑, 엘리 라코스트(Élie Lacoste) 등이었다. 특히 세 가지 이유로 그들은 로베스피에르와 맞섰다. 우선 그들은 로베스피에르의 최고존재 정책을 용서하지 않았다. 거의 전부 격렬한 무신론자였던 그들은 비기독교화 운동을 매우 우호적으로 보았기 때문이다(이 점에서 그들은 소환된 파견의원들과 아주 잘 통했다). 그들은 로베스피에르가 자신들과 의기투합했던 '에베르파' 숙청에 참여한 것을 용서하지 않았다(그리고 그들은 이어지는 숙청에서 중요하지 않은 몇몇 상퀼로트 투사들을 구해내려 애썼다). 마지막으로, 그들은 공안위원회가 점차 자신들의 보안위원회를 종속시키고, 부분적으로 대신하기까지 하고, 플로레알 초부터 공안위원회에 속한 경찰총국을 가동시킨 것을 참을 수 없었다(경찰총국은 처음에는 생쥐스트, 이어 로베스피에르의 지휘를 받았는데 로베스피에르는 상당한, 심지어 다소 지나치다 싶을 정도로 많은 시간을 거기에 할애했다].

보안위원회의 반대파들에게 콜로 데르부아[그는 리옹 탄압에서 푸셰와 공범 관계였다]와 비요바렌 같은 공안위원회의 과격파가 기꺼이 합류했다. 그들의 '에베르주의적' 성향과 최고 존재에 대한 반대는 이미 말한 바 있다. 대위원회 안에서 로베스피에르의 지배 권력에 대해 그들이 느끼는 분노가 거기에 덧붙여졌다. 로베스피에르가 자신의 개인적 독재를 확립할 물질적 수단도 욕망도 지니고 있지 않다는 점은 분명했지만, 시간이 흐르면서 그의 권위가 동료들을 크게 압도했던 것이다.

그토록 빈번히 그에 대한 비판의 이유가 된 '의견의 독재'는 아마도 그의 동료들이 가장 용서하기 어려운 점이었을 것이다. 그것은 또한 로베스피에르 개인이 지닌 능력의 우월성 안에 있는 문제였기 때문에 그들에게는 가장 굴욕적인 것이었다. — 재능이 동일하지는 않지만 모두 강한 성격을 지녔던 이들이 피할 수 없는 개성의 충돌 속에서 협력을 유지하는 것은 어려운 일이었을 것이라는 점도 고려해야 한다. 로베스피에르든 생쥐스트든 매일매일 살아가는 것이 쉽지 않았고 그들 역시 마찬가지였다. 그리고 로베스피에르가 엄청난 노력과 정신 집중으로 기력을 소진했다면, 그들 역시 그와 비슷한 상황에 처했으리라는 짐작을 할 수 있다.

이와 같은 이유로 로베스피에르에 대해 개인적으로 독기를 품는 사람들이 공안위원회의 가장 우파적인 위원들 중에서도 발견된다. 로베르 랭데, 프리외르 드 라 코트도르, 특히 기질적으로 가장 강한 카르노가 그들이다. — 두 진영 중 어느 한 쪽의 승리가 확실할 때에만 기회주의적 행태를 중단할 인물을 어딘가에 포함시켜야 한다면, 적응력 강하고, 교활하고, 정체를 파악하기 힘든 바레르를 앞의 인물들에 덧붙여야 할 것이다. 그러나 그들에게는 다른 동기가 있었다. 그것은 방토즈 법들의 농업 정책에 대한 조용하지만 끈질긴 반대, 공정가격제의 경제적 통제에 가능한 한 빨리 종지부를 찍고자 하는 의지, 상퀼로트와의 동맹 중 남아 있는 모든 것이 곧 어려움 없이 끝장나리라고 예감하는 부르주아의 계급적 본능이었다.

대위원회의 좌파가 보안위원회에 의지하는 것과 마찬가지로 우파는 재무위원회[캉봉, 말라르메*, 라멜*]에 의지하고 있었다. 전 지롱드파로서 개인적으로 늘 로베스피에르를 미워했던 캉봉은 애국심에 의해 산악파에 들어왔다. 그러나 그는 전 징세 청부업자들과 정치적으로 노선이 분명치 않은 재계 인사들을 보호했다. 카르노처럼, 그리고 같은 이유로 캉봉은 당통과 관용파를 쓰러뜨리는 데 한순간도 주저하지 않았다. 카르노처럼, 그는 더 이상 로베스피에르파가 찬양하는 사회 정책에 계속 양보할 충분한 이유가 없다고 보았다. 논의의 여지없는 그의 개인적 청렴함은 그의 재무 관리에 반영되는 계급적 탐욕과 뒤섞여 있었다.

마지막으로 카르노처럼[그리고 이 점에서 두 사람은 모두 지롱드파에 가깝다] 캉봉은 혁명전쟁에서 승리함으로써, 정복한 나라

말라르메(François-Rene-Auguste Mallarmé, 1755~1831) 변호사 출신의 입법의회·국민공회 의원.
라멜(Jacques Ramel de Nogaret, 1760~1829) 변호사 출신의 제헌의회·국민공회 의원. 국민공회에서 평원파에 속했으며 총재정부 하에서 재무장관을 역임했다.

생쥐스트 공포정치 시기에 생쥐스트는 반혁명 혐의자들의 재산을 몰수, 무상 분배한다는 내용의 '방토즈 법'을 통과시켰다. 때로 그의 과격함은 로베스피에르를 능가했다.

5부 혁명의 붕괴 595

를 정기적으로 착취하고, 새로운 시장을 개척하고, 아시냐를 안정시킬 수 있을 것이라고 생각했다. 반면 로베스피에르는 공화국을 공고히 하고, '자유의 나라'를 라인 강까지 확장하는 것만을 염두에 두고 있었다. 이 마지막 대립이 기존에 이야기된 요인들보다 더 중요한 역할을 했을 것이다. 테르미도르의 반동이 플뢰뤼스 전투(1794년 6월 26일) 이후에야, 즉 제2차 벨기에 정복이 부르주아지의 식욕을 자극할 때에야 가능해지는 것은 우연이 아니었다.

프레리알(1794년 5월 20일~6월 18일) 초에는 이처럼 다양한 반대파들이 공존하고 있었다. 하지만 그들은 여전히 과감하지 못했다. 이미 플로레알 1일(4월 20일)에 비요바렌은 단순히 독재자 페리클레스*에 대해 이야기하는 척하면서 로베스피에르를 암시했다. 역시 플로레알에 공안위원회 내에서 격렬한 언쟁들이 폭발했다. 로베스피에르와 생쥐스트는 카르노가 그의 사무실에 특권층 기술자들을 고용한 것을 비난했고, 이에 응수하여 카르노는 그들을 '우스꽝스러운 독재자들'이라고 불렀다. 또 플로레알 말에 캉봉은 로베스피에르가 자신의 23일 법령에 반대하자, 그에 대해 보복할 수단을 찾기 시작했다.

그러나 이 모든 것은 전초전에 불과했다. 이미 어떤 상반된 고리들로부터 사슬이 만들어져 그것이 용접되면서 로베스피에르의 목을 조르게 될지 알 수 없었다. 그 동안 대위원회는 어떠한 분열이든 그것이 자신들에게 치명적인 위험을 의미한다는 것을 계속 의식하고 있었다. 콜로 데르부아가 로베스피에르와 동시에 살해될 뻔하지 않았는가? 반혁명은 여전히 전투 능력을 상실하지 않았다.

그리고 줄곧 그것은 여전히 애국적인 모든 산악파의 주요한 적으로 보였다. 공안위원회의 다수파가 제한적이고 잠재적인 적대감으로부터 가차없는 투쟁으로 나아갈 수 있도록 로베스피에르는 모든 타협을 거부해야 했다.

프레리알 6일(1794년 5월 25일), 공안위원회는 생쥐스트에게 군사적 상황이 허락한다면 돌아올 것을 만장일치로 요구할 만큼 상황이 심각하다고 판단했다. "자유가 새로운 위험에 처해 있다. 공안위원회는 모든 위원들의 지식과 활력을 결집할 필요가 있다."

6일 저녁 로베스피에르는 자코뱅 클럽에서 발언했다. 그는 어떤 한 사람에게 지나친 경의를 표하고 그의 운명에 과도한 중요성을 부여하는 것으로 보이는 모든 조치들에 반대했다. 그리고 그는 자신의 솔직한 느낌을 드러냈다. 그는 자신을 곧 죽을 사람으로 여기면서 이제는 무용지물이 된 신중함을 제쳐둔 것처럼 보였다.

> 나는 삶의 불가피함을 믿지 않습니다. 단지 덕성과 신만을 믿는 나는 암살자들이 나를 몰아넣고자 했던 상태에 놓여 있습니다. 나는 그 어느 때보다 더 인간들의 사악함에서 멀리 떨어져 있는 듯 느낍니다……. 나의 영혼은 그 어느 때보다 더 배신자들을 폭로하고 그들의 얼굴에서 감히 스스로를 가리고 있는 가면들을 떼어낼 준비가 되어 있습니다.

이튿날인 프레리알 7일, 바레르는 긴 보고서를 통해 암살자들의

페리클레스(Pericles, BC 495~BC 429) 아테네의 민주주의와 아테네 국가의 발전을 이룬 고대 정치가. 1인 독재체제를 통해 아테네 최전성기를 구가하였다.

배후에 영국 총리 피트가 있다고 고발했다. 그는 끊임없이 '로베스피에르의 병사들'을 문제삼는 한 영국 신문의 기사를 길게 발췌하여 낭독하였다[이것은 성실함의 산물인가 아니면 로베스피에르를 독재자로 보게 만들려는 저의인가?]. 배신 행위가 있다 해도 거의 주목받지 못했다. 의회의 다수파 내에서 음모에 대한 방어 의지와 처벌 의지가 결합했다. 그리하여 의회는 터무니없고 불합리하고 시행할 수 없는 다음의 법령을 공표했다[이 법령은 혁명력 2년의 병사들의 명예를 위해서는 다행스럽게도 시행되지 않았다].

"누구도 영국이나 하노버의 포로가 되어서는 안 된다." 어떠한 목소리도 거기에 반대하지 않았다. 의회를 자극한 분노의 폭발을 가장 극명하게 보여주는 것은 이후 며칠간 목격하게 될, 프랑스 전역에서 쏟아지는 수백 통의 청원서들이다. 이러한 격렬한 집단적 반응을 이해하기 위해서는 1789년 7월의 '대공포'와 1792년 9월의 학살로 거슬러 올라가야 한다(모두 반혁명 세력이나 외국의 음모에 대한 분노와 두려움에 기인한다는 점에서).

로베스피에르가 바레르의 뒤를 이어 발언했다. 로베스피에르는 열에 들뜬 일종의 흥분 상태에서 다시 자신을 죽은 사람으로 간주할 것을 요구했다. 이때 그는 숭고함에 어느 정도 취한 듯 어느 때보다 더 낭만적이고 코르네유적인 모습을 보였다.

> 그러나 즐거워하고, 하늘에 감사합시다. 전제정의 비수를 맞을 만하다고 판단될 만큼 우리가 조국에 크게 봉사했으니 말입니다……. 왕들과 그 시종들이여, 우리는 당신들이 우리와 벌이는 것과 같은 전쟁에 대해 불평하지 않으며, 나아가 그 전쟁이 여러분에게 신중하고 위엄 있

는 고려의 대상이 될 가치가 있음을 인정합니다. 우리의 원칙이나 우리의 군대에 승리를 거두는 것보다 우리의 생명을 빼앗는 것은 사실상 훨씬 더 쉬운 일입니다……. 지상의 강대국들이 미약한 한 개인을 살해하기 위해 동맹을 맺는다면, 아마도 그 개인은 사는 데 집착해서는 안 될 것입니다. 또한 우리는 오래 산다는 생각을 하지 않습니다. 모든 압제자들에게, 그리고 훨씬 더 위험하게는 모든 악당들에게 전쟁을 선포하는 것은 오래 살기 위해서가 아닙니다.

…… 나는 오직 조국에 대한 사랑과 정의에 대한 갈증 때문에 일시적인 삶에 집착할 뿐이며, 지금은 어느 때보다 더 개인적인 사정에서 벗어나 내 나라와 인류에 대항해 음모를 꾸미는 모든 악당들을 정력적으로 공격할 태세가 되어 있다고 느낍니다. 그들이 이승에서의 나의 삶을 끝장내려 서두를수록, 나는 나의 동포들의 행복을 위한 유익한 활동으로 내 삶을 채우고자 하는 마음에 조급해집니다. 나는 적어도 압제자들과 그들의 모든 공모자들을 두려움에 떨게 할 유언장을 남길 것입니다.

…… 나는 충분히 살았습니다. 나는 프랑스 민중이 비천함과 예속의 한 가운데에서 영광과 자유의 정점으로 도약하는 것을 보았습니다. 나는 민중들의 족쇄가 깨지고 세상을 짓누르는 비난받아 마땅한 왕좌들이 승리한 민중들의 손 아래 무너지는 것을 보았습니다……. 완수하십시오, 시민들이여, 당신들의 숭고한 운명을 완수하십시오. 여러분은 인류의 적들의 첫 번째 압력을 견뎌내도록 우리를 전위에 서게 했습니다. 우리는 이 영예에 걸맞는 자격을 갖출 것입니다. 여러분에게 대항하는 전 세계의 모든 괴물들을 제거하고, 이어 민중의 축복과 여러분이 덕성의 열매를 평화롭게 누리는 데 필요한 이 변함없는 힘을 여러분이 쉼없이 발휘할 수 있기를 바랍니다!

13일 후, 최고 존재의 축제일이었다. 제전을 거행하면서 로베스피에르는 승리의 환희뿐 아니라 방어와 처벌에 대한 마찬가지의 완강한 의지를 드러내 보였다.

자연의 창조주께서는 사랑과 행복의 거대한 사슬로 모든 인간들을 결합시켰습니다. 감히 그것을 파괴한 압제자들은 멸망하고 있습니다! 프랑스의 공화주의자들이여, 그들이 더럽힌 이 땅을 정화하고 그들이 추방한 정의를 다시 불러오는 것은 여러분의 임무입니다……. 민중들이여, 신의 가호 아래 순수한 기쁨의 열정에 우리를 내맡깁시다. 내일 우리는 다시 악과 압제자들과 싸울 것입니다.

직접적이긴 하지만 다소 때 늦은 증언들에 따르면, 로베스피에르가 의장 자격으로 의원들로 이루어진 행렬의 선두에 서서 걸어가는 동안, 그의 뒤에 선 르쿠앵트르, 부르동 드 루아즈와 티리옹은 낮은 목소리로 그를 모욕하고 위협했다. 그들이 그날 자신들을 혐의자로 만들었을 이러한 용기를 지니고 있었을지는 의심스럽다. 그러나 축제가 끝나고 로베스피에르가 뒤플레의 집으로 돌아가면서 그들에게 "머지않아 나를 더 이상 보지 못하게 될 것이오."라고 말하는 데에는 아마도 이러한 사소한 사건이 필요하지 않았을 것이다.

축제의 감동이 있은 지 이틀 후인 프레리알 22일(6월 10일), 쿠통은 공안위원회의 이름으로 혁명재판소에 대한 자신의 보고서를 국민공회에 제출했다. 쿠통이 로베스피에르와 동일한 정신 상태에

1794년 6월 8일에 개최된 '최고 존재'를 위한 축제. 무신론의 동상을 불태우고 지혜의 동상을 세우고 있다.

있었다는 것은 분명한 사실이다. 그가 제안하는 혁명적 재판의 근본적 개혁에서 강조점은 가혹함이 아니라 절차의 신속함에 놓여 있었다. 배심원들이 물증이나 심지어 심증이 충분하다고 판단하면, 피고를 위한 변호인, 선결 심문, 증인들은 더 이상 필요하지 않았다. 결국 문제가 되는 것은 재판이 아니라 전쟁을 하는 것이며 가능한 한 신속하게 전쟁에서 승리하는 것이었다.

조국의 적들은 식별하는 순간에 바로 처벌해야 한다. 처벌하는 것이 아니라 절멸시켜야 한다. 우리의 혁명은 빠른 속도로 이어지는 음모들의 연쇄에 불과하다. 왜냐하면 그것은 자유와 독재의 전쟁, 덕성과 범죄의 전쟁이기 때문이다. 몇 가지 본보기를 보이는 것으로는 완수할 수 없다. 전제정의 무자비한 추종자들을 끝장내든가 아니면 공화국과 함께 소멸해야 하는 것이다.

조르주 르페브르는 쿠통의 발언을 인용하면서 다음과 같이 논평했다. "그것은 정치가의 냉정함을 잃어버린 것이었다. 혁명의 안위에는 형벌의 무기고로 충분했다. 따라서 프레리알 22일의 법(혁명재판소에서의 증인 심문과 변호 폐지)은 필요하지 않았다." 르페브르에게 동의하지 않기는 어렵다.

가장 심각한 문제는 공안위원회 위원들이 이러한 집단적 분노의 움직임, 나라의 전역에서 올라오는 전언들 속에서 그토록 격렬하게 표현되는 보복 의지의 움직임에 참여했다는 것이 아니라, 프레리알 법이 전쟁의 승리에 효과적이라고 믿었다는 것이다. 테르미도르에 로베스피에르와 쿠통은 그들이 단지 *대여섯* 명의 악당들과

공포정치 시기에 방향을 잃은 프랑스 민중을 묘사한 그림. 테러와 보복이 난무하는 가운데 국민들은 갈피를 잡을 수 없었다.

사기꾼들[아마도 푸셰, 탈리앵, 프레롱, 로베르 등]의 처벌을 요구했을 뿐이라고 여러 차례 되풀이할 것이다. 그것을 얻어내는 데 그토록 가혹한 법을 강요할 필요는 없었다. ― 알베르 마티에즈는 로베스피에르에게 프레리알 22일 법의 목적은 혐의자들을 제거함으로써 방토즈 법의 집행을 가속화하는 것이었다고 주장했다. 그러나 이 날짜에는 방토즈에 이야기되었던 6개의 위원회 중 단 2개만이 플로레알 24일(5월 13일)과 25일에 창설되어 있었다. 따라서 그 목적에 부응하기 위해서는 그 위원회들을 필요로 했을 사법적 도구를 우선 만들어내는 것보다는 차라리 4개 위원회의 즉각적인 창설을 요구하고 6개 위원회의 기능을 활성화하는 것이 더 절실했을 것이다.

그리고 어쨌든 프레리알 22일 법의 작성자들이 그 법을 정치적으로 정당화하는 구체적이고 제한된 목표를 정했다 해도 그것을 제대로 이용할 수 없었거나 이용할 줄 몰랐다는 것을 인정해야 한다. 1793년 3월 1일부터 1794년 프레리알 22일(6월 10일)까지 파리 혁명재판소는 1,251명에게 사형을 선고했다. 그러나 프레리알 22일의 법령이 나온 뒤, 혁명재판소는 프레리알 22일부터 테르미도르 9일(7월 27일)까지 불과 50일도 안 되는 기간 동안 1,376건의 사형을 선고했다. 하지만 그중에서 국민공회의 대여섯 명의 사기꾼도, 방토즈 법이 겨냥한 혐의자들도 발견할 수 없다.

이제부터는 로베스피에르의 명예를 위해 그가 메시도르 21일(7월 9일)부터 프레리알 법의 무자비한 시행에 강력히 반대했음을 지적해야 한다. 또 로베스피에르〔곧 공안위원회에 더 이상 나오지 않는다〕도, 생쥐스트〔프레리알 22일 전날 다시 군대로 출발했다〕도 쿠통〔빈발하는 병으로 집에 틀어박혀 있었다〕도 이 대량 살상에 직접 책임이 있다고 간주할 수 없다. 그러나 프레리알 법을 통해 이런 사태를 가능하게 만들면서 어떻게 그것을 예견하지 못했는가? 만약 그들이 그것을 예견했다면, 어떻게 그것이 혁명정부를 공고하게 만들 수 있을 것이라고 생각했단 말인가? 왜 그들은 이 사태를 피하기 위해 더 엄격한 예방 조치들을 취하지 않았는가?

그들의 이 비극적 오류―결국 이 오류가 모든 관찰자들이 곧 파리 민중들에게서 확인하게 될 '기요틴에 대한 역겨움'을 만들어냄으로써 그들의 비극을 재촉하게 되는 만큼 그들 자신에게도 비극적인―를 설명하기 위해서는 배신자 알비옹(영국)의 마지막 위업이라고 추정된 아드미라와 세실 르노의 암살 기도가 낳은 방어적이고 처벌적인 분노의 폭발을 언급하는 것만으로는 아마도 충분치 않을 것이다. 그보다 이 폭력이 그 동기(전쟁의 승리라는)에 전혀 합당하지 않음에도 불구하고 왜 일어났는지를 물어야 할 것이다.

1792년 9월의 학살을 가능하게 하기 위해서는 브라운슈바이크의 선언과 프로이센 군대의 프랑스 중심부로의 진격이 필요했다. 아드미라의 권총과 세실 르노의 주머니 칼이 프레리알 22일 법을 이끌어내기에 충분했다면, 혁명적 권력의 집중이 방토즈 이래 대중들의 적극적인 지지로부터 멀어지면서 국민의 안녕을 몇몇 개인들의 운명에 직결시키기에 이르렀다고 결론지어야 할 것이다.

방토즈 이래 공안위원회의 모든 활동 중 코르들리에 클럽의 상퀼로트 지도자들이 가장 큰 박수를 보냈을 만한 것은 아마도 프레리알 22일 법일 것이다. 그리고 역설적으로 그 법을 가능하게 만든 것은 그들의 몰락〔과 그 결과들〕이었다. 혁명정부의 주역들이 민중의 집단적 독재의 구현자이자 그 제어자로 보이지 않게 될수록, 그들은 더욱더 맹목적인 사법적 도구가 필요하게 되었을 것이다. 그들은 상퀼로트의 퇴각이 그들 자신을 그들이 지닌 가장 큰 힘을 잃고 허공에 매달린 것과 같은 존재로 만들었기 때문에 이 비효율적이고 부적합한 도구를 만들었던 것이다.

어쨌든 분명한 것은 프레리알 22일 법이 나라 안에서 아무런 즉각적인 비난도 불러일으키지 않았다는 것이다. 그리고 더욱더 분명한 것은 진정으로 이 법이 며칠 동안 공안위원회 전체의 공통된 생각을 표현했다는 것이다. 이어진 토론에서 바레르와 비요바렌이 로베스피에르와 쿠통에 대한 지지 발언을 했다는 것에서 이 점을 확인할 수 있다. 반대로 이 법은 보안위원회의 불만을 불러일으켰는데, 그것은 보안위원회가 사전에 협의를 받지 못했기 때문이었다. 나아가 이 법은 그 조치들 전체가 아니라 그것이 의원들에게 드리우는 위협 때문에 국민공회 안에서 열렬한 반대를 야기했다. 이 법은 의원들을 혁명재판소에 소환하기 위해서는 의회의 동의가 필요하다는 것을 명시하지 않았기 때문이었다. 그에 따라 국민공회 의원들은 즉각 반발하고 나섰다. 그들은 이 법이 그들에게 자신들의 자살에 동의할 것을 요구하고 있다는 인상을 받았던 것이다.

쿠통이 보고를 마치자 마라의 옛 친구이지만 사업가 의원으로서 관용파가 된 뤼앙(Ruamps)이 외쳤다. "이 법령은 중요하다. 나는 그것을 인쇄할 것과 의결을 연기할 것을 요구한다……. 만일 연기하지 않고 채택한다면, 나는 권총으로 머리를 쏘아 자살할 것이다!" 르쿠앵트르와 몇몇 다른 사람들이 그를 지지했다. 곧 로베스피에르가 튀어 오르듯 일어났다. 그는 급히 회의 중 토론을 시작해 "필요하다면 저녁 9시까지" 계속할 것을 극히 서둘고 조급하게 요구했다. 그리고 그는 사실상 법안을 만장일치로 가결할 것을 요구했다.

견해가 갈리는 곳이면 어디든, 분열이 드러나는 곳이면 어디든, 거기에는 조국의 안녕과 결부된 무엇인가가 있습니다. 똑같이 공익에 대한 사랑으로 불타는 사람들 사이에 분열이 있다는 것은 자연스럽지 않습니다……. 나아가 나는 국민공회가 당파들의 지배에 더 이상 굴복하지 않은 덕에 오래전부터〔당통과 관용파를 체포하여 그 처리를 결정한 제르미날 11일부터〕즉석에서 토론하고 법령으로 공포해 왔음을 지적하는 바입니다.

이 발언에서 우리는 프레리알 법이 격정의 산물임을 잘 알 수 있다. 쿠통과 마찬가지로 로베스피에르는 냉정하지 않았다. 그는 자신이 죽어가고 있다는 것을 알고 있는 사람처럼, 그리고 아주 사소한 지체도 치유 불능의 결과를 가져오리라고 생각하는 사람처럼 행동했다. 국민공회 의원들 다수는 로베스피에르가 처음으로 그들을 존중하지 않았다는 것을 잊지 않을 것이다. 그들은 자신들이 위원회의 결정들을 추인하는 등기소로 전락했다고 느꼈다. 그러나 그들 앞에서 발언하는 이 열정적인 인물의 위신은 여전히 매우 커서 그들은 순종할 수밖에 없었다. 몇 분 만에 그들은 토론 없이 법령을 채택했다. 그리고 뤼앙은 권총으로 머리를 쏘지 않았다!

그러나 이튿날, 부르동 드 루아즈와 메를랭 드 두에*는 공안위원회 위원들이 없을 때, 다음의 전문(前文)을 추가할 것을 요구하여 손쉽게 관철시켰다. "의원들에 대한 기소를 결정하고 그들을 재판에 회부하게 하는 국민 대표체의 배타적 권리는 양도할 수 없는 권리이다." ─그 다음날인 프레리알 24일, 쿠통은 정말로 화가 나 공격을 되풀이했다. 이 전문은 공안위원회를 모욕하는 것이다. 이는 공안위원회가 결코 품은 적 없는 저의를 공안위원회의 것으로 돌리고, 국민공회의 권리들에 대한 공안위원회의 존경을 의심하는 것과 마찬가지이다. 따라서 그것을 철회해야 한다. 그러지 않으면 공안위원회는 사임할 것이다. 그렇게 말하는 쿠통이 동료들의 만

메를랭 드 두에(Merlin de Douai, 1754~1838) 변호사 출신의 제헌의회. 국민공회 의원. 국민공회에서 여러 차례 지방에 파견되었다. 테르미도르 쿠데타 이후 공안위원회에 참여했고, 자코뱅 클럽을 폐쇄하고 파리 코뮌을 무력화시켰다.

장일치를 확신하고 있었다는 것은 분명한 일이다.

또 다른 미숙함이 나타났다. 공안위원회는 자신의 뜻대로 국민공회를 숙청하기 위해 의도적으로 모호한 용어들로 법령을 작성했지만, 분명히 그 술책은 실패했다. 오히려 공안위원회는 자신들의 의도가 순수함을 주장함으로써 스스로 자신의 손을 묶어버린 셈이 되었다. 순수한 의도를 가지고 있었다면, 공안위원회는 단지 전날 가결된 전문을 기분 좋게 받아들임으로써만 그것을 증명할 수 있었을 것이다. 그러나 쿠통의 격한 반응 앞에서, 국민공회 의원들 대다수는 반대로 자신들의 염려가 정당했고, 공안위원회와의 토론이 불가능해졌다고 생각했음에 틀림없다.—이 순간 로베스피에르가 개입했다. 그는 쿠통이 말한 내용을 똑같이 격렬하게 되풀이한다. 그리고 거기에 두 가지 중대한 오류들을 추가했다.

첫 번째 오류이자 더 중대한 오류는 그가 당파로서 산악파는 더 이상 존재하지 않는다고 선언한 것인데, 이전의 로베스피에르 연구자들은 이 점을 충분히 강조하지 않았다.

앞서의 발언자[부르동 드 루아즈]는 토론 중에 공안위원회를 산악파로부터 분리시키려고 했습니다. 국민공회, 산악파, 공안위원회, 이 모두는 같은 것입니다! 진심으로 자유를 사랑하는 민중의 대표라면 누구든, 그리고 조국을 위해 죽기로 결심한 민중의 대표라면 누구든 산악파입니다……. 산악파는 숭고한 애국심에 다름 아닙니다. 산악파 개인은 순수하고 합리적이고 고매한 애국자에 다름 아닙니다.

…… 브리소, 베르니오 같은 사람들, 그리고 다른 악당들…… 이 존엄한 의회의 일부를 지휘하고 있었을 때…… 그때 산악파의 이름은

부아시 당글라 국민공회에서 평원파에 속했으며, 테르미도르 반동 이후 공안위원회 의원으로 활동했다.

오류에 맞서 싸우는 민중의 대표들을 지칭하는 것이었기에 신성한 것이 되었습니다. 그러나 음모들이 드러나고, 그 음모의 주역인 악당들이 법의 칼 아래 쓰러지고, 청렴, 정의, 덕성이 의사일정에 오르고, 이 의회의 모든 구성원이 조국을 위해 헌신하고자 하는 순간, 국민공회 안에는 오직 두 개의 당파, 즉 좋은 사람들과 사악한 사람들, 애국파와 위선적인 반혁명 세력만이 있을 수 있을 뿐입니다.

늪지파 의원들, 지롱드파 생존자들, 잠재적 왕당파들, 부아시 당글라*, 티보도*, 뒤랑 드 마이얀*과 같은 장래 테르미도르 체제와 총재정부 시기의 명사들과 그 외 다른 사람들이 장내가 떠나갈 듯이 박수 갈채를 보냈다. 그들은 내심 매우 기뻐했음에 틀림없다. 이처럼 손쉽게 단숨에 산악파가 되다니! 이에 대해 어떤 정반대의 반응이 있을 수 있을지, 예를 들어 비요바렌의 반응을 어렵지 않게 상상할 수 있다. "로베스피에르가 산악파 앞에서 자신을 정당화해야 한다면 우리는 어떻게 될 것인가?"라고 1793년 9월 25일 바지르는 외쳤다. 이제 로베스피에르는 더 이상 전(前) 산악파를 인정하지 않고 있었다.

로베스피에르가 달리 행동할 수 있었을까? 1793년 4월에서 7월 사이에 나온 그의 주장들을 프레리알 24일의 주장과 비교해보면 그의 변화를 쉽게 확인할 수 있고, 또 그것을 쉽게 이해할 수 있다. 지롱드파와 대립한 산악파는 혁명을 구하기 위해 상퀼로트와의 긴밀한 동맹을 받아들인 부르주아지의 선진적 당파였다. 코르들리에파의 비극 이후 이 동맹이 점점 알맹이를 잃어가면서 산악파는 같은 리듬으로 본래 지녔던 모든 의미를 상실했다. 산악파는 당통보다 오래 살아남을 수는 있었을 것이다. 산악파는 이 점에 있어서 위험하리만큼 약화되었지만, 민중들과의 관계를 더 긴밀히 하고, 상퀼로트에게 새로운 이익을 가져다준다는 조건하에, 혁명 자체로부터 태어난 새로운 부르주아지와 결별할 수 있었다. 그러한 계획의 가능성을 가정한다 해도, 상퀼로트의 비타협성이 그것을 차단했다. 조만간 이러한 상황, 즉 민중전선이 끝장났다는 것을 확인해야 했을 것이다.

그러나 로베스피에르는 이러한 상황에서 그토록 순진하게 상퀼로트와의 결별을 진술함으로써 결국은 스스로 무장을 해제했다. 그는 그 자신, 그의 동료들, 공안위원회 전체가 그들 자신 외에 아무도 대표하지 않는다는 것을 고백했다. 그들은 공포와 덕성이라는 혁명정부의 추상적인 원칙들에 의지하고 있었다. 그들을 필요로 했던 공공 안녕의 임무로 말하자면, 그들의 성공적인 임무 완수 자체가 그들을 더 이상 필요로 하지 않아도 되도록 만들었고, 플뢰뤼스의 승리(1794년 6월 26일, 주르당 장군이 지휘하는 프랑스 군대가 플뢰리스에서 오스트리아 군에 승리를 거두고 벨기에로 입성한 일을 말한다)가 그들의 종말을 고할 것이었다.

부아시 당글라(François Antoine Boissy d'Anglas, 1756~1826) 국민공회에서는 평원파였으며, 테르미도르 이후 국민공회 의장을 맡았다. 총재정부 시기 500인 의회 의원이자 제1제정기 원로원 의원.
티보도(Antoine Thibaudeau, 1765~1854) 변호사 출신의 국민공회 의원. 500인 의회 의원.
마이얀(Durand de Maillane, 1729~1814) 제헌의회와 국민공회 의원. 국민공회에서 평원파(늪지파)에 속했다. 테르미도르 쿠데타 이후 영향력 있는 인물이 되어 자코뱅 클럽을 해산시키고 망명 귀족들의 귀국을 지지했다.

로베스피에르는 특히 어떠한 대안적 정책도 구체적으로 우파와 중도파에게 제안할 필요가 없었던 때에, 더군다나 분명히 정책을 바꿀 수 있는 사람이 아니면서도, 자신이 산악파의 영수였다는 점을 그들이 용서할 것이라고 믿는 잘못을 저질렀다. 그는 자신의 발언이 그의 사회경제적 정책을 부담스러워하고 있던 모든 산악파 부르주아들을 결국 해방시키고 우파로 기울어지게 만들리라는 것을 인식하지 못했다는 점에서 잘못을 저질렀다. 그리고 그는 중도파와 우파의 인물들이 그들의 계급적 이해관계의 절대적인 호소에 굴복하지 않고, 더 이상 산악파나 로베스피에르를 운운하지 않으면서 덕성을 통한 단합이라는 추상적인 정책에 동의하리라고 믿는 훨씬 더 심각한 잘못을 저질렀다.

프레리알 24일에 로베스피에르가 저지른 두 번째 잘못은, 국민공회 의원들 모두가 자신이 위협받고 있다고 느끼는 때에 모호한 고발에 그쳤다는 점이다. 그는 당파의 지도자들이 되고자 하는 음모가들을 비난했다. 부르동 드 루아즈가 항의하자, 로베스피에르가 그의 말을 중단시켰다. "나는 부르동을 지칭하지 않았습니다. 스스로 자기 이름을 부르는 자에게 불행이 있기를. 그러나 내가 나의 의무이기에 그릴 수밖에 없었던 전체적인 초상화 속에서 그가 자신을 식별하고자 한다면 나로서는 그를 막을 힘이 없습니다. 그렇습니다. 산악파는 순수하고, 숭고하며, 음모가들은 산악파가 아닙니다!" 누군가 그에게 소리쳤다. "그들의 이름을 대시오!" 그는 무뚝뚝하게 대답했다. "필요할 때 그들의 이름을 말할 것이오."

전날 그는 자코뱅 클럽에서 푸셰를 다시 공격했다. 곧 그는 탈리앵을 공격하고, 비요바렌이 로베스피에르에게 합류해 탈리앵을 몰아붙였다. 그러나 국민공회 의원들은 당연히 푸셰와 탈리앵만이 문제되는 것은 아니라고 생각했고, 로베스피에르가 예고하는 덕성의 묵시록 속에서 각자 자신은 좋은 사람과 나쁜 사람, 염소와 양 중 어느 쪽에 속하는지 자문하게 되었다. 바레르가 쿠통과 로베스피에르와 같은 취지로 길게 발언한 후, 국민공회는 전날의 전문(前文)을 철회했다. 이것은 로베스피에르가 의회에서 거둔 마지막 승리였다. 그가 의원들의 격렬한 집단적 반감을 사게 되었다는 것을 그 자신도 아마 알고 있었을 것이다. 그는 테르미도르 8일까지 국민공회에서 더는 발언하지 않는다.

3장_막다른 길

1794년

6월 25~29일 로베스피에르, 홀로 공안위원회에서 반대파에 맞서 투쟁하다. 이 무렵, 국민공회 내 반대파들은 로베스피에르를 독재자라고 비난하며 공포정치의 책임을 그에게 전가한다. 관용파와 왕당파, 산악파 내 반(反)로베스피에르파가 합세하여 온건파, 과격파, 독재자라는 비난을 퍼붓는다.

6월 26일 플뢰뤼스 전투에서 프랑스 군이 프로이센 군에게 승리하다.

7월 23일 파리 코뮌이 일일 노동에 대한 최고가격을 선포, 그에 따라 임금생활자들의 불만이 최고조에 이른다. 이 무렵, 인플레이션이 더욱 격화되고 흉작이 예고되면서 사회적 동요가 심각해진다.

3일 후인 프레리알 27일(1794년 6월 15일), 반(反)로베스피에르파가 공격을 시작했다. 프레리알 22, 23, 그리고 24일의 전투를 주도한 것은 마지막 당통파가 아니라 보복에 나선 보안위원회였다. 바디에가 이른바 '성모(聖母)의 음모'에 관한 보고서를 제출한 것이다.

콩트르스카르프 거리의 한 작은 방에서 카트린 테오(Catherine Théot)라는 매우 가난한 노파가 환상을 보고, 세계를 갱생시킬 메시아의 도래를 예언했다. 아마도 그녀의 메시아 신앙을 탐탁치 않게 여겼을 성직자들의 고발로 인해 그녀는 한때 바스티유에 수감된 적이 있었다. 1789년 이전에 그녀는 바스티유, 왕정, 성직자들의 몰락을 예언했고, 심지어 국왕이 단두대에 오르리라는 것도 예언했다. 그녀는 가난한 사람들의 승리, 모든 빈곤의 종말을 예언하고 있었다. 그것은 무엇보다도 혁명적 신비주의의 설득력 있으면서도 대수롭지 않은 한 예였고, 이 무수한 혁명적 신비주의의 표현은 파리와 리옹의 격앙파들의 복음 설교와 유사했다.

그녀 주위에는 오늘날 그런 류의 인물과 마찬가지로, 계시를 받은 선량한 여인, 즉 '성모'의 예언을 들으려는 신도들과 호기심에 끌린 사람들이 모여들어 그녀와 함께 성가를 부르고 있었다. 그들 중에는 미혹된 저명 인사들도 있었고, 심지어 전 후작 부인도 있었다. 또 전직 제헌의원이자, 역시 훌륭한 애국파이고 로베스피에르로부터 공민증을 수여받았던 샤르트르회 수도사 돔 제를(Dom Gerle)도 있었다. 또 뒤플레 가족의 친척도 한 사람 있었다.

이러한 몇 가지 자료들에 기초하여 무신론자 바디에는 《프로뱅시알》의 선량한 사제*에게 어울릴 작품을 만들어냈다. 그는 가장 사악한 자들의 음모를 국민공회에 제출하고, 은밀한 암시를 통해 세 가지 목표를 추구했다. 최고 존재의 시민종교를 웃음거리가 되게 해 신뢰를 떨어뜨리는 것, 특권층-성직자들의 음모에 로베스피에르의 지인들을 연루시키는 것, 그리고 로베스피에르를 카트린 테오가 예견하는 그 메시아의 모델로 제시하는 것이었다〔얼마 후, 정확히 테르미도르 9일, 바디에는 심지어 로베스피에르를 찬양하는 카트린 테오의 편지를 낭독하기까지 한다. 그녀는 편지에서 그를 '세계의 구원자'로 지칭한다. 이해할 수 없는 일은, 그녀가 문맹이었고 그 편지의 원본을 어느 서류들 속에서도 발견하지 못했다는 점이다〕. — 그 자리에서 국민공회는 카트린 테오와 돔 제를을 혁명재판소로 소환하고 바디에의 보고서를 인쇄하여 군대와 공화국의 모든 코뮌에 발송할 것을 결정했다.

그 달 초부터 지속된 신경과민 상태에서 로베스피에르가 바디에의 추악한 술책을 어떻게 받아들였을지는 상상할 수 있다. 그날 저녁에 바로 로베스피에르는 혁명재판소장 뒤마*와 푸키에탱빌*을

선량한 사제 철학자 블레즈 파스칼(Blaise Pascal, 1623~1662)을 가리킨다. 《프로뱅시알(Provinciales)》은 1656~1657년에 발표된 파스칼의 서한집의 전통적인 제목이다. 이 서신들에서 파스칼은 예수회의 도덕적 타락과 비양심적 윤리관을 비판했다.

공포정치의 상징적 인물이었던 푸키에탱빌. 로베스피에르가 몰락한 후, 테르미도르 쿠데타의 주역들에 의해 재판을 받고 처형된다.

공안위원회로 불러 사건의 관련 자료들을 자신에게 제출할 것을 요구했다. 카미유 데물랭의 친척으로서 예전에 당통파를 추종했던 푸키에탱빌〔그를 관용파라고 부르는 것은 기이한 일이지만〕은 이제 보안위원회와 깊은 관계에 있었고, 자신을 의심하는 로베스피에르를 미워했다. 그러나 그는 자료를 내놓아야 했다. 로베스피에르는 자신이 점점 더 독단적으로 행동한다는 것을 깨닫지 못했다. 그는 자료들을 검토하고, 바디에가 제기하는 위협을 더 정확히 이해하게 되었다. 그는 피고들의 혁명재판소 출두 연기를 국민공회에 요구하고, 자신이 그 사건에 대한 새로운 보고서를 작성하겠다고 나섰다.

메시도르 7일(6월 25일)에서 11일까지 며칠간 로베스피에르는 격렬한 언쟁을 통해 거의 홀로〔쿠통은 자주 아프고, 생쥐스트는 군대에 파견 중이고, 생탕드레와 프리외르 드 라 마른은 지방에 파견 중이었다〕 공안위원회의 동료들과 대립했다. 처음에 로베스피에르에 대항한 투쟁을 주도한 사람은 비요바렌이었다. 프레리알 24일(6월 12일)에 그는 여전히 로베스피에르 편에서 프레리알 22일 법을 옹호하였다. 그러나 보안위원회와의 친분 때문에 반대파와의 협력

뒤마(Renais François Dumas, 1753~1794) 1794년 봄 혁명재판소장에 임명되어 에베르파에 대한 재판을 주도했고 특히 프레리알 22일 법이 통과된 후 '대공포정치(Grande Terreur)' 시기의 재판들을 주도했다. 테르미도르 쿠데타 후 체포되어 처형되었다.

푸키에탱빌(Antoine Quentin Fouquier-Tinville, 1746~1795) 1793년 3월 혁명재판소 창설과 함께 공공검사로 지명되어 공포정치의 상징적 인물이 되었다. 테르미도르 쿠데타 후에 체포되어 1795년 5월 사형을 선고받았다.

을 결심했다. 그가 완전히 반대파로 넘어간 것은 로베스피에르가 사기 행위로 고발된 앵디비지빌리테 구(區)〔전 플라스루아얄 구〕의 혁명위원회 위원들의 체포를 결정한 후였다. 생쥐스트가 없는 동안 경찰총국을 책임지고 있던 로베스피에르는 그들이 유죄라고 결론지었다. 그러나 비요바렌은 그것을 마지막 코르들리에파에 대한 공격이라고 보고, 메시도르 7일(6월 25일) 공안위원회에서 사건을 논의할 때 격렬하게 분노했다. 테르미도르 9일에도 여전히 그 사건은 그가 '독재자'를 공격하는 주요한 이유가 된다.

메시도르 8일, 로베스피에르는 다시 카트린 테오 사건에서 승리하지만, 비요바렌은 그가 국민공회의 공식 법령을 위반했다고 비난했다. 토론이 심각한 소동으로 변질되었으므로 공안위원회는 앞으로는 더 진전된 단계에서 회의를 열 것을 결정했다. 다음날〔또는 그 다음날?〕, 로베스피에르가 푸키에탱빌의 해임을 요구하고 다른 사람들이 그것을 거부함으로써 또 다른 언쟁이 일어났다. 또한 로베스피에르는 카트린 테오 사건에 대한 보고서 초안을 제출하지만 아마도 동료들의 지지를 얻지 못한 듯하다.

메시도르 10일(6월 28일) 저녁, 영광스러운 소식을 듣고 생쥐스트가 파리에 도착했다. 그의 주도 아래 주르당, 클레베르 그리고 마르소의 지휘를 받아 싸운 상브르에뫼즈 군대가 메시도르 8일 플뢰뤼스에서 대승을 거두었던 것이다. 생쥐스트가 참석한 첫 회의〔메시도르 10일 저녁 또는 11일〕에서 우리가 모르는 어떤 주제〔아마도 프레리알 법에 대해서일 것이다. 보안위원회는 가장 가혹한 방식으로 그 법을 적용하고 있으면서도 동시에 그것의 철회를 요구했을 것이다〕에 대해 이전보다 더 격렬한 토론이 벌어졌다.

확실한 것은 비요바렌과 콜로 데르부아가 로베스피에르를 무례하게 모욕하고 그를 독재자라 불렀다는 것이다. 그에 대해 로베스피에르가 분노에 차 고함을 질렀다. "나 없이 조국을 구하시오!" 그러고는 뜻을 같이하는 생쥐스트를 동반하고 문을 꽝 닫고 나가 버리고 말았다.

"내가 마지막으로 군대에서 돌아왔을 때 몇몇 사람들의 얼굴은 더 이상 볼 수가 없었다."라고 생쥐스트는 테르미도르 9일 사람들의 방해로 낭독할 수 없게 될 연설문에 적었다. "정부의 성원들은 전선과 사무실에 흩어져 있었다. 결의들은 공안위원회 자체와 같은 힘과 영향력을 지닌 두세 사람에게 전달되었다……. 내가 보기에 정부는 정말이지 두세 사람에 의해 침략을 당한 것 같았다."

생쥐스트가 여기서는 거명하지 않지만 다른 부분에서 공격하는 사람들은 비요바렌, 콜로 그리고 카르노였다〔나아가 그는 그들이 플뢰뤼스 전투 직전 주르당에게 병사 18,000명을 분리해 피슈그뤼에게 파견하도록 명령함으로써 전투를 패배로 몰아넣을 뻔했다고 비난했다. 다행히도 생쥐스트는 그 명령에 단호히 반대했다〕. 생쥐스트의 증언은 중요하다. 그 역시 공안위원회 안에서 3주 만에 일어난 변화 때문에 타격을 입었지만, 그가 생각하기에 공격적이고 독재적인 것은 로베스피에르의 적들이었다.

로베스피에르는 더 이상 공안위원회에 발을 들이지 않았다. 그가 동료들로부터 독재자 취급을 당하는 것과 거의 동시에, 예리한 무기들로 무장하고 뒤플레의 집에 침입했던 특권층 루비에르(Rouvière)가 체포되어 심문을 받았다. 로베스피에르는 비요바렌과 콜로의 부당한 공격을 더 이상 견딜 수 없었다. 그는 자신에게 저항하는 새로운 반대파의 중심 인물로 생각되는 사람들과 더 이상 협력할 수 없었다. 메시도르 13일(7월 1일), 마침내 그는 자코뱅 클럽으로 가 심경을 토로했다.

자유가 침해된 데 대해 보복하고 자유를 공고히 하고자 하는 어느 애국파가 비방을 받아 끊임없이 활동을 중단하곤 하는 것을 여러분은 아마도 이미 알고 있을 것입니다. 그 중상은 민중들에게 그를 두렵고 위험한 인물로 보이게 합니다. 어떤 사람들은 혁명재판소와 그 조직에 관한 국민공회의 법령을 비방할 만큼 자신이 강하다고 믿고 있습니다. 어떤 사람들은 심지어 그것의 정당성을 부인하기까지 합니다. 어떤 사람들은 감히 혁명재판소는 오직 국민공회를 학살하기 위해 조직되었을 뿐이라고 국민공회에서 주장하기까지 합니다. 불행하게도 이러한 생각은 너무도 확고합니다. 런던에서 사람들은 내가 독재자라고 프랑스 군대에 고발합니다. 같은 비방이 파리에서 되풀이되었습니다. *그곳이 어디인지를 말씀드린다면, 여러분은 전율할 것입니다.* 런던에서는 나를 신사들의 살인자로 묘사합니다. 파리에서는 혁명재판소를 조직한 것은 바로 나이고 그것은 애국파와 국민공회 의원들을 학살하기 위한 것이라고들 합니다. 나는 독재자이자 국민의 대표들을 억압하는 자로 묘사됩니다……. 내가 맡고 있는 직무들 중 일부를 포기하도록 강요받는다 해도 민중의 대표라는 자격은 여전히 나에게 남아 있을 것입니다. 그리고 나는 전제군주들과 음모가들에 대항해 목숨을 건 전쟁을 벌일 것입니다.

목숨을 건 이 전쟁의 순간을 기다리면서, 로베스피에르는 천막으로 퇴각한 아킬레우스처럼 국민공회에도, 공안위원회에도 더 이상 나타나지 않았다. 이 퇴각에서 날카로운 신경과 육체적 피로, 그리고 분노를 참작해야 한다. 로베스피에르가 한 달 전부터 유감스러운 행동을 하고 실언을 했을 수도 있지만, 그는 결코 개인적 독재를 열망하지 않았다. 따라서 공안위원회의 마지막 회합이 그에게 야기했을 동요를 쉽게 상상할 수 있다. 그러나 그는 또한 자신의 부재가 막대한 여파를 미치지 않을 수 없음을 고려했음에 틀림없다. 그의 부재는 그가 자신의 견해를 명료하게 드러낼 기회이자 국민공회로부터 다음의 약속, 즉 몇몇 부패한 의원들을 추방하고, 보안위원회로 하여금 그와 보조를 맞추게 하고, 필요하다면 공안위원회를 부분적으로 쇄신한다는 약속을 얻어낼 기회이기도 했다.

그러나 그가 예견하지 못한 것이 있었는데, 그것은 그의 적들 역시 그의 부재를 유리하게 이용할 수 있었으며 따라서 그의 해명을 얻어내기 위해 서두르지 않았다는 것이다. 다양한 반대파 집단들 사이에 접촉이 이루어지고 긴밀해졌다. 강도 높은 선전이 진행되고 있었다. 분명히 로베스피에르는 혁명재판소나 보안위원회에 대해 그리고 공안위원회에 대해서조차 더 이상 아무런 영향력을 갖지 못함에도 불구하고 사람들은 대공포 기간에 기요틴으로 끌려나오는, 매일 점점 더 많아지는 죄수들의 처참함을 모두 로베스피에르의 탓으로 돌렸다. 그리고 특히 수십 명의 국민공회 의원들, 로베스피에르가 사형을 결정했다고 하는 사람들의 근거 없는 명단이 은밀히 돌아다녔다.

메시도르 21일(7월 9일), 그는 자코뱅 클럽에서 이 새로운 형태의 중상모략에 대항하고자 했다. 먼저 그는 프레리알에 보인 서투름과 공포만큼이나 분명한 진지함으로 대공포에 대해 말했다.

모든 악당들은 자유와 프랑스 민중을 구원한 〔프레리알 22일의〕 법을 남용했습니다. 그들은 국민의회가 의사일정에 올린 것은 지고(至高)의 정의, 즉 위선자들을 침묵시키고, 불행한 사람들과 압제받는 사람들을 위로하고, 독재자들과 싸우는 의무라는 것을 모른 체했습니다. 그들은 이 중대한 의무들을 멀리하고, 그 법을 민중을 괴롭히고 애국파를 파멸시키기 위한 자신들의 도구로 만들었습니다……. 공공 관리들이 이 점을 숙고했다면, 그들은 처벌해야 할 범죄자들을 거의 발견하지 못했을 것입니다. 왜냐하면 민중은 선량하고, 사악한 자들의 집단은 매우 작기 때문입니다.

음모가들이 퍼뜨리는 블랙 리스트에 대해서는 다음과 같이 말했다.

음모가들은 〔국민공회의〕 모든 의원들에게 공안위원회가 그들을 추방했다고 믿게 하려 합니다. 이러한 음모가 존재합니다……. 그들은 국민공회를 두려움에 떨게 만들고, 혁명재판소에 대해 반감을 품게 하고, 당통이나 카미유 데물랭 같은 자들의 계획을 회복시키고자 합니다. 그들은 도처에 분열의 씨앗을 뿌렸습니다……. 나는 자기 자신을 염려하면서 자신의 두려움을 공유하게 만들고자 하는 일부 사람들의 허위에 찬 비방을 경계할 것을 모든 회원들에게 촉구합니다.

그럼에도 불구하고 음모는 계속되었다. 자코뱅 클럽에 틀어박힌 로베스피에르는 메시도르 23일(7월 11일)과 26일 두 차례의 회의에서 리옹의 상황에 대해 발언했다. 23일에는 뒤부아크랑세가, 26일에는 푸셰가 클럽에서 제명되었다. 며칠 후, 푸셰는 누이에게 이런 편지를 썼다.

나는 결코 막시밀리앙 로베스피에르의 중상〔원문대로!〕을 두려워하지 않는다. 자코뱅 협회는 내게 회의에 나와 해명할 것을 요청했다. 로베스피에르가 그곳의 지배자로 군림하고 있으므로 나는 거기 가지 않았다. 얼마 후면 누이는, 기대하기로는, 공화국에 이익이 될 이 사건의 결과를 듣게 될 것이다.

테르미도르 5일(7월 23일), 푸셰는 다시 편지를 썼다.

며칠만 더 있으면 사기꾼들과 악당들이 알려질 것이다. 정직한 사람들의 공명정대함〔다시 원문대로!〕이 승리할 것이다. 아마도 그날 우리는 배신자들의 정체가 폭로되는 것을 보게 될 것이다.

미래 나폴레옹의 경찰이자 루이 18세를 복위시키는 자이며 공화주의적 덕성의 표본이고 테르미도르파 부르주아들의 정직성의 완전한 본보기인 조제프 푸셰〔1809년 오트랑트 공작(duc d'Otrante)이 될〕는 자신이 선동하는 음모의 진행 과정 어느 지점에서 그쳐야 할지를 누구보다 잘 알고 있었다. 역사가가 어떤 사람을 판단할 때 여러 준거들 중에서도 우선적으로 그의 적들의 자질을 고려해야 한다는 것을 상기한다면 객관성으로부터 크게 벗어나지 않을 것이다.

로베스피에르가 자신의 은거를 통해 공안위원회 내의 적들을 당황하게 만들고자 기대했다면, 그는 단지 절반만 잘못 생각했을 뿐이다. 관용파와 푸셰와 같은 파견의원들은 그의 몰락을 준비하는 데 주저하지 않았다. 그에 비해 두 위원회(공안위원회, 보안위원회)의 위원들은 실제로 당황했는데, 그들은 상황이 지속될 수 없다는 것을 잘 알고 있었고, 공개적인 설명을 두려워했기 때문이다. 정부 내의 불화에 대한 소문은 이미 나라 전체에 퍼졌고, 그들은 그 소문이 야기하는 우호적이지 않은 동요의 소식을 듣고 있었다. 로베스피에르와 같은 강력하고 여전히 인기 있는 인물이 두 위원회에 대한 반대파의 중심이 되도록 내버려둘 수는 없었다. 그리고 그를 정치 무대로부터 폭력적으로 제거한다면, 체제가 격렬한 혼란을 극복할 수 없으리라는 것을 예상해야 했다. — 그 두려움은 그 후 더없이 타당한 것으로 드러났다.

그에 따라 메시도르 말-테르미도르 초, 공안위원회와 보안위원회의 반(反)로베스피에르파는 타협을 성사시키는 데 몰두했다. 가장 적극적인 주동자는 비요바렌, 콜로, 카르노와 마찬가지로 위기를 모면한 바레르였던 것으로 보인다. 타협을 위해 노력하는 과정에서 바레르는 생쥐스트에게 접근했는데, 생쥐스트는 메시도르 11일(6월 29일)의 충돌 이후 공안위원회로 돌아왔고, 대공포의 무분별한 진행에 끊임없이 반대하면서 동료들에게 그 문제에 대해 숙고할 것을 조언하고 있었다. 그들은 이후 다음과 같이 말했다.

우리가 공익이 처한 불행한 상황을 묘사하고 있을 때, 생쥐스트가 우리의 말을 가로막았다. 그는 이러한 위험을 믿을 수 없다며 놀라는 척

콜로 데르부아 급진적 자코뱅인 콜로 데르부아는 로베스피에르의 경쟁자이자 반대파로서 로베스피에르의 몰락에 큰 역할을 했다.

하면서 자기 생각에는 모든 사람들의 마음이 닫혀 있는 것 같다고 불평했다. 그는 자신이 아무것도 모르고 있었고, 모든 재판마다 즉석에서 벼락을 내리는 이 신속한 방식을 납득할 수 없다고 말했다. 그리고 그는 더 공정한 사고와 더 현명한 조치들로 돌아오라고 공화국의 이름으로 우리에게 요청했다.

바레르의 신중함과 생쥐스트의 현명함, 또 다른 요인들이 같은 방향으로 작용했다. 관용파는 선전을 강화하면서 공개적으로 국내 반혁명의 선전을 지지했다. 여기저기에서 1793년 헌법 시행에 대한 에두른 요구들이 나타났는데, 그것은 상퀼로트를 혁명정부에 대립시키는 탁월한 전술이었다. 그리고 메시도르 말에 계속된 수많은 승리의 소식이 들려올 때마다 부자들은 공공장소에서 '우애의 연회'를 열고 상퀼로트들과 친밀하게 술잔을 부딪치고, 평화, 긴장 완화, 사업의 재개, 공포정치의 종결을 위해 마시자고 촉구했다. 메시도르 28일(7월 16일), 로베스피에르는 자코뱅 클럽에서, 바레르는 국민공회에서 동시에 그러한 술책의 교활한 성격을 비난했다. 정부와 코뮌은 신속하게 연회들을 금지했다.

사회경제적 상황의 지속적인 악화를 막는 것은 더 어려운 일이었다. 정치가들이 분열되어 있는 동안 사람들은 여전히 생계를 꾸리고 여전히 어렵게 살아가고 있었기 때문이다. 실제로 제르미날(1794년 3월 21일~4월 19일) 이래 공안위원회의 정책에서 식료품의 최고가격제 정책은 식료품의 생산, 징발, 분배의 문제에 직면해 부차적인 차원으로 떨어졌다. 농산물과 공산품의 1차 생필품 분야에서 공안위원회는 독점이나 통제를 통해 실제로 국민생산의 거의 전부를 장악하고 있었다. 수확 직전인 메시도르 8일(6월 26일), 공안위원회는 곡물과 사료 전체를 재고 조사나 징발을 통해 공안위원회 지배하에 두는 법령을 가결하였다.

그러나 공안위원회는 사실상 군사적 필요를 충족시키기 위해서만 자신의 권력을 사용했다. 물론 그 필요가 가장 불가피하기 때문이었지만, 또한 국가 전반의 계획화 없이는 민간의 필요를 위한 지속 가능한 통제경제를 조직할 수 없고, 공안위원회가 그 계획을 실행하기엔 모든 요소들이 크게 부족하기 때문이기도 했다. 예를 들어, 충분한 산업 집중의 부재가 통제경제의 조직을 방해하는 것처럼, 믿을 만한 통계 자료의 부재는 공안위원회로 하여금 주저하지 않을 수 없게 만들었다.

1793년 9월 29일 법(1차 생필품과 급료에 대한 전반적인 최고가격제를 확립하는 법령) 이후 *최고가격제* 정책은 급료의 *최고가격* 결정을 그 보완물로 포함하고 있었다. 상품의 *최고가격제*가 실패로 돌아간 후, 무산자 노동자들은 급료의 *최고가격제*를 참을 수 없게 되었다. 공안위원회가 이 실패를 체념함에 따라 노동자들의 항의는 더 격렬해졌다. 가장 극심한 소요는 군수품 제조 노동자들 사이에서 일어났다. 노동의 집중에 의해 노동자 프롤레타리아의 배아가 형성되는 곳이 실제로 그곳이고, 반혁명의 정치적 음모가 생산을 교란시킴으로써 가장 큰 이익을 얻는 것도 아마 그곳일 것이다. 그러나 특히 수확이 가까워옴에 따라 날품팔이 농업 노동자들 사이에서도 요구사항들이 늘어났다.

노동자들의 움직임에 종지부를 찍기 위해 공안위원회는 민심을 얻지 못할 것이 당연한 해결책을 채택했다. 프레리알 11일(5월 30

일), 공안위원회는 농촌의 모든 숙련노동자에 대한 징집을 결정했다. 프레리알 13일(6월 1일), 그 조치는 모든 분야의 노동자들에게 확산되었다. 프레리알 29일(6월 17일), 메시도르 7일(6월 25일)과 20일(7월 8일), 일련의 새로운 법령들이 가결되어 급료의 최고가격제에 대한 어떠한 양보나 위반도 금지되었다. 그리고 테르미도르 5일(7월 23일), 파리 코뮌은 일일 노동에 대한 새로운 최고가격을 선포했고 그에 따라 임금생활자들의 불만은 최고조에 이르렀다. 코뮌은 1793년 9월 29일 결정된 급료의 최고가격제를 결코 시행해본 적이 없었던 만큼 그것은 매우 중요한 조치였다. 테르미도르 9일에도 소란스런 파업과 불만에 찬 군중들이 그날의 비극을 배가시킬 것이다.

이러한 상황에 더하여 인플레이션이 더욱 격화되었고〔아시냐는 조금 되살아났지만 다시 가치가 떨어져, 센(Seine) 도에서는 테르미도르에 이르러 원래 가치의 겨우 34%에 머물 것이다〕. 1794년의 수확이 형편없을 것이 예고되어 굶주림의 한 해가 예견되고 있었음을 고려한다면, 그리고 상퀼로트의 정치적 불만과 사회적 실망을 기억한다면, 격렬한 동요에 휩쓸릴 것을 우려한 두 위원회가 한편으로는 바레르, 다른 한편으로는 생쥐스트가 권고하는 대로 로베스피에르와 화해하려는 시도에 동의한 것을 이해할 수 있다. ─그들은 어디까지 갈 생각이었을까? 얼마나 진실이었으며, 어떤 저의를 가지고 있었는가? 그것은 또 다른 문제이며 거기 답하기는 어렵다. 왜냐하면 그들은 훗날 테르미도르 9일 이후 확산되기 시작한 백색 공포의 위협으로부터 목숨을 구하기 위해 그 시도가 순수하고 단순한 책략이었다고 말했기 때문이다.

테르미도르 4일(7월 22일), 두 위원회는 공동 회의를 개최했다. 로베스피에르는 참석하지 않았지만, 생쥐스트는 참석했다. 방토즈 법의 시행을 위해 예정된 마지막 4개 위원회의 창설이 결국 거기에서 결정된다. 그것은 명백히 생쥐스트의 승리였지만, 또한 로베스피에르파 전체에게 제시된 선의의 증표라고도 할 수 있었다. 그러한 증표를 선택했다는 것은 사회적 분열이 지도자들의 분열에서 갖는 중요성을 다시 한 번 보여주는 것으로서 지도자들 사이의 개인적 관계가 악화되었다고 해서 그 중요성을 망각해서는 안 된다.

예를 들어 전반적인 경제 상황의 악화는 공안위원회의 온건파가 파멸에 대한 두려움 때문에 로베스피에르파의 사회정책을 받아들이도록 강제했다. 오직 로베르 랭데만이 이 결정에 반대하지만 아무 소용이 없었다. 카르노는 그 결정을 받아들였다. ― 두 위원회는 이어 바레르가 "외국 세력이 획득하고자 했던 영향력에 관한, 그리고 공화국에 가장 크게 봉사한 가장 열렬한 애국파에 대한 중상과 억압을 중단시킬 방법에 관한" 보고서를 제출하도록 결정했다. 로베스피에르가 이 중상과 억압 아래 놓인 애국파에 속하지 않을 수 없다는 것은 분명했다. ― 그들은 결국 이튿날 다시 공동회의를 열고 로베스피에르에게 회의에 참석하여 그 동안의 불참에 대해 해명해줄 것을 요청하기로 결정했다.

테르미도르 5일, 로베스피에르가 회의에 나왔다. 쿠통도 참석했다. 거북한 침묵이 흘렀다. 생쥐스트가 루이 다비드〔르바와 함께 보안위원회의 몇 안 되는 로베스피에르파 중 한 사람〕의 지지를 얻어 그 침묵을 깨뜨리고 로베스피에르를 옹호하는 발언을 했다. 그리고 비요바렌이 로베스피에르에게 말한다. "우리는 당신의 친구들이며 늘 함께 걸어왔습니다." 로베스피에르가 무어라 답했는지는 알 수 없다. 보안위원회가 공안위원회 경찰총국의 권한 제한을 요구했을 수도 있다. 로베스피에르가 여러 위원들, 특히 카트린 테오 사건에 대한 보고서에 대해 바디에를 공격했을지도 모른다.

분명한 것은 결국 몇 가지 양보가 이루어졌다는 사실이다. 바레르가 제출해야 하는 보고서에 이어 생쥐스트가 정치 상황에 관한 보고서를 작성할 임무를 맡았다. 생쥐스트와 로베스피에르〔그는 테르미도르 8일 그것을 언급한다〕에게 중요한 것은 그들이 계획하고, 생쥐스트가 그 본질적인 측면들을 기록한 〈공화주의 체제〉의 준비였음에 틀림없다. 그것은 방토즈의 사회적 지향으로 돌아오기 위한 새로운 급선회였다.

한편 생쥐스트는 보고서에서 최고 존재에 대해서도, 영혼의 불멸성에 대해서도 말하지 않는다는 비요바렌과 콜로의 요구를 받아들였다. 그것은 로베스피에르파의 종교정책 역시 이전에 하나의 쟁점이었다는 증거이다. 그리고 그에 앞서 자코뱅의 로베스피에르파가, 파리 구민들로 이루어진 포병중대 4개를 파리에서 철수시킨다는 카르노의 포고를 파리를 무장 해제하여 폭력 행사를 준비하려는 카르노의 술책이라고 비난했음에도 불구하고 생쥐스트는 그 포고의 재가를 수락했다.

그날 저녁 바레르는 국민공회에서 두 위원회가 의견 일치를 재확인했고 방토즈 법이 시행될 것이라는 것 등을 유쾌하게 선언했다. 그리고 테르미도르 7일, 자신이 맡았던 보고서를 발표하면서 그는 로베스피에르에 대한 뜨겁고 열렬한 찬사를 포함시켰다. ― 그에 앞서 쿠통은 6일 자코뱅 클럽에서 다시 화합을 이룬 것을 축하하고, 두 위원회의 위원들을 찬양하고, 그들 사이에 결코 원칙에 대한 대립은 없었다고 주장했다. 이어 그는 국민공회가 곧 "대여섯 명의 못된 인간들, 즉 양손 가득 공화국의 재산을 움켜쥐고 있고 그 손에서는 그들이 학살한 무고한 사람들의 피가 뚝뚝 떨어지는 인간들"을 분쇄하리라는 기대로 끝을 맺었다.

짧고, 대수롭지 않고, 무뚝뚝한 한 차례의 발언을 제외하면, 로베스피에르는 6일 저녁 자코뱅 클럽에서 아무 말도 하지 않았다. 그는 5일의 회의에서 결정된 것은 아무것도 없다고 생각한 것이 분명하다. 그에게 일시적 화해를 제안한 사람들의 진의를 그가 믿지 않았다는 것도 확실하다. 우선 파리의 포병대를 철수시키려는 카르노의 고집이 그에게는 수상쩍게 보였다. 가장 큰 위험에 직면했던 시절에도 그는 파리에서 무장한 상퀼로트를 철수시키는 것을 결코 반기지 않았다. 하물며 공화국 군대가 벨기에로 진격한 지금으로서는 더더욱 그러하다[실제로, 로베스피에르파의 자코뱅으로서 카르노의 술책을 제일 먼저 고발한 시자(Sijas)는 테르미도르 10일 가장 먼저 살해된다].

더 중대한 다른 징후도 있었다. 화해 당일인 5일, 아마르와 불랑은 감옥에 있는 지롱드파 청원자 73인을 방문했다. 두 사람은 그들에게 응당 받아야 하는 정중한 대접을 받고 있는지, 우편물은 수령할 수 있는지, 커피와 초콜릿을 받고 있는지 등을 물었다. 로베스피에르는 그 사실을 알고 있었다. 이 방문은 보안위원회가 국민공회의 우파를 음모에 끌어들이기 위해 그들에게 증표를 제시하려는 것이 아니면 무엇이겠는가?

이러한 상황에서 생쥐스트의 타협적인 태도가 로베스피에르에게 수상하게 보였을 수도 있다. 그의 가장 좋은 친구이며 쿠통과 함께 그의 생각을 가장 잘 이해하는 동료가 최고 존재에 대해 침묵하는 것을 받아들였고, 포병대에 대한 법령에 서명했다. 그는 농락당한 것이 아닌가? 완전히 포위당하기 전에, 그리고 그가 가장 신뢰하는 사람들이 음모가들에 의해 점점 더 무력해지기 전에 그가, 로베스피에르가 철저한 공격에 나서지 않는다면 그의 적들은 그와 동료들을 서로 갈라놓는 데 성공하지 않겠는가?

그러는 동안, 테르미도르 7일, 뒤부아크랑세가 국민공회에서 자신의 견해를 밝히겠다고 요청했다. 그는 로베스피에르에게 자코뱅 클럽에서 자신을 제명하게 만든 것은 잘못이었음을 인정하라고 촉구했다. 그의 주장에 따라 국민공회는 리옹에서 그가 저지른 일에 대해 두 위원회가 3일 안에 보고서를 제출할 것을 요구했다. 어쨌든 로베스피에르는 침묵에서 빠져나와 자신이 연루된 논쟁, 기권할 의도가 없었을 논쟁에 개입한다. 여전히 망설였지만, 이제 로베스피에르는 침묵에서 벗어났다.

로베스피에르는 곧 태도를 결정했다. 그는 부패한 의원들의 공격에 추월당하도록 내버려두지 않을 작정이었다. 그는 그들을 고립시켜 공격하는 것에 그치지 않고 한번에 모든 것을 말할 것이었다. 그는 음모 전체를 고발할 것이다. 그리고 자신을 둘러싸고 있는 참을 수 없는 정치적 분위기의 혁신을 요구할 것이다. 생쥐스트의 충고도, 심지어 쿠통의 충고도 받아들이지 않고 제헌의회의 논쟁들에서 그럴 수 있었던 것처럼 혼자서(그리고 더 비극적으로) 그는 밤에 서둘러 자신의 가장 긴 연설, 자신의 최후의 연설을 준비했다.

테르미도르 8일, 그는 국민공회 연단에 올랐다. 그는 자신의 마지막 운을 시험한다. 그도 그것을 알고 있었다. 그는 그렇게 말했다. "48시간 후면 모든 것이 끝날 것이다." 역사적 추정을 조금이라도 좋아한다면, 만일 이러저러했다면 어찌되었을 것인가를 묻지 않기란 어렵다. 만일 다음 이틀간의 논쟁이 다르게 전개되었더라면……, 만일 로베스피에르가 더 인내심을 발휘하여, 돌진하는 대신 술수를 쓰는 쪽을 받아들였더라면……, 5일의 화해가 조금만 더 지속될 수 있었더라면……, 두 위원회의 다수파가 마음 속 깊이 진지하게 화해를 추구했더라면…… 다음 몇 년간의 역사는 어떻게 달라졌을까? ─ 문제를 제기하자마자 답을 알 수 있다. 아마 큰 차이는 없었을 것이다.

그럼에도 불구하고 매우 중요한 한 가지는 달라졌을지 모른다. 우리는 오늘날 동맹국들이 교환한 서신들을 통해 그들이 로베스피에르를 안정적인 독재를 확립한 새로운 크롬웰로 보았고, 그가 몰락하던 순간, 그와 담판을 지을 생각을 가지고 있었음을 알고 있다. 만일 혁명정부가 몇 달 더 결속과 권력을 유지할 수 있었다면 다음 겨울 프랑스의 군사적 노력은 훨씬 더 잘 지탱되었을 것이고 테르미도르 이후 실제로 그랬던 것보다 더 큰 활력을 지녔을 것이다. 따라서 프랑스는 1795년 프로이센과 맺은 바젤 화약(和約)보다 더 신속하고 더 유리하고 더 포괄적인 평화조약을 체결할 수 있었을 것이다(1795년 4월 4~5일 프랑스와 프로이센은 바젤 화약을 체결했다. 이 조약에 따라 프랑스 군대는 라인 강 우안의 프로이센 영토로부터는 철수했으나 전면적인 평화가 도래할 때까지 라인 강 좌안의 영토는 계속 점령하게 되었다). 그리고 아마도 더 나은 승리를 획득함으로써 군사 지도자들에게 더 작은 권력만을 남겨주었을 것이고 권위주의적 독재를 경험할 가능성은 더 작아졌을 것이다. 테르미도르 9일이 없었더라면 브뤼메르 18일(나폴레옹 보나파르트의 쿠데타)도 존재하지 않았을 것이다. 그랬을 것이다.

그러나 더 본질적인 차원에서는 아무것도, 또는 거의 아무것도 변하지 않았을 것이다. 로베스피에르는 자리에 남아 있기 위해 갈수록 더 커지는 양보를 받아들였을 것이고, 기회주의자의 기질이 없었으므로 그는 이러저러한 방식으로 매우 일찍 정치 무대에서 사라졌을 것이다. 아니면 그는 완강하게 자신의 모든 강령, 특히 방토즈 법들의 사회적 강령과 생쥐스트가 계획한 '체제'를 실현하고자 했을 것이다. 그럴 경우 그는 프랑스로서는 정신적으로 더 이상 감당할 수 없는 상태에 있었던 공포정치를 더욱 심화함으로써 반대파를 매우 빨리 제거해야 했을 것이다. 그는 극소수의 신봉자들과 함께 혼자 통치해야 했을 것이다. 그 경우 그는 얼마나 오래 버텨냈을까?

그의 정책이 민중의 광범위한 열정을 자극할 수 있었다면, 그리고 그를 강력하게 지지했을 폭넓은 사회계층들을 더 유복하고 더 행복한 상태로 끌어올릴 수 있었다면, 그는 오래 견딜 수 있었을 것이다. 그러나 그것이 왜 불가능한지는 이미 보았다. 앞에서 보았다시피 상퀼로트는 코르들리에파의 비극 이후 서서히 그로부터 떨어져 나갔다. 또한 이미 보았다시피 방토즈 법들을 매우 엄격하게 시행했다 해도 프랑스의 사회 구조를 크게 바꾸지는 못했을 것이다. 그리고 로베스피에르가 같은 방향으로 더 멀리 나아가려 했다면 그는 훨씬 더 큰 불가능에 직면했을 것이다. 왜냐하면 루소에게

브뤼메르 18일 혁명력 8년 브뤼메르 18일(1799년 11월 9일), 나폴레옹 전제정치의 서막을 연 쿠데타가 일어났다. 이 사건은 프랑스 혁명의 실질적인 종말로 간주된다.

서 영감을 얻은 그의 사회적 이상은 그래도 역시 결국 상퀼로트의 이상에 매우 가까웠고 역사상 필연적인 산업자본주의의 대두에 의해 일소되지 않을 수 없었을 것이다.

조르주 르페브르보다 로베스피에르의 사회적 이상을 더 잘 정의한 사람도 없다. 그것은 "모든 사람이 하나의 토지, 하나의 작은 작업장, 하나의 상점을 소유하고 자신의 가족을 부양할 수 있으며, 자신의 생산물을 자신과 동등한 사람들의 생산물과 직접 교환하는 소생산자들의 사회"였다. 그러한 이상이 기계화의 진행 및 대규모 공장들의 집중과 양립할 수 없었다는 것은 분명하다. 이러한 의미에서 로베스피에르의 이상은 거의 퇴보적이며 어쨌든 비현실적이었다.

나는 앞에서 바르나브나 심지어 브리소 같은 대부르주아지의 옹호자가 이 문제에 대해 그의 시대에 로베스피에르보다 더 통찰력이 있었음을 지적했다. 모든 사람이 소유자가 되는 것은 사회에 이익이 되지 않는다는 것을 냉소적으로 논증할 국민공회의 잘 알려지지 않은 부르주아 의원들에 대해서도 마찬가지 말을 할 수 있는데, 그것은 모든 사람이 소유자라면 농업과 공업의 대경영자가 자신들의 사업을 번창하게 할 값싼 노동력을 더 이상 발견할 수 없을 것이기 때문이다.

로베스피에르의 이상은 아직 전 인류의 집단적 소유가 아니었기 때문에, 그리고 그것은 각자가 가장 세분화된 사적 소유에 도달하는 것이었기 때문에 그의 꿈은 성공할 수 없었다. 여기서 혁명적 시도 전체에 대한 엥겔스의 판단을 부분적으로 그에게 적용해야 할 것이다.

파리의 무산자 대중은 공포정치 시기에 일시적으로 지배권을 획득하고 그에 따라 부르주아에 대항해 부르주아 혁명을 승리로 이끌 수 있었지만, 그들은 그 과정을 통해 이 지배가 당시의 조건 속에서 얼마나 불가능한 것인지를 입증했을 뿐이다. 새로운 계급의 선조인 이 무산자 대중들로부터 이제 막 분리되기 시작했을 뿐인 프롤레타리아는 아직 독자적인 정치적 행동을 할 수 없었고, 스스로를 도울 능력 없이 기껏해야 외부의 도움, 위로부터의 도움을 받을 수 있을 뿐인 압제당하고 고통받는 하나의 계층으로 모습을 드러냈다.

부르주아지의 절대 다수에 대항하여 로베스피에르는 *부르주아 혁명을 승리로 이끌었다.* 그는 이 혁명을 앞으로 멀리까지 밀어붙였으므로 그 혁명은 19세기 내내 온갖 장애를 물리치고 그 약동하는 힘을 퍼뜨릴 수 있었다. 그는 외국의 침입으로부터 자유의 나라를 구했다. 그는 왕과 특권층의 반혁명이 어떠한 지속적인 재건도 실현할 수 없게 될 만큼 그것을 확실히 무력화했다. 그는 인간 권리들의 민주주의, 여전히 부르주아적인 민주주의를 그것이 허용할 수 있는 평등의 극한까지 밀어붙였다. 그는 그의 후계자들로 하여금 사회주의로까지 나아갈 수 있게 할 사회적 평등과 소유권 제한이라는 궤적을 마련했다. 그는 마라 이후 처음으로 혁명정부의 이론을 제시했고, 그것을 효과적으로 실현했다. 그는 처음으로 상퀼로트 민중을 정치적 활동의 경험 및 정치권력의 행사와 결합했다. 요컨대 바로 이러한 것이 그의 활동에 대한 혁혁하고도 긍정적인 결산이다.

그러나 그는 그 이상은 할 수 없었다. 그것은 경제적 조건들이 대혁명 자체가 여전히 부르주아 혁명일 것을 요구했기 때문이었다. 그의 실패는 테르미도르의 48시간 동안 결정된 것이 아니었다. 여러 달 전부터 불가피한 실패가 예측되었다. 처음부터 사람들은 그의 성공의 변증법적 대가로서 실패를 예견할 수 있었다.

로베스피에르는 지금 우리가 그에게 투사할 수 있는 조명으로 상황의 전개를 보지 않더라도 그것을 막연하게, 그러나 깊이 인식하고 있었다. 그는 혁명의 물결이 더 이상 자신을 인도하지 않으며 정지해 있다는 것을 느끼고 있었다. 그는 그의 시대가 끝났다는 것을 느꼈다. 열광의 시간들에도 불구하고 어떤 비관주의가 그에게 본능적으로 잠재해 있었다. 이 비관주의가 이때보다 더 컸던 적도, 더 타당했던 적도 없었다.

테르미도르 8일, 그가 연단에 오를 때 그 안의 무엇인가가 그가 죽음을 향해 나아가고 있음을 예감한다. 그리고 그의 본성은 어떤 특정한 조건 속에서 특정한 사람들과 함께 살아가느니 죽는 쪽을 선호한다. 그로 하여금 일시적인 승리가 확고하게 준비되어 있는 사람들과 타협할 수 없게 만드는 것은 명료한 사회경제적 전망이 아니라 모든 존재에 대한 도덕적 혐오감이다. 그가 모든 전선에서 동시에 거침없이 공격을 가하고 파국으로 가는 길을 선택하는 것은 그가 바로 그 사람, 막시밀리앙 로베스피에르, 여전히 그리고 영원히 '부패할 수 없는 자'이기 때문이다.

4장_숨가쁜 최후

1794년
7월 26일 로베스피에르, 국민공회에서 혁명을 후퇴시키려는 음모를 고발하고 부패한 의원들을 고발하는 연설을 한다.
7월 27일 국민공회에서 로베스피에르, 생쥐스트, 쿠통이 체포되다(테르미도르 9일의 쿠데타).
7월 28일 로베스피에르와 그 일파 22명이 처형당하다. 이후 사흘간 107명이 더 처형된다.

"나의 심정을 밝혀야겠습니다. 여러분 역시 진실을 들을 필요가 있습니다. 내가 누군가를 기소했다고 생각하지 마십시오. 나는 더 절박한 임무에 사로잡혀 있습니다. 그리고 나는 다른 사람의 의무를 떠맡지 않습니다." 연설을 시작하면서 로베스피에르는 태도를 분명히 했다. 그의 연설은 어떤 의미에서 고발로 가득했지만, 그는 어떠한 기소도 요구하려 하지 않았다. 그가 이어 말하는 대로 그는 더는 자신을 정부의 일원으로 생각하지 않았기 때문이다. 따라서 법률상의 소추는 이제 '다른 사람'의 임무였다.

그는 1793년 여름에, 그리고 메시도르 13일(1794년 7월 1일)에 더 신중하게 제기했던 위협을 실행에 옮겼다. 그는 속박에서 해방되어 대번에 모든 진실을 말했다. 그리고 그는 우선 프레리알 22일 법이 시행된 끔찍한 방식에 대해 자신의 결백을 주장하고, 동시에 다시 한 번 머리를 높이 들고, 공포정치 체제에 대한 자신의 책임을 주장했다.

아닙니다. 우리는 지나치게 가혹했던 것이 아닙니다. 나는 살아 숨쉬는 공화국을 증인으로 삼아 그 점을 증언합니다! …… 나는 우리의 자유의 적들이 저지른 새로운 범죄, 그리고 우리에게 대항해 동맹한 독재자들의 범죄적 집요함을 증거로 들어 그 점을 증언하는 바입니다. 사람들은 우리가 가혹하다고 말하고 조국은 우리가 허약하다고 나무랍니다. ─ 애국파를 감옥에 처넣고 온갖 상황에서 공포를 자극한 것이 우리란 말입니까? 우리가 고발한 것은 괴물들입니다. 특권층의 범죄를 망각하고 배신자들을 보호하면서 평화로운 시민들에게 전쟁을 선포하고, 구제 불능의 편견이나 사소한 문제들을 범죄시함으로써 도처에서 범죄자들을 찾아내고, 민중에게 혁명을 두려운 것으로 만든 것이 우리란 말입니까? 우리가 고발한 것은 괴물들입니다……. 도처에서 압제행위가 증대해 공포와 중상의 체제를 확산시켰습니다. 불순한 대리인들이 부당한 체포를 수없이 자행했습니다. 어떤 곳에서는 사람들이 혁명 기구들을 드러내놓고 비방합니다. 또 어떤 곳에서는 과격행위를 저질러 그 기구들을 추악한 것으로 만들려고 합니다. 바로 그런 곳에서 사람들은 관용과 인류애를 호소합니다.

그런 것이 우리가 수립하고 수호한 혁명정부입니까? 아닙니다! 이 정부는 신속하고 확고한 정의의 행군을 계속해야 합니다. 혁명정부는 자유의 손으로 범죄에 내리치는 벼락입니다. 혁명정부는 사기꾼들과 특권층의 전제정이 아닙니다. 혁명정부는 범죄가 신과 인간의 모든 법들로부터 자유로워진 상태를 의미하는 것이 아닙니다. 혁명정부가 없다면 공화국은 공고해질 수 없으며, 당파들이 요람에 든 공화국을 목졸라 죽일 것입니다. 그러나 혁명정부가 배신자들의 수중에 떨어진다면 혁명정부는 스스로 반혁명의 수단이 되고 말 것입니다. 그때 사람들은 혁명정부를 변질시켜 파괴하려고 할 것입니다. 혁명정부를 비방하는 사람들, 그리고 압제행위로 그 평판을 해치는 사람들은 똑같은 사람들입니다.

그는 또한 그가 작성했다고들 하는 추방자 명부에 대해 분개했다. 그가 상기시키듯이 그는 그 73인을 단두대에서 구해냈다.

> 몇몇 국민공회 의원들을 제물로 지목하고 있는 추악한 명부가 떠돌고 있고, 그것이 공안위원회의 작품이라고, 이어 나의 작품이라고들 했다는 것이 사실입니까? 위원회의 회합들, 존재한 적도 없는 가혹한 법령들, 그리고 마찬가지로 거짓으로 덧칠된 체포령을 날조해냈다는 것이 사실입니까? 흠잡을 데 없는 몇몇 의원들에게 그들의 파멸이 결의되었다고 믿게 하려 했다는 것이 사실입니까? …… 사기행위가 그토록 교묘하고 대담하게 퍼져 수많은 의원들이 밤이면 더는 자신들의 거처에 머무르지 못했다는 것이 사실입니까? 그렇습니다. 그것은 확실한 사실들이며 이 술책들의 증거는 공안위원회에 있습니다.

로베스피에르는 국민공회에 대한 자신의 존경을 맹세했다. "존경하고 사랑하는 이의 눈에 공포의 대상으로 비치는 것은 민감하고 충직한 사람에게 가장 끔찍한 형벌입니다. 그에게 그런 일을 겪게 하는 것은 참으로 가증스러운 죄악입니다." 그리고 그는 이제 산악파는 존재하지 않는다는 프레리알 24일(1794년 6월 12일)에 자신이 했던 주장으로 돌아왔다. 테르미도르 8일(1794년 7월 26일)의 연설을 우파와 늪지파에 아부하여 새로운 다수파를 만들어내려는 최후의 술책이었다고 보는 것은 그에 대한 배신이다. 로베스피에르는 그들을 집단적으로 비난하는 것을 결코 용인하지 않았으며 적어도 두 달 전부터 그들에게 공공의 안녕을 위해 노력하라고 촉구했다. 거기에는 어떤 술책도 숨어 있지 않았다. 그것은 차라리

어이없는 순진함이었다.

나는 훌륭한 시민들의 당파와 나쁜 시민들의 당파라는 단 2개의 당파만을 알고 있습니다. 애국심은 당파의 문제가 아니라 가슴의 문제입니다……. 나는 덕 있는 사람을 만나면 어디든, 그가 어느 곳에 앉아 있든, 그에게 손을 내밀고 그를 가슴에 꼭 끌어안아야 한다고 느낍니다……. 세상에는 어리석은 자들과 사기꾼들이 있습니다. 그러나 사기꾼의 수는 아주 적습니다. 범죄와 세상의 불행에 대한 죄를 물어 벌해야 하는 것은 바로 그들입니다.

그리고 그는 자신을 독재자라고 고발한 사람들에게 말했다.

그들은 나를 독재자라고 부릅니다. 내가 독재자라면 그들은 내 발 아래에서 길 것이고 나는 그들에게 금을 채워줄 것이며 그들은 나에게 감사할 것입니다. 내가 만일 독재자라면 우리가 무찌른 왕들은 나를 비난하기는커녕 나를 지지할 것이며 나는 그들과 타협할 것입니다. 혁명의 옛 투사들이 지닌 정신적 지배력은 오늘날 그들에 의해 독재와 동일시되고 있습니다……. 공화국은 승리했지만, 그 수호자들은 결코 승리하지 않았습니다. 사람들이 비난하고 있는 나는 누구입니까? 자유의 노예이며 공화국의 살아 있는 순교자이며 범죄의 적이자 희생자입니다. 모든 사기꾼들이 나를 모욕하고 있습니다. 다른 사람들이 하면 공정하고 정당한 행동들이 내가 하면 범죄가 됩니다. 어떤 사람이 나와 아는 사이가 되면 그는 곧 비방의 대상이 됩니다. 다른 사람들의 범죄는 용서받지만 나의 열정은 범죄가 됩니다. 내게서 양심을 앗아가십시오. 나는 가장 불행한 인간이 될 것입니다. 나는 시민의 권리조차 누리지 못합니다. 아니! 내게는 민중의 대표로서 의무를 수행하는 것조차 허락되지 않습니다.

이어 그는 마침내 위원회의 직책들에서 물러나기로 결심했음을 명확히 밝혔다. "적어도 6주 전에 나의 독재는 끝이 났고 나는 정부에 아무런 영향력도 행사하지 않고 있습니다. 애국심은 더 보호받고 있습니까? 당파들은 무력해졌습니까? 조국은 더 행복해졌습니까? 그러기를 바랍니다……." 로베스피에르가 여기서 말하는 6주란 메시도르 11일(6월 29일)의 충돌 이후의 4주와 계속된 사건들로 위원회 내에서 그의 활동이 마비되었던 그전의 2주를 포함하는 것임이 분명하다. 그에 따라 우리는 대략 카트린 테오에 대한 바디에의 보고, 그리고 대공포정치의 첫 대규모 소용돌이 이전으로 돌아온다.

이제 로베스피에르는 자신에 대한 공격의 여러 단계들을 되짚었다. 플로레알 18일(5월 7일)의 그의 보고 직후 무신론자들이 드러낸 분노, 카트린 테오 사건에서 바디에가 사전에 은밀하게 세운 계획, 로베스피에르파의 구조 개혁이 시행되지 못하고 지연된 것이 그것들이었다.

지혜로운 제도들은 어디에 있습니까? 재생(새로운 인간, 새로운 사회의 창조)의 계획은 어디에 있습니까? 이 야심찬 언어를 옹호하는 사람은 누구입니까? 사람들은 오직 이 위대한 목적에만 관심을 가졌던 것입니까? 사람들은 그것들(지혜로운 제도들과 재생의 계획)을 준비한 사람들을 추방하고자 하지 않았습니까? 이제 사람들은 스스로 더 약하다고 믿기 때문에 그들을 찬양합니다. 따라서 사람들은 더 강해지면 내일이라도 다시 그들을 추방할 것입니다.

이어 그는 테르미도르 5일(1794년 7월 23일)의 타협의 진실성을 믿지 않는다고 분명하게 선언했다.

> 그들(테르미도르 5일의 타협의 주체인 두 위원회 내의 반로베스피에르파)은 대담했습니다. 그들은 대대적인 압제를 계획했습니다……. 그들은 갑자기 유순해지고 심지어 아부하기도 했습니다. 지난 며칠 동안 그들은 자신들이 꾸민 음모를 여러분에게 속이려 했습니다. 이제 그들은 음모를 부인합니다. 그것을 믿는 것은 심지어 범죄 행위라는 것입니다. 그들은 여러분에게 겁을 주었다가 이어 여러분을 안심시킵니다. 진정한 음모는 바로 그것입니다.

그는 이미 각 도에 파견되었던 잔인하고 부패한 의원들의 활동과 관용파의 활동을 국민공회에 고발한 터였다. 이제 그는 자신의 적들을 차례로 지목했다. 보안위원회의 다수파〔그는 아마르와 자고(Grégoire Marie Jagot, 1750~1838)만을 거명한다〕와 그 추종 세력으로서 혁명정부의 명예를 훼손하고 프레리알 22일의 법을 멋대로 시행함으로써 혁명정부의 활동을 방해하는 자들〔푸키에탱빌은 거명되지 않지만, 사실상 지목된다〕, 그리고 공안위원회의 일부 위원들이 그들이었다.

그는 추종 세력의 이름을 대지 않았지만 그가 누구를 암시하는

지는 명백했다. 즉 어떤 자〔비요바렌〕는 그를 독재자라고 맹렬히 비난하고는 곧 그와 늘 친구였다고 주장하면서 그를 구슬렸다. 또 다른 자〔이는 바레르였다. 로베스피에르는 그를 논쟁 밖에 남아 있게 하는 교활함조차 갖고 있지 않았다〕는 외교를 소홀히 하고, 애국심이 의심스러운 첩자를 고용했다. 특히 마지막 인물〔카르노〕은 파리의 포병들을 철수시키고, 자신이 보호하는 특권층을 자신의 둘레에 세우고, 애국파 장군들을 공격하고〔이는 아마도 카르노가 미워한 오슈의 운명에 대한 암시일 것이다〕, 벨기에에서 정기적으로 부당한 돈을 뜯어내려 했다.

자신의 적들 중 로베스피에르가 이름을 거론한 사람들은 "우리의 최고 재무관리들, 브리소파, 푀양파, 특권층, 그리고 잘 알려진 사기꾼들, 즉 캉봉, 말라르메, 라멜 같은 자들, 샤보, 파브르, 그리고 쥘리앵 드 툴루즈의 동료들과 계승자들"뿐이었다. 그는 네 차례나 반복해서 그들을 격렬하게 비난했다. 마지막이 가장 가혹했는데 그는 그들의 재무행정이 반혁명적이라고 비난했다.

> 그것의 목적은 투기를 자극하고, 프랑스의 신의를 손상시킴으로써 〔플로레알 23일의 캉봉 법안인 종신연금의 청산〕 공공의 신용을 뒤흔들고, 부유한 채권자들을 우대하고, 빈민들을 파멸시켜 절망으로 몰아넣고, 불평분자들이 늘어나게 하고, 민중에게서 국유재산을 빼앗고, 공공의 재산을 서서히 파괴하는 것입니다.

만일 실제로 우파와 함께 새로운 다수파를 이루는 것이 로베스피에르의 계획이었다면 캉봉에 대한 이러한 공격은 그 계획을 망쳐놓기에 충분한 일이었다. 내가 강조한 마지막 구절은 생쥐스트가 준비하고 있던 제도들에 대한 이전의 언급과 함께, 테르미도르 8일 로베스피에르의 생각이 우파와의 연합이 아니라, 자신의 사회정책을 실현하고 혁명정부를 유지하는 것이었음을 보여준다. 당파로서 산악파에 대한 거부, 용기와 덕성을 갖춘 모든 사람들에 대한 호소는 어리석음에 가까운 그의 순진함의 소산이었지만, 그는 결코 오른쪽으로 방향을 틀려고는 하지 않았다. 사방으로 공격을 하면서 의회의 다수파가 될 수는 없었다. 로베스피에르가 여전히 의회 다수파가 되는 것을 염두에 두었다고 믿는 것은 그를 전혀 다른 사람으로 착각하는 것이다.

로베스피에르가 자신의 몰락 이후 벌어질 상황 즉 테르미도르파(테르미도르 반동 이후의 집권파)의 시대와 권위주의적 독재정치의 시대를 선견지명을 가지고 예견했다는 것은 그가 다수파가 될 생각이 없었음을 방증한다. "음모에 가담한 자들은 만일 자신들이 성공한다면 극단적인 관용에 의해 현재의 상황과 대조를 이룰 것이라고 말합니다." — 그리고 이제 나폴레옹 보나파르트를 예견하는 발언이 이어졌다. "잠시 혁명의 고삐를 늦추십시오. 그러면 바로 그때 여러분은 군사독재가 혁명을 탈취하고 당파들의 지도자가 국민의 타락한 대표체를 전복시키는 것을 보게 될 것입니다." 이러한 예언은 우경화하고 있는 인물의 것이 아니었다.

그는 이 긴 고발장을 명료하게 요약했다.

공공의 자유를 위협하는 음모가 존재합니다. 이 음모의 힘은 국민공회 내에서조차 술책을 쓰는 사악한 동맹으로부터 나오는 것입니다. 이 동맹은 보안위원회와 이 위원회의 사무국들 안에 동조자들을 거느리고 있습니다. 공화국의 적들은 보안위원회를 공안위원회와 대립시켰고 따라서 2개의 정부를 만들었습니다. 공안위원회의 위원들이 이 음모에 가담했습니다. 그렇게 형성된 동맹은 애국파와 조국을 파멸시키려 합니다. 이러한 해악의 치료제는 무엇입니까? 배신자들을 처벌하고, 보안위원회의 사무국들을 쇄신하고, 공안위원회를 정화하고, 그 위원회를 새롭게 구성하고, 중심부이자 재판관인 국민공회의 최고 권위 아래 정부의 통일을 이루는 것, 그리하여 국민의 권위의 무게로 모든 당파들을 분쇄하고 그 폐허 위에 정의와 자유의 권능을 확립하는 것입니다.

이제 폐부를 찌르는 듯한 결론 부분을 길게 인용해야 한다. 왜냐하면 그것이야말로 어떠한 환상도 품지 않은 로베스피에르의 유언이기 때문이다.

나는 과거의 경험을 통해 미래를 보고 있습니다. 더는 조국에 봉사할 수 없고, 무고함이 억압당해도 그것을 보호할 수 없는 때에 진정한 조국의 벗이라면 누가 살아남기를 원할 수 있겠습니까? 음모가 진실에 대해 영원히 승리를 거두고, 정의가 거짓이 되며, 가장 비천한 열정과 가장 우스꽝스러운 두려움이 가슴 속에서 인류의 신성한 이익이 놓여야 할 자리를 차지하고 있는 상황 속에서 어떻게 남아 있기를 바랄 수 있겠습니까? …… 그들은 조국을 자유롭고 풍요롭게 만드는 대신 조국을 전리품처럼 나눠 갖는 것만이 중요하다고 믿었습니다……. 전 세계 독재자들의 동맹이 한 인간을 짓밟는 일은 어렵지 않다는 것을 나는 알고 있습니다. 그러나 나는 또한 인류의 대의를 위해 죽을 수 있는 인간이라면 어떤 의무를 져야 하는지도 알고 있습니다.

민중이여, 공화국에서 정의가 절대적인 권력으로 지배하지 않는다면, 이 단어가 평등과 조국에 대한 사랑을 의미하지 않는다면, 자유는 헛된 이름에 불과하다는 것을 기억하십시오! 두려움의 대상이며 야부의 대상이며 경멸의 대상인 당신들, 주권자로 인정받으면서 여전히 노예로 대접받는 민중이여! 정의가 지배하지 않는 곳이면 그 어디든 민중은 운명을 바꾼 것이 아니라 사슬을 또 다른 사슬로 바꾸었을 뿐임을 기억하십시오! ……

그리하여 악당들은 우리에게 민중을 배신하는 법을 강요하고, 따르지 않으면 우리를 독재자라고 부릅니다! 이 법에 동의할 것입니까? 아닙니다! 독재자로 낙인 찍히는 위험을 무릅쓰고서라도 민중을 보호합시다. 그들은 범죄의 길을 통해, 그리고 우리는 덕의 길을 통해 단두대로 달려갈 것이기 때문입니다.

정말 만사가 잘되어 간다고 말해야겠습니까? 악한 것을 습관이나 관습에 따라 계속 칭송해야겠습니까? (그렇게 하면) 우리는 조국을 잃을 것입니다. 아니면, 은폐된 잘못을 드러내고 배신자들을 고발해야 합니까? (그렇게 하면) 사람들은 우리가 합법적인 당국에 타격을 가하고, 당국을 희생하여 개인적 영향력을 얻으려 한다고 말할 것입니다. 그렇다면 우리는 무엇을 해야 합니까? 바로 우리의 의무입니다. 진실을 말하고자 하는 사람, 진실을 위해 죽기로 기꺼이 동의하는 사람에게 무엇으로 반대할 수 있습니까? ……

야심가로 치부되지 않고서는 원칙을 천명할 수 없다면, 결론은 원칙이 폐지되었고 독재가 우리를 지배하고 있다는 것이지, 원칙에 대해 침묵을 지켜야 한다는 것은 아닙니다. 옳은 사람, 나라를 위해 죽음을 감수할 사람에게 무엇으로 반대할 수 있겠습니까?

나는 범죄를 지배하려고 태어난 것이 아니라 그것과 싸우려고 태어났습니다. 선량한 사람들이 아무런 벌도 받지 않고 조국에 봉사할 수 있는 시대는 결코 오지 않았습니다. 사기꾼들의 무리가 지배하는 한, 자유의 수호자들은 추방되고 말 것입니다.

로베스피에르가 그렇게 오랫동안 국민공회를 지배한 것은 그의 명령을 따르는 경찰이 있어서였다고 사람들이 어떻게 믿을 수 있었는지 의아한 일이다. 유명한 테르미도르의 영웅들, 즉 독재자를 찌르겠다고 맹세한 르쿠앵트르, 테레지아 카바뤼스(Thérézia Cabarrus)의 정부(情夫)인 탈리앵, 그리고 '청렴한' 푸셰는 모두 그에게 귀를 기울이고 있었다. 로베르피에르가 그들 앞에 있었다. 그는 더는 공안위원회의 위원이 아니었다. 그는 이제 모든 사람이 등을 돌리는 한 사람의 의원에 불과했다. 그들은 무엇을 기다리고 있었는가? 죽은 자신의 친구 뚱보 당통처럼 용감한 르쿠앵트르는 로베스피에르의 연설을 인쇄할 것을 요구했다. 그것은 마지못해 한 요구이자 결코 두려움을 느껴본 적 없는 한 인간의 용기에 대한 마지막 경의의 표시였다.

부르동 드 루아즈는 머뭇거리며 좀 논의해보자고 제안했다. 바레르는 만일 로베스피에르가 마지막 회의들에 참석했더라면 위원회에 대해 덜 가혹했을 것이라고 넌지시 입을 열었다. 이때 쿠통이 개입해 표결에서 거의 만장일치로 연설의 인쇄와 발송을 얻어냈다. — 그러나 로베르피에르의 적들 중에는 관용파와 부패한 파견의원들만 있었던 것은 아니었다. 더 호전적인 다른 사람들이 있었다. 바디에가 단조로운 연설로 자신의 무고함을 주장한 후, 캉봉이 반격에 나섰다. "명예를 잃기 전에 프랑스에게 이야기하겠다." 그리고 그는 로베스피에르가 국민공회를 마비시켰다고 고발했다. 비요바렌이 훨씬 더 격렬하게 그의 뒤를 이었다. "나는 침묵함으로써 야심가의 범죄에 공범자가 되느니 나의 시체를 그의 옥좌에 바치고 싶다." 용기는 전염되었다. 파니스가 로베스피에르에게 그가 지목하는 의원들이 누구인지, 푸셰가 그중에 있는지를 묻자, 로베스피에르는 연설의 앞 부분에서 자신이 그었던 선을 지키며 경멸 조로 대답했다.

푸셰라! 나는 지금 그 자에 대해 신경쓰고 싶지 않습니다. 나는 단지 나의 의무에 귀기울일 뿐입니다. 나는 누구의 지원도, 누구의 호의도 바라지 않습니다. 나는 당파를 만들 생각이 조금도 없습니다. 따라서 이러저러한 사람의 누명을 벗기는 일은 문제가 되지 않습니다. 나는 나의 의무를 다했습니다. 다른 사람들은 그 자신의 의무를 다해야 할 것입니다.

사람들은 흔히 로베스피에르가 자신이 단죄를 요구하는 인물들의 이름을 명확히 밝히지 않아 파멸했다고 말한다. 그가 달리 행동했다고 해서 그 파국을 모면했을지는 확실하지 않다. 그러나 그가 사기꾼 대여섯 명의 추방보다 훨씬 더 큰 것을 요구했다는 것은 확실하다. — 어쨌든 혐의자 무리가 분노를 터뜨렸다. 방타볼, 샤를리에(Louis Joseph Charlier, 1754~1797), 아마르, 티리옹, 브레야르(Jean-Jacques Bréard, 1751~1840), 부르동 드 루아즈가 연설문의 인쇄를 명령한 법령을 철회하고 연설문을 두 위원회에 보내 검토하게 할 것을 다시 한 번 요구했다. 로베스피에르가 외쳤다.

뭐라고, 내 연설문을 내가 고발한 사람들에게 보내 검토하게 한다고! …… 내 마음에 있지도 않은 철회를 내게서 얻어낼 수는 없을 것입니다. 나는 방패를 내던지고 적들 앞에 무방비로 섰습니다. 나는 누구에게도 아첨하지 않았고 그 누구도 중상하지 않았으며 아무도 두려워하지 않습니다.

결국 그가 원한 것은 국민공회가 스스로를 심판하는 것이었다. 덕과 용기를 지닌 사람들이 자신의 편에 가담하기를, 그는 큰 환상 없이 기대했다. 그러나 그는 곧 궁지에 몰렸다. 순식간에 의회는 부르동 드 루아즈의 동의안을 채택했다.

로베스피에르는 첫 게임을 잃었다. 그러나 그는 투쟁을 포기하지 않았다. 그는 쿠통과 함께 자코뱅 클럽으로 갔다. 그보다 먼저 도착한 콜로와 비요바렌이 발언을 요구했다. 그도 발언을 요구했다. 발언권을 얻은 것은 로베스피에르였다. 그는 국민공회와는 전혀 다른 분위기에서 연설문을 다시 읽었다. 자코뱅들은 그에게 환호했다. 콜로와 비요바렌이 답변하려 하지만 헛수고였다. "기요틴으로!"라는 야유와 외침을 들으며 그들은 회의장에서 쫓겨났다. 그리고 혁명재판소장 뒤마가 우레 같은 목소리로 그들에게 외쳤다. "내일 법정에서 당신들을 기다리겠소."

모든 사람들에게 이제부터는 오직 죽음만이 결판을 낼 결투가 남았다. 한편에는 로베스피에르, 쿠통, 생쥐스트, 그리고 소수의 지지자들이, 다른 한편에는 비요바렌, 콜로, 바디에, 아마르에서부터 르쿠앵트르, 부르동, 파니스에 이르는, 그리고 에베르파의 잔당에서부터 카르노, 캉봉, 랭데를 거쳐 당통파의 잔당에 이르는 광범위한 동맹이 존재했다. 그러나 로베스피에르에게는 자코뱅 클럽, 앙리오와 불랑제가 속한 국민방위대 참모부, 레스코플뢰리오와 파양이 속한 코뮌, 에르망, 뒤마, 그리고 코피날*을 포함하는 혁명재판소와 사법부의 몇몇 최고 권력자들이 있었다. 그리고 그날 저녁 자코뱅들은 신속히 반란의 지령을 따를 것이었다.

그러나 로베스피에르와 쿠통은 또 한 번의 1793년 5월 31일(로베스피에르의 호소에 따라 봉기한 민중들에 의해 지롱드파가 몰락한 일을 가리킴)을 원하지 않았다. 그것은 합법성에 대한 염려가 그들을 마비시켰기 때문이 아니었다. 그것은 오히려 혁명정부가 의회가 아니라 민중으로부터 그 권력을 직접 획득할 수는 없다고 그들이 생각했기 때문이었다. 게다가 그들은 새로운 봉기 코뮌이 곧 코르들리에파 동조자들의 수중으로 넘어가리라는 것을 매우 잘 알고 있었다. 1793년 5월 31일은 국민공회를 정화한 데 불과했다. 그러나 이번의 출혈은 매우 심각하여 국민공회를 거의 소멸시킬 것이 뻔했다. 그렇게 된다면 무엇에 의지해 통치할 것인가?

다시 한 번 그들은 허공에 매달리게 되었다. 직접 민주주의에 의지할 수 없는 그들은 의회의 지원 없이 실력 행사로 독재를 수립하

코피날(Pierre-André Coffinhal-Dubail, 1762~1794) 혁명재판소 판사. 테르미도르 9일 로베스피에르를 지지하여 시청에서 반란을 조직하려 시도했다가 체포되어 처형되었다.

5부 혁명의 붕괴 655

는 위험을 감수하느니, 차라리 의회에서의 마지막 시도에 기대를 걸었다. 자코뱅과 코뮌의 정신적 지원을 받아 그들은 국민공회에 다시 한 번 자신에 대한 판결을 취소하게 할 수 있을 것인가?—자코뱅은 결정을 내리지 못한 채 자정 무렵 해산했다. 그리고 로베스피에르는 그날 밤이 다른 날들과 다를 것 없다는 듯 집으로 돌아왔다.

공안위원회에서 그 밤은 더 소란스러웠다. 한쪽 구석에서는 생쥐스트가 열에 들뜬 듯, 5일에 책임을 맡아 이튿날 제출해야 하는 보고서 작성에 몰두하고 있었다. 콜로와 비요바렌은 자코뱅 클럽에서 야유와 위협을 당하고 돌아와 생쥐스트에게 욕설을 퍼부으며 화풀이했다. 생쥐스트는 자제하며 대응을 피했지만, 완성되지 않은 보고서 문안 제출을 거부했다. 그는 잠시 후, 10시경에 보고서를 낭독하러 돌아오겠다고 약속하고는 슬그머니 사라졌다.

자기들끼리 남은 로베스피에르의 적들은 주저했다. 캉봉, 르쿠앵트르, 프레롱이 차례로 위원회에 들어가려 시도하지만 거부당했다. 두 위원회의 위원들은 결국 결정을 내리지 못했다. 그들이 두려워한 것은 전투가 아니라, 전투가 어떻게 끝이 나든 그에 뒤이어 올 혁명정부의 완전한 붕괴였다. 그들의 최종적인 주저는 앞선 그들의 화해 시도가 적어도 어느 정도는 진지한 것이었음을 잘 보여준다. 더 정확히 말해, 그들은 로베스피에르를 공개적으로 학살하기보다는 은밀히 질식시키기를 원했을 것이다. — 10시경 쿠통이 도착하여 카르노와 격렬한 언쟁을 벌였다. 생쥐스트는 여전히 돌아오지 않고 있었다. 마침내 그에게서 전언이 도착했다. "불의(不義)가 나의 마음을 닫았다. 국민공회에서 그것을 열어 보일 것이다." 속았다고 생각한 그들은 불구의 쿠통을 밀어내고 결국 생사를 건 싸움을 결심하고 회의장으로 뛰어들었다.

그들은 자신들이 주저하는 동안 위협을 느낀 파견의원들이 행동에 나섰음을 아직 모르고 있었다. 세 차례에 걸쳐 탈리앵과 푸셰는 늪지파의 가장 영향력 있는 인사들에게 지지를 요청했다. 부아시 당글라, 뒤랑 드 마이얀, 팔란 드 샹포(Palasne de Champeaux)는 처음에 못 들은 체했다. 그들은 로베스피에르를 혐오했으며 전날의 그의 발언을 비웃었다. 그러나 동시에 그들은 산악파이거나 산악파였던 모든 사람을 혐오했고 리옹, 보르도, 또는 툴롱의 공포정치가들은 더더욱 혐오했다. 그들은 비요바렌이나 공안위원회의 공포정치가들의 수단에 넘어갈 생각이 전혀 없었다. 그들에게는 카르노와 캉봉조차 위험하고 비할 데 없이 과격한 민주주의자들로 보였다. 그리고 그들은 혼전 속에서 타격을 입을 위험을 감수하려 하지 않았다. 지난 1년 동안 그들은 유순한 태도를 통해 그것을 충분히 입증했다.

늪지파의 지도자들은 쉽사리 응하지 않았다. 그들은 탈리앵과 푸셰가 협력의 대가로 관용파와 손잡고 가능한 한 빨리 혁명정부, 공포정치, 통제경제, 사회적 조치들을 끝장낼 것이라고 약속했을 때에야 결국 응했다. 그들은 다가오는 회의에서 따를 전술에 합의했다. 그들은 로베스피에르와 그의 지지자들이 입을 열 수 없도록 의사 진행을 방해하기로 했다.

로베스피에르는 전날 말(言)로써 산악파를 해체했다. 그러나 테르미도르 8일(전날)의 회의는 산악파들 사이의 싸움이었다. 반대로 테르미도르 9일의 회의는 우파와 중도파가 수동적인 역할을 했을 뿐이지만 바로 그들의 승리가 될 것이었다. 술책을 주도한 푸셰는 두 위원회의 위원들이 원하지 않았던 것, 즉 반동의 수문을 여는 데 주저하지 않았다. 늪지파의 인물들과 지롱드파의 잔존 세력은 반(反)로베스피에르 산악파가 자신들의 앞잡이 노릇을 하도록 내버려두는 것으로 충분했다. 그들은 곧 상황의 반전을 이용하여 협력자의 역할로부터 잡종 동맹 세력의 지도자 역할로 옮겨가고, 결국 그 성과를 오직 자신들만의 것으로 차지할 수 있을 것이다. 그들은 혁명적 공포정치의 종결로부터 백색 공포정치로, 사회경제 정책의 종결로부터 정치적 민주주의에 대한 가능한 한 완벽한 억압으로 만족스럽게 나아갈 수 있을 것이다. 그리고 곧 '테르미도르파' — 테르미도르 이후의 지배자들 — 가 '테르미도르의 인물들' — 애초의 음모가들 — 을 유형, 망명, 또는 죽음으로 몰아넣는 날이 도래할 것이다.

푸셰, 탈리앵, 프레롱, 그리고 바라스와 같은 자들은 적시에 오른쪽으로 사정없이 돌아설 만큼 유연한 척추를 가졌다. 그러나 두 위원회 위원들의 명예를 위해 말하자면, 결국에는 왕정주의자들과 타협하는 카르노를 제외하면 그들은 곧 새로운 반대파에 속하게 된다. 비요바렌과 콜로 데르부아는 기옌 유형을 선고받고, 바레르와 캉봉은 추방된다. 로베르 랭데는 투옥된다. 륄은 '프레리알의 순교자들'과 함께 스스로 목숨을 끊는다. 아마르와 바디에는 나중에 바뵈프의 음모에 가담한다. 머지않아 이들은 곧 테르미도르 9일의 기만성을 이해하게 된다. 비요바렌, 바레르, 그리고 캉봉 세 사람은 모두 노년에 테르미도르에 참여한 것이 자신들의 인생에서 가장 중대한 과오였다고 고백했다. 너무 늦은 후회였지만.

테르미도르 9일(1794년 7월 27일) 정오경, 생쥐스트가 회의장에 들어와 연단에 올랐다. 그는 겉보기에는 냉정을 잃지 않았지만, 지난 밤의 모욕으로 큰 충격을 받았고, 위원회가 맡긴 보고서를 더는 낭독할 수도 없었고 낭독하고 싶지도 않았다. 그럼에도 불구하고 그는 발언하기로 결심했지만, 그것은 단지 개인 자격으로서였다. 그는 연설문을 모두 써두었다. 로베스피에르가 지난 밤 신중하지 못했다는 것을 인정한 한 구절〔그러나 그에게 퍼부어진 모욕을 생각하면 그의 신중치 못함을 용서해야 한다고 덧붙어 있었다〕을 빼면 그의 연설문 전체는 로베스피에르에 대한 찬사였고 특히 세 사람, 즉 비요바렌, 콜로, 카르노에 대한 비판이었다. 그러나 그 연설문은 화해를 제안하고 누구든 고발하기를 거부하는 것으로 끝났다. 테르미도르 9일의 회의가 시작되었을 때, 생쥐스트는 이 드라마의 주역들 중 아직도 타협이 가능하다고 믿은 유일한 인물이었다.

그러나 그는 세 구절도 읽지 못했다. 탈리앵이 연단에 뛰어올라 그를 밀어내고 연설을 중단시킨 것이다. 이번에는 막 들어온 비요바렌이 탈리앵의 뒤를 이어 뛰어올랐다. 생쥐스트는 대응하지 않았다. 그는 발언을 요구하는 한마디 말도, 행동도 하지 못했다. 분명히 그는 허를 찔려 갑작스럽게 자신의 환상 밖으로 내던져졌다. 그는 결코 연단에서 즉흥연설을 한 적이 없었고, 손에 들고 있는 연설문을 읽으려면 다른 분위기가 필요했다. 이어지는 끔찍한 상황이 끝날 때까지 다섯 시간 동안 그는 기력이 모두 소진된 듯, 단상 구석으로 밀려나 꼼짝도 못한 채 침묵을 지켰다. 그는 겨우 27살이었다.

탈리앵은 단지 과장된 욕설들을 몇 마디 퍼부었을 뿐이었다. 빗

발처럼 퍼붓는 비요바렌의 고발이 뒤를 이었다. 로베스피에르는 국민공회 의원 모두를 학살하기 위해 새로운 '5월 31일'을 준비하고 있다. 로베스피에르는 파리에서 가장 훌륭한 혁명위원회〔앵디비지빌리테 구〕를 해산했다. 그는 라발레트(Lavalette) 같은 특권층과 앙리오 같은 에베르파에게 둘러싸여 있다. 프레리알 22일 법(혁명재판소에서 증인 심문과 변호 폐지)의 잘못된 시행에 책임이 있는 것은 바로 그이다. 로베스피에르는 국민공회 전체에서 각 도(道)에 파견할 애국파 의원을 20명도 찾을 수 없을 것이라고 주장했다. 그는 당통을 보호하려고 '미치광이처럼' 비요바렌에게 대항했다. 그는 악덕 관리들을 비호했다. 간단히 말해 로베스피에르는 6개월 동안 독재자로 행동했고, 동료들이 그에게 넌더리를 낸다는 이유로 분노하고 있다고 비요바렌은 몰아쳤다.

    로베스피에르가 답변하려고 연단으로 돌진했다. 준비된 외침이 일었다. "독재자를 타도하라! 타도하라! 타도하라!" 당황한 그는 주저했다. 탈리앵이 어느새 다시 연단에 서서 으르렁거렸다. 그는 국민공회가 독재자를 정당하게 심판하지 않는다면 자신이 그를 때려눕히겠다며 주먹을 들어 보였다. 그리고 앙리오의 체포를 요구했다. — 비요바렌이 다시 그의 자리에 섰다. 그는 '새로운 5월 31일'의 위협을 들먹이면서 앙리오의 참모부, 즉 불랑제, 뒤프레스(Dufresse), 라발레트, 그리고 혁명재판소장 뒤마의 체포를 요구했다〔비요바렌은 전날 밤 뒤마가 가한 위협을 용서하지 않았다〕.

    이번에는 로베스피에르가 결단코 발언하려고 했다. 그러나 그가 연단에 오르자, "독재자를 타도하라!"는 동일한 외침이 일어나 퍼져나가면서 자신의 말을 듣게 하려는 그의 노력을 무위로 돌렸다.

테르미도르 9월의 쿠데타 혁명력 제2년 테르미도르 9월(1794년 7월 27일), 막시밀리앙 로베스피에르가 국민공회 의원들에 의해 체포되면서 공포정치는 막을 내렸다. 이날 혁명도 그와 함께 소멸했다.

그는 그대로 서서 자신의 옆에 대리석처럼 굳어 있는 생쥐스트에게 절망적인 눈길을 던지고는 다시 더 크게 소리치려 애썼다. 소용없는 일이었다. 바레르가 다시 끼어들어 발언권을 얻었다[회의를 주재한 사람은 콜로였다]. 바레르의 연설은 더없이 신중했다. 그것은 단지 그의 기회주의 때문만 아니라 동시에 우파에 대한 두려움 때문이기도 했다. 그는 로베스피에르에 대해 한마디도 하지 않았다. 그는 혁명정부를 유지할 필요성을 강조하고[만일 바레르가 로베스피에르 없이도 그것이 가능하다고 믿었다면, 그 교활한 바레르의 순진함은 조금 전 생쥐스트가 보여준 순진함보다 훨씬 더 놀라운 것이었다] 국민방위대의 모든 고위 계급을 폐지하게 했다. 이제 각 연대장이 돌아가며 국민방위대를 지휘하게 됐다. 그것은 의미심장한 조치였다. 왜냐하면 그것은 이미 1793년 5월 지롱드파가 시행하려 한 결정이었기 때문이다.

바레르가 발언을 마치자마자 바디에가 그의 뒤를 이었다. 그는 험담을 늘어놓았다. 그는 로베스피에르에 대한 카트린 테오의 신비주의적 열정에 대한 이야기로 의원들을 웃기고, 로베스피에르가 도처에 첩자를 거느리고 있다고 말했다. 바디에는 끝을 맺지 못하고, 지엽적인 것들에 빠져들었다. 긴장이 감소하는 것을 알아챈 탈리앵이 바디에의 말을 자르고 논쟁의 핵심으로 돌아갈 것을 요구했다. 그때 로베스피에르의 외침이 들렸다. "내가 그렇게 할 수 있다!" 이것이 사람들의 주목을 받을 수 있었던 그의 첫 발언이었다. 그러나 이미 합의된 고함이 다시 시작되었고 더 큰소리로 계속되었다. 그리고 마법처럼 고함 소리가 중단되어 탈리앵이 공격을 계속할 수 있게 했다. 특히 터무니없는 거짓말에 대해 로베스피에르가 다시 소리쳤다. "거짓이다! 나는……." — 다시 한 번 고함 소리가 그의 목소리를 집어삼켰다.

그때 로베스피에르가 다시 일어섰다. 아우성이 계속되는 동안 그는 반원형 회의장을, 먼저 산악파의 의석들을 천천히 훑어보았다. 그는 자신이 가장 존경하는 몇몇 인물들을 차례로 응시했다. 사자의 눈은 단지 침묵하는 개들과 짖어대는 늑대의 입과 마주칠 뿐이었다. 소란 속에서 로베스피에르의 목소리가 일제 사격을 당해 토막토막 들렸다. "순수한 사람들…… 도적떼들…… 비겁한…… 위선자들…… 나는 죽음을 요구한다……." — 그렇게 해서 무슨 소용이 있을까?

콜로가 개입할 준비를 하고 의장석을 튀리오에게 내주었다. 로베스피에르는 그에게 몸을 돌려 개입할 것을 몸짓으로 요구했다. 튀리오는 움직이지 않았다. 로베스피에르의 목소리가〔거의 알아들을 수 없지만〕여전히 소란을 뚫고 들려왔다. "무슨 권리로 의장은 살인자들을 보호하는가?" — 정직한 튀리오는 냉랭한 목소리로 대답했다. "당신 차례에만 발언하시오."

소란이 계속되었다. 그러나 싸움을 질질 끌 수는 없었다. 결말을 내야 했다. 그러나 음모가들 중 누구도 감히 그럴 수 없었다. 마치 마지막 남은 존경이 그들이 학살하고 있는 사람 앞에서 자신들의 몸을 마비시키기라도 한 듯이. 로베스피에르의 체포법령을 요구한 것은 그들 중 가장 보잘것없는 두 의원인 루셰*와 로조(Lozeau)였다. 그리고 곧 누군가 외쳤다. "나도 나의 형 못지않게 죄인이다. 나는 그의 덕성을 나눠 가졌고, 그와 운명을 함께하고 싶다. 나는 또 나의 체포법령을 요구한다." 그는 툴롱의 최초의 정복자이자 프랑슈콩테의 조정자 오귀스탱 로베스피에르였다.

다양한 반응과 동요가 나타났다. 로베스피에르는 여전히 말하려 애썼다. 사람들이 그의 말을 듣게 되자 그는 동생이 자신과 함께 파멸하는 것을 막으려 했다. 그의 목소리가 사냥개들을 깨어나게 했다. 샤를 뒤발(Charles Duval, 1750~1829)이 튀리오를 불렀다. "의장, 국민공회의 주인이 한 사람이란 말인가?" 그리고 비요바렌이 다시 연단에 올라 다른 사람들과 마찬가지로 자신이 감히 먼저 요구하지 못했던 이 체포안을 지지했다. '국민공회의 주인'이 다시 그의 말을 가로막으려 했다. 그가 발언권을 얻지 못한 채 정말 체포가 가결될 것인가? 로베스피에르가 발언하려 할 때마다 매번 고함 소리가 다시 시작되었다. 쿠통이 개입해 친구를 변호하려 했지만, 그의 목소리 역시 묻혔다. 상황을 더 빨리 진행시키려고 의원들은 비요바렌의 발언을 중단시켰다. 회의장 곳곳에서 즉각적인 표결을 요구했다. 튀리오가 서둘러 동의안을 표결에 부쳤다. 표를 세느라 낭비할 시간이 없었다. 막시밀리앙 로베스피에르의 체포가 만장일치로 가결되었다고 신속히 선언하는 것이 나을 것이다. 국민공회 의원들 전원이 일어서 외쳤다. "공화국 만세!" — 로베스피에르는 사력을 다해 소란을 잠재웠다. "공화국이라고? 공화국은 사라졌다. 강도들이 승리했다."

성공을 눈앞에 두고 멈춰 서는 것은 위험한 일이 될 것이다. 불멸의 루셰가 지금 이루어진 표결을 쿠통, 생쥐스트, 오귀스탱 로베스피에르에게도 적용할 것을 요구했다. — 그때 또 다른 형제의 목소리가 들렸다. "나는 이 치욕스러운 법령에 동참하고 싶지 않다. 나 역시 체포할 것을 요구한다." 그것은 생쥐스트와 함께 파견의원의 임무를 수행했던, 엘리자베트 뒤플레*의 남편, 필리프 르바였다. — 그런 것은 아무래도 상관없다! 프레롱이 연단에 섰다. 툴롱에 파견되었던 극단적 공포정치가 프레롱은 몇 주 후 귀공자단*이라는 왕당파 조직을 만들고 그 우두머리가 된다. 그는 무장 해제된 모든 자코뱅을 몽둥이로 때려눕히는 영웅적 기술인, 파리 대로상에서의 자코뱅 사냥이라는 새로운 스포츠를 발명해낸다. 그러나 오늘 그는 다음과 같은 말로 장엄하게 시작한다. "조국과 자유는 폐허로부터 빠져나올 것입니다."

너무한 노릇이었다. 로베스피에르는 절망적인 시도로 목이 쉬었지만, 소용없는 일이었다. 합의된 소란이 여전히 완벽하게 그의 목소리를 집어삼켰다. 프레롱은 곧장 본론으로 들어갔다. 로베스피에르, 쿠통, 생쥐스트의 독재 삼두정이 존재했다고 단언했다. 특히 쿠통은 "피에 굶주린 호랑이다. 그는 왕좌에 오르기 위한 계단마다 우리의 시체를 바치고자 했다……." 우레 같은 웃음소리가 그의 말을 잘랐다. 불구의 영웅이며 전신이 마비된 중환자로서 다른 사람

루셰(Louis Louchet, 1755~1813) 콜레주 교사 출신의 국민공회 의원. 로베스피에르의 체포법령을 요구했지만 테르미도르 이후 계속 공포정치를 옹호했다.
뒤플레(Elizabeth Duplay) 로베스피에르의 하숙집 주인 모리스 뒤플레의 작은 딸. 엘리자베트의 언니 엘레오노르는 로베스피에르의 약혼자였다.
귀공자단(Jeunesse dorée) 1795년 자코뱅에 대한 공격으로 악명을 얻은 젊은이들을 일컫는 말. Incroyables, muscadins(우스꽝스러운 멋쟁이들이라는 의미)이라고도 불렸다. 대략 2천~3천 명 정도로 추정되며 거리에서 몽둥이를 들고 자코뱅을 추적하거나 자코뱅 클럽을 공격하고, 국민공회에서 소란을 피워 바레르, 비요바렌, 콜로 데르부아, 바디에 등 전 공포정치가들의 기소를 결정하게 하기도 했다. 프레롱, 탈리앵 등 테르미도르파는 정치적 목적을 위해 이들을 이용했다.

들이 미는 바퀴의자를 타고 이동해야 하는 사람, 쿠통이었다. 그가 보기에 프레롱의 생각은 경탄할 만한 것이었다. "내가 왕좌에 오르고 싶었다, 내가!"

보안위원회의 엘리 라코스트가 재빨리 당황한 프레롱의 자리를 대신했다. 그는 생쥐스트, 다리가 아니라 목이 마비된 생쥐스트의 죄를 비난했다. 그는 생쥐스트, 쿠통, 르바, 오귀스탱 로베스피에르의 체포를 요구했다. 국민공회 의원들 전체가 기꺼이 동의한다고 소리쳤다. 공안위원회가 제안한 법령을 들고 바레르가 다시 연단에 올랐다. 법령은 국민공회 의원들인 막시밀리앙 로베스피에르, 오귀스탱 로베스피에르, 루이 앙투안 생쥐스트, 조르주 쿠통, 필리프 르바, 그리고 뒤마, 앙리오, 불랑제, 라발레트, 뒤프레스, 도비니〔육군부 관리〕, 그리고 프로스페르 시자〔그는 포병들의 파리 철수를 비난했다〕의 체포를 포함하는 것이었다. 뒤의 두 사람이 추가된 데에는 카르노의 영향력이 작용했음을 분명히 알 수 있다.

법령은 만장일치로 채택되었다. 콜로는 승리의 노래를 부르며, 지난 밤 로베스피에르가 어떻게 새로운 5월 31일을 조직하려 했는지를 이야기했다. 로베스피에르가 부르짖었다. "당신은 거짓말을 하고 있다." 몇 시간 동안 그는 사력을 다해 점점 쉬어가는 목소리로 소리지르고 몸짓을 해가며 자신의 최소한의 권리인 발언권을 요구했다. 불굴의 의지를 지닌 그는 열한 번째 자신의 말을 듣게 하려고 시도했다. 아연실색한 국민공회는 방금 체포가 결정된 이 사람이 여전히 연단에 매달려 있고 여전히 누구도 감히 그에게 내려가라고 명령하지 못했음을 깨달았다. 그런데도 불구하고 끝을 내야 했다. 사방에서 고함이 터져 나왔다. "법정으로! 법정으로!"

소리를 지르지는 않지만 고개를 돌린 몇몇 의원들을 향한 마지막 노력, 마지막 시선…… 그 동안 모든 것을 생각하고 있던 콜로는 생쥐스트에게 연설 원고를 제출하라고 명령했다. 유순한 생쥐스트는 그것을 서기에게 내밀었다. 끝났다. 두 로베스피에르, 생쥐스트, 그리고 르바는 법정으로 내려갔다. 쿠통은 짐짝처럼 끌려갔다. 헌병들이 그들을 연행했다. 저녁 5시였다.

국민공회는 숨을 헐떡이며 콜로가 승전가를 마무리하는 것을 들었다. 정회가 선포되었다. 테르미도르의 부르주아지는 방금 당당하게 의회 민주주의의 첫 시범을 보여주었다. "강도들이 승리했다."

5시경 회의 소식이 코뮌에 알려졌다. 파리 시장 레스코플뢰리오가 산악파의 인권선언문을 들고 핵심적인 조항을 엄숙하게 낭독했다. "정부가 민중의 권리를 침해할 때, 반란은 민중에게 가장 신성하고 필요 불가결한 의무이다." 다시 한 번 파리 코뮌은 민중에게 자유를 구하라고 촉구했다. 파양과 앙리오가 수행할 임무와 내려야 할 지침을 나눠 맡았다. 방책(防柵)이 세워졌다. 비상신호와 경종이 울리고 각 구(區)가 시청에 소집되었다. 남아 있는 포병대원들, 헌병대와 국민방위대원들이 소집되고 무기고의 화약이 징발되었다.

앙리오는 이러한 일차적인 조치들을 취하고 나서 체포된 5명의 의원들[그들은 보안위원회의 방들로 이송되었고, 따라서 아직 튈르리 궁에 있었다]을 구출하러 가려 했다. 후세 사람들은 다른 로베스피에르파보다 앙리오에게 훨씬 더 가혹했다. 그들은 그를 백치, 무뢰한, 주정뱅이로 만들었다. 그러나 앙리오는 결코 그런 사람이 아니었다. 그는 뛰어난 애국파였으며 로베스피에르의 신임을 얻을 만한 유능한 사람이었다. 그가 천재적인 인물인가는 다른 문제이다. 분명한 것은 그가 기요틴에서 처형되기 전 아무도 그가 취해 있는 것을 본 적이 없다는 것이다. 이후 테르미도르파와 쥘 미슐레는 정반대로 증언했다. 사람이 일단 죽고 나면 많은 것이 바뀔 수 있다는 것은 사실이다.

결국 앙리오는 원군을 기다리지 않고 튈르리 궁으로 달려가 위원회의 문들을 부수고 갇혀 있는 사람들을 구해내려 했다. 사람들은 잠시 그를 따르는 데 주저했다. 이 주저가 그들을 지키고 있던 헌병들에게 자신감을 되찾을 시간을 주었다. 헌병들은 앙리오를 붙잡아 테이블 위에 단단히 붙들어 맸다. 그때가 대략 5시 반이었다. 5명의 의원은 옆방으로 옮겨져 저녁을 먹고 7시경 각각 다른 감옥으로 이송되었다. 로베스피에르는 뤽상부르 감옥으로 이송되었다.

시작된 반란에 대해 그들이 알고 있던 것은 어설프고 무위로 돌아간 앙리오의 시도가 전부였다. 만일 그들이 흩어지기에 앞서 공동의 행동을 계획했다면 이 행동은 단지 다음과 같은 것이 될 수밖에 없었을 것이다. 즉 운이 가장 좋은 경우 합법성의 테두리 안에 머물면서 혁명재판소에 맞서고 1793년 4월에 마라가 그랬듯이 승리하여 방면을 얻어내는 것이다. — 물론 프레리알 22일 법이 그들에게 불리하게 작용하여 그들의 변론을 억누를 것이고, 그들도 그것을 모르지 않았다. 그러나 그들은 배심원들의 애국심에 희망을 걸 수 있다. 그리고 달리 어떻게 하겠는가? 그들 스스로 민중들에게 반란을 호소하는 것은 독재라는 고발을 입증하는 것이다. 반면 멀리 달아나, 추방당한 사람으로 지하생활을 하는 것은 그들 중 누구의 성격에도 맞지 않았다.

그러나 그러는 동안 상황은 코뮌에 유리하게 전개되었다. 첫 원군들이 시청 앞 그레브 광장으로 몰려들었다. 대포가 운반되고 헌병대도 왔다. 상퀼로트가 지배하는 구(區)의 혁명위원회들이 이 움직임에 합류했다. 물론 자코뱅도 마찬가지였다. 불만에 차 시위에 나선 노동자들을 결집하기 위해 코뮌은 새로운 최고임금제의 책임을 바레르에게 돌리는 선언문을 배포했다. ― 앙리오가 실패하여 사로잡혔다는 소식을 들은 코뮌은 코피날에게 그를 구해올 책임을 맡겼다. 동시에 코뮌은 모든 감옥의 간수들에게 새로운 죄수를 수감하거나 내보낼 수 없다고 통고하고 코뮌 경찰 관리들을 감옥에 보내 상황을 조사하게 했다.

따라서 로베스피에르가 엄중한 감시하에 뤽상부르에 도착했을 때 간수들은 그의 수감을 단호히 거부했다. 그에 따라 경호대는 죄수를 구청〔區廳, 당시 오르페브르 부두에 있던〕으로 데려가기로 결정했다. 그러나 그곳에서는 코뮌 경찰 관리들과 레스코플뢰리오의 사람들이 "공화국 만세! 로베스피에르 만세!"를 외치며 그들을 맞이했다. 8시가 조금 넘은 시각이었다. 체포된 다른 의원들은 수감되어 있었다. 경찰 관리들이 그들을 차례로 석방시키러 갔다. 가장 먼저 석방된 오귀스탱 로베스피에르가 주저 없이 곧바로 시청으로 갔다. 그는 아주 교묘하게 국민공회에 대한 존경을 강조하는 짧은 연설을 했다. 매우 교묘하게. 그때가 8시 반경이었다.

코뮌은 로베스피에르가 구청에 도착했다는 소식을 듣자마자 급히 시청으로 올 것을 요구했다. 로베스피에르는 거부했다. 무슨 이유에서였는지는 정확히 말할 수 없다. 반란이 진행 중인데, 그는 여전히 합법적 변호를 고수하려 했던 것일까? 그보다는 차라리 8월 10일과 5월 31일 봉기에서처럼 그는 자신이 혁명의 구체적인 작전을 지휘할 자격이 없다고 느꼈던 것 같다. 사람들은 오래전부터 그에게서 그러한 무력감을 발견할 수 있었다. 그의 이러한 생각은 자신이 직접적으로 그리고 개인적으로 봉기의 원인이라는 사실 때문에 더욱 강화되었을 것이다. 그가 봉기의 선두에 선다면 사람들은 그가 봉기를 탈취한다고 믿지 않겠는가?

어쨌든 그가 반란에 동의했다는 것은 의심의 여지가 없다. 경찰 관리들은 그의 거부를 전달하면서 동시에 코뮌에 편지를 써 방벽을 설치하고〔이미 시행된 일이다〕, 우체국과 신문 인쇄소를 장악하고, 언론인들과 특히 배신자 의원들의 체포를 권고했다. 그리고 그들은 서명에 앞서 다음과 같이 덧붙였다. "이것이 로베스피에르의 견해이자 우리의 견해이다." 따라서 8월 10일 봉기와 5월 31일 봉기에서와 마찬가지로, 로베스피에르를 주저하게 한 것은 형식적 합법성에 대한 거리낌이 아니었다. 그가 행동하는 데 어려움을 겪은 것은 다른 종류의 문제였다. 그것은 그의 개인적 한계에서 기인한 것이었다. 또한 그것은 그가 이 봉기에서 부정적인 것 외에는 어떠한 구체적인 목적도 발견할 수 없었다는 데 기인한 것이기도 했다.

관리들의 편지가 목적지에 도착했을 때 코피날은 이미 막강한 종대를 이끌고 출발한 상태였다. 그는 8시 반에서 9시 사이에 튈르리 궁에 도착해 초소를 탈취하고 복무 중이던 감시병들을 모아 보안위원회에 침투해 앙리오를 구출했다. 위원회의 성원들은 달아났다. 겁에 질려 이성을 잃고 비겁해진 그들은 회의장 안으로 흩어지며 이젠 다 틀렸다고 외쳤다. 회의를 주재하던 콜로는 떨며 소리쳤다. "시민들이여, 이제 우리의 자리에서 죽어야 할 때가 왔습니다." ―실제 코피날과 앙리오가 회의장에 침입했더라면 그들은 거기 있던 사람들을 일제히 소탕할 수 있었을 것이다. 그리고 프랑스는 탈리앵, 푸셰, 프레롱, 그리고 여타 다른 사람들의 뛰어난 봉사를 받지 못하게 되었을 것이다. 그러나 코뮌 군대의 지휘자들에게 그런 생각은 떠오르지도 않았던 것 같다. 로베스피에르의 견해는 너무 늦게 도착했으므로 그의 충고를 들은 것은 아니었지만, 그들은 이전의 위대한 봉기에서처럼 민중 전체의 추종을 받는 것이 아니라면 국민의 대표들에게 폭력을 행사할 의도가 없었다. 그들은 조용히 코뮌으로 돌아갔다. 코뮌에서 사람들은 그들을 열렬히 환영하고 즉시 9명으로 이루어진 집행위원회를 지명했다.

폭풍우가 비껴 지나가자 국민공회는 '영웅적인' 용기를 회복했다. 국민공회는 바라스에게 군 지휘권을 맡긴다. 바라스는 2명의 부르동, 탈리앵, 로베르, 프레롱에게 자신을 보좌하게 하고 그들을 파리 서부의 부르주아 구(區)들과 시내의 대상인들이 지배하는 구들을 선동하도록 파견했다. 그렇게 몇몇 군대를 집결시키기를 기다리는 동안 바레르는 '반도들', 즉 국민방위대 대원들, 코뮌 성원들, 오후에 체포법령이 공포된 5명의 의원들에 대한 법의 보호 박탈을 공포하게 했다. 합법적 변호의 가능성은 완전히 사라졌다.

10시에서 10시 반 사이에 이 결정이 전해졌을 때 코뮌은 그것이 지닌 중요성을 모르지 않았다. 그 소식으로 인해 반란에 참여한 사람들의 사기에 심각한 영향이 미칠 위험이 있었다. 집행위원회는 즉시 로베스피에르에게 레스코플뢰리오, 파양, 코피날, 레르부르, 아르튀르 등이 서명한 긴급한 전갈을 보냈다. 로베스피에르는 이 번에는 망설이지 않았다. 위험한 시기에 그가 코뮌에 없다는 것은 불미스러운 일이 될 것이므로 그는 코뮌으로 가, 증인에 따르면, "민중들에게 자유의 보존을 촉구하는" 짧은 연설을 했다. 조금 후 각각 감옥에서 풀려난 르바와 생쥐스트가 도착했다. 쿠통은 감옥에서 나오는 것을 거부했다. 그는 결코 용기가 없는 것이 아니었다. 그를 이해해야 한다. 그는 자신의 불구가 투쟁 중인 다른 사람들에게 장애가 될까 두려웠을 것이다.

반란은 제자리걸음이었다. 반란의 지도자들은 훗날 레닌이 끌어낼 혁명적 법칙, 즉 민중봉기는 멈춰서는 순간, 부분적인 공격이라 할지라도 그 공격의 주도권을 유지하지 못하게 되는 순간 실패할 운명에 처한다는 법칙을 아직 알 수가 없었다. 그런데 코피날의 습격 이후 그레브 광장에 집결한 병력은 여전히 움직이지 않고 있었고, 법적 보호 박탈의 소식은 명백히 그들에게 활력을 불어넣지는 않았다. ― 사람들은 무엇을 기다렸는가? 그들은 궁극적인 목표를 정해 구체적으로 제시하기를 기다렸을 뿐 아니라 수적으로 더 많아지기를 기다리고 있었다. 정확히 10시경 코뮌군은 최대치에 이르렀다. 포병중대들[전부는 아니다], 헌병부대들[단 2개 부대], 약간의 국민방위대원들, 그리고 수백 명, 많이 잡아도 1, 2천 명의 상퀼로트가 그들이었다. 그것이 전부였다. 이제 아무도 오지 않았다. 가장 열성적인 로베스피에르파가 달려왔지만 상퀼로트 대중은 움직이지 않았다. 자신의 운명이 걸린 이날 밤, 로베스피에르는 자신이 피하고자 했던 코르들리에파와의 단절의 결과를 확실히 이해하게 되었다. 그의 몰락과 죽음을 겪고 난 뒤에야 상퀼로트는 혁명력 3년 제르미날과 프레리알 봉기(1795년 4월 1일과 5월 20일에 일어난 봉기. 이때 민중들은 1793년 헌법의 시행과 식량 대책을 요구했다)에서 너무 늦게 깨어나 분노하게 된다. 그러나 테르미도르 9일 밤에는 생탕투안 포부르와 생마르소 포부르의 민중들이 거칠 것 없이 파리의 중심부로 쇄도하는 모습을 볼 수 없었다.

수많은 구 혁명위원회들이 반란을 지지했다. 그러나 구 회의들은 더 주저했다. 거기에는 상퀼로트들의 미온적인 태도만큼이나 국민공회의 위협에 직면해 나타난 소심함이 상당한 역할을 했다. 구 회의들 중 몇몇은 밤새 여러 차례 진영을 바꾸었다. 코뮌 집행위원회는 구 회의들이 더 효과적인 지원을 결심하게 하고 어떤 경우에도 국민공회로 넘어가는 것을 막기 위해 대리인들을 파견하기로 결정했다. 위원회는 자코뱅 클럽에도 사람을 파견했다. 이어 자코뱅 클럽이 각 구에 사람을 파견했다. 위원회는 결국 자코뱅 클럽에 단체로 시청으로 와 반란을 지원할 것을 요구했다. 그러나 자코뱅들은 주저했다. 그들은 오지 않았다.

로베스피에르가 자신의 스타일에 꼭 맞는 이러한 방식을 고무했으리라는 것은 분명하다. 그는 자신이 속한 피크 구를 선동하려고 작성한 편지에 자신의 이름의 첫 두 문자를 적어넣었다. 그때가 11시 전이었다. 그의 옆에서는 르바가 사블롱 기지의 사령관인 친구 라브르테슈에게 편지를 썼다. 그는 라브르테슈가 국민공회의 명령으로 막 체포되었다는 것을 아직 모르고 있었다. 동시에 코뮌은 법적 보호 박탈에 대응해, 자신이 주요 배신자들로 간주한 자들 즉 보안위원회의 위원 7명〔아마르, 바디에, 자고, 파니스를 포함하여〕, 공안위원회의 성원 2명〔콜로와 카르노. 비요바렌이 빠진 것은 단지 상퀼로트들의 비위를 거스르지 않으려는 고려였을 것이다. 바레르는 초안에는 올랐으나 최종 문서에서는 빠졌다〕, 그리고 푸세, 탈리앵, 프레롱, 뒤부아크랑세, 레오나르 부르동의 체포를 명령했다. 밤 11시가 지나서야 그것을 생각해내다니 참으로 적절하기도 했다.

자정이 좀 지나도 상황은 나아지지 않았다. 그레브 광장에 모여 있는 사람들은 초조해하기 시작했다. 앙리오는 그들에게 포도주를 나누어주고 잃어버린 시간을 보상받을 것이라고 약속했다. 두 명의 로베스피에르와 생쥐스트가 그때 쿠통에게 긴급한 호소문을 전달했다. "쿠통, 애국파는 모두 추방되었고, 전 민중이 일어섰습니다. 지금 우리가 있는 코뮌으로 오지 않는다면 민중을 배반하는 일이 될 것입니다." — 드디어 쿠통이 왔다. 그가 도착한 것이 새벽 1시였다. 회의장에 숨어들어 있던 국민공회의 첩자 한 명이 쿠통이 도착하여 로베스피에르와 나눈 대화를 보고했다. "군대에 편지를 써야 합니다." — "누구의 이름으로?" 로베스피에르가 묻는다. — "물론 국민공회의 이름으로. 국민공회란 여전히 우리가 아닙니까? 나머지는 군대에 의해 해산되어 정당하게 심판받아야 할 한줌의 반도에 불과합니다." — 로베스피에르가 말한다. "내 생각으로는 프랑스 민중의 이름으로 써야 합니다."

이 대화가 반란의 합법성에 대한 어떠한 거리낌도 드러내고 있지 않다는 것은 분명하다. 그러나 이미 전날 저녁 로베스피에르와 쿠통으로 하여금 새로운 5월 31일 봉기를 권고할 수 없게 만들었던 어려움이 거기에 표현되어 있었다. '국민공회의 이름으로'는 불가능해졌다. '프랑스 민중의 이름으로'는 단지 소(小)집단의 개인적 독재 — 또는 상퀼로트가 꿈꾸는, 성취 불가능한 직접 민주주의의 수립, 즉 지금 이 순간으로서는 순수한 무정부 상태를 의미할 수 있을 뿐이었다. 소집단의 개인적 독재는 바로 테르미도르파가 비난하는 것이었다. 쿠통이 천진난만하게 제안한 "국민공회는 우리이다."라는 말은 정말이지 단지 외견상으로만 문제를 해결하는 데 불과했다. 그리고 로베스피에르는 그 점을 알고 있었다. 오래전부터 로베스피에르를 짓눌러왔고 이날 밤도 여전히 그를 괴롭히고 있는 것이 바로 이 문제였다. 반면 쿠통은 승리를 확신하며 군대에 보낼 선언문을 작성하고 있었다. 그러나 시청 앞에 모여 있던 무리들은 바라스가 보낸 첩자들에게 선동되고 아무런 변화가 없음에 기운이 빠져 서서히 흩어졌다. 포병들은 대포를 이끌고 가버렸다. 집행위원회는 그것을 막아보려고 시청 정면에 불을 밝힐 것을 명령했다. 그러나 이탈은 계속되었다. 마지막까지 남아 있던 생마르소 포부르의 대대가 돌아가면서 그레브 광장은 거의 텅 비었다.

새벽 2시. 레오나르 부르동이 이끄는 종대가 광장에 도착한 것이 그때였다. 종대는 국민공회에 충성하는 헌병들이자 레오나르 부르동의 구(區)일 뿐 아니라 자크 루의 구이기도 한 그라빌리에(Gravilliers) 구의 수공업자들로 이루어져 있었다! 누군가의 배신을 통해 부르동은 암호를 얻어냈다. 그의 부하들은 싸움 한 번 없이 시청에 침투하고 지도자들이 회합하고 있던 평등의 방으로 난입했다. 모든 것이 끝났다.

르바는 스스로 권총을 쏘아 즉사했다. 오귀스탱 로베스피에르는 창문으로 몸을 던졌으나 넓적다리가 부러졌을 뿐이다. 생쥐스트는 저항 없이 포박되었다. 붙들려 계단으로 거칠게 밀쳐진 쿠통은 추락해 머리에 심한 부상을 입었다. 제때에 달아나지 못한 사람들은 모두 사로잡혔다. 앙리오는 이튿날, 코피날은 좀 더 후에 체포되었다.

르바처럼, 그리고 자신의 동생처럼, 이전의 자크 루처럼, 다음 해의 '프레리알의 순교자들'처럼, 좀 더 후의 바뵈프와 다르테*와 마찬가지로, 로베스피에르는 목숨을 부지한 채로 적들의 손아귀에 떨어지기를 원하지 않았다. 그는 자신의 입 속에 권총을 넣고 쏘았지만 턱이 깨졌을 뿐이다(이후에 테르미도르파는 자신들이 직접 적을 쓰러뜨렸다고 주장하여 자신들의 군사적 공적을 흥미롭게 만드는 것이 더 영광스럽다고 생각하게 된다. 그들은 메르다(Merda)라는 헌병이 로베스피에르의 턱에 부상을 입혔다는, 오늘날에도 여전히 많은 이들이 믿는 전설을 퍼뜨렸다. 그러나 그 당시에 이미 바레르는 로베스피에르가 자살하고자 했다고 확언했다).

로베스피에르는 열다섯 시간 정도 더 살아 있었다. 그는 들것에 실려 다른 죄수들과 함께 튈르리 궁으로 이송되었다. 그가 살아서 단두대 위에 놓일 수 있도록 외과 의사 2명이 그에게 붕대를 감아 주었다. 그는 콩시에르주리(Conciergerie, 파리 시테 섬에 있는 왕궁의 일부로 혁명기에 감옥으로 이용되었다. 마리 앙투아네트, 루이 16세의 누이 엘리자베트, 롤랑 부인, 당통 등이 처형되기 전에 이곳에 수감되었

다르테(Augustin Darthé, 1765~1797) 혁명재판소의 공공검사. '평등주의자들의 음모'에 가담하여 체포된 후 재판 과정에서 자결을 시도하였으나 실패하고 바뵈프와 함께 처형되었다.

단두대에 선 로베스피에르 테르미도르 10일(1794년 7월 28일), 로베스피에르와 쿠통, 생쥐스트 등 22명이 처형되었다. 그들은 민중에게 호소해 살아날 수 있었겠지만, 누구도 그런 시도를 하지 않고 조용히 죽음을 맞았다.

다)로, 거기에서 다시 기요틴으로 옮겨졌다. 그는 신음소리도 내지 않았고 한마디 말도 하지 않았다. 뒤플레 가족은 그에게 마지막 작별 인사도 하지 못했다. 갓난아기의 어머니인 엘리자베트 르바와 며칠 후 독방에서 사망할 마담 뒤플레를 포함하여 그들은 이미 감옥에 있었기 때문이었다.

테르미도르 10일 오후가 다 갈 무렵 단두대로 이송된 사람은 22명이었다. 사흘간 모두 107명이 단두대로 끌려간다. 수레가 지나갈 때 몇몇 노동자들이 소리쳤다. "빌어먹을 최고가격!" 그날 오후, 로베르 랭데는 있을지 모르는 노동자들의 반발을 차단할 목적으로 며칠 후면 사라질 새로운 공안위원회의 이름으로 테르미도르 5일 선포된 임금의 최고가격제를 폐지했다. 곧, 최고가격제는 완전히 사라진다. 오래지 않아, 회복된 경제적 자유주의가 부르주아지의 지갑 속에 황금 열매들을 채워준다. 그리고 상퀼로트들은 '빵과 1793년의 헌법'을 요구하게 된다. 그러나 로베스피에르는 죽는 그 순간에 자기 자신보다도 더 사랑했던 이 민중들로부터 어떠한 애정의 표시도 받지 못했다.

로베스피에르는 마지막에 처형되었다. 그는 자신이 가장 사랑하는 사람들, 동생, 쿠통, 생쥐스트가 죽는 것을 보았다. 그의 차례가 왔을 때, 사형집행인은 그의 턱에 묶여 있는 붕대를 난폭하게 잡아뗐다. 예상 못한 고통에 그는 끔찍한 비명을 질렀다. 그리고 다시 침묵.

그리고 또 다른 공포정치의 역사가 시작되었다. 비록 백색 공포정치라 불릴 만큼 깨끗하고, 어떤 은행가, 어떤 귀족도 공격하지 않을 만큼 독특하고, 역사 교과서들이 거의 언급하지 않을 만큼 정상적인 공포정치이긴 했지만. 여기서 권좌에 오른 부르주아지의 역사가 시작되었다. 1789년 7월 14일 봉기와 1792년 8월 10일 봉기에서 죽은 상퀼로트들, 발미와 제마프, 와티니와 가이스베르크에서 전사한 상퀼로트들의 피가 더는 부르주아지가 살아 있는 상퀼로트들의 동의를 꼭 받지 않아도 되게 해주었으므로. 여기에서 '재산 소유자들이 다스리는 나라'의 필요성을 설명하는 테르미도르파 부아시 당글라 — 그는 파리에 아름다운 거리를 가지고 있는 반면 로베스피에르는 그렇지 못하다(부아시 당글라의 이름을 딴 거리는 있지만 로베스피에르의 이름을 딴 거리는 없다는 뜻). — 에게 발언권을 넘기는 편이 나을 것이다.

우리는 뛰어난 사람들의 통치를 받아야 합니다. 그런데 약간의 예외는 있지만, 여러분은 단지 재산을 소유한 사람들, 그 재산이 속한 나라, 그 재산을 보호하는 법, 그 재산을 유지시켜주는 공공질서에 애착이 있는 사람들, 그리고 이 재산과 그것이 제공하는 유복함 덕에 교육을 받아 나라의 운명을 결정하는 법률들의 장단점을 현명하고 올바르게 토론하기에 적합해진 사람들 중에서 그들을 발견할 수 있을 것입니다.

여기서 또한 최초의 공산주의자들의 역사, 로베스피에르파 부오나로티와 뒤플레 가족이 속한 평등주의자들의 음모의 역사가 시작되었다. 그리고 여기에서는 그라쿠스 바뵈프가 발언하는 편이 나을 것이다.

나는 이제, 예전에 혁명정부와 로베스피에르 그리고 생쥐스트를 비판적으로 보았던 것을 후회한다는 사실을 솔직히 고백한다. 나는 그들이 그들만으로도 모든 혁명가들을 다 합친 것보다 낫고, 그들의 독재정부가 진실로 훌륭하게 고안된 것이었다고 생각한다. 그들과 혁명정부가 사라진 이후에 일어난 모든 일이 나의 이러한 주장을 충분히 정당화해줄 것이다.

나는 그들이 무거운 범죄를 저질렀으며 수많은 공화주의자들을 죽였다는 데 결코 동의하지 않는다. 결코 그렇지 않다. 나는 그렇게 믿는다. 에베르와 쇼메트가 결백했는지를 검토하려는 것이 아니다. 그들이 결백하다 해도 나는 로베스피에르에게 죄가 없다고 믿는다. 명예를 탐하고 자만심으로 꽉 찬 자들, 수준이 낮은 사람들은 우리의 로베스피에르가 보기에 수레의 방향을 놓고 그와 다투려는 사람들이었을 것이다. 그때 그는 틀림없이 이 모든 우스꽝스러운 경쟁자들은 아무리 선한 의도를 지녔다 해도 모든 것을 방해하고 망쳐놓을 것이라고 생각했을 것이다. 그가 이렇게 말했다고 가정해보자. '이 성가신 요정(妖精)들을 그들의 선한 의도와 함께 질식시켜버리자.' 그래도 나의 견해는 그가 잘했다는 것이다.

2천5백만 명의 안녕이 수상쩍은 몇몇 개인들에 대한 배려와 같이 취급되어서는 안 된다. 쇄신을 도모하는 자는 넓게 보아야 한다. 그는 자신을 속박하고, 가는 길을 막고, 그가 정한 목적지에 도착하는 것을 방해하는 모든 것을 베어버려야 한다. 그것은 어리석거나 오만하거나 명예를 탐하는 사기꾼들에게 모두 마찬가지며 어쩔 수 없는 일이다. 왜 그들이 거기 있단 말인가? 로베스피에르는 이 모든 것을 알고 있었고, 부분적으로 그 점이 내가 그를 찬양하는 이유이다. 바로 그러한 이유로

막시밀리앙 로베스피에르의 데드마스크 체포되기 전, 권총 자살을 기도했던 흔적이 왼쪽 턱의 흉터로 확인된다.

나는 그를 진정한 재생의 이념을 지닌 천재로 보는 것이다.

　나는 우리의 교의를 뒷받침하기 위해 로베스피에르와 생쥐스트에 대한 기억과 그들의 원칙을 언급하는 것을 결코 현명하지 못하다거나 쓸데없는 것이라고 생각하지 않는다. 먼저 우리는 위대한 진리에 경의를 표할 뿐이다. 그 진리가 없다면 우리는 마땅히 우리의 몫인 보잘것없는 자리에도 미치지 못할 것이다. 이 진리란 *우리는 프랑스 혁명의 두 번째 그라쿠스에 불과하다*(첫 번째 그라쿠스는 로베스피에르라는 뜻이다)는 것이다. 우리가 재생시키는 것은 아무것도 없다. 우리보다 앞서 민중이 도달해야 하는 정의와 행복이라는 동일한 목표를 추구했던 민중의 최초의 관대한 보호자들을 계승할 뿐이라는 것을 밝히는 것은 유익한 일이 아닌가?

　둘째, 로베스피에르를 소생시키는 것은 공화국의 모든 열렬한 애국파를 소생시키고, 그들과 함께 이전에는 오직 그들에게만 귀 기울이고 그들만을 따랐던 민중들을 소생시키는 것이다. 그의 기억 앞에 그가 받아 마땅한 경배를 바치자. 그의 모든 제자들이 다시 일어났고 그들은 곧 승리할 것이다. 로베스피에르주의는 다시 모든 당파들을 때려눕힌다. 로베스피에르주의는 그 당파들 중 어떠한 것과도 닮지 않았다. 그것은 인위적인 것도 한 부분에 한정된 것도 아니다. 로베스피에르주의는 공화국 전역에, 분별과 통찰력을 갖춘 계급 전체에, 그리고 당연히 민중 안에 있다. 그 이유는 간단하다. 로베스피에르주의는 민주주의이기 때문이다. 그리고 이 두 단어는 완전히 같은 것이다. 따라서 로베스피에르주의를 일으켜 세움으로써 여러분은 분명히 민주주의를 일으켜 세우는 것이다.

■ 프랑스 공화국 혁명력

프랑스 혁명정부에서 시행하여 1793년 11월 24일부터 1805년 12월 31일까지 사용된 역법. 공화정 탄생을 선언한 1792년 9월 22일을 공화력 제1년 1월 1일로 정했다. 아래는 공화국 제2년 1월 1일부터 1년간의 혁명력이다.

	혁명력		기간(그레고리력 기준)
1월	방데미에르(Vendémiaire)	포도의 달	1793년 9월 22일~10월 21일
2월	브뤼메르(Brumaire)	안개의 달	10월 22일~11월 20일
3월	프리메르(Frimaire)	서리의 달	11월 21일~12월 21일
4월	니보즈(Nivôse)	눈(雪)의 달	12월 22일~1794년 1월 19일
5월	플루비오즈(Pluviôse)	비의 달	1월 20일~2월 18일
6월	방토즈(Ventôse)	바람의 달	2월 19일~3월 20일
7월	제르미날(Germinal)	씨앗의 달	3월 21일~4월 19일
8월	플로레알(Floréal)	꽃의 달	4월 20일~5월 19일
9월	프레리알(Prairial)	목장의 달	5월 20일~6월 18일
10월	메시도르(Messidor)	수확의 달	6월 19일~7월 18일
11월	테르미도르(Thermidor)	열(熱)의 달	7월 19일~8월 17일
12월	프뤽티도르(Fructidor)	열매의 달	8월 18일~9월 16일

공화정에서 나폴레옹 1세의 제정으로 바뀐 지 1년 뒤인 1806년 1월 1일 날짜로 다시 그레고리력으로 돌아갔다. 모든 단위를 최대한 10진법에 맞춘다는 혁명정부의 이상에 맞추어 시간의 단위를 10진화했다. 1년은 12개월, 각 월은 30일, 1순일은 10일로 하며(즉, 각 월은 3순일로 구성) 1일은 10시간, 1시간은 100분, 1분은 100초로 정했다. 1년 365일에서 30일씩 12개월을 만들면 5일이 남는다. 혁명력에서는 이 남은 5일을 축제일로 만들었으며, 4년마다 한 번씩 삽입되는 윤일은 혁명 축제일로 정했다.

■ 프랑스 혁명사 연표

1786년
8월 20일   재무총감 칼론(Charles-Alexandre de Calonne), 토지세의 창설을 포함한 재정 개혁안 제출.

1787년
2월   루이 16세, 명사회(名士會, 고위 성직자, 귀족, 소수의 부르주아 대표들로 구성된 국왕의 자문회의) 소집. 칼론에 대한 특권층의 원성이 높아짐.
4월 8일   칼론 해임(개혁 실패), 후임에 브리엔(Etienne Charles Lomenie de Brienne).
5월   브리엔, 명사회를 해산.

1788년
* 각지에서 식량 폭동. 파리 고등법원과 정부의 대립이 격화됨.
8월   브리엔 사임, 후임 재무총감에 다시 네케르가 임명됨. 세 신분(성직자, 귀족, 제3신분)의 대표가 한 자리에 모일 삼부회 소집(1789년 5월 1일)이 포고됨.
9월   제3신분 의원 수의 배가(倍加)를 요구하는 운동이 일어남.
11월   명사회 소집. 명사회는 네케르가 제안한 제3신분 대표 수 배가에 반대.
12월   파리 고등법원, 제3신분 의원 수의 배가를 승인. 루이 16세도 승인.

1789년
1월   시에예스의 〈제3신분이란 무엇인가〉 간행.
1월 24일   삼부회의 소집과 선거 규칙이 포고됨.
4월 26일   막시밀리앙 드 로베스피에르, 삼부회의 아르투아 제3신분 대표로 선출.
5월 5일   **삼부회 개회**(베르사유 궁). 다음날부터 자격 심사 방법을 둘러싸고 분규. 머릿수에 따른 표결 방법을 쓸 것인지, 아니면 신분별 표결 방법을 쓸 것인

	지가 문제였다. 첫 번째 방법을 쓸 경우, 제3신분이 유리하고 두 번째 방법은 특권층이 제3신분을 누르게 되어 있었기 때문이다.
6월 17일	귀족과 성직자 등 특권층이 개혁을 무마시킬 것을 우려한 제3신분 대표들이 삼부회 제3신분회의가 곧 '**국민의회**' 임을 선언.
6월 20일	**테니스코트의 선서**. 베르사유 궁전에 있던 회의장 문이 잠겨 못 들어가게 된 제3신분 대표들은 근처에 있는 테니스코트장으로 이동했다. 이들은 여기서 프랑스 성문 헌법이 제정될 때까지는 결코 흩어지지 않을 것을 맹세했다. 로베스피에르도 마흔다섯 번째로 선서.
6월 27일	루이 16세, 제3신분 대표들의 단호한 행동에 굴복하여, 성직자와 귀족들에게 국민의회에 합류할 것을 권고.
7월 9일	귀족과 성직자의 두 신분까지 모두 참여한 '국민의회'가 스스로 '**제헌의회**(헌법제정국민의회)'를 선언.
7월 11일	재무총감 네케르 해임, 후임에 브르퇴이 남작.
7월 12일	7월 들어 왕과 특권층이 삼부회를 뒤엎기 위해 '음모'를 꾸몄다는 소문이 퍼지면서 민중들이 동요하기 시작했다(1789년 **7월의 대공포**). 개혁을 지향했던 네케르가 해임되면서 파리 시민이 폭동을 일으키다.
7월 14일	**바스티유 습격**. 성난 파리 군중이 앵발리드(Invalides, 상이군인회관)를 습격하여 무기와 탄약을 탈취하고 왕의 폭정을 상징하는 바스티유 감옥을 공격하다. 바스티유 습격과 함락은 단순한 폭동이 아니라 혁명의 시작을 알리는 시발점이었다.
7월 15일	파리 시민들, 국민의회 의원인 바이이를 파리 시장으로 선출하다. 새로 만들어진 파리의 국민방위대 사령관으로 귀족 출신으로 개혁 지향적이었던 라파예트를 선출.
7월 16일	네케르 복직. 이 무렵부터 혁명이 지방 도시로 파급.
8월 4일	제헌의회, 봉건제 폐지를 선언.
8월 26일	제헌의회, '인간과 시민의 권리 선언'(**인권선언**)을 채택.
9월	마라, 〈민중의 벗〉 발간. 전국적으로 식량 부족 사태가 심각한 수준에 이름.
10월 5일	루이 16세가 봉건제 폐지 법령과 '인권선언'의 승인을 거부한 데 분노한 파리의 군중이 다시 한 번 일어났다(**10월 5일의 봉기**). 부녀자들을 중심으로 한 군중과 국민방위대가 베르사유로 행진.
10월 6일	국왕 일가, 봉기 군중에 떠밀려 베르사유를 떠나 파리로 입성, 튈르리 궁에 들어감. 제헌의회도 궁정 신하들을 따라 파리로 입성해 헌법 마련을 위한

작업에 착수.

10월　**자코뱅 클럽 창설**. 이 클럽의 전신은 삼부회가 소집된 후 브르타뉴 출신 의원들이 모여 만든 '브르타뉴 클럽'이었다. 이 클럽은 10월 5~6일 봉기 후 '헌법의 벗 협회(Societe des amis de la Constitution)'라는 이름으로 생토노레 가(街)에 있는 자코뱅 수도원에 자리를 잡았다. 이때부터 의원들뿐 아니라 시민들에게도 문호가 개방되었고 이후 협회는 자코뱅 클럽으로 불리게 되었다.

11월 2일　교회 재산을 몰수하여 국유화하는 법령이 포고됨.

12월 14일　몰수된 교회 재산을 담보로 **아시냐** 발행.

1790년

4월　마라와 당통이 주도하여 **코르들리에 클럽**(원래 이름은 '인간과 시민의 권리의 벗' 협회) **창설**.

5월 14일　의회, 교회 재산의 매각을 결정.

6월 21일　교황령 아비뇽이 프랑스로의 복귀를 결정(이후 11월 18일 로베스피에르가 아비뇽의 결정을 환영하는 유명한 연설을 함).

7월 12일　제헌의회, 교회와 성직자들을 국가의 지배 아래 두는 **'성직자(에 관한) 민사 기본법'** 제정.

7월 14일　파리에서 **연맹제** 개최. 바스티유 함락 1주년이 되는 날 열렸으며, 반혁명 세력의 선동에 대항해 '연맹'을 조직하고 제전을 열어 국민이 혁명적 대의에 결속되어 있음을 과시하는 축제였다.

11월 27일　의회, 모든 성직자들에게 성직자 민사 기본법에 대한 충성 서약을 의무화함. 교회 내부에서 선서를 한 성직자(입헌파 또는 선서파)와 선서 거부파 성직자들로 나뉘어 분열이 일어남.

1791년

4월 2일　국민의회의 유명 인사 미라보 사망. 미라보는 왕정을 옹호하는 온건주의자로 의회에서 로베스피에르와 자주 충돌했다.

4월 13일　로마 교황 피우스 6세, 성직자 민사 기본법을 비난.

6월 20일　국왕 일가의 **바렌 탈주 사건**. 프랑스를 탈출하려던 국왕 일가는 21일 바렌에서 체포되어 파리로 송환되었다.

7월 16일　**푀양파 성립**. 푀양파는 튈르리 궁전 근처의 옛 푀양(Feuillants) 수도원에서 모임을 가져 푀양파라는 이름이 붙었다. 앙투안 바르나브, 아드리앵 뒤포르, 알렉상드르 드 라메트가 이끄는 보수적인 의회 의원들이 바렌 탈주 이후 왕의 퇴위를 요구하는 자코뱅 클럽과 결별하면서 만들어졌다.

7월 17일 **샹 드 마르스의 학살**. 왕의 퇴위를 요구하는 시민들이 샹 드 마르스에 모여 시위를 벌였는데, 이때 라파예트가 국민방위대에 발포를 명령해 수많은 사상자를 냈다. 시위를 주도한 코르들리에 클럽이 일시적으로 폐쇄되었다.

8월 27일 **필니츠 선언**. 오스트리아의 레오폴트 2세와 프로이센의 빌헬름이 프랑스 혁명을 저지하고 왕권 수호를 위해 유럽 군주들에게 무력 사용을 촉구하는 내용이었다.

9월 3일 의회, '**1791년 헌법**'을 가결. 프랑스 최초의 헌법인 '1791년 헌법'은 입헌군주제와 국민주권의 원리를 담고 있었다.

9월 12일 아비뇽, 프랑스에 병합.

9월 14일 국왕, 헌법을 성실히 준수할 것을 서약함.

9월 30일 제헌의회 해산.

10월 1일 **입법의회 소집**.

11월 9일 망명 귀족에 대한 법령 성립.

11월 29일 선서 거부파 사제에 대한 법령 성립.

1792년

1월 25일 의회, 국왕에게 필니츠 선언의 취소를 요구하도록 결의.

3월 10일 지롱드파가 푀양파 내각의 총사퇴를 요구.

3월 23일 지롱드파 내각 성립.

4월 20일 입법의회, 오스트리아에 선전포고. 혁명전쟁의 시작.

5월 27일 의회, 선서 거부파 사제의 추방을 결정. 국왕이 거부권을 행사.

6월 8일 의회, 2만 명의 의용병으로 파리 연맹군 결성을 결정.

6월 13일 지롱드파 내각 파면, 푀양파 내각 성립.

6월 20일 파리 민중 시위대, 궁에 들어가 지롱드파 내각 파면에 항의, 실패.

7월 10일 푀양파 내각 사퇴.

7월 11일 의회, "조국이 위기에 처해 있다."라는 선언을 채택. 이 선언을 통해 헌법상 국왕의 거부권 행사의 대상이 될 수 없는 긴급 조치들을 공포할 수 있게 되었다.

7월 25일 대프랑스 동맹군의 프로이센 장군 브라운슈바이크, 루이 16세가 사소한 모욕이라도 당하면 파리를 "군사적으로 징벌하고 완전히 파괴"하겠다고 위협하는 선언을 발표(파리에는 8월 1일에 전해짐).

8월 10일 **'8월 10일 봉기'**. 왕과 귀족이 자신들을 배반했다고 생각한 혁명가와 민중이 튈르리 궁을 습격, 국왕 가족을 감금. 전날 밤부터 파리 각 구의 대표가 시 청사에 모여 '봉기 코뮌'을 결성. 아침, 파리 민중과 연맹군이 튈르리 궁을 공격. 밤, 의회가 국왕의 권한 정지를 선언. 이는 곧 1791년 헌법의 정지를 선언한 것이었다. 보통선거에 의한 국민공회의 소집을 결정.
8월 19일 이미 14일에 공개적으로 반란을 일으킨 라파예트가 자기 병사들에게 위협 당해 파리 진군에 실패하고 국외로 도망. 오스트리아 군의 포로가 됨.
8월 23일 오스트리아 군, 롱위를 점령.
8월 30일 오스트리아 군, 베르됭을 포위.
9월 2일 베르됭 함락.
9월 2~6일 **'9월의 학살'**. 외국 군대의 프랑스 공격에 분노한 파리 민중이 감옥을 습격해 투옥되어 있던 귀족과 선서 거부파 성직자 등 반혁명 용의자 다수를 살해.
9월 20일 **발미 전투**에서 혁명군이 브라운슈바이크의 프로이센 군에 승리. 혁명전쟁의 첫 번째 승리.
9월 20일 **국민공회 소집**.
9월 21일 국민공회, 왕권 폐지를 의결.
9월 25일 지롱드파, 산악파에 대한 공격 개시. 마라에 대해서 독재라고 비난.
10월 10일 지롱드파, 당통을 수뢰 혐의로 비난.
10월 29일 지롱드파, 로베스피에르 독재 비난. 논쟁은 지롱드파의 패배로 끝남.
11월 6일 **제마프 전투** 승리. 혁명군, 벨기에에 진입.
11월 20일 튈르리 궁의 철제 금고에서 국왕과 미라보의 내통, 그리고 국왕과 외국 사절의 내통을 증명하는 서류 발견.
12월 11일 루이 16세의 재판을 개시.
12월 15일 국민공회, 피점령국의 교회, 왕후의 재산 몰수와 징세를 결정.

1793년
1월 14~15일 국민공회, 국왕에 유죄 판결. '민중에의 상소'는 부결됨.
1월 16~17일 국민공회, 국왕의 사형을 결정.
1월 21일 루이 16세 단두대에서 처형.
1월 31일 니스, 프랑스에 병합.
2월 1일 국민공회, 영국과 홀란드에 선전포고.
2월 16일 뒤무리에가 지휘하는 혁명군, 홀란드에 진격.

3월 7일   국민공회, 스페인에 선전포고.
3월 10일 **혁명재판소 창설**.
3월 10일 **방데 반혁명 반란**. 2월에 국민공회가 가결한 30만 명의 징집법 시행과 함께 본격적인 반란이 시작되었다. 4일 숄레에서 폭동이 시작되어 13일에는 방데 지방 전체가 반란 상태에 들어갔다. 농민 지도자인 자크 카텔리노, 가스통 부르디크, 장 니콜라 스토플레 등이 샤를 봉샹, 라 로슈자클랭 같은 왕당파 귀족들과 손을 잡았다. 이로써 혁명정부는 안팎으로 반혁명의 위협에 놓이게 되었다.
3월 18일 네르빈덴 전투. 뒤무리에 군이 오스트리아 군에 패배.
4월 1일   지롱드파, 당통을 고발.
4월 2일   뒤무리에, 국경에서 오스트리아 군 진영으로 도망.
4월 6일   국민공회, 당통과 로베스피에르가 요구해온 공안위원회 창설.
4월 10일 로베스피에르, 지롱드파를 공격.
4월 13일 지롱드파, 마라를 고발함.
4월 24일 혁명재판소, 마라에 무죄 판결.
5월 4일   곡물과 밀가루의 최고가격 결정.
5월 8일   로베스피에르가 귀족, 푀양파, 지롱드파를 공격.
5월 18일 지롱드파, 파리 코뮌의 활동을 고발하고, 조사를 위한 **12인 위원회** 구성.
5월 20일 부유시민에게 10억 리브르의 국채를 강매.
5월 24일 12인 위원회, 코뮌 지도자들을 공격, 에베르를 체포.
5월 26일 로베스피에르, 자코뱅 클럽에서 타락한 지롱드파 의원들에 맞설 민중 봉기를 호소.
5월 29일 파리 33구의 대표, 비밀리에 봉기위원회를 조직.
5월 31일 '**5월 31일~6월 2일의 봉기**' 시작. 파리 민중의 봉기. 무장한 상퀼로트들이 의회가 자리잡은 튈르리 궁으로 침입, 지롱드파 의원 추방, 12인 위원회 해산, 곡물 가격 인하, 군대에서 귀족 추방, 노인과 병자의 구제 등을 요구.
6월 2일   봉기군, 회의장을 포위. 공회는 지롱드파 의원 29명의 체포를 결정. **지롱드파 몰락**.
6월 3일   망명 귀족의 재산 매각법 성립.
6월 24일 국민공회, 공화국 제1년의 헌법(**1793년의 헌법**)을 채택. 1793년 헌법은 입헌공화정과 보통선거 등을 규정하였으며, 국민의 반란권을 인정하는 등 급진적인 내용을 담고 있었다. 이 헌법에 따르면, 프랑스 국민은 프랑스 영토를 침략해 점령한 적국과 어떤 평화협정도 맺지 못하도록 되어 있다. 그러나 1793년 헌법은 혁명의 진행과 공포정치 때문에 평화 시기까지 적용이 보류되었다가 로베스피에르의 실각으로 인해 결국 시행되지 못하고 폐지되었다.

7월   전국적으로 심각한 식량 위기. 아시냐는 명목가의 30%로 가치 하락.
7월 13일 지롱드파 지지자인 샤를로트 코르데가 **마라 암살**.
7월 26일 국민공회, 매점단속법 가결.
7월 27일 로베스피에르, 공안위원회에 가담.
8월   됭케르크와 란다우가 포위됨.
8월 1일 미터법 제정.
8월 9일 반란 도시 리옹에 대한 공격 개시.
8월 23일 국민공회, 국민총동원령을 결의.
9월 5일 파리에서 에베르파와 상퀼로트들이 공회를 향해 시위. 혐의자들의 체포, 특별재판소를 보유하는 국내 혁명군대의 창설, 혁명위원회들의 정화와 그 구성원들에 대한 보상, 식량에 관한 조치들을 요구. 민중의 압력으로 공회는 요구 사항을 법에 반영하기로 동의하고, 이후 며칠 동안 그에 준하는 여러 법령을 공포한다. 이로써 법률적 공포정치가 출현한다.
9월 6~8일 옹드스코트의 전투. 혁명군이 영국 군을 격파하고 됭케르크를 해방.
9월 17일 국민공회, 반혁명 혐의자 단속에 관한 법을 결정.
10월 2일 리옹 진압 완료.
10월 5일 국민공회, 혁명력 채택. 1792년 9월 22일을 공화국의 기원으로 하는 공화국 연호 채택.
10월 10일 국민공회, 생쥐스트의 제안에 따라 "프랑스 임시 정부는 평화가 도래할 때까지 혁명적이다."라고 선언하고 공안위원회에 전시(戰時) 비상 조치권을 부여.
10월 15~16일 와티니의 전투에서 혁명군이 오스트리아 군을 격파.
10월 22일 공안위원회가 국민공회로 하여금 식량위원회를 창설하게 함.
11월 10일 '이성의 제전'(노트르담 사원)
11월 15일 동인도회사 사건.
11월 말 파리의 모든 기독교 교회 폐쇄. 로베스피에르는 예배의 자유를 주장.
12월   산악파 안에서 당통파와 에베르파의 투쟁 개시.
12월 4일 **프리메르 법('혁명 정부에 관한 법령') 성립**. 공안위원회의 권한 강화.
12월 6일 국민공회, 예배의 자유를 승인.

12월 15~19일 혁명군, 툴롱의 반혁명 봉기를 공격. 포병 중위 나폴레옹 보나파르트 참가.

1794년

2월 26일, 3월 3일 공회, **방토즈 법령 가결**. 반혁명 혐의자의 재산 몰수와 무상분배 (실시되지 못하고 테르미도르 9일의 쿠데타 이후 폐기됨).
3월 13일 에베르파 체포 개시.
3월 24일 에베르와 코르들리에 클럽의 주요 지도자들 처형.
3월 30일 당통과 그 일파 체포.
4월 5일 당통파 처형.
5월 7일 국민공회, "최고 존재의 실재와 영혼의 불멸을 인정한다."라고 선언.
5월 22일 로베스피에르 암살 미수.
6월 8일 '최고 존재 축제'(튈르리 궁)
6월 10일 **프레리알 (22일의) 법**. 혁명재판소에서 변호와 증인 심문을 폐지.
6월 중순 이후로 로베스피에르가 활동을 중지.
6월 26일 플뢰뤼스의 전투. 프랑스 군이 프로이센 군에게 승리.
7월 26일 로베스피에르, 국민공회에서 정적을 공격하는 연설을 함.
7월 27일 **테르미도르 9일의 쿠데타**. 국민공회가 로베스피에르, 생쥐스트, 쿠통의 체포를 결의.
7월 28일 로베스피에르와 그 일파 22명의 체포, 처형.
7월 29일 코뮌 대의원 70명 처형.
8월 방토즈 법령 폐기.
9월 18일 정교(政敎) 분리. 성직자 민사 기본법 사실상 폐지.
11월 12일 국민공회, 자코뱅 수도원의 폐쇄를 명령, 자코뱅 클럽 해체.
12월 24일 국민공회, 최고가격제를 폐지. 이후 물가는 급등하고 아시냐 가치 폭락.
12월 27일 프랑스 군, 홀란드 진입.
12월 지롱드파 의원 73명 복권.

1795년

4월 1일 **제르미날 12일의 봉기**. 파리 민중이 1793년 헌법의 실시와 기근에 대한 대책 및 애국파의 석방을 요구하며 국민공회를 점령했으나 부유한 시민들에 의해 진압당함.
4월 5일 바젤 화약(和約). 프로이센과 강화.

5월 16일 헤이그 화약. 홀란드와 강화.
5월 20일 **프레리알 1일의 봉기**. 파리 민중, 다시 1793년 헌법과 식량을 요구하며 공회로 밀고 들어감. 3일간 시가전. 공회가 소집한 방위대에 의해서 진압. 관련된 '마지막 산악파' 6명과 봉기군 수백 명 처형.
5월 31일 혁명재판소 폐지.
6월 24일 루이 16세의 동생 프로방스 백작(후일의 루이 18세)이 국왕 시해파의 처형과 삼부회의 재건 및 구체제의 회복을 약속하는 성명 발표.
7월 22일 스페인과 강화.
8월 22일 국민공회, **공화국 제3년의 헌법**(5명의 총재가 행정권을 지니고 원로원(상원)과 500인 의회(하원)로 이루어진 양원에서 입법권을 갖는다는 내용) 채택.
8월 30일 국민공회, '3분의 2 법령'을 성립시킴. 왕당파의 의회 진출을 막기 위해 새 의석의 3분의 2는 반드시 현 의원이 재선되게 함.
10월 5일 **방데미에르 13일의 반란**. '3분의 2 법'에 반대하는 왕당파가 의회를 습격했으나 격퇴당하다. 이때 공회 수비대 사령관이 나폴레옹이었다.
10월 26일 국민공회 해산. 왕당파 반란군과 망명자, 선서 거부파 성직자를 제외한 모든 수감자에 특사령을 내림. 총재정부 수립.
11월 20일 팡테옹 클럽 창설. 자코뱅 잔존 세력과 바뵈프 등이 주도.

1796년

2월 28일 팡테옹 클럽 폐쇄.
3월 5일 나폴레옹, 이탈리아 원정군 총사령관에 임명되다.
3월 10일 아시냐 폐지.
3월 11일 나폴레옹, 이탈리아 원정.
5월 10일 바뵈프의 **'평등주의자들의 음모'** 발각.
5월 14일 나폴레옹, 밀라노 입성.
6월 4일 나폴레옹, 만토바 포위전을 개시.

1797년

2월 2일 나폴레옹, 만토바를 점령.
2월 19일 나폴레옹과 교황 사이에 트렌치노 조약 가결.
2월~5월 바뵈프 음모파의 재판. 바뵈프 처형.
4월 18일 나폴레옹이 오스트리아 군과 휴전.

4월	선거에서 왕당파 득세.
9월 4일	**프뤽티도르 18일의 쿠데타.** 총재정부와 의회에서 왕당파 제거. 나폴레옹 부대가 쿠데타를 지원했다.
10월 17일	오스트리아의 항복. 캄포포르미오 조약 체결.

1798년

4월	선거에서 새로운 자코뱅파 진출.
5월 11일	**플로레알 22일의 쿠데타.** 총재정부가 4월 선거의 새로운 당선자 106명(자코뱅, 과격파) 추방.
5월 19일	나폴레옹, 이집트 원정.
7월 23일	나폴레옹, 카이로 입성.
8월 1일	아부키르 해전. 프랑스 함대, 넬슨이 이끄는 영국 함대에 궤멸.

1799년

10월 9일	8월에 이집트에서 탈출한 나폴레옹이 귀국하다.
11월 9일	**브뤼메르 18일의 쿠데타.** 파리에서 시에예스가 이끄는 원로원은 원로원과 하원인 500인 의회를 다음날 생클루 궁전에서 동시에 소집하기로 결정했다. 겉으로는 파리에서 벌어지고 있다는 '자코뱅의 음모'로부터 양원(兩院)의 안전을 확보한다는 목적이었지만 실제로는 파리에서 떨어진 장소에서 보나파르트 부대의 위협 아래 양원 회의를 개최하려는 것이었다. 나폴레옹 보나파르트의 전제정치의 서막을 열었으며, 프랑스 혁명의 실질적 종말로 간주되는 사건이다.
11월 10일	의회가 총재정부를 폐지하고 3인의 임시통령에 나폴레옹(제1통령), 시에예스, 피에르 로제 뒤코를 지명하다.

■ 프랑스 혁명의 주요 인물

ㄱ

가스파랭, 토마 오귀스탱 드(Gasparin, Thomas Augustin de, 1754~1793) 장교 출신의 입법의회·국민공회 의원. 국민공회에서는 산악파로서 1793년 6월 공안위원회 위원에 선출되었다. 남부에 파견의원으로 파견되어 툴롱(Toulon) 함락에 기여했으나 얼마 지나지 않아 사망했다.

고르사스, 앙투안 조제프(Gorsas, Antoine Joseph, 1752~1793) 언론인이자 정치가. 1789년 〈베르사유 신문〉을 창간했다.

고벨, 장바티스트(Gobel, Jean-Baptiste, 1727~1794) 입헌파 사제. 1791년 파리 주교에 선출되었으나 '비(非)기독교화 운동'이 벌어지자 성직을 포기했다.

구스만, 앙드레마리아(Guzman, André-Maria, 1753~1794) 스페인의 귀족 출신, 1781년 프랑스에 귀화했다. 자코뱅 클럽에 가입하여 적극적으로 혁명에 참여했고 당통과 가까웠다. 국민공회에서 지롱드파의 몰락을 불러온 1793년 5월 31일~6월 2일 민중봉기에서 중요한 역할을 했지만, '외국인의 음모' 사건에 연루되어 처형되었다.

구종, 장마리 클로드 알렉상드르(Goujon, Jean-Marie Claude Alexandre, 1766~1795) 지방 행정관리의 아들로 태어났으며, 선원 생활을 거쳐 센에우아즈(Seine-et-Oise) 도의 검찰총장이 되었다. 열렬한 산악파였던 그는 테르미도르 쿠데타 이후에도 정치적 견해를 고수하여 1795년 5월 프레리알 민중봉기(프레리알 1일의 봉기. 1793년 헌법의 시행과 식량을 요구하며 파리 민중들이 일으킨 봉기)에 참여하였다. 봉기가 실패한 후 체포되어 사형을 선고받았으나 단두대로 향하던 중 자살하여 이른바 '프레리알의 순교자' 중 한 사람이 되었다.

구필로 드 퐁트네(Goupilleau de Fontenay, 1753~1823) 국민의회와 국민공회 의원으로 1793년과 1794년의 대부분을 서부에서 파견의원으로 활동했다. 총재정부 시기에 500인 의회 의원으로 선출되었다.

귀아데, 마르그리트 엘리(Guadet, Marguerite Élie, 1758~1794) 변호사 출신의 입법의회·국민공회 의원. 지롱드파의 가장 뛰어난 웅변가 중 한 사람이었으며, 국민공회에서 산악파의 정책을 맹렬히 비난하였다. 1793년 5월 31일~6월 2일 민중봉기 후 지방으로 피신하여 노르망디 지방에서 연방주의 반란을 주도하였으나 실패한 후 체포되어 처형당했다.

그라네, 프랑수아 오메(Granet, François Omer, 1758~1821) 국민공회의 산악파 의원 중 한 사람

그레구아르, 앙리(Grégoire, Henri, 1750~1831) 고위 성직자이며, 프랑스 혁명기에 설립된 '입헌교회' 즉 프랑스 국가교회의 옹호자. 가난한 농가에서 태어나 사제의 길로 들어섰으며, 1789년 삼부회의 제1신분 즉 성직자 의원으로 선출되었다. 삼부회에서 제3신분이 스스로 국민의회를 선언했을 때 제3신분과 성직자 신분을 연합하려고 애썼다. 국민의회에서는 흑인 노예제도를 폐지하기 위해 노력했고 1790년 교회를 혁명의회의 지배 아래 두기 위해 제정된 '성직자 민사 기본법'에 충성 서약을 하였다. 1792년 국민공회 의원으로 선출된 뒤 9월 왕정 폐지를 제의하고 11월에는 루이 16세의 재판 회부를 요구하였다. 1794년 7월 테르미도르 쿠데타가 일어나 로베스피에르가 몰락한 후 예배의 자유를 회복하고 국가 교회를 재편성하는 데 앞장섰다.

ㄴ

네케르, 자크(Necker, Jacques, 1732~1804) 혁명 전야의 프랑스 재무총감. 1777년 재무총감에 지명된 후 공채를 발행하여 국가의 재정 위기를 해결하고자 했으며 마지막 남은 농노들을 해방시키고 고문을 폐지하는 등 몇 가지 개혁을 시도했다. 1781년 국가의 수입과 지출 내역, 특히 궁정의 구성원들이 받은 연금의 정확한 내역을 첨부하여 대중에게 폭로하는 보고서를 발행한 뒤 해임되었다. 뒤를 이은 재무총감 브리엔(Loménie de Brienne)과 칼론(Charles-Alexandre de Calonne)의 정책이 실패하고 세제 개혁을 논의하기 위한 삼부회가 1789년 5월로 예정된 상황에서 1788년 8월 다시 재무총감에 지명되었다. 네케르는 특권층의 반대에도 불구하고 삼부회의 제3신분 대표 배가를 결정했지만, 1789년 7월 11일 다시 해임되었다. 그의 해임은 민중들을 자극하여 바스티유 습격의 한 원인이 되었다. 7월 15일 직무에 복귀했지만 국가의 재정적·경제적 위기를 해결하지 못하고 1790년 공직에서 은퇴했다.

ㄷ

다부, 루이니콜라(Davout, Louis-Nicolas, 1770~1823) 나폴레옹의 야전(野戰) 사령관. 귀족 출신이며, 구체제 시기에 최고의 군사 훈련을 받았으나 프랑스 혁명이 일어나자 자신의 부대를 이끌고 혁명을 지지하는 반란을 일으켰다(1790).

프랑스 혁명의 주요 인물 695

1792~1793년 벨기에 원정에서 큰 공을 세웠으며 샤를 뒤무리에 장군의 반역 행위를 막아 이름을 떨쳤다. 준장으로 진급했으나 1793년 7월 프랑스 군에서 귀족들을 몰아내는 법령에 따라 사임해야 했다. 그러나 반(反)귀족주의를 고집하던 자코뱅이 세력을 잃자 다시 군대로 불려갔고 나폴레옹을 따라 이집트 원정에 참여한 뒤 사단장으로 진급했다. 1814년 나폴레옹이 몰락하자 군에서 물러났으나 나폴레옹의 백일천하 때 육군장관이 되어 다시 제정(帝政) 프랑스를 위해 일했다. 워털루 전투에서 패한 뒤 1815년 7월 3일 파리 협약에 서명함으로써 승리한 동맹국들에게 파리를 개방했다.

다비드, 자크루이(David, Jacques-Louis, 1748~1825) 18세기 말 로코코 양식에 대한 반발로 일어난 신고전주의 양식을 대표하는 화가. 혁명 전에 이미 〈호라티우스 형제의 맹세〉와 같은 고전적 주제를 다룬 대작을 통해 널리 이름을 날렸다. 1789년 혁명이 일어나자 로베스피에르가 이끄는 급진적 자코뱅으로서 정치에 열정적으로 참여했다. 1792년에는 국민공회 의원으로 선출되었으며, 루이 16세의 처형에 찬성표를 던졌다. 1793년까지 다비드는 예술위원회 위원으로서 사실상 프랑스 예술의 독재자가 되었고 그 때문에 '붓을 든 로베스피에르'라는 별명을 얻었다. 1794년 로베스피에르가 처형된 뒤 체포되어 몇 개월간 투옥되기도 했다. 1799년 〈사비니 여인들의 중재〉란 대작으로 화려하게 재기한 후 통령정부와 나폴레옹 제정기에 정부 공식 화가로 일했다. 나폴레옹 시대에 그가 남긴 가장 중요한 작품은 1805~1807년에 그린 대작 〈나폴레옹의 대관식〉이다.

당드레, 앙투안 발타자르(d'André, Antoine Balthazar, 1759~1825) 엑스(Aix)의 고등법원 판사 출신. 귀족 대표로 삼부회에 진출했다. 제헌의회 해산 후 매점(買占) 및 망명 귀족과의 공모 혐의를 받자 망명했다.

당통, 조르주 자크(Danton, Georges Jacques, 1759~1794) 왕정을 무너뜨리고 프랑스 제1공화정을 세우는 데 주도적인 역할을 한 혁명가. 공안위원회의 초대 위원장이 되었으나 점차 온건해졌고, 공포정치를 반대해 결국 단두대에서 죽음을 맞았다. 랭스(Reims)에서 법학을 공부한 후, 1787년부터 1791년까지 국왕참사회(Conseil du roi) 변호사로 일했다. 1791년 마라, 에베르 등과 함께 코르들리에 클럽을 결성하고 파리의 자코뱅 클럽에도 가입하여 혁명 운동을 주도하였다. 1791년 12월 파리 코뮌의 검사 대리에 임명되었고, 1792년 8월 10일의 봉기(루이 16세의 권한 정지와 왕정 폐지를 가져온 민중봉기) 후 법무장관에 취임하였다. 그러나 1792년 파리 민중들이 감옥에 수감되어 있는 반혁명 혐의자들을 재판 없이 사형에 처한 '9월 학살'을 묵인하여 이후 지롱드파로부터 공격을 받았다. 대단한 웅변가이면서도 낭비벽이 심하여 항상 독직(瀆職) 소문이 무성하였다. 국민공회에서는 산악파에 속하였으며, 산악파 중에서도 우파인 관용파로서 좌파인 에베르파와 대립하였다. 혁명적 독재와 공포정치의 완화를 요구하고 통제경제에도 반대하여 로베스피에르와 대립하다가, 결국 1794년 4월 로베스피에르에 의해 숙청되어 처형되었다.

당피에르, 오귀스트(Dampierre, August, 1756~1793) 혁명을 지지한 귀족 출신의 장군. 1792년 9월 20일의 발미(Valmy) 전투 승리와 같은 해 11월 제마프(Jemmapes) 전투의 승리에 기여했지만, 발랑시엔에서 치명상을 입고 사망했다.

데물랭, 카미유(Desmoulins, Camille, 1760~1794) 프랑스 혁명기의 가장 영향력 있는 언론인이자 국민공회 의원. 바스티유 함락 직후 〈자유 프랑스(La France Libre)〉, 〈파리 시민에게 드리는 가로등의 담화문(Discours de la lanterne aux Parisiens)〉 등의 소책자를 발간하여 제헌의회의 개혁안을 지지하고 공화주의 이념을 제시했다. 1791년 6월 루이 16세의 바렌 탈주 사건 후에는 국왕 폐위와 공화국 수립 운동을 더욱 강하게 벌여 나갔다. 자코뱅 클럽과 코르들리에 클럽에서 당통과 긴밀한 협력 관계를 맺고 1792년 8월 10일 민중봉기에 참여한 후, 법무장관에 임명된 당통 밑에서 사무국장으로 일했다. 국민공회에서는 산악파로 지롱드과 숙청에 앞장섰으나 곧 당통과 함께 산악파 내의 우파, 즉 관용파의 지도자가 되었다. 데물랭은 자신의 신문 〈비외 코르들리에(Le Vieux Cordelier)〉를 통해 극좌파인 에베르파의 비기독교화 운동을 비난하고 공안위원회의 통제경제 정책과 정치적 폭력 남용을 비난했다. 이로써 그는 로베스피에르와 결렬하게 되었고 1794년 3월 29~30일 밤에 당통 일파와 함께 체포되어 처형되었다.

데스파냑, 마르크 르네(d'Espagnac, Marc René, 1752~1794) 투기꾼 성직자. 1794년 4월 5일에 당통과 함께 처형당했다.

돌리비에, 피에르(Dolivier, Pierre, 1746~1811) 성직자이자 급진적 사회 개혁의 주창자. 삼부회에 성직자 대표로 선출되었으며 1792년 에탕프(Etampes)의 시장 시모노가 곡물 폭동에서 살해된 후 곡물의 자유로운 유통을 비난하여 유명해졌다. 그의 초기 공산주의 사상은 바뵈프에게 영향을 미쳤고 사회주의 사상의 선구가 되었다.

돕상, 클로드 에마뉘엘(Dobsen, Claude Emmanuel, 1743~1811) 파리 민중운동의 지도자이자. 1793년 5월 31일 봉기의 주동자 중 한 사람이었다.

뒤고미에, 자크(Dugomier, Jacques, 1738~1794) 국민공회 의원이자 피레네 오리앙탈 군의 사령관.

뒤마, 르네 프랑수아(Dumas, René François, 1757~1794) 1794년 봄 혁명재판소장에 임명되어 에베르파에 대한 재판을 주도했고, 특히 혁명재판소에서 증인 심문과 변호를 폐지한 프레리알 22일 법이 통과된 후 '대공포(Grande Terreur)' 시기의 재판들을 주도했다. 테르미도르 쿠데타 후 체포되어 처형되었다.

뒤무리에, 샤를프랑수아 뒤 페리에(Dumouriez, Charles-François du Périer, 1739~1823) 군인. 1792~1793년 혁명전쟁 초기에 프랑스 혁명정부에 뜻 깊은 승리를 안겨주었으나, 그 뒤 프랑스를 버리고 오스트리아로 도망쳤다. 1758년 군대에 들어가 7년전쟁(1756~1763) 때 프로이센과 싸워 공을 세웠으며, 1778년 셰르부르 사령관으로 임명되었다. 혁명이 발발한 뒤 1790년 자코뱅 클럽에 가입했고, 1792년 3월에는 외무대신에 임명되었다. 1792년 4월 프랑스가 오스트리아에 선전포고를 한 뒤, 발미 전투에서 프로이센 군을 무찔렀고, 뒤이어 제마프 전투에서 오스트리아 군을 격파하고 벨기에를 정복했다. 1793년 2월 26일에는 네덜란드를 침공했으나 벨기에로 밀려났고, 네르빈덴과 루뱅에서 오스트리아에 패했다. 그 뒤 적과 휴전을 맺은 그는 파리로 진군하여 국민공회를 전복할 계획을 세웠다. 국민공회는 그를 해임하기 위해 위임관들을 파견했으나 뒤무리에는 오히려 이들을 오스트리아의 손에 넘기고 적진으로 달아나버렸다. 뒤무리에는 결국 영국에 정착했는데, 1814년 프랑스에 왕정복고가 이루어진 후에도 루이 18세는 그를 받아들이지 않았다.

뒤부아크랑세, 에드몽 루이 알렉시(Dubois-Crancé, Edmond Louis Alexis, 1746~1814) 제헌의회·국민공회 의원. 국민공회에서는 단일한 국민군 체제를 조직하는 군 통합법 제정에 기여하였고 루이 16세의 처형에 찬성 투표하였다. 1794년 자코뱅 클럽에서 온건파로 비난받고 추방된 뒤 테르미도르 쿠데타에 참여했다.

뒤엠, 피에르조제프(Duhem, Pierre-Joseph, 1758~1807) 릴(Lille)의 의사 출신. 로베스피에르와의 불화 때문에 1793년 12월 자코뱅 클럽에서 추방당했다. 테르미도르 쿠데타 이후에는 좌파적 입장을 고수하여 바디에와 아마르를 변호했다.

뒤포르, 아드리앵(Duport, Adrien, 1759~1798) 치안판사 출신으로 1789년 프랑스 혁명 초기에 입헌군주제 지지자들을 이끌었다. 파리 고등법원에서 명망 있는 판사였으며 삼부회에 귀족 대표로 선출되었다. 6월 25일 46명의 귀족 대표들과 함께 스스로 국민의회를 선포한 제3신분회에 가담했다. 그는 국민의회에서 사법제도 개혁에 중요한 역할을 했다. 그러나 1791년 봄, 그는 가까운 동료인 바르나브, 라메트와 함께 더 이상의 민주적 개혁은 군주제와 사유재산제를 위협할 것이라는 데 의견을 모으고 루이 16세의 비밀 고문이 되어 왕정을 지지하는 '푀양 클럽'을 조직했다. 이후 그는 1792년 8월 10일 봉기로 왕정이 무너지자 영국으로 망명했다. 로베스피에르가 실각한 뒤 프랑스로 돌아왔으나 나폴레옹이 정권을 장악하는 프뤽티도르 18일(1797년 9월 4일)의 군사 쿠데타가 일어나자 다시 스위스로 도주했다.

뒤퐁 드 느무르, 피에르 사뮈엘(Dupont de Nemours, Pierre Samuel, 1739~1817) 중농주의 경제학자. 입헌군주제를 지지했던 그는 1789년 느무르(Nemours) 지방의 제3신분 대표로 삼부회에 진출했다. 뒤퐁은 '테니스코트의 선서'를 앞장서서 추진하였으며, 혁명 초기에 중요한 역할을 수행했다. 급진적 공화주의에 반대하고 1792년 루이 16세를 옹호했으며 공포정치 기간에는 숨어 지내다가 투옥되기도 했다. 1800년 1월 두 아들을 데리고 미국으로 건너간 뒤퐁은 토머스 제퍼슨을 위해 국가 교육 계획을 작성하기도 했다. 그러다 프랑스 화학자 라부아지에의 제자였던 아들 엘뢰테르와 함께 화약 제조 공장을 세워 세계 최대의 화학류 제조업체로 키웠다. 1802년 뒤퐁은 프랑스로 돌아왔지만 나폴레옹의 정책에 비판적이었다. 그는 1814년 탈레랑을 보좌해 부르봉 왕조 임시정부의 사무총장이 되었으며 루이 18세로부터 국정참사관으로 임명되었다. 그 뒤 나폴레옹의 백일천하가 시작되자 뒤퐁은 다시 미국으로 건너가 그곳에서 여생을 마쳤다.

들라크루아, 장프랑수아(Delacroix, Jean-François, 1753~1794) 법률가 출신의 국민공회 의원. 국민공회에서는 산악파, 특히 당통파에 속했다. 1793년 4월에서 7월까지 당통과 함께 공안위원회에서 활동했으며 노르망디에서 파견의원으로 활동하던 중 1794년 1월 소환되어 당통과 함께 처형되었다.

디트리시, 필리프 프레데리크(Dietrich, Pilippe Frédéric, 1748~1793) 1790년 프랑스 북동부 국경 근처의 도시 스트라스부르(Strasbourg)의 시장. 입헌군주제 지지자였던 디트리시는 8월 10일 봉기 이후 스트라스부르 주민들을 선동하려다 실패하고 망명했다가 1793년 귀국하여 처형되었다. 루제 드 릴은 라인 연맹군을 위해 작곡한 〈라 마르세예즈〉를 그의 집에서 처음 불렀다.

ㄹ

라 로슈푸코, 프랑수아(La Rochefoucauld, François, 1747~1827) 교육자·사회개혁가. 그가 리앙쿠르(Liancourt)에 세운 시범 농장은 프랑스 농업 발전에 기여했으며, 가난한 군인들의 자식을 위해 설립한 공예학교는 1788년 루이 16세의 후원을 받는 애국소년학교가 되었다. 귀족계급 대표로 1789년 삼부회에 나간 그는 7월 18일 의회의 의장이 되어 왕당파의 이익을 옹호했다. 노르망디 육군 사단 사령관으로 임명된 그는 루앙(Rouen)에 루이 16세의 피난처를 마련하려 했으나 실패하고, 대신 루이 16세를 돕기 위해 막대한 자금을 제공했다.

1792년 8월 파리의 왕궁이 함락되고 난 뒤 영국으로 도피했다가 미국으로 건너가 1799년에야 프랑스로 돌아왔다.

라 로슈자클랭, 앙리 뒤 베르기에르(La Rochejaquelein, Henri du Vergier, 1772~1794) 1793년 10월부터 방데 반혁명 반란군의 사령관으로 혁명군대에 맞서 싸웠으나 이듬해 전사했다.

라메트, 샤를 드(Lameth, Charles de, 1757~1832) 군인이자 정치가. 미국 독립전쟁(1775~1783)에 참전했으며 아르투아(Artois)의 귀족 대표로 삼부회에 진출했다. 입헌군주제를 지지한 그는 1792년 8월 10일 봉기로 인해 왕정이 붕괴하자 외국으로 망명했다.

라메트, 알렉상드르 드(Lameth, Alexandre de, 1760~1829) 귀족 출신으로 1789년 프랑스 혁명 초기에 입헌군주제를 주장했다. 형제인 샤를, 테오도르와 함께 미국 독립전쟁 때 식민지 편에 서서 싸웠으며, 프랑스로 돌아온 뒤 기병대 대령이 되었다. 1789년 5월 5일 소집된 삼부회에 귀족 대표로 선출되었으나 6월 25일 제3신분회에 가담했다. 국민의회가 '인권선언' 초안을 마련하는 일에 참여했고, 봉건제 폐지와 루이 16세의 절대왕권을 제한하는 조처들을 지지했다. 그해 9월 '삼두파'로 불렸던 라메트, 바르나브, 뒤포르는 귀족계급이 독자적인 의회를 설립하기 위한 법을 제정하려 하자 이를 저지했다. 1791년 봄부터 이들은 비밀리에 왕실의 자문 역할을 했다. 1791년 6월에 루이 16세가 외국으로 탈출하려다 실패하자 이들은 세력을 모으기 위해 자코뱅 클럽을 탈퇴하고 푀양 클럽을 만들었다. 1791년 10월 1일 소집된 입법의회에 진출할 수 없었던 이들은 의회 내의 푀양 클럽 회원들을 조종해 자코뱅 클럽에 맞섰으나 만족스러운 결과를 얻지 못했다. 1792년 4월 오스트리아와 전쟁이 벌어지자 북부군대의 장교로 참전했지만 1792년 8월 10일 프랑스 왕정이 무너진 뒤 라파예트와 함께 외국으로 탈출했다. 3년 남짓 오스트리아에 억류되어 있다가 1796년 함부르크에 자리잡았으며, 나폴레옹이 집권한 뒤에는 프랑스로 돌아가(1800) 주지사로 일했다.

라보 생테티엔, 장폴(Rabaut Saint-Étienne, Jean-Paul, 1743~1793) 개신교 목사 출신의 제헌의회·국민공회 의원. 초기에는 입헌군주제를 지지했으나 국민공회에서는 공화정을 지지했다. 국왕의 재판에서는 '민중에의 상소'를 주장했고 지롱드파의 12인 위원회에 참여했다. 1793년 5월 31일~6월 2일 봉기 후 달아났다가 체포되어 처형당했다.

라부아지에, 앙투안로랑(Lavoisier, Antoine-Laurent 1743~1794) 근대 화학을 창시한 프랑스의 화학자. 1768년 징세청부조합에 들어가 정식 직원이 되었고, 1775년에는 탄약국장으로 임명되어 화약의 생산량을 크게 증대시켰다. 1789년 삼부회가 열리자 후보위원으로 선출되어 위원들의 강령을 초안했고, 파리 코뮌위원으로 활동했다. 푀양 클럽의 가장 적극적인 재정 후원자였던 그는 징세청부인이란 전직 때문에 자주 공격을 받았다. 1787년 기아로 인한 유랑민의 유입을 막기 위해 파리에 장벽을 설치할 것을 제안하자 공격은 더 거세졌다. 1794년 5월 혁명재판소에서 재판을 받았고, 27명의 다른 징세청부인들과 함께 처형되었다.

라수르스, 마르크 다비드 알뱅(Lasource, Marc David Albin, 1763~1793) 입법의회·국민공회 의원. 국민공회에서는 보안위원회와 제1차 공안위원회의 위원이었으나 지롱드파로 기소되어 처형당했다.

라카날, 조제프(Lakanal, Joseph, 1762~1845) 교육자이자 국민공회 의원. 프랑스 혁명기 동안 교육제도를 개혁했다. 대장장이의 아들로 태어난 그는 1789년 혁명이 일어났을 때 교사 생활을 하고 있었다. 1792년 국민공회 위원으로 선출되어 공립교육위원회의 일원으로 국가가 무상 초등교육을 실시해야 한다는 국민교육안을 제출하기도 했다. 이 계획은 채택되지 않았으나, 라카날은 1794년 로베스피에르의 자코뱅 정권이 몰락한 후 교육위원회의 의장이 되었다. 1815년 제2차 왕정복고 이후, 국왕을 살해한 국민공회 의원으로 공표되어 미국으로 피했다가 1834년에 돌아왔다.

라코스트, 엘리(Lacoste, Élie, 1745~1803) 의사 출신의 입법의회·국민공회 의원. 국민공회에서는 산악파로 1793년 11월 보안위원회에서 활동했다. 테르미도르 쿠데타 후 '공포정치가'로 체포되어 투옥되었다가 사면된 후 본래의 직업으로 돌아갔다.

라콩브, 클레르(Lacombe, Claire, 1765~1798?) 배우. 1792년 지방에서 파리로 올라와 혁명에 적극적으로 참여했다. 특히 '혁명적 공화주의 여성시민 협회'를 주도하고 자크 루와 격앙파를 저지했다. 1794년 3월 에베르파 지지자로 체포되었으나 곧 풀려나 다시 배우로 돌아갔다.

라크루아, 세바스티앙(Lacroix, Sébastien, 1768~1794) 변호사. 파리의 구(區)조직을 기반으로 활동한 혁명투사들 중 한 사람.

라크르텔, 장샤를도미니크(Lacretelle, Jean-Charles-Dominique, 1766~1855) 프랑스 혁명을 역사적으로 연구한 역사가이자 문필가. 푀양 클럽의 회원이었으며 신문에 루이 16세의 재판과 죽음을 보도하면서 군주제에 대한 공감을 그대로 드러내기도 하였다. 제1제정(帝政) 때 역사를 저술하기 시작했고, 파리문과대학에서 교편을 잡기도 했다. 그의 책들은 정확한 자료를 바탕으로 쒸어지기는 했지만 역사가로서의 통찰력이 부족하다는 평가를 받고 있다.

라클로, 쇼데를로 드(Laclos, Choderlos de, 1741~1803) 군인이자 작가. 1782년 공병장교 시절 발표한 첫 번째 장편소설 《위험한 관계(Les Liaisons dangereuses)》로 명성을 얻었으며 1788년 오를레앙 공작(필리프 오를레앙)의 비서가 되었다. 초기 자코뱅 클럽 회원이었던 그는 루이 16세의 바렌 탈주 사건 이후 공화주의자가 되었다. 1793년 3월 오를레앙파라는 이유로 체포되기도 했으나 테르미도르 쿠데타 후 풀려나 여생을 군대에서 보냈다.

라파예트, 마리조제프(Lafayette, Marie-Joseph, 1757~1834) 귀족 출신의 장군이자 정치가. 미국 독립전쟁에 참전하여 식민지 편에서 싸웠으며, 이러한 경력 때문에 '신구(新舊) 두 세계의 영웅'이라는 칭호를 얻었다. 1789년 삼부회에 귀족 대표로 참여했고 제3신분회가 삼부회를 국민의회로 전환시키는 과정에서 제3신분이 취한 여러 조치들을 지지했다. 1789년 7월 14일 바스티유 습격이 있고 하루 뒤인 7월 15일에 새로 조직된 파리 국민방위대 사령관으로 선출되었다. 10월 6일 성난 군중이 베르사유 궁전을 습격했을 때는 루이 16세와 왕비 마리 앙투아네트를 구했고 왕의 가족들을 파리까지 호위했다. 그의 인기와 영향력은 이듬해 절정에 이르렀지만 그는 혁명의 급진화로 인한 재산권 침해와 공화정의 등장을 두려워했다. 그는 1791년 7월 17일 군중들이 샹 드 마르스(Champ de Mars)에 모여 왕의 폐위를 요구했을 때, 국민방위대에 발포를 명령하여 50여 명의 사상자를 냈다. 샹 드 마르스의 학살로 그의 인기는 추락했고 8월에 국민방위대 사령관직에서 물러났다. 1791년 12월 메스(Metz) 주둔군 사령관으로 임명된 그는, 1792년 4월 오스트리아와의 전쟁이 시작된 뒤 급진적 혁명 세력을 탄압하고 왕권을 회복하려 했으나 실패했다. 1792년 8월 10일 민중봉기로 왕정이 무너진 후 오스트리아로 도피해 1797년까지 그곳에 포로로 억류되어 있었다. 1799년 나폴레옹 보나파르트가 권력을 잡자 프랑스로 돌아왔다. 루이 18세 때는 하원의원을 지냈으며, 1830년 7월 국민방위대를 지휘하여 샤를 10세를 타도하고 루이 필리프를 왕으로 추대하는 데 큰 역할을 했다.

랑발 부인(princesse de Lamballe, 1749~1792) 마리 앙투아네트의 친한 친구. 프랑스 혁명 때 앙투아네트의 반혁명 음모에 가담한 혐의로 군중들에게 참수당했다. 1767년 랑발 공(公) 루이 알렉상드르 스타니슬라스 드 부르봉과 결혼했으나 이듬해 남편이 죽었다. 1770년 루이 왕세자와 마리 앙투아네트가 결혼한 뒤 베르사유 궁전에서 살았다. 랑발 부인은 왕비의 절친한 친구이자 왕비의 시녀장이었다. 1789년 10월 왕가가 파리로 옮겨온 후, 그녀의 살롱은 마리 앙투아네트가 국민의회 안의 왕당파 동조 세력과 어울려 음모를 꾸미는 장소가 되었다. 랑발 부인은 왕비가 프랑스의 적국인 오스트리아와 은밀히 내통하도록 부추겼을 것이라 의심받았다. 1792년 8월 10일 왕정이 무너지자 왕비와 함께 탕플 감옥에 갇혔다가 8월 19일 라포스 감옥으로 이감되었다. 왕정에 반대한다는 선서를 거부해 9월 3일 성난 군중에게 넘겨져 참수당했다. 군중은 그녀의 머리를 창 끝에 달아서 왕비의 창문 앞에 세웠다.

랑쥐네, 장 드니(Lanjuinais, Jean Denis, 1753～1827) 자코뱅 클럽의 전신인 브르타뉴 클럽의 창설자 중 한 사람. 여러 개혁에 참여했으며 국민공회에서는 지롱드파에 가담했다. 1793년 5월 31일～6월 2일 봉기 후 달아났다가 18개월 후 국민공회에 복귀했다. 총재정부 시기에 원로원 의원으로 선출되었고 나폴레옹 시기에도 정계에 남아 활동했다.

랭데, 장바티스트로베르(Lindet, Jean-Baptiste-Robert, 1743～1825) 변호사 출신의 입법의회·국민공회 의원. 공포정치 시기(1793～1794)의 공안위원회 위원. 프랑스 군대의 보급 체계를 조직했고, 공안위원회가 시행한 통제경제의 대부분을 관장했다. 1793년 5월 31일～6월 2일 봉기에서 지롱드파를 국민공회에서 몰아내는 데 기여했으며, 7월 10일에는 자코뱅이 대부분인 제2대 공안위원회에 재선되었다. 10월에는 군수용 식량과 물자를 징발할 중앙 식량위원회 위원장이 되었고, 위원회는 곧 농산물과 공산품의 생산과 분배를 대부분 통제하게 되었다. 그러나 그는 통제경제의 종결을 기대했고 반혁명 혐의자에 대한 탄압을 비난했으며 파리 민중의 요구에 거의 공감하지 않았다. 공안위원회에서 자주 로베스피에르파와 대립하였으나 테르미도르 쿠데타에는 참여하지 않았다. 1799년 6월 총재정부의 재무장관으로 임명되었으나, 11월 나폴레옹이 권력을 잡자 정계에서 은퇴했다.

레드레르, 피에르 루이(Ræderer, Pierre Louis, 1754～1835) 제헌의회 의원으로 주로 재정 문제에 관여했다. 루이 16세가 처형된 뒤에는 한때 은둔 생활을 하였다. 그 뒤 경제학 교수 등을 지내다가 총재정부 시기와 제정기에 다시 정계에서 활동했다. 왕정복고 시대에는 불우하게 살다가, 7월왕정 시기에는 상원의원을 지냈다.

레스코플뢰리오, 장 바티스트 에드몽(Lescot-Fleuriot, Jean Baptiste Edmond, 1761～1794) 브뤼셀 출신. 혁명기 파리의 시장. 화가 자크루이 다비드의 주선으로 로베스피에르와 친분을 맺은 뒤 1793년 혁명재판소의 검사 대리에 지명되었다. 1794년 5월 공안위원회에 의해 파리시장에 지명되어 '국민의 대리인' 파양과 함께 로베스피에르파 코뮌을 주도했다. 테르미도르 쿠데타 직후 로베스피에르를 구하려 반란을 시도하였으나 실패하고 체포되어 처형당했다.

레오폴트 2세(Leopold Ⅱ, 1747～1792) 1790년 형 요제프 2세의 뒤를 이어 신성로마제국 황제이자 헝가리 왕 겸 오스트리아 대공이 되었다. 유능한 계몽군주로 평가받는다. 프랑스 혁명에 대해 처음엔 신중한 태도를 취했으나, 1791년 루이 16세의 바렌 탈주 사건 후 프로이센과 함께 루이 16세의 지위 회복을 요구하는 필니츠 선언을 발표했다. 그러나 프랑스가 프로이센에 선전포고를 하기 2개월 전에 사망했다.

로베르, 프랑수아(Robert, François, 1762~1826) 변호사이자 곡물·잡화 상인. 혁명 초기에 아내인 드 케랄리오와 함께 신문 〈메르퀴르 나시오날〉을 발간하여 공화주의 확산에 앞장섰다.

로베스피에르, 오귀스탱(Robespierre, Augustin, 1767~1794) 막시밀리앙 로베스피에르의 동생이자 국민공회 의원. 테르미도르 쿠데타 때 형과 함께 처형당하였다.

로샹보, 장바티스트(Rochambeau, 1725 ~1807) 군인. 1781년 프랑스 군을 이끌고 미국 독립전쟁에 참가해 영국 군을 물리치도록 도움으로써 미국의 독립을 지원했다. 프랑스에 돌아온 뒤 알자스 지방의 사령관이 되었으며, 프랑스 혁명 때는 북부 군대를 지휘했다. 1791년에는 프랑스의 육군 원수가 되었으나, 공포정치 시기에 체포되었다.

로시뇰, 장앙투안(Rossignol, Jean-Antoine, 1759~1802) 파리 상퀼로트 출신의 장군. 1789년 7월 14일 바스티유 함락과 1792년 8월 10일 봉기에서 중요한 역할을 하였다. 1793년 장군으로 임명되어 롱상과 함께 방데 반란 진압을 위해 파견되었고 이어 라 로셀 연안 군대 사령관에 임명되었다. 테르미도르 쿠데타 후 체포되었다가 사면된 후 바뵈프의 '평등주의자들의 음모'에 연루되어 다시 투옥되었다. 1800년 나폴레옹을 위해하려던 '생니케즈 가(街) 폭탄 투척 사건'에 연루되어 유형에 처해졌다.

롤랑, 마농(Roland, Manon, 1754~ 1793) 입법의회 시기의 내무대신이자 국민공회의 지롱드파 의원이었던 장마리 롤랑의 부인. 자신의 살롱을 통해 정치적 영향력을 행사했다.

롤랑, 장마리(Roland, Jean-Marie, 1734 ~1793) 구체제 시기 관리 출신의 국민공회 의원. 리옹 코뮌 의회 의원으로 정치 생활을 시작했고 이 도시에서 자코뱅 클럽을 창설했다. 1791년 파리로 와 브리소를 포함한 지롱드파 정치인들과 교분을 맺었다. 1792년 3월 23일 지롱드파 내각의 내무대신으로 임명되었다. 롤랑은 행정가로서 뛰어난 능력을 보여주었는데, 루이 16세가 파리 교외에 연맹군의 야영지를 설치하는 포고령 승인을 거부하자 왕과 충돌하게 되었다. 1792년 6월 10일 롤랑은 아내가 쓴 항의문을 왕에게 보내어 거부권을 철회하라고 요구했다. 루이 16세는 6월 13일 롤랑을 비롯한 지롱드파 각료들을 대부분 해임함으로써 이에 맞섰다. 그러나 1792년 8월 10일 봉기로 왕정이 무너진 뒤, 그는 다시 내무장관에 임명되었다. 1792년 '9월 학살'을 비난하고 국왕의 처형에 반대한 뒤 인기를 잃고 1793년 1월 22일 사임했다. 1793년 5월 31일~6월 2일 봉기 후 파리를 탈출했지만 아내가 처형되었다는 이 소식을 듣고 자살했다.

롱상, 샤를(Ronsin, Charles, 1751~ 1794) 에베르파 장군. 1793년 여름 서부 반란군을 격퇴하는 데 공을 세우고 10월 방데 군 사령관에 지명되었다. 1794년 3월 에베르와 함께 체포되어 처형되었다.

루, 자크(Roux, Jacques, 1752~1794) 성직자 출신의 혁명가. 혁명기 급진적 민주주의자들인 '격앙파(Enrages)의 지도자였다. 1789년 혁명이 일어났을 때, 파리 교구의 부주교였던 그는 곧 파리의 상퀼로트에게 민주주의의 이상을 설교하기 시작했다. 1791년에는 파리 코뮌 위원으로 선출되었다. 프랑스가 1792년 4월 오스트리아와 전쟁을 시작한 후 나라의 경제 사정이 급속히 악화되자, 매점매석자들을 사형에 처하라고 주장했다. 1793년 2월 파리에서 일어난 식량 폭동과 1793년 5월 31일~6월 2일 봉기에서 주도적인 역할을 했다. 1793년 6월 24일 루는 국민공회가 매점매석자들과 전쟁 모리배들의 활동을 근절하지 못했다고 맹렬히 비난했다. 한편, 그는 7월 28일 로베스피에르로부터 외국 첩자이며 반혁명분자라는 비난을 받았다. 이 사건을 계기로 루는 파리 코뮌과 코르들리에 클럽에서 추방되었고 9월 5일 체포되어 6개월 뒤 감옥에서 자살했다.

루베, 장바티스트(Louvet Jan-Baptiste, 1760~1797) 혁명기의 언론인이자 국민공회 의원. 1789년 혁명이 시작된 후 신문 〈파수꾼(Sentinelle)〉을 발행하여 지롱드파를 지지했다. 롤랑의 후원을 받아 국민공회 의원으로 선출되었으며 의회에서 로베스피에르를 비난하는 연설을 하기도 했다. 1793년 6월 지롱드파의 몰락 후 지방으로 피신했다가 1795년 3월 국민공회에 복귀했다. 총재정부 시기 500인 의회에 선출되었으며 계속해서 공화주의를 지지했다.

루셰, 루이(Louchet, Louis, 1755~1813) 콜레주 교사 출신의 국민공회 의원. 로베스피에르의 체포법령을 요구했지만 테르미도르 이후 공포정치를 옹호했다.

루제 드 릴, 클로드조제프(Rouget de Lisle, Claude-Joseph, 1760~1836) 프랑스 국가 〈라 마르세예즈(La Marseillaise)〉의 작곡·작사자. 하급 장교이자 온건한 공화주의자에 지나지 않았던 그는 이 곡 외에는 이렇다 할 곡을 작곡하지 않았다. 〈라 마르세예즈〉는 1792년 스트라스부르에 부임하면서 동료들을 위해 작곡한 곡으로 원래의 제목은 〈라인 군을 위한 전투가(Chant de guerre de l'armée du Rhin)〉였지만 마르세유 연맹군이 파리로 행진하면서 이 노래를 부른 뒤 현재의 이름으로 불리게 되었다(1795년 프랑스 국가로 제정).

루스탈로, 엘리제(Loustalot, Élisée, 1762~1790) 보르도 고등법원의 변호사 출신이며, 혁명기 여론 형성에 큰 영향을 끼친 급진적인 언론인이다. 혁명에 적극적으로 참여하기 위해 파리로 왔다. 카미유 데물랭의 친구였으며, 혁명 초의 주요 애국파 신문 중 하나인 〈파리의 혁명〉을 발간하였다.

루이 16세(Louis ⅩⅥ, 1754~1793, 재위 1774~1792) 루이 15세의 손자로 구체제 시기 마지막 왕. 미국 독립전쟁에서 미국을 지원하여 성공을 거두었으나 국내에서는 재정 위기를 해결하지 못했다. 여러 차례 개혁을 시도했으나 우유부단한 성격으로 성공을 거두지 못하고 왕비인 마리 앙투아네트와 대신들 사이에서 동요했다. 1789년 10월 5~6일 봉기 직후 민중들의 압력에 의해 파리 베르사유 궁으로 끌려온 뒤 실질적으로 파리에 갇힌 포로나 다름없었고 마지못해 국민의회의 개혁들을 재가했다. 1791년 바렌 탈주 사건으로 권위에 결정적인 타격을 입고 1792년 8월 10일 봉기를 계기로 폐위되었다. 그 해 겨울 국민공회에서 재판을 받고 이듬해 1월 21일 처형되었다.

루이 필리프(Louis-Philippe, 1773~1850) 오를레앙 가(家) 출신이다. '평등공(平等公)' 필리프 오를레앙의 아들이며, 아버지와 마찬가지로 왕권을 비판하여 16살 때 혁명에 가담, 1792년 북부군의 장교가 되었다. 발미 전투에 참가하고(1792), 네덜란드의 네르빈덴 전투에서 패배한(1793) 후, 그를 옹립하여 왕정을 회복하려는 뒤무리에 장군의 음모에 가담하였으나 실패하고, 오스트리아로 망명하였다. 그 뒤 약 20년간 북독일·스칸디나비아·미국·시칠리아 등지를 떠돌아다녔다. 1814년 왕정복고와 함께 프랑스로 돌아와 자유주의자들과의 결속을 꾀하였다. 라파예트 후작 등의 추대로, '7월 혁명'과 더불어 왕위에 올랐다. '프랑스 국민의 왕'으로서 1848년 2월 혁명 때까지 군림하였다. 그가 통치한 18년간은 프랑스 시민사회의 융성기에 해당하며, 산업혁명이 시작되어 은행가·대기업가·대지주의 계급 지배가 강화되었다. 그러나 잇따른 경제 불황의 여파로 프롤레타리아의 저항이 치열해지자 정부는 이것을 탄압하였고, 외교의 실패로 결국 2월 혁명이 일어났다. 그는 손자인 파리 백작에게 양위했으나 왕정은 폐지되고, 1848년 영국으로 망명하여 만년을 보냈다

뤼앙, 피에르 샤를(Ruamps, Pierre Charles, 1750~1808) 마라의 친구였으나, 사업가 출신이었던 그는 국민공회 내에서 관용파가 되었다.

륄, 필리프 자크(Ruhl, Philippe Jacques, 1737~1795) 개신교 목사 출신의 입법의회·국민공회 의원. 국민공회에서는 확고한 산악파로 동부전선에서 파견의원으로 활동하였으며 공안위원회에 참여하기도 했다. 테르미도르 쿠데타 이후 정계에서 은퇴하였으나 1795년 5월 프레리알 민중봉기에 연루되어 사형을 선고받고 단두대로 향하던 중 자살했다.

르바, 필리프(Le Bas, Philippe, 1765~1794) 법률가 출신의 국민공회 의원. 1793년 9월 보안위원에 지명된 후 그해 말과 이듬해 초 북부와 동부에서 생쥐스트와 함께 파견의원으로 활동했다. 로베스피에르가 머물던 하숙집 주인의 딸 엘리자베트 뒤플레와 결혼하였고, 로베스피에르와 친분이 두터웠다. 테르미도르 쿠데타 직후 체포되어 자살했다.

르브룅, 샤를프랑수아(Lebrun, Charles-François, 1739~1824) 변호사 출신의

정치가. 1789년 삼부회가 열렸을 때 제3신분회 대표로 뽑혔다. 온건 자유주의자였으며, 혁명이 일어난 뒤 자코뱅 급진파에 의해 투옥당했으나 공포정치의 막을 내린 테르미도르 9일 쿠데타로 풀려났다. 총재정부 때 입법기관이었던 원로원에서 센에우아즈(Seine-et-Oise) 주를 대표했다. 나폴레옹은 브뤼메르 18일(1799년 11월 9일)에 쿠데타를 일으킨 뒤 르브룅의 왕당파적 입장이 보수파를 만족시킬 것을 고려해 그를 제3통령에 앉혔다. 나폴레옹 제정기에 재무장관이 되었다가 1811~1813년 네덜란드 총독을 지냈다.

르샤플리에, 장(Le Chapelier, Jean, 1754~1794) 변호사 출신의 혁명가. 1789년 렌(Rennes)의 제3신분 대표로 선출되어 삼부회에 참석했다. 자코뱅 클럽의 모태가 되었던 브르타뉴 클럽을 베르사유에서 결성했고, 1789년 8월 국민의회 의장이 되었다. 그러나 1791년 루이 16세가 바렌으로 탈출한 뒤에는 온건 개혁파와 손을 잡았다. 1791년 6월 14일 노동자 단체와 고용주 단체 모두를 불법으로 규정한 르샤플리에 법을 국민의회에 제출했다. 이 법은 1884년까지 시행되었으나, 노동자들이 고용주들보다 활동의 비밀을 유지하기가 어려웠으므로 실질적으로는 노동자들에게만 영향을 미쳤다. 자코뱅 클럽에 등을 돌린 그는 투표권을 유산자에게 한정시켜야 한다고 주장하는 푀양 클럽(입헌군주파)에 합류했다. 1794년 영국을 방문하고 돌아온 후 공포정치 시기에 체포되어 처형당했다.

르장드르, 루이(Legendre, Louis, 1752~1797) 파리의 정육업자 출신의 민중운동 투사이자 국민공회 의원. 1789년 7월 14일 바스티유 함락과, 국왕 일가를 베르사유로 옮기게 한 10월 5~6일 봉기에서 중요한 역할을 담당했다. 국민공회에서는 산악파로서 당통과 긴밀한 관계에 있었다. 테르미도르 봉기 후에는 보수화되어, 민중들이 1793년 헌법의 실시와 기근에 대한 대책 등을 요구하여 일으킨 제르미날 12일(1795년 4월 1일)의 봉기와 프레리알 1일(1795년 5월 20일)의 봉기를 탄압하는 데 기여했다.

르쿠앵트르, 로랑(Lecointre, Laurent, 1742~1805) 직물상인 출신의 입법의회·국민공회 의원. 테르미도르 쿠데타에 참여한 후 '공포정치가'들을 고발했다.

르클레르, 장테오필빅투아르(Leclerc, Jean-Théophile-Victoire, 1771~?) 프랑스 중부의 부유한 제3신분 가정 출신. 프랑스 식민지인 서인도제도의 마르티니크와 리옹에서 혁명 활동에 참여했다. 1793년 5월 31일~6월 2일 봉기에 참여하였고 마라가 암살된 후 그의 뒤를 이어 〈민중의 벗(L'Ami du Peuple)〉을 발행했다. 1793년 9월 극좌파의 입장에서 혁명정부를 비난하여 체포되었고 1794년 11월 다시 한 번 체포되어 수감 생활을 한 이후로는 행적이 알려져 있지 않다.

◘

마라, 장 폴(Marat, Jean Paul, 1743~1793) 의사, 언론인이자 국민공회 의원. 1770년대 영국 런던에서 유명한 의사가 되었으며 과학과 철학을 주제로 한 여러 권의 책을 출판했다. 프랑스로 돌아온 뒤 1774년 《노예 제도의 사슬》을 저술하여 절대주의 정치 구조를 비판하였다. 1780년 《형법제정 시안(Plan de législation criminelle)》을 출판했으나 이 책은 체제를 전복하기 위한 것으로 여겨져 곧바로 프랑스 당국의 탄압을 받았다.

1789년 9월 그는 〈민중의 벗(L'Ami du Peuple)〉이라는 신문을 발간하면서 가장 급진적이고 민주적인 정책의 대변자로 떠올랐다. 그는 귀족층이 혁명을 파괴하려는 음모를 꾸미고 있다고 주장하면서 그들에 대해 미리 손을 써야 한다고 강력히 촉구했다. 1790~1791년에 마라는 점차로 왕정은 철폐되어야 한다는 견해를 갖게 되었으나 1792년 9월 공화정 수립 전까지 그런 생각을 공공연하게 이야기하지는 않았다. 1792년 9월부터 시작된 국민공회에 대표로 참가하면서 누진소득세, 국가 후원 노동자 직업 훈련, 군 복무 기간 단축과 같은 개혁 조처들을 옹호했다. 그는 오스트리아에 대한 선전포고에 반대했으나 막상 1792년 4월 전쟁이 시작되고 프랑스가 침략당할 위험에 빠지자 비상사태를 이끌어나갈 임시 독재 체제를 주장했다.

마라는 실내 집회에서나 거리 시위에서나 파리 민중들의 적극적인 지지를 받았으며 곧 국민공회에서 유력한 인물이 되었다. 1793년 초 보수 지롱드파의 공격을 받은 뒤에는 산악파, 즉 급진파의 상징으로 떠올랐다. 4월에 지롱드파는 그를 혁명재판소로 넘겨 심문받도록 했다. 그러나 그는 정치적 혐의를 벗고 무죄 판결을 받음으로써 생애 최고의 세력을 얻었고 그로부터 지롱드파는 몰락하기 시작했다.

7월 13일 노르망디 출신의 지롱드파 지지자인 젊은 여성 샤를로트 코르데가 마라의 보호를 받고 싶다는 구실을 대고 마라의 방에 들어가도 좋다는 허락을 받아, 욕조 속에 있던 그를 칼로 찔러 죽였다. 산악파가 반대파를 누르고 득세하던 바로 그 순간에 마라는 극적인 죽음을 당함으로써 민중의 대의(大義)를 위한 순교자로 평가받았다. 프랑스인들은 프랑스의 21개 소도시에 그의 이름을 붙였으며, 나중에 소련에서도 프랑스 혁명과 러시아 혁명의 연속성을 상징적으로 나타내기 위해 소련 해군 최초의 전함에 그의 이름을 붙였다.

마레샬, 피에르실뱅(Maréchal, Pierre-Sylvain, 1750~1803) 시인이자 공법학자. 그가 〈저명인사 책력(Almanach des honnêtes gens)〉(1788)에서 제안한 세속 달력은 그 후 1793년에 채택된 프랑스 혁명 달력의 토대가 되었다.

마르소, 프랑수아세브랭(Marceau, François-Séverin, 1769~1796) 군인.

프랑스 혁명 초기에 젊은 영웅으로 이름을 날렸다. 법률가의 아들로 태어났으며 1785년 사부아카리냥 보병연대에 들어가 1789년 파리 바스티유 감옥 습격에 참가했다. 샤르트르 의용군 중령으로 뽑혀 1792년 여름 베르됭 수비대에 배치되었으나, 9월 2일 프로이센 군에게 항복한 뒤 의용군이 지리멸렬해지자 군대를 떠났다. 그러나 1793년 5월 방데 지방의 반혁명군과 맞서 싸울 때 기병대장직을 맡았고 1개월 뒤 소뮈르 전투에서 다시 공을 세워 국민공회에서 표창장을 받고 승진했다. 1793년 10월 16일 숄레 전투 때 장군이 되었으며 임시 총사령관을 지내기도 했다(1793년 11월 27일). 방데 반란을 진압할 때 마르소는 영웅적으로 용감히 싸웠고 클레베르 장군의 노련한 솜씨에 힘입어 12월 방데의 반란군에 결정적인 승리를 거두었다. 1794년 2월에 국민공회의 환영을 받으며 돌아온 뒤 아르덴 사단을 맡아 오스트리아 군과 싸웠다. 한때 망명 왕당파들의 중심지였던 코블렌츠를 점령하여(1794년 10월) 파리 시민들을 열광시켰다. 1795년 클레베르 장군과 함께 라인 강을 사이에 두고 마인츠를 마주보는 강 서쪽에서 1만 7,000명을 이끌고 신중함과 뛰어난 계략을 발휘해 취약지구를 잘 지켜냈다. 1796년 주르당이 거느린 주력군이 퇴각하자 그의 부대는 가장 중요한 후방 수비를 맡게 되었다. 란 강에 있는 알텐키르헨에서 전투 중 저격병이 쏜 총에 맞아 사망했다.

마리 앙투아네트(Marie-Antoinette, 1755~1793) 루이 16세의 왕비. 오스트리아 황제이자 보헤미아와 헝가리의 여왕인 마리아 테레지아의 딸이었다. 1770년 미래의 루이 16세가 될 프랑스 왕세자와 결혼하였으나 곧 경박하고 경솔한 언행, 스웨덴 귀족 페르젠과의 연애설, 낭비벽 등으로 인기를 잃었다. 계몽사상과 대신들이 제안하는 개혁을 지지하지 않았던 그녀는 국왕에게 점점 더 강한 영향을 미쳐 왕정과 혁명 사이에 타협을 불가능하게 만들었다. 입헌군주제조차 용인할 수 없었던 그녀는 왕정을 구하기 위해 외국의 개입에 의지하는 쪽을 택했다. 1792년 8월 10일 봉기 후 탕플과 콩시에르주리 감옥에 수감되었다가 혁명재판소에서 재판을 받고 1793년 10월 16일 처형되었다.

말루에, 피에르 빅토르(Malouet, Pierre Victor, 1740~1814) 프랑스 식민지였던 생도맹그와 기아나의 관리 출신으로 삼부회에 진출하여 식민지 백인들의 이익을 옹호하였다. 제헌의회 내 왕당파의 대표적 인물로 혁명이 급진화되자 1792년 망명했다.

메를랭 드 두에(Merlin de Douai, 1754~1838) 본명은 필립앙투안 메를랭(Philippe-Antoine Merlin). 두에 지방의 변호사 출신의 제헌의회·국민공회 의원. 제헌의회에서는 봉건제 위원회에 참여하여 봉건제 폐지에 기여했다. 국민공회에서는 여러 차례 지방에 파견되었고, 테르미도르 쿠데타 이후 공안위원회에 참여하였고, 자코뱅 클럽을 폐쇄하고 파리 코뮌을 무력화했다. 총재정부 시기에 법무장관과 경찰장관을 역임했고 나폴레옹 시기에도 계속 관직에 남아 있었다.

메를랭 드 티옹빌(Merlin de Thionville, 1762~1833) 본명은 앙투안크리스토프 메를랭(Antoine-Christophe Merlin)이며, 메를랭 드 티옹빌은 그의 별칭이다. 변호사 출신의 입법의회·국민공회 의원. 입법의회에서는 의회가 망명 귀족의 재산을 몰수해야 하며 그 가족들을 볼모로 삼아야 한다고 주장했다. 그는 또한 입법의회 의원이면서 당시 파리에서 가장 급진적인 정치 클럽이었던 코르들리에 클럽에 가담했던 세 사람 가운데 한 사람이었다. 1792년 9월 국민공회 의원으로 선출되었고 12월 파견의원으로 마인츠에 파견되었다.

혁명전쟁이 일어난 뒤 메를랭은 오스트리아-프로이센 동맹군의 마인츠 포위 공격에 맞서 대단한 용맹을 떨쳤고, 수비대가 1793년 7월 패한 뒤에는 방데 반란에 대항해 싸웠다. 그러나 자코뱅 클럽이 주도하던 공안위원회는 그가 마인츠에서 적들과 공모했다고 의심해 11월 파리로 그를 소환했다. 그 결과 메를랭은 로베스피에르를 몰락시킨 테르미도르 쿠데타에 합류하게 되었다. 1795~1798년 총재정부의 500인회 의원을 지냈고, 1798년에는 우편담당 행정관이 되었다. 나폴레옹 체제(1799~1815)에서는 어떤 공직도 맡지 않아 1815년 루이 18세의 왕정복고 뒤에 추방을 면했다

모모로, 앙투안 프랑수아(Momoro, Antoine François, 1756~1794) 파리의 서적상, 인쇄업자. 코르들리에 클럽 회원으로 농지법과 재산의 평등을 주장했다.

몽주, 가스파르(Monge, Gaspard, 1746~1818) 수학자. 화법기하학(畵法幾何學)을 창안했고, 해석기하학(解析幾何學) 발전에 선구적 역할을 했다. 두 기하학은 그 뒤 사영기하학(射影幾何學)의 일부가 되었다. 1783~1789년 해군 사관생도의 시험관이었고, 1791년 미터법을 설정한 도량형위원회에서 일했다. 1792~1793년 해군 및 식민지 장관이었고, 후일 황제가 된 젊은 포병장교 나폴레옹과 만날 기회를 가졌다. 1795년 국립 프랑스 학술원(Institut National de France) 설립에 참가했다. 프랑스 혁명기간 동안 직위가 위험한 때도 있었으나 여전히 영향력이 있었다. 그는 프랑스 혁명기에 미터법 체계의 수립과 종합기술학교인 에콜 폴리테크니크(École Polytechnique)의 설립을 도운 주요 인물이었다. 1808년 나폴레옹 1세로부터 백작 작위를 받았다.

무니에, 장조제프(Mounier, Jean-Joseph, 1758~1806) 그르노블 시 사법관 출신의 삼부회 의원으로 '테니스코트의 선서'를 발의했다. 의회의 결정에 대한 군주의 절대적 거부권을 주장하여 애국파와 결별하고 1790년 스위스로 망명했다.

미라보, 오노레가브리엘 리케티(Mirabeau, Honoré-Gabriel Riqueti, 1749~1791) 정치가. 프랑스 혁명 초기에 프랑스를 이끌었던 제헌의회의 가장 중요한 인물 중 한 명으로 꼽힌다. 입헌군주정을 옹호한 온건주의자였으며, 프랑스 혁명이 가장 급진적인 시점에 이르기 전에 죽었다. 경제학자인 미라보 후작 빅토르 리케티의 맏아들로 태어났다. 18세에 군에 입대하였으나 방탕과 낭비벽이 심했던 탓으로 뱅센 감옥에 수감되기도 하였다. 감옥에서 나온 뒤에는 아내와 아버지에게 버림받고 자신이 속해 있던 귀족 사회를 떠나야 했다. 그 뒤 몇 년 동안 미라보는 모험으로 가득찬 삶을 살았다. 때로는 소책자 제작자로 고용되었고 때로는 비밀 첩자로 활동했다.

1789년 5월, 삼부회가 소집되었을 때 미라보는 프로방스의 귀족 대의원으로 선출되기를 원했으나 영지가 없어 제3신분 의원으로 출마해 엑상프로방스 의원으로 당선되었다. 그는 자신을 전제주의의 적이라 주장했지만 사실은 왕정과 행정권을 강력히 지지했다. 삼부회가 소집된 후, 1789년 6월 23일 궁정이 제3신분회를 해산시키려 하자 열변을 토하여 위기를 극복하였다. 그 후 라파예트와 함께 혁명 초기의 거물이 되었고, 파리 시민의 인기를 한 몸에 받았다. 10월에 파리 시민들이 베르사유로 행진해 국왕 루이 16세를 파리로 데려올 때 모호한 태도를 보인 그는 왕실과 내통해 음모를 꾸미고 있을지도 모른다는 의심을 샀다.

1791년 그가 병으로 죽고 난 뒤에 1792년 8월 10일 봉기 때 튈르리 궁 철제 금고에서 미라보와 왕실의 은밀한 관계를 밝혀주는 문서들이 발견되었고, 1794년 9월 21일 국민공회의 명령에 따라 그의 유해는 팡테옹에서 다른 곳으로 옮겨졌다.

ㅂ

바디에, 마르크 기욤(Vadier, Marc Guillaume, 1736~1828) 삼부회 대표, 국민공회 의원. 급진 좌파적 시각에서 로베스피에르에 반대하여 테르미도르 쿠데타에 참여했으나 곧 우파의 공격을 받았다. 1795년 제르미날 12일의 민중 봉기가 실패한 후 체포되어 유형을 선고받았지만 도주했다가 1796년에는 바뵈프의 '평등주의자들의 음모'에 연루되어 체포되었다.

바라스, 폴프랑수아장니콜라(Barras, Paul-François-Jean-Nicolas, 1755~1829) 귀족이며, 1776~1783년에 인도에서 복무한 군인 출신의 정치가. 혁명이 일어나자 자코뱅 클럽에 가입했으며 1792년 국민공회 의원으로 선출되었다. 1794년 공포정치 기간에는 특정 정파와 연합하기를 거부했으나 테르미도르 9일 쿠데타에서 로베스피에르를 타도하는 데 앞장섰으며, 이후 경찰총장 겸 국내군 사령관이 되었다. 1794년 여름부터 1795년 가을까지 국민공회와 공안위원회의

많은 고위직을 두루 거친 후 1795년 10월 5일에 국내군 장군으로 재임명되어 나폴레옹과 함께 왕당파의 반란 음모에 맞서 혁명체제를 지켜냈고 총재정부를 세웠다. 선거를 교묘하게 조작하여 새로운 5인의 총재 중 한 사람으로 뽑혔으며 그중 가장 인기를 얻었다. 의회 내의 왕당파를 몰아낸 프뤽티도르 18일(1797년 9월 4일) 쿠데타로 권력의 정상에 올랐으나, 1799년 나폴레옹이 일으킨 브뤼메르 18일의 쿠데타로 권좌에서 물러났다.

바레르, 베르트랑(Barère, Bertrand, 1755~1841) 변호사 출신의 제헌의회·국민공회 의원. 제헌의회에서는 온건한 입헌군주제 지지자였으나 국민공회에서는 산악파에 합류했다. 국민공회 의장으로서 루이 16세의 재판을 주도했으며 '민중에의 상소'나 집행유예 없는 처형을 주장했다. 1794년 공안위원회 위원이 되어 공포정치의 조직자가 되었으며 '기요틴의 아나크레온(BC 6세기 그리스의 서정 시인)'이라는 별명을 얻었다. 그러나 로베스피에르와 대립하여 테르미도르 쿠데타에 참여했다. 이후 '공포정치가'로 기소되어 유형을 떠났다가 나폴레옹의 브뤼메르 쿠데타 이후 사면되었다. 1816년 부르봉 왕조가 돌아온 후에는 국왕시해자라는 이유로 추방되었다가 1830년 루이 필리프가 왕위에 오르는 계기가 된 7월혁명이 일어난 후에야 귀국했다.

바르나브, 앙투안(Barnave, Antoine, 1761~1793) 그르노블 고등법원 변호사 출신의 제헌의회 의원. 제헌의회에서는 자유주의적 부르주아지의 대변인이었으며, 탁월한 웅변술을 자랑했다. 특히 뒤포르, 라메트와 함께 삼두파를 이루어 국왕권을 옹호하는 라파예트 및 미라보와 대립하였다. 그러나 국왕의 탈주 시도 실패와 샹 드 마르스 학살 사건 후 라파예트 및 푀양 클럽의 입헌군주정 지지자들에 합류하였고, 궁정에 접근하여 비밀 자문 역할을 하고자 했다. 공포정치 시기에 체포되어 처형되었다.

바르바루, 샤를 장마리(Barbaroux, Charles Jean-Marie, 1767~1794) 마르세유 변호사 출신의 제헌의회 의원. 마르세유 연맹군을 이끌고 1792년 8월 10일 봉기에 참여하였으며 국민공회 의원으로 선출되었다. 국민공회에서는 지롱드파로 1793년 5월 31일~6월 2일 봉기 후 노르망디에서 뷔조, 페티옹과 반란을 조직하였으나 실패하고 체포되어 처형당하였다.

바를레, 장(Varlet, Jean, 1746~1832) 가장 급진적인 상퀼로트 운동의 지도자 중 한 사람. 의원의 면직 가능성, 법에 대한 민중의 재가, 반란권을 주장했다. 1792년 8월 10일 봉기, 1793년 5월 31일 봉기에 적극 참여하였으며 급진적 주장으로 1793년 초 자코뱅 클럽에서 추방되었다. 1794년 에베르파 숙청에서 처형을 면했으나 이후 바뵈프의 음모에 가담하기도 했다.

바뵈프, 프랑수아노엘(Babeuf, François-

Noël, 1760~1797) 프랑스 혁명기의 정치 선동가. 그의 빈틈없는 전략은 19세기 좌익 운동의 전형이 되었으며, 그가 구상한 토지개혁이 기원전 2세기 로마 정치가 그라쿠스의 개혁과 비슷하다 해 그라쿠스라는 별명을 얻었다. 징세청부업자의 아들이며 1776년부터는 토지 측량사로 활동했으나 봉건적인 농업세에 대해 깊은 혐오를 느껴 정치 저널리스트로 적극적인 활동을 시작했다(1788~1792). 1789년 삼부회를 소집할 때에는 피카르디 지방에서 진정서 작성에 참여하였고 1792년에는 솜 도(道) 행정관이자 기록보관인이 되었다.

1794년 파리에서 신문〈호민관(Le Tribun du Peuple)〉을 창간했다. 처음에는 테르미도르파를 옹호하고 자코뱅을 공격했으나 곧 입장을 바꾸어 테르미도르파를 공격하다가 체포당했다(1795. 2. 12). 투옥당한 기간 동안 토지와 수입의 균등한 분배를 옹호하면서 평등주의 원칙을 세웠고 석방된 뒤에는 직업 혁명가로 활동하기 시작했다. 그는 새 프랑스 헌법에 도전해 정치적·경제적 평등을 추구한 '팡테옹 클럽'에서 곧 지도적 위치를 차지했다. 그러나 1796년 팡테옹 클럽이 해체된 뒤에는 반란을 꾀해 비밀 단체인 6인 내부위원회를 만들었다. 1796년 5월 8일 바뵈프파, 자코뱅 당원, 군인들로 이루어진 반란 준비 전체 모임이 열렸다. 이들은 1만 7,000명으로 봉기를 일으키고 민중의 합법적 승인을 받았다고 생각한 1793년 헌법을 되살리려는 계획을 꾸몄다(평등주의자들의 음모). 그러나 한 밀고자가 이 계획을 정부에 누설해 1796년 5월 10일 음모 가담자들이 체포당했다. 1797년 2월 20일과 5월 26일 사이에 재판이 열렸으며 이 재판의 결과로, 바뵈프와 그의 동지였던 오귀스탱 다르테만 빼고 모두 석방되었고 이 두 사람은 단두대에서 처형당했다.

바이이, 장실뱅(Bailly, Jean-Sylvain, 1736~1793) 천문학자란 명성에 힘입어 삼부회 파리 대표로 선출되었고 곧 제3신분회 의장에 선출되었다. '테니스코트의 선서'에서 첫 번째로 선서했다. 바스티유 습격 다음날 파리 시민들에 의해 파리 시장에 선출되었으나 1791년 7월 17일 샹 드 마르스 발포 사건에 연루되어 인기를 잃고 9월 시장직을 사임했다. 은퇴하여 지방으로 내려갔으나 1793년 체포되어 파리로 소환된 후 처형되었다.

바지르, 클로드(Basire, Claude, 1761~1794) 입법의회·국민공회 의원. 국민공회에서는 샤보, 메를랭 드 티옹빌과 함께 극좌파로 두각을 나타냈다. 동인도회사 사건에 연루되어 1794년 당통파와 함께 처형되었다.

뱅상, 프랑수아니콜라(Vincent, François-Nicolas, 1767~1794) 코르들리에 클럽의 지도적 회원 중 하나. 1792년 8월 10일 봉기에 깊이 관여했다. 1792년 육군부 사무국장에 지명되어 이 사무국을 에베르파의 본거지로 만들었으며 전쟁수행에서 강력한 정치적 영향력을 행사했다. 1793년 12월 역시 에베르파 장군인 롱상과 함께 고발당하여 수감되었으며 풀려난 후 반란을 선동했다는 혐의를 받았다. 1794년 3월 에베르와 함께 혁명재판소에 소환되어 처형되었다.

베르나르, 앙드레 앙투안(Bernard, André Antoine, 1751~1818) '베르나르 드 생트'라는 별칭으로도 불렸다. 변호사 출신의 입법의회·국민공회 의원. 1794년 프랑스 동부 프랑슈콩테에서의 가혹한 탄압 행위로 국민공회에 소환되었으나 처벌을 면했다.

베르니오, 피에르(Vergniaud, Pierre, 1753~1793) 보르도 고등법원 변호사이자 지롱드 도 행정관리 출신의 입법의회·국민공회 의원. 국민공회에서는 혁명재판소 창설 등 산악파의 공안 조치에 반대하였으며 1793년 5월 31일~6월 2일 민중봉기 후 체포되어 처형당했다.

보나파르트, 나폴레옹(Bonaparte, Napoléon, 1769~1821) 코르시카의 소(小)귀족 출신. 1793년 12월 영국 군에 함락된 툴롱 탈환에서 포병장교로서 공을 세웠으나 테르미도르 쿠데타 후 자코뱅으로 지목되어 수감되었다. 1796년 이탈리아 방면군 사령관에 임명되어 여러 차례의 전승으로 명성을 얻었다. 1798년 이집트 원정에 올랐으나 1799년 10월 비밀리에 귀국하여 브뤼메르 18일의 쿠데타(1799년 11월 9일)로 권좌에 올랐다. 1802년 민중투표로 종신통령이 되고 1804년 황제가 되었다. 프랑스와 서유럽 여러 나라 제도에 오래도록 영향을 끼친 많은 개혁을 이루어냈고, 프랑스의 군사적 팽창에 가장 큰 열정을 쏟았다. 그가 몰락했을 때 프랑스 영토는 1789년 혁명 때보다 줄어들었지만 그가 살아 있는 동안, 그리고 조카인 나폴레옹 3세가 다스린 제2제정이 막을 내릴 때까지 그는 거의 모든 사람에게 역사상 가장 위대한 영웅으로 존경받았다.

부르동 드 루아즈, 프랑수아 루이(Bourdon de l'Oise, François Louis, 1758~1798) 파리 고등법원 변호사 출신의 국민공회 의원. 처음에는 지롱드파였으나 곧 산악파로 진영을 바꾸었으며 파견의원으로 활동하는 동안에는 부패 혐의를 받았다. 테르미도르 쿠데타에 참여하였으며 이후 500인 의회에서 왕당파로 지목되어 프뤽티도르 쿠데타(1797년 9월 4일) 직후 유형을 선고받았다.

부르동, 레오나르(Bourdon, Leonard, 1754~1807) 변호사 출신의 국민공회 의원. 에베르와 함께 비기독교화 운동을 주도하여 로베스피에르와 대립하였고 테르미도르 쿠데타에 참여했다.

부쇼트, 장바티스트(Bouchotte, Jean-Baptiste, 1754~1840) 메스(Metz)의 직업 군인 출신으로 20년간 복무했음에도 1789년 당시 대위에 불과했던 그는 혁명을 열렬히 환영했다. 1793년 초 뒤무리에 장군이 오스트리아로 탈주한 후 북부 전선에서 두각을 나타냈다. 1793년 4월 육군부 장관에 지명되어 상퀼로트 투사들을 요직에 등용하고 군 개혁을 단행했다. 지롱드파와 당통파의 공격에

도 불구하고 공안위의 지지를 얻어 장관직을 유지했다. 1794년 4월 장관직이 폐지된 후 군에 복귀했다. 1794년 6월 체포되었다가 이듬해 사면되었으며 브뤼메르 쿠데타에서 나폴레옹을 지지했다.

부아시 당글라, 프랑수아 앙투안(Boissy d'Anglas, François Antoine, 1756~1825) 변호사이자 작가 출신의 제헌의회 · 국민공회 의원. 국민공회에서는 평원파였으며 테르미도르 이후 공안위원회 위원으로 활동했고 총재정부 시기에는 500인 의회 의원으로 선출되었다. 1797년 의회 내 왕당파를 몰아낸 프뤽티도르 쿠데타 직후 영국으로 망명했다가 나폴레옹의 브뤼메르 쿠데타 후 귀국하여 정계에 복귀했다.

부오나로티, 필리포 미슐레(Buonarroti, Filippo Michele, 1761~1837) 이탈리아 출신의 혁명가. 이탈리아에 주둔한 프랑스 군대에서 복무하였고, 테르미도르 쿠데타 후 감옥에서 바뵈프를 만나 석방된 뒤 팡테옹 클럽에서 함께 활동했다. 1795~1796년 바뵈프와 함께 '평등주의자들의 음모'를 주도하였다가 체포되어 1800년까지 수감되어 있었다. 석방된 뒤 스위스와 벨기에 등에 머물면서 프랑스 혁명 조직들을 지원했으며 1828년 《바뵈프의 평등을 위한 음모》를 발간했다.

부이예, 프랑수아(Bouillé, François, 1739~1800) 열렬한 왕당파 장군으로 메스와 낭시에서 소요를 잔인하게 진압하여 악명을 얻었다. 1790년 중엽부터 루이 16세의 탈출을 모의하여 1791년 실행에 옮겼으나 실패했다(바렌 탈주 사건). 1793년 루이 16세의 동생들 및 영국의 요크 공작과 함께 프랑스 군에 맞서 싸우다 영국으로 망명하여 생을 마쳤다.

불랑, 장 앙리(Voulland, Jean Henri, 1751~1801) 님(Nîmes) 출신의 변호사로 제헌의회 · 국민공회 의원. 국민공회에서는 산악파에 속했으며, 보안위원회에서 활동했다. 테르미도르 쿠데타 후 수감되었다가 1795년 석방되어 서적상으로 연명하다 사망했다.

뷔조, 프랑수아 니콜라 레오나르(Buzot, François Nicolas Léonard, 1760~1794) 변호사 출신의 제헌의회 · 국민공회 의원. 롤랑 부인과 사랑에 빠져 로베스피에르와 결별하고 지롱드파가 되었다. 루이 16세의 재판에서는 '민중에의 상소'에 투표했다. 1793년 5월 31일~6월 2일 봉기 후 지방으로 달아나 노르망디에서 반란을 시도했으나 실패한 후 자살했다.

브라운슈바이크, 카를(Braunschweig, Karl, 1735~1806) 대불 동맹군을 이끈 프로이센의 장군. 오스트리아-프로이센 동맹군의 사령관이 되어 1792년 7월 프랑스 왕가를 모욕할 경우 파리 시민들에게 가혹하게 복수하겠다는 내용의 '브라운슈바이크 선언'을 발표했다. 이 선언은 본래의 의도와는 반대의 결과를 낳았다. 즉 파리 시민들을 자극하여 8월 10일 민중봉기와 루이 16세의 폐위를 초래했던 것이다. 발미 전투에서 패배한 후 1794

년 퇴역하였다가 1806년 다시 프로이센 군대를 이끌고 나폴레옹과 맞섰으나 예나(Jena) 전투에서 치명상을 입고 사망했다.

브르퇴이, 루이 오귀스트 르 토넬리에(Breuteuil, Louis Auguste Le Tonnelier, 1730~1807) 혁명 전부터 국왕의 신임을 얻어 1789년 6월 7일 국왕에게 탄압조치를 조언한 귀족. 바스티유 함락 직후 망명했다. 루이 16세는 그에게 외국의 궁정과 협상할 권한을 부여했다.

브리소, 자크피에르(Brissot, Jacques-Pierre, 1754~1793) 언론인이자 입법의회·국민공회 의원. 혁명 전 영국, 홀란드, 미국을 여행하던 중에 흑인 문제에 관심을 갖고 귀국하여 신문 〈프랑스의 애국파〉를 창간하는 한편, '흑인의 벗 협회'를 창설했다. 혁명 초부터 자코뱅 클럽 회원이었던 그는 국왕의 바렌 탈주 사건 후 공화국의 선포를 주장했다. 베르니오, 롤랑과 함께 지롱드파 지도부를 형성했고, 오스트리아에 대한 선전포고를 지지했다. 국민공회에서는 산악파, 특히 로베스피에르를 격렬히 비난했고, 1793년 5월 31일~6월 2일 봉기 후 달아났다가 체포되어 혁명재판소에서 재판을 받고 처형되었다.

비요바렌, 장니콜라(Billaud-Varenne, Jean-Nicolas, 1756~1819) 교사·법률가 출신의 국민공회 의원. 자코뱅 클럽과 코르들리에 클럽 회원이었으며, 1792년 8월 10일 민중봉기에 적극적으로 참여하였다. 국민공회의 극좌파였던 그는 혁명정부 수립에 기여하였고, 1793년 9월 민중의 요구에 따라 공안위원회 위원이 되었다. 급진적 혁명세력인 에베르파를 숙청하는 과정에서 로베스피에르와 결별하고 테르미도르 쿠데타에 참여하였으나 곧 콜로 데르부아, 바디에, 바레르와 함께 '공포정치가'로 체포되어 재판을 받고 기아나 유형에 처해졌다. 1800년 나폴레옹 보나파르트의 사면 제의를 거절했으며 1816년 뉴욕으로 갔다가 다음해에 아이티에 정착했다.

빔펜, 조르주 펠릭스(Wimpffen, Georges Félix, 1744~1814) 장군. 삼부회의 귀족 신분 대표. 지롱드파를 지지하여 1793년 노르망디에서 연방주의 운동을 지휘했다.

ㅅ

생쥐스트, 루이 앙투안 드(Saint-Just, Louis Antoine de, 1767~1794) 국민공회 의원이자 공포정치 시기 공안위원회 위원. 프랑스 혁명 이데올로기의 신봉자였으며, 공포정치를 열렬히 옹호했다. 생쥐스트가 랭스대학에서 법학사 학위를 받은 1788년 당시의 프랑스는 혁명 전야의 소요와 때를 같이해 찾아온 흉년과 혹독한 겨울 날씨의 영향으로 혼란에 빠져 있었다. 한창 혁명의 분위기가 무르익었을 때 생쥐스트는 혁명에 참여하고 싶어했지만, 이러한 욕망은 무시당했다. 파리 시민도 아니고 인기 있는 웅변가도 아니었던 그는 혁명에서 원하는 역할을 맡기 위해서는 행정관이나 가능하다면 국민의회 의원이라는 요직에 뽑혀야 한다는 것을 깨달았다. 그는 블레랑쿠르의 시 행정 법률고문이 되어 시의 복지와 자유무역을 옹호했으며, 유권자들의 대변인을 자처했다. 블레랑쿠르 지구 주민들은 그를 다음번 국민의회 의원으로 뽑을 만한 유능하고 활동적인 인물로 생각했다. 1791년 〈혁명과 프랑스 헌법의 정신〉이라는 글로 명성을 얻은 후 마침내 이듬해인 1792년 9월 국민공회 의원에 선출되었다. 당시 그의 나이는 25살이었다. 국민공회에서는 루이 16세의 재판에 대한 연설로 주목받았으며 지롱드파의 정책 및 연방주의적인 헌법안에 강력히 반대하였다. 1793년 5월 공안위원회 위원에 선출되어 로베스피에르, 쿠통과 삼두파를 이루어 활동했으며 1793년 말에서 이듬해 초 북부군과 라인 군에 파견의원으로 파견되어 전선에서의 승리에 크게 기여했다. 국민공회로 복귀한 뒤에는 망명 귀족의 재산을 몰수하여 빈민들에게 분배하는 것을 골자로 한 방토즈 법령을 통과시켜 혁명정부의 경제적 토대를 공고히 하고자 하였다. 로베스피에르와 함께 에베르파, 당통파의 숙청에서 적극적인 역할을 하였으며 테르미도르 쿠데타가 일어났을 때 로베스피에르, 쿠통, 르 바와 함께 체포되어 처형되었다.

생탕드레, 장 봉(Saint-André, Jean Bon, 1749~1813) 개신교 목사 출신의 국민공회 의원. 국민공회에서는 산악파로서 지롱드파 숙청을 지지했다. 1793년 6월 공안위원회 위원에 선출되었다. 육군과 해군에 여러 차례 파견의원으로 파견되었으며 특히 1794년 5~6월에는 영국과의 전투에 참여하였고 7월부터 이듬해 5월까지는 남부 해안 지역들에 파견되었다. 국민공회에 복귀한 직후 '공포정치가'로 체포되었으나 곧 사면되었다.

샤보, 프랑수아(Chabot, François, 1759~1794) 환속한 성직자 출신의 입법의회·국민공회 의원. 급진적 혁명가로서 이성(異性) 숭배교 주창자의 한 사람이었다. 동인도회사 사건으로 기소되어 당통 및 관용파와 함께 처형되었다.

샬리에, 조제프(Chalier, Joseph, 1757~1793) 리옹의 도미니쿠스 수도회 수사 출신의 혁명가. 1789년 7월 14일 파리에서 바스티유 함락에 참여한 후 리옹으로 돌아와 유력한 산악파로서 시 정부에서 영향력을 행사했다. 1793년 5월 산악파에 반대하는 연방주의 반란이 일어났을 때 체포되어 처형당했다.

세르방, 조제프(Servan, Joseph, 1741~1808) 장교 출신으로 지롱드파와 교분을 맺어 1792년 3월 육군대신에 임명되었다. 6월 해임되었다가 8월 10일 민중봉기 후 복직되었으며 그 해 10월 사임한 후 1793년 5월 피레네 군 사령관에 임명되었다. 지롱드파 몰락 후 투옥되었다가 테르미도르 쿠데타로 자코뱅이 몰락한 후 석방되었다.

쇼메트, 피에르가스파르(Chaumette, Pierre-Gaspard, 1763~1794) 프랑스

혁명 지도자·사회개혁가. 비기독교화 운동을 주도하여 이성(理性) 숭배를 장려했으며 극단적인 민주주의 사상 때문에 혁명재판소에 의해 처형당했다.

어린 시절 선실급사로 바다에 나갔으며 식물학을 공부하고 프랑스 국내를 두루 돌아다니다가 의과대학생이 되어 파리에 정착했다. 혁명에 적극 가담하여 루이 16세의 폐위를 요구하는 청원서에 서명했다(1791. 7. 17). 1792년 12월 파리 코뮌의 검찰총장으로 선출되어 병원 시설을 개선하고 빈민을 위한 장례 지원제도를 만들었으며, 학교에서의 체벌, 윤락행위, 음란 출판물 발간, 복권 등을 금지시켰다. 카톨릭에 반대한 그는 1793년 11월 10일 노트르담 대성당에서 한 여배우를 이성(理性)의 여신으로 분장하게 하여 이성 숭배 의식을 거행했다. 로베스피에르의 중재 노력에도 불구하고 그가 내린 파리 교회 폐쇄령(1793. 11. 23)은 계속 효력을 발휘했다. 상퀼로트 반란을 옹호한 자크 르네 에베르를 도운 일은 없었지만, 1794년 3월 에베르 추종자들이 탄압당한 이후 그도 체포되어 처형당했다.

스탈, 제르맨 드(Staël, Germaine de, 1766~1817) 스탈 부인. 구체제 말, 혁명 초기 재무총감이었던 네케르의 딸로 1786년 프랑스 주재 스웨덴 대사 스탈과 결혼했다. 본래 혁명을 지지했으나 1792년 가을 망명했다가 테르미도르 쿠데타 후 귀국했다. 벤자맹 콩스탕과 함께 공화주의 정치 클럽인 '입헌서클(cercle constituionel)'을 조직하여 왕당파와 투쟁하고 총재정부에 영향력을 행사하고자 했다. 나폴레옹 보나파르트와 대립하게 되어 1803년 망명했으며 이후 유럽 여러 지역을 여행하면서 많은 글을 남겼다. 특히 열정적인 삶과 글을 통해 낭만주의 이데올로기의 선구적 인물이 되었다.

시모노, 자크 기욤(Simoneau, Jacques Guillaume, ?~1792) 1792년 에탕프의 시장. 빵의 공정가격제를 요구하는 민중의 압력을 거부하다 군중들에게 암살되었다. 입법의회는 푀양파의 주도로 그를 기리는 장례의식을 거행했다.

시에예스, 에마뉘엘 조제프(Siéyes, Emmanuel Joseph, 1748~1836) 성직자이자 헌법 이론가. 그가 주장한 민중주권 개념은 프랑스의 부르주아지가 프랑스 혁명 초기의 몇 개월 동안 군주제와 귀족 계급에 대항하여 투쟁하는 데 지침이 되었다. 카톨릭 사제가 되기 위하여 파리의 신학교에서 공부하면서, 장 자크 루소 등 계몽사상가들의 저서를 탐독했다. 1775년 트레기에 성당 참사회원, 1780년 샤르트르 주교관구사제 대리였는데, 신분의 제약으로 교회에서 더 이상 출세할 수 없었다. 1787년 오를레앙 지방 의회 의원에 선출되어 정계에 진출하였다. 1789년 1월 《제3신분이란 무엇인가?(Qu'est-ce que le tiers état?)》라는 소책자를 발표해 유명해졌다. 여기서 그는 혁명의 방향과 제3신분의 포부를 명시하였다. 1789년 5월 삼부회 제3신분 대표로 선출되었으며, 후에 국민의회의 중심인물로 크게 활약하였다. 1793년 1월에는 의원 대다수와 함께 왕의 처형에 찬성표를 던졌으나, 자코뱅이 1793년 6월 혁명의 주도권을 장악하고 공포정치를 시작하자 정치에서 물러났다. 테르미도르 쿠데타 이후 1795년의 공화국 헌법으로 구성된 500인 의회 의원으로 선출되었으며, 1799년 5월에는 5인 총재정부의 한 사람이 되었다. 나폴레옹 치하에서 원로원 의원 및 귀족이 되었다. 1815년 루이 18세의 왕정복고가 이루어지자 국왕 처형에 찬성한 죄목으로 추방되어, 네덜란드로 망명, 1830년 7월 혁명 이후 귀국하였다. 노년에는 아카데미 회원이 되어 저술에 전념하였다.

ㅇ

아마르, 장바티스트앙드레(Amar, Jean-Baptiste-André, 1755~1816) 법률가 출신의 국민공회 의원. 보안위원회에서 바디에와 함께 당통파, 에베르파에 대한 투쟁을 주도했다. 테르미도르 쿠데타를 지지했으나 곧 '공포정치가'로 고발되었다. 제르미날 12일 민중봉기 후 체포되었다가 풀려난 후 1796년 바뵈프의 공범으로 다시 체포되었다.

아르몽빌, 장바티스트(Armonville, Jean-Baptiste, 1757~1808) 노동자 출신의 국민공회 의원. 장 폴 마라와 가까웠고, 극좌파적인 정치적 견해 때문에 '붉은 혁명 모자(bonnet rouge)'라는 별명을 얻었다.

앙리오, 프랑수아(Hanriot, François, 1761~1794) 가난한 농민의 아들로 태어나 1789년에는 징세청부회사의 직원으로 일했다. 곧 파리의 구 조직과 국민방위대를 기반으로 하여 적극적으로 정치에 참여했다. 1792년 8월 10일 봉기와 뒤이은 9월 학살에서 중요한 역할을 했으며 1793년 5월 파리 국민방위대 임시사령관에 지명되어 지롱드파를 숙청한 5월 31일 봉기를 주도했다. 1794년 7월 테르미도르 쿠데타 후 로베스피에르와 함께 처형되었다.

앙투안, 프랑수아 폴 니콜라(Anthoine, François Paul Nicolas, 1720~1793) 1792년 8월 10일 민중봉기에서 중요한 역할을 한 혁명투사이자 국민공회 의원. 루이 16세의 처형에 찬성 투표했다.

에귀용 공작(Aiguillon, Emmanuel Armand de Vignerot, 1761~1800) 혁명 전 기병대 대령이자 프랑스 최대 지주 중 한 사람. 귀족 대표로 삼부회에 진출했으며, 1789년 6월 25일 제3신분회에 합류하였다. 그는 8월 4일 밤 특권 포기를 선언하여 명성을 얻었다. 자코뱅 클럽의 전신인 브르타뉴 클럽에 가입하였으나 1791년 군에 복귀한 후 우경화하여 1792년 9월 망명했다.

에로 드 세셸, 마리장(Hérault de Séchelles, Marie-Jean, 1759~1794) 귀족이자 파리 고등법원 변호사 출신의 입법의회·

국민공회 의원. 국민공회에서는 산악파였으며, 1793년 5월 30일 제1차 공안위원회 위원으로 선출되었다. 1793년 5월 31일~6월 2일 봉기가 일어났을 당시 국민공회 의장이었으며 지롱드파 의원들의 체포를 명령했다. 이어 제헌위원회 위원장으로 1793년 헌법을 기초하였다. 망명 귀족의 아내를 정부(情婦)로 두었으며, 쾌락주의적 성향 때문에 로베스피에르의 불신을 샀다. 특히 당통의 친구이면서 동시에 에베르파와 함께 비기독교화 운동에 적극적으로 참여하였다. '외국인의 음모' 사건에 연루되어 체포된 후 1794년 4월 당통파와 함께 처형되었다.

에베르, 자크 르네(Hébert, Jacques-René, 1757~1794) 금은 세공업자의 아들로 태어났으며 혁명 전의 행적은 분명치 않다. 혁명을 열광적으로 환영했으며 1790년부터 '페르 뒤셴'이라는 필명으로 정치 풍자문을 쓰기 시작해 이듬해 같은 이름의 급진적 신문을 발행하기 시작했다. 코르들리에 클럽 회원이자 1792년 봉기코뮌의 성원이었으며 1792년 12월 코뮌 검사 대리가 되었다. 1793년 5월 24일 국민공회의 지롱드파 위원회인 '12인 위원회'에 의해 체포되었으나 곧 민중의 환호를 받으며 석방되었으며 이 사건은 지롱드파의 몰락을 가져온 5월 31일 봉기의 서막이 되었다. 에베르 및 그와 뜻을 함께 하는 에베르파는 공포정치의 직접적 계기가 된 1793년 9월 5일 봉기에 주도적인 역할을 하고 산악파 중 온건파인 당통파를 공격했으며 비기독교화 운동에 적극 참여했다. 그러나 로베스피에르와 생쥐스트로부터 극단주의자로 비난받고 1794년 3월 체포되어 처형당하였다.

오를레앙(에갈리테), 필리프 드(Orléans, Philippe d', 1747~1793) 일명 평등공(平等公) 필리프(필리프 에갈리테). 루이 16세의 사촌으로 혁명이 시작되기 전부터 체제와 궁정에 대한 반감을 드러냈다. 귀족 대표로서 삼부회에 선출되었으나 1789년 10월 5~6일 봉기 이후 망명했다. 이듬해 돌아와 1792년 국민공회 의원에 선출되었으며 국왕의 처형에 찬성 투표했다. 아들 루이 필리프가 반란을 도모했다 실패한 뒤무리에와 함께 망명한 후 반혁명 혐의자로 체포되어 처형되었다.

오슈, 루이 라자르(Hoche, Louis Lazare, 1768~1797) 프랑스 혁명기의 장군. 1793년 모젤 군대의 사령관에 임명되었다. 그해 11월 카이저스라이테른(Kaiserslautern)에서 브라운슈바이크의 군대에 패배하였으나 곧 공격을 재개하여 알자스에서 오스트리아 군을 몰아냈다. 그러나 1794년 3월 경쟁자이기도 했던 부하 피슈그뤼의 모함을 받아 수감되어 테르미도르 쿠데타 후에야 풀려났다. 곧 사령관직에 복귀하여 반란을 일으킨 프랑스 서부에 파견되었고 1795년 키베롱에서 영국의 지원을 받은 망명 귀족들의 군대를 격퇴했다. 1797년 4월 쾰른 근처 노이비드(Neuwied)에서 승리를 거두고 육군장관에 임명되었으나 얼마 후 사망했다.

요크 공작(York, Frédéric, duc d'York, 1763~1827) 영국 왕 조지 3세의 둘째 아들. 1793년 네덜란드에서 영국 군을 지휘했으나 여러 차례 패배를 거듭했다. 1798년에도 영국 군의 사령관이 되었으나 브륀에서 프랑스 군에 항복했다. 여러 스캔들에도 불구하고 단호한 반카톨릭적 입장 때문에 영국에서 커다란 인기를 누렸다.

우샤르, 장 니콜라(Houchard, Jean Nicolas, 1738~1793) 프랑스 혁명기의 장군. 1793년 6월 라인 군 사단장에 임명된 데 이어 북부군을 지휘했다. 옹드스코트(Hondschoote)에서 중요한 승리를 거두고 므냉(Menin)을 점령했지만, 공안위원회의 명령을 어기고 퇴각을 명령하여 궤멸을 자초했다. 파면당한 후 혁명재판소로 소환되어 1793년 11월 15일 처형되었다.

이스나르, 막시맹(Isnard, Maximin, 1755~1825) 부유한 지주의 아들이자 향수 제조업체의 소유자. 입법의회와 국민공회에서 지롱드파 의원으로 활동했다. 1793년 3월 보안위원회에 선출되었고 5월에는 국민공회 의장이 되어 파리 코뮌을 위협하는 발언을 하여 그해 6월 2일 봉기에서 민중들의 주요 공격 대상이 되었다. 봉기 직후 체포를 피해 달아났다가 테르미도르 쿠데타 후 국민공회에 복귀했다. 총재정부 시기 500인 의회에 선출되었다가 1797년 정계에서 은퇴했다.

ㅈ

작스코부르크 공작(duc de Saxe-Cobourg, 1737~1815) 오스트리아의 장군. 7년 전쟁에서 오스트리아 군을 지휘했고 1792년부터 네덜란드에서 대불 동맹군을 지휘하여 네르빈덴과 플뢰리스에서 승리를 거두었다. '피트-코부르크'라는 표현은 국민공회에서 대불 동맹세력을 상징했다.

장소네, 아르망(Gensonné, Armand, 1758~1793) 보르도 고등법원 변호사 출신의 입법의회·국민공회 의원. 국민공회에서는 산악파의 가장 맹렬한 비판자로 두각을 나타냈으며 1793년 5월 31일~6월 2일 민중봉기 후 체포되어 처형당했다.

주르당, 장바티스트(Jourdan, Jean-Baptiste, 1762~1833) 군인. 루이 16세의 군대에 입대해 서인도제도에서 복무하고(1778~1784) 퇴역한 뒤 리모주에서 포목상이 되었다. 혁명을 지지한 그는 1791년 의용군 중령으로 선출되었다가 사단장으로 승진했다(1793). 오스트리아 군을 상대로 승리를 거둔 후 1794년 3월 모젤 주둔군 사령관이 되었다. 그해 6월 26일 플뢰리스에서 결정적 승리를 거두고 10월에는 벨기에 전역을 점령했다. 1797년 500인 의회에 진출하여 징집을 법제화하는 '주르당 법'을 발의했다. 브뤼메르 쿠데타에 반대하여 나폴레옹으로부터 홀대당하고 비토리아 전투(1813년 6월 21일, 이베리아 반도

전쟁 당시 스페인에서 동맹군이 나폴레옹 군을 최종적으로 격퇴한 결정적인 전투)에서 영국 군에 패배한 후 루이 18세의 부르봉 왕조를 지지했다.

쥘리앵 드 툴루즈(Julien de Toulouse, 1750~1828) 본명은 장 쥘리앵(Jean Julien)이다. 툴루즈의 변호사 출신 국민공회 의원. 국민공회에서는 산악파였으며, 잠시 보안위원회에 참여하기도 했다. 같은 국민공회 의원 샤보와 가까워 동인도회사 사건에 함께 연루되었으나 체포를 면하고 달아났다. 테르미도르 쿠데타 후 국민공회에 복귀하였다가 이후에는 토리노에서 변호사로 활동했다.

ㅋ

카라, 장루이(Carra, Jean-Louis, 1742~1793) 작가이자 백과전서파의 한 사람. 혁명이 시작된 직후 루이세바스티앙 메르시에(Louis-Sébastien Mercier, 1740~1814)와 함께 〈문학애국연보(Annales patriotiques et littéraires)〉을 창간하여 지방의 자코뱅 클럽에서 인기를 얻었다. 1792년 국민공회에 선출되어 자코뱅으로 여겨졌으나 요크 공작을 프랑스 왕으로 추대할 것을 제안하는 등 엉뚱한 행위와 지롱드파와의 관계 등으로 의심을 사 1793년 7월 체포되어 처형되었다.

카르노, 라자르(Carnot, Lazare, 1753~1823) 정치가이자 장군, 군사 기술 전문가. 변호사의 아들로 태어났으며, 1769~1771년 파리에 있는 포병 및 공병 예비학교를 마친 뒤 1773년 1월 중위 계급으로 메지에르 공병학교를 졸업했다. 그 뒤 수비대 장교로 복무했고 1789년 혁명이 일어난 후 정치 활동을 시작하였다. 1792년 국민공회 의원으로 당선되었으며, 1793년 산악파의 일원으로 루이 16세의 처형에 찬성하고, 3월 이후 북부군대에 파견되어 프랑스 군의 전세를 만회하는 데 공을 세웠다. 1793년 8월 공안위원회 위원으로 임명된 뒤 다시 북부 군대에 파견되어 10월 16일 와티니(Wattignies) 전투의 승리와 모뵈주(Maubeuge) 해방을 이끌었다. 테르미도르 반동 이후, 카르노의 역할은 축소되었지만 1795~1797년 총재정부의 총재 중 한 사람이 되었다. 1797년 프뤽티도르 쿠데타 후 스위스로 망명하였다가 1800년 귀국하여 나폴레옹에 의하여 육군장관에 지명되었다. 왕정복고 후에 추방되어 독일로 망명해 그곳에서 죽었다.

카리에, 장바티스트(Carrier, Jean-Baptiste, 1756~1794) 변호사 출신의 국민공회 의원. 자코뱅 클럽과 코르들리에 클럽의 핵심 성원으로 1793년 반혁명 혐의자들을 재판하는 혁명재판소의 설립에 기여했다. 1793년 8월 공안위원회에 의해 브르타뉴로 파견되었으며 2개월 후 다시 반란 지역인 방데로 파견되었다. 특히 낭트에서는 1793년 11월과 1794년 1월 사이에 2,000명 이상의 죄수들을 구멍 난 배에 태워 루아르 강에 수장시킨 익

사형으로 악명을 얻었고 이 일로 1794년 2월 공안위원회에 소환되었다. 1794년 테르미도르 9일 로베스피에르의 몰락에 일조했으나 그해 11월 대량학살죄로 기소되어 단두대에서 처형당했다.

카우니츠, 벤첼 안톤 폰(Kaunitz, Wenzel Anton von, 1711~1794) 오스트리아의 정치가. 7년전쟁(1756~1763) 때부터 1792년에 프랑스 혁명에 맞선 전쟁이 시작될 때까지 오스트리아의 국무장관을 지냈다. 합스부르크 제국의 대외정책을 맡았고, 마리아 테레지아 여제와 그의 후계자들에게 외교 문제를 조언한 주요 측근이었다.

캉바세레스, 장자크레지 드(Cambacérès, Jean-Jacques-Régis de, 1753~1824) 법률가 출신의 국민공회 의원. 국민공회에서는 평원파로 온건한 입장을 견지했고 총재정부 시기 500인 의회 의원을 역임했다. 나폴레옹의 브뤼메르 쿠데타 후 제1통령 나폴레옹 보나파르트에 이어 제2통령으로 프랑스를 통치했고 그 후 제국의 총리대신을 지냈다. 1800~1814년에 나폴레옹의 사법 담당 수석고문으로서 '민법전(Code Civil)'으로 불리는 나폴레옹 법전(1804)을 제정하는 데 큰 역할을 했다.

캉봉, 피에르조제프(Cambon, Pierre-Joseph, 1756~1820) 재정행정가이자 입법의회·국민공회 의원. 성공한 사업가 출신으로 의회에서는 재정 문제를 전문적으로 담당했다. 국민공회에서는 지롱드파와 정치적 견해를 같이 했으나 1793년 초 산악파로 기울었다. 1793년 7월부터 재무위원회 위원장으로 전쟁 자금 조성에서 중요한 역할을 담당했다. 재정 정책을 두고 로베스피에르와 대립하여 테르미도르 쿠데타에 참여하였다. 1795년 5월 프레리알 봉기에 연루되어 피신하였다가 곧 사면되어 은퇴했다.

켈레르만, 프랑수아크리스토프(Kellermann, François-Christophe, 1735~1820) 군인. 1792년 9월 발미에서 프로이센 군대를 물리쳐 프랑스 혁명정부를 위협하는 침략 기도를 막아냈다. 법복 귀족 집안에서 태어나 1752년 프랑스 군 장교가 되었다. 7년전쟁(1756~1763)에 참전해 프로이센 군과 영국 군을 상대로 싸웠다. 1788년에 야전사령관으로 진급했고 그 이듬해 일어난 혁명을 환영했다. 1792년 9월 북부전선 사령관 뒤무리에와 합류해 포격전으로 프로이센 침략군을 물리쳤고 11월에는 알프스 주둔군 사령관으로 임명되었다. 1793년 가을 사보이를 탈환했으나 11월에 불충성 혐의로 자코뱅 정권에 의해 투옥했다. 테르미도르 쿠데타 후 석방되어 1795~1797년 다시 알프스 주둔군을 지휘했다. 1799년 나폴레옹이 집권하자 상원의원에 임명되었다. 유능한 군사행정가로서 실력을 발휘해 1804년 프랑스 군 총사령관으로 임명되었고 4년 후 발미 공작이 되었다. 루이 18세의 왕정복고(1815) 후 상원의원이 되었다.

코르데, 샤를로트(Corday, Charlotte, 1768~1793) 급진 혁명가 장 폴 마라

프랑스 혁명의 주요 인물 723

를 암살한 여성. 귀족 출신이며, 프랑스 북서부 바스노르망디 지방의 캉(Caen)에 있는 한 수녀원에서 교육을 받았다. 감정적으로는 왕당파를 지지했으나 계몽주의 이념에도 영향을 받았다. 1793년 5월 31일~6월 2일 봉기로 지롱드파가 몰락한 후 캉은 국민공회에 대항하는 '연방주의자들'의 본거지가 되었고 코르데는 지롱드파 망명객으로부터 큰 영향을 받았다. 그녀는 지롱드파의 대의를 위해 일하려고 파리로 향했다. 마라가 발행하는 신문이 대중에 미치는 영향력을 생각해 그를 표적으로 삼은 코르데는 마라와의 인터뷰를 요청했고, 7월 13일 목욕 중이던 그를 직접 만나 칼로 그를 살해했다. 코르데는 그 자리에서 바로 체포되어 7월 16~17일에 혁명 재판소에서 재판을 받고 처형되었다.

코피날, 장 바티스트(Coffinhal, Jean Baptiste, 1762~1794) 1789년 파리 샤틀레 재판소 변호사, 1793년 혁명재판소 판사를 지냈다. 테르미도르 9일 로베스피에르를 지지하여 시청에서 반란을 조직하고자 시도했으나 체포되어 처형되었다.

콜로 데르부아, 장마리(Collot d'Herbois, Jean-Marie, 1749-1796) 배우·희극 작가 출신의 혁명가. 급진적 민주주의자였으며, 공포정치 시기에 공안위원회 위원을 지냈다. 혁명이 일어난 1789년에 자코뱅 클럽에 가담했고 1791년 입헌군주정의 원칙을 주장한 〈게라르 영감의 예언(Almanach du Père Gérard)〉으로 명성을 얻었다. 그는 배우의 소질을 바탕으로 파리의 하층 계급들 사이에서 영향력 있는 선동가로 활동했다. 1792년 8월 10일 봉기에서 중요한 역할을 했으며, 다음달에는 국민공회 의원이 되어 국왕 루이 16세의 처형에 찬성투표를 했다. 얼마 지나지 않아 친구인 비요바렌과 더불어 에베르파의 일원이 되었다. 에베르파는 국민공회에 압력을 넣어 콜로 데르부아와 비요바렌을 공안위원회 위원으로 임명하게 했다. 1793년 콜로 데르부아는 '비(非)기독교화 운동'을 지지함으로써 로베스피에르와 갈등을 빚었다. 로베스피에르는 1794년 3월 에베르파의 주요 인사들을 처형했으나 콜로 데르부아와 비요바렌의 압력으로 4월 자코뱅 우파 지도자인 당통 역시 제거했다. 콜로 데르부아는 자코뱅 내의 급진적 민주화 조치를 활발히 옹호함으로써 가장 가능성 있는 로베스피에르의 경쟁자로 떠올랐고, 두 사람 사이의 반목은 더 깊어갔다. 당시 국민공회 의장으로 있던 그는 로베스피에르를 반대한다고 선언해 결국 테르미도르 9일에 로베스피에르가 몰락하는 데 일조했다. 그러나 1795년 4월 1일(제르미날 12일)에 일어난 자코뱅의 폭동이 실패한 뒤 기아나로 추방당했고 그곳에서 병에 걸려 죽었다.

콩데, 루이 조제프 드 부르봉(Condé, Louis Joseph de Bourbon, 1736~1818) 프랑스 혁명기 망명 귀족 가운데 주요 인물. 부르봉 공작의 아들로 아버지가 죽은 뒤 콩데 공작의 칭호를 물려받았다. 어릴

때부터 군사 교육을 받은 덕택에 7년전쟁에서 활약했다. 1789년 바스티유가 함락된 뒤, 그는 외국으로 망명한 첫 번째 귀족들 중 한 사람이었다. 1791년에 보름스에 정착해 망명 귀족의 '콩데 군대'를 조직했는데, 이 군대는 1792~1796년에 반혁명 전쟁에 참여했지만 그다지 뛰어난 활약을 하지는 못했다. 1797년 프랑스와 오스트리아가 강화조약을 맺은 후 러시아로 가 1799년 러시아 군에 복무했고, 1800년 오스트리아를 거쳐 1801년 영국으로 건너갔다. 1814년에 프랑스로 돌아와 4년 뒤 파리에서 죽었다.

콩도르세, 마리장앙투안니콜라 드 카리타(Condorcet, Marie-Jean-Antoine-Nicolas de Caritat, 1743~1794) 계몽주의 철학자, 교육 개혁 옹호자. 입법의회·국민공회 의원. 일찍부터 수학자의 재능을 보여 1769년 과학 아카데미의 회원이 되었다. 진보사상의 열렬한 선전가이자 백과전서파의 한 사람. 1777년 과학 아카데미의 종신 서기관으로 선출되었고 1782년 프랑스 아카데미의 회원이 되었다. 혁명이 일어나자 곧 정치 활동에 나서 1792년 국가 교육 체계의 틀을 제시했다. 콩도르세는 최초로 공화정을 선언한 사람 중 하나이며 1792년 8월 국왕의 특권 정지와 국민공회의 소집을 정당화하는 선언문을 작성했다. 그러나 국민공회에서 그가 지롱드파를 대표하여 작성한 새로운 헌법 초안은 자코뱅 클럽에 의해 '반민주적'이라는 이유로 거부되었다. 루이 16세의 재판에서는 사형에 반대했다. 1793년 지롱드파의 몰락 후 피신했다가 1794년 자살했다.

쿠통, 조르주(Couthon, Georges, 1755~1794) 변호사 출신의 입법의회·국민공회 의원. 국민공회에서는 1792년 11월 루아르에셰르(Loire-et-Cher) 도와 1793년 8월 알프스 군대에 파견의원으로 파견되었으며 리옹의 반혁명 진압에도 참여했다. 1793년 5월 30일 공안위원회 위원에 선출되었으며 로베스피에르와 생쥐스트와 긴밀한 관계를 유지했다. 1794년 3~4월 로베스피에르와 생쥐스트와 함께 에베르파와 당통파를 숙청하는 데 큰 역할을 했다. 뒤이어 혁명재판소의 업무를 신속히 진행하고 공포정치의 개시를 알리는 프레리알 22일의 법(1794년 6월 10일)의 통과에도 기여했다. 테르미도르 쿠데타로 로베스피에르, 생쥐스트와 함께 체포되어 처형당했다.

쿠페, 자크미셸(Coupé, Jacques-Michel, 1737~1809) 일명 쿠페 드 루아즈(Coupe de l'Oise). 지방 사제 출신의 입법의회·국민공회 의원.

퀴스틴, 아당 필리프(Custine, Adam Philippe, 1740~1793) 직업군인이자 삼부회의 귀족 대표. 자유주의 사상을 지닌 귀족이었으며, 1789년 6월 제3신분회에 합류하였고 1789년 8월 4일 밤 봉건제 폐지를 지지했다. 1791년 군대로 돌아가 1792년 9월부터 북부 전선에서 군대를 지휘했다. 연이은 패배에 이어 1793년 7월 소환되어 처형되었다.

클라비에르, 에티엔(Clavière, Étienne, 1735~1793) 스위스의 부유한 은행가 출신. 1782년경 프랑스로 이주한 뒤 '흑인의 벗' 협회를 통해 브리소와 친분을 쌓고 그의 도움으로 1792년 3월 재무대신이 되었다. 1792년 6월 20일 다른 지롱드파 각료들과 함께 해임되었다가 8월 10일 봉기 후 복직되었다. 그러나 지롱드파와 친분 때문에 1793년 6월 민중운동 투사들에게 체포되었으며, 감옥에서 자살했다.

클레베르, 장바티스트(Kléber, Jean-Baptiste, 1753~1800) 프랑스 혁명기의 장군. 1793년 프랑스 서부 방데 지방의 반혁명 반란을 진압했고 나폴레옹 보나파르트의 이집트 원정(1798~1800) 때 크게 활약했다. 석공의 아들로 태어나 1776~1782년에 오스트리아 육군에서 장교로 복무했고 1789년 7월 프랑스 혁명이 일어나자 곧 국민방위대에 들어갔다. 전쟁이 시작된 후 1793년 4~7월에 오스트리아 군에게 포위당한 마인츠를 성공적으로 방어해 냈다. 이어 10월에는 숄레에서 반란군을 격퇴했고 12월 13일 르망에서, 10일 후에는 사브네에서 반란군을 궤멸시켰다. 1794년 4월 모젤 주둔군인 주르당의 군대와 합류하기 위해 북쪽으로 파견된 그는 프랑스의 벨기에 정복에 결정적인 역할을 한 플뢰뤼스 전투를 승리로 이끌어 명성을 떨쳤다. 1798년 4월 나폴레옹 보나파르트가 이집트 원정군의 사단장으로 임명되어 큰 활약을 펼쳤다. 1800년 6월 이집트 통치를 막 시작한 직후 한 광신도에게 암살당했다.

클로츠, 장바티스트(Cloots, Jean-Baptiste, 1755~1794) 별칭은 아나카르시스 클로츠(Anacharsis Cloots). 급진적 민주주의자. 프랑스 혁명 당시 유럽에 대한 프랑스의 팽창 정책을 주도했다. 프로이센의 귀족 가문에서 태어난 클로츠는 1776년 파리로 건너가 디드로(Denis Diderot, 1713~1784)의 《백과전서(Encyclopdie)》 편찬에 참여했다. 1784년 프랑스를 떠나 유럽 전역을 여행하다 1789년 혁명이 일어나자 파리로 돌아왔다. 곧 열렬한 민주주의자가 되었고 자코뱅 클럽에 가담했다. 36명으로 이루어진 외국인 대표단(스스로 '인류의 사절'이라고 함)의 일원으로 1791년 6월 17일 국민의회에서 한 연설을 통해 전 세계는 프랑스 혁명의 민주적 이념을 지지한다고 선언했다. 이때부터 자신을 '인류의 대변자'라 부르며 '아나카르시스'라는 별명을 사용했다. 프랑스 시민권을 얻고 1792년 9월 국민공회 의원으로 선출된 그는 프랑스가 유럽의 나머지 지역을 해방시켜야 한다고 주장했다. 국민공회도 혁명의 십자군을 조직하자는 그의 요청을 지지했고 이미 오스트리아·프로이센과 싸우고 있던 프랑스는 대부분의 유럽 열강과의 전쟁에 곧 돌입했다. 1793년 6월 자코뱅 클럽이 권력을 잡자 그는 자크 에베르가 이끄는 자코뱅 좌파에 가담했다. 그해 12월 자코뱅 지도자인 로베스피에르는 비(非)기독교화 운동 세력인 에베르파를 지지했다는 이유로 클로츠를 자코뱅 클럽에서 축출했다. 결국 로베스피에르로부터 외국 간첩으로 고발당해 에베르파의 다른 지도자들과 함께 처형당했다.

ㅌ

타르제, 기 장바티스트(Target, Guy Jean-Baptiste, 1732~1807) 파리 고등법원 변호사 출신의 삼부회 의원. 혁명전 대법관 모푸(René-Nicolas-Charles-Angustin de Maupeou, 1714~1792)의 사법개혁에 반대하고 프로테스탄트에 대한 관용령 발표에 기여하여 명성을 얻었으나 혁명기에는 두드러진 활동을 하지 못했다.

탈레랑, 샤를 모리스 드(Talleyrand, Charles Maurice de, 1754~1838) 귀족 출신이며, 군인 집안에서 태어났지만 어린 시절에 한쪽 다리를 다쳐 성직자가 되었다. 1788년 오튕(Autun)의 주교로 임명되었고 1789년 삼부회 의원에 당선되었다. 국민의회에서는 교회 재산의 국유화를 제안하여 교회로부터 파문당하였다. 혁명전쟁이 일어나고 군주제가 폐지되자 미국으로 망명하여 토지 매매·투기 등으로 거부가 되었고 방탕한 생활에 빠졌다. 테르미도르 반동으로 산악파가 몰락한 후, 1796년 다시 프랑스로 돌아와 총재정부의 외무를 담당하였다.

1799년 나폴레옹의 정권 장악과 동시에 외무장관에 취임, 능란한 수완을 발휘하여 권력과 재력을 얻었으며, 이후로도 루이 필리프 통치기에 이르기까지 줄곧 고위 관직에 있었다.

탈리앵, 장랑베르(Tallien, Jean-Lambert, 1767~1820) 혁명가. 1794년 로베스피에르를 몰락시키는 데 이바지한 뒤 테르미도르파의 지도자가 되었다. 1792년 8월 10일 봉기에 가담한 뒤 정치 생활을 시작해 파리 코뮌 장관이 되었고, 국민공회 의원으로 선출되어 좀 더 급진적인 산악파와 손잡고 지롱드파와 맞섰다. 그 후 보안위원회 위원으로 프랑스 남서부 지방에 파견되어, 신병을 모집하고 보르도의 반란군을 진압했다. 1794년 3월에 파리로 소환된 그는 공안위원회를 지지했지만, 공안위원회가 그의 정부인 카바뤼 부인이라는 귀족을 체포하도록 명령하고 그녀가 탈리앵의 정부임을 들어 비난하자 공안위원회에 반대하기 시작했다. 1794년 6월 12일에 로베스피에르의 비난을 받은 뒤 바라, 푸셰를 비롯한 여러 사람들과 함께 로베스피에르를 타도할 음모를 꾸몄고, 7월 27일(테르미도르 9일)에 그 계획을 실행했다. 로베스피에르가 몰락하자 그는 테르미도르 반동 세력의 지도자가 되어 혁명재판소와 자코뱅 및 옛 동료들을 탄압하는 일에 앞장섰다. 총재정부 시절(1795~1799)에는 하원에 해당하는 500인 의회 의원이 되었지만, 모든 당파에게 의심을 받아 거의 영향력을 발휘하지 못했다. 그는

1798년까지 의석을 지키다가 나폴레옹 보나파르트와 함께 이집트 원정을 떠났다. 1801년 4월 파리로 돌아온 후에는 1차 왕정복고(1814)를 지지했고, 나폴레옹의 백일천하도 지지했다. 그러나 제2차 왕정복고(1815) 때는 연금을 못 받아 여생을 가난하게 살았다.

튀리오, 자크알렉시(Thuriot, Jacques-Alexis, 1753∼1829) 법률가 출신의 입법의회·국민공회 의원. 국민공회에서는 산악파로 1793년 7월 10일 공안위원회에 들어갔으나 국민공회에서 로베스피에르를 비난한 후 9월 20일 위원회에서 나왔고 이어 자코뱅 클럽에서 추방되었다. 테르미도르 쿠데타 당시 국민공회 의장으로 중요한 역할을 하였고 이후 자코뱅 클럽에 복귀했다. 1795년 프레리알 민중봉기에 참여하여 체포되었다가 사면되었다.

ㅍ

파니스, 에티엔 장(Panis, Étienne Jean, 1757∼1832) 파리 고등법원 변호사 출신의 국민공회 의원. 1792년 6월 20일 봉기의 지도자 중 한 사람이며 8월 10일 봉기를 주도한 봉기 코뮌의 성원으로 9월 학살에도 적극적으로 참여했다. 국민공회에서는 테르미도르 쿠데타에 참여했지만 이후에도 계속 자코뱅이었고 1795년 5월 프레리알 민중봉기에 참여하였다가 체포되었다.

파브르 데글랑틴, 필리프(Fabre d'Eglantine, Philippe, 1755∼1794) 극작가이자 국민공회 의원. 코르들리에 클럽 회원으로 당통, 마라와 함께 활동했다. 1793년 10월에 채택된 혁명력에서 달(月)들의 시적인 이름을 고안했다. 외국인의 음모 및 동인도 회사 사건에 연루되어 처형되었다.

파슈, 장 니콜라(Pache, Jean Nicolas, 1746∼1823) 구체제 하에서 해군부 직원과 왕실의 집사로 일하다가 유능함을 인정받아 혁명기에는 롤랑이 지휘하는 내무부와 세르방이 지휘하는 육군부에서 일했다. 1792년 10월 지롱드파의 지원을 받아 육군장관이 되었다가 1793년 2월 해임되었다. 장관 시절 산악파로 기운 파슈는 해임과 거의 동시에 파리 시장에 선출되었다. 공공 기념물에 '자유·평등·우애'라는 모토를 새기게 한 사람이 바로 파슈이다. 1793년 5월 31일∼6월 2일 봉기에서 중요한 역할을 한 그는 테르미도르 쿠데타 이후 공격을 받고 공직 생활에서 은퇴했다.

파양, 클로드프랑수아 드(Payan, Claude-François de, 1766∼1794) 도피네 지방의 포병대 장교 출신으로 정치를 하기 위해 전역하고 파리로 올라왔다. 1793년 공안위원회 사무국에서 일하다가 1794년 3월 쇼메트의 뒤를 이어 코뮌 검사가 되었다. 코뮌을 정부위원회들의 유순한 협력자로 만들기 위해 노력했다. 테르미도르 쿠데타가 일어났을 때 로베스피에르를 구하기 위해 싸우다 체포되어 처형당했다.

파올리, 파스칼(Paoli, Pascal, 1725~1807) 코르시카의 정치가·애국지사. 제노바의 코르시카 지배를 종식시키는 데 이바지했으며 계몽정치와 개혁을 실시했다.

1735년부터 제노바에 대항해 코르시카인들을 이끌었던 자친토 파올리의 아들이며, 1739년 망명을 떠나는 아버지를 따라 나폴리로 갔다. 그곳 사관학교에서 공부하고 코르시카의 독립을 위한 투쟁을 준비했다. 1755년 코르시카로 돌아와 제노바파를 누르고 유럽의 어느 나라보다도 민주적인 헌법에 따라 건설된 행정부에 선출되었다. 그 뒤 9년 동안 계몽적 전제주의 원칙을 내세워 경제와 정치를 안정시키고 코르시카를 변모시켰다. 동시에 전쟁을 계속했는데 처음에는 제노바와 싸우다가 1764년부터는 제노바의 동맹국인 프랑스와 싸웠다. 프랑스는 1768년 코르시카를 매입, 침입해 들어와 1769년 민족주의자들을 패배시켰다. 파올리는 영국으로 피신해 조지 3세로부터 연금을 받으며 이후 20년 동안 런던에서 살았다. 프랑스 혁명 중에 중장 겸 군사령관으로 임명되어 1790년 7월 코르시카로 돌아갔으나 1793년 프랑스와 결별하고 다시 독립운동을 이끌었다. 1794년 영국 해군의 지원을 받으며 프랑스인들을 몰아냈고 그 뒤 조지 3세에게 코르시카 통치를 제의했다. 조지 3세는 길버트 엘리엇 경을 부왕(副王)으로 파견했고 엘리엇은 파올리가 아닌 포초 디 보르고를 수석고문관으로 채택했다. 파올리는 실망했으나 내분을 바라지 않았으므로 1795년 은퇴해 영국으로 가서 영국 정부가 주는 연금을 받으며 살았다.

페인, 토머스(Paine, Thomas, 1737~1809) 영국 태생의 미국 작가. 정치적인 문제를 다룬 소책자 《상식(Common Sense)》과 《위기(Crisis)》를 통해 미국 독립전쟁에 중요한 영향을 끼쳤다. 1789년 프랑스 혁명이 일어나자 《인간의 권리》를 통해 프랑스 혁명을 옹호하고 왕정에 맞서 공화정을 역설했다. 당시 영국에서 활동 중이던 그는 획기적인 개혁 내용을 담은 이 책 때문에 영국 정부에 반역죄로 기소되었으나, 체포령이 도달하기 전에 프랑스 국민공회 의원으로 선출되어 이미 프랑스로 향하던 중이었다. 프랑스에서 그는 군주제 철폐에 환호를 보냈지만 왕당파에 대한 테러를 유감스럽게 생각하여, 국왕 루이 16세의 목숨을 구하려 했으나 실패했다. 로베스피에르와 산악파가 권력을 잡자, 왕을 구하려 했던 노력의 대가로 1793년 12월 28일 투옥당했고 1794년 11월 4일 로베스피에르의 실각과 함께 풀려났다. 석방된 뒤 페인은 다시 국민공회에 들어갔다. 그러나 이신론적(理神論的) 입장에서 쓴 《이성의 시대》 제1부(1794)·제2부(1796)가 무신론(無神論)이라는 오해를 받게 되어 1802년 다시 미국으로 건너갔으나 그곳에서도 지난날 독립전쟁의 영웅으로서가 아니라 '추악한 무신론자'로서 비난을 받았다. 그는 빈곤과 고독 속에서 파란 많은 생애를 마쳤다.

페티옹, 제롬(Pétion, Jérôme, 1756~1794) 변호사 출신의 제헌의회·국민공회 의원. 제헌의회에서는 절친한 친구 로베스피에르와 함께 민중들에게도 참정권을 부여하는 더 진전된 민주개혁을 실시하기 위해 노력했다. 제헌의회가 해산한 뒤인 1791년 11월 파리 시장에 선출되었다. 그는 입법의회 시기에 지롱드파와 긴밀한 관계를 맺어 1792년 6월 20일 지롱드파가 루이 16세에 반대하는 대중 시위를 조직했을 때 시위를 적극적으로 진압하지 않았다. 그에 대한 보복으로 루이 16세는 7월 12일 그의 직무를 정지시켰지만 입법의회는 8월 3일 그를 다시 시장으로 임명했다. 국민공회에서는 지롱드파에 가담하여 1793년 6월 지롱드파의 몰락과 함께 의회에서 쫓겨났다. 체포를 면한 그는 몸을 피했다가 역시 지롱드파 지도자인 뷔조와 함께 자살했다.

포셰, 클로드(Fauchet, Claude, 1744~1793) 혁명 전 부르주(Bourges)의 부주교로서 혁명을 지지하였으며, 1791년 제헌의회가 부과한 입헌선서를 하고 칼바도스(Calvados) 도의 입헌주교가 되었다. 입법의회·국민공회 의원으로 선출되었으며 다른 지롱드파와 함께 1793년 처형당했다.

푸셰, 조제프(Fouché, Joseph, 1759~1820) 정치가이자 프랑스 경찰의 조직가. 구체제 하에서 오라토리오회 소속 학교의 교사로 일하다 1790년 수도회가 해산된 후 낭트 콜레주의 교장이 되었다. 1792년 9월 낭트에서 국민공회 의원으로 선출되어 낭트, 오브, 니에브르 등지에 파견되어 급진적인 비기독교화 정책을 폈다. 리옹에서는 콜로 데르부아와 함께 포로가 된 반란군에 대해 대규모 총살형을 집행하는 등 과도한 탄압 조치로 악명을 얻고 국민공회에 소환되었다. 소환된 후 로베스피에르에게 위협을 느끼고 테르미도르 쿠데타에 참여했다. 1799년 7월 20일에는 경찰장관이 되었고, 이어 나폴레옹의 브뤼메르 18일 쿠데타를 열렬히 지지했다. 이후 나폴레옹의 비밀 경찰을 조직하는 임무를 맡고 1809년 오트랑트 공작(duc d'Otrante) 작위를 받았다.

푸키에탱빌, 앙투안 켕탱(Fouquier-Tinville, Antoine Quentin, 1746~1795) 프랑스 혁명기의 법률가. 공포정치 시기에 혁명재판소에서 검찰관으로 활약했다. 저널리스트인 카미유 데물랭의 친구이자 친척이었다. 일찍부터 혁명을 지지했고 하위 법률 공무원에서 파리 형사재판소 검사 대리까지 승진했다. 1793년 3월에는 혁명재판소 검사로 임명되었으며 공포정치 때 주도적인 인물로 부상했다. 부지런하면서도 무자비한 성격인 그는 마리 앙투아네트, 데물랭, 지롱드파, 에베르파 등 2,400명이 넘는 반혁명분자를 기소했다고 공언했다. 로베스피에르가 몰락한 이후 테르미도르 쿠데타의 주모자들에 의해 재판을 받고 처형되었다.

프라이, 쥐니우스(Frey, Junius, 1759~1794) 합스부르크가를 위해 군수품 도급을 맡아 부를 쌓은 후 1792년 스트라스부르로 이주하여 프랑스에 귀화하였다. 곧 파리로 와 국유지 투기로 돈을 벌고 여러 정치 집단과 친분을 맺었다. 1793년 스파이 혐의로 공안위원회에 고발되었다가 기소를 면했지만 다시 '외국인의 음모' 사건에 연루된 혐의로 체포되어 처형당하였다.

프레롱, 루이(Fréron, Louis, 1754~1802) 프랑스 혁명기의 언론인이자 국민공회 의원. 1789년 혁명 발발 직후 〈민중의 대변자(L'Orateur du Peuple)〉이라는 신문을 창간하여 새로운 입헌군주정을 맹렬하게 비난했다. 1791년 6월 국왕 루이 16세의 탈출 기도가 실패로 돌아가자 프레롱은 국왕의 처형을 요구했다. 국민공회에서는 산악파에 속했다. 1793년 3월 마르세유와 툴롱의 반혁명 활동 진압을 위해 파견되어 생포된 수백 명의 반란자들을 학살한 후 1794년 3월 공안위원회에 소환되었다. 신변의 위험을 느낀 프레롱은 테르미도르 9일 쿠데타에 적극적으로 가담했다. 뒤이은 테르미도르 반동의 와중에서 프레롱은 〈민중의 대변자〉를 통해 자코뱅을 성토하는 한편, 반혁명 테러단인 '귀공자단(jeunesse dorée)'을 조직하여 길거리에서 자코뱅 활동가들을 습격했다. 브뤼메르 쿠데타 후인 1801년 11월 산토도밍고 군수로 임명되었다.

프롤리, 피에르(Proly 또는 Proli, Pierre, 1752~1794) 오스트리아 재상 카우니츠의 서자로 알려진 인물. 1780년대부터 파리에서 생활했으며 급진적 신문 〈세계주의자〉를 발간했다. 뒤무리에를 포함한 지롱드파와 친분이 있던 그는 뒤무리에의 배신을 막기 위해 국민공회에 의해 여러 차례 벨기에에 파견되었으나 임무에 실패하고 뒤무리에가 오스트리아로 넘어간 후 공모를 의심받았다. 1793년 민중협회 대표들의 협의체인 중앙위원회 구성에 기여하기도 했으나 점점 더 외국의 스파이로 의심을 사게 되었고 1794년 2월 체포되어 에베르파와 함께 처형되었다.

프리외르 드 라 코트도르 (또는) 프리외르뒤베르누아 클로드 앙투안(Prieur de la Côte-d'or, Prieur-Duvernois, Claude Antoine, 1763~1832) 공병 기술자 출신의 입법의회·국민공회 의원. 1793년 8월 14일 역시 공병기술자인 친구 라자르 카르노와 함께 공안위원회 위원에 선출되었다. 카르노가 군사 작전을 전담한 반면, 프리외르는 군수 물자와 관련된 모든 문제에 대해 관할권을 부여받았다. 군수 산업의 국유화를 지휘했으며 자코뱅 정권이 수행한 광범위한 통제경제 정책에서 중요한 역할을 했다. 그러나 그는 통제경제 정책을 임시방편으로 생각하고 파리의 민중들이 요구하는 사회복지 정책을 반대하는 등 보수적인 모습을 보였다. 전쟁 수행 문제를 둘러싸고 로베스피에르와 갈등을 일으킨 카르노를 지지했지만, 테르미도르 쿠데타에는 가담하지 않았다. 전쟁 수행에서의 공을 인정받아 테르미도르 반동기에 숙청을 면했다. 총재정부 시기에 500인 의회에 선출되었으나 1798년 군에 복귀했다.

프티장, 장바티스트(Petitjean, Jean-Baptiste, 1750~?) 성직자, 공산주의자. 재산을 나누어 갖고 최소한의 것만 소유할 것을 시민들에게 설교했다.

피슈그뤼, 장샤를(Pichegru, Jean-Charles, 1761~1804) 군인. 농민의 아들로 태어났으며, 1789년 혁명이 일어날 당시 특무상사였다. 1792년 중령으로 진급했다. 1793년 10월 라인 강 주둔군의 지휘관으로 임명되어 오슈 장군을 도와 12월 알자스에서 오스트리아-프로이센 동맹군을 몰아내는 데 공을 세웠다. 그러나 경쟁자인 오슈를 시기해 정부에 오슈를 반역자라고 모함하여 투옥시켰다(1794년 3월). 1794년 4월 북부군 지휘관으로 모젤 주둔군 사령관 주르당 장군과 함께 오스트리아령 네덜란드 침공 작전을 감행해, 1795년 1월 암스테르담을 점령했다. 파리에 개선하면서 조국의 구원자로 환호를 받았다. 1795년 중엽 모젤·라인 강 주둔군 통합사령관에 임명되었지만, 이때 이미 프랑스 공화정에 등을 돌리기 시작했다. 1796년 3월 사령관직을 사임하고 1797년 5월 500인 의회 의장에 선출되어 왕당파 의원들을 지지했다. 그러나 반역 세력과 접촉한 소문이 파리에 퍼져 있었고, 프뤽티도르 18일(1797년 9월 4일)의 쿠데타로 왕당파가 정부에서 추방될 때 체포되어 기아나로 유배당했다. 기아나 제도에서 탈출한 그는 독일을 거쳐 영국으로 망명했다. 1804년 1월 비밀리에 프랑스에 잠입, 보나파르트 정권을 전복하기 위한 음모를 추진했다. 2월 28일 파리에서 체포되어 파리 기사단 감옥에 수감되었다가 시신으로 발견되었다.

피트, 윌리엄(Pitt, William, 1759~1806) 영국의 총리(1783~1801, 1804~1806). 아버지인 윌리엄 피트와 구별하여 흔히 소(小)피트라 불린다. 18세기 중반의 유명한 정치가인 채텀 백작 1세 윌리엄 피트(大피트)의 둘째 아들이다. 1783년에 총리가 되었으며, 프랑스 혁명이 일어나자 1793년 대불 동맹의 결성을 주도했다.

필리포, 피에르 니콜라스(Philippeaux, Pierre Nicolas, 1756~1794) 법률가 출신의 국민공회 의원. 국민공회에서는 당통파였으며, 루이 16세 재판에서 '민중에의 상소'를 지지했다. 프랑스 서부 반란 지역에 파견되었으나 상퀼로트 장군 로시뇰 및 롱상과 대립하여 코르들리에 클럽에 고발되었고 1794년 1월 자코뱅 클럽에서 추방되었다. 1794년 3월 소환되어 당통파와 함께 처형되었다.

| 옮긴이 후기 |

사후 두 세기가 지났어도 로베스피에르는 여전히 논쟁거리가 되는 인물이다. 그리고 그 논쟁은 언제나 발언하는 이의 정치적 입장과 시대의 정치적 상황 및 요구에 직결되어 있다. 그런 점에서 로베스피에르를 둘러싼 논쟁은 어느 역사가가 말했듯 '프랑스의 영구적 내전'의 양상을 띠고 있다. 그러나 프랑스 혁명에서 로베스피에르가 차지하는 위치와 역할을 어떻게 평가하든, 이 책의 저자가 인정하는 대로 그가 "사랑하기 어려운" 인물이라는 것도 사실이다. 그것은 그의 이미지가 '기요틴(단두대)', 곧 공포정치와 직결되어 있기 때문일 것이다.

소수의 사회주의자 또는 사회주의적 성향을 보였던 인물들을 제외하면 19세기의 역사가들 대부분은 공포정치의 잔혹함이 로베스피에르의 지적·도덕적 결함에 기인한다고 생각했다. 그들에게 로베스피에르는 '교수대의 독재자,' '기요틴의 교황,' '동정심 없고 무자비한 인물,' '정신과 마음이 증오로 뒤틀린 인물,' '재능은 평범하면서 야심은 극단적인 인물', '전형적인 공론가', '위선적인 비방꾼'이었다. 이러한 평가들은 반혁명적 역사가들만의 것이 아니었다. 혁명을 지지하고, 프랑스가 위기에 처해 있던 1793년에는 강력한 정부와 비상조치가 필요했다고 인정하는 역사가라 해도 프레리알 22일(1794년 6월 10일) 법 이후의 '대공포'는 '야만과 광기의 체제'이자 '중세의 부활'로서 용인할 수 없는 것이었다. 로베스피에르는 바로 그것에 전적으로 책임이 있는 인물이었다.

로베스피에르에 대한 이러한 가차없는 평가는 20세기 후반 들어 더 세련된 수사와 함께 부활했다. 프랑스 혁명의 사회경제적 배경과 원인, 계급투쟁적 내용을 강조하는 '자코뱅-마르크스주의적' 해석을 비판하며 출현한 '수정주의 학파'의 역사가들은 로베스피에르에 대한 비판에서 위에 언급한 19세기 역사가들의 시각으로 복귀했다. 드니 리셰(Denis Richet)에 따르면 로베스피에르의 비열한 성격적 특징, 즉 인신공격·의심·고발·저급한 음모의 성향이 그의 인기와 성공에 기여한 요인이었다. 프랑수아 퓌레(Francois Furet)와 모나 오주프(Mona Ozouf)는 로베스피에르가 혁명의 담론을 누구보다도 잘 구사하는 인물이었고 그것이 그가 권좌에 오른 이유라고 보았다. 그 담론이란 음모와 의심, 특권층과 민중, 반역자와 애국파라는 마니교적 담론이었다. 그들에 따르면 혁명과 공포정치에서 로베스피에르의 인성의 문제는 중요하지 않다. 단지 로베스피에르는 혁명의 시작과 함께 작동하기 시작한 혁명 이데올로기의 논리를 이해하고 그 담론의 확산에 자신의 입술을 빌려주고 혁명의 소용돌이에 자신을 맡긴 것뿐이었다. 그러나 로베스피에르를 혁명적 담론의 운반책으로 보는 이러한 시각에서도 여전히 로베스피에르는 무자비한 야심가이며, 마키아벨리적이고 의심 많은 살인자이다.

이 책의 저자 장 마생은 이와 같은 초상화 속의 인물을 전정한 로베스피에르라고 인정하지 않는다. 장 마생이 《로베스피에르, 혁명의 탄생》에서 그려낸 로베스피에르의 초상화는 20세기 초 로베스피에르의 복권을 위해 매진했던 '자코뱅-마르크스주의적' 해석의 기수 알베르 마티에즈에 기대고 있다. 마티에즈에 따르면 로베스피에르는 섬세한 감수성의 소유자이며 타고난 웅변가였고 시대에 앞서 서정적이고 낭만적인 문체를 구사한 탁월한 문필가였다. 로베스피에르는 무엇보다 민주주의의 건설자이자 가난한 이들을 사랑한 민중의 벗이었으며 그들을 위한 사회적 강령을 가지고 있었다. 그 구체적인 예는 재산의 재분배와 사회정의를 위한 위대한 정책의 출발점인 방토즈 법이었다. 또 마티에즈는 프레리알 22일 법이 끔찍한 것이었음을 인정하지만 그 법의 시행에서 로베스피에르의 역할을 최소화하고 공안위원회 전체에 책임을 돌리고자 했다. 이러한 마티에즈의 시각을 이 책의 곳곳에서 발견할 수 있다.

그렇다고 해서 마생이 로베스피에르에 대한 다소간 감상적인 이러한 시각에만 머물러 있는 것은 아니다. 마생은 마티에즈에 기대어 혁명주체들의 경제적 동기와 공포정치의 사회경제적 성격을 강조하면서 로베스피에르의 진보적이고 민중적인 측면을 강조하지만 동시에 로베스피에르가 사회적으로는 부르주아이자 사상적으로는 루소의 아들이라는 그 자신의 한계와 훗날 마르크스와 레닌이 딛고 서 있던 계급적 토대를 결여한 18세기 말의 시대적 한계에 갇힌 인물이었음을 직시한다. 그 점에서 마생은 마티에즈의 뒤를 잇는 조르주 르페브르와 알베르 소불의 연구 성과에도 닿아 있다. 로베스피에르가 옹호했던 민중은 수십 년 후에나 노동자 프롤레타리아가 될, 혁명기에는 전혀 균일하지 못한 집단이었다. 그 민중은 낡고 모순적인 이데올로기와 혼란스러운 요구들에 갇혀 있었고 로베스피에르 역시 그 혼란과 모순에서 빠져나오지 못했다. 게다가 로베스피에르에게 민중은 혁명의 심장이며 팔이지만 혁명의 두뇌는 여전히 부르주아지였다. 부르주아 로베스피에르는 '빵'을 위해 봉기하는 민중의 현실적 상황에 온전히 공감하기 어려웠다. 로베스피에르의 몰락은 그러한 점들로 설명된다. 궁극적으로 그는 민중·민중운동과 괴리될 수밖에 없었고, 프레리알 22일 법에 따른 대공포와 최고 존재(Être suprême)에의 귀의(歸依)는 그 괴리의 귀결이었다.

프랑스 혁명사 연구에서 혁명의 사회경제적 요인을 부차적인 것으로 간주하고 혁명적 투쟁의 사회 계급적 내용을 경시하는 수정주의적 해석이 득세하고 현실사회주의가 몰락한 상황에서 마생의 시각은 어느 정도 구식으로 보이는 것이 사실이다. 그러나 20세기 후반의 수정주의적 해석이 앞선 시대의 연구를 거칠고 조야한 것으로 보이게 만드는 세련된 수사와 연구방법론을 활용하고 있다고 해서 로베스피에르를 더 공정하고 유의미하게 평가하고 있다고 예단할 이유는 없다. 로베스피에르 개인과 그가 속한 사회의 구체적 정황에 밀착하여 양자를 이해하려는 마생의 소박한 방식은 앞에 언급한 퓌레와 오주프 식의 설명, 즉 공포정치가 이미 혁명 초부터 출현한 마니교적 담론 속에서 정당화되었으며 그 담론은 바로 로베스피에르의 입을 통해 가장 순수한 형태로 표현되었다는 주장을 오히려 효과적으로 반박한다. 마생이 이미 50년 전에 우리에게 소개한 로베스피에르는 구체적인 현실 속에서 수행 가능한 임무를 직시하고 그것을 설득하는 합리적이고 현실적인 인물이었다. 바로 그런 맥락에서 로베스피에르는 국왕의 바렌 탈주 직후 공화주의 운동에 반대했고, 입법의회에서 전쟁에 반대했으며, 사형제에 반대했고, 1791년 헌법의 결함과 취약성에도 불구하고 헌법의 수호자로 자처했으며 준비되지 않은 무모한 봉기에 반대했던 것이다.

로베스피에르의 여러 전기들 중에서도 출간된 지 50년이 지난 이 책을 선택한 것은 마생의 시각과 방법이 아직도 가치 있고 유의미하다고 생각했기 때문이었다. 또 마생의 시대로부터 반세기의 시간이 흐르고 중요한 시대적 변화가 있었음에도 여전히 적지 않은 이들이 마생의 시각을 공유하고 있기 때문이기도 하다. 프랑스혁명 200주년(1989년) 기념 사업을 총괄했던 혁명사의 대가 미셸 보벨(Michel Vovelle)이 스스로 여전히 '로베스피에르주의자'임을 선언한 것이나, 1983년 폴란드의 감독 안제이 바이다(Andrzej Wajda)의 영화 〈당통〉이 상영되었을 때 프랑스 좌파 지식인들과 정치가들이 보여준 반응은 그들이 여전히 로베스피에르를 자신들의 모범이자 상징으로 여기고 있음을 보여주는 것이었다. 그들에게 로베스피에르는 장 마생이 그려낸 초상화 속의 그 인물, 즉 1789년 삼부회 소집에 앞서 고향인 아라스 구두수선공 조합의 진정서를 작성하는 것으로 정치적 경력을 시작한 인물, 의회와 자코뱅 클럽에서 끊임없이 민중, '하층민', '가진 것 없는 이들', '추방당한 이들', 유대인, 노예를 위해 싸운 인물, 제헌의회에서 납세액에 따른 선거권 제한에 외롭게 맞서 싸운 민주주의자, 전쟁이 군사독재로 이어질 것을 예견하고 전쟁을 거부한 선견지명의 정치가이다. 로베스피에르의 대한 그들의 애정을 가장 잘 표현한 것은 아마도 미셸 보벨이 〈당통〉에 관한 진지하고 비판적인 평을 마무리하면서 인용한 20세기 초의 사회주의자 장 조레스의 선언일 것이다. "나는 로베스피에르와 함께 있다. 그리고 나는 자코뱅 클럽에서 그의 옆에 앉을 것이다."

모든 일이 그렇지만 이 책을 번역하면서 많은 분들의 크고 작은 도움을 입었다. 옆에서 응원해주신 연구실 선후배들, 그리고 사랑하는 딸 새날에게 고마움을 전하고 싶다. 특히 귀한 머리말을 흔쾌히 써주신 최갑수 선생님께 감사드린다. 선생님께서는 번역을 권하시고 번역하는 동안 따뜻하고 유익한 조언을 아끼지 않으셨다. 선생님께 머리 숙여 감사드린다.

2005년 7월
양희영

■ 용어 찾아보기

〈공화주의 체제〉 539, 632
〈노예제의 사슬〉 64
〈라 마르세예즈〉 245, 247, 292, 323, 354
〈민중의 벗〉 64, 65, 94, 96, 128, 212
〈비외 코르들리에〉 497, 498, 500, 504, 509, 516, 524, 554, 559
〈사도행전〉 116
〈새벽〉 84
〈파리 시민에게 드리는 가로등의 담화문〉 94
〈파리 신문〉 104
〈파리의 혁명〉 94, 95, 120, 144, 194
〈페르 뒤셴〉 456, 459, 514, 549, 550, 572
〈프랑스인들에게 보내는 편지〉 187
〈헌법의 수호자〉 264, 346
《독일농민전쟁》 550

12인 위원회 409~412
1789년 협회 116, 130, 174, 182
1791년 헌법 89, 191, 398, 480
1793년 헌법 398, 401~403, 423, 424, 628, 673
1차 회의 119, 173, 341
5월 31일 봉기 136, 180, 205, 238, 404, 413, 419, 556, 584, 655, 660, 670, 674
7월 왕정 30, 104, 146, 147, 384

8월 10일 봉기 234, 238, 242, 243, 245, 261~263, 283, 292~294, 297, 299, 300, 306, 312, 323, 355, 356, 365, 366, 369, 371, 374, 409, 412, 417, 422, 449, 450, 459, 532, 549, 556, 585, 670, 679
9월 학살 314, 322, 323, 332, 335, 352, 459, 497, 524

ㄱ

감시위원회 322, 326, 335, 417, 460, 478, 479
(국왕의) 거부권 90, 92, 93, 123, 139, 187, 211, 212, 268, 281, 286, 366
거부파 성직자 201, 203, 206, 208, 211, 212, 217, 268, 279, 309, 312, 323, 480
격앙파 335, 379, 380, 382, 395, 396, 403, 425, 427, 444, 447, 449, 456, 458, 459, 496, 538, 616
경건파 50
계몽사상 20, 231, 521
공공검사 160, 166, 259, 619, 676
공안위원회 29, 39, 62, 84, 105, 227, 234, 305, 320, 343, 391, 416~418, 420, 422, 423, 428, 429, 432~434, 438, 445, 449, 450~456, 460~471, 475, 478~480, 482, 491, 493~502, 506~508, 513, 518, 522, 526, 527,

536, 537, 539, 546~548, 552, 568~
573, 575, 579, 588, 589, 592, 593,
596, 597, 600, 602, 604, 605, 607,
608, 611, 619, 621, 620, 623, 624,
626, 628~631, 644, 647, 650, 652,
656, 657, 666, 674, 678
공정가격제 204, 242, 270, 275, 333,
334, 358, 396, 572, 573, 594
공포정치 67, 84, 158, 210, 363, 458,
460, 461, 463, 464, 479, 490, 491,
500, 513, 522, 524~527, 544, 545,
546, 562, 573, 575, 591, 592, 603,
619, 628, 636, 639, 642, 646, 657,
658, 661, 665, 678, 679
공화국 56, 132, 170, 174, 176, 191,
264, 290, 308, 341, 342, 346, 348,
352, 356, 358, 364~369, 380, 381,
382, 392, 405, 419, 423, 426, 432,
433, 440, 447, 455, 456, 461, 466,
469, 474, 481, 488, 510, 511, 512,
522, 523, 526, 534, 538, 540, 555,
556, 561, 573, 576, 583, 584, 592,
596, 602, 625, 628, 631, 633, 642~
645, 650, 651, 664, 669, 682
관용위원회 505
관용파 28, 57, 266, 490, 501, 506,
513, 514, 517, 521, 527, 546, 547,
549, 552, 554, 557, 560, 563, 568,
570, 594, 606, 619, 626, 628, 647,
652
국가참사회 69, 71
국민공회 29, 30, 37, 57, 58, 62, 66,
73, 74, 83, 84, 100, 105, 107, 115,
136, 150, 151, 174, 187, 205, 207,
227, 235, 237, 239, 243, 245, 267,
269, 293, 294, 304, 308, 309, 320,
327, 328, 331~333, 335, 335~337,
340, 341, 343~346, 350, 352, 354~
357, 359, 360, 362, 365~370, 374,
383, 384, 386~391, 393~399, 404,
409~412, 416~419, 422~425, 427,
430, 432~434, 440, 441, 444~446,
448, 450~456, 459, 460~464, 466~
471, 474, 475, 477~480, 482~484,
488, 490, 491, 494, 499, 500, 501,
505, 506, 508, 513, 514, 518, 521,
522, 527, 532, 534~536, 539, 546,
554, 555, 559, 560, 568, 569, 576,
578, 580, 582, 584, 585, 591, 592,
594, 604, 606~613, 617, 619, 622~
624, 628, 632, 634, 644, 647, 650,
652, 653~656, 660, 661, 664~675
국민방위대 94, 95, 106, 124, 134,
140, 168, 180, 201, 226, 230, 238,
279, 284, 292, 295, 300, 325, 413,
417, 441, 547, 655, 662, 667, 671,
672
국민의 대리인 499, 569, 583
국민의회 57, 65, 84, 86, 87, 91, 97,
108, 119, 134, 145, 151, 168~170
국방위원회 387, 391
귀공자단 665
기요틴(단두대) 61, 372, 394, 412,
418, 440, 461, 465, 538, 554, 572,
588, 604, 616, 623, 644, 651, 654,
668, 676~678

ㄴ

농지법 276, 277, 334, 335, 340, 361,
393, 396, 578
능동시민 103, 111, 119, 146, 182, 292
님 소요 160, 161

ㄷ

단일 의지 456
당통파 174, 429, 433, 450, 456, 459, 471, 491, 492, 494, 497, 500, 504, 505, 507, 509, 512, 514, 556, 591, 592, 616, 619, 655
대프랑스 동맹 218, 289, 378, 429, 475
동인도회사 사건 467, 491, 504, 517, 554, 588

ㄹ

롤랑파 348, 355
루이르그랑 콜레주 50, 55, 58, 60
르샤플리에 법 164, 165

ㅁ

마르세유 연맹군 292~294, 297, 312
망명 귀족 149, 161, 206~209, 217, 218, 226, 243, 315, 318, 333, 424, 496, 542, 554, 611
명사회 152
무정부주의 156, 228, 347, 380, 423, 444, 573
민주주의 91, 93, 106, 120, 201, 308, 341, 508, 512, 528, 529, 537, 639, 655, 658, 682
민주파 114, 145, 146, 186, 341
민중에의 상소 136, 370, 371, 426
민중전선 403, 441, 611
민중협회 94, 115, 171, 174, 179, 183, 186, 201, 280, 283, 304, 350, 394, 479, 492, 570

ㅂ

바렌 탈주 115, 123, 129, 171, 187, 200, 255, 264, 290, 308
바이이 (바이야주의 장) 66, 67
반혁명 혐의자 65, 83, 94, 310, 313, 318, 321, 323, 328, 408, 418, 446, 448, 527, 539, 542, 575, 595
방토즈 법 65, 446, 539, 541~544, 546, 548, 550, 575, 585, 594, 603, 604, 631, 632, 636
《백과전서》50, 67, 231, 355
백과전서파 278, 580
법복귀족 56, 57
보안위원회 105, 187, 205, 386, 434, 466, 471, 477, 492, 501, 521, 554, 555, 559, 573, 592~594, 605, 606, 616, 619, 620, 623, 626, 631~633, 647, 650, 666, 667, 674
보통선거 103, 111, 145, 304, 308
볼셰비키 34, 92, 181, 328, 443
봉기 코뮌 297, 304, 655
브라운슈바이크 선언 160, 161, 292, 409, 605
브뤼메르 (18일의) 쿠데타 33, 80, 115, 221, 284, 429, 636, 637
브르타뉴 클럽 83, 84, 114, 151
비선서파 성직자(선서 거부파 성직자) 201, 203, 206, 208, 211, 212, 217, 268, 279, 309, 312, 321, 323, 480

ㅅ

사업가 부르주아지 228, 229, 356
산악파 168, 169, 207, 208, 250, 260, 269, 274, 331, 340, 341, 343, 344, 347, 355, 356, 359, 361, 370, 372~374, 378~380, 382, 384, 387, 390, 393~396, 398, 399, 403, 404, 408, 410, 412, 416, 417, 419, 420, 423, 424, 427, 432, 434, 441, 443, 444, 449, 450, 471, 477, 490, 502, 506, 511, 522, 530, 532, 537, 544, 549,

556, 563, 580, 586, 594, 597, 608,
610 · 612, 644, 649, 657, 658, 663,
667
삼두파 72, 73, 101, 103, 105, 115,
116, 130, 144~146, 149, 153, 156~
159, 168, 171, 174, 176, 181~183,
187~192, 210, 211, 286, 346
삼부회 69 70, 72, 75, 78, 79, 83, 84,
91, 103, 105, 115, 119, 149, 163
상퀼로트 34, 56, 57, 59, 95, 115, 131,
162, 207, 208, 227, 233, 276, 277,
284, 287, 297, 305, 316, 325, 336,
348, 351, 379, 381, 391 · 393, 403,
405, 408, 410, 412, 413, 417, 418,
425, 429, 432, 438, 440, 441, 443,
444, 449, 454, 456, 458, 459, 463,
464, 466~468, 482, 483, 492~494,
496, 497, 505, 506, 512, 514, 529,
537, 542~546, 549, 552, 568~570,
572, 580, 583, 585, 588, 592, 594,
605, 610, 611, 628, 630, 633, 636,
638, 669, 672~675, 678, 679
샹 드 마르스 학살 102, 103, 160, 180,
182~186, 226, 254, 272, 283, 290,
320, 524
성모(聖母)의 음모 616
성직자 민사 기본법 127, 132, 133,
203, 310
수동시민 103, 134, 146, 148, 182,
291, 292, 304
스몰니 회관 180, 181
식량위원회 316, 479, 539, 572

ㅇ

아비뇽 학살 160, 161
아시냐 203, 207, 315, 394, 396, 397,
490, 497, 544, 596, 630

애국파 98, 99, 105, 106, 120, 125,
128, 129, 132, 144, 145, 173, 186,
190, 200, 214, 215, 229, 232, 234,
237, 266, 267, 279, 280, 304, 305,
314, 317, 318, 323, 324, 329, 331,
332, 349, 352, 356, 395, 408, 412,
417, 419, 424, 428, 432, 441, 447,
452, 455, 470, 496, 501, 512, 514,
518, 520, 524, 526, 529, 538, 552,
554, 555, 583, 610, 616, 622, 624,
631, 643, 648, 650, 660, 668, 674
에베르파 227, 444, 459, 460, 462,
482, 484, 492, 495, 497, 499, 501,
506~508, 512, 514, 538, 557, 592,
655, 660
연맹군 238, 279, 286~290, 292, 293,
295, 298, 300, 371, 382, 450, 453,
454, 456, 459
연맹제 124, 125, 128, 238, 585
연방주의 336, 343, 346, 511, 583
예비의원 378, 379
오스트리아 위원회 262, 267
왕당파 106, 116, 129, 190, 285, 295,
310, 314, 320, 351, 356, 382, 406,
413, 416, 418, 424, 432, 461, 491,
495, 513, 523, 553, 588, 610, 665
왕정주의자 177, 658
의회 민주주의 667
이성의 여신 484, 487
인권선언 88, 89, 93, 94, 96, 103, 108,
109, 111, 154, 222, 265, 380, 398~
400, 403, 422, 423, 582, 667
입법의회 162, 192, 200, 227, 232,
236, 239, 243~245, 252, 254, 267,
269, 280, 281, 285, 291, 293, 304,
305, 308, 309, 315, 316, 320, 327,
331, 332, 335, 336, 341, 344

입헌파 성직자 251, 270, 480, 483

ㅈ

'자유, 평등, 우애' 270
자코뱅 32, 35, 41, 73, 83, 94, 107, 114~117, 130~132, 139, 140, 141, 145, 146, 148, 153, 157, 158, 160, 162, 163, 169, 170, 173, 174, 176, 178, 179, 181~184, 186, 190, 192, 200, 203, 204, 206~208, 210, 212, 214~216, 221, 227, 228, 232, 235, 236, 241, 242, 244~246, 248, 251, 254, 256~258, 261, 264, 265, 267, 269, 278, 280~282, 284~287, 304, 309, 341, 346, 347, 348, 350, 354, 355, 378, 379, 382, 383, 384, 390, 391, 399, 410, 411, 416, 418~420, 426, 428, 429, 443, 449, 450, 452, 453, 456, 459, 460, 462, 477, 484, 486, 492, 495, 496, 500, 506, 508, 514, 516~518, 535, 536, 538, 547, 548, 553, 555, 557, 570, 572, 578, 591, 597, 612, 622, 624, 625, 628, 632~634, 655, 656, 665, 669, 673
재무위원회 594
정의위원회 501, 505, 506,
제3신분 70, 72, 75, 79, 81, 83, 84, 86, 91, 96, 151, 152, 568
제4신분 97
제헌의회 90, 95, 98, 109, 110, 114, 127, 132, 133, 138, 141, 144, 145, 148, 153~157, 160, 161, 170, 171, 173, 182, 184, 192, 200, 203, 204, 237, 248, 258, 291, 332, 336, 337, 341, 373, 634
조세위원회 312
중도파 74, 112, 130, 168, 171, 174, 183, 187, 188, 200, 242, 282, 344, 354, 355, 372, 387, 391, 396, 411, 412, 450, 461, 535, 612, 657
지구의 상설화 117, 119
지롱드파(브리소파) 28, 37, 56, 149, 176, 180, 193, 204, 207, 213, 214, 217, 228, 231, 233, 235, 236, 238, 250, 255, 256, 261, 262, 266~269, 275, 279, 280, 282, 286, 289, 290, 292, 293, 295, 304~306, 312, 315~317, 326~328, 332, 334~337, 340~343, 346~348, 350, 354~357, 360, 369~373, 378~381, 384, 386~388, 390~398, 400, 404~406, 408, 409, 410~412, 416, 418, 420, 423, 424, 432, 441, 443, 450, 456, 477, 478, 490, 491, 496, 518, 530, 535, 536, 538, 594, 610, 633, 648, 655, 658, 662
직접 민주주의 546, 655, 675

ㅊ

최고 존재 39, 79, 250, 446, 486, 487, 577, 580~582, 584~586, 592, 593, 600, 601, 617, 632, 634
최고가격제 380, 397, 403, 425, 449, 462, 464, 479, 506, 537, 572, 573, 628, 629, 630, 678
칙임검사 102

ㅋ

코르들리에 클럽 115, 145, 146, 179, 182, 186, 267, 269, 282, 426~428, 493, 495, 499, 538, 546, 547, 570, 605
코르들리에파 40, 282, 379, 530, 538, 545~550, 552, 553, 556, 557, 578,

620, 636
코뮌 74, 75, 110, 111
코뮌 총회 306, 316~319, 322, 352, 419

ㅌ
테니스코트의 선서 79, 81, 97
테르미도르 (9일의) 쿠데타 30, 33, 55, 58, 62, 105, 107, 115, 174, 181, 187, 243, 245, 269, 320, 331, 375, 467, 471, 483, 527, 550, 557, 571, 574, 585, 607, 611, 617, 618, 620, 621, 630, 636, 659, 661, 673
테르미도르파 29, 30, 55, 438, 446, 625, 649, 665, 668, 675, 676
통신위원회 114, 117, 158, 207, 246, 492
통제경제 467, 479, 491, 506, 546, 573, 629, 657

ㅍ
파견의원 375, 433, 453, 466, 467, 471, 480, 482, 483, 499, 500, 526, 536, 570, 572, 591, 592, 626, 652, 657, 664
팡테옹 118, 374, 375, 432, 505, 506, 580
평등공 83, 370
평등주의자들의 음모 35, 262, 544, 547, 676, 679
평원파(늪지파) 29, 410, 411, 417, 450, 535, 594, 609, 610, 611, 644, 657, 658

평화파 226, 227, 235
푀양 클럽 103, 105, 115, 163, 182, 184, 200, 279, 282
푀양파 192, 200, 204, 206, 210, 216, 228, 250, 252, 255, 261, 267, 269, 271, 272, 284, 286, 310, 328, 336, 340, 348, 443, 488, 648
프랑스 공화국 340, 346, 584
프레리알 (22일의) 법 39, 446, 453, 513, 602~607, 619, 624, 642, 647, 660, 668
프레리알의 순교자 358, 359, 658, 676
프뤽티도르 (18일의) 쿠데타 467
프리메르 (14일) 법 499, 569
플랑드르 연대 94
필니츠 선언 200~202, 209

ㅎ
헌법의 벗 협회 84, 114, 115
혁명군대 237, 408, 426, 480, 497, 499, 548, 553, 569
혁명력 75, 237, 285, 445, 455, 459, 471, 481, 598, 637, 661
혁명위원회 408, 417, 462, 464, 620, 660, 669, 673
혁명재판소 57, 102, 205, 237, 310, 313, 322, 384, 388, 393, 416, 446, 455, 464~466, 477, 478, 499, 513, 517, 525, 535, 541, 558, 569, 573, 600, 604, 606, 617, 619, 622~624, 668, 676
황금 퀼로트 406~408, 468, 580
흑인의 벗 협회 149, 151

■ 인명 찾아보기

ㄱ
가라 496
가스통 387
가스파랭 429, 433, 434
고르사스 88, 91, 227, 235
고벨 251, 483, 494
괴벨스 110, 111
괴테 52, 340
구종 358, 359, 361
구즈만 490, 506, 562
구필로 드 퐁트네 466, 467
귀아데 204, 205, 248, 250, 256, 281, 282, 284, 316, 418, 486, 578
그라네 463
그라쿠스 형제 238, 239, 262, 279, 682
그레구아르 103, 105, 149, 151, 181, 191, 341

ㄴ
나르본 211, 212, 215, 216, 217, 220, 226, 230, 232, 261
네케르 72, 73, 80, 82, 130
뇌프샤토 29

ㄷ
다르테 676
다미앵 51, 116
다부 387
다비드 29, 239, 240, 331, 431, 569, 631
당드레 149, 160
당통 28, 29, 32, 35, 57, 72, 88, 115, 147, 158, 169, 179, 215, 220, 227, 235, 245, 267, 280, 292, 298, 303, 305, 306, 307, 316, 320, 324, 326, 328, 331, 334, 340~344, 346, 357, 370, 377, 383, 384, 386, 387, 388, 390, 391, 412, 416, 417, 419, 420, 422, 423, 429, 433, 434, 437, 444, 449, 450, 451, 454, 456, 459~466, 471, 478, 484, 490, 491, 495, 496, 497, 499, 500, 503, 506, 507, 508, 517, 518, 522, 531, 532~535, 550, 552, 554~562, 570, 576, 591, 606, 610, 624, 652, 660, 676
당피에르 506, 507
데물랭 28, 55, 84, 94, 95, 106, 128, 147, 149, 194, 227, 256, 292, 387, 497, 498, 500, 505, 514, 515, 516, 521, 523, 533, 538, 553, 559, 558, 562, 619, 624
데스파냐 563
데포르그 570
데피외 492, 495, 548
도디외 379
도비니 514, 666
돌리비에 270, 271, 275, 277, 360, 480

돕상 409
뒤고미에 501, 576
뒤마 617, 619, 651, 655, 660, 666
뒤몽 482, 483
뒤무리에 72, 73, 83, 220, 221, 246, 255, 264, 279, 280, 332, 341, 356, 383~391, 412, 429, 433, 492, 496, 513, 576
뒤발 664
뒤부아크랑세 105, 107, 167, 181, 186, 206, 387, 474, 592, 625, 634, 674
뒤뷔송 492, 495, 548
뒤엠 466, 467
뒤조 235
뒤코 371
뒤크로케 548
뒤포르 73, 103, 105, 115, 116, 117, 131, 143, 145, 156, 158, 159, 160, 173, 189, 190, 211, 237
뒤포르뒤테르트 255
뒤퐁 드 느무르 152, 153
뒤프레스 660, 666
뒤플레, 모리스 35, 183, 264, 277, 289, 600, 678
드브리 385
드퇴프 67
들라크루아 355, 383, 386, 451, 453, 466, 559, 562
디트리시 245, 513
딜롱 266

ㄹ

라 로슈자클랭 475, 476
라 로슈푸코 130, 313
라리비에르 342, 343
라메트, 샤를 드 75, 115, 191
라메트, 알렉상드르 드 73, 103, 105, 115, 117, 131, 143, 144, 145, 149, 153, 154, 157, 158, 159, 173, 191, 194, 211, 252
라므네 249
라바이야크 116
라발레트 660, 666
라보 생테티엔 134, 135, 136, 332, 340
라부아지에 310, 311, 478
라수르스 204, 205, 236, 256, 290, 335, 340, 342, 343
라카날 482, 483
라코스트 592, 666
라콩브 425, 458
라크루아 264, 265
라크르텔 264, 265
라클로 146, 163, 174, 179, 184
라파예트 28, 29, 52, 57, 82, 94, 96, 98, 99, 102, 105, 115, 116, 128, 129, 130, 140, 141, 146, 167, 168, 171, 176, 182, 185, 186, 187, 203, 210, 211, 216, 217, 220, 226, 230, 253, 254, 255, 264, 266, 267, 269, 272, 280~285, 287, 290, 296, 303, 304, 309, 329, 350, 351, 384, 386, 392, 524, 558, 576
라포르트 366
라퐁느레 30
라플랑슈 482
랄리톨랑달 86, 97
랑발 부인 262, 318
랑주 334
랑쥐네 151, 332, 398, 418
랭데 29, 145, 391, 396, 445, 446, 451, 479, 544, 593, 631, 655, 658, 678
레뇰로 558
레드레르 64, 65, 105, 163, 186
레스코플뢰리오 569, 655, 667, 669,

672
레스퀴르 474
레오폴트 2세 201, 202, 209, 217, 230, 232, 245, 246, 251, 350
로베르 66, 67, 147, 532, 591, 603, 671
로베스피에르, 오귀스탱 54, 60, 331, 501, 570, 664, 666, 669, 675
로샹보 266, 267
로시뇰 432, 497, 508
롤랑, 마농 36, 37, 326, 676
롤랑, 장마리 57, 246, 267, 280, 306, 312, 315, 316, 324, 326, 327, 328, 332, 335, 340, 341, 342, 348, 357, 359, 362, 374, 478, 535, 562
롱샹 497, 499, 500, 505, 506, 508, 514, 421, 522, 538, 547, 548, 553
뢰벨 154, 451
루, 자크 334, 379, 380, 425, 426, 427, 428, 447, 450, 458, 480, 547, 675, 676
루베 28, 328, 348, 349, 354, 418
루비에르 621
루셰 663, 664, 665
루소 51, 53, 58, 60, 154, 164, 235, 249, 250, 258, 275, 278, 381, 430, 509, 516, 529, 578, 580, 586, 636
루스탈로 94, 95, 106, 120, 128
루아이예 186, 460, 462
루이 16세 28, 36, 41, 50, 51, 58, 72, 79, 87, 93, 96, 101, 114, 123, 140, 143, 166, 168, 171~177, 182, 187, 190, 206, 211, 212, 215, 216~220, 228, 231, 237, 245, 253, 268, 279, 280, 282, 285, 289, 290, 295, 296, 297, 299, 308, 312, 325, 329, 339, 340, 356, 357, 362, 365, 366, 368, 369, 370, 372, 373, 374, 378, 390, 426, 478, 676
루이 필리프 30, 83, 146, 228, 331, 384, 385, 387
루제 드 릴 245, 247
뤼앙 606, 607
뤼크네르 266, 267, 478
뤼 471, 555, 658
르노 588, 590, 604, 605
르바 374, 375, 471, 475, 590, 631, 665, 666, 667, 672, 673, 675, 676
르베키 393
르봉 471, 591
르브룅 306, 325
르샤플리에 115, 130, 148, 164, 165, 192, 194
르장드르 560, 562, 568, 591
르쾬 417
르쿠앵트르 591, 600, 606, 652, 655
르클레르 379, 428, 447, 450, 458
르페브르 38, 84, 293, 323, 538, 542, 568, 602, 638

■

마라 29, 32, 52, 56, 58, 64, 65, 67, 94, 96, 106, 109, 117, 128, 131, 139, 147, 149, 164, 166, 169, 183, 190, 212, 214, 227, 233, 234, 250, 262, 267, 269, 274, 292, 293, 298, 300, 318, 322, 326, 328, 329, 335, 336, 342, 343, 344, 346, 347, 349, 350, 361, 369, 377, 380, 382, 386, 391, 393, 396, 410, 411, 413, 415, 419, 428, 431, 432, 447, 450, 491, 496, 508, 509, 518, 558, 590, 606, 639, 668
마레샬 262
마르소 162, 456, 501, 620

마리 앙투아네트 28, 50, 51, 144, 202, 217, 250, 251, 262, 263, 284, 318, 366, 367, 388, 478, 676
마리노 409
마이얀 610, 611, 657
마티에즈 30, 97, 305, 496, 525, 542, 543, 552, 603
마티외 585
말라르메 594, 648
말루에 82, 83
말제르브 28
망다 295
메르시 다르장토 217
메르시에 420
메를랭 드 두에 607
메를랭 드 티옹빌 267, 451, 466, 499
메이야르 323
멜 356
모모로 334, 335, 495, 538, 547, 548
몽로지에 190
몽모랭 126, 158
몽주 306
몽테스키외 355
무니에 82, 83, 97
뮌처 550, 553
미라보 28, 29, 35, 57, 72, 77, 80, 82, 88, 90, 98, 99, 105, 113, 115~120, 126, 127, 128, 130, 132, 140, 141, 143, 144, 146, 155, 158, 250, 357, 530
미슐레 30, 90, 91, 260, 518

ㅂ

바디에 186, 187, 467, 471, 592, 617, 619, 632, 646, 653, 655, 658, 662, 665, 674
바라스 526, 527, 591, 658, 671, 675
바레르 33, 84, 128, 354, 355, 391, 394, 396, 411, 416, 417, 420, 445, 449, 451, 462, 467, 539, 544, 575, 594, 597, 598, 605, 613, 626, 628, 630, 632, 648, 658, 662, 665, 666, 669, 671, 674, 676
바르나브 57, 73, 91, 99, 101, 103, 105, 115, 116
바르바루 293, 294, 342, 354, 418
바를레 379, 409
바뵈프 35, 262, 270, 276, 278, 396, 432, 471, 545, 547, 658, 676, 679
바이이 28, 96, 97, 168, 169, 171, 182, 478, 524
바지르 267, 420, 470, 491, 492, 494, 495, 504, 518, 562
뱅상 313, 456, 497, 499, 500, 505, 506, 508, 514, 521, 522, 538, 547, 548, 570
베르니오 204, 205, 250, 273, 281, 285, 287, 290, 297, 298, 335, 340, 342, 348, 393, 404, 407, 408, 412, 583, 608
보나파르트 30, 33, 220, 221, 284, 285, 473, 501, 636, 649
보쉬에 582, 583
볼테르 51
부르동 483, 484, 553, 674, 675
부르동 드 루아즈 466, 467, 500, 514, 555, 591, 600, 607, 608, 612, 652~655, 671
부름제 475, 501
부쇼트 428, 429, 433, 434, 456, 458, 497, 514, 521, 570
부아시 당글라 29, 609, 611, 657, 679
부오나르티 35, 545, 547
부이예 113, 129, 130, 166, 171, 254,

524
불랑 521, 522, 633
뷔조 100, 105, 145, 148, 162, 168, 181, 186, 242, 332, 341, 342, 360, 370, 398, 403, 418, 530
브라운슈바이크 161, 289, 291, 314, 315, 318, 325, 326, 340, 365
브르퇴이 218, 366
브리셰 535, 536
브리소 149, 150, 174, 179, 193, 199, 204, 206, 207, 211, 213, 215, 216, 217, 220, 224~230, 232, 233, 235, 236, 255, 256, 257, 261, 264, 273, 274, 281, 284, 285, 290, 303, 313, 316, 317, 325, 326, 327, 328, 331, 333, 335, 340, 342, 346, 347, 387, 391, 393, 396, 428, 444, 556, 558, 576, 608, 638
브리에 467, 469, 471
비요바렌 33, 174, 214, 227, 236, 325, 326, 328, 341, 445, 456, 460, 461, 462, 463, 467, 482, 496, 499, 506, 518, 543, 548, 554, 557, 558, 593, 596, 605, 610, 612, 619, 620, 621, 626, 631, 632, 648, 654~660, 664, 665, 674

ㅅ

생쥐스트 29, 58, 65, 132, 169, 245, 250, 332, 359~365, 367, 379, 380, 398, 420, 422, 423, 429, 445, 446, 473, 475, 478, 479, 492, 499, 507, 509, 534, 539, 540, 509, 534, 539, 540, 541, 542, 543, 545, 548, 549, 554, 559, 560, 562, 573, 575, 579, 587, 590, 592, 593, 595, 596, 597, 604, 619, 620, 621, 626, 628, 630,
631, 632, 633, 636, 641, 649, 654, 656, 659, 662, 664, 665, 666, 667, 672, 674, 676, 677, 678, 680, 682
생탕드레 365, 366, 367, 394, 395, 417, 420, 429, 430, 434, 445, 446, 453, 467, 482, 496, 506, 543, 619
샤보 267, 368, 369, 282, 466, 490, 491, 492, 494, 495, 504, 508, 518, 553, 561, 562, 648
샬리에 394, 395, 425, 432, 505, 570
세르방 246, 266, 278, 279, 280, 306, 315
쇼메트 427, 462, 483, 494, 547, 553, 569, 680
스탈 부인 80, 211, 213
시모노 242, 269, 270
시에예스 77, 103, 115, 130, 285, 411

ㅇ

아드미라 588, 590, 604, 605
아마르 467, 471, 477, 495, 504, 517, 518, 554, 573, 592, 633, 647, 653, 655, 658, 674
알바 공작 392, 393
앙리오 412, 413, 417, 553, 655, 660, 666~671, 674, 676
에귀용 115, 126
에로 드 세셀 422, 423, 429, 451, 474, 490, 492, 554, 562
에베르 32, 227, 245, 264, 377, 409, 427, 428, 444, 456, 458, 459, 460, 462, 483, 492~495, 499, 503, 505, 516, 538, 546, 547, 548, 549, 550, 554, 576, 680
오를레앙(에갈리테), 필리프 드 82, 83, 146, 162, 163, 174, 179, 186, 228, 329, 331, 370, 385, 532

인명 찾아보기 749

오슈 162, 387, 456, 471, 475, 501, 648
왈키에 489, 492
요크 공작 325, 454, 461, 466
우샤르 454, 455, 466
이스나르 204, 205, 206, 232, 273, 290, 409, 410, 413

ㅈ

작스코부르크 383, 453
장소네 204, 205, 232, 268, 287
주르당 162, 456, 457, 468, 471, 474, 569, 589, 611, 620, 621
쥘리앵 드 툴루즈 416, 466, 467, 491, 494, 648

ㅋ

카라 206, 207, 214, 325, 371
카르노 28, 29, 62, 63, 145, 445, 446, 454, 474, 475, 544, 593, 594, 596, 621, 626, 631, 633, 648, 655, 656, 658, 659, 666, 674
카리에 526, 527, 528, 545, 546, 547, 553, 591
카우니츠 459, 492
캉바세레스 29
캉봉 29, 33, 391, 396, 420, 425, 429, 497, 537, 575, 754, 794, 596, 648, 653, 655, 656, 657, 658
켈레르만 340, 341
코르데 52, 431, 475
코크 490, 492, 548
코피날 655, 669, 670, 671, 672, 676
콩데 126, 127, 432
콩도르세 28, 40, 67, 149, 174, 204, 211, 213
쿠통 231, 232, 250, 285, 316, 325,
331, 332, 340, 348, 371, 378, 398, 400, 408, 484
쿠페 드 루아즈 483, 500
퀴스틴 356, 405, 428, 432, 433, 434, 438, 454, 513
클라비에르 246, 280, 306, 315
클레베르 162, 405, 456, 474, 501, 620
클로츠 355, 456, 459, 483, 485, 489, 494, 500, 506, 512, 518, 548

ㅌ

타르제 82, 83, 130
탈레랑 103, 115, 130, 211, 250
탈리앵 260, 261, 329, 336, 570, 591, 603, 612, 613, 652, 657, 658, 659, 660, 662, 665, 671, 674
테오 453, 616, 617, 620, 646, 662
튀리오 320, 429, 433, 451, 466, 467, 494, 499, 591, 663, 664
티리옹 591, 600, 653

ㅍ

파니스 227, 293, 331, 653, 655, 674
파브르 데글랑틴 28, 490, 491, 492, 494, 495, 500, 504, 513, 517, 518, 522, 531, 532, 557, 561, 562, 573, 648
파슈 393, 408, 427, 462, 547, 548, 553, 569
파양 569, 583, 667, 672
파올리 405
페레라 492, 495, 548
페인 174, 175, 371, 489
페티옹 28, 100, 105, 145, 148, 160, 162, 179, 181, 184, 186, 193, 194, 195, 203, 206, 208, 237, 242, 244, 261, 281, 282, 284, 292, 295, 303,

317, 322, 323, 324, 326, 328, 331, 332, 340, 341, 342, 360, 369, 370, 393, 403, 404, 405, 418, 530, 562
포세 204, 205, 413
폴리냐 535
푸셰 40, 261, 482, 483, 505, 570, 571, 591, 593, 603, 612, 613, 625, 626, 652, 653, 657, 658, 671
푸앵투 335
푸키에탱빌 617, 618, 619, 620, 647
프라이 490, 562
프란츠 2세 252
프레라 483
프레롱 55, 106, 128, 260, 526, 591, 603, 656, 658, 665, 666, 671, 674
프로방스 백작 209, 250, 251

프롤리 459, 489, 490, 492, 494, 495, 505, 506, 548
프뤼돔 227
프리드리히 2세 51, 52
프리스틀리 51, 52
프리외르 드 라 마른 105, 429, 445, 453, 467, 543, 619
프리외르 드 라 코트도르 454, 455, 544, 593
프티장 334, 335
피슈그뤼 220, 221, 456, 471, 576, 589, 621
피트 428, 429, 453, 454, 488, 497, 521, 598
필리포 497, 508, 514, 516, 538, 559

양희영

서울대학교 서양사학과와 같은 과 대학원을 졸업했으며, 서울대와 국민대에서 강의하고 있다. 석사 논문으로 〈프랑스 혁명기 성직자들의 입헌선서에 대한 고찰〉(1992년)을, 박사 논문으로 〈프랑스 혁명기의 툴루즈와 지방 혁명의 자율성(1789~1793)〉(2004년)을 썼으며, 《마르탱 게르의 귀향》을 번역했다.

로베스피에르, 혁명의 탄생

2005년 8월 12일 초판 1쇄 발행
2021년 5월 10일 초판 8쇄 발행

- 지은이 ─────── 장 마생
- 옮긴이 ─────── 양희영
- 펴낸이 ─────── 한예원
- 편집 ──────── 이승희, 윤슬기, 양경아, 유리슬아
- 본문 조판 ───── 성인기획
- 펴낸곳   교양인
    우 04020 서울 마포구 포은로 29 202호
    전화 : 02)2266-2776 팩스 : 02)2266-2771
    e-mail : gyoyangin@naver.com
    출판등록 : 2003년 10월 13일 제2003-0060

ⓒ 교양인, 2005
ISBN 89-91799-10-8   03920

* 잘못 만들어진 책은 바꾸어드립니다.
* 값은 뒤표지에 있습니다.